Casebook
de Processo Coletivo

Casebook de Processo Coletivo

ESTUDOS DE PROCESSO A PARTIR DE CASOS

Volume 1: Tutela jurisdicional coletiva

2020

Coordenadores
**Edilson Vitorelli
Hermes Zaneti Jr.**

CASEBOOK DE PROCESSO COLETIVO
ESTUDOS DE PROCESSO A PARTIR DE CASOS
VOLUME 1: TUTELA JURISDICIONAL COLETIVA
© Almedina, 2020

Coordenação: Edilson Vitorelli e Hermes Zaneti Junior
Diretor Almedina Brasil: Rodrigo Mentz
Editora Jurídica: Manuella Santos de Castro
Editor de Desenvolvimento: Aurélio Cesar Nogueira
Assistentes Editoriais: Isabela Leite e Larissa Nogueira
Diagramação: Almedina
Design de Capa: Roberta Bassanetto

ISBN: 9786556271286
Dezembro, 2020

Dados Internacionais de Catalogação na Publicação (CIP)
(Câmara Brasileira do Livro, SP, Brasil)

Casebook de processo coletivo: estudos de processo a partir de casos: volume 1: tutela jurisdicional coletiva / coordenação Edilson Vitorelli, Hermes Zaneti Junior. – 1. ed. – São Paulo: Almedina, 2020.

ISBN 978-65-5627-128-6

1. Direito 2. Estudo de casos 3. Processo coletivo – Jurisprudência – Brasil 4. Tutela jurisdicional – Brasil I. Vitorelli, Edilson. II. Zaneti Junior, Hermes.

20-46152 CDU-347.921

Índices para catálogo sistemático:

1. Processo coletivo: Direito Processual Civil 347.921

Aline Graziele Benitez – Bibliotecária – CRB-1/3129

Universidade Católica de Brasília – UCB
Reitor: *Prof. Dr. Ricardo Pereira Calegari*
Pró-Reitora Acadêmica: *Prof.ª Dr.ª Regina Helena Giannotti*
Pró-Reitor de Administração: *Prof. Me. Edson Cortez Souza*
Diretor de Pós-Graduação, Identidade e Missão: *Prof. Dr. Ir. Lúcio Gomes Dantas*
Coordenador do Programa de Pós Graduação em Direito: *Prof. Dr. Maurício Dalri Timm do Valle*
Editor-Chefe do Convênio de Publicações: *Prof. Dr. Marcos Aurélio Pereira Valadão*

Este livro segue as regras do novo Acordo Ortográfico da Língua Portuguesa (1990).

Todos os direitos reservados. Nenhuma parte deste livro, protegido por copyright, pode ser reproduzida, armazenada ou transmitida de alguma forma ou por algum meio, seja eletrônico ou mecânico, inclusive fotocópia, gravação ou qualquer sistema de armazenagem de informações, sem a permissão expressa e por escrito da editora.

Editora: Almedina Brasil
Rua José Maria Lisboa, 860, Conj. 131 e 132, Jardim Paulista | 01423-001 São Paulo | Brasil
editora@almedina.com.br
www.almedina.com.br

APRESENTAÇÃO

A tradição da prática, do ensino e da pesquisa jurídica, no Brasil, é teórico-dedutiva. Tanto o aplicador, quanto o pesquisador e o estudante partem da teoria, da análise abstrata do fenômeno normativo, para construir soluções de problemas hipotéticos. Pode ser que esses problemas ocorram e, se ocorrerem, a doutrina terá como contribuir para a sua solução. Se não ocorrerem, tudo o que se escreveu será discussão de sexo dos anjos. Pesquisas, que serão citadas por outras pesquisas, que serão citadas por outras pesquisas, mas nunca sairão das estantes das bibliotecas. *Law in books*, não *law in action*.

Essa é uma das muitas diferenças históricas entre os países originários de sistemas de *Civil Law* e os países originários de sistemas de *Common Law*. Na tradição inglesa, a casuística sempre foi o centro da atividade prática dos juízes e, por derivação, a produção de conhecimento acabou enfocando um método indutivo, no qual os casos problemáticos são o foco da pesquisa, que se expande para, a partir deles, elaborar conclusões gerais. Assim, enquanto nós usualmente pensamos na sequência teoria – norma – caso solução ou, quando há norma posta, norma – teoria – caso – solução, o *Common Law* usualmente produz conhecimento jurídico na sequência caso – solução – norma – teoria.

Este livro constitui uma tentativa de reduzir a distância entre esses dois mundos, trazendo para o contexto do direito brasileiro o estudo típico dos *casebooks* britânicos e norte-americanos. A proposta é estudar os principais institutos do processo coletivo a partir de casos. São os problemas, vividos na realidade, que despertam os debates teóricos, os quais, posteriormente, auxiliam na compreensão da sua solução e, com isso, na definição do que deve ser o Direito. Neste primeiro volume, abordamos os temas ligados ao processo coletivo no âmbito judicial, ao passo que o segundo é dedicado às técnicas extrajudiciais de tutela coletiva, bem como a quatro temas especiais: o processo coletivo no âmbito internacional, a tutela do patrimônio público, o processo estrutural e a representatividade adequada.

A relevância dos casos selecionados, como se poderá vislumbrar, é representativa de alguns dos mais significativos problemas enfrentados no país. Desde grandes desastres a questões trabalhistas e de combate à corrupção, nada escapou aos mais de 30 autores que representam algumas das mais tradicionais escolas de Direito do país: a Universidade Católica de Brasília, que lidera o projeto ao lado da Universidade Federal do Espírito Santo, a Pontifícia Universidade Católica do Rio Grande do Sul, a Universidade Federal de Minas Gerais, a Universidade Federal do Paraná e a Universidade Presbiteriana Mackenzie. Juntas, essas universidades representam os mais relevantes e inovadores programas e projetos de pesquisa em Direito atualmente em andamento no Brasil.

Com isso, propõe-se retirar o debate do processo coletivo de seu ambiente usual de discussões sobre legitimidade, competência ou coisa julgada, para tornar-se uma construção das soluções para alguns problemas públicos que, como veremos, são altamente relevantes e pertinentes. Ao mesmo tempo em que são realizados estudos empíricos, que registram casos de relevância nacional, aprofunda-se o referencial teórico, na busca de soluções.

Se o processo é uma ferramenta para resolver problemas, então parece natural que seu estudo seja mais produtivo no contexto dos problemas que ele espera resolver. Esperamos que essa nova proposta metodológica supra o vazio da literatura nacional, estabelecendo as bases para um debate acerca de como produzir e aplicar o conhecimento jurídico no país.

EDILSON VITORELLI
HERMES ZANETI JR.

SOBRE OS COORDENADORES

Edilson Vitorelli
Pós-doutor em Direito pela Universidade Federal da Bahia, com estudos no *Max Planck Institute for Procedural Law* (Luxembourg). Doutor em Direito pela Universidade Federal do Paraná. Visiting scholar na *Stanford Law School*. Visiting researcher na *Harvard Law School*. Mestre em Direito pela Universidade Federal de Minas Gerais. Professor na Universidade Presbiteriana Mackenzie. Professor na graduação e no mestrado da Universidade Católica de Brasília. Professor e orientador pedagógico na Escola Superior do Ministério Público da União. Procurador da República. É o único autor brasileiro vencedor do prêmio Mauro Cappelletti, concedido a cada quatro anos, pela *International Association of Procedural Law*, ao melhor livro sobre processo no mundo.

Hermes Zaneti Jr.
Professor Adjunto de Direito Processual Civil na Universidade Federal do Espírito Santo (UFES). Doutor em Teoria e Filosofia do Direito pela *Università degli Studi di Roma Tre* (UNIROMA3). Doutor em Direito Processual pela Universidade Federal do Rio Grande do Sul (UFRGS). Pós-doutorado pela *Università degli Studi di Torino* (UNITO). Promotor de Justiça no Estado do Espírito Santo.

SOBRE OS AUTORES

Adriana de Farias Pereira
Procuradora Regional da República, mestranda em Direito pela Universidade Católica de Brasília. Especializada em Direito e Processo Penal pela Universidade Candido Mendes – UCAM. Especializada em Direito Eleitoral pela Faculdade Verbo Educacioal – Verbo Jurídico.

Brígida Roldi Passamani
Mestranda em Direito Processual Civil pela Universidade Federal do Espírito Santo. Pós-graduada em Direito Público pela Pontifícia Universidade Católica de Minas Gerais. Membra-pesquisadora do Grupo de Pesquisa Fundamentos do Processo Civil Contemporâneo FPCC/UFES e ao Laboratório de Processo e Constituição – LAPROCON. Bolsista da Fundação de Amparo à Pesquisa e Inovação do Estado do Espírito Santo.

Camila Figueiredo Alexandre
Mestranda pela Faculdade de Direito da Universidade Federal de Minas Gerais (UFMG), pesquisadora do Programa Universitário de Apoio às Relações de Trabalho e à Administração da Justiça da UFMG (Prunart), bacharela em Direito pelo Centro Universitário Newton Paiva, advogada.

Daniela Bermudes Lino
Mestranda em Direito Processual pela Universidade Federal do Estado do Espírito Santo (UFES). Pesquisadora vinculada ao Grupo de Pesquisa

Fundamentos do Processo Civil Contemporâneo – FPCC/UFES e ao Laboratório de Processo e Constituição – LAPROCON. Monitora da disciplina Processo Coletivo e Procedimentos Especiais (Processo Civil VI) no curso de graduação em Direito da UFES.

Fabrício Sousa Cunha
Mestre em Direito pela Universidade Católica de Brasília. Especialista em Direito Processual Civil pela Universidade Cândido Mendes. Advogado.

Guilherme Fernandes Ferreira Tavares
Mestrando em Direito. Especialista em Direito Administrativo. Professor pesquisador da Universidade Federal de Mato Grosso. Procurador da República.

Gustavo Osna
Professor Adjunto dos Programas de Graduação e de Pós-Graduação *stricto sensu* em Direito da PUC/RS. Doutor em Direito das Relações Sociais pela UFPR. Mestre em Direito das Relações Sociais e Bacharel em Direito pela UFPR. Membro do Instituto Brasileiro de Direito Processual. Advogado.

Hannah Pereira Alff
Mestranda em Direito pela PUCRS. Bolsista CAPES/PROEX. Advogada.

Hermes Zaneti Jr.
Professor Adjunto de Direito Processual Civil na Universidade Federal do Espírito Santo (UFES). Doutor em Teoria e Filosofia do Direito pela *Università degli Studi di Roma Tre* (UNIROMA3). Doutor em Direito Processual pela Universidade Federal do Rio Grande do Sul (UFRGS). Pós-doutorado pela *Università degli Studi di Torino* (UNITO). Promotor de Justiça no Estado do Espírito Santo.

Jéssica Santos Nunes Sampaio
Mestranda em Direito pela Universidade Católica de Brasília. Advogada.

SOBRE OS AUTORES

José Wellington de Carvalho Soares
Procurador do Ministério Público do Trabalho. Pós-graduado em Direito Processual pela Universidade Federal do Piauí. Mestrando em Direito pela Universidade Católica de Brasília.

Juliana Carvalho da Silva Wendt
Advogada, Professora Universitária, Mestranda do Programa de Mestrado em Direito pela Universidade Católica de Brasília.

Marco Bruno Miranda Clementino
Juiz Federal no Rio Grande do Norte, Presidente do Centro Local de Inteligência da Justiça Federal no Rio Grande do Norte, membro do Centro Nacional de Inteligência da Justiça Federal, Mestre (UFRN) e Doutor em Direito (UFPE), Professor da UFRN, Formador da ENFAM, membro do Comitê Nacional da Conciliação do Conselho Nacional de Justiça.

Martha Diverio Kruse
Mestranda em Direito na Universidade Católica de Brasília, Especialista em Direito do Trabalho e Direito do Estado, pela Universidade Anhanguera – UNIDERP, Procuradora do Ministério Público do Trabalho.

Matheus Rodrigues Oliveira
Mestrando do Programa de Pós-Graduação Stricto Sensu em Direito Político e Econômico da Universidade Presbiteriana Mackenzie, vinculado à linha de pesquisa "O Poder Econômico e seus Limites Jurídicos". Pós-graduado em Direito Constitucional e Administrativo pela Escola Paulista de Direito. Graduado em Direito pela Universidade Presbiteriana Mackenzie, com 1º lugar no "Prêmio TGI". Professor do curso de Pós-graduação Lato Sensu em Direito Processual Civil da Universidade Presbiteriana Mackenzie. Professor colaborador na Escola Superior do Ministério Público da União. Servidor do Ministério Público Federal.

Samuel Alvarenga
Doutorando em Direito pela Universidade Federal de Minas Gerais (UFMG). Mestre em Direito pela Pontifícia Universidade Católica de São Paulo (PUC/SP). Especialista pela Universidade do Sul de Santa Catarina (UNISUL). Promotor de Justiça do Ministério Público do Estado

de Rondônia (MPRO). Membro Auxiliar da Corregedoria Nacional do Ministério Público (CNMP).

Tereza Cristina Sorice Baracho Thibau
Graduação em Pedagogia e Direito. Doutorado em Direito e Processo Coletivo. Mestrado em Direito Constitucional pela Faculdade de Direito da UFMG. Professora Associada IV lecionando Direito Processual Civil e Práticas dialógicas na graduação, e Direito e Processo Coletivo na pós-graduação da Faculdade de Direito da UFMG. Pesquisadora do Programa Universitário de Apoio às Relações de Trabalho e à Administração da Justiça da UFMG (PRUNART). Mediadora voluntária no Centro Judiciário de Soluções de Conflitos e Cidadania (Cejusc-BH). Diretora-Editora da Revista da Faculdade de Direito da UFMG.

Thaís Amoroso Paschoal
Doutora e mestre em Direito pela Universidade Federal do Paraná. Graduada em Direito pela Universidade Estadual de Londrina. Professora de Direito Processual Civil na Universidade Positivo, em Curitiba/PR e Supervisora do Núcleo de Práticas Jurídicas dessa Instituição. Integrante dos Núcleos de Pesquisa Meios adequados de solução heterônoma de conflitos, dentro e fora do Estado, e Direito Processual Civil Comparado, do PPGD-UFPR, ambos integrantes da ProcNet – Rede Internacional de Pesquisa – Justiça Civil e Processo Contemporâneo. É membro integrante do Instituto Brasileiro de Direito Processual. Integrante do CCONS – Centro de Estudos da Constituição, do PPGD-UFPR. Advogada.

SUMÁRIO

I
TEORIA DO PROCESSO COLETIVO

1. Os desastres do Rio Doce e de Brumadinho: introdução à teoria dos litígios coletivos
   Edilson Vitorelli 19

2. A ação coletiva e a suspensão de ações individuais: isonomia e gestão a partir do Resp n. 1.525.327/PR
   Gustavo Osna, Hannah Pereira Alff 45

3. Centro local de inteligência da Justiça Federal potiguar: legitimidade pelo diálogo
   Marco Bruno Miranda Clementino 67

4. Ação coletiva obrigatória: uma possibilidade para desastres em massa
   Fabrício Sousa Cunha 81

II
PETIÇÃO INICIAL

5. Da estratégia na formulação de pedidos em ações coletivas envolvendo casos complexos: implantação e operacionalização de defesa civil municipal para o enfrentamento de inundação durante estado de calamidade
   Samuel Alvarenga 105

6. A fixação de indenização por danos morais coletivos no bojo da ação penal por ato de corrupção e o cabimento de cautelares reais a partir de julgado do STF
   Guilherme Fernandes Ferreira Tavares — 187

7. Como funciona o princípio da correlação no direito dos desastres?
   Juliana Carvalho da Silva Wendt — 217

III
LEGITIMIDADE E COMPETÊNCIA

8. Legitimação no processo coletivo: análise dos legitimados no caso *Apple*
   Jéssica Santos Nunes Sampaio — 241

9. Competência nas ações coletivas ambientais e o desastre do Rio Doce: adequação e gestão da competência
   Daniela Bermudes Lino, Hermes Zaneti Jr. — 263

10. Assédio moral no setor bancário: a competência no processo coletivo trabalhista
    Martha Diverio Kruse — 291

IV
PROVAS NO PROCESSO COLETIVO

11. O caso da contaminação por chumbo no Vale do Ribeira/PR e a convivência entre ações individuais e coletivas: alguns parâmetros para um melhor aproveitamento dos atos processuais coletivos
    Thaís Amoroso Paschoal — 327

V
COISA JULGADA COLETIVA

12. Os limites territoriais da coisa julgada coletiva:
    o caso do tema de repercussão geral 1.075
    *Hermes Zaneti Jr., Edilson Vitorelli, Brígida Roldi Passamani,
    Daniela Bermudes Lino* — 357

13. O caso do medicamento VIOXX: as entrelinhas da coisa
    julgada no processo coletivo
    Adriana de Farias Pereira — 393

14. A coisa julgada na Ação Civil Pública e seus efeitos sobre
    terceiros: a questão do litisconsórcio passivo necessário — 485
    José Wellington de Carvalho Soares — 485

VI
IMPLEMENTAÇÃO DA TUTELA COLETIVA

15. Aspectos processuais sobre a *fluid recovery* no Brasil:
    análise de caso sobre a gestão do FDD
    Matheus Rodrigues Oliveira — 513

16. A sentença coletiva e sua execução no âmbito da Justiça
    do Trabalho
    Tereza Cristina Sorice Baracho Thibau, Camila Figueiredo Alexandre — 557

I
TEORIA DO PROCESSO COLETIVO

1. Os desastres do Rio Doce e de Brumadinho: introdução à teoria dos litígios coletivos

Edilson Vitorelli

1. Introdução: os casos

Um *casebook* tem como propósito permitir o estudo da teoria a partir da prática. O caso é o ponto de partida. Ele permite que, a partir de um problema empírico, a realidade seja visualizada em toda a sua riqueza. Com isso, a teoria é imediatamente submetida ao critério da prática, sendo testada em sua capacidade de fornecer uma resposta apropriada.

Este artigo propõe o estudo dos casos dos desastres ambientais do Rio Doce e de Brumadinho, explicando-os a partir da teoria dos litígios coletivos[1]. Demonstrar-se-á que esses litígios não podem ser explicados pela classificação tradicional de direitos difusos, coletivos e individuais homogêneos. Propor-se-á que a teoria dos litígios coletivos oferece uma opção mais satisfatória para a compreensão dos casos, oferecendo um guia de atuação mais preciso para os legitimados coletivos.

1.1. O desastre do Rio Doce

O dia 5 de novembro de 2015 marcou o maior desastre ambiental da história do Brasil: o Desastre do Rio Doce. Mina Gerais, um estado marcado desde o nome pela exploração minerária, sofria um enorme impacto em sua região mais importante de produção de minério, o quadrilátero ferrífero, um dos maiores do mundo.

---

[1] Essa teoria foi desenvolvida originalmente em VITORELLI, Edilson. O devido processo legal coletivo: dos direitos aos litígios coletivos. 2. ed. São Paulo: RT, 2019.

O desastre deixou exposta a chaga da exploração mineral no Brasil e o imperativo do reforço em todas as áreas para tornar a atividade sustentável do ponto de vista humano e ambiental, reforço regulatório, fiscalizatório e principalmente de atitudes práticas.

No subdistrito de Bento Rodrigues, Distrito de Santa Rita Durão, Município de Mariana, Estado de Minas Gerais, a barragem de Fundão, situada no Complexo Minerário de Germano, de responsabilidade da mineradora Samarco S/A, empresa controlada pela Vale S/A e pela BHP Billiton Brasil Ltda., se rompeu e liberou mais de 62 milhões de metros cúbicos de rejeitos minerais. A lama tóxica formada pelos rejeitos alcançou as povoações de Bento Rodrigues e Barra Longa, nas margens no Rio Gualaxo do Norte, passou pelo Rio do Carmo, Rio Piranga, atingiu o Rio Doce e, após 16 dias (21 de novembro de 2015), percorrendo aproximadamente 663 quilômetros, alcançou o mar em Regência, no Município de Linhares, no Espírito Santo.

Em resumo, sempre apertado e incompleto, pois muitos danos ainda sequer foram identificados, o impacto do desastre pode ser medido:

a) pelas vidas humanas, foram encontrados 19 corpos de vítimas, entre trabalhadores e moradores;
b) pelos danos ambientais, sociais e econômicos incalculáveis e contínuos:
    b.1) contaminação da água dos rios atingidos com lama de rejeitos de minério;
    b.2) suspensão do abastecimento público de água potável nas principais cidades banhadas pelo Rio Doce;
    b.3) suspensão das captações de água para atividades econômicas, tais como propriedades rurais, comércio e indústria;
    b.4) assoreamento do leito dos rios e dos reservatórios das barragens de geração de energia;
    b.5) soterramento das lagoas e nascentes adjacentes ao leito do Rio Doce e dos rios a ele ligados;
    b.6) impacto sobre estuários e manguezais na foz do Rio Doce;
    b.7) destruição de áreas de e produção de peixes;
    b.8) comprometimento da estrutura e função dos ecossistemas aquáticos e terrestres associados;

b.9) comprometimento do estoque pesqueiro – impacto sobre a pesca – e na atividade dos pescadores;

b.10) impacto no modo de vida e nos valores étnicos e culturais de povos indígenas, a exemplo do povo Krenak, e populações tradicionais, entre outros danos, alguns ainda não identificados.

c) danos institucionais:
   c.1) credibilidade do ordenamento jurídico;
   c.2) credibilidade do sistema de justiça;
   c.3) credibilidade dos sistemas de controle estatais;
   c.4) confiança legitima do cidadão em relação ao dever do Estado de agir para evitar os desastres e minimizar os impactos dos desastres já ocorridos, com prevalência de atenção imediata as vítimas e ações organizadas de proteção dos bens e direitos coletivos envolvidos.

É importante reforçar, estes são apenas alguns dos danos já verificados. Outros poderão surgir ou serem percebidos ao longo do trabalho de recuperação integral, com reparação das vítimas e tutela do meio ambiente. Em realidade, há uma forte incerteza quanto aos limites dos impactos e do que ainda se poderá descobrir sobre o caso.

1.2. O desastre de Brumadinho (desastre da Vale)

No dia 25 de janeiro de 2019, outro desastre ambiental abateu-se sobre Minas Gerais: o rompimento das barragens I, IV e IV-A localizadas na Mina Córrego do Feijão, em Brumadinho. A barragem I destinava-se à deposição de rejeitos e as barragens a IV e IV-A à contenção de sedimentos, cujo dano potencial era classificado como alto – classe C. Esse potencial alto não indica o risco de rompimento, mas sim os estragos previstos, caso o rompimento venha a ocorrer.

Com o rompimento das três barragens, foram lançados cerca de 13 milhões de metros cúbicos de rejeitos de mineração, contendo diversos metais pesados e substâncias químicas oriundas do processo minerário.

O volume dos rejeitos fez com que se formasse uma enxurrada de lama e materiais tóxicos, com força para devastar o território por onde passou e também suas proximidades, deixando um rastro de destruição em todas as formas de vida que ali existiam. Nos primeiros instantes do

Desastre da Vale, a avalanche de lama, rejeitos e minério de ferro soterrou o refeitório da empresa, matando centenas de funcionários. Além disso, outro local soterrado foi parte da comunidade da Vila Ferteco, área rural do município de Brumadinho.

Os rejeitos de minério provenientes do rompimento das barragens engoliram pessoas, casas, propriedades rurais, vegetação, animais, carros, alcançaram o Rio Paraopeba alterando o equilíbrio do seu ecossistema, dentre inúmeros outros danos e reflexos socioeconômicos e socioambientais. Apenas mais de um mês depois, o total de vítimas viria a ser quantificado em 270 pessoas, sendo 249 mortos e 21 ainda desaparecidos. O desastre afetou milhares de pessoas, que ficaram sem ter acesso às suas necessidades básicas, tais como, abrigo, água, roupas e comida. O trauma da comunidade, que viu passar, pendurados nos helicópteros de resgate, os fragmentos dos corpos de seus entes queridos, foi incalculável.

Do ponto de vista do ambiente natural, os rejeitos atingiram dezessete municípios ao longo da calha do rio Paraopeba, rota da lama e da destruição. Do ponto de vista social, produção agrícola, a pecuária, a piscicultura, a pesca, o turismo, o lazer, os pequenos comércios, os hotéis e pousadas, que dependiam do rio Paraopeba, ficaram paralisadas.

2. O processo coletivo tradicional e seus problemas

O processo coletivo brasileiro é estruturado sob a premissa teórica de que existem direitos essencialmente coletivos, que são, por natureza, pertencentes a uma coletividade, tal como os elencados no art. 1º da Lei da Ação Civil Pública; e aqueles que, embora sejam individuais, são tratados coletivamente, para efeito de redução da sobrecarga do sistema jurisdicional e de evitar que o desinteresse do indivíduo na reparação permita que o causador da lesão se aproprie do benefício que dela decorre para si.

José Carlos Barbosa Moreira classificou os direitos que são, por natureza, coletivos, como "essencialmente coletivos". Teori Albino Zavascki, por sua vez, afirmou que eles compõem a categoria de "tutela de direitos coletivos". Por outro lado, os direitos que são individuais, mas são processados coletivamente, Barbosa Moreira intitulou "direitos acidentalmente coletivos" e Zavascki, "tutela coletiva de direitos". É essa noção que orienta a redação do art. 81, parágrafo único, do CDC, o qual estabelece os conceitos de direitos difusos, coletivos e individuais homogêneos. Esquematicamente, esses conceitos podem ser expostos da seguinte forma:

1. OS DESASTRES DO RIO DOCE E DE BRUMADINHO

Categoria	Natureza	Divisibilidade	Titularidade	Característica da Relação Jurídica
Difusos	Transindividual	Indivisível	Pessoas Indeterminadas	O direito pertence à sociedade como um todo, indistintamente, sem determinação individual
Coletivos (em Sentido Estrito)	Transindividual	Indivisível	Grupo, categoria ou classe de pessoas.	O direito pertence a um grupo, mas ele é delimitado por uma relação jurídica que existe entre seus integrantes, ou destes para com a parte contrária
Individuais Homogêneos	Individual	Divisível	Pessoas determinadas ou determináveis.	Os direitos pertencem a indivíduos específicos, mas eles são litigados em apenas um processo, por serem similares

Figura 1: **Classificação dos direitos em difusos, coletivos e individuais homogêneos**

Ocorre que esses conceitos não são capazes de explicar os desastres do Rio Doce e de Brumadinho. Quando se lê a lista de impactos decorrentes desses eventos, percebe-se a total impossibilidade de classificar os direitos materiais subjacentes em difusos, coletivos e individuais homogêneos. Afirmar que os desastres lesam, ao mesmo tempo, direitos das três naturezas é uma não-solução, uma vez que torna a diferenciação inútil. Afirmar que esses direitos pertencem, indistintamente, a toda a sociedade, que são "de todos e, ao mesmo tempo, de ninguém", é menosprezar o sofrimento concreto das pessoas que, de fato, tiveram suas vidas fortemente modificadas pelos desastres, em benefício de uma abstração teórica.

Na verdade, o problema da classificação proposta pelo CDC é mais óbvio do que parece e pode ser visualizado até mesmo em situações mais simples. Suponha um processo relativo à segurança de um grupo de trabalhadores que estão no mesmo ambiente. O pedido para tornar esse ambiente seguro, pleiteando o fornecimento de capacetes, pode ser visualizado como relativo a direitos difusos, uma vez que os acidentes causam prejuízos à previdência social, que é patrimônio público. Também pode ser visualizado como referente a direitos coletivos, porque os trabalhadores têm uma relação de emprego com a parte contrária. Mas também pode ser considerado como direitos individuais homogêneos já que os capacetes constituem equipamentos individuais que poderiam, inclusive, ser demandados individualmente.

Assim, como os grupos são formados por pessoas e as pessoas só existem em grupos, a tentativa de distinguir, de modo estanque, direitos individuais de coletivos e ainda fazer uma categorização desses últimos está fadada ao fracasso. O mesmo pedido, ou o mesmo direito, quando relativo a diversas pessoas, pode ser visualizado tanto sob a ótica dos indivíduos que integram o grupo, quanto sob a ótica do grupo. É por isso que um novo arcabouço teórico é necessário para compreender essa situação.

3. Conceito de litígio coletivo

O primeiro conceito que demanda esclarecimento é o de litígio coletivo. Litígios são conflitos relativos a interesses juridicamente relevantes. Em inglês, os litígios são referidos como *disputes*. Litígio coletivo é o conflito de interesses que se instala envolvendo um grupo de pessoas, mais ou menos amplo, sendo que essas pessoas são tratadas pela parte contrária como um conjunto, sem que haja relevância significativa em qualquer de suas características estritamente pessoais. É isso que distingue o litígio coletivo dos litígios individuais. O litígio coletivo se instala quando um grupo de pessoas é lesada enquanto sociedade, sem que haja, por parte do adversário atuação direcionada contra alguma dessas pessoas, em particular, mas contra o todo.

Nesses termos, quando um alfaiate lesa dez de seus clientes, o que existe é uma dezena de litígios individuais, decorrentes de relações que se estabelecem e se desenvolvem isoladamente, com cada um deles. Mesmo que a lesão ocorrida nos dez eventos seja idêntica, não se tratará de um litígio coletivo, já que, como as relações se desenvolvem *intuitu personae*, essa identidade decorrerá de cadeias causais distintas, não de uma decisão geral, que incide sobre todos os contratos. Por outro lado, quando uma empresa produtora de alimentos em larga escala reduz o seu controle de contaminação e permite que insetos sejam misturados aos seus produtos[2], atingindo os respectivos compradores, o litígio é coletivo, eis que a cadeia de eventos do qual ele decorre não se relaciona com qualquer daqueles consumidores que adquiriam os produtos, mas com a coletividade de clientes da empresa. Essas pessoas se envolvem no litígio enquanto grupo, enquanto sociedade[3].

Em obra anterior[4], demonstrou-se que o conceito de sociedade admite, para os estudiosos da Sociologia, múltiplas acepções. Naquela ocasião, definiu-se a sociedade como estrutura, a sociedade como solidariedade e a sociedade como criação[5]. Transpondo esses conceitos para o campo do Direito, sustentou-se que a sociedade que titulariza os direitos coletivos também pode ser referida a partir de distintas acepções.

Assim, a sociedade como estrutura é a que titulariza direitos que são lesados de modo pouco significativo do ponto de vista de cada um dos indivíduos que a compõem, ainda que, do ponto de vista global, a lesão seja juridicamente relevante. Em regra, pode ser difícil identificar com precisão quem são os membros do grupo e, mesmo que não seja, essa identificação é, em regra, pouco relevante, já que seu interesse individual em jogo é reduzido. Como eles são pouco afetados, não estão suficientemente interessados em intervir nos rumos de um eventual processo, por isso se diz que tal litígio tem baixa conflituosidade entre os membros do grupo. Os litígios que apresentam essas características são denominados

---

[2] O Superior Tribunal de Justiça já lidou com casos desse tipo, em mais de uma ocasião. Ver, por exemplo, REsp 747.396-DF, Rel. Min. Fernando Gonçalves, julgado em 9/3/2010; REsp 1.239.060-MG, Rel. Min. Nancy Andrighi, julgado em 10/5/2011; REsp 1.424.304-SP, Rel. Min. Nancy Andrighi, julgado em 11/3/2014.

[3] É claro que essa diferenciação poderá, em alguns casos, ser tênue. Afinal de contas, os indivíduos só existem em sociedade e a sociedade só existe em indivíduos. Pretender fazer uma diferenciação estática e incontornável entre questões individuais e questões coletivas é um exercício artificial, cujo valor se limita aos propósitos que estão abordados no texto.

[4] VITORELLI, Edilson. O devido processo legal coletivo: dos direitos aos litígios coletivos. 2.ed. São Paulo: RT, 2019, capítulo 2.

[5] Esses três conceitos são de ELLIOTT, Anthony; TURNER, Bryan S. *On Society*. Cambridge: Polity Press, 2012.

litígios coletivos globais. Em outras palavras, litígios coletivos globais são aqueles que afetam a sociedade de modo geral, mas que repercutem minimamente sobre os direitos dos indivíduos que a compõem. Apresentam baixa conflituosidade, tendo em vista o pouco interesse dos indivíduos em buscar soluções para o problema coletivo.

Em oposição a esse primeiro conceito está o de litígio coletivo local, que é aquele em que o litígio, embora coletivo, atinge pessoas determinadas, em intensidade significativa, capaz de alterar aspectos relevantes de suas vidas. Essas pessoas, todavia, compartilham algum tipo de laço de solidariedade social (sociedade como solidariedade), que as faz pertencentes a uma comunidade que se diferencia dos demais segmentos sociais. É o caso de lesões graves, causadas a direitos de grupos indígenas, minorias étnicas, trabalhadores de determinada empresa etc. No litígio local, a conflituosidade é moderada, uma vez que, ao mesmo tempo em que as pessoas querem opinar sobre a resolução do litígio, interessando-se pelas atividades que são desenvolvidas ao longo de um eventual processo e, provavelmente, discordando entre si acerca delas, a identidade de perspectivas sociais, dada pelo pertencimento à mesma comunidade, fornece um elemento de união, que impede que as divergências entre essas pessoas, embora existentes – nenhum grupo social é uniforme – sejam elevadas o bastante para ofuscar o objetivo comum.

Finalmente, o terceiro tipo se refere aos litígios coletivos irradiados. Essa categoria representa a situação em que as lesões são relevantes para a sociedade envolvida, mas ela atinge, de modo diverso e variado, diferentes subgrupos que estão envolvidos no litígio, sendo que entre eles não há uma perspectiva social comum, qualquer vínculo de solidariedade. A sociedade que titulariza esses direitos é fluida, mutável e de difícil delimitação, motivo pela qual se identifica com a sociedade como criação.

O litígio decorrente dos desastres ambientais do Rio Doce e de Brumadinho são exemplos prototípicos de um litígio coletivo irradiado. Nesses casos, a conflituosidade é elevada, uma vez que as pessoas sofrem lesões significativas o bastante para querer terem suas vozes ouvidas, mas essas lesões são distintas em modo e intensidade, o que potencializa as diferenças em suas pretensões. A sociedade está em conflito não apenas com o causador do dano, mas também consigo mesma.

Embora o desastre de Mariana seja posterior ao desenvolvimento original do conceito de litígio irradiado, os estudos empíricos do caso demonstram a presença das características previstas pela teoria⁶. Os subgrupos sociais atingidos pela tragédia divergiram frontalmente acerca do modo como a tutela jurisdicional para o caso deveria ser buscada, rompendo com a ideia, tradicionalmente defendida, de que os direitos coletivos são indivisíveis e de que a satisfação de um significa, automaticamente, a satisfação de todos, como tradicionalmente pensava a doutrina brasileira do processo coletivo⁷.

É importante mencionar que, além da conflituosidade, outro indicador que varia entre os diferentes litígios coletivos é a complexidade. São denominados litígios coletivos simples aqueles em que a providência reparatória, que provê tutela ao direito material violado, é de fácil definição, de modo a não despertar maiores dúvidas. Por exemplo, se consumidores foram lesados por uma cobrança a maior, o litígio é simples.

---

⁶ A aplicação do conceito de litígio irradiado ao caso de Mariana também foi feita por PEÇANHA, Catharina; LAMÊGO, Guilherme; ARGOLO, Isaac; SENTO-SÉ, Jairo e ROSSI, Thaís. O desastre de mariana e a tipologia dos conflitos bases para uma adequada regulação dos processos coletivos. In: Revista de Processo, vol. 278, 2018, p. 263-297. Esse artigo foi premiado em uma competição acadêmica promovida pela Universidade Catolica del Peru, que teve como jurados Michele Taruffo, Eduardo Oteiza e Loïc Cadiet. Na introdução do trabalho, lê-se: "O presente trabalho tem como referencial teórico a tese de doutoramento de Edilson Vitorelli: "O devido processo legal coletivo: dos direitos aos litígios coletivos". Suas ideias são o fundamento das reflexões aqui expostas. Suas propostas embasam as conclusões deste trabalho.

O objetivo deste ensaio é demonstrar a insuficiência da legislação atual do processo coletivo na américa latina, propondo que a base para uma adequada regulação do processo coletivo passe pela observância das características dos litígios em concreto. (...)

Diante disso, passamos a apresentar a proposta de Edilson Vitorelli que repensa a teoria do processo coletivo a partir das características do litígio em concreto, adequando-a às exigências do devido processo legal.

O problema da conflituosidade gerada por barragens não é recente, nem exclusivo do caso de Mariana. Ver também, por exemplo, BRAGA, Ana Catarina Sento-Sé Martinelli. A cidade de Sento-Sé e a construção da barragem do Sobradinho: memória, resistência e territorialidade no nordeste brasileiro (1970-1990). In: Anais do Congresso Internacional em Sociais e Humanidades. Salvador: UCSal, 2014, p. 301-320, bem como LAMONTAGNE, Annie. Impactos discursivos: conflitos socioambientais e o licenciamento da UHE Estreito. Curitiba: Editora CRV, 2012.

⁷ Por todos, afirmava Barbosa Moreira que a satisfação de um dos titulares "implica de modo necessário a satisfação de todos e, reciprocamente, a lesão de um só constitui, *ipso facto*, lesão da inteira coletividade". BARBOSA MOREIRA, José Carlos. *Temas de direito processual civil*: terceira série. São Paulo: Saraiva, 1984, p. 174.

A tutela jurisdicional pode ser obtida pela restituição do valor. Por outro lado, o modo de tutelar a lesão ao meio ambiente decorrente do desastre de Mariana é altamente complexo. Há inúmeras possibilidades, todas com relações variáveis de custo-benefício. A análise, no caso dos litígios complexos, se afasta significativamente do binômio lícito-ilícito e se aproxima, inevitavelmente, de considerações que dependem de *inputs* políticos, econômicos e de outras áreas do conhecimento. Os problemas são policêntricos e sua solução não está preestabelecida na lei, o que acarreta grandes dificuldades para a atuação jurisdicional[8].

Os litígios irradiados sempre são complexos, uma vez que as características não-uniformes da lesão implicam elevadas dificuldades para apreender o modo como a sua reparação pode ser realizada. Litígios locais e globais podem ser simples ou complexos, dependendo das circunstâncias. Por exemplo, um litígio global relacionado ao aquecimento global é complexo, enquanto aquele relacionado a pequenas lesões ao mercado consumidor é simples. A complexidade é um importante indicador que condiciona o modo de exercício da representação da sociedade no processo coletivo, caso ele venha a existir[9]. Apesar dessa variação, a complexidade dos litígios globais tende a ser baixa, dado o desinteresse das pessoas em buscar e apresentar soluções alternativas, enquanto a dos litígios locais tende a ser alta, uma vez que os integrantes da comunidade estão dispostos a buscar e a defender possibilidades alternativas de tutela jurisdicional do direito violado.

Em conclusão, litígios coletivos são aqueles que existem no contexto de uma relação jurídica titularizada por uma sociedade, não por indivíduos isoladamente considerados. Essa sociedade é vista como estrutura,

---

[8] FLETCHER, William. The discretionary Constitution: institutional remedies and judicial legitimacy. In: The *Yale Law Journal*, vol. 91, n. 4, 1982, p. 635-697. Na p. 649, o autor aponta que um dos defeitos da atuação do Judiciário em problemas policêntricos é que "courts have no institutional authority to assess normatively the ends of possible solutions to non-legal polycentric problems. The formulation of the remedial decree thus depends to an extraordinary extent on the moral and political intuitions of one person acting not only without effective external control over his or her actions, but also without even the internal control of legal norms". Ver também VITORELLI, Edilson. O devido processo legal coletivo: dos direitos aos litígios coletivos. 2. Ed. São Paulo: RT, 2019, capítulo 6.

[9] VITORELLI, Edilson. O devido processo legal coletivo: dos direitos aos litígios coletivos. 2.ed. São Paulo: RT, 2019, capítulo 2.

quando é altamente homogênea, como solidariedade, quando tem laços marcantes de solidariedade entre seus membros, e como criação, quando é fluida e mutável[10]. Os litígios coletivos podem ser globais, locais ou irradiados, de acordo com as características da lesão que os ocasiona.

4. Processo coletivo

Em um mundo globalizado, em que as relações jurídicas são predominantemente massificadas, a ocorrência de litígios coletivos é inevitável. Qualquer país viverá situações em que distintas acepções de sociedade, formadas por seus habitantes, se verão envolvidas em litígios que não derivam de relações jurídicas individualizadas, mas coletivas. Mais que isso, como observa Michele Taruffo, "no atual mundo globalizado, a administração da justiça e a proteção de direitos não podem ser consideradas – como tem sido até agora – como questões pertencentes apenas à soberania pós-wesphaliana de estados-nação"[11]. Nesse sentido, os litígios coletivos podem ser e, em muitos casos, efetivamente são, transnacionais. Basta pensar no aquecimento global, que talvez seja o mais importante litígio coletivo ambiental da atualidade, que não está afeto ao sistema jurídico de nenhum país, especificamente. As tentativas que têm sido feitas para tratar o problema estão na esfera do direito internacional.

Se os litígios coletivos são necessários, o processo coletivo, por outro lado, é contingente. A existência de processos coletivos depende do ordenamento jurídico de cada país. Diversos países europeus não contam com sistemas processuais coletivos ou, quanto o têm, ele se limita a algumas

---

[10] Embora distinto, esse conceito é compatível com o pensamento de outros autores. Ver, por exemplo, DIDIER JR., Fredie; ZANETI JR., Hermes. Ações coletivas e o incidente de julgamento de casos repetitivos – espécies de processo coletivo no direito brasileiro: aproximações e distinções. In: *Revista de Processo*, vol. 256, 2016, p. 209-218: "Uma relação jurídica é coletiva se em um de seus termos, como sujeito ativo ou passivo, encontra-se um grupo (comunidade, categoria, classe etc.; designa-se qualquer um deles pelo gênero grupo). Se a relação jurídica litigiosa envolver direito (situação jurídica ativa) ou dever ou estado de sujeição (situações jurídicas passivas) de um determinado grupo, está-se diante de um processo coletivo.

[11] TARUFFO, Michele. Notes on the collective protection of rights. In: *I Conferencia Internacional y XXIII Jornadas Iberoamericanas de derecho procesal*: procesos colectivos class actions. Buenos Aires: International Association of Procedural Law y Instituto Iberoamericano de derecho procesal, 2012, p. 23-30. A citação está na p. 27.

áreas do Direito. Isso não significa, por óbvio, que os litígios coletivos, nesses países, só existam em matéria de consumo. Significa apenas que o ordenamento jurídico não colocou à disposição das partes instrumentos processuais civis para obter a tutela coletiva em outras searas. Litígios coletivos em matéria de saúde ou de educação, por exemplo, serão resolvidos pelo Direito Administrativo, com a atuação de órgãos e entidades governamentais, ou pelo processo individual. Litígios ambientais estarão afetos ao Direito Penal e assim por diante.

Mesmo no Brasil, que tem um sistema processual coletivo bastante amplo, ele não está disponível para todos os litígios, ainda que coletivos. O parágrafo único do art. 1º da Lei da Ação Civil Pública exclui a incidência do processo coletivo sobre os litígios que versem sobre questões tributárias, relacionadas a contribuições previdenciárias ou a fundos institucionais cujos beneficiários podem ser individualmente identificados, como é o caso do Fundo de Garantia por Tempo de Serviço – FGTS. Apesar disso, é muito mais provável que os litígios tributários e previdenciários sejam coletivos, não individuais. Afinal, o Estado impõe exações tributárias, em regra, à sociedade de contribuintes que se encontrem em determinada situação, não a pessoas singularmente escolhidas.

Nesse quadro, os conceitos de processo coletivo e de litígio coletivo não são sinônimos, nem se relacionam, necessariamente. O processo coletivo é a técnica processual colocada à disposição da sociedade, pelo ordenamento, para permitir a tutela jurisdicional dos direitos afetados pelos litígios coletivos. Se essa técnica não existir, os litígios coletivos serão tratados por outras técnicas processuais, de acordo com o sistema de cada país.

Via de regra, o processo coletivo foi moldado, nos diversos países em que foi adotado, por intermédio de técnicas representativas: algum sujeito que não titulariza o direito material, ou, pelo menos, não titulariza a totalidade dele, é legitimado pela ordem jurídica para conduzir um processo cuja decisão, ao final, terá efeitos sobre a sociedade titular do direito litigioso[12]. O processo coletivo rompe, assim, com a lógica

---

[12] "Segundo pensamos, ação coletiva é a proposta por um legitimado autônomo (legitimidade), em defesa de um direito coletivamente considerado (objeto), cuja imutabilidade do comando da sentença atingirá uma comunidade ou coletividade (coisa julgada). Aí está, em breves linhas, esboçada a nossa definição de ação coletiva. Consideramos elementos

tradicional do *"day in court"*. É a tese, não o sujeito, que será submetido ao tribunal[13].

No Brasil, os litígios coletivos podem ser processados coletivamente, na forma das disposições que compõem o microssistema processual coletivo, principalmente a Lei da Ação Civil Pública e a parte processual (arts. 81 a 104) do Código de Defesa do Consumidor. É de se recordar também a existência de disposições quanto ao processo coletivo na Consolidação das Leis do Trabalho, na Lei do Mandado de Segurança, na Lei da Ação Popular, na Lei de Improbidade Administrativa, no Estatuto da Criança e do Adolescente, no Estatuto do Idoso, dentre outros. O sistema de formação de precedentes obrigatórios também pode servir para solucionar litígios coletivos. Quando a decisão de um processo define uma questão de direito com efeitos para toda uma sociedade, entendida como estrutura, como solidariedade ou como criação, poderá proporcionar soluções para litígios coletivos[14].

Observe-se que, mesmo que exista, no ordenamento jurídico, a possibilidade de ajuizamento de ações coletivas, elas podem não ser propostas e o litígio, embora coletivo, acabar sendo tratado em processos individuais.

---

indispensáveis para a caracterização de uma ação como coletiva a legitimidade para agir, o objeto do processo e a coisa julgada" GIDI, Antonio. Coisa julgada e litispendência em ações coletivas. São Paulo: Saraiva, 1995, p. 16.

[13] Fredie Didier Jr. e Hermes Zaneti Jr. apresentam uma exceção ao caráter representativo do processo coletivo. Trata-se do art. 37, da Lei 6.001/73, o Estatuto do Índio, que dispõe que "Os grupos tribais ou comunidades indígenas são partes legítimas para a defesa dos seus direitos em juízo, cabendo-lhes, no caso, a assistência do Ministério Público Federal ou do órgão de proteção ao índio". Esse dispositivo é compatível com o teor do art. 232 da Constituição, que determina que "Os índios, suas comunidades e organizações são partes legítimas para ingressar em juízo em defesa de seus direitos e interesses, intervindo o Ministério Público em todos os atos do processo". DIDIER JR., Fredie; ZANETI JR., Hermes. Curso de Direito Processual Civil: Processo Coletivo. 11, ed. Salvador: Editora Juspodivm, 2017. O STJ, no julgamento do REsp 990.085/PA, rel. Min. Francisco Falcão, j. 19.2.08, não apenas admitiu a legitimidade recursal da Comunidade Indígena Gavião da Montanha, como ainda lhe reconheceu as prerrogativas processuais inerentes à Fazenda Pública. Essa seria uma situação de legitimação coletiva ordinária, de índole não representativa: a comunidade age em defesa dos seus próprios direitos. Trata-se, todavia, de exceção única, que não compromete o conceito apresentado no texto, para outras situações.

[14] No sentido do texto, DIDIER JR., Fredie; ZANETI JR., Hermes. Ações coletivas e o incidente de julgamento de casos repetitivos – espécies de processo coletivo no direito brasileiro: aproximações e distinções. In: *Revista de Processo*, vol. 256, 2016, p. 209-218.

Isso ocorre no Brasil, em diversas situações, nas diversas situações que se convencionou chamar de litigância de massa ou litigância repetitiva. Um exemplo emblemático é a do litígio decorrente dos limites das prestações devidas pelo Sistema Único de Saúde. Embora esse litígio seja claramente coletivo, uma vez que a saúde pública é um serviço oferecido a todos, em igualdade de condições, a interpretação que se produziu do princípio da inafastabilidade da jurisdição permitiu que fossem ajuizadas milhões de ações requerendo, individualmente, medicamentos ou tratamentos médicos[15]. Tanto é assim que o sistema de precedentes obrigatórios, estabelecido pelo Código de Processo Civil de 2015, prevê, em diversas disposições, que os precedentes, ainda que formados em processos individuais, se aplicam também aos processos coletivos[16], denotando que a solução atribuída ao caso individual pode ser extensível a um processo coletivo, exatamente porque ambos podem incidir sobre o mesmo litígio. O texto do CPC também reconhecia expressamente essa possibilidade no art. 333, vetado, que permitia a conversão de ação individual e coletiva.

O contrário também é possível. Litígios puramente individuais podem ser tratados em processos coletivos, quando o ordenamento assim o permite. O Código de Defesa do Consumidor autoriza que sejam propostas

---

[15] O mesmo fenômeno ocorre com a pretensão de obtenção de vagas para crianças em creches públicas. Embora o litígio seja coletivo (faltam vagas em um serviço público), há milhares de processos judiciais individuais solicitando, cada um, vaga para uma criança.

[16] Art. 982. Admitido o incidente, o relator:
I – suspenderá os processos pendentes, individuais ou coletivos, que tramitam no Estado ou na região, conforme o caso; (...)
§ 3º Visando à garantia da segurança jurídica, qualquer legitimado mencionado no art. 977, incisos II e III, poderá requerer, ao tribunal competente para conhecer do recurso extraordinário ou especial, a suspensão de todos os processos individuais ou coletivos em curso no território nacional que versem sobre a questão objeto do incidente já instaurado.
Art. 985. Julgado o incidente, a tese jurídica será aplicada:
I – a todos os processos individuais ou coletivos que versem sobre idêntica questão de direito e que tramitem na área de jurisdição do respectivo tribunal, inclusive àqueles que tramitem nos juizados especiais do respectivo Estado ou região;
Art. 987. Do julgamento do mérito do incidente caberá recurso extraordinário ou especial, conforme o caso.
§ 2º Apreciado o mérito do recurso, a tese jurídica adotada pelo Supremo Tribunal Federal ou pelo Superior Tribunal de Justiça será aplicada no território nacional a todos os processos individuais ou coletivos que versem sobre idêntica questão de direito.

ações coletivas para tutelar direitos individuais homogêneos, que são aqueles decorrentes de "origem comum". Dependendo de como se interpreta essa origem comum – e Sérgio Arenhart já demonstrou que tal interpretação não é unívoca[17] – será possível permitir que os clientes lesados pelo alfaiate sejam tutelados em uma ação proposta por uma associação de consumidores, ainda que seus litígios sejam individuais.

Em sentido análogo, o STJ e o STF vêm permitindo, ainda que sem unanimidade[18], o processamento de habeas corpus coletivos, que pretendem tutelar a liberdade de grupos de presos, como foi o caso das presas mães de filhos menores[19]. Apesar da aceitação, pelos tribunais, do (discutível[20]) instrumento processual coletivo, os litígios, nesses casos, são claramente individuais, uma vez que cada uma dessas mulheres tinha sido presa por uma ordem judicial distinta, por crimes diversos e em situações carcerárias completamente diferentes. A liberdade dessas pessoas não foi cerceada enquanto grupo, coletivamente.

Também é preciso perceber que, embora o litígio coletivo usualmente decorra da sociedade ter sofrido uma lesão, é possível, em alguns casos, que ela seja a causadora da lesão. É o que ocorre, por exemplo, quando um grupo de trabalhadores organizados causa danos ao seu empregador, ou quando um grupo social, organizado pela internet, realiza manifestações violentas, que lesam o direito de indivíduos.

Em alguns países, como é o caso dos Estados Unidos, o ordenamento jurídico fornece à vítima uma ferramenta para processar a sociedade, que é a ação coletiva passiva (*defendant class action*). Um representante

---

[17] ARENHART, Sérgio Cruz. A tutela coletiva de interesses individuais: para além da proteção dos interesses individuais homogêneos. 2. ed. São Paulo: RT, 2014.
[18] Não aceitando o HC coletivo, por exemplo, no STJ, AgRg no RHC 41.675/SP, Rel. Min. Ribeiro Dantas, j. 05.10.2017. No STF, HC 148.459, rel. Min. Alexandre de Moraes, j. 19.2.2018.
[19] STF, HC 143641/SP. Rel. Min. Ricardo Lewandowski, j. 20.2.2018.
[20] O habeas corpus é um remédio existente em praticamente todos os sistemas jurídicos ocidentais, destinado a tutelar a liberdade individual de alguém. A ponderação das características e circunstâncias pessoais daquele indivíduo são essenciais para a decisão de sua soltura, assim como são essenciais para a decisão da sua prisão. Basta que se pense no exemplo oposto – a possibilidade de se editar ordens coletivas de prisão – para que se perceba que a garantia de liberdade individual contra o encarceramento determinado por um juiz é impassível de tutela coletiva, na via do habeas corpus. Cria-se, mais uma vez, uma espécie de "teoria brasileira do habeas corpus", tal como ocorreu no início do século XX.

adequado é apontado pelo autor, para assumir a defesa do grupo e, caso ele seja derrotado, as consequências poderão ser impostas aos integrantes da sociedade, ainda que eles não tenham tido oportunidade de intervir no processo.

Apesar de alguns autores entenderem que essa possibilidade existe também no Brasil[21], já se demonstrou, em outro estudo, que não há condições, de acordo com o ordenamento vigente, para que um representante possa ser processado e, caso seja derrotado, o vencedor imponha a condenação aos ausentes, que não puderam participar do processo. A interpretação que se faz, presentemente, dos limites subjetivos da coisa julgada e da cláusula constitucional do devido processo legal impedem esse resultado[22]. Assim, ao litígio coletivo passivo, no Brasil, não corresponde uma ação coletiva passiva. É bom mencionar que, mesmo nos Estados Unidos, a atenção e entusiasmo da doutrina com a modalidade passiva das *class actions* são consideravelmente reduzidos[23].

Em síntese, o processo coletivo é a técnica que o ordenamento jurídico coloca à disposição da sociedade para obter tutela dos direitos materiais violados no contexto de litígios coletivos. Esse processo se desenvolve por intermédio da atividade de um representante, que figura como parte, mas litiga em nome dos verdadeiros titulares do direito. Embora o processo coletivo seja a melhor forma de se prestar tutela jurisdicional para os litígios coletivos, ele pode não ser a única, ou pode mesmo não estar disponível, dependendo do ordenamento jurídico de cada país.

---

[21] Por exemplo, DIDIER JR., Fredie; ZANETI JR., Hermes. Curso de Direito Processual Civil: Processo Coletivo. 11, ed. Salvador: Editora Juspodivm, 2017, p. 495-502; PEIXOTO, Ravi. Presente e futuro da coisa julgada no processo coletivo passivo: uma análise do sistema atual e as propostas dos anteprojetos. In: Revista de Processo, vol. 256, 2016, p. 229-254; RUDINIKI NETO, Rogério. Ação coletiva passiva e ação duplamente coletiva. Dissertação de mestrado apresentada ao Programa de Pós-graduação da Universidade Federal do Paraná. Curitiba: 2015.

[22] Nesse sentido, ver VITORELLI, Edilson. Ações coletivas passivas: porque elas não existem nem deveriam existir. In: Revista de Processo, vol. 278, 2018, p. 297-335.

[23] Francis Shen conduziu uma pesquisa quantitativa que apontou que, desde 1972, são propostas em juízos federais norte-americanos mais de 1000 ações coletivas ativas por ano, chegando, em 2006, a aproximadamente 5000. Em todo esse período, as ações coletivas passivas nunca atingiram a marca de 100 processos em um ano. SHEN, Francis X. The overlooked utility of the defendant class action. In: *Denver University Law Review*, vol. 88, n. 1, 2010, p. 73-181.

Da indisponibilidade de um sistema processual coletivo não se pode extrair a inexistência de litígios coletivos, que são inerentes à organização social moderna. Eles serão resolvidos por outras vias, jurisidicionais ou não.

No Brasil, embora o processo coletivo esteja disponível, é comum que litígios coletivos sejam tratados por múltiplos processos individuais. Apesar de lícita, essa alternativa prejudica a qualidade e economicidade da prestação jurisdicional, propicia julgamentos contraditórios, em prejuízo ao princípio da isonomia e impede que o problema seja solucionado como um todo, a partir da consideração completa de seus elementos.

5. O perfil do litígio coletivo nos desastres do Rio Doce e de Brumadinho

Tanto o litígio coletivo relativo ao desastre do Rio Doce, quanto ao de Brumadinho, são litígios irradiados. Eles afetam uma sociedade fluida de pessoas, que surge a partir do litígio e que é formada de subgrupos que são afetados de formas quantitativa e qualitativamente distintas. Os membros dessa sociedade fluida e elástica não titularizam o direito em idêntica medida, mas em proporção à gravidade da lesão que experimentam. Graficamente, a lesão é como uma pedra atirada em um lago, causando ondas de intensidade decrescente, que se irradiam a partir de um centro. Quanto mais afetado alguém é por aquela violação, mais próximo está desse ponto central e, por essa razão, integra, com maior intensidade, essa sociedade elástica das pessoas atingidas pelo prejuízo, titulares do direito violado.[24] Também é possível representar a imagem mental de um

---

[24] A imagem mental proposta também pode ser representada pela explosão de uma bomba, sempre lembrando a advertência de Ovídio Baptista da Silva, quanto ao caráter desaconselhável das "tentativas de representações gráficas de fenômenos jurídicos" (SILVA, Ovídio A. Baptista da. *Sentença e coisa julgada*: ensaios e pareceres. 4. ed. Rio de Janeiro: Forense, 2006, p. 90). Ada Pellegrini Grinover se vale de uma imagem similar, embora não atribua a ela as consequências tratadas no texto: "Ao contrário, os interesses sociais são comuns a um conjunto de pessoas, e somente a estas. Interesses espalhados e informais à tutela de necessidades coletivas, sinteticamente referíveis à qualidade de vida. Interesses de massa, que comportam ofensas de massa e que colocam em contraste grupos, categorias, classes de pessoas. Não mais se trata de um feixe de linhas paralelas, mas de um leque de linhas que convergem para um objeto comum e indivisível. Aqui se inserem os interesses dos consumidores, ao ambiente, dos usuários de serviços públicos, dos investidores, dos beneficiários da previdência social e de todos aqueles que integram uma comunidade compartilhando de

litígio irradiado pelo recurso aos *overlapping circles*. Essa figura retrata um centro de maior densidade, onde os círculos se interceptam diversas vezes, representando o epicentro da lesão, e uma periferia progressivamente mais rarefeita, na qual os interesses são menos intensos e significativos.

Figura 2: *Overlapping circles*. Ilustração elaborada por BURNS, Anne M. Recursion in Nature, Mathematics and Art. Disponível em: [http://www.mi.sanu.ac.rs/ vismath/bridges2005/burns/index.html]. Acesso em: 3.5.2020.

As pessoas que sofrem os efeitos da lesão ao direito em menor intensidade se posicionam em pontos mais afastados desse centro, mas, nem por isso, deixam de integrar a sociedade. Fora dela estarão as pessoas que, mesmo tendo algum interesse abstrato ou ideológico na questão litigiosa, não são por ela afetadas. Suas vidas seguirão da mesma maneira, independentemente da ocorrência da violação ou da forma como ela for tutelada. Com essa proposição, não interessa de quem é "o" meio ambiente, ou "o" mercado consumidor, mas sim a quem atinge, e em que grau, a lesão àquele meio ambiente ou àquela relação de consumo, especificamente considerados a partir de seus efeitos concretos.

suas necessidades e seus anseios" (GRINOVER, Ada Pellegrini. Significado social, político e jurídico da tutela dos interesses difusos. *Revista de Processo*, vol. 97, p. 9 e ss., 2000).

Esse círculo hipotético não termina em uma linha precisa, tal como as ondas causadas em um lago não acabam em um ponto perfeitamente determinado, mas em um *ralentando* de situações jurídicas. As pessoas da periferia do círculo são afetadas de modo progressivamente menor, até que não se possa mais definir uma lesão pessoalmente atribuível a alguém, o que marca o limite externo da sociedade. Ao contrário do que às vezes se costuma afirmar, de maneira um pouco romântica, uma lesão transindividual não interessa a todos. Ela é irrelevante para a vida da maior parte dos habitantes do planeta, por mais grave que seja para as pessoas que com ela convivem. Isso não significa que alguém distante não possa sentir empatia pelo sofrimento alheio, ou se mobilizar para a proteção do meio ambiente, mas tais atitudes não o colocam na mesma posição das pessoas que efetivamente experimentam os efeitos da conduta.

Assim, mesmo que exista algum grau de indeterminação nas fronteiras da sociedade que titulariza os direitos litigiosos, é possível definir as posições de diferentes indivíduos nela, de acordo com a intensidade da lesão experimentada. Essa definição pode ser utilizada tanto em termos estáticos, considerando as pessoas que sofrem mais como ocupantes de uma posição central, as que sofrem menos, de uma posição periférica, e as que não são afetadas, de uma posição exterior, quanto com o auxílio de uma análise relacional, comparando-se os efeitos sofridos por duas pessoas, para identificar se a primeira ocupa posição mais ou menos central nessa sociedade, em relação à segunda.

6. O diagrama de um litígio irradiado: orientações ao legitimado coletivo

O desafio de um litígio irradiado é definir de que modo o legitimado coletivo deve se comportar em relação ao grupo. Como ele é formado de vários subgrupos que são lesados de maneiras distintas e têm pretensões distintas quanto ao resultado do processo, é preciso definir de que forma o legitimado deve se comportar quando essas pretensões são inconciliáveis.

A primeira providência é que o legitimado trace um diagrama do litígio, com o propósito de identificar os subgrupos e sua importância relativa. No centro estarão os subgrupos mais afetados, com os demais posicionados a partir daí. O diagrama do litígio coletivo do desastre do Rio Doce, hipoteticamente, poderia ser traçado da seguinte forma:

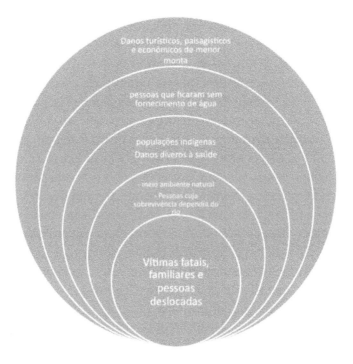

Figura 3: **Diagrama simplificado do litígio irradiado do Desastre do Rio Doce**

A posição relativa dos subgrupos no diagrama não é predefinida. Ela depende do contexto do litígio e da avaliação que o legitimado faz da posição de cada um deles, em relação ao outro. O diagrama pode variar ao longo do desenvolvimento do litígio, conforme novos fatos sejam apurados.

A partir do diagrama, o legitimado coletivo pode apurar os interesses de cada subgrupo. Essa formulação não parte, em termos lógicos, da opinião do representante, mas da vontade do próprio grupo, que demanda especial consideração para ser afastada. Pressupõe-se um exercício mental, segundo o qual o representante deve antecipar os momentos de prestação de contas e, caso tenha necessidade de agir contrariamente ao que o grupo deseja, conclua que será capaz de justificar essa atuação, apresentando aos titulares dos direitos razões aceitáveis para tanto.[25]

---

[25] O problema da justificação não é estranho à doutrina brasileira, que usualmente o aborda em relação à atividade jurisdicional: "A justificação, por sua vez, está associada à necessidade

"A responsabilidade do representante não consiste apenas em relatar aos cidadãos como cumpriu o mandato por eles autorizado ou como serviu aos seus interesses, mas também em persuadi-los da adequação de suas avaliações".[26]

A partir disso, a premissa é que o legitimado atue de maneira orbital elíptica. Ele deve centrar seus esforços na busca dos interesses dos subgrupos mais centrais, em detrimento dos mais periféricos. É permissível que o legitimado se afaste menos dos subgrupos mais centrais e mais daqueles que ocupam posições mais periféricas no diagrama do litígio. Em outras palavras, o legitimado coletivo deve-se atentar mais para as necessidades dos subgrupos que ocupam posições mais centrais no diagrama do litígio e, se for o caso, afastar-se dos interesses mais periféricos.

Se o legitimado não for capaz de representar interesses igualmente relevantes, mas antagônicos, deverá considerar a possibilidade de pluralização da representação, transferindo a atuação em favor de alguns subgrupos para outro sujeito. Essa pluralização deve ser feita com cautela. De um lado, não é apropriado que, quando se verificam diversos interesses contrapostos no grupo, o legitimado pretenda representar a todos. De outro, a excessiva fragmentação pode complicar ainda mais o diálogo e reduzir as chances de um resultado efetivo. A dimensão da representação e das subdivisões do grupo devem ser proporcionais a sua posição no diagrama do litígio, que deriva da importância do impacto que sofreram. Assim, subgrupos mais periféricos podem ser contrariados ou não ouvidos, se isso for necessário para a garantia da tutela adequada dos subgrupos centrais.

---

de explicitar as razões pelas quais uma decisão foi tomada dentre outras que seriam possíveis. Na verdade, cuida-se de transformar os diferentes processos lógicos internos do aplicador, que o conduziram a uma determinada conclusão, em linguagem compreensível para a audiência. Há aqui um ponto importante que muitas vezes é negligenciado. Em um Estado republicano, no qual – repita-se – todos são iguais, ninguém tem o direito de exercer poder político por seus méritos pessoais, excepcional capacidade ou sabedoria. Todo aquele que exerce poder político o faz na qualidade de agente delegado da coletividade e deve a ela satisfações por seus atos". BARCELLOS, Ana Paula de. *Ponderação, racionalidade e atividade jurisdicional*. Rio de Janeiro: Renovar, 2005, p. 45-46.

[26] YOUNG, Iris Marion. Representação política, identidade e minorias. Trad. Alexandre Morales. *Revista Lua Nova*, vol. 67, p. 155, 2006.

7. Conclusões

Os litígios decorrentes dos desastres do Rio Doce e de Brumadinho representam um desafio dos mais difíceis para o processo coletivo. Oferecer resultados sociais significativos para contextos em que a sociedade é lesada de maneiras quantitativa e qualitativamente distintas, mas que serão resolvidas em um processo de possibilidades limitadas e em um mundo de recursos escassos, é uma tarefa cujo sucesso é improvável. Todavia, o sucesso do processo coletivo sempre deve ser avaliado de maneira comparativa à situação que existiria na sua ausência. Não há evidências de que os poderes Executivo e Legislativo produziriam resultados melhores, por conta própria, se fossem deixados à própria sorte.

Os conceitos tradicionais, legislados, de direitos difusos, coletivos e individuais homogêneos, previstos pelo CDC, são o resultado de um esforço importante, realizado em um momento em que ainda não havia nenhuma experiência na judicialização de conflitos coletivos. Por isso, a sua prioridade não foi estabelecer um conceito de fato operativo, mas sim de assegurar que esses direitos seriam passíveis de tutela jurisdicional, ainda que seus titulares não fossem perfeitamente determinados. Nesse sentido, o valor histórico dessa classificação é inegável.

No entanto, passada a discussão da justiciabilidade de direitos difusos, coletivos e individuais homogêneos, foi possível notar que a operatividade desses conceitos é reduzida. Primeiro, eles partem da premissa de que é possível diferenciar direitos coletivos de individuais quando, na realidade, as lesões aos grupos atingem os indivíduos que os integram e, ao mesmo tempo, os indivíduos só existem em sociedade. É por isso que os aspectos individuais e coletivos dos conflitos estão, não raramente, entremeados.

Dessa maneira, a classificação do CDC, sem prejuízo de seu valor histórico, é, hoje, controversa do ponto de vista teórico e inútil do ponto de vista prático. Quando ela tem alguma utilidade, é uma utilidade negativa. Por essa razão, a classificação dos litígios coletivos pretende superá-la, enfocando as características do litígio, tal como ele ocorre na realidade, para daí condicionar a conduta do legitimado coletivo e os efeitos da decisão, que devem se impor tanto sobre os direitos litigiosos, afetando os indivíduos e os grupos que eles integram.

Assim, a proposta da teoria dos litígios coletivos é orientar o processo coletivo a partir de uma verificação empírica das características do litígio, empiricamente verificados, em vez de uma classificação abstrata de direitos. Sinteticamente, os tipos de litígios coletivos podem ser assim expressos:

1. **Litígios coletivos globais**: existem no contexto de violações que não atinjam, de modo particular, a qualquer indivíduo. Os direitos transindividuais subjacentes a tais litígios pertencentes à sociedade humana, representada pelo Estado nacional titular do território em que ocorreu a lesão;
2. **Litígios coletivos locais**: têm lugar no contexto de violações que atinjam, de modo específico, pessoas que integram uma sociedade altamente coesa, unida por laços identitários de solidariedade social, emocional e territorial. Os direitos transindividuais subjacentes a essa categoria de litígios pertencem aos indivíduos integrantes dessa sociedade, uma vez que os efeitos da lesão sobre ela são tão mais graves do que sobre as pessoas que lhe são externas, o que torna o vínculo destas com a lesão irrelevante para fins de tutela jurídica. Essa categoria inclui, em um segundo círculo, as situações em que, mesmo não havendo uma identidade tão forte entre os integrantes da sociedade, eles compartilham perspectivas sociais relativamente uniformes, pelo menos no que se refere à tutela do direito lesado;
3. **Litígios coletivos irradiados**: são litígios que envolvem a lesão a direitos transindividuais que interessam, de modo desigual e variável, a distintos segmentos sociais, em alto grau de conflituosidade. O direito material subjacente deve ser considerado, nesse caso, titularizado pela sociedade elástica composta pelas pessoas que são atingidas pela lesão. A titularidade do direito material subjacente é atribuída, em graus variados, aos indivíduos que compõem a sociedade, de modo diretamente proporcional à gravidade da lesão experimentada.

Em termos esquemáticos, é possível representar as características dos litígios globais, locais e irradiados da seguinte forma:

Tipologia dos litígios	Conflituosidade	Complexidade
GLOBAIS	Baixa	mais ou **MENOS** +/⊖
LOCAIS	Média	**MAIS** ou menos ⊕/-
IRRADIADOS	Alta	ALTA ⊕

Figura 4: **Quadro esquemático da tipologia dos litígios globais, locais e irradiados, com seu respectivo grau de conflituosidade e complexidade.**

Os litígios decorrentes dos desastres de Brumadinho e Mariana configuram litígios irradiados, relativamente aos quais o legitimado coletivo deve orientar a sua atuação para prestigiar os subgrupos lesados com maior intensidade, concentrando neles os seus esforços. Além disso, se as pretensões de diferentes subgrupos forem irreconciliáveis, o legitimado coletivo deve cogitar a possibilidade de pluralizar a representação, atribuindo grupos distintos a legitimados distintos, que possam litigar vigorosamente as suas posições. Se essa cisão não for recomendável e o legitimado tiver que fazer escolhas, ele deverá prestigiar as pretensões dos subgrupos amis lesados, em detrimento daqueles que foram menos atingidos.

Referências

ARENHART, Sérgio Cruz. A tutela coletiva de interesses individuais: para além da proteção dos interesses individuais homogêneos. 2. ed. São Paulo: RT, 2014.

BARBOSA MOREIRA, José Carlos. *Temas de direito processual civil*: terceira série. São Paulo: Saraiva, 1984.

BARCELLOS, Ana Paula de. *Ponderação, racionalidade e atividade jurisdicional*. Rio de Janeiro: Renovar, 2005.

BRAGA, Ana Catarina Sento-Sé Martinelli. A cidade de Sento-Sé e a construção da barragem do Sobradinho: memória, resistência e territorialidade no nordeste brasileiro (1970-1990). In: Anais do Congresso Internacional em Sociais e Humanidades. Salvador: UCSal, 2014, p. 301-320.

DIDIER JR., Fredie; ZANETI JR., Hermes. Ações coletivas e o incidente de julgamento de casos repetitivos – espécies de processo coletivo no direito brasileiro: aproximações e distinções. In: *Revista de Processo*, vol. 256, 2016, p. 209-218.

DIDIER JR., Fredie; ZANETI JR., Hermes. Curso de Direito Processual Civil: Processo Coletivo. 11, ed. Salvador: Editora Juspodivm, 2017.

ELLIOTT, Anthony; TURNER, Bryan S. *On Society*. Cambridge: Polity Press, 2012.

FLETCHER, William. The discretionary Constitution: institutional remedies and judicial legitimacy. In: The *Yale Law Journal*, vol. 91, n. 4, 1982, p. 635-697.

GIDI, Antonio. Coisa julgada e litispendência em ações coletivas. São Paulo: Saraiva, 1995.

GRINOVER, Ada Pellegrini. Significado social, político e jurídico da tutela dos interesses difusos. *Revista de Processo*, vol. 97, p. 9 e ss., 2000.

LAMONTAGNE, Annie. Impactos discursivos: conflitos socioambientais e o licenciamento da UHE Estreito. Curitiba: Editora CRV, 2012.

PEÇANHA, Catharina; LAMÊGO, Guilherme; ARGOLO, Isaac; SENTO-SÉ, Jairo e ROSSI, Thaís. O desastre de mariana e a tipologia dos conflitos bases para uma adequada regulação dos processos coletivos. In: Revista de Processo, vol. 278, 2018, p. 263-297.

PEIXOTO, Ravi. Presente e futuro da coisa julgada no processo coletivo passivo: uma análise do sistema atual e as propostas dos anteprojetos. In: Revista de Processo, vol. 256, 2016, p. 229-254.

RUDINIKI NETO, Rogério. Ação coletiva passiva e ação duplamente coletiva. Dissertação de mestrado apresentada ao Programa de Pós-graduação da Universidade Federal do Paraná. Curitiba: 2015.

SHEN, Francis X. The overlooked utility of the defendant class action. In: *Denver University Law Review*, vol. 88, n. 1, 2010, p. 73-181.

SILVA, Ovídio A. Baptista da. *Sentença e coisa julgada*: ensaios e pareceres. 4. ed. Rio de Janeiro: Forense, 2006.

TARUFFO, Michele. Notes on the collective protection of rights. In: *I Conferencia Internacional y XXIII Jornadas Iberoamericanas de derecho procesal*: procesos colectivos class actions. Buenos Aires: International Association of Procedural Law y Instituto Iberoamericano de derecho procesal, 2012, p. 23-30.

VITORELLI, Edilson. O devido processo legal coletivo: dos direitos aos litígios coletivos. 2.ed. São Paulo: RT, 2019.

VITORELLI, Edilson. Ações coletivas passivas: porque elas não existem nem deveriam existir. In: Revista de Processo, vol. 278, 2018, p. 297-335.

YOUNG, Iris Marion. Representação política, identidade e minorias. Trad. Alexandre Morales. *Revista Lua Nova*, vol. 67, p. 155, 2006.

2. A ação coletiva e a suspensão de ações individuais: isonomia e gestão a partir do Resp n. 1.525.327/PR

Gustavo Osna
Hannah Pereira Alff

Introdução
Por mais que o tema do processo coletivo venha recebendo atenção crescente em nossa doutrina e em nossos Tribunais, há inúmeros aspectos inseridos em seu âmbito que ainda se mostram dúbios ou lacunosos. A questão não surpreende, dialogando com as próprias raízes individualistas de nosso processo civil. E, diante dela, incumbe à jurisprudência um importante papel na consolidação da tutela coletiva, criando saídas compatíveis com esse campo capazes de maximizar sua efetividade. Foi precisamente esse o caso da decisão tomada pelo Egrégio Superior Tribunal de Justiça no REsp nº 1.525.327/PR, cujo exame dá fundo ao presente ensaio. Para conferir enquadramento a esse estudo, a presente pesquisa aborda, entre outros aspectos, os perigos à isonomia decorrentes da tramitação concomitante de processos providos de questões afins. Nesse sentido, demonstra-se o importante papel a ser desempenhado pelo processo coletivo, valorizando-se seus benefícios ligados a esse particular.

Ao longo do estudo, toma-se como foco central a análise do já referido Recurso Especial nº 1.525.327/PR. Como será visto, o caso possuiu como pano de fundo eventuais lesões sofridas por força de um suposto dano ambiental ocorrido na cidade de Adrianópolis, Paraná, em que ocorreu exposição à contaminação de metais pesados devido à exploração de jazidas de chumbo pela indústria de minérios. Aqui, observa-se o modo pelo qual o processo tomou forma e chegou ao posicionamento adotado. Da mesma maneira, serão expostos os principais elementos inerentes a essa decisão.

Por último, encerrando o estudo, será brevemente abordada a necessidade de que se confirma aderência ainda mais firme ao pensamento funcionalista que motivou a Corte de Vértice no contexto do aludido julgamento. Nesse sentido, pretende-se contribuir para a consolidação da processualística coletiva em nossa realidade.

1. Processo Coletivo, isonomia e gestão processual

Em nosso atual contexto, a garantia de acesso à justiça é, inegavelmente, assegurada a todo e qualquer indivíduo. Contudo, notadamente após a Constituição de 1988, essa questão foi ampliada de forma tão escalonada que, para adentrar as portas do Judiciário, o impacto social da medida é desconsiderado.[1] O número de processos demandando intervenção judicial foi crescendo, portanto, também de maneira exponencial – e nenhum filtro foi capaz de manter este número dentro dos padrões possíveis de atendimento razoável, trazendo ao Direito um cenário de inefetividade.[2]

Erik Navarro Wolkart[3] trata este momento enfrentado pelo ordenamento jurídico brasileiro como uma efetiva "tragédia da justiça". Para o autor, em analogia à ideia de "tragédia dos comuns", o acesso à justiça se tornou atualmente tão amplo que, objetivamente, a própria consecução da justiça pode se fazer inviável em inúmeras circunstâncias;

---

[1] Luiz Fux e Bruno Bodart tratam a respeito deste conceito de lide "socialmente benéfica" ao fazerem um estudo sobre a análise econômica da litigância civil, explicando que esta deveria ser feita a respeito de cada processo em potencial, para poder identificar se, após a realização deste cálculo, iniciar uma demanda frente ao judiciário ainda se trata de uma questão "socialmente benéfica", ou se a lide "impacta negativamente a sociedade". Neste sentido, ler FUX, Luiz; BODART, Bruno. *Processo Civil e Análise Econômica*. Rio de Janeiro: Forense, 2019. p. 34.

[2] MARCELLINO JR., Julio Cesar. *Análise Econômica do Acesso à Justiça*: dilemas da litigância predatória e inautêntica. Florianópolis: EMais, 2018. p. 172-173.

[3] WOLKART, Erik Navarro. *Análise econômica do Processo Civil*: como a economia, o direito e a psicologia podem vencer a tragédia da justiça. São Paulo: Thomson Reuters, 2019. p. 85-86

há, em resumo, um constante risco de mau uso dos recursos disponíveis à administração judiciária.[4]

Assim como na tragédia dos comuns, em que há um pasto sendo utilizado por diversos pastores para alimentar suas ovelhas e, a partir de um determinado momento, percebe-se que o pasto diminui a ponto de não mais alimentar os rebanhos que ali se nutriam, o Poder Judiciário passou a não mais ser capaz de responder todas as lides de modo minimamente atento à sua efetividade – tornando-se flagrantemente ineficiente.

Neste sentido, torna-se necessário buscar alternativas para alterar o quadro hoje existente. Uma delas é a tentativa de implementação de um processo coletivo fluído, de modo que o Judiciário possa se munir de suas respectivas técnicas que venham, em potencial, a facilitar a gestão dos processos. A questão, de fato, possui especial importância. Afinal, ao mesmo tempo em que cresce hoje o número de medidas judiciais, também avança a similitude de questões entre elas – justificando duplamente o seu tratamento conjunto. Por meio dele, aprimora-se a gestão de disputas e, ainda, evitam-se riscos à isonomia.

A gestão processual é importante, assim, para que o Judiciário brasileiro possa contornar sua atual ineficiência. Como notado por Araken de Assis[5], há aqui um desafio ideológico a ser enfrentado pelo nosso processo – aceitando atualizações e mudanças que ensejem técnicas hábeis e alterem o *modus operandi* que não condiz com a demanda atual.

Veja-se, ainda, que essa lógica em nada é exclusiva de nossa realidade – tratando-se de dilema com o qual boa parte dos ordenamentos, em perspectiva comparada, vem sendo obrigados a conviver. Nesses termos, entra em cena a própria noção de *case management*, hoje recorrente em

---

[4] Neste sentido: "O processo não é só o instrumento para solucionar o litígio de forma célere e justa. Como defende Lord Woolf, deve ser também economicamente viável. De nada adianta a prestação jurisdicional célere e justa se, em contrapartida, o custo do procedimento não puder adequar-se ao objeto em disputa. O custo da litigância deve ser considerado, sob pena de afastar o jurisdicionado que pretende apenas a discussão de litígios de pequena monta, mas que também necessita de tutela de sua pretensão." GONÇALVES, Gláucio Ferreira Maciel; BRITO, Thiago Carlos de Souza. Gerenciamento dos processos judiciais: notas sobre a experiência processual civil na Inglaterra pós-codificação. *In*: *Revista da Faculdade de Direito da UFMG*. n. 66. pp. 291-326. Belo Horizonte jan./jun. 2015. p. 303.

[5] ASSIS, Araken de. O direito comparado e a eficiência do sistema judiciário. *In*: *Revista do Advogado*. n. 43, jun. 1994. São Paulo: AASP, 1994.

doutrina e responsável por expressar, verdadeiramente, uma tentativa de maior gestão do serviço da *justiça* pelos seus operadores.

De fato, conforme Fernando Gajardoni, o papel que assume o Poder Judiciário frente à responsabilidade da melhor gestão dos conflitos é de extrema importância. Isso porque, *"sem o controle do acervo, do volume, dos recursos materiais e humanos disponíveis e dos próprios instrumentos processuais, o processo não alcança o seu fim maior: solucionar com justiça e presteza os conflitos sociais"*.[6]

Assim torna-se imprescindível, de um lado, uma maior aderência à ideia de *court management* – gestão da corte – fazendo com que, ao se contabilizar os recursos "materiais e humanos", empreguem-se os meios mais adequados a uma prestação qualitativa e quantitativa com menor onerosidade possível; de outro, é também necessária a admissão de uma maior abertura ao *case management* – gestão de processo – pautado na busca das técnicas mais adequadas à resolução das demandas judiciais.

Enquanto a Inglaterra instaurou essa ideia de *case management* após uma reforma estrutural do Poder Judiciário que resultou em um novo Código de Processo Civil (*Civil Procedure Rules*[7]) a ser aplicado a todos processos a partir de abril de 1999[8], os Estados Unidos da América também deram passos voltados a esta espécie de reestruturação, a fim de superar os obstáculos de um Judiciário carente de mecanismos para solucionar casos em massa e repetitivos. Os esforços resultaram no *Civil Justice Reform Act*, com o objetivo de instaurar mecanismos aptos tanto a aumentar a produtividade quanto a reduzir o tempo de reposta do Judiciário.

---

[6] GAJARDONI, Fernando da Fonseca. Gestão de Conflitos nos Estados Unidos e no Brasil. In: *Revista de Processo Comparado*. Vol. 4. p. 43-63. 2016.

[7] Interessante salientar o fato de, longe de ser um diploma idealizado, apesar de se tratar de um Código de Processo Civil que foi pensado e estruturado, passando pelas necessárias fases de construção de um Código num sistema de *Common Law*, nestes anos de vigência, o Código já passou por 112 modificações até a presente data de realização deste estudo. Mudanças essas que podem ser acompanhadas via online. Disponível em: https://www.justice.gov.uk/courts/procedure-rules/civil. Acesso em: 06 jan. 2020. Neste sentido: OSNA, Gustavo. *Processo civil, cultura e proporcionalidade*: análise crítica da teoria processual. São Paulo: Revista dos Tribunais, 2017.

[8] GONÇALVES, Gláucio Ferreira Maciel; BRITO, Thiago Carlos de Souza. Gerenciamento dos processos judiciais: notas sobre a experiência processual civil na Inglaterra pós-codificação. In: *Revista da Faculdade de Direito da UFMG*. n. 66. pp. 291-326. Belo Horizonte jan./jun. 2015. p. 301.

2. A AÇÃO COLETIVA E A SUSPENSÃO DE AÇÕES INDIVIDUAIS

Entrando na seara do direito brasileiro, denota-se certa dificuldade em se construir um conceito sedimentado sobre o que significaria gerir processos. De acordo com Gláucio Ferreira Maciel Gonçalves e Thiago Carlos de Souza Brito, a melhor definição encontrada seria que gestão é o *"planejamento, elaboração e depuração das técnicas responsáveis pela otimização e racionalização dos instrumentos processuais mais eficazes para a resolução das controvérsias"* – ou seja, seria obter o domínio das técnicas, disponíveis ao Poder Judiciário, que potencializam a efetividade dos seus recursos de modo a se prezar pela duração razoável.[9]

Outro conceito que se pode trazer, de modo comparado, vem das palavras de R.R. Verkerk, o qual indica não só um significado, mas também a responsabilidade das Cortes pela assunção de um papel ativo nesse movimento:[10]

> Judicial case management implies judicial control over the progress of litigation and the course of the proceedings. In many jurisdictions today it is the court that decides upon matters that determine the exact course of the proceedings. The third Article of the French Code of Civil Procedure, for instance, states that: 'The judge shall supervise over the proper progress of the proceedings; he shall exercise such powers in view of imparting the time limits and of giving such directions as necessary'. More specifically this implies that courts, for instance, control whether or not a second or third set of pleadings will be exchanged, or to set time limits.[11]

---

[9] GONÇALVES, Gláucio Ferreira Maciel; BRITO, Thiago Carlos de Souza. Gerenciamento dos processos judiciais: notas sobre a experiência processual civil na Inglaterra pós-codificação. In: *Revista da Faculdade de Direito da UFMG*. n. 66. pp. 291-326. Belo Horizonte jan./jun. 2015. p. 296.

[10] VERKERK, R.R. What is Judicial Case Management? A Transnational and European Perspective. In: *Judicial case management and efficiency in civil litigation*. VAN RHEE, C.H. (org.). Antwerpen/Oxford: Intersentia, 2007. p. 33.

[11] Tradução livre: A gestão de processos judiciais implica controle judicial sobre o andamento dos litígios e o andamento dos processos. Hoje, em muitas jurisdições, é o tribunal que decide sobre assuntos que determinam o curso exato do processo. O terceiro artigo do Código de Processo Civil francês, por exemplo, declara que: 'O juiz supervisiona o andamento adequado do processo; ele deve exercer esses poderes com vista a conceder os prazos e dar as instruções necessárias ''. Mais especificamente, isso implica que os tribunais, por exemplo, controlam se um segundo ou terceiro conjunto de alegações será ou não exposto, ou para estabelecer limites.

Apesar de o autor tratar como exemplo o Código de Processo francês, sua contribuição é elementar para perceber-se que, para a efetiva gestão do processo, não basta que sejam apenas articuladas instruções normativas a este respeito – mas sim que os magistrados, responsáveis por esta gestão, alterem seu próprio modo de agir e tornem o processo mais eficiente.

Gerir disputas, portanto, significa conduzir o processo tendo em vista não só o caso concreto que está sendo julgado, mas todos processos pendentes de julgamento em busca da tutela adequada e racional. Este modelo de atuação vem sendo denominado de ótica panprocessual.[12] Por meio dela, torna-se imprescindível a "gestão racional e eficiente não só do processo, como também dos processos".[13]

Como percebido por Edilson Vitorelli, essa visão impacta a compreensão do processo coletivo. A partir do momento em que se enxerga o serviço justiça não só como um processo, mas também sob a ótica legislativa, estrutural e cultural", é preciso que o devido processo seja capaz de oferecer respostas e resultados efetivos respeitando esse pano de fundo.[14] Panprocessualismo seria trazer, portanto, para o processo civil, *"aspectos que, usualmente, não são por ele estudados, em virtude de constituírem elementos externos ao processo, mas que influenciam e condicionam seu desenvolvimento".*[15]

Nessa mesma linha, posiciona-se Thaís Amoroso Paschoal:[16]

---

[12] ARENHART, Sérgio Cruz; OSNA, Gustavo. *Curso de Processo Civil Coletivo*. São Paulo: Thomson Reuters, 2019. p. 130. Neste sentido, ler também: ARENHART, Sérgio Cruz; OSNA, Gustavo. 'Complexity', 'Proportionality' and the 'Pan Procedural Approach'. **International Journal of Procedural Law**. v. 4. p. 178-202, 2015.

[13] PASCHOAL, Thaís Amoroso. *Coletivização da Prova*: Técnicas de produção coletiva da prova e seus reflexos na esfera individual. 2018. 328 f. Tese (Doutorado) – Universidade Federal do Paraná, Setor de Ciências Jurídicas, Programa de Pós-Graduação em Direito. Curitiba, 2018. p. 32.

[14] ARENHART, Sérgio Cruz; OSNA, Gustavo. 'Complexity', 'Proportionality' and the 'Pan Procedural Approach'. **International Journal of Procedural Law**. v. 4. p. 178-202, 2015.

[15] VITORELLI, Edilson. *O devido processo legal coletivo*: dos direitos aos litígios coletivos. 2ª ed. rev., atual. e ampl. São Paulo: Thomson Reuters, 2019. p. 170.

[16] PASCHOAL, Thaís Amoroso. *Coletivização da Prova*: Técnicas de produção coletiva da prova e seus reflexos na esfera individual. 2018. 328 f. Tese (Doutorado) – Universidade Federal do Paraná, Setor de Ciências Jurídicas, Programa de Pós-Graduação em Direito. Curitiba, 2018. p. 35.

Nesse contexto, pode-se definir o Processo como ambiente da prestação de uma tutela jurisdicional adequada, que garanta a efetiva proteção ao direito material e que concretize os valores constitucionais, o que deve ser realizado a partir de um olhar global sobre a totalidade dos casos judiciais, possibilitando sua adequada gestão. Essa gestão adequada não proporciona apenas a racionalização da prestação jurisdicional com a redução do tempo, custo ou número de processos. Para muito além disso, trata-se de ferramenta que contribui para a própria adequação da tutela jurisdicional aos fins do Estado Democrático de Direito, de forma efetiva e universalizada.

Compreende-se, assim, que a utilização das técnicas do processo coletivo como forma de gestão do processo auxilia a resolver, por exemplo, o problema da pulverização de demandas. Com isso, evita-se a existência de milhares de litígios quando poderia haver apenas um; contribui-se para o combate à já referida "tragédia da justiça".[17]

De igual modo, esse *approach* encontra justificativa no direito fundamental à igualdade, garantindo que os aplicadores do direito não venham a tratar de forma diferente ou discriminatória as partes do processo, a não ser que exista justificativa admissível para tanto.[18] Esse ponto, também evidente por meio de uma visão panprocessual, deve impactar decisivamente a conformação contemporânea do processo. É incumbência do seu operador construir mecanismos e percursos capazes de materializar esse fim.

2. O julgamento do Resp n. 1.525.327/PR

As considerações anteriores são essenciais para que se compreenda a decisão tomada pelo Egrégio Superior Tribunal de Justiça no bojo do Recurso Especial nº 1.525.327/ PR.[19] A decisão, e a tese extraída de sua

---

[17] MENDES, Aluísio Gonçalves de Castro; OSNA, Gustavo; ARENHART, Sérgio Cruz. Cumprimento de sentenças coletivas: da pulverização à molecularização. *In: Revista de Processo*. v. 222. p. 41-64. Ago/2013. Neste sentido, ler também: ARENHART, Sérgio Cruz; OSNA, Gustavo. **Curso de Processo Civil Coletivo**. São Paulo: Thomson Reuters Brasil, 2019. p. 157.

[18] DANTAS, Paulo Roberto de Figueiredo. *Direito Processual Constitucional*. 6. ed. rev. e ampl. São Paulo: Atlas, 2015. p. 19-20.

[19] BRASIL. Superior Tribunal de Justiça. *Recurso Especial n. 1.525.327/PR*. Relator: Luis Felipe Salomão. Julgado em: 09 out. 2019. Publicado em: 15 out. 2019.

motivação, oferecem um importante arsenal contemporâneo para o estudo da tutela coletiva – merecendo especial atenção.

Nesse sentido, o primeiro ponto a ser notado é que a celeuma em questão possuiu como origem a propositura de inúmeras ações individuais que pleitearam indenização devido à contaminação de solo por metais pesados ocorrida no município de Adrianópolis, no Paraná. Referida contaminação teria se dado devido à exploração – ocorrida entre 1937 a 1995 – de jazida de chumbo situada no local. Além disso, o fato também ensejou a propositura de ações civis públicas (Autos nº. 2001.70.00.019188-2 e Autos nº 5004891-93.2011.4004.7000), requerendo-se a retirada dos resíduos e pleiteando-se a reparação pelos danos metaindividuais e individuais homogêneos a eles relacionados.

Conforme narrado na petição inicial dos Autos nº 5004891-93.2011.4004.7000, a contaminação de chumbo sequer se limitaria ao município de Adrianópolis, mas também atingiria o *"território do Município paulista de Ribeira, estendendo-se até a foz do Rio Ribeira, no Oceano Atlântico"*, sendo os danos mais sentidos diretamente pelo habitantes de Vila Mota e de Vila Capelinha, as quais estão *"ao redor da planta de mineração e fundição de chumbo desativadas"*.

Foi com esse pano de fundo que, como seria previsível, passaram a surgir diferentes medidas individuais ligadas à questão. Essas pretensões, em um primeiro momento, fundamentavam-se especialmente em documento técnico subscrito por agentes do Ministério da Saúde, da Secretaria de Estado da Saúde do Paraná e da Secretaria Municipal de Saúde de Adrianópolis denominado *"Avaliação de risco à saúde humana por exposição aos resíduos da PLUBUM no Município de Adrianópolis – PR – 2008"*. Conforme conclusão ali exposta:[20]

> A contaminação ocasionada pelas emissões da PLUMBUM atingiu a região de Vila Mota e Capelinha por meio do material particulado emitido pela chaminé, e pela escória e rejeito utilizado na pavimentação da estrada

---

[20] PARANÁ. Secretaria de Vigilância em Saúde. **Avaliação de risco à saúde humana por exposição aos resíduos da PLUBUM no Município de Adrianópolis – PR**. Curitiba: Secretaria de Estado de Saúde do Paraná, 2008. Versão em PDF. Disponível em: http://portalarquivos2.saude.gov.br/images/pdf/2015/janeiro/06/avaliacao-risco-adrianopolis--parana-08-Chumbo.pdf. Acesso em: 10 jan. 2020. p. 204.

que contaminou o solo. Atualmente a poeira levantada pelo tráfego de veículos deposita resíduos de metais nas paredes, pisos, telhados e forros das residências que ficam a margem da estrada e adere nos alimentos produzidos na região, como as folhas das hortaliças e na pastagem que alimenta o gado. A contaminação do **solo superficial** nas proximidades da PLUMBUM está comprovada. A existência de solo contaminado sem cobertura em toda região da Vila Mota e Capelinha, apresenta **rota de exposição completa no passado, no presente e no futuro**, caso não sejam tomadas medidas de remediação adequada. As concentrações dos metais **Cádmio, Chumbo, Cobre e Zinco** encontrados em solo superficial da região, acima dos Valores de Prevenção (CETESB-2005), bem como o metal **Chumbo** na **poeira domiciliar** da região, continua provocando a contaminação dos compartimentos ambientais: biota comestível, vegetais, ovos e leite, água subterrânea e superficial. (grifos originais)

Evidentemente, a manifestação possuiu contundência. Conforme seus próprios termos, incentivou-se a população a não consumir quaisquer produtos naturais da região. Do mesmo modo, procurou-se fomentar a remoção da população local, assim como a substituição da *"criação de animais, principalmente gado de leite e galinhas poedeiras, e plantio de vegetais comestíveis, por outra atividade agrícola de baixo impacto no movimento de terra"*.

Como se pode prontamente perceber, porém, as pretensões individuais, vistas de maneira pulverizada, não representaram a única consequência judicial do imbróglio. Afinal, em um ambiente com essas características, percebe-se prontamente que há espaço para a atuação do processo coletivo, em sua dupla feição. Foi assim que, também, houve a propositura das referidas medidas coletivas.

No feito coletivo, em decisão liminar, determinou-se que a União fornecesse uma lista de pessoas a serem potencialmente ressarcidas pelo dano em questão (seja por terem sido expostas à contaminação, seja por morarem em zona de risco), para que assim pudesse ser realizado um acompanhamento da saúde destes indivíduos com a realização de exames periódicos. Por outro turno, em relação ao ônus probatório, requereu-se na segunda ação civil pública sua dinamização.

Para as atuais finalidades, contudo, o mais importante é notar que, flagrantemente, a disputa operada em sede coletiva *possuía ampla coincidência* com o próprio conteúdo das medidas individuais. A afinidade, assim, tornou-se evidente. E foi por força disso que se determinou, *in casu*, que todas as ações individuais fossem suspensas. Perceba-se especialmente que referido caminho, talvez, *não representasse* a resposta imediatamente extraível do sistema normativo para situações com esses contornos. Ainda assim, contudo, poderia ser o caminho mais *proporcional* e *adequado* para conduzir materialmente a disputa – ampliando a efetividade jurisdicional, privilegiando a segurança jurídica e a isonomia e evitando os perigos inerentes à pulverização.

Foi exatamente por força disso que, sem antecipação de juízo valorativo a respeito do mérito do debate ou da legalidade das atividades desenvolvidas, (e tomando como base a decisão paradigma proferida no REsp nº 1.110.549/RS[21]), foi decido que as ações individuais deveriam permanecer suspensas até o julgamento das Ações Civis Públicas nº 2001.70.00.019188-2 e nº 5004891-93.2011.4004.7000, ligadas ao mesmo pano de fundo litigioso.

A decisão foi objeto de recurso, apreciado pelo Egrégio Tribunal de Justiça do Estado do Paraná. Alegou-se em sede recursal, entre outros aspectos: (i) que os pedidos das ações individuais seriam diferentes dos da ação coletiva; (ii) que a suspensão das ações individuais deveria ter como requisito pedido expresso e exclusivo dos autores das ações; e, (iii) que não haveria plena coincidência entre os réus das disputas. O recurso, no entanto, teve provimento negado.

Nesse ponto, é pertinente notar que o debate travado, verdadeiramente, possuía contornos merecedores de atenção. É que, em resumo, as normas reguladoras no caso encontram-se, precipuamente, no art. 313 do Código de Processo Civil[22] e no art. 104 do Código de Defesa do

---

[21] BRASIL. Superior Tribunal de Justiça. *Recurso Especial n. 1.110.549/RS*. Relator: Ministro Sidnei Benetti. Julgado em: 28 out. 2009. Publicado em: 14 dez. 2009.

[22] Art. 313. Suspende-se o processo:

I – pela morte ou pela perda da capacidade processual de qualquer das partes, de seu representante legal ou de seu procurador;

II – pela convenção das partes;

III – pela arguição de impedimento ou de suspeição;

IV- pela admissão de incidente de resolução de demandas repetitivas;

V – quando a sentença de mérito:

2. A AÇÃO COLETIVA E A SUSPENSÃO DE AÇÕES INDIVIDUAIS

a) depender do julgamento de outra causa ou da declaração de existência ou de inexistência de relação jurídica que constitua o objeto principal de outro processo pendente;
b) tiver de ser proferida somente após a verificação de determinado fato ou a produção de certa prova, requisitada a outro juízo;
VI – por motivo de força maior;
VII – quando se discutir em juízo questão decorrente de acidentes e fatos da navegação de competência do Tribunal Marítimo;
VIII – nos demais casos que este Código regula.
IX – pelo parto ou pela concessão de adoção, quando a advogada responsável pelo processo constituir a única patrona da causa;
X – quando o advogado responsável pelo processo constituir o único patrono da causa e tornar-se pai.
§1º Na hipótese do inciso I, o juiz suspenderá o processo, nos termos do art. 689.
§2º Não ajuizada ação de habilitação, ao tomar conhecimento da morte, o juiz determinará a suspensão do processo e observará o seguinte:
I – falecido o réu, ordenará a intimação do autor para que promova a citação do respectivo espólio, de quem for o sucessor ou, se for o caso, dos herdeiros, no prazo que designar, de no mínimo 2 (dois) e no máximo 6 (seis) meses;
II – falecido o autor e sendo transmissível o direito em litígio, determinará a intimação de seu espólio, de quem for o sucessor ou, se for o caso, dos herdeiros, pelos meios de divulgação que reputar mais adequados, para que manifestem interesse na sucessão processual e promovam a respectiva habilitação no prazo designado, sob pena de extinção do processo sem resolução de mérito.
§3º No caso de morte do procurador de qualquer das partes, ainda que iniciada a audiência de instrução e julgamento, o juiz determinará que a parte constitua novo mandatário, no prazo de 15 (quinze) dias, ao final do qual extinguirá o processo sem resolução de mérito, se o autor não nomear novo mandatário, ou ordenará o prosseguimento do processo à revelia do réu, se falecido o procurador deste.
§4º O prazo de suspensão do processo nunca poderá exceder 1 (um) ano nas hipóteses do inciso V e 6 (seis) meses naquela prevista no inciso II.
§5º O juiz determinará o prosseguimento do processo assim que esgotados os prazos previstos no §4º.
§6º No caso do inciso IX, o período de suspensão será de 30 (trinta) dias, contado a partir da data do parto ou da concessão da adoção, mediante apresentação de certidão de nascimento ou documento similar que comprove a realização do parto, ou de termo judicial que tenha concedido a adoção, desde que haja notificação ao cliente.
§7º No caso do inciso X, o período de suspensão será de 8 (oito) dias, contado a partir da data do parto ou da concessão da adoção, mediante apresentação de certidão de nascimento ou documento similar que comprove a realização do parto, ou de termo judicial que tenha concedido a adoção, desde que haja notificação ao cliente.

Consumidor[23] – os quais, não necessariamente, conduziriam à suspensão. Do mesmo modo, a questão possuía impacto claramente escalonado, ditando a tônica a ser dada a inúmeros processos e estabelecendo uma pedra de apoio para a própria construção futura do processo coletivo.

Tendo em vista essa amplitude, ingressou na ação como *amicus curiae* o Instituto Brasileiro de Política e Direito do Consumidor – Brasilcon[24], que opinou contrariamente à suspensão das ações individuais. Conforme o Instituto, as ações coletivas não influenciariam ou poderiam prejudicar a garantia constitucional do acesso à jurisdição inerente a todo cidadão – de forma que seria uma *"atecnia"* dizer que uma ação coletiva *"interfere no objeto e na causa de pedir de litígios individuais"*. Sustentou-se, ainda, que o art. 104 do Código de Defesa do Consumidor defenderia a parte hipossuficiente ao lhe conferir o poder de decidir sobre a suspensão ou não de suas ações individuais quando há ação coletiva *"emparelhada sobre o mesmo tema"* – não havendo *"campo discricionário ao Judiciário que deve aguardar, caso a caso, se o cidadão quer ou não se submeter a aguardar a solução final do litígio"*. Do mesmo modo, afirmou a associação interveniente que o paradigma utilizado para a suspensão – o REsp nº 1.110.549/RS – possuiria extensão e conteúdo diversos do caso em disputa, razão pela qual não justificaria que lhe fosse conferido igual tratamento.

Em sentido contrário aos argumentos do Brasilcon, o Ministério Público Federal também se manifestou no processo. Conforme suas razões, realmente haveria um direito de ajuizamento individual de causas, ainda que resultando em litígios *"multitudinários repetitivos"*. Contudo, essa garantia não seria abalada pela suspensão dos feitos ajuizados. Do mesmo modo, embora a previsão do art. 104 do Código de Defesa do Consumidor estabelecesse como parâmetro geral a *facultatividade* da suspensão das medidas, ela não representaria uma *"expressa vedação à suspensão ex officio dos processos individuais"* – dependendo também do juízo a verificação do que melhor se adequaria à solução da lide.

---

[23] Art. 104. As ações coletivas, previstas nos incisos I e II e do parágrafo único do art. 81, não induzem litispendência para as ações individuais, mas os efeitos da coisa julgada erga omnes ou ultra partes a que aludem os incisos II e III do artigo anterior não beneficiarão os autores das ações individuais, se não for requerida sua suspensão no prazo de trinta dias, a contar da ciência nos autos do ajuizamento da ação coletiva.

[24] BRASIL. Superior Tribunal de Justiça. *Recurso Especial n. 1.525.327/PR*. Relator: Luis Felipe Salomão. Julgado em: 12 dez. 2018. Publicado em: 01 mar. 2019. p. 3-5.

Além disso, como também observou o parecer do d. *Parquet*, a função jurisdicional não pode desconsiderar fatores como a isonomia e o seu evidente diálogo com o interesse público. *In verbis*:[25]

> A racionalização do exercício da função jurisdicional é imperativa à observância da isonomia, como forma de evitar decisões diversas para situações semelhantes. Isonomia não meramente perante a lei (o texto legal), mas perante a norma jurídica, tomada essa como resultante da atividade conjunta dos poderes Legislativo e Judiciário. Logo, é essencial à isonomia perante a norma jurídica a premissa de que haverá isonomia de tratamento judicial. [...] Demais disso, consoante destacado em sede de contrarrazões ao recurso especial, o presente feito "é originário de uma das cerca de 2.000 ações individuais em trâmite na Comarca de Bocaiúva do Sul, Estado do Paraná, e que estão inundando o TJPR com idêntica quantidade de recursos". Os fatos postos nas duas ações coletivas e nessa infinidade de ações individuais, portanto, se repetem, devendo ser decididos à luz da mesma questão de direito. A suspensão das demandas individuais confere, assim, relevo à premente necessidade de se minimizar a possibilidade de decisões divergentes sobre a mesma questão de direito, envolvendo pessoas que estão em uma situação-de-fato tipo.
>
> (...)
>
> Noutro giro, limitar a possibilidade de suspensão da demanda individual à vontade de cada autor malfere a supremacia que goza o interesse público frente ao interesse privado. [...] Não se trata, tal como afirmado pelo Instituto BRASILCON, de emprestar relevo à comodidade do aparelho judiciário em detrimento ao direito do cidadão de "acessar individualmente decisões judiciais mais ágeis e efetivas" (e-STJ – fl 837), mas, sim, reconhecer como de interesse público o funcionamento regular e eficaz do Judiciário, verdadeiro pressuposto à qualidade de suas decisões e presteza na sua prolação.

Foi também nessa linha o posicionamento firmado pelo Egrégio Superior Tribunal de Justiça. A conclusão, ressalta-se, dialogaria com os

---

[25] BRASIL. Superior Tribunal de Justiça. *Recurso Especial n. 1.525.327/PR*. Relator: Luis Felipe Salomão. Julgado em: 12 dez. 2018. Publicado em: 01 mar. 2019. p. 7.

próprios desafios e finalidades hoje incidentes sobre a atividade jurisdicional, como expresso pelo relator do caso, Ministro Luis Felipe Salomão:[26]

> [F]ica bem nítida a inconveniência da tramitação do feito individual, pois, como relatado, consta do andamento processual das ações civis públicas inúmeras determinações probatórias, inclusive ofícios expedidos a órgãos públicos solicitando diversas providências.

O posicionamento foi ratificado após a oposição de embargos declaratórios, reconhecendo-se, uma vez mais, a necessária ductibilidade que deve dar a tônica do direito processual civil contemporâneo. Como nota Fernando Gajardoni, incumbe então ao profissional do direito *"flexibilizar o procedimento inadequado ou de reduzida utilidade para melhor atendimento das peculiaridades da causa"*.[27] E foi precisamente nesse sentido, atento à *efetividade* do processo, que a Corte se pronunciou:[28]

> [A]juizada ação coletiva atinente à macrolide geradora de processos multitudinários, suspendem-se as ações individuais, no aguardo do julgamento da ação coletiva, ponderando que a coletivização da demanda, seja no polo ativo, seja no polo passivo, é um dos meios mais eficazes para a realização do acesso à justiça, porquanto, além de reduzir os custos, consubstancia-se em instrumento para a concentração de litigantes em um polo, evitando-se, assim, os problemas decorrentes dos inúmeros procedimentos semelhantes.

Por outro turno, fixou-se ainda expressamente que, após a decisão do feito coletivo, o exame ali realizado poderia viabilizar que nas disputas individuais se viesse a *"proferir uma sentença de maior qualidade e adequada ao caso, ou mesmo inspiração/norte para determinação de produção de novas provas"*, tendo em vista as peculiaridades de cada causa. Ressalta-se que o posicionamento foi posteriormente desafiado por meio de Recurso

---

[26] BRASIL. Superior Tribunal de Justiça. *EDcl no Recurso Especial n. 1.525.327/PR*. Relator: Luis Felipe Salomão. Julgado em: 09 out. 2019. Publicado em: 15 out. 2019. p. 3.
[27] GAJARDONI, Fernando da Fonseca. *Flexibilização Procedimental*: Um novo enfoque para o estudo do procedimento em matéria processual. São Paulo: Atlas, 2008. p. 135.
[28] BRASIL. Superior Tribunal de Justiça. *EDcl no Recurso Especial n. 1.525.327/PR*. Relator: Luis Felipe Salomão. Julgado em: 09 out. 2019. Publicado em: 15 out. 2019. p. 8.

Extraordinário[29] – o qual, porém, não levou à sua alteração. O raciocínio compatível com as próprias finalidades da tutela coletiva foi então mantido, em visão condizente com a tentativa de maximização da efetividade jurisdicional.

3. A gestão processual, a tutela coletiva e o Resp n. 1.525.327/PR

Enfim, feitas as considerações acima, pode-se chegar ao momento final do presente ensaio. Nele, pretende-se amarrar as pontas formuladas até aqui, indicando como a decisão tomada pela Corte de Vértice no julgamento supramencionado reflete uma necessária preocupação com a gestão da atividade processual e dialoga com essa imprescindível releitura do raciocínio jurídico.

De fato, para atingir essa percepção, algumas questões podem ser imediatamente trazidas: afinal, caso permitisse-se a tramitação concomitante das medidas *individuais* e *coletivas* relacionadas ao mesmo abalo ambiental, não seria plenamente possível que *conclusões bastante diversas* fossem alcançadas a respeito de uma *mesma questão* em comum? Inexistiria espaço para que, diante dessa premissa, caminhasse-se na contramão da isonomia que deve permear nossa atividade jurisdicional?

Por outro lado, também partindo desse pano de fundo, haveria ainda outras indagações igualmente imprescindíveis. Considerando as limitações hoje imanentes à estrutura pública e à atividade jurisdicional, seria adequado impor que o mesmo ponto fosse objeto de acertamento em *diferentes disputas*? Essa questão corresponderia a um caminho efetivo e adequado para a administração do serviço justiça?

Ainda que as ponderações não possam ser aqui aprofundadas[30], é certo que cada uma delas ratifica a importância da lógica defendida pelo Superior Tribunal de Justiça no âmbito do REsp nº 1.525.327/ PR. E isso porque, verdadeiramente, somente essa postura é plenamente harmônica à rigorosa consecução dos objetivos da tutela coletiva. Diante dela, podem ser evitadas decisões conflitantes, pode ser perseguido o aperfeiçoamento

---

[29] BRASIL. Superior Tribunal de Justiça. *RE nos EDcl no Recurso Especial n. 1.525.327/PR*. Relator: Luis Felipe Salomão. Julgado em: 13 dez. 2019. Publicado em: 17 dez. 2019.

[30] OSNA, Gustavo. *Direitos Individuais Homogêneos*: pressupostos, fundamentos e aplicação no processo civil. São Paulo: Revista dos Tribunais, 2014. Sobre o tema, ler também, ARENHART, Sérgio Cruz; OSNA, Gustavo. *Curso de processo civil coletivo*. São Paulo: Thomson Reuters, 2019.

da administração jurisdicional e, ainda, pode ser estimulada a concretização de um *acesso à justiça* verdadeiramente compatível com as exigências da realidade material.

Realmente, as diferentes vantagens usualmente relacionadas à tutela coletiva costumam dialogar com essa série de aspectos – evidenciando que, por meio dela, seria possível otimizar o impacto social do processo; aprimorar, panprocessualmente, sua gestão.[31] Como demonstrado por Bone[32], há um claro ganho qualitativo na utilização da máquina pública, procurando-se acertar em uma única disputa algo que poderia exigir inúmeras apreciações. Obviamente, confere-se, com isso, maior pertinência às limitações estruturais que marcam a atividade jurisdicional.

Da mesma forma, como reconhecido no caso, a apreciação coletiva de questões afins também representa um corolário de isonomia. Afinal, como notado por Aluísio Gonçalves de Castro Mendes, é uma realidade pujante em nosso sistema jurídico o risco de que, caso se admita um exame pulverizado, juízos diversos cheguem a conclusões discrepantes a respeito de um mesmo ponto.[33] Por meio do tratamento coletivo, então, é trazida uma importante via para a resolução desse problema.

Se os benefícios acima descritos são regularmente indicados em doutrina, porém, poderia ser trazido um novo leque de indagações. Com elas, encerramos o estudo. Levando-se em conta que os propósitos atrelados à tutela coletiva costumam ser claros, qual o principal ineditismo inerente à postura adotada pela Corte de Vértice? Em que medida ela pode contribuir para a prática a ser adotada em nosso processo?

---

[31] Ver, sobre o tema, OSNA, Gustavo. *Processo civil, cultura e proporcionalidade*. São Paulo: Revista dos Tribunais, 2017.

[32] "By adjudicating lots of otherwise separate suits in one proceeding, the class action avoids the high social costs of relitigating issues common to the different suits (...) there is considerable benefit in being able to litigate the common issues only once". BONE, Robert G. *Civil Procedure – The Economics of Civil Procedure*. New York: Foundation Press, 2003. p. 262.

[33] "Os juízes chegam, com frequência, a conclusões e decisões variadas e até mesmo antagônicas (...), por conseguinte, pessoas em situações fáticas absolutamente idênticas, sob o ponto de vista do direito material, recebem tratamento diferenciado diante da lei, decorrente tão somente da relação processual. O direito processual passa a ter, assim, caráter determinante e não apenas instrumental. E, sob o prisma do direito substancial, a desigualdade diante da lei torna-se fato rotineiro e não apenas esporádico, consubstanciando, portanto, ameaça ao princípio da isonomia". MENDES, Aluísio Gonçalves de Castro. *Ações coletivas no direito comparado e nacional*. 2. ed. São Paulo: Ed. RT, 2009. p. 35-36.

A resposta a essas indagações parece sólida: se há um leque complexo de objetivos a serem atualmente atingidos no palco jurisdicional, incumbe ao *agente do processo* flexibilizar suas estruturas de modo a alcançar essas finalidades. É assim que, em princípio, a decisão traz consigo um importante legado. Lendo-a em perspectiva, conclui-se que, nessa ocasião, o Judiciário compreendeu com absoluta correção que o *juiz contemporâneo* não é o mesmo pensado para outro contexto de nossa atividade jurisdicional; que o *juiz da disputa coletiva* não é o mesmo que, na maioria dos casos, pode se mostrar suficiente também para as medidas individuais.[34]

Tomando como base essa premissa, percebe-se ainda que, em nosso atual sistema legislativo, há a previsão explícita de que o magistrado deve agir criativamente para concretizar a tutela jurisdicional e gerir adequadamente o serviço justiça. Realmente, essa questão pode ser ilustrada, exemplificativamente, pela permissão trazida pelo Código de Processo Civil para que sejam adotadas medidas de cooperação nacional entre diferentes juízes concertantes. O permissivo é expresso de forma textual pelo art. 67 do diploma, segundo o qual *"aos órgãos do Poder Judiciário, estadual ou federal, especializado ou comum, em todas as instâncias e graus de jurisdição, inclusive aos tribunais superiores, incumbe o dever de recíproca cooperação, por meio de seus magistrados e servidores"*. E, na sequência, o próprio legislador buscou estabelecer um rol exemplificativo em que essa inovação poderia vir a ser utilizada, fixando que referido requerimento poderá vislumbrar, entre outros aspectos, *"I – a prática de citação, intimação ou notificação de ato; II – a obtenção e apresentação de provas e a coleta de depoimentos; III – a efetivação de tutela provisória; IV – a efetivação de medidas e providências para recuperação e preservação de empresas; V – a facilitação de habilitação de créditos na falência e na recuperação judicial; VI – a centralização de processos repetitivos; VII – a execução de decisão jurisdicional"* (art.69).

Como já se pontuou em outra oportunidade, a técnica pode ensejar, inclusive, a adoção de medidas similares àquelas lastreadas na realidade estadunidense pela ferramenta do *multidistrict litigation*.[35] É evidente que,

---

[34] ARENHART, Sérgio Cruz; OSNA, Gustavo. **Curso de Processo Civil Coletivo**. São Paulo: Thomson Reuters Brasil, 2019.

[35] OSNA, Gustavo. Multidistrict litigation e coletivização parcial: uma real opção ao modelo de ações de classe?. In: *Revista Eletrônica de Direito Processual*. v. 20. Rio de Janeiro, 2019. Neste sentido, ler também, PASCHOAL, Thaís Amoroso. *Coletivização da Prova*: Técnicas de

nessa hipótese, deve-se evitar ao máximo os perigos da pulverização. Contudo, certamente um papel ativo do julgador, reconhecendo o liame entre ações coletivas e ações individuais com afinidade de objeto, é o primeiro passo para esse fim. E é nesse sentido que o papel gerencial dos Tribunais, chancelado no julgamento em apreço, merece especial menção.

Conclusões

O processo civil contemporâneo possui, de maneira crescente, a complexidade como elemento basilar para sua efetividade. A questão se dá na medida em que, ao mesmo tempo em que há dilatação de seus objetivos (ligadas ao próprio avanço das necessidades sociais), existem limites estruturais e materiais que exigem a otimização de seu funcionamento. Os discursos puramente ortodoxos da disciplina, então, acabam se tornando flagrantemente insuficientes.

É nessa passada que entram em cena elementos como a defesa de que o Judiciário deve agir de modo mais atento à *gestão processual,* assim como a sustentação de que o *impacto global* do processo coletivo deve torná-lo uma importante peça nesse tabuleiro. E, como visto, esses aspectos influenciaram decisivamente a deliberação adotada pelo Superior Tribunal de Justiça na análise do REsp nº 1.525.327/PR. Por meio dela, sinalizou-se então um importante caminho para a efetivação de nossa tutela coletiva.

Mais que isso, ressalta-se que essa mentalidade, ali aplicada para reconhecer o poder-dever incidente sobre o Judiciário para determinar a suspensão de medidas individuais quando pertinente, é a única que parece consentânea com as necessidades contemporâneas da matéria. Reconhecer o acerto da decisão, assim, corresponde a chancelar a própria possibilidade de que o processo coletivo possa cumprir minimamente suas funções em nosso atual sistema.

Referências

ARENHART, Sérgio Cruz. *A tutela coletiva de interesses individuais*: para além da proteção dos interesses individuais homogêneos. São Paulo: Revista dos Tribunais, 2013.

produção coletiva da prova e seus reflexos na esfera individual. 2018. 328 f. Tese (Doutorado) – Universidade Federal do Paraná, Setor de Ciências Jurídicas, Programa de Pós-Graduação em Direito. Curitiba, 2018.

ARENHART, Sérgio Cruz; OSNA, Gustavo. 'Complexity', 'Proportionality' and the 'Pan Procedural Approach'. *International Journal of Procedural Law*, v. 4, p. 178-202, 2015.

ARENHART, Sérgio Cruz; OSNA, Gustavo. *Curso de Processo Civil Coletivo*. São Paulo: Thomson Reuters, 2019.

ASSIS, Araken de. O direito comparado e a eficiência do sistema judiciário. *In: Revista do Advogado*. n. 43, jun. 1994. São Paulo: AASP, 1994.

BONE, Robert G. *Civil Procedure – The Economics of Civil Procedure*. New York: Foundation Press, 2003.

BRADT, Andrew. The Long Arm of Multidistrict Litigation. *In: William & Mary Law Review*. v.59. Williamsburg: William & Mary Law School, 2018.

BRASIL. Superior Tribunal de Justiça. *Recurso Especial n. 1.110.549/RS*. Relator: Ministro Sidnei Benetti. Julgado em: 28 out. 2009. Publicado em: 14 dez. 2009.

BRASIL. Superior Tribunal de Justiça. *Recurso Especial n. 1.525.327/PR*. Relator: Luis Felipe Salomão. Julgado em: 12 dez. 2018. Publicado em: 01 mar. 2019.

BRASIL. Superior Tribunal de Justiça. *EDcl no Recurso Especial n. 1.525.327/PR*. Relator: Luis Felipe Salomão. Julgado em: 09 out. 2019. Publicado em: 15 out. 2019.

BRASIL. Superior Tribunal de Justiça. *RE nos EDcl no Recurso Especial n. 1.525.327/PR*. Relator: Luis Felipe Salomão. Julgado em: 13 dez. 2019. Publicado em: 17 dez. 2019.

BRASIL. Superior Tribunal de Justiça. *TEMA 923*. Relator: Ministro Luis Felipe Salomão. Julgado em: 12 dez. 2018. Publicado em: 01 mar. 2019.

CÂMARA, Alexandre Freitas. *Levando os Padrões Decisórios a sério:* Formação e Aplicação de precedentes e enunciados de súmula. 1.ed. São Paulo: Atlas, 2018.

CÂMARA, Alexandre Freitas. *Lições de direito processual civil*. Vol. 1. 24. ed. São Paulo: Atlas, 2013.

DANTAS, Paulo Roberto de Figueiredo. *Direito Processual Constitucional*. 6. ed. rev. e ampl. São Paulo: Atlas, 2015.

DIDIER JR., Fredie; ZANETI JR., Hermes. *Curso de direitos processual civil*: processo coletivo. 13 ed. Salvador: Juspodivm, 2019.

FUX, Luiz; BODART, Bruno. *Processo Civil e Análise Econômica*. Rio de Janeiro: Forense, 2019.

GAJARDONI, Fernando da Fonseca. *Flexibilização Procedimental*: Um novo enfoque para o estudo do procedimento em matéria processual. São Paulo: Atlas, 2008.

GAJARDONI, Fernando da Fonseca. Gestão de Conflitos nos Estados Unidos e no Brasil. *In: Revista de Processo Comparado*. Vol. 4. p. 43-63. 2016.

GONÇALVES, Gláucio Ferreira Maciel; BRITO, Thiago Carlos de Souza. Gerenciamento dos processos judiciais: notas sobre a experiência processual civil na Inglaterra pós-codificação. *In: Revista da Faculdade de Direito da UFMG*. n. 66. pp. 291 – 326. Belo Horizonte jan./jun. 2015.

MARCELLINO JR., Julio Cesar. *Análise Económica do Acesso à Justiça*: dilemas da litigância predatória e inautêntica. Florianópolis: EMais, 2018.

MENDES, Aluísio Gonçalves de Castro. *Ações coletivas no direito comparado e nacional.* 2. ed. São Paulo: Ed. RT, 2009.

MENDES, Aluísio Gonçalves de Castro; OSNA, Gustavo; ARENHART, Sérgio Cruz. Cumprimento de sentenças coletivas: da pulverização à molecularização. *In: Revista de Processo*. v. 222. p. 41-64. Ago/2013.

NAGAREDA, Richard. 1938 All over again? pre-trial as trial in complex litigation. *In: DePaul Law Review*. v.60. Chicago: DePaul University College of Law, 2011.

OSNA, Gustavo. Coletivização total e coletivização parcial: aportes comparados e o processo civil brasileiro. *In: Revista de Processo Comparado*. v. 1. 2015.

OSNA, Gustavo. *Direitos Individuais Homogêneos*: pressupostos, fundamentos e aplicação no processo civil. São Paulo: Revista dos Tribunais, 2014.

OSNA, Gustavo. Multidistrict litigation e coletivização parcial: uma real opção ao modelo de ações de classe?. *In: Revista Eletrônica de Direito Processual*. v. 20. Rio de Janeiro, 2019.

OSNA, Gustavo. *Processo civil, cultura e proporcionalidade: análise crítica da teoria processual.* São Paulo: Revista dos Tribunais, 2017.

PARANÁ. Secretaria de Vigilância em Saúde. *Avaliação de risco à saúde humana por exposição aos resíduos da PLUBUM no Município de Adrianópolis – PR.* Curitiba: Secretaria de Estado de Saúde do Paraná, 2008. Versão em PDF. Disponível em: http://portalarquivos2.saude.gov.br/images/pdf/2015/janeiro/06/avaliacao-risco--adrianopolis-parana-08-Chumbo.pdf. Acesso em: 10 jan. 2020.

PASCHOAL, Thaís Amoroso. *Coletivização da Prova*: Técnicas de produção coletiva da prova e seus reflexos na esfera individual. 2018. 328 f. Tese (Doutorado) – Universidade Federal do Paraná, Setor de Ciências Jurídicas, Programa de Pós-Graduação em Direito. Curitiba, 2018.

PATRÍCIO, Miguel Carlos Teixeira. *Análise Económica da Litigância*. Coimbra: Almedina, 2005.

PERNAMBUCO. Código de procedimento em matéria processual no âmbito do Estado de Pernambuco, Lei n. 16.397 de 04 de julho de 2018. Disponível em: https://www.legisweb.com.br/legislacao/?id=363472. Acesso em: 06 jan. 2020.

REDISH, Martin H.; KARABA, Julie M. One size doesn't fit all: Multidistrict Litigation, due process, and the dangers of procedural collectivism. *In: Boston University Law Review*. v. 95. Boston: Boston University, 2015.

THEODORO JUNIOR, Humberto. *Curso de Direito Processual Civil*: teoria geral do direito processual civil, processo de conhecimento e procedimento comum. Vol. 1. 56 ed., atual. e ampl. Rio de Janeiro: Forense, 2015.

VERKERK, R.R. What is Judicial Case Management? A Transnational and European Perspective. In: *Judicial case management and efficiency in civil litigation*. VAN RHEE, C.H. (org.). Antwerpen/Oxford: Intersentia, 2007.

VITORELLI, Edilson. *O devido processo legal coletivo*: dos direitos aos litígios coletivos. 2ª ed. rev., atual. e ampl. São Paulo: Thomson Reuters, 2019.

WOLKART, Erik Navarro. *Análise econômica do Processo Civil*: como a economia, o direito e a psicologia podem vencer a tragédia da justiça. São Paulo: Thomson Reuters, 2019.

3. Centro local de inteligência da Justiça Federal potiguar: legitimidade pelo diálogo

Marco Bruno Miranda Clementino

Introdução
Na sala de audiências da Subseção da Justiça Federal em Ceará-Mirim, com jurisdição sobre o litoral norte potiguar, o Juiz Federal Hallison Rêgo Bezerra promovia interrogatório em processo penal e se surpreendia com um comentário do acusado, já reincidente na prática do crime pelo qual fora denunciado:

> Não tenho condições de cessar minha atividade (ele se referia justamente àquela apontada como criminosa na denúncia!), porque dela dependo para a minha sobrevivência e de minha família. Ademais, essa lei é injusta e todo mundo pesca assim no nosso litoral! (informação oral).[1]

O acusado era um pescador de lagosta e dependia da atividade para a subsistência familiar, porém era acusado de reincidência no cometimento de crime ambiental justamente por pesca ilegal. Aquele desabafo, aparentemente despretensioso, chamou bastante a atenção do juiz federal, que houve por bem colher mais elementos a respeito dessa percepção manifestada no depoimento. O magistrado, na verdade, já vinha sentindo certa inquietude com a reiteração de processos objetivando a persecução penal de pequenos pescadores do litoral norte potiguar.

---

[1] Informação oral ....

O pescador explicou que a técnica utilizada na pesca artesanal de lagosta no litoral potiguar já pode ser considerada secular, sendo transmitida de pai para filho. Todavia, a legislação, embora permita a pesca da lagosta, condiciona a prática a uma técnica absolutamente ineficaz, que inviabiliza a atividade. Por isso mesmo, ela não é utilizada por nenhum pescador artesanal potiguar, embora se pesque deliberadamente no litoral. O curioso é que a comercialização do produto dessa pesca é algo absolutamente tolerado no Rio Grande do Norte, porém apenas os pescadores artesanais, justamente aquelas pessoas que dependem da atividade para sobreviver, têm sua conduta criminalizada nesse contexto.

O juiz federal, atento à origem do conflito e concebendo o fenômeno como algo muito mais amplo do que a simples acusação que lhe fora submetida à apreciação através da denúncia, detectou rapidamente a existência de sério problema social envolvendo a pesca da lagosta e de omissão estatal, seja por uma inadequação legislativa, seja pela falta de políticas públicas voltadas à tutela do grupo social dependente dessa prática secular. Constatava-se, como resultado dessa omissão, um ambiente de ilegalidade generalizada e de criminalização seletiva de um grupo social determinado, ensejando repetitivos processos criminais sobre o mesmo tema.

Ficou claro para o juiz federal que o Poder Judiciário era apenas mais uma peça num verdadeiro quebra-cabeça de omissões estatais: recebia as ações e aplicava a legislação, sem se aperceber do sério problema social subjacente, que ele próprio estava agravando com condenações penais de pessoas que não buscavam nada mais do que condições de prover a subsistência familiar. Mais do que isso: julgava repetidamente demandas idênticas, congestionando a prestação jurisdicional e elevando indiretamente o gasto público com o serviço judiciário.

Esse tema findou sendo submetido, pelo magistrado, à então Comissão de Prevenção de Demandas da Justiça Federal no Rio Grande do Norte, criada pouco tempo antes, por ato administrativo expedido pela Direção do Foro, com a finalidade de atuar facilitando o diálogo entre atores jurídicos, objetivando a redução de demandas repetitivas e a prevenção de futuros litígios, e posteriormente transformada no Centro Local de Inteligência da instituição.

O objetivo geral deste texto é analisar a atuação desse centro local de inteligência – cuja sistemática de trabalho inspirou a criação do Centro

Nacional de Inteligência da Justiça Federal –, com a descrição de suas atribuições, de seus arranjos procedimentais, bem como de sua legitimidade para promover ações de prevenção de litígios em representação aos demais juízes federais potiguares e da própria Seção Judiciária do Rio Grande do Norte.

Como objetivos específicos, o centro de inteligência será estudado como espaço de abertura democrática ao diálogo interinstitucional visando solucionar conflitos cujos efeitos transcendem os limites de atuação jurisdicional dentro do processo, buscando prevenir litígios, em particular a reiteração de demandas repetitivas. Também constitui objetivo específico analisar como a legitimidade institucional do centro advém da observância de certos critérios que visam à promoção e à ampliação do diálogo, garantindo a observância de uma lógica participativa no desenvolvimento das ações.

A técnica de pesquisa empregada no desenvolvimento do texto é descritivo-documental. Como se trata de clara inovação no sistema de justiça brasileiro, rompendo certos paradigmas quanto à atuação do Poder Judiciário, inexiste bibliografia acadêmica específica sobre o tema. Assim, a maior fonte de pesquisa é a própria regulamentação do centro e sua produção. A partir dos casos que geraram temas para a respectiva atuação, serão então descritos os procedimentos empregados e analisada a problemática de sua legitimidade e representatividade.

2. Cego, mas também amordaçado?

A inércia é um princípio quase sagrado da jurisdição, algo que faz todo o sentido quando se pretende garantir a atuação do juiz como terceiro imparcial na solução de conflitos de interesses. Portanto, o juiz permanece normalmente com "olhos vendados" diante dos conflitos sociais e, quando provocado por algum cidadão, surge um enorme poder de sujeição da sociedade às suas decisões, as quais, naturalmente, consistem em produto da interpretação da ordem jurídica.

Dada a inércia, o exercício da jurisdição tende a ser paradoxal: o juiz detém um poder bastante significativo, porém de irradiação limitada. Na jurisdição, a atuação estatal, por meio do juiz, projeta-se sobre o específico conflito submetido mediante provocação formal, nos limites dessa mesma provocação. Fora disso, pode haver qualquer coisa, mas certamente não será jurisdição.

Pergunta-se, então: como a função primordial do juiz é a jurisdicional, além de permanecer com os "olhos vendados", aguardando provocação formal de uma parte qualquer, deve ele também ser "amordaçado" e impedido de dialogar com a sociedade?

Além de complexa, essa é uma indagação bastante atual e, de certo modo, põe em xeque alguns dogmas tradicionais referentes ao *status* funcional do juiz e aos limites de sua atuação. Só para exemplificar, a vetusta Lei Complementar nº 35/79, que dispõe sobre a Lei Orgânica da Magistratura Nacional, prescreve, em seu artigo 36, III, ser vedado ao juiz

> manifestar, por qualquer meio de comunicação, opinião sobre processo pendente de julgamento, seu ou de outrem, ou juízo depreciativo sobre despachos, votos ou sentenças, de órgãos judiciais, ressalvada a crítica nos autos e em obras técnicas ou no exercício do magistério. (BRASIL, 1979).

Limita-se, assim, o exercício da liberdade de expressão do juiz e, por mais que o preceito mereça uma reflexão já nos dias de hoje, o fato é que claramente a proibição veiculada tem por fundamento proteger o exercício da jurisdição e a inércia.

No entanto, também é certo que a atividade do juiz não se limita ao exercício da jurisdição. Pelo contrário, com a complexidade crescente das relações sociais – e dos conflitos sociais propriamente ditos –, cada vez mais o juiz está sendo obrigado a ampliar seus horizontes de atuação para além do exercício da jurisdição tradicional voltada à solução de conflitos individuais, em prol de uma postura de promotor do diálogo em sociedade. O próprio Código de Processo Civil em vigor impõe ao juiz uma postura de cooperação e de incentivo ao diálogo, através de métodos de soluções de conflitos diversos do emprego tradicional da jurisdição. Assim sendo, o direito processual coloca o juiz na posição de gestor ativo de uma política de tratamento adequado de conflitos.

Sempre se reconheceu que a competência dos agentes políticos é caracterizada pela ênfase em uma função preponderante do Estado, aquela função típica do Poder que integram, porém comporta também funções de natureza diversa. Assim, embora o juiz exerça função preponderantemente jurisdicional, parcela de sua competência tem natureza administrativa, tal como ocorre quando empreende medidas de cooperação ou quando implementa políticas de tratamento adequado de conflitos.

Nesse sentido, a preservação da inércia não impede o juiz brasileiro contemporâneo de figurar como um promotor do diálogo em busca de um tratamento adequado dos conflitos. Pelo contrário, essa postura não apenas é estimulada pela lei, mas também é preciso que o juiz esteja atento às mudanças de paradigmas nas relações sociais, cuja complexidade inviabiliza sejam os conflitos solucionados unicamente a partir da perspectiva tradicional, apostando apenas no processo, sobretudo em seu viés marcadamente contencioso.

Nas democracias contemporâneas, aquela feição clássica e verticalizada da autoridade perde cada vez mais legitimidade. As relações sociais e políticas (com reflexo nas relações jurídicas) estão cada vez mais horizontais e as lideranças se afirmam a partir de sua capacidade de diálogo. O fenômeno não poderia ser diferente no âmbito da jurisdição, obrigando o juiz a atuar cada vez mais como promotor do diálogo e garantidor da autonomia das partes em torno dos seus interesses. Desse modo, se por um lado o juiz permanece sob a influência da inércia quanto à parcela da jurisdição que lhe implica atuar como ator decisório, por outro ele assume rigorosamente uma postura ativa como promotor do diálogo como instrumento para a busca de soluções consensuais de litígios.

Não se trata, portanto, da superação da inércia como princípio da jurisdição. O juiz permanece com os "olhos vendados" quando é provocado a atuar no plano contencioso, decidindo litígios. Porém, isso não afasta a sua função de gestor na promoção do diálogo e do tratamento adequado dos conflitos, assumindo sua função caráter administrativo. Assim, ainda que "cego", não se pode afirmar que o juiz contemporâneo deva ser "amordaçado". Não mais se concebe um juiz que não dialogue com a sociedade com o objetivo de atuar institucionalmente como gestor na solução de conflitos.

3. Do labirinto ao Sistema Multiportas

Essa ideia de promoção do diálogo é coerente com a Política Judiciária Nacional de tratamento adequado de conflitos de interesses pelo Poder Judiciário, instituída pela Resolução nº 125/2010, acrescida de alterações posteriores, do Conselho Nacional de Justiça. Se o juiz passa a figurar como gestor ativo de conflitos, o Poder Judiciário, do ponto de vista institucional, precisa se estruturar sob esse novo paradigma, o que implica se apresentar à sociedade como um sistema multiportas de solução de conflitos.

A adoção de um sistema multiportas de solução de conflitos consiste numa iniciativa antiga no sistema judicial norte-americano, remontando à década de 1970. No direito brasileiro, embora as Ordenações Filipinas já dispusessem sobre conciliação (especificamente no Livro III, Título 22, § 1º)[2], assim como o Código Comercial de 1850[3], a adoção de um sistema multiportas veio a se consolidar mais recentemente, primeiro com a criação dos Juizados Especiais Federais – axiologicamente estruturados a partir da conciliação como espinha dorsal – e mais adiante com a entrada em vigor do Código de Processo Civil de 2015.[4]

Um sistema judicial multiportas oferece aos jurisdicionados diversos instrumentos, processuais ou não, de solução de conflitos, afastando-se do dogma de que conflitos precisam ser solucionados exclusivamente através do processo e na forma contenciosa. Significa que, além do processo judicial tradicional, são disponibilizados meios alternativos de soluções de conflitos, reduzindo a litigiosidade e buscando o consenso.

Naturalmente, um tribunal multiportas se caracteriza por uma certa relatividade na escolha dos meios a serem empregados na solução de conflitos e, por isso mesmo, pressupõe a mitigação do formalismo que historicamente marcou o sistema judicial. O processo deixa de ser um labirinto de caminhos estreitos cujo traçado é determinado pela lei para se apresentar como um grande portal de alternativas à solução de litígios.

Esse contexto implica uma relevante mudança de paradigma institucional, em relação ao juiz e ao Poder Judiciário como um todo. Quanto ao juiz, é necessário um novo perfil de atuação, com ênfase na função de gestor de conflitos, como problematizado no tópico anterior; no que se refere ao Poder Judiciário, é preciso sejam promovidas as devidas adaptações

---

[2] Texto digitalizado disponível em através do link: http://www.ci.uc.pt/ihti/proj/filipinas/ordenacoes.htm. Baseado na edição de Cândido Mendes de Almeida, Rio de Janeiro, 1870.

[3] BRASIL. Lei do império nº 556, de 25 de junho de 1850. Código Commercial do Império do Brasil. *Collecção das Leis do Imperio do Brasil*, 1850. Disponível em: < http://www.planalto.gov.br/ccivil_03/Leis/L0556-1850.htm>. Acesso em: 09 fev. 2018.

[4] BRASIL. Lei nº 13.105, de 16 de março de 2015. Código de Processo Civil. *Diário Oficial da União*, Brasília, DF, 17 mar. 2015. Disponível em: < http://www.planalto.gov.br/ccivil_03/_ato2015-2018/2015/lei/l13105.htm>. Acesso em: 09 fev. 2018.

3. CENTRO LOCAL DE INTELIGÊNCIA DA JUSTIÇA FEDERAL POTIGUAR

– sejam de caráter institucional, sejam as de caráter estrutural – para que o sistema judicial se apresente por meio de tribunais multiportas.

As necessárias transformações institucionais pressupõem a criação de instâncias nas quais o sistema multiportas possa funcionar. O Conselho Nacional de Justiça (CNJ) cuidou de fornecer uma roupagem institucional mínima de caráter nacional por meio da Resolução nº 125/2010 e alterações posteriores, criando os Núcleos Permanentes de Métodos Consensuais de Soluções de Conflitos e os Centros Judiciários de Soluções de Conflitos e Cidadania. A propósito, a lógica do sistema multiportas é justamente a existência de um espaço que centralize a prática de meios alternativos de solução de conflitos, como a conciliação e a mediação.

Porém, a roupagem institucional não é o bastante. É preciso rever a estrutura física dos fóruns e tribunais, adaptados às formas tradicionais de solução de litígios, apostando essencialmente no processo judicial. Assim, até o formato das mesas e as cores das paredes de certos setores das instalações judiciárias precisaram ser repensadas, como forma de abrigarem adequadamente serviços que aplicavam uma metodologia distinta.

O sistema multiportas, enfim, trouxe um colorido especial aos fóruns e tribunais brasileiros, até em face da inclusão, pelo Conselho Nacional de Justiça, da promoção da cidadania como função do Poder Judiciário em sua política de tratamento adequado de conflitos de interesses. Na Justiça Federal do Rio Grande do Norte, por exemplo, decidiu-se inovar com a instalação de brinquedotecas nos Centros de Conciliação e na Central de Perícia Médica, com o objetivo de acolher as crianças em suas instalações, num ambiente lúdico e propício à difusão de valores como justiça e paz.

4. É melhor prevenir que remediar

No período que antecedeu a entrada em vigor do Código de Processo Civil de 2015, a Justiça Federal do Rio Grande do Norte iniciou um cuidadoso planejamento para implementação da sua política de tratamento adequado dos conflitos, em cumprimento à Resolução nº 125/2010 do Conselho Nacional de Justiça. De forma democrática, em conjunto com os demais atores do sistema de justiça (membros do Ministério Público, advogados públicos e privados, defensores públicos), foi aberto amplo debate, inclusive com a realização de eventos, para estudar o perfil dos conflitos submetidos à jurisdição federal.

A essa altura, já havia, na Seção Judiciária, uma cultura consolidada quanto ao emprego da conciliação em certos tipos de conflito. Todavia, surgiu, a partir dessa reflexão, a percepção de que alguns tipos de conflitos não se adaptavam à metodologia da conciliação, em especial as demandas repetitivas e aquelas de maior complexidade.

No que se refere às demandas repetitivas, por terem por objeto relações jurídicas com um potencial imensurável de multiplicação nos vários cantos do país, a adoção da conciliação seria algo infrutífero pela natural inviabilidade de se transigir individualmente em relação a conflitos do tipo estrutural, decorrentes de políticas públicas com juridicidade questionada judicialmente.

Por outro lado, quanto às demandas mais complexas, percebeu-se a necessidade do emprego de uma metodologia capaz de solucionar conflitos mais profundos, que ultrapassassem os limites do processo judicial e da relação jurídica que lhe é objeto. Entendeu-se, portanto, que para esses casos – que envolviam ações civis públicas em geral e a recuperação judicial de empresas por dívidas fiscais – a mediação seria o instrumento mais adequado. Em virtude dessa constatação, a Justiça Federal do Rio Grande do Norte se propôs o desafio de implementar o primeiro programa de mediação específico em direito público no Poder Judiciário brasileiro.

A Resolução nº 125/2010 do Conselho Nacional de Justiça trata especificamente da conciliação e da mediação. Quanto a esta, não chega a conferir o mesmo tratamento do programa implementado na Justiça Federal do Rio Grande do Norte, mas o fato é que lhe há menção como meio alternativo de solução de conflitos. Contudo, não há referência, na política instituída por esse ato normativo, de um instrumento voltado ao tratamento adequado das demandas repetitivas, que até constitui Macrodesafio do Poder Judiciário para o quinquênio 2015-2020.

Nos intensos debates, chegou-se à conclusão de que o fundamento de qualquer instrumento voltado ao tratamento adequado das demandas repetitivas, tendo em vista as particularidades do conflito envolvido, é a prevenção. Sob essa premissa, foi criada, pela Portaria nº 164/2015 – DF/JFRN, emitida pelo Diretor do Foro da instituição, a Comissão Judicial de Prevenção de Demandas, contando essencialmente com as seguintes atribuições:

3. CENTRO LOCAL DE INTELIGÊNCIA DA JUSTIÇA FEDERAL POTIGUAR

a) atuar na prevenção de demandas repetitivas;
b) facilitar a comunicação entre os diversos atores processuais, de modo a evitar que a ausência de diálogo seja foco de conflito;
c) noticiar fatos relevantes às autoridades competentes, para fins de ação coletiva ou mesmo para padronização administrativa, bem como comunicar às autoridades judiciárias sobre necessidade de uniformização de jurisprudência; e
d) atuar propondo a padronização de rotinas entre as unidades jurisdicionais.

A então comissão, hoje centro de inteligência, foi criada com a intenção de desenvolver um olhar preventivo no âmbito da política judiciária na Justiça Federal do Rio Grande do Norte. Na verdade, seu objetivo era e, como centro de inteligência, ainda é servir de canal de articulação e de promoção de diálogo interinstitucional, a fim de equacionar os conflitos de forma preventiva e de evitar a multiplicação de demandas repetitivas. A comissão, então, tornou-se uma instância formal com legitimidade para abrir um diálogo, em nome da Justiça Federal do Rio Grande do Norte, com outras instituições, canalizando para si o debate. Ao fomentar uma postura preventiva pelo Poder Judiciário, a ideia rompe com o paradigma de que conflitos devem ser resolvidos sempre no processo, a partir do estímulo formal à litigiosidade.

Tradicionalmente, por força do princípio da inércia, o Poder Judiciário brasileiro nunca conseguiu agir ativamente quanto ao excesso de litigiosidade, em especial no que se refere às demandas repetitivas, com seus serviços sendo sempre condicionados à política de atuação das demais instituições. Assim, nunca obteve sucesso em debelar o excesso de litigiosidade do sistema de justiça, assumindo sozinho o ônus da morosidade da prestação jurisdicional. Com a comissão, assumiu-se uma postura ativa, racionalizante e articulada na busca de prevenção, portanto, com foco na efetivação de direitos com o mínimo de judicialização possível.

Registre-se que a comissão, pelo êxito obtido, findou por inspirar a criação do Centro Nacional de Inteligência da Justiça Federal, por meio da Portaria nº 369/2017 do Corregedor-Geral da Justiça Federal, na qual também se determinou a criação de Centros Locais de Inteligência em cada Seção Judiciária da Justiça Federal. Assim, a comissão foi convertida em centro local de inteligência e passou a integrar uma estratégia maior de que ela mesma figurou como fonte de inspiração.

5. A receita do bolo

Tratando-se de prática inovadora, não havia receita de bolo para estabelecer os procedimentos a serem empregados pela comissão. Assim, deliberou-se que esta atuaria a partir de temas que lhe fossem afetados por decisão da maioria simples dos seus integrantes e que esses temas poderiam ser sugeridos por qualquer ator do sistema de justiça. Uma vez afetados os temas, seria traçada uma estratégia de ação, que poderia envolver convites para reuniões com entidades, a realização de estudos aprofundados (inclusive com a participação de peritos), a realização de audiências públicas, a emissão de recomendações. Os resultados dos trabalhos, ainda que parciais, sempre ensejariam a emissão de notas técnicas, as quais seriam submetidas à aprovação dos juízes da Seção Judiciária para fins de aprovação através de painel eletrônico.

É indiscutível que uma comissão dessa natureza não pode substituir os órgãos jurisdicionais e, por isso, não adentra o mérito de conflitos de interesses. No exemplo da pesca da lagosta, por meio do qual se introduziu o tema deste texto, naturalmente que a comissão não se debruçou sobre cada processo penal em que um pescador era acusado e tampouco interferiu nos julgamentos proferidos. Porém, ante a constatação de um fenômeno de repetição de demandas, decidiu estudar o tema com profundidade, realizando audiência pública, a partir da qual se concluiu pela necessidade de revisão normativa. O detalhe é que o diálogo foi estabelecido com todos os atores do sistema de justiça, com os pescadores, os empresários de pesca e os órgãos ambientais, os quais dificilmente se reuniriam para debater o tema em conjunto.

Como resultado desse trabalho, foi emitida nota técnica pelo centro local, com recomendação ao IBAMA de "reanálise de sua legislação como forma de permitir meios de pesca que sejam viáveis para a comunidade pesqueira e ecologicamente adequados ao meio ambiente, objetivando reduzir a quantidade de acidentes envolvendo pescadores e diminuir o número de processos cíveis e criminais em face da referida atividade" (BRASIL, 2020). Muito embora a normatização não tenha sido modificada até hoje, após o trabalho do centro local, houve absolvição sumária em todos os processos em curso e o Ministério Público Federal, que concordou com o resultado da nota técnica, não apenas deixou de interpor recurso, como também de denunciar os pescadores, enquanto a legislação não seja modificada. Mais de duzentas ações penais repetitivas foram solucionadas, com a prevenção do surgimento de novos litígios e a garantia de segurança jurídica a milhares de pessoas.

Em outras palavras, é princípio dos centros de inteligência que não atuem usurpando a competência jurisdicional dos juízos e tribunais. Pelo contrário, a comissão é uma aposta para gestão de conflitos envolvendo demandas repetitivas no contexto do sistema multiportas. É um meio alternativo de solução de conflitos a partir de uma ótica preventiva, tendo como fundamento, tanto quanto a mediação e a conciliação, a promoção do diálogo.

Com efeito, é sem dúvida esse caráter dialógico que confere legitimidade ao centro de inteligência. Por isso mesmo, ele se preocupa em democratizar o debate, seja convidando os atores em geral do sistema de justiça a uma participação ativa, seja prestigiando a participação de servidores especializados na gestão de unidades judiciais, seja submetendo suas conclusões aos demais juízes federais da Seção Judiciária. Como a ideia é atuar fora do processo, é preciso que o conteúdo da nota técnica expresse uma espécie de consenso geral em torno daquele tema. Ora, como ela não tem caráter vinculante – e nem poderia, já que não se trata de ato jurisdicional –, sua legitimidade depende da atração de *stakeholders* ao trabalho da comissão, estimulados pelos ideais de redução da litigiosidade, da prevenção e da isonomia.

6. Conclusões

A Justiça Federal do Rio Grande do Norte, no planejamento de sua política nacional de tratamento adequado de conflitos, teve a preocupação de construir soluções para a gestão das demandas repetitivas, um Macrodesafio do Poder Judiciário para o quinquênio 2015-2020. Ante a constatação de que a mediação e a conciliação não seriam meios adequados para o tratamento desse tipo de conflito, decidiu instituir a Comissão Judicial de Prevenção de Demandas, através da qual se propôs a atuar preventivamente quanto às demandas repetitivas.

A comissão, posteriormente convertida em Centro Local de Inteligência, foi instituída como uma estratégia do sistema multiportas de solução de conflitos, que pressupõe a adoção, para tanto, de meios alternativos de caráter consensual. A ideia foi criar uma instância formal com legitimidade para promoção do diálogo em nome da instituição, possibilitando a mobilização dos atores do sistema de justiça em torno da redução da litigiosidade e da premissa de que litígios podem ser resolvidos fora do processo e sob uma ótica preventiva.

Este texto propôs-se a analisar a viabilidade de o Poder Judiciário atuar institucionalmente fora do processo tradicional através dessa comissão, assim como a legitimidade de suas ações. Para concluir positivamente, fixou-se como premissa o fato de o princípio da inércia não impedir a atuação do juiz como gestor ativo de conflitos, o que até se tornou institucionalmente um dever funcional após a entrada em vigor do Código de Processo Civil de 2015 e a consolidação de um sistema judicial multiportas.

Por outro lado, concluiu-se também que, num sistema multiportas, a legitimidade de uma comissão como essa depende de uma ênfase em seu caráter democrático e participativo, visando à mobilização dos atores envolvidos em torno da ideia de consenso. Por isso, o fundamento da legitimidade da comissão é essencialmente a sua capacidade de promoção do diálogo.

Referências

BRASIL. Corregedoria Geral da Justiça Federal. Portaria nº 369, de 19 de setembro de 2017. Dispõe sobre a instituição do Centro Nacional e Local de Inteligência da Justiça Federal e dá outras providências. *Diário Oficial da União*, Brasília, DF, 20 dez. 2017. Disponível em: <http://pesquisa.in.gov.br/imprensa/jsp/visualiza/index.jsp?data=20/12/2017&jornal=515&pagina=133&totalArquivos=144>. Acesso em: 09 fev. 2018.

BRASIL. Justiça Federal. Seção Judiciária do Rio Grande do Norte. Portaria nº 164-JF/RN, de 04 de agosto de 2015. Diário Eletrônico Administrativo SJRN, Natal, RN, 07 ago. 2015.

BRASIL. Justiça Federal. Seção Judiciária do Rio Grande do Norte. Nota Técnica nº 002/2017 do Centro Local de Inteligência. Disponível em: <https://centrodeinteligencia.jfrn.jus.br/jfrn/#/temas/p/8>. Acesso em: 29 jan. 2020.

BRASIL. Lei nº 13.105, de 16 de março de 2015. Código de Processo Civil. *Diário Oficial da União*, Brasília, DF, 17 mar. 2015. Disponível em: <http://www.planalto.gov.br/ccivil_03/_ato2015-2018/2015/lei/l13105.htm>. Acesso em: 09 fev. 2018.

BRASIL. Lei Complementar nº 35, de 14 de março de 1979. Dispõe sobre a Lei Orgânica da Magistratura Nacional. *Diário Oficial da União*, Brasília, DF, 14 mar.

1979. Disponível em: <http://www.planalto.gov.br/ccivil_03/leis/lcp/lcp35.htm>. Acesso em: 09 fev. 2018.

BRASIL. Lei do Império nº 556, de 25 de junho de 1850. Código Commercial do Império do Brasil. *Collecção das Leis do Imperio do Brasil*, 1850. Disponível em: <http://www.planalto.gov.br/ccivil_03/Leis/L0556-1850.htm>. Acesso em: 09 fev. 2018.

CONSELHO NACIONAL DE JUSTIÇA (Brasil). Resolução nº 125, de 29 de novembro de 2010. Dispõe sobre a Política Judiciária Nacional de tratamento adequado dos conflitos de interesses no âmbito do Poder Judiciário e dá outras providências. *Diário da Justiça eletrônico*, Brasília, DF, 01 dez. 2010. Disponível em: <http://www.cnj.jus.br/busca-atos-adm?documento=2579>. Acesso em: 09 fev. 2018.

ORDENAÇÕES Filipinas on-line. [1998]. Trabalho de digitalização realizado com base no livro "Ordenações Filipinas, vols.1 a 5; Edição de Cândido Mendes de Almeida, Rio de Janeiro de 1870." Disponível em: <http://www1.ci.uc.pt/ihti/proj/filipinas/ordenacoes.htm>. Acesso em: 09 fev. 2018.

4. Ação coletiva obrigatória: uma possibilidade para desastres em massa

Fabrício Sousa Cunha

Introdução

Este artigo abordará o desastre decorrente do rompimento da Barragem I, na Mina Córrego do Feijão, em Brumadinho, Minas Gerais, e o artigo "Mandatory-Litigation Class Action: The Only Option For Mass Tort Cases" (ação coletiva obrigatória: a única opção para danos em massa[1]), de David Rosenberg. Essa teoria aborda os dois estágios do comportamento do ofensor e da vítima quando ocorre um evento danoso e a repercussão disso no mundo jurídico.

O caso pode ser assim sintetizado. Trata-se de uma empresa de extração mineral, Vale, que possui milhares de funcionários e opera próxima a uma cidade de onde vem boa parte dos trabalhadores, Brumadinho. Após a extração do minério, os rejeitos ficam represados em barragens. Certo dia, uma dessas barragens se rompe devastando tudo que está abaixo, matando centenas de funcionários, poluindo o meio ambiente, destruindo as cidades e deflagrando um caos.

Vários são os problemas que surgem desse episódio, dentre eles a questão trabalhista desses funcionários mortos pelo desastre. Um operador do Direito, se questionado acerca de como resolver essa questão – recebimento das verbas trabalhistas, indenizações pelas mortes, pensionamentos etc. – certamente não hesitaria em dizer: basta que cada

---

[1] Tradução do autor.

dependente habilitado na Previdência Social ou legitimado a suceder ingresse com a respectiva ação trabalhista.

A resposta não está errada. Afinal de contas, a Ciência do Direito não é uma disciplina exata. Todavia, nem sempre qualquer resposta, ainda que a mais óbvia e comum, é a mais econômica, efetiva, célere e justa, no sentido de proporcionar equidade entre todos os envolvidos.

Agora considere que a resolução judicial para a questão trabalhista do referido problema fosse uma única ação judicial. Ação em que todos os envolvidos que quisessem requerer o que quer que fosse decorrente do referido acidente tivesse que se valer dela. Uma única ação, coletiva e obrigatória. Quem aderisse, dela não poderia se desvincular (sem opção de "opt out"). E quem não aderisse, nada poderia requerer.

A ação coletiva obrigatória como única forma de resolução de conflitos decorrentes de danos causados em massa é a proposta de David Rosenberg, professor da Escola de Direito de Harvard. Ele traz o ousado ensaio em um artigo intitulado "Mandatory-Litigation Class Action: The Only Option For Mass Tort Cases" (ação coletiva obrigatória: a única opção para danos em massa)[2], publicado em 2002 na Revista de Direito de Harvard[3].

Para Rosenberg, em caso de danos causados à coletividade, haveria apenas uma saída: a ação coletiva obrigatória; e sem opção de desvincular-se dela para se propor uma individual. Segundo ele, o sistema legal deve objetivar melhorar a vida dos indivíduos, que seria o bem-estar e o contentamento deles. Isso só poderia ocorrer por meio de uma resolução uniforme e que reparasse de maneira justa os prejudicados.

Para isso, a lei deveria procurar minimizar os custos que um acidente poderia trazer e isso se daria por meio de precaução: a lei estabeleceria obrigatoriedade de seguros que contemplassem a prevenção do fato danoso de massa e, caso ocorresse, os vários desdobramentos que ele pudesse ensejar.

Deveria se prever, por exemplo, cobertura de despesas com estudos de riscos, prevenção, os próprios prejuízos para o caso de um inevitável desastre, além dos gastos supervenientes com a administração da justiça

---

[2] Tradução do autor.
[3] ROSENBERG, David. *Mandatory-Litigation Class Action: The Only Option for Mass Tort Cases*. Harvard Law Review. Vol. 115, No. 3 (Jan., 2002), p. 831-897.

quando dos pedidos de indenização. É um projeto ousado e global, que abarca do pré ao pós acidente e de maneira que as empresas seguradoras não tenham a possibilidade de fugir das indenizações.

Para o autor, a lei deveria acautelar não apenas o pós acidente, quando já se teria o prejuízo e a necessidade de intervenção judicial, mas o "status quo ante", de prevenção e precaução para que a desastre não acontecesse. Por essa razão, reafirma a necessidade de um Estado ativo e que deve evitar falhas, regular adequadamente o controle de riscos acidentários e ter uma rígida legislação que obrigue as empresas seguradoras a cobrir as perdas previstas contratualmente.

Tratando essencialmente da ação coletiva obrigatória, ele esclarece que um indivíduo – leia-se, também, empresas responsáveis pelos danos – antes de tomar conhecimento acerca de um grave prejuízo e de quais argumentos constarão de eventual ação reparatória (estado "ex ante"), qualquer parte tomaria uma decisão diferente daquela para o caso de já saberem a extensão do dano e quais o argumentos sustentam o pedido de indenização (estado "ex post").

Por isso, o que se busca por meio desse artigo é analisar o cabimento dessa teoria e se ela teria aplicabilidade no Brasil, como no caso que ocorreu em Brumadinho, MG.

1. Apresentação da proposta de Rosenberg

Segundo Rosenberg, a escolha do indivíduo quanto à melhor estratégia a ser adotada em relação à prevenção de riscos muda com o tempo, principalmente se ele obtém algum tipo de conhecimento acerca do estado das coisas após o evento danoso.

Nesse caso, e olhando-se pelo lado da empresa, o comportamento dela mudaria caso soubesse a tamanho do dano, as ações que o Estado e os órgãos de regulação tomaram no pós-acidente e, principalmente, quais os argumentos os foram usados nos pedidos de indenização. Por exemplo, é de se supor que se a Vale soubesse, com certeza, que o desastre de Brumadinho viria a ocorrer e o montante dos prejuízos que viria a acarretar, é muito provável que tivesse interesse em tomar providências para evita-lo ou minorar as suas consequências[4].

---

[4] "(...) this argument addresses the fundamental disjuncture between an individual's preferences *ex ant* – that is, before knowing whether one will suffer tortious injury, and if so,

A noção de uma situação danosa, com todas as suas nuances, como a causa do dano, a extensão, o impacto do dano, a ação judicial que pode ensejar, é o argumento central que o autor utiliza para defender a adoção da ação coletiva obrigatória. Chama-se a atenção que Rosenberg escreve não apenas com vistas àquele que sofreu o dano (vítima), mas também sob a ótica dos causadores ou responsáveis por ele (autor/infrator).

A ação coletiva obrigatória serviria como um mecanismo para garantir o melhor alcance da decisão, de modo a contemplar todos os prejuízos, pois o "Direito" das partes seria mais forte porque estaria junto e, dessa maneira, o réu teria mais dificuldade de usar o processo em favor de si. Além do mais, se evitaria uma "comercialização" das ações individuais, em que, muitas vezes, é proposta mais no interesse do advogado do que da própria parte[5].

Para que se alcance o melhor resultado no processo de indenização e de penalização pedagógica, a fim de desincentivar atividades perigosas e sem seguro, é necessário que as pessoas atuem conjuntamente. Elas precisam reunir todos os argumentos e o arcabouço probatório numa mesma ação para maximizar um resultado favorável.

Há três elementos básicos no modelo de processamento da ação que Rosenberg desenvolve[6]. O primeiro deles refere-se à exploração da escala

---

how strong the related claim will be – and *ex post* – after learning the "luck of the draw." Understanding how individual preferences change over time, particularly as individuals acquire knowledge, is central to the argument for mandatory mass tort class action. Given the systematic failure of administrative regulation and first-party accident insurance, everyone rationally prefers ex ante to maximize individual welfare by securing optimal deterrence and insurance through mass tort liability. ROSENBERG, David. *Mandatory-Litigation Class Action: The Only Option for Mass Tort Cases.* Harvard Law Review. Vol. 115, No. 3 (Jan., 2002), p. 832.

[5] "In practice, the mandatory-litigation class action serves as such a mechanism. In the absence of the mandatory-litigation class action, the standard process of separate actions allocates legal resources through a market in tort claims driven by litigants' (and their lawyers') ex post wealth-maximizing motives and strategies. Such a market precludes the collective action that is necessary to achieve optimal tort deterrence and insurance." ROSENBERG, David. *Mandatory-Litigation Class Action: The Only Option for Mass Tort Cases.* Harvard Law Review. Vol. 115, No. 3 (Jan., 2002), p. 833.

[6] "The model has three basic elements. First, to exploit litigation scale economies fully, courts should automatically and immediately aggregate all potential and actual claims arising from mass tort events into a single mandatory-litigation class action, allowing no class

4. AÇÃO COLETIVA OBRIGATÓRIA

econômica do caso. Para ele, as cortes deveriam, assim que recebessem um caso decorrente de um evento danoso de massa, torná-lo, imediatamente, em uma ação coletiva obrigatória sem a opção de saída de qualquer parte.

Assim, por exemplo, ao receber a primeira ação individual ou coletiva, requerendo indenização para as vítimas do desastre de Brumadinho, o Poder Judiciário deveria transformá-la em uma ação com o objetivo de resolver todas as indenizações devidas; ou, pelo menos, para um subgrupo. Por exemplo, as indenizações a todas as vítimas fatais diretas do evento seriam resolvidas em um só processo.

Segundo, para alcançar eficientemente uma pena pedagógica que iniba futuros delitos, as cortes deveriam estimar qual seria a responsabilidade do réu e avaliar o nível do dano. No caso de Brumadinho, o Poder Judiciário poderia montar uma força tarefa (não vejo problema de o Ministério Público compor esse grupo, mas essa não é a ideia original do autor) a fim de se estimar o valor total do dano.

Terceiro, as cortes deveriam distribuir a indenização para as partes de acordo com a gravidade e extensão do dano sofrido e não com base no melhor direito invocado. Ou seja, o valor da indenização não dependeria necessariamente de aspectos processuais, como a melhor técnica empregada na petição ou na melhor condução do caso, mas no efetivo dano experimentado pela parte.

Esse tipo de processamento de ação, que acautela o direito, levaria as empresas a terem um seguro mais abrangente e que cobrisse efetivamente todos os danos que pudessem surgir de uma eventual atividade perigosa.

Para entender como esse sistema jurídico se parece é necessário pontuar que há duas vertentes nele, uma chamada de "ex ante", que significa a situação do indivíduo por detrás de um véu de ignorância[7] – no contexto,

---

member to exit. Second, to achieve optimal deterrence efficiently, courts should statistically estimate total aggregate liability and assess the appropriate level of damages (normally, and for present purposes, assumed to equal total aggregate tortious harm). Third, to advance the goal of optimal insurance, courts should distribute damages to class members according to the relative severity of their injury rather than the relative strength of their legal claims." ROSENBERG, David. *Mandatory-Litigation Class Action: The Only Option for Mass Tort Cases*. Harvard Law Review. Vol. 115, No. 3 (Jan., 2002), p. 833-834.

[7] ROSENBERG, David. *Mandatory-Litigation Class Action: The Only Option for Mass Tort Cases*. Harvard Law Review. Vol. 115, No. 3 (Jan., 2002), p. 877-878.

sem informação acerca da própria situação no caso de um evento futuro, conceito explorado por John Rawls[8].

O principal ponto do estágio "ex ante" é que o indivíduo racionalmente preferiria um sistema legal que privilegiasse a prevenção de risco e optaria por defender seus direitos por meio de ação coletiva.

Já o estágio "ex post" seria o oposto, quando o dano já tivesse ocorrido e as partes tomado conhecimento do ocorrido. No caso de Brumadinho, por exemplo, o estágio "ex post" foram os posteriores ao rompimento da barragem, quando as vítimas já estavam desaparecidas e a Vale começou a tomar conhecimento das ações judiciais propostas, dos bloqueios judiciais, das ações indenizatórias propostas e dos argumentos dos reivindicantes.

Depreende-se da leitura do artigo que a opção pela ação coletiva obrigatória, que faz parte do argumento acerca do estágio "ex ante", seria mais barata do que várias ações individuais tramitando, tanto do ponto de vista do réu, com os custos de diversos processos, quanto para o Poder Judiciário em processar todas essas demandas.

No Brasil, a implementação de uma ação coletiva obrigatória seria desafiadora em alguns aspectos. Inicialmente porque a ação coletiva é um mecanismo processual pouco usada, cuja complexidade vai da legitimidade de quem vai representar o grupo[9] à divergência entre os membros do grupo representado[10]. Agora pondere se essa ação, além de coletiva, ainda tivesse que ser obrigatória.

Outros aspectos também justificariam a razão pela qual o processo coletivo obrigatório poderia não vingar no Brasil, seriam eles: o processo coletivo não é muito estudado pelos operadores do Direito[11]; há mais disposições voltadas às ações individuais do que para ações coletivas no Código de Processo Civil (CPC)[12]; ausência de lei que permita o Poder

---

[8] *Ibidem* ROSENBERG, 2002, p. 840 *apud* RAWLS, John. *A Theory of Justice*, 1970.

[9] VITORELLI, Edilson. *O devido processo legal coletivo: dos direitos aos litígios coletivos*. 2. ed. rev., atual. e ampl. São Paulo: thomson Reuters Brasil, 2019. Pág. 250.

[10] VITORELLI, Edilson. *O devido processo legal coletivo: dos direitos aos litígios coletivos*. 2. ed. rev., atual. e ampl. São Paulo: thomson Reuters Brasil, 2019. Pág. 403.

[11] Nota-se pelas grades curriculares dos cursos de direito que, salvo as exceções que podem existir, não contemplam processo coletivo.

[12] Uma das poucas disposições sobre o assunto que viria no CPC de 2015, o art. 333, foi vetado. "Art. 333. (VETADO) Atendidos os pressupostos da relevância social e da dificuldade de formação do litisconsórcio, o juiz, a requerimento do Ministério Público ou da

Judiciário agir de modo ativo para transformar ações individuais em coletivas e torná-las obrigatórias.

Há também outro aspecto, a impossibilidade de se obrigar o acesso ao Poder Judiciário apenas por meio de ação coletiva no caso de dano em massa[13].

Todavia, o mecanismo exposto por Rosenberg parece muito mais efetivo do que o atual, em que a ação coletiva para eventos danosos em massa é pouco utilizada pelos grupos prejudicados. Uma lei que tratasse sobre esse assunto poderia trazer diretrizes para a forma como se deveria proceder juridicamente no caso de pedidos de indenizações decorrentes de ventos de grandes proporções, por exemplo.

A legislação poderia estabelecer as cláusulas as quais os indivíduos envolvidos (ofensor e vítima) estariam vinculados, sem possibilitar a saída para a ação individual ("opt-out"), tratando a ação coletiva obrigatória como adequada à resolução de eventos danosos de massa.

2. Argumento normativo para a Ação Coletiva obrigatória e os contrapontos com o panorama brasileiro

2.1. A perspectiva do indivíduo antes do dano acontecer – "Ex Ante"

A visão de Rosenberg acerca da ação coletiva obrigatória é anterior ao próprio litígio: ele enfoca o modo de evitar o dano. É por essa razão que ele discorre acerca de um sistema complexo que abarca várias áreas, como a sociologia, em implementar uma maneira das pessoas viverem melhor; a economia, em como prevenir os danos de forma menos custosa; e do Poder Judiciário, em como ele poderia agir diante de provocação decorrente de eventos em massa.

Rosenberg afirma que o sistema legal deveria ser voltado à forma de maximizar o bem-estar do indivíduo, ainda que num cenário de risco acidentário. É nesse ponto que ele justifica a perspectiva "ex ante", que coloca a pessoa "por detrás de um véu de ignorância", adotando o conceito de John Rawls[14].

Defensoria Pública, ouvido o autor, poderá converter em coletiva a ação individual que veicule pedido que: (...)"

[13] Princípio da inafastabilidade da jurisdição. Art. 5º, XXXV, Constituição Federal.
[14] *Ibidem* ROSENBERG, 2002, p. 840 *apud* RAWLS, John. *A Theory of Justice*, 1970.

Para ele, os indivíduos no estágio anterior – "ex ante" – racionalmente prefeririam um sistema legal que alocassem esforços em prevenção de riscos e não em compensá-los. Além de se evitar que pessoas se aproveitem da situação danosa para maximizar suas riquezas pessoais por meio de processos individuais[15].

A perspectiva do indivíduo antes de um fato danoso acontecer ("ex ante") é de imparcialidade, ou seja, de defender uma ordem coletiva, de colocar-se no lugar do outro – de estar sujeito a um acidente como qualquer um e, por isso, preferir um regime jurídico comum a todos e mais benéfico ao grupo. Por natureza, o ser humano prefere estar a salvo do que em perigo.

Um exemplo de como as pessoas preferem se assegurar de que estão fora de perigo é quando decidem verificar a segurança dos produtos que pretendem comprar[16], quando preferem pagar pela garantia estendida de um produto do que arriscar pagar por um reparo no futuro, quando fazem seguro de carro, casa, dentre outros costumeiros exemplos.

A aversão ao risco enseja a contratação de seguro que garanta um resultado no caso de sinistro. Mesmo que não haja a completa eliminação da possibilidade de acidente, a precaução e a contratação de um seguro aumentam o bem estar social dos indivíduos e a segurança da empresa[17].

---

[15] ""ex ante" perspective, which places individuals "behind a veil of ignorance," without information about their particular situations in the "ex post" world-to-come of accident risk and scarce resources. Reasoning from that perspective, I conclude that ex ante, any rational individual would choose a legal system that minimizes the sum of accident costs and uses mass tort liability to do so. Such a system would optimally deter tort-feasors from creating unreasonable risk and optimally insure tort victims against residual reasonable risk. The most important point for present purposes is that, ex ante, the individual would rationally prefer a legal system that allocates enforcement resources to prevent unreasonable risk rather than merely to compensate it." ROSENBERG, David. *Mandatory-Litigation Class Action: The Only Option for Mass Tort Cases*. Harvard Law Review. Vol. 115, No. 3 (Jan., 2002), p. 840.

[16] ROSENBERG, David. *Mandatory-Litigation Class Action: The Only Option for Mass Tort Cases*. Harvard Law Review. Vol. 115, No. 3 (Jan., 2002), p. 841.

[17] "Optimal deterrence thus prevents unreasonable risk – risk that costs society more to incur than to avoid – thereby maximizing society's total welfare and each individual's ex ante expected net welfare. Risk aversion magnifies but does not motivate this result; even assuming risk-neutrality, individuals ex ante are made better off when firms take all efficient precautions to avoid accidents." ROSENBERG, David. *Mandatory-Litigation Class Action: The Only Option for Mass Tort Cases*. Harvard Law Review. Vol. 115, No. 3 (Jan., 2002), p. 844..

O estado "ex ante", sob a perspectiva do empresário, também considera o custo do seguro, se é mais barato correr o risco ou não, e a magnitude da perda econômica para o caso de um acidente. A aversão ao risco não está ligada somente à probabilidade do acidente, mas também no impacto econômico que ele pode causar caso aconteça.

Embora a aversão ao risco leve à contratação de um seguro, há casos em que o temor não é tão grande a ponto de se contratar um seguro eficiente e com vasta cobertura.

Por essa razão o autor traz a teoria do seguro ideal. Segundo ele, a fundada aversão ao risco enseja o investimento em um seguro que cubra totalmente eventual dano. Essa cobertura visa não só o bem estar social, mas também a manutenção do negócio, de forma que não haja grande perda no caso de ocorrência.[18]

Depreende-se que o estado "ex ante" é aquele em que o indivíduo (também considerada as empresas) privilegia à coletividade, à segurança, o bem estar social ao lucro a qualquer custo, até porque um dano em massa fora desse estado de segurança seria muito mais gravoso, tanto financeiramente quanto socialmente.

2.2. A perspectiva do indivíduo após o ocorrido – "Ex Post"

O indivíduo na condição de "ex post", ou seja, após a concepção do fato danoso, seja como sofredor ou causador do dano, muda. A pessoa nessa condição procura seu próprio interesse, pois não há mais nada "em tese", mas em concretude. Por isso, julga os próprios interesses superiores aos dos outros, procura defender mais a si do que o da coletividade[19].

Mal comparando, é como se acontecesse um grave acidente em massa e alguns indivíduos conseguissem se salvar numa ilha bem abastecida de

---

[18] "Risk-averse individuals are concerned with not only the probability of accident, but also the magnitude of the potential economic loss relative to their wealth." ROSENBERG, David. *Mandatory-Litigation Class Action: The Only Option for Mass Tort Cases*. Harvard Law Review. Vol. 115, No. 3 (Jan., 2002), p. 845.

[19] "(...) ex post individuals treat their respective self-interests as superior to the interests of others. Indeed, the lucky act as if they were on separate, well-stocked islands, while the unlucky seek to save themselves at all cost." ROSENBERG, David. *Mandatory-Litigation Class Action: The Only Option for Mass Tort Cases*. Harvard Law Review. Vol. 115, No. 3 (Jan., 2002), p. 841.

comida e itens necessários à sobrevivência, enquanto os outros procuravam se salvar a todo custo.[20]

Diferentemente do estado "ex ante", em que se está prevenindo de futuros danos, no estado "ex post" o delito de massa já ocorreu e caos está instalado. Enquanto no estágio anterior ("ex ante") os sujeitos (por exemplo, uma empresa e um funcionário) preferem se prevenir de eventual dano, contratando um bom seguro, optando pela resolução de eventual litígio de modo menos oneroso para todas as partes, inclusive para o estado, no estágio "ex post" o evento do qual eles queriam se proteger – o dano – ocorreu. Logo, eles não mais pensarão de forma coletiva, mas em como sairão da melhor maneira desse conflito, pensando de maneira individual.

Em uma perspectiva prática, é como se o sistema atual, de se demandar individualmente, privilegiasse aqueles que podem pagar bons advogados, que produzirão as melhores provas e, portanto, terão mais possibilidades de êxito. Em contrapartida, aqueles que sofreram um dano decorrente de uma mesma ação não terão a mesma sorte, pois não terão uma ação tão bem instruída a ponto de, processualmente, estarem em melhor posição.

A ação coletiva obrigatória defendida por Rosenberg permite que a indenização seja calculada no todo, levando-se em conta o evento de maneira global, não em frações.

3. Uma perspectiva a esse respeito no Brasil
3.1. Lei do seguro DPVAT[21]

Da leitura do artigo de Rosenberg extrai-se que ele atribui a responsabilidade em se prevenir o dano a todos aqueles que podem participar do processo de recomposição, pois além das partes, o Estado também é responsável por evitar o mau e promover o bem estar da sociedade, além de ser o responsável por pronunciar o Direito[22].

---

[20] ROSENBERG, David. *Mandatory-Litigation Class Action: The Only Option for Mass Tort Cases*. Harvard Law Review. Vol. 115, No. 3 (Jan., 2002), p. 842.
[21] Seguro de Danos Pessoais Causados por Veículos Automotores de Vias Terrestres.
[22] ROSENBERG, David. *Mandatory-Litigation Class Action: The Only Option for Mass Tort Cases*. Harvard Law Review. Vol. 115, No. 3 (Jan., 2002), p. 831-832.

4. AÇÃO COLETIVA OBRIGATÓRIA

A Lei 6.194/1974, que dispõe sobre o seguro DPVAT, prevê uma indenização para as vítimas de acidente de trânsito registrados em solo brasileiro. O seguro cobre desde o reembolso com despesas médicas, limitada à R$ 2.700,00, até morte, no valor de R$ 13.500,00, que é o teto da cobertura[23].

O seguro é obrigatório[24] e, por essa razão, por vontade do Legislador, as pessoas são obrigadas a pagarem o prémio para que tenham a indenização no caso de acidente que cause invalidez permanente, ou seja, essa lesão não pode ser passível de recuperação.

A Lei que disciplina a matéria prevê que as lesões decorrentes do acidente devem ser enquadradas numa tabela que relaciona a parte do corpo lesionada, por exemplo, se é membro superior ou inferior, e o percentual da perda, que corresponderá à indenização.

Após a ocorrência do sinistro, a vítima é submetida a uma perícia médica que avalia a perda funcional do membro corporal, declinando a intensidade da lesão, se total (100%), intenso (75%), médio (50%), leve (25%) ou residual (10%).

A título de exemplo, a perda da mobilidade de um dos ombros, cotovelos punhos ou dedo polegar, com intensidade leve (25%), corresponde a uma indenização de R$ 843,75. Já em ambas as mãos ou pés, de repercussão intensa (75%), corresponde a R$ 10.125,00.

A legislação nada mais fez do que prever danos futuros com a fixação prévia do valor da indenização, como sugeriu Rosenberg. A diferença é que essa lei só prevê uma parte do plano, do que será feito quando o sinistro ocorrer, mas não em como evitá-lo.

Acrescente-se que a previsão de indenização trazida acima não é para eventos danosos de grande proporção, mas individual. Todavia, a ideia central é a mesma: previsão de indenização para dano futuro.

O Seguro DPVAT é uma perspectiva "ex ante" à luz dos ensinamentos de Rosenberg, obrigatório e não voluntário. Quem buscar indenização junto à seguradora deverá se submeter àqueles valores de indenização, não podendo reclamar indenização maior, pois a legislação previamente já estabeleceu os valores.

---

[23] https://www.seguradoralider.com.br/Seguro-DPVAT/Sobre-o-Seguro-DPVAT Acessado em 11/11/2019, às 21:59.
[24] Art. 20, alínea "l", do Decreto-Lei n. 73/1966.

Consta do site da seguradora que menos de 20% da frota brasileira é segurada, o que corresponderia a apenas 2 carros de cada 10 que transitam pelas ruas[25]. É que, embora o seguro seja obrigatório, algumas pessoas não pagam o prêmio, pois não há uma cobrança efetiva. A título de exemplo, o valor do seguro para automóveis particulares custa R$ 16,21[26], para o período de um ano.

Isso revela que a escolha do indivíduo (condição "ex ante") de pagar o seguro para ter um benefício no caso de acidente se mostra desinteressante para 80% das pessoas que seriam obrigadas a pagar, por isso que a efetividade da manutenção do seguro teria que se dar por meio de uma cobrança compulsória do preço do prêmio.

A indenização prevista na legislação não deixa de ser um dano presumido de evento futuro e incerto, afinal de contas, nem todo mundo que utiliza veículo automotor vai sofrer um acidente. E quem opta por pagar o prêmio encaixa-se na condição "ex ante", pois reconhece que a coletividade será beneficiada pelo valor do seguro, admitindo que ele também poderá usufruir de tal benefício.

3.2. Dano tarifado na lei trabalhista

Nesse tópico se abordará a previsão legislativa acerca do dano moral (ou extrapatrimonial, nomenclatura utilizada pelo legislador) trazida pela reforma trabalhista, por intermédio da Lei 13.467/2017, que incluiu na Consolidação das Leis do Trabalho (CLT)[27], diretrizes acerca do dano moral ocorrido nas relações de trabalho.

Não se discutirá o acerto ou desacerto do Legislador quanto a essa previsão legal, mas se, à luz dos ensinamentos de Rosenberg, o Estado-Legiferante procurou estabelecer diretrizes acerca do tratamento a ser dado aos casos de dano moral e o valor a ser pago à título de indenização, como se fosse um estado "ex ante" de posterior litígio.

---

[25] https://www.seguradoralider.com.br/Seguro-DPVAT/Sobre-o-Seguro-DPVAT acessado em 11/11/2019, às 21:59.

[26] https://www.seguradoralider.com.br/pages/Saiba-quanto-pagar.aspx acessado em 15/11/2019, às 15:41. Valor para automóveis e camionetas particulares. Para motos e caminhões, por exemplo, o valor é outro.

[27] Dec.-lei 5.452/1943.

Inicialmente, segundo consta da própria legislação, no art. 223-A[28] da CLT, o juiz está vinculado às disposições daquele título, devendo seguir os parâmetros ali delineados, que estabelece o que é o dano, quem é o titular do direito à reparação[29], além do que deve ser levado em consideração pelo juízo na hora da apreciação do pedido, como, por exemplo, a intensidade do sofrimento ou da humilhação[30].

No mesmo título o legislador estabelece o valor da indenização a ser paga, escalonando o grau em leve, médio, grave e gravíssimo. Para cada um dos graus há um fator a ser aplicado sobre a base de cálculo da indenização que é o salário do ofendido.

Por exemplo, ofensa de natureza leve terá indenização correspondente a três vezes o último salário contratual do ofendido, enquanto o dano de natureza gravíssima terá indenização de vinte vezes do último salário contratual da vítima[31]. Ressalte-se que a pessoa jurídica também é titular dessa natureza de indenização[32].

O que se verifica, da análise dos dispositivos, é que o legislador quis estabelecer o valor das indenizações como se fosse um contrato entre as duas partes, empregado e empregador, e impondo ao juiz que observe o referido "contrato" no caso de apreciação de pedido dessa natureza.

A reflexão que se faz de tais disposições legais e da proposta de Rosenberg é que, de fato, o legislador brasileiro quis prever uma situação "ex ante" para as duas partes, qual seja: de que, se uma das partes quiser levar à apreciação do Estado-Juiz pedidos daquela natureza, o máximo de indenização que se poderá obter é a de vinte vezes o último salário contratual do ofendido ou do ofensor, no caso da empresa ter sofrido o dano.

A crítica que se tem feito acerca do referido título é a de que aquelas disposições, além de ferir a atuação do juiz na hora de verificar a extensão

---

[28] Art. 223-A. Aplicam-se à reparação de danos de natureza extrapatrimonial decorrentes da relação de trabalho apenas os dispositivos deste Título. (Incluído na CLT pela Lei nº 13.467, de 2017)

[29] Art. 223-B. Causa dano de natureza extrapatrimonial a ação ou omissão que ofenda a esfera moral ou existencial da pessoa física ou jurídica, as quais são as titulares exclusivas do direito à reparação. (Incluído na CLT pela Lei nº 13.467, de 2017)

[30] Art. 223-G. Ao apreciar o pedido, o juízo considerará: (...) II – a intensidade do sofrimento ou da humilhação; (...) (Incluído na CLT pela Lei nº 13.467, de 2017)

[31] Art. 223-G, § 1º, incisos do I ao IV. (Incluído na CLT pela Lei nº 13.467, de 2017)

[32] Art. 223-B. *Retrotranscrito*. (Incluído na CLT pela Lei nº 13.467, de 2017)

do dano, criou uma situação muito mais favorável para uma das partes ou como prefere Rosenberg, para o indivíduo, que nesse caso seria a empresa.

Um dos problemas dessa tarifação é que o empregador sabe qual é o valor máximo que pagará a título de indenização no caso de dano moral, o que pode diminuir a inibição desse tipo de dano na relação de trabalho, criando um estágio que se enquadra ao "status ex post".

Além do mais, engessa a atuação do juiz de determinar uma indenização em valor superior ao teto legal para os casos de danos extrapatrimoniais mais intensos, além de submeter empregados a indenizações diferentes apenas por conta da faixa salarial, já que é essa a base de cálculo.

Criou-se, por meio dessas disposições, uma previsibilidade para uma das partes acerca de eventual dano futuro e incerto, colocando uma delas, diferente da ideia de Rosenberg, em vantagem em relação a outra, trazendo desequilíbrio na balança e comprometendo uma das fases do estágio "ex ante".

Tendo por base o texto de Rosenberg, é possível reconhecer que essa legislação traz alguns aspectos da teoria dele, pois o juiz e as partes, em tese, estão vinculados aos parâmetros e valores indenizatórios pré-fixados pelo legislador anteriormente ao evento danoso.[33]

3.3. Quantidade de processos

Dois desastres em massa ocorreram em Minas Gerais há poucos anos envolvendo o rompimento de barragens de minério. Um na cidade de Mariana[34], em 05 de novembro de 2015, e outro em Brumadinho[35], em

---

[33] Há projetos de lei (PL) na Câmara dos Deputados, PL 8544/2017 e PL 913/2019, e ações no Supremo Tribunal Federal, como a ADI 6.050/DF, de relatoria do Ministro Gilmar Mendes, que questionam a constitucionalidade do referido dispositivo que tarifa o dano moral. Não foi proferida decisão meritória na ação até a data de 26/12/2019, apenas despachos. O processo foi incluído na pauta de julgamento do dia 04/06/2020. Andamento verificado em 26/12/2019, às 19:54.

[34] Fato público e notório. Registrado no artigo: FREITAS, Carlos Machado de; SILVA, Mariano Andrade da; MENEZES, Fernanda Carvalho de. O desastre na barragem de mineração da Samarco: fratura exposta dos limites do Brasil na redução de risco de desastres. Cienc. Cult., São Paulo, v. 68, n. 3, p. 25-30, set. 2016. Disponível em <http://cienciaecultura.bvs.br/scielo.php?script=sci_arttext&pid=S0009-67252016000300010&lng=pt&nrm=iso>. Acesso em 23 dez. 2019. Pág. 25.

[35] Fato público e notório. Registrado no artigo: MEIRA, André Augusto Malcher; JUNQUEIRA, Fernanda Antunes Marques; MARANHÃO, Ney Stany Morais. O grito

25 de janeiro de 2019. Os eventos são relativamente próximos, mas com repercussões processuais diferentes.

O que se abordará nesse tópico é a quantidade de processos judiciais originados desses eventos a fim de se explorar a ação coletiva obrigatória como uma alternativa.

O desastre de Mariana, como ficou conhecido, apresenta um número maior de ações do que o desastre de Brumadinho. O fato se dá porque, nesse último desastre, os operadores do direito que atuaram judicialmente contaram com a experiência do primeiro episódio e puderam agir naquilo que era mais eficaz, conforme relataram alguns procuradores do trabalho em matérias jornalísticas[36].

Essa informação encontra relevância quando se analisa os números de processos judiciais e extrajudiciais atinentes às tragédias.

Segundo consta do Observatório Nacional de questões de grande impacto e repercussão[37], criado pelo Conselho Nacional de Justiça (CNJ), existem 85.992 processos decorrentes do desastre de Mariana. Desses, 55.591 estão ativos.

Em relação a Brumadinho, constam 1.907 processos, sendo que desses, 576 estão ativos[38]. Ainda que entre um evento e outro haja um lapso temporal de mais de três anos, a diferença do quantitativo de processos é de mais de 54 mil.

Infelizmente o painel não classificou as ações de maneira a permitir aferir a real quantidade de ações coletivas ou individuais, o que impede uma análise mais detalhada dos dados. Todavia, há a informação de que tramitam sob a competência da 12ª Vara Federal da Seção Judiciária de

---

de Brumadinho: o rompimento da Barragem do Córrego do Feijão e suas implicações na perspectiva do meio ambiente do trabalho. Revista eletrônica [do] Tribunal Regional do Trabalho da 9ª Região, Curitiba, PR, v. 8, n. 76, p. 102-123, mar. 2019. Disponível em <https://juslaboris.tst.jus.br/handle/ 20.500.12178/158077>. Acesso em 23/12/2019 Pág. 103;

[36] Disponível em <http://agenciabrasil.ebc.com.br/geral/ noticia/2019-01/procuradores-da-tragedia-de- mariana-querem-atuar-no-caso-de-brumadinho> Acesso em 23/12/2019.

[37] Nome completo: Observatório Nacional sobre Questões Ambientais, Econômicas e Sociais de Alta Complexidade e Grande Impacto e Repercussão. Site <http://observatorionacional.cnj.jus.br/observatorionacional/index.php> Acesso em 23/12/2019.

[38] https://paineis.cnj.jus.br/QvAJAXZfc/opendoc.htm? document=qvw_l%2FPainelCNJ.qvw&host= QVS%40neodimio03&anonymous=true&sheet=shOBSPrincipal& select= LB513,Brumadinho Acesso em 26/12/2019, às 19:59.

Minas Gerais, em Belo Horizonte, 72 ações civis públicas decorrente do desastre de Mariana.[39]

Independentemente do mérito dessas ações, há de se convir que 72 ações que tratem de assuntos pertinentes ao mesmo fato devem trazer em seu bojo questões e argumentos repetidos e que já estão sendo tratados em outras ações. Salienta-se que esse número refere-se às ações de competência da 12ª Vara Federal, além das outras que tramitam na justiça comum e trabalhista.

Afora as questões processuais de conexão, continência e litispendência, a perda processual tanto para as partes quanto para o Poder Judiciário em analisar todas essas questões, muitas delas repetidas, é expressiva, o que reforça o argumento de Rosenberg de única ação.

Imagine-se o trabalho e o gasto para a máquina pública em processar tudo isso. Se para o Judiciário a perda é grande, da mesma forma para as partes, que poderiam se reunir numa mesma ação, ocasião em que os argumentos poderiam se fortalecer, como sugere Rosenberg; além da economia para o réu, de ter que se defender em uma só ação[40].

O sistema judiciário brasileiro é diferente do sistema americano, por essa razão, defender a adoção de uma única ação coletiva para tratar de todos os assuntos parece não resolver o problema na medida em que a complexidade da instrução processual, por exemplo, poderia tumultuar o trâmite da ação.

Contudo, uma única ação em cada uma das esferas: uma na estadual, federal e trabalhista, ou até mais de uma, desde que em assuntos diferentes, como uma ação para tratar de questão ambiental e uma para tratar de assunto administrativo, não parece tão ousado a ponto de inviabilizar essa ideia na sistemática brasileira.

A quantidade de ações coletivas propostas pode ser também explicada pela multiplicidade de legitimados para intentá-las[41], embora todos eles tenham por fim à defesa dos direitos difusos e coletivos.

---

[39] http://observatorionacional.cnj.jus.br/observatorionacional/ index.php/desastre-mariana/ processos-judiciais-mariana Acesso em 26/12/2019, às 20:02.

[40] ROSENBERG, David. *Mandatory-Litigation Class Action: The Only Option for Mass Tort Cases*. Harvard Law Review. Vol. 115, No. 3 (Jan., 2002), p. 833.

[41] Exemplo: os legitimados previstos na Lei n. 7.347/1985, art. 5º; e Lei n. 8.078/1990, art. 82; como o Ministério Público, a Defensoria Pública, as unidades da federação, associações, dentre outras.

Todavia, o expressivo número de ações propostas, coletivas e individuais, tramitando ao mesmo tempo, acaba por trazer instabilidade para os próprios representados, pois acaba que se tem mais de uma ação em que a sentença ou o acordo pode ser mais vantajoso que a outra.

Foi o que aconteceu em Brumadinho. A Defensoria Pública de MG (DPMG) firmou um acordo com a empresa Vale a fim de entabular acordos extrajudiciais entre os interessados visando rapidez e eficácia nos pagamentos. Por outro lado, o Ministério Público de MG discordou do posicionamento, pois defendiam que os valores de indenização fossem fixados em assembleia e não de maneira direta entre a DPMG e a Vale[42].

Se a melhor decisão a se tomar nesse caso parece um desafio aos próprios operadores do direito, certamente ela será ainda maior aos próprios interessados, o que revela a necessidade de se estabelecer na esfera da tutela coletiva de direitos, uma maneira uniforme e segura para se tutelar o direito.

As várias possibilidades de se fazer acordos, seja por meio de ação coletiva, individual e extrajudicial permitem uma fixação diferente de indenização para vítimas que faleceram de um mesmo fato, trazendo a sensação de injustiça e inefetividade do sistema.

Basta imaginar a situação de uma família cujo trabalhador que faleceu deixou a esposa, dois filhos, os pais e dois irmão. O "Cônjuge ou companheiro, filho, mãe e pai vão receber individualmente R$ 700 mil, sendo R$ 500 mil para reparar o dano moral e R$ 200 mil a título de seguro adicional por acidente de trabalho. Irmãos de trabalhadores falecidos receberão individualmente R$ 150 mil por dano moral". Ao final, o núcleo familiar receberá R$ 3,8 milhões[43].

Considerando-se o acordo firmado pela Defensoria Pública do Estado de MG ou os acordos das ações individuais e extrajudiciais, por certo haverá a sensação de injustiça entre os envolvidos, sensação que a proposta de Rosenberg procura evitar, pois, na ação coletiva obrigatória os

---

[42] Informação disponível em <http://agenciabrasil.ebc.com.br/justica/ noticia/2019-04/acordo-individual-com-vale-permite-indenizacao- eficaz-diz-defensoria> Acesso em 23/12/2019.

[43] Disponível em <http://prt3.mpt.mp.br/procuradorias/prt-belohorizonte/1183-reparacoes-trabalhistas-para-vitimas-de-brumadinho-estao-garantidas- em-acordo-firmado--entre-o-mpt-e-a-vale-s-a> Acesso em 23/12/2019.

valores das indenizações são apurados em uma mesma ação, o que diminui a possibilidade de vítimas que estão na mesma situação receberem indenizações diferentes.

Conclusões

Segundo a teoria de Rosenberg, a ação coletiva obrigatória diminuiria a soma dos custos de um acidente uma vez que ela pressupõe a vinculação de todos os indivíduos a um seguro ideal, que acautela do pré ao pós acidente, caso ele ocorra.

Para o autor, a soma de todos os cuidados a fim de se evitar um dano em massa, unido à concepção dos indivíduos ao estágio "ex ante", que privilegia a coletividade ao individual, contribui para o bem-estar social, fim do estado e desejo de todos.

No mesmo sentido, a ação coletiva obrigatória não só coloca as partes em uma situação melhor no caso de violação de direitos, como também permite ao judiciário promover equidade e evitar que as partes envolvidas no litígio aproveitem do acontecimento do dano para se beneficiarem, se enriquecerem.

Fazendo um contraponto entre a teoria e o Brasil, verifica-se que a permissão de acesso ao Judiciário, no caso de danos em massa, apenas por meio de ação coletiva, parece esbarrar no princípio da inafastabilidade da jurisdição, insculpido no art. 5º, inciso XXXV, da Constituição Federal, que prevê "a lei não excluirá da apreciação do Poder Judiciário lesão ou ameaça a direito", sem trazer restrição do meio processual adequado.

O que se depreende desse dispositivo, que é um direito subjetivo das pessoas, é que qualquer um poderá acessar livremente o Poder Judiciário no caso de lesão ou ameaça a direito. No Brasil, o Judiciário é acessível a todos e sem muitas restrições.

Por exemplo, existem os juizados especiais, que dispensam a representação das partes por advogado na primeira instância e não há o pagamento de custas nem de honorários sucumbenciais. Na Justiça Comum também há outro fator que amplia o acesso, que é a possibilidade de litigar sem arcar com o pagamento das custas processuais e honorários advocatícios[44]. Tudo isso para demonstrar como o Poder Judiciário é bastante acessível.

---

[44] Lei 13.105/2015, art. 98.

4. AÇÃO COLETIVA OBRIGATÓRIA

Por isso, permitir a propositura de ação apenas de maneira coletiva parece ferir preceito Constitucional. Ademais, nota-se certa resistência do legislador brasileiro às inovações que tangenciam o processo coletivo. Veja-se o exemplo do novo código de processo civil. O legislador tentou inserir no CPC de 2015 a possibilidade de o juiz converter a ação individual em coletiva, conforme propôs Rosenberg.

Era a dicção do art. 333 do código processual que assim previa: "Atendidos os pressupostos da relevância social e da dificuldade de formação do litisconsórcio, o juiz, a requerimento do Ministério Público ou da Defensoria Pública, ouvido o autor, poderá converter em coletiva a ação individual (...)".

O dispositivo foi vetado pelo Presidente da República sob a justificativa de "Da forma como foi redigido, o dispositivo poderia levar à conversão de ação individual em ação coletiva de maneira pouco criteriosa, inclusive em detrimento do interesse das partes. O tema exige disciplina própria (...)"[45]. O veto não foi derrubado.

Várias seriam as soluções e vários seriam os problemas caso esse dispositivo estivesse em vigor. Uma das soluções poderia ser a diminuição dos processos, como os de Brumadinho e Mariana, por exemplo. Verificando-se os requisitos previstos no art. 333 do CPC (vetado) e obedecidos os pressupostos, o juiz poderia converter o processo individual em coletivo.

Todavia, um dos problemas seria a escolha do representante coletivo e a condução dos trabalhos. Há também a questão da participação dos representados no processo. Conforme sobredito, muitas foram as vítimas, o que pressupõe muitos interessados. Embora não haja consenso em relação à efetiva participação dos representados para a legitimação do processo, é inegável que ela é importante, em maior ou menor grau[46], o que poderia gerar um imbróglio.

Como já se pode ter ideia, a questão não é simples e convida vários outros pontos à discussão.

Ao pregar que o indivíduo lesionado só poderia acessar o Poder Judiciário por meio de um mecanismo processual restrito, a teoria de

---

[45] http://www.planalto.gov.br/ccivil_03/_ato2015-2018/2015/Msg/VEP-56.htm Acessado em 26/12/2019, às 21:15.
[46] VITORELLI, Edilson. *O devido processo legal coletivo: dos direitos aos litígios coletivos.* 2. ed. rev., atual. e ampl. São Paulo: thomson Reuters Brasil, 2019. Pág. 187-202.

Rosenberg parece destoar bastante do sistema processual brasileiro. Ocorre que essa conclusão pode ficar em cheque quando analisada algumas disposições legais.

Imagine-se uma lesão promovida pelo estado a um cidadão, como um dano exclusivamente moral causado por um de seus agentes. Violaria o princípio da inafastabilidade da jurisdição uma lei que vinculasse esse cidadão, no caso de ação judicial reparatória cujo valor da causa fosse 10 mil reais, a um juízo cujo sistema recursal é mais enxuto que o comum, que não permite ampla produção de prova e impossibilita o acesso a um tribunal superior?

Não. A Lei 12.153/2009, que dispõe sobre os Juizados Especiais da Fazenda Pública, prevê que as causas com valor de até 60 salários mínimos são de competência daquele juízo especial[47], em que não há possibilidade de se recorrer das decisões interlocutórias[48], salvo algumas exceções, não se pode produzir prova de maneira ampla e não se pode recorrer do acórdão da turma recursal para o Superior Tribunal de Justiça[49].

Verifica-se, portanto, que há no Brasil alguns aspectos da teoria de Rosenberg, ainda que tímidas, como se verificou do valor das indenizações no caso de acidentes automobilísticos (seguro DPVAT), do dano moral tarifado decorrente da reforma trabalhista, além da lei dos juizados especiais da fazenda pública, que prevê um procedimento especial e mais restrito que, frisa-se, não é optativo, mas obrigatório.

Pensar numa ação coletiva obrigatória para pretensão decorrente de danos em massa pode ser um futuro distante no Direito brasileiro, mas o estado "ex ante" da teoria de Rosenberg está presente em algumas legislações e em pleno vigor.

---

[47] Art. 2º É de competência dos Juizados Especiais da Fazenda Pública processar, conciliar e julgar causas cíveis de interesse dos Estados, do Distrito Federal, dos Territórios e dos Municípios, até o valor de 60 (sessenta) salários mínimos. (...) § 4º No foro onde estiver instalado Juizado Especial da Fazenda Pública, a sua competência é absoluta. (Lei 12.153/2009)

[48] Art. 4º Exceto nos casos do art. 3º, somente será admitido recurso contra a sentença. (Lei 12.153/2009)

[49] Súmula 203/STJ: Não cabe recurso especial contra decisão proferida por órgão de segundo grau dos Juizados Especiais.

Referências

BRASIL. *Constituição da República Federativa do Brasil de 1988*. 5 de outubro de 1988.

BRASIL. *Decreto-Lei n. 73, de 21 de novembro de 1966*. Dispõe sôbre o Sistema Nacional de Seguros Privados, regula as operações de seguros e resseguros e dá outras providências. Diário Oficial da União, 22 nov. 1966.

BRASIL. *Lei n. 5.452, de 1º de maio de 1943*. Aprova a Consolidação das Leis do Trabalho. Diário Oficial da União, 9 ago. 1943.

BRASIL. *Lei n. 6.194, de 19 de dezembro de 1974*. Dispõe sobre Seguro Obrigatório de Danos Pessoais causados por veículos automotores de via terrestre, ou por sua carga, a pessoas transportadas ou não. Diário Oficial da União, 20 dez. 1974 e retificado em 31 dez. 1974.

BRASIL. *Lei n. 13.105, de 16 de março de 2015*. Código de Processo Civil. Diário Oficial da União, 17 mar. 2015.

BRASIL. *Lei n. 12.153, de 22 de dezembro de 2009*. Dispõe sobre os Juizados Especiais da Fazenda Pública no âmbito dos Estados, do Distrito Federal, dos Territórios e dos Municípios. Diário Oficial da União, 23 dez. 2009.

BRASIL. *Lei n. 13.467, de 13 de julho de 2017*. Altera a Consolidação das Leis do Trabalho (CLT), aprovada pelo Decreto-Lei nº 5.452, de 1º de maio de 1943, e as Leis n º 6.019, de 3 de janeiro de 1974, 8.036, de 11 de maio de 1990, e 8.212, de 24 de julho de 1991, a fim de adequar a legislação às novas relações de trabalho. Diário Oficial da União, 14 jul. 2017.

BRASIL. *Medida Provisória n. 904, de 11 de novembro de 2019*. Dispõe sobre a extinção do Seguro Obrigatório de Danos Pessoais causados por Veículos Automotores de Vias Terrestres – DPVAT e do Seguro Obrigatório de Danos Pessoais Causados por Embarcações ou por suas Cargas – DPEM, de que trata a alínea "l" do caput do art. 20 do Decreto-Lei nº 73, de 21 de novembro de 1966. Diário Oficial da União, 12 nov. 2019, retificado em 19 nov. 2019.

BRASIL. Superior Tribunal de Justiça. *Súmula n. 203*. Não cabe recurso especial contra decisão proferida por órgão de segundo grau dos Juizados Especiais. Diário da Justiça, 3 jun. 2002. Pág. 269.

FREITAS, Carlos Machado de; SILVA, Mariano Andrade da; MENEZES, Fernanda Carvalho de. *O desastre na barragem de mineração da Samarco: fratura exposta dos limites do Brasil na redução de risco de desastres*. Cienc. Cult., São Paulo , v. 68, n. 3, p. 25-30, set. 2016 . Disponível em <http://cienciaecultura.bvs.br/scielo.php?script=sci_arttext&pid=S0009-67252016000300010&lng=pt&nrm=iso>. acessos em 23 dez. 2019.

MARINONI, Luiz Guilherme. *Técnica processual e tutela dos direitos*. 5. ed. rev., ampl. e atual. de acordo com o CPC/2015. São Paulo: Thomson Reuters Brasil, 2018.

MEIRA, André Augusto Malcher; JUNQUEIRA, Fernanda Antunes Marques; MARANHÃO, Ney Stany Morais. *O grito de Brumadinho: o rompimento da Barragem do Córrego do Feijão e suas implicações na perspectiva do meio ambiente do trabalho.* Revista eletrônica [do] Tribunal Regional do Trabalho da 9ª Região, Curitiba, PR, v. 8, n. 76, p. 102-123, mar. 2019. Disponível em <https://juslaboris.tst.jus.br/handle/20.500.12178/158077>. Acesso em 23 dez. 2019.

ROSENBERG, David. *Mandatory-Litigation Class Action: The Only Option for Mass Tort Cases.* Harvard Law Review. Vol. 115, No. 3 (Jan., 2002), p. 831-897.

VITORELLI, Edilson. *O devido processo legal coletivo: dos direitos aos litígios coletivos.* 2. ed. rev., atual. e ampl. São Paulo: thomson Reuters Brasil, 2019.[50]

---

[50] Agradecimento especial à colega Fernanda Brito Pereira pela contribuição no trabalho.

II
PETIÇÃO INICIAL

5. Da estratégia na formulação de pedidos em ações coletivas envolvendo casos complexos: implantação e operacionalização de defesa civil municipal para o enfrentamento de inundação durante estado de calamidade

Samuel Alvarenga

Introdução

O presente *case* é fruto de uma ação civil pública, ajuizada pelo órgão do Ministério Público do Estado de Rondônia com atuação perante a comarca de Guajará-Mirim/RO.

A demanda teve por objeto promover a estruturação da rede de atuação da defesa civil em âmbito local, a fim de possibilitar o enfrentamento efetivo ao estado de calamidade que assolou a comarca no ano 2014, em razão da cheia "inesperada" dos rios que circundam a região, tendo gerado grave e generalizada inundação nas áreas rural e urbana dos municípios integrantes daquela região (Guajará-Mirim e Nova Mamoré).

Naquela época, o Ministério Público acompanhou de perto o desenrolar dos fatos, a atuação dos agentes públicos envolvidos, a parcial falta de estrutura material e humana para o enfrentamento da situação, o resultados obtidos (e também os não obtidos) e, acima de tudo, o heroismo e a bravura dos munícipes para a superação das adversidades.

Apesar de todos os esforços e da nítida boa vontade especialmente dos agentes e dos órgãos públicos que atuaram no caso concreto, optou-se pela judicialização da matéria, inclusive como estratégia para se definir uma pauta de medidas entendidas como cabíveis à época, a criação de uma agenda compartilhada na condução do processo, bem como pela necessidade de se valer de uma rápida resposta do poder de coerção judicial em alguns pontos específicos.

Basicamente, a ação coletiva buscou compelir a Administração de ambos os municípios afetados a se adequarem a uma rígida e sistematizada rotina de trabalho, com uniformidade na atuação, eficiência na coordenação, não tolerância a ingerências indevidas, eliminação de fraquezas operacionais e desvios funcionais de conduta e busca pelo imediato aprimoramento no enfrentamento da situação de calamidade causada pela inundação.

Igualmente, visou forçar o Estado de Rondônia a oferecer maior resposta à defesa civil local, fornecendo mais estrutura humana, mais profissionais qualificados, maior poder de resolução imediata das demandas que surgiam diuturnamente e pululavam em prejuízo ao corpo social atingido ou afetado e, por fim, o estreitamento da rede de coordenação estadual com a estrutura municipal de defesa civil.

Assim, no presente *case* serão expostas as principais intercorrências verificadas quando um município é colhido de surpresa por um evento de tamanha magnitude e incalculável gravidade, sem que se tenha o prévio e testado aparelhamento estatal constituído para essa finalidade específica.

Além disso, verificar-se-á como pode ser difícil a tarefa de construção de um pedido envolvendo um caso tão complexo como este. A técnica de formulação de requerimentos e medidas envolvendo eventos atípicos em sede do processo coletivo brasileiro não é ministrada nos bancos da academia.

Durante a graduação nas Faculdades de Direito, não há tradição ou experiência em se debruçar sobre os pormenores que envolvem o surgimento de um processo coletivo que tenha por objeto a completa reformulação ou mesmo a criação de uma estrutura ou rede de atendimento público para situações complexas.

Aliás, de maneira geral, há quem sustente a patente crise das próprias bases curriculares, costumes e estruturas metodológicas dos cursos de Direito no Brasil, influindo diretamente para uma deficiente formação dos seus bacharéis, o que, em última análise, redunda numa insuficiente e acrítica percepção do fenômeno jurídico-sociológico.[1]

---

[1] Para uma visão substancial e crítica sobre as deficiências dos cursos jurídicos no país, consultar: DEL NEGRI, André (org.). *Direito e ensino jurídico em desordem*. Belo Horizonte: D'Plácido, 2018.

Retomando, um bom exemplo sobre pedidos complexos diz respeito a ações civis públicas demandando a desativação de lixões e a implantação de aterros sanitários em seu lugar. Quase sempre são invocados argumentos e fundamentos generalistas na área da defesa do meio ambiente, normas constitucionais, infralegais e legislação internacional sobre o assunto.

Contudo, um pedido de tamanha magnitude precisaria vir lastreado de uma série de estudos específicos, levantamento de dados das mais diversas naturezas (inclusive viabilidade econômica do empreendimento), pesquisa qualitativa e quantitativa sobre os desdobramentos e as razões das escolhas feitas, questões orçamentárias e limites financeiros do município, estratégia política, impacto direto e indireto na execução de outras políticas públicas eventualmente em andamento ou planejadas e, ainda, um sem número de outras informações técnicas que via de regra não vêm instrumentalizadas quando do ajuizamento da ação, envolvendo desde o melhor local para a instalação do empreendimento, se haverá convênio entre órgãos e entes públicos para a sua viabilidade, retorno financeiro, que tipo ou modelo de aterro deverá ser proposto, se a sociedade está preparada para receber uma nova mentalidade de proteção ao meio ambiente *etc*.

Com base em tudo isso, o presente artigo pretende despertar a atenção para a necessidade de se criar uma nova cultura em sede da formulação do pedido em ações civis pública que versam sobre processos estruturais e casos complexos. O pedido *parquetiano* não deve representar medida pueril ou inocente, portanto, despreocupada com as consequências da sua fixação, com a integridade dos dados que justificaram a sua propositura e com os efeitos positivos ou negativos de sua execução.

1. Do litígio coletivo: dados ensejadores da ação e diagnóstico do estado de calamidade (um *raio-x* do caos)

Em 2014 as cidades de Guajará-Mirim/RO e Nova Mamoré/RO, assim como outras localidades dos Estados de Rondônia e Acre, passaram por estado de crise decorrente da cheia dos rios Madeira, Mamoré, Beni, Laje e outros, ocasionando uma série de prejuízos materiais e imateriais a toda a população local, com graves reflexos e mazelas de toda a ordem, sociais, financeiros e até mesmo morais.

O Ministério Público instaurou procedimento próprio no âmbito da 1ª Promotoria de Justiça de Guajará-Mirim (Curadoria do Cidadão), buscando acompanhar e fiscalizar as ações e as condutas tanto do Poder Público quanto dos particulares durante a então situação emergencial.

A atuação do Ministério Público teve por objetivo buscar a salvaguarda da vida e da dignidade das pessoas afetadas ou atingidas pelo desastre natural e, bem por isso, visou a atuação em conjunto com todos os organismos públicos e privados que ali travavam uma luta heróica na defesa dos cidadãos.

Apenas aqueles que infelizmente passam por situações assim possuem a exata dimensão da multiplicidade de problemas que, de uma hora para outra, principiam por degradar severamente a qualidade de vida de toda uma comunidade.

Houve, sem qualquer margem de dúvidas, uma atuação digna de aplausos por parte de todos os órgãos envolvidos, desde o Corpo de Bombeiros e as Polícias Militar e Civil do Estado, demais servidores municipais e estaduais do Poder Executivo, Exército, Força Nacional de Segurança, instituições religiosas, empresários locais, associação de bairros e muitos outros.

Foram verdadeiros heróis anônimos que todos os dias estiveram em campo, assim como o próprio Ministério Público, cumprindo suas missões com galhardia e destemor.

Contudo, a situação de calamidade que recaiu sobre ambas as cidades, reconhecidamente, era grande demais para ser enfrentada pela tímida e frágil estrutura de defesa civil à época instalada e à disposição das comunidades.

Apenas para se ter uma ideia clara do quão traumática mostrou-se a inundação, seguem aqui alguns dos graves problemas que foram detectados pelo Ministério Público naquela oportunidade, antes do ajuizamento da ação, ainda na fase de tramitação do Inquérito Civil Público:

* Isolamento de estradas de acesso à comarca, tornando difícil e mesmo precário o abastecimento de gêneros alimentícios, produtos (combustível, água potável e gás) e serviços.

* Dificuldade no escoamento da produção local, com altos prejuízos ao comércio local e comprometimento da estrutura de produção agropecuária.

* Surgimento de lideranças dotadas de vieses e interesses meramente privados, em detrimento do trabalho articulado na salvaguarda do bem comum.

* Conflitos sociais envolvendo indígenas e pequenos agricultores, com bloqueios de estradas e iminente confronto armado.

* Aumento excessivo e por vezes abusivo do preço de produtos, gêneros alimentícios e demais serviços, sem o devido lastro e real comprovação do custo adicionado.

* Incremento na demissão de trabalhadores registrados, assim como prejuízo ao setor informal da economia.

* Alagamento de grande parte da área urbana de Guajará-Mirim e da área rural Nova Mamoré, impondo a retirada de várias famílias de suas residências.

* Verificação de número vertiginosamente crescente de desabrigados e desalojados em ambas as cidades.

* A remoção de pacientes locais da rede SUS passou a ser feita pela via aérea, mas sempre na dependência de deliberações de Porto Velho. Ausência de aeronave e tripulação exclusivamente à disposição de Guajará- Mirim e de Nova Mamoré. Já houve dias em que as remoções não puderam ser feitas, em que pese os pacientes já estivessem aguardando por horas no aeroporto local, alguns deles vindos inclusive de Nova Mamoré, alguns em estado delicado de saúde.

* Desmoronamento e alagamento de outros trechos da BR 364, que liga Porto Velho a Rio Branco. Soluções que igualmente não garantem a plena fluência do tráfego.

* Resistência de várias famílias em deixar suas residências atingidas ou afetadas pela água. Necessidade de constantes resgates e remoções às pressas devido ao aumento rápido do nível dos rios.

* Incremento do número de furtos nas residências das áreas alagadas. Ligações clandestinas de energia elétrica por parte das famílias remanescentes. Risco de morte por eletrochoque devido ao fato de que parte da rede elétrica encontrava-se próxima ao espelho d'água.

* Viaturas de polícia, ambulâncias, ônibus escolares e demais veículos da frota municipal sem combustível, tornando prejudicadas as ações de fiscalização, prevenção e repressão.

* Ausência de previsão concreta do término do período chuvoso.

* Ausência de relatório sistematizado e verossímil tão logo o período de crise se estabeleceu, tornando praticamente impossível a tomada de medidas racionais e oportunamente eficazes.

* Redução drástica do serviço de saúde pública na comarca, devido ao fato de vários profissionais da área da saúde não se apresentarem ao trabalho por razões diversas, inclusive em alguns casos por motivos meramente subjetivos e pessoais.

* Várias ações tomadas somente após o problema ocorrer, apesar de o Poder Público competente estar plenamente informado e previamente ciente dos riscos e consequências.

* O levantamento dos danos iniciais foi feito de forma imprópria e sem *expertise*, havendo vários cadastros fragmentados, sem comprovação real do prejuízo e das pessoas atingidas e afetadas. Excesso de esforços com poucos resultados.

* Avanço das águas sobre vários bairros da área urbana da cidade de Guajará-Mirim, fator que se mostrou preocupante e com potencial para gerar desabrigados em quantidade incalculável, os quais o Poder Público local não possuía a menor condição de acolher em sua integralidade.

* Denúncias de médicos da rede pública local dizendo que não há a mínima condição material, logística e humana para trabalhar, inclusive com ausência de vínculo laboral formalizado, pois o contrato vigente sequer havia sido assinado.

* Escolas foram prejudicadas pela da falta de fornecimento de merenda escolar, em que pese já ter sido dito que o Exército – por meio do 6º Batalhão de Infantaria de Selva –, dispunha de logística para o transporte de cargas para a comarca. Assim, mesmo com os meios à disposição, os recursos não chegavam. Prejuízo ao período escolar.

* Surgimento de pessoas que se autointitulavam como representantes de movimentos sociais diversos, mas que, após requisitadas informações pelo Ministério Público a fim de checar a procedência das alegações, simplesmente não mais compareciam ao órgão *parquetiano*, o que fez levantar dúvidas quanto à legitimidade de tais movimentos e mesmo a idoneidade de tais pessoas.

* Paralisação do transporte escolar por falta de combustível.

* Algumas solicitações totalmente descabidas de algumas autoridades, apresentando quantitativos e demandas sem o menor lastro de comprovação e sem a mínima apuração idônea. Em alguns casos, os números apresentados em termos de atingidos ou afetados chegavam a ser absurdos, materializando-se, respeitosamente, em verdadeiro crime de falsidade ideológica.

Esses e outros tantos aspectos circunstanciais são apenas o início dos problemas envolvendo catástrofes de grande magnitude. Por tal razão, mais uma vez registra-se aqui a seguinte ponderação: o enfrentamento a tais demandas exige um atuação extremamente especializada, com foco não apenas no saber jurídico, mas certamente sustentada também por conhecimento multidisciplinar, incluindo gestão pública e estratégica para situações de crise.

Por isso, tanto a instrução de um eventual Inquérito Civil Público mas especialmente o pedido judicial em tais casos devem ser conduzidos mediante técnica que permita realmente o encontro de uma solução eficaz. Pedidos genéricos ou amplamente abstratos simplesmente não funcionam nesse tipo de processo.

2. O processo

Como antevisto, o processo surgiu por meio da instauração de um Inquérito Civil Público pelo Ministério Público do Estado de Rondônia, com atuação perante a comarca de Guajará-Mirim/RO.

A ação, datada de 09.04.2014, foi distribuída perante a 1ª Vara Cível daquela comarca, recebendo o número 0001349-19.2014.8.22.0015 (processo físico, ou seja antes da implementação do PJE naquele Tribunal de Justiça).

O pedido de tutela antecipada foi prontamente analisado e integralmente deferido pelo magistrado Dr. Paulo José do Nascimento Fabrício, dois dias após o recebimento dos autos em gabinete, em 11 de abril de 2014.

Conforme se observa de trecho da fundamentação da decisão:

> Trata-se de ação civil publica proposta pelo Ministério Público do Estado de Rondônia em face Estado de Rondônia, Município de Guajará Mirim e Município de Nova Mamoré visando, basicamente, a implementação de ações de defesa civil em decorrência da histórica inundação que assola a região.
>
> O autor, em extenso e necessário arrazoado, narra as agruras que a população ribeirinha dos municípios de Guajará Mirim e Nova Mamoré estão sendo submetidas desde o início do mês de fevereiro de 2014, data que coincide com o início da lenta, gradual e devastadora enchente do Rio Mamoré e seus afluentes. Narra, também, com riqueza de detalhes, as deficitárias ações, em especial de inteligência e planejamento, até então implementadas nesta comarca pelos órgãos de defesa civil para, ao final, requerer, em antecipação de tutela, providência que entende indispensáveis para minorar os efeitos deletérios causados pela drástica elevação do nível das águas que circundam os municípios de Guajará Mirim e Nova Mamoré e, em especial, para permitir a efetiva fiscalização das ações desenvolvidas, inclusive em relação erário.
>
> (...)
>
> No caso dos autos, o Ministério Público pretende a antecipação de tutela em relação a atividades práticas, simples e tão lógicas que causam estupefação quando se percebe que ainda não foram adotadas pelas autoridades responsáveis pela implementação da defesa civil e, por isso mesmo, transcende o direito invocado, de guarida dos direitos fundamentais de todos e,

em especial, das crianças e dos adolescentes vítimas das águas revolta da natureza e, por que não dizer, do amadorismo dos homens.

(...)

No mais, observe-se que a proteção invocada pelo Ministério Público não diz só respeito às crianças e adolescestes. Diz respeito, também, aos idosos, que também merecem proteção integral.

Por fim, não são apenas as crianças, adolescentes e idosos que merecem proteção, mas a comunidade afetada como um todo por expressa e necessária adesão dos entes públicos ao princípio da dignidade da pessoa humana e, principalmente, ao princípio da eficiência previsto no art. 37 da Constituição Federal.

(...)

De outra banda, como exaustivamente exposto pelo Ministério Público na inicial, as providências requeridas na inicial derivam, todas, de obrigação constitucional e legal, nos exatos termos da lei federal 12.608/2012 e Decreto Estadual 9136/2000, razão pela qual é cogente a atuação ostensiva do Estado e dos municípios no suprimento das necessidades básicas do cidadão.

Anoto, também, que o Decreto Estadual 18.749, de 03 de abril de 2014, espanca em definitivo qualquer dúvida em relação à obrigação solidária do Estado de Rondônia em relação à defesa civil dos municípios de Guajará Mirim e Nova Mamoré.

Por fim, os requeridos não podem eximir-se de suas responsabilidades sob o pálido argumento retórico de violação ao princípio da reserva do possível ou de ingerência indevida do judiciário na atividade administrativa, notadamente porque não se está exigindo deles nenhuma prestação descabida mas, simples organização e cumprimento de requisitos legais previamente estabelecidos nos normas acima indicadas e disponibilização de servidores e equipamentos que já integram o patrimônio do Estado. Ademais, conforme reiterada jurisprudência, "se é público e notório que a deficiência do serviço público deve-se à desídia da Administração Pública, resulta inaplicável o princípio da reserva do possível" (STF RE 271286 RS, Relator Ministro Celso de Melo).

Na sequência, contra essa decisão foi interposto o Agravo de Instrumento nº 0001349-19.2014.8.22.0015 perante a 1ª Câmara Especial do Tribunal de Justiça do Estado de Rondônia.

Em 07.05.2014, menos de um mês após o deferimento da tutela antecipada, em julgamento monocrático, o relator inicialmente concedeu efeito suspensivo para sustar a decisão liminar concedida em 1º grau.

A atribuição do efeito suspensivo fundamentou-se no fato de o Poder Público não ter sido ouvido previamente, antes da concessão da liminar concedida:

> A Lei nº 8.437/92 em seu art. 2º dispõe que para a concessão de liminar em ação civil pública é necessário a intimação prévia de seu representante legal, entendendo a jurisprudência que apenas em casos excepcionais esse dispositivo poderia ser mitigado (Resp nº 1018614-PR, Segunda Turma, Rel. Min. Eliane Calmon, j. em 17/06/2008, 2ª T. Rel. Min. Eliana Calmon, j. 17/06/2008, DJ de 06/08/2008).
>
> Assim não vislumbrando justificativa para afastamento daquela exigência, atribuo efeito suspensivo ao agravo, conforme art. 527, III do CPC.[2]

No julgamento final ao citado agravo, em 04.11.2014, o TJRO reformou integralmente a tutela antecipada deferida:

> A verossimilhança das alegações, a despeito do alegado na peça inicial, não se verifica presente, porque, em princípio, não pode o Poder Judiciário interferir na formulação de política públicas, a não ser em caráter excepcional, limitando tal interferência as hipóteses em que a política pública tem assento constitucional, o que somente poderá ser aferido, no caso, após a instrução processual.
>
> (...)
>
> Ademais, embora seja flagrante o abandono e o descaso com que todos os setores da Administração Pública deste Estado vem sendo tratada, em decorrência da precariedade de suas sucessivas gestões, não pode o Judiciário assumir o controle da Administração, mormente em juízo de cognição sumária e superficial.

---

[2] Referência ao CPC de 1973.

Ocorre que quando desse julgamento final do agravo, de fato, já não mais havia a necessidade de sua apreciação pelo Judiciário. A inundação havia passado e o estado de crise, em sua maior parte, igualmente se dissipado.

O feito ainda transcorreu diligentemente por dois anos na 1ª Instância, quando em 03.05.2016 ele foi finalmente extinto sem análise do mérito, considerando que a maior parte do pedido dizia respeito a uma situação de calamidade que não mais existia. Assim, foi decretada a perda superveniente do interesse processual no prosseguimento do feito.

Conforme bem fundamentado pela juíza Dra. Karina Miguel Sobral na sentença prolatada:

> Mediante análise do pleito, observa-se que todos os pedidos orbitam sobre uma situação fática específica, qual seja: o estado de calamidade pelo qual passavam os Municípios requeridos na época da distribuição da demanda. E nesse aspecto, como argumentou o Estado de Rondônia, a situação de calamidade pública não persiste mais.
>
> É certo que foram inúmeras as situações elencadas na inicial e diversas as providências requeridas, tendo sido muitas delas deferidas. Entretanto, o objeto da demanda encontra-se limitado à situação de crise, não se extraindo da inicial pedido desconexo a ela.
>
> Sendo assim, evidente se mostra a perda superveniente do objeto da demanda, haja vista o fato de a situação de calamidade pública não persistir. Consequentemente, se constata a perda superveniente do interesse de agir.

Em face da sentença, não houve recurso pelo Ministério Público. De fato, a concessão de efeito suspensivo em face da tutela antecipada deferida tornou, de certa forma, esvaziada a discussão e a implantação estratégica do complexo rol de pedidos formulados pelo *Parquet*, como veremos abaixo.

3. A base legal aplicável ao caso em tela

A origem histórica de atividades de defesa civil remonta aos períodos de guerra, em que as comunidades atingidas tinham que restabelecer suas necessidades básicas nas áreas de saúde, alimentos, transporte, abrigo, segurança *etc.*, propiciando-lhe condições mínimas para a sua vivência com dignidade:

> Nos períodos de guerra, as comunidades atingidas por ações de combate precisavam se mobilizar rapidamente para restabelecer as necessidades básicas da comunidade, na área da saúde, alimentos, transporte, abrigo, segurança, etc., propiciando-lhe condições mínimas para sua subsistência.
>
> Era um trabalho de retaguarda levado a efeito pela soma dos esforços dos órgãos públicos, entidades privadas e pela população. Sua eficiência dependia da ação rápida e coordenada dessas "forças comunitárias". Assim surgiu o embrião dos órgãos de defesa civil destinado a articular as forças vivas da comunidade ameaçada pelos efeitos da guerra.
>
> Em tempo de paz, esses órgãos foram se desestruturando e cada setor da sociedade voltou a trabalhar isolado nas suas atividades.
>
> As comunidades porém continuaram enfrentando problemas calamitosos de efeito tão devastadores quanto os de uma guerra. Nessas ocasiões, muitas vezes, os órgãos de segurança não foram suficientes para enfrentá-los sozinhos, sendo necessário a mobilização de outros setores do governo e da sociedade.
>
> A falta de preparo e entrosamento entre esses setores dificultava sua atuação e mobilização, pois as atividades que anteriormente, durante as guerras, tornaram-se obrigatórias existir, foram abandonadas, julgadas desnecessárias em tempo de paz.
>
> Assim, as nações viram-se obrigadas a reativar órgãos cujo objetivo era estabelecer medidas para o emprego racional de recursos, através de uma estrutura eficaz na defesa comunitária.
>
> Dessa forma, voltaram a ser desenvolvidos os sistemas de defesa civil integrando todas as forças vivas da comunidade na sua própria defesa, diante das calamidades, até mesmo de uma guerra.[3]

---

[3] Texto utilizado como introdução do livro "Defesa Civil – Congressos dos novos prefeitos e vereadores – Gestão 1997/2000", publicado em janeiro de 1997 pela Coordenadoria Estadual

Consta ter sido a Inglaterra o primeiro país a organizar seu serviço de defesa civil especialmente após os ataques ocorridos em plena II Guerra Mundial, entre 1940 e 1941.[4]

Já no Brasil, os primeiros marcos temporais sobre a origem da defesa civil datam de 1942, devido à participação do Brasil na citada guerra e o afundamento de dois navios na costa brasileira (Arará e Itagiba), vitimando-se 56 pessoas. Cria-se então a chamada Defesa Passiva Antiaérea, renomeada em 1943 como Serviço de Defesa Civil. Em 1966, surge a primeira defesa civil estadual, no âmbito do Estado da Guanabara, motivado notadamente pela ocorrência de grandes enchentes na região sudeste.[5]

Pode-se conceituar como defesa civil, nos termos do Decreto 7.257/2010, como o "conjunto de ações preventivas, de socorro, assistenciais e recuperativas destinadas a evitar ou minimizar os desastres, preservar o moral da população e restabelecer a normalidade social".

Há todo um regramento a ser seguido em se tratando de realização de defesa civil, desde a União até os entes municipais. E mais: sem um plano estratégico e bem desenhado de ações complexas, impossível pensar-se num sistema de defesa civil que realmente funcione e atenda às demandas surgidas.[6]

---

de Defesa Civil do Estado de São Paulo. Extraído de: CERRI NETO, Mauro. *Aspectos Jurídicos da das atividades de defesa civil*. Ministério da Integração. Secretaria Nacional de Defesa Civil. Brasília, 2007. Disponível em: https://www.mdr.gov.br/images/stories/ArquivosDefesaCivil/ArquivosPDF/publicacoes/Aspectos_Juridicos.pdf>. Acesso em: 02 fev. 2000.

[4] BAMPI, Rafaela Soares. *Defesa Civil no ordenamento jurídico brasileiro*: um estudo administrativo, p. 60. Disponível em: <http://siaibib01.univali.br/pdf/Rafaela%20Soares%20Bampi.pdf>. Acesso em 02 fev. 2020.

[5] BAMPI, Rafaela Soares. *Defesa Civil no ordenamento jurídico brasileiro*, p. 61.

[6] "O direito fundamental à solidariedade depende, nos casos de desastres, de uma expressiva coordenação, pois o envolvimento de uma grande rede solidária, que surge pela ocorrência destes, trás as ações de defesa civil outras preocupação, como a de difundir a informação de qual tipo de ajuda solidária se faz necessária, como por exemplo, serviços voluntários, mantimentos, medicamentos, produtos de higiene, etc. Para que tais ações efetivamente atendam às vítimas de desastres, há necessidade de um de um suporte logístico, que compreende ao transporte, alojamento para voluntários, armazenamento, cadastros, distribuição, entre outros.". MORAES, Tercius Zychan de. *As atividades de defesa civil e sua relação com os direitos fundamentais*. Disponível em: <http://www.policiamilitar.sp.gov.br/unidades/caes/artigos/Artigos%20pdf/Tercius%20Zychan%20de%20Moraes.pdf>. Acesso em: 02 fev. 2020.

De nada adianta a colocação de indivíduos sem o devido preparo à frente dos trabalhos; a defesa civil deve contar com aparato material, recursos tecnológicos e profissionais qualificados para poder promover o enfrentamento devido.

Por exemplo, a própria seleção de voluntários para auxiliar nessa questão deve ser extremamente criteriosa, selecionando-se pessoas habilitadas e idôneas.

> O voluntariado exerce extrema importância para o sucesso de uma Defesa Civil. É com o auxílio de trabalhos voluntários que o Estado presta serviços concernentes às atividades de defesa civil com maior facilidade. O profissional, de qualquer área, que é voluntário da Defesa Civil, além de estar exercendo a cidadania, está contribuindo para que os problemas existentes em sua comunidade sejam resolvidos.(...)
>
> No Brasil o serviço voluntário está disciplinado na Lei Federal nº. 9.608, de 18 de fevereiro de 1998. Em seu artigo 1º encontramos a definição de serviço voluntário: "a atividade não remunerada, prestada por pessoa física a entidade pública de qualquer natureza, ou a instituição privada de fins não lucrativos, que tenha objetivos cívicos, culturais, educacionais, científicos, recreativos ou de assistência social, inclusive mutualidade".[7]

Além das normatizações estaduais e municipais sobre o assunto, a principal legislação em vigor sobre o assunto é a Lei nº 12.608/2012, que Institui a Política Nacional de Proteção e Defesa Civil – PNPDEC e dá outras providências.

A citada legislação tem como principal mensagem ser plenamente possível o entrosamento e a articulação da defesa civil em todos os níveis federativos.[8]

---

[7] CERRI NETO, *op. cit.*
[8] Art. 4º São diretrizes da PNPDEC:
I – atuação articulada entre a União, os Estados, o Distrito Federal e os Municípios para redução de desastres e apoio às comunidades atingidas;
II – abordagem sistêmica das ações de prevenção, mitigação, preparação, resposta e recuperação;

5. DA ESTRATÉGIA NA FORMULAÇÃO DE PEDIDOS EM AÇÕES COLETIVAS...

A própria Constituição Federal determina que haja planejamento na atuação da defesa civil. Diz o art. 21, XVIII, da CR/88 competir à União "planejar e promover a defesa permanente contra as calamidades públicas, especialmente as secas e as inundações".

Nesse cenário, importante citar a Lei nº 12.340/2010 que dispõe sobre transferência, pela União, de recursos financeiros para a execução de ações de prevenção em áreas de risco de desastres e de resposta e de recuperação em áreas atingidas por desastres aos órgãos e entidades dos Estados, Distrito Federal e Municípios.

E de igual forma, menciona a CF/88 sobre a cooperação e a atuação do Corpo de Bombeiros Militar nessa atividade.[9]

A posterior prestação de contas das ações adotadas durante o atendimento pela defesa civil mostra-se dever de indeclinável obrigação, conforme art. 14 do Decreto 7.257/2010.[10]

Art. 6º Compete à União:
I – expedir normas para implementação e execução da PNPDEC;
II – coordenar o SINPDEC, em articulação com os Estados, o Distrito Federal e os Municípios;

Art. 7º Compete aos Estados:
I – executar a PNPDEC em seu âmbito territorial;
II – coordenar as ações do SINPDEC em articulação com a União e os Municípios;
(...)
VIII – apoiar, sempre que necessário, os Municípios no levantamento das áreas de risco, na elaboração dos
Planos de Contingência de Proteção e Defesa Civil e na divulgação de protocolos de prevenção e alerta e de ações emergenciais.

Art. 8º Compete aos Municípios:
I – executar a PNPDEC em âmbito local;
II – coordenar as ações do SINPDEC no âmbito local, em articulação com a União e os Estados;

[9] CF/88, Art. 144 § 5º – às polícias militares cabem a polícia ostensiva e a preservação da ordem pública; aos corpos de bombeiros militares, além das atribuições definidas em lei, incumbe a execução de atividades de defesa civil.

[10] Art. 14. A prestação de contas de que trata o art. 13 deverá ser apresentada pelo ente beneficiário no prazo de trinta dias a contar do término da execução das ações a serem implementadas com os recursos transferidos pelo Ministério da Integração Nacional e será composta dos seguintes documentos:
I – relatório de execução físico-financeira;

Por fim, é importante destacar que o próprio Conselho Nacional de Justiça já se preocupou com o enfrentamento de situações de desastres naturais, expedindo a Recomendação 40, de 13/06/2012.[11]

II – demonstrativo da execução da receita e despesa, evidenciando os recursos recebidos e eventuais saldos;
III – relação de pagamentos e de bens adquiridos, produzidos ou construídos;
V – extrato da conta bancária específica do período do recebimento dos recursos e conciliação bancária, quando for o caso;
VI – relação de beneficiários, quando for o caso;
VII – cópia do termo de aceitação definitiva da obra ou serviço de engenharia, quando for o caso; e
VIII – comprovante de recolhimento do saldo de recursos, quando houver.
§ 1º A autoridade responsável pela prestação de contas que inserir ou fizer inserir documentos ou declaração falsa ou diversa da que deveria ser inscrita, com o fim de alterar a verdade sobre o fato, será responsabilizada na forma da lei.
§ 2º Os entes beneficiários manterão, pelo prazo de cinco anos, contados da data de aprovação da prestação de contas de que trata o art. 13, os documentos a ela referentes, inclusive os comprovantes de pagamentos efetuados com os recursos financeiros transferidos na forma deste Decreto, ficando obrigados a disponibilizá-los, sempre que solicitado, ao Ministério da Integração Nacional, ao Tribunal de Contas da União e ao Sistema de Controle Interno do Poder Executivo federal.

[11] Art. 1º Fica recomendado aos Tribunais de Justiça dos Estados que elaborem plano de ação para os casos de situações de emergência e estado de calamidade decretados pelo Poder competente, com as seguintes sugestões:
I – instituição de gabinete de crise, a ser acionado em situação de desastre ambiental, integrado, se possível, por membros do Ministério Público, Defensoria Pública, Ordem dos Advogados do Brasil (OAB) e Defesa Civil, com a eleição de um Juiz Gestor em cada Tribunal;
II – concentração provisória do atendimento prestado pelo Poder Judiciário, Ministério Público, Defensoria Pública e OAB, preferencialmente, em único local, facilitando o acesso à população, bem como à tomada de decisões conjuntas;
III – solicitação de auxílio às forças federais, estaduais e municipais;
IV – criação e manutenção de diretório, por meio físico e eletrônico, com as informações de contato das principais entidades de Defesa Civil estaduais e municipais e dos integrantes do gabinete de crise, a ser distribuído a todas as comarcas do Estado;
V – provisionamento e fornecimento de material de suporte para situações emergenciais como veículos,
computadores portáteis, equipamentos de comunicação por rádio, coletes de identificação e outros;
VI – instituição de equipe de apoio técnico especializado, integrada por psicólogos e assistentes sociais, como também por engenheiros, médicos, arquitetos, quando disponível, que possa ser deslocada para as áreas atingidas;

4. O pedido efetivamente formulado

No presente tópico, será apresentada parte do pedido efetivamente formulado na ação civil pública aqui referida, que em última análise representou uma série de quesitos, rotinas, metodologias de trabalho e demais orientações sobre a forma a qual Ministério Público entendia pertinente para o agir da defesa civil local naquele momento durante o então estágio de enfrentamento da crise.

O pedido aqui traçado pelo *Parquet* teve natureza complementar, ou seja, sem desnaturar, reduzir, mitigar ou impedir a consolidação do respeitável trabalho que a própria defesa civil municipal, estadual e a federal já vinham realizando por meio de suas ações em andamento.

VII – autorização para o auxílio recíproco entre os Magistrados da Comarca atingida pela calamidade, para que não haja restrição de competência durante o período excepcional;
VIII – extensão do regime de plantão a um número maior de magistrados e servidores, prevendo-se forma de compensações futuras;
IX – ampliação temporária do horário de atendimento dos Cartórios de Registro Civil de Pessoas Naturais;
X – suspensão de prazos processuais, podendo prorrogar-se por tempo razoável que permita o atendimento prioritário ao gerenciamento da situação de crise;
XI – regulamentação da possibilidade de requisição, por parte do Tribunal, de bens móveis e imóveis, imprescindíveis para atendimento de situação grave e emergencial, sem prejuízo de indenizações futuras do Estado, se for o caso;
XII – elaboração de protocolo de apreciação de pedidos de autorização para sepultamento que preveja medidas para solução de dificuldades enfrentadas em outras situações de desastre ambiental, como: (i) falta de vagas em sepulturas, por conta do grande número de óbitos, indicando a conveniência de autorizar exumações em prazo inferior ao determinado na legislação; e (ii) inviabilidade prática de se fazer o reconhecimento pleno dos corpos, levando a situações de risco à saúde pública pela impossibilidade de armazenar devida e condignamente os corpos insepultos, o que ensejou o reconhecimento simplificado de corpos;
XII – elaboração de protocolo de apreciação de pedidos para os casos em que seja impossível a plena identificação do requerente, dada da perda de documentos oficiais;
XIII – previsão da instalação de posto da Vara da Infância e Juventude no local de acolhimento das vítimas, preferencialmente com composição multidisciplinar (Juiz, servidores, psicólogos, assistentes sociais e Conselho Tutelar) com o objetivo de (i) realizar o diagnóstico da situação das crianças e adolescentes; (ii) lavrar termos de entrega aos genitores desprovidos de documentação e termos de guarda provisório a familiares (inclusive família extensa), sempre com base em outros elementos que comprovem o vínculo e com o devido cuidado contra adoções fraudulentas; e (iii) decidir sobre outras situações que envolvam menores em situação de risco como, por exemplo, sua remoção compulsória de áreas de alto risco.

Assim, o Ministério Público formulou sua pretensão no caso concreto sob duas perspectivas:

a) fixar a obrigação do Estado de Rondônia disponibilizar mão de obra qualificada para auxiliar o comando da defesa civil estadual em Guajará-Mirim e Nova Mamoré, à época exercida pelo Comando do Corpo de Bombeiros Militar. O atual quantitativo era considerado insuficiente para o atendimento a todas as demandas surgidas em razão da crise.
b) fixar uma uma série de exigências e procedimentos para que houvesse regularidade, transparência, publicidade, eficiência e moralidade da gestão pública frente à defesa civil local, para fins de possibilitar a geração de relatório diário e a consolidação de dados, com atualização das informações em tempo real, alcançando-se o máximo controle informacional da crise em todas as suas nuances, sem amadorismo e de forma plena.

O pedido seguiu uma lógica simples. Inicialmente, foram expostas as determinações gerais, a identificação das famílias afetadas e servidores envolvidos, os problemas a serem enfrentados, um roteiro preliminar de providências, rol de ações de execução imediata e de outras prolongadas no tempo e no espaço, recebimento de doações e serviços, bem como o dimensionamento dos danos causados à população até então pela inundação.

Na sequência, foram se especificando as medidas de forma casuística, traçando metas e obrigações diferentes para cada tipo de mazela anteriormente identificada.

Houve a igual preocupação em se manter um rigoroso inventário de todas as ações concretamente adotadas, materiais e recursos humanos utilizados, transporte, combustível, pagamento de diárias, pagamento de salários dos servidores públicos envolvidos, serviços de saúde, deslocamento de equipes de militares e civis, montagem e desmontagem de abrigos *etc.*, inclusive para se possibilitar uma posterior prestação de contas e permitir uma melhor interface com as medidas futuras que seriam adotadas pela própria União no caso em tela.

Uma pergunta aparentemente despretensiosa pode se tornar impossível de se responder: quanto se custou, concretamente em moeda corrente, para que o Estado agisse no enfrentamento da inundação, considerando todos os tipos possíveis de gastos, despesas e custos implícitos e operacionais? Ou, quanto desse montante poderia ter sido evitado caso medidas preventivas tivessem sido adotadas a tempo e modo? Ou quanto de doação (materiais e serviços) foram recebidos em termos monetários?

Sem uma rígida fiscalização a tais aspectos os gastos simplesmente não seriam passíveis de serem contabilizados e, com isso, estaria irremediavelmente perdida qualquer chance de *accountability* mínima nesse processo.

Após a cessação do estado de calamidade, ocorreria ainda a chamada fase de reconstrução da cidade e de ajuda aos atingidos, consistente desde o pagamento de benefícios emergenciais em dinheiro às vítimas e envio de demais recursos orçamentários diretamente aos entes públicos, basicamente por intermédio da União. Por isso, tornava-se imprescindível uma fiel catalogação de quem foi atingido, onde ocorreram os danos, o que foi feito para minimizar as perdas e, especialmente, um mecanismo de controle contra fraudes e recebimento indevido de assistência (exato, sempre há aqueles que se passam por atingidos para receberem qualquer tipo de ajuda, especialmente, em pecúnia).

Note-se que tudo isso era uma situação totalmente nova na realidade de ambos os municípios e, bem por isso, foi necessária uma literal estruturação desse tipo de atendimento e serviço público naquela ocasião.

Seguem os pedidos formulados pelo Ministério Público à época:

1. Das autoridades a quem a ordem deverá ser atribuída

A) O pedido formulado pelo Ministério Público nesta ação coletiva, em todas as suas nuances, as obrigações solicitadas, tudo deverá recair sobre o Estado de Rondônia e os Municípios de Guajará-Mirim e de Nova Mamoré, devendo ser intimadas ou notificadas as seguintes autoridades, para fins de ter ciência do conteúdo do pronunciamento judicial em questão:

A.1 Governador do Estado de Rondônia
A.2 Prefeito do Município de Guajará-Mirim
A.3 Prefeito do Município de Nova Mamoré
A.4 Coordenador Estadual da Defesa Civil
A.5 Coordenador Estadual da Defesa Civil em Guajará-Mirim

A.6 Coordenador Municipal da Defesa Civil de Guajará-Mirim (COMDEC)
A.7 Coordenador Municipal da Defesa Civil de Nova Mamoré

2. Da relação de voluntários e servidores efetivos lotados no contexto da defesa civil

A) Deverá constar em arquivo na Coordenação Estadual da Defesa Civil em Guajará-Mirim a relação completa de todos os envolvidos na operação, em pasta separada e devidamente identificada, constando:

A.1 Nome
A.2 Documentos pessoais
A.3 Endereço residencial
A.4 Endereço profissional e instituição a que pertence
A.5 Tipo sanguíneo, fator RH, se possui alguma doença infectocontagiosa, restrição alimentar e outros
A.6 A quem está funcionalmente subordinado
A.7 Qual cargo ocupa na Administração ou iniciativa privada
A.8 Qual a jornada regular de trabalho
A.9 Grau de escolaridade; se possui escolaridade ou formação técnica compatível com o serviço executado no contexto da defesa civil
A.10 Qual a função desempenhada no contexto da crise perante a defesa civil municipal ou estadual; se é voluntário; a quem está subordinado; qual o horário e local de trabalho no contexto da defesa civil, se cumula outras funções, se atua exclusivamente no contexto da defesa civil
A.11 Se é filiado a algum partido político, se possui pretensões políticas no pleito de 2014, para qual cargo eletivo e qual o domicílio eleitoral
A.12 Se é dirigente, representante ou membro de alguma, federação, associação ou sindicato
A.13 Laudo de médico clínico geral atestando a capacidade para o labor exercido perante a defesa civil
A.14 Declaração da parte confirmando a veracidade das informações, bem como de já estar advertido da ilegalidade no caso de eventual uso da função pública ou cargo temporariamente exercido para fins eleitorais não permitidos ou desvirtuados, assim como da necessidade de guardar sigilo acerca de dados dos atingidos inerentes à sua privacidade e intimidade

A.15 Controle de presença e frequência assinado ou registrado diariamente pelos envolvidos na operação de defesa civil, com validação semanal pela chefia imediata, caso haja.

B) A defesa civil estadual e as municipais deverão providenciar tal documentação de todos os seus integrantes, inclusive os eventuais oriundos da Força Nacional que estejam subordinados ao Corpo de Bombeiros Militar, no PRAZO MÁXIMO DE 05 DIAS, a contar da data de sua intimação.

C) Tal obrigação recai mesmo sobre eventuais funcionários ocupantes de cargo efetivo mas que estejam em atuação ou desempenho de atividades próprias da defesa civil, ainda que de assessoramento ou de auxílio material.

D) As informações de todas os integrantes da defesa civil envolvidos em Guajará-Mirim e em Nova Mamoré deverão, no mesmo prazo acima estipulado, constar ainda de sistema informatizado, para facilitar a consulta e a fiscalização dos órgãos de controle.

E) O trabalho da defesa civil deverá ser desenvolvido em caráter continuado, 24 horas por dia, 07 dias por semana, devendo haver um telefone igualmente disponível durante todo esse tempo, para haver a comunicação com a população atingida.

F) Os Municípios de Guajará-Mirim e de Nova Mamoré igualmente deverão indicar servidores para estarem à disposição efetiva da Coordenação Estadual em tempo integral, 24 horas por dia, todos os dias da semana, seja para tarefas administrativas, seja para ações em campo, no âmbito de competência de cada uma das esferas.

G) Os voluntários da defesa civil deverão assinar, ainda, termo de adesão, contendo as condições e os objetivos do serviço, de forma pormenorizada, constando as informações do item A deste capítulo, sendo obrigatório o uso constante de crachá de identificação e de uniforme, de maneira ostensiva.

H) Os voluntários deverão ser previamente selecionados por pessoa com competência e habilitação na área em que o cidadão irá atuar.

I) A adesão ao termo para o voluntariado deverá ser feita mediante assinatura e sua dispensa seguir igual solenidade.

J) A sistemática para o voluntariado deverá seguir os ditames da Lei 9.608/1998, a saber:

Art. 1º Considera-se serviço voluntário, para fins desta Lei, a atividade não remunerada, prestada por pessoa física a entidade pública de qualquer natureza, ou a instituição privada de fins não lucrativos, que tenha objetivos cívicos, culturais, educacionais, científicos, recreativos ou de assistência social, inclusive mutualidade.
Parágrafo único. O serviço voluntário não gera vínculo empregatício, nem obrigação de natureza trabalhista previdenciária ou afim.

Art. 2º O serviço voluntário será exercido mediante a celebração de termo de adesão entre a entidade, pública ou privada, e o prestador do serviço voluntário, dele devendo constar o objeto e as condições de seu exercício.

Art. 3º O prestador do serviço voluntário poderá ser ressarcido pelas despesas que comprovadamente realizar no desempenho das atividades voluntárias.
Parágrafo único. As despesas a serem ressarcidas deverão estar expressamente autorizadas pela entidade a que for prestado o serviço voluntário.

K) Os integrantes militares deverão seguir o protocolo militar em vigor.

L) Os municípios deverão confeccionar uniforme e crachá para tornar ostensiva a identificação dos integrantes da defesa civil.

3. Do sistema de recebimento de doações de produtos e serviços

A) Todas as doações de produtos, como, por exemplo, cestas básicas, roupas, remédios, material de higiene pessoal, material de limpeza, material escolar, material de escritório, material de construção, combustível, água, gás, cobertores, colchões, móveis *etc.*, deverão ser previamente recebidas por equipe composta de servidores integrantes das defesas civis local e estadual (necessariamente, ao menos um membro de cada ente municipal e estadual).

B) No recebimento de tais doações, deverá ser lavrado inventário pormenorizado do produto entregue, informando-se a qualidade, quantidade, fins a que se destina, peso, dimensões, forma de embalagem, quem entregou, como foi entregue, se houve necessidade de trazer de algum local específico, se houve emprego de mão de obra da defesa civil estadual ou municipal para realizar o transporte, em qual veículo ou embarcação a doação foi entregue, que instituição destinou a doação, quem foi a pessoa que efetivamente fez a entrega, o horário de entrega, o combustível utilizado, assim como todos os servidores diretamente envolvidos na diligência.

C) Gerado o inventário, deverá ser criado um cadastro informatizado e unificado para Guajará-Mirim e outro para Nova Mamoré, em que cada produto (preferencialmente o fardo ou kit's) a ser entregue deverá receber numeração de protocolo para controle de entrada e de saída.

D) Esse controle informatizado deverá ser hábil para rastrear a qualquer tempo o destino e o eventual local de armazenamento do fardo ou embalagem, possibilitando inclusive gerar relatório sobre tudo o quanto foi destinado e distribuído. O sistema igualmente deverá identificar internamente, a partir do número do protocolo, a família ou pessoa que recebeu a doação.

E) Na entrega das doações ao beneficiário, não se identificará ao destinatário a origem de onde veio o material para evitar eventual promoção pessoal ou institucional. Contudo, o doador deverá sempre receber documento da defesa civil estadual atestando a doação, com todas as especificações do item B deste tópico.

F) Tais doações de produtos englobam as disponibilizadas tanto pelos órgãos públicos quanto pelas instituições privadas.

G) Deverá haver um local oficial tanto em Guajará-Mirim quanto em Nova Mamoré, preferencialmente dentro de alguma Instituição Militar, haja vista a necessidade de se garantir a vigilância de tais bens, para receber essas doações, durante 24 horas, assim como para possibilitar a distribuição ao grupo familiar ou pessoa indicada.

H) O prazo para a implementação dos itens deste tópico deverá de até 05 dias.

4. Da identificação de famílias desabrigadas, desalojadas, atingidas ou afetadas

A) Toda família e pessoa afetada ou atingida pelas inundações e que receba qualquer tipo de ajuda da defesa civil municipal e estadual deverá ser pormenorizadamente identificada, consignando-se amplo relatório sobre sua:

A.1 condição social

A.2 origem, etnia, responsáveis legais, pais, filhos, eventuais parentes que residem e coabitam o mesmo núcleo familiar

A.3 aspectos financeiros

A.4 se possui emprego formal ou trabalho informal, detalhando

A.5 aspectos religiosos

A.6 nacionalidade, origem, etnia, grupo familiar

A.7 renda global e per capita, de onde provém o sustento financeiro

A.8 condição política, se é eleitor e de qual domicílio

A.9 escolaridade

A.10 qual o logradouro de origem, para onde foi levada, se está alojada ou abrigada

A.11 se possui algum benefício ou programa social cadastrado

A.12 um completo inventário de todos os bens móveis, embarcações, motores, automóveis, vestuário, eletrodoméstico, camas, colchões, brinquedos, que os acompanharam e que estejam sob a custódia da defesa civil

A.13 que tipo de residência possuía, se própria ou alugada, que tipo de benfeitorias o imóvel possuía, se possuía carros, se possui documentos desses bens, se a casa era oriunda de invasão, se havia apenas contato informal de compra e venda ou similar

A.14 se a situação amolda-se à desabrigado, desalojada, atingido ou afetado, justificando

A.15 informar onde era a residência da pessoal e onde está morando atualmente

A.16 no caso de desalojado, informar quem é a família que acolheu, logradouro, se é parente, se alugou casa, suas condições sociais, se possui alguma necessidade específica que possa ser suprida pela defesa civil

A.17 Que tipo de auxílio inicial foi conferido, por exemplo, transporte, mudança, auxílio em remoção de pacientes, limpeza, etc.

A.18 quando e como foi obrigada a sair da residência – data, hora, como fez para levar os pertences pessoais, o que foi levado e o que ficou para trás, quem auxiliou

A.19 Se foi contemplada com o saque do FGTS devido ao período de emergência e calamidade

A.20 A residência encontrava-se a que distância da margem do rio, aproximadamente

A.21 Se houve perda de alguma plantação ou criação

A.22 Se possui algum animal doméstico que tenha acompanhado

A.23 Qual o valor aproximado da residência atingida

A.24 Qual o valor aproximado do prejuízo sofrido, incluindo eventual criação e lavoura

A.25 Se ainda existe morando no imóvel afetado

B) A identificação dessas famílias deverá ser feita OBRIGATORIAMENTE mediante entrevista pessoal com todos os integrantes, não sendo admitido constar dados sem a conferência e o levantamento concreto das informações *in loco*.

C) Além disso, cada família deverá ter todos os seus integrantes cadastrados individualmente, constando as seguintes informações:

C.1 documentação pessoal
C.2 local onde estuda ou trabalha
C.3 telefone de contato
C.4 se possui alguma doença infectocontagiosa ou outra enfermidade
C.5 se faz uso de alguma medicação ou acompanhamento médico
C.6 se está cadastrado em algum programa de alguma Secretária Municipal, Secretaria Estadual ou do Governo
Federal, detalhando
C.7 se possui alguma necessidade especial, deficiência física, deficiência cognitiva
C.8 Se deixou de frequentar a escola e por qual motivo
C.9 se perdeu o emprego ou deixou de exercer o trabalho informal e por qual motivo

C.10 que tipo de demanda necessita no momento: roupa, calçado, alimentação, medicação, colchão, roupa de cama, material de higiene, material de limpeza, água

C.11 Idade

D) Cada uma das famílias e pessoas deverão possuir o cadastro individual, tanto em fichas e registros quanto em sistema informatizado. As fichas deverão ser necessariamente instruídas com a documentação pertinente e assinada pelo atendido, inclusive tudo digitalizado ou com os dados manualmente inseridos no sistema, mas sempre sendo mantida, nesse caso, a via física com a assinatura do cadastrado, para comprovação.

E) Esse sistema informatizado deve possibilitar o cruzamento de dados com as informações levantadas por outras secretarias, como a de Assistência Social, Trabalho e Saúde. Além disso, toda e qualquer ação envolvendo a defesa civil, desde a entrega de kit's, encaminhamentos para consultas, atendimentos de saúde, ações assistenciais, *etc.*, tudo deve ser possível de ser rastreado mediante a consulta do cadastro da família e pessoa, como forma de potencializar ao máximo a gestão pública transparente em sintonia com a eficiência que deve permear a ação da defesa civil.

F) Quanto aos desalojados, a defesa civil deverá identificar se a nova moradia para onde a família ou pessoa se instalou igualmente se encontra em área de risco. O Município deverá criar estratégias e ações preventivas para evitar que desalojados voltem para áreas com potencial risco de inundações ou outros desastres.

G) Em havendo crianças e adolescentes em período escolar, os Municípios e o Estado de Rondônia deverão identificar especificamente qual a escola que o jovem frequenta, cercando-se de todas as providências para não permitir a descontinuidade da frequência escolar, cada um na sua esfera da atribuições.

H) O cadastramento dessas famílias e pessoas deverá ser atestado por servidor integrante da defesa civil, esse devidamente identificado, podendo haver responsabilização nas três esferas, civil, penal e administrativa, caso haja, em especial, mascaramento ou burla intencional ou premeditada no levantamento das estatísticas.

5. DA ESTRATÉGIA NA FORMULAÇÃO DE PEDIDOS EM AÇÕES COLETIVAS...

I) O citado cadastramento deverá ser realizado sempre por equipe conjunta da defesa civil estadual e do respectivo ente municipal.

J) Deverá igualmente ocorrer o levantamento de informações concretas e reais nas aldeias indígenas da região, adaptando-se as informações dos itens A e C deste tópico para a realidade indigenista, sem prejuízo da aplicação dos demais itens **D, E, F** e **G**.

K) O levantamento das informações em relação a aldeias indígenas deverá contar com o apoio da FUNAI.

L) Após o levantamento e cadastramento individual das pessoas e famílias atingidas, afetadas, desalojadas ou desabrigadas, nos moldes do presente tópico, os dados deverão ser compilados em sistema informatizado, permitindo-se a atualização diária.

M) Esse mapeamento será feito necessariamente por bairro, englobando ainda a possibilidade de realizar a pesquisa por grupos de famílias e pessoas a partir dos seguintes parâmetros:

M.1 Por tempo de moradia na cidade: de 1 a 3 anos; de 3 a 6 anos; de 6 a 10 anos; acima de 10 anos

M.2 Por renda salarial familiar total: até R$ 150,00; de R$ 150,00 a R$ 300,00; de R$ 300,00 a R$ 500,00; de R$ 500,00 a 850,00; acima de R$ 850,00

M.4 Por número de integrantes: de 1 a 2; de 2 a 4; de 4 a 6; acima de 6

M.5 Por tempo de moradia no local/bairro afetado ou atingido: de 1 a 3 anos; de 3 a 6 anos; de 6 a 10 anos; acima de 10 anos

M.6 Por famílias com casa própria

M.7 Por famílias com casa alugada

M.8 Por famílias cujos provedores principais possuíam emprego formal, detalhando-se o tipo de ocupação. Ex.: servidor público, comerciário, bancário, industriário, empregado da iniciativa privada em geral.

M.9 Por famílias cujos provedores principais possuíam trabalho informal, detalhando-se o tipo de ocupação. Ex.: Estivador, pescador, chapa, reciclador, vendedor *etc*.

M.10 Por família cuja maior parte dos membros é natural de Guajará-Mirim e Nova Mamoré

M.11 Por data em que ocorreu a saída de casa

M.12 Por bairro em que a família se mudou depois do desalojamento

M.13 Por imóveis atingidos que não possuem nenhum tipo de documentação

M.14 Por imóveis situados: até 100 m da margem do rio, até 200 m da margem do rio, acima de 200 m da margem do rio

N) Além disso, a pesquisa também deverá permitir identificar:

N.1 número de pessoas que não completou o ciclo escolar regular

N.2 número de pessoas que não possui documentação, brasileira ou estrangeira

N.3 número de pessoas que não é eleitor

N.4 número de pessoas que não possui ocupação ou emprego formal

N.5 número de pessoas que possui alguma doença ou enfermidade que precise de tratamento de saúde

N.6 número total de pessoas desalojadas da área urbana e rural

N.7 número total de pessoas desabrigadas da área urbana e rural

O) No registro físico e informatizado de cada uma das famílias, o Município deverá diligenciar cópia da escritura pública do imóvel atingido, guia do IPTU ou documentação similar, devendo haver a eventual digitalização dos documentos. Caso não haja, justificar.

P) Esse levantamento completo de todos os itens anteriores deste tópico deverá ser atualizado diariamente, tudo devidamente registrado em sistema informatizado, sendo repassado aos membros da defesa civil local e estadual, aos integrantes da sala de situação de Guajará-Mirim/Nova Mamoré e de Porto Velho, assim como especificamente ao Ministério Público.

Q) A importância do levantamento reside no fato de se programar eventual política pública futura, não permitindo, por exemplo, que haja construção de moradias em determinados locais.

R) O prazo para concluir o presente levantamento será de 10 dias. Todavia, as novas famílias que eventualmente venham a ser atingidas ou afetadas deverão ser imediatamente catalogadas, passando a fazer parte do cadastro.

S) O sistema de registros também deverá incluir o cadastro de pessoas que estejam residindo em local suscetível de ser afetada pelas inundações, possibilitando uma atuação preventiva: solicitação de recursos, planejamento de ações e outras medidas com a antecedência necessária.

5. Da estrutura mínima de abrigos, fiscalização, segurança, alimentação e ações assistenciais e de saúde

A) Todos os abrigos gerenciados pelos Municípios de Guajará-Mirim e de Nova Mamoré deverão possuir padrão mínimo de qualidade, sendo fiscalizados e monitorados 24 horas por dia, todos os dias da semana, cumprindo as determinações e critérios abaixo arrolados.

B) A ocupação dos abrigos, seja na área rural ou urbana, deverá ser precedida de identificação plena do seu usuário, com as informações já coletadas do item 3.1.4. Nessa identificação, será feita triagem social com a categorização do atingido, suas necessidades, demandas e prioridades mais urgentes.

C) O abrigo deverá ser classificado como temporário ou permanente, fixo ou móvel.

D) O monitoramento dos abrigos deverá ser feito de forma minuciosa, contendo a inspeção prévia de suas instalações, inventário de suas dependências, além de:

D.1 Conter laudo de inspeção e vistoria de órgão sanitário, autoridade ambiental e corpo de bombeiros, a fim de ser assegurada a sua idoneidade e salubridade, mediante laudos aprovando-as.
D.2 conter a descrição do tipo de edificação, capacidade de abrigamento, segurança e outros fatores relacionados ao seu uso específico.
D.3 conter sistema, recursos e programa para combate de incêndio e pânico, instalado e aprovado pelo corpo de bombeiros
D.4 conter banheiros contendo sanitários, pias e chuveiros na proporção mínima de 1 a cada 15 pessoas, número esse que se entende razoável para o adequado atendimento dos desabrigados

D.5 conter água potável, instalações arejadas, cozinha para eventual uso dos presentes, área para lavagem e secagem de roupa e louças

D.6 caso haja a presença de animais domésticos, local separado para a sua acomodação, cabendo à coordenação do abrigo o seu alimento e ao proprietário os seus cuidados, limpeza e tratamento. Os animais deverão ser previamente inspecionados por profissional qualificado e agência sanitária responsável, inclusive como forma de evitar a transmissão de doenças aos seres humanos. É responsabilidade da coordenação manter laudo médico--veterinário do respectivo animal, além de informações básicas para a sua identificação e do proprietário.

D.7 local abrigado do sol para a permanência de pessoas durante o dia, possuir condições de iluminação e ventilações adequados. Em caso de barracas montadas fora de local coberto, expostas ao sol, deverá ser providenciada sua climatização

D.8 área de recreação, com monitoramento e fiscalização

D.9 local para o armazenamento dos bens móveis dos desabrigados, tudo devidamente inventariado, dividido e separado.

D.10 Regimento interno e normas de convivência, contendo todos os aspectos do regramento e uso do citado abrigo, as atribuições de cada uma das equipes de coordenação, direitos e deveres dos usuários, segurança do local, recreação, horários, sanções, poderes da autoridade administrativa etc, em documento devidamente aprovado pelo órgão da defesa civil e expedido mediante decreto do executivo.

D.11 possuir sala de triagem ou local, ainda que fora de suas dependências, para o recebimento e cadastramento de novas famílias, com equipe formada pela defesa civil do município e do estado. Somente serão admitidas no abrigo pessoas e famílias previamente cadastradas

D.12 instalações e dependências em condições mínimas que assegurem a sua utilização de maneira fluída e sem tumulto.

D.13 entregar a cada uma das famílias ali residentes comprovante dos bens acautelados, assim como identificar cada uma dos desabrigados, mediante uso obrigatório de crachá, conforme item 3.1.4 acima. Os bens acautelados deverão possuir todas as informações visuais necessárias para a identificação do seu conteúdo, origem, destino, dia do recebimento, prazo para entrega, se possui elementos perigosos e nocivos etc.

D.14 identificar cada uma das acomodações dos desabrigados, mediante placas de identificação no local contendo o nome das pessoas que ocupam aquela espaço.

D.15 manter todas as informações pertinentes ao abrigo registradas em sistema informatizado e em formulários padrão, a fim de facilitar a consulta e a atualização diária do gerenciamento da crise.

D.16 Oferecer quatro refeições diárias aos desabrigados, mediante cardápio elaborado por nutricionista, sem prejuízo de disponibilizar aos presentes o acesso a fogão e freezer para o complemento de suas necessidades básicas, mediante fiscalização da equipe responsável.

D.17 Manter área de convivência comum, abrigada do sol, com cadeiras e mesas, além de local adequado para permitir o acolhimento coletivo de bebês e idosos que necessitem de necessidades especiais.

D.18 Manter equipamentos de comunicação e meios de transporte para o atendimento das demandas ordinárias e extraordinárias

D.19 Não permitir a entrada de pessoas estranhas ou o armazenamento de itens com representem perigo de gerar explosão, incêndios e outras catástrofes, assim como possam colocar em risco a coletividade, como armas de fogo.

D.20 Idosos e portadores de necessidades especiais devem ser alocados em locais de fácil acesso

D.21 Local próprio para realizar atendimentos de saúde e entrevistas psicossociais.

D.22 Única entrada e saída do abrigo, com trânsito livre aos desabrigados e controle quanto ao fluxo de pessoas estranhas

D.23 Local próprio e separado para realizar assistência religiosa

E) O abrigo deverá conter equipe mínima para o seu funcionamento, nos seguintes termos:

E.1 coordenador geral, que tem por função gerir o abrigo em sua plenitude, respondendo diretamente ao coordenador da defesa civil, responsável para prestar contas, sob responsabilidade, dos recursos, valores e despesas realizadas em relação ao abrigo, resolver os casos eventualmente não regulados, dentre outras funções previstas no regimento, sendo indicado funcionário efetivo com experiência em administração

E.2 quatro coordenadores de área, responsáveis pelos setores de recursos humanos, alimentação, recursos materiais e execução de obras, com funções definidas (vide abaixo) e sem prejuízo de outras tarefas devidamente elencadas no regimento interno do abrigo.

E.3 setor de recursos humanos deverá ser responsável pelo recrutamento de voluntários e designação de servidores, preenchimento dos cadastros dos desabrigados, inventário dos bens móveis, controle de frequência dos servidores, escala de trabalho, distribuição de tarefas, repasse de informações diários, recebimento das informações e demandas dos demais setores, canal oficial de comunicação do abrigo e realizar a interlocução interna entre os demais setores e coordenação geral, controle da entrada e saída de pessoas, coordenar visita de instituições e demais apoiadores, manter a boa convivência do local e relação de vizinhança saudável

E.4 o setor de alimentação deverá ser responsável por organizar o fluxo de alimentação do abrigo, desde a previsão das demandas, a sua aquisição, local para o seu aprovisionamento/armazenamento, designação de equipe para a elaboração e cozimento, ter entre seus membros, entre outros, um nutricionista e um membro da vigilância sanitária, a fim de verificar a qualidade dos serviços, promover recebimento e transporte da alimentação até o abrigo em condições adequadas

E.5 o setor de recursos materiais é o responsável em adquirir todos os meios, instrumentos, serviços e recursos necessários para a execução de obras do abrigo, devendo ter habilidade em comunicação com os órgãos da defesa civil municipal e estadual, assim como representante do Poder Executivo, acompanhamento dos pedidos de compra, licitação, conferência de entrega de materiais, promover a mobilização dos recursos institucionais, econômicos e materiais para o pleno funcionamento diário do abrigo, fiscalizar o almoxarifado

E.6 o setor de execução de obras é responsável pela realização das benfeitorias, reparos, construções, limpeza das áreas comuns, não permitir a interrupção dos serviços dentro do abrigo, supervisão do trabalho realizado pelos voluntários e servidores, fiscalização diária pela segurança física do local, supervisão da visita dos apoiadores e demais instituições visitantes, atestar o recebimento e a conclusão de eventuais obras e serviços realizados por empresas terceirizadas e contratadas do poder público, zelar pelo cumprimento das regras do abrigo, especialmente quanto aos deveres dos seus usuários

E.7 É terminantemente proibido manter abrigo sem a presença de um membro efetivo da defesa civil, sendo considerado irregular os abrigos administrados apenas pelos próprios desabrigados

F) O abrigo deve ser periodicamente fiscalizado e inventariado, havendo livro de ocorrências diárias e resumo das atividades, preenchido por cada equipe, inclusive com repasse de plantão de uma equipe a outra.

G) Entre as sub-equipes pertinentes, o abrigo ainda será assistido:

G.1 diariamente por equipe de vigilância e segurança 24 horas, para controlar o fluxo de pessoas, cuja admissão será severamente controlada, segundo dispuser o regimento ou decreto normativo próprio

G.2 por equipe de gestão pedagógica, de assistência social, de psicologia e de saúde (médico, enfermeiro, cirurgia dentista, fonoaudiólogo, nutricionista, técnico de enfermagem), com comparecimento mínimo de 02 vezes por semana, a fim de prestar atendimentos aos usuários do abrigo, sem prejuízo do seu pronto acionamento pelo coordenador de equipe ou coordenador geral em caso de necessidade

G.3 equipe de recreação, a fim de entreter as crianças e coordenar a realização de atividades coletivas, em periodicidade mínimas de 03 vezes por semana. Sugere-se sejam usados brinquedos pedagógicos e estimulantes, que não incitem a violência.

G.4 Representante da Funai caso haja o acolhimento de famílias indígenas

H) Todos os bens materiais, imateriais, serviços, profissionais, servidores e voluntários que prestaram serviços no dia, alimentação fornecida, e demais produtos destinados ao abrigo serão diariamente inventariados e registrados em sistema informatizado, a fim de ter controle minucioso do cotidiano ali desempenhado.

H.1 Além disso, deverá ser diariamente atualizado o cadastro dos desabrigados quanto a eventual hospitalização, falecimento, saída definitiva, condição de desalojado

H.2 Esse cadastro sobre o resumo da rotina diária deverá constar de relatório diário entregue para controle do Ministério Público

I) Os valores repassados ao abrigo, assim como os gastos efetuados para a manutenção e em função do abrigo, ainda que sob diversa rubrica, mediante ajuste no orçamento, também deverão ser informados pelo coordenador geral, com a apresentação de recibos e demais documentos.

J) A fiscalização do abrigo também será feita pela Polícia Militar, que deverá dispor de equipe destacada para tal serviço.

K) Em relação ao ingresso das pessoas e famílias nos abrigos:

K.1 Toda família ou pessoa que ingressar no abrigo será obrigatoriamente avaliada por equipe médica e profissionais psicossociais

K.2 A triagem social e o primeiro atendimento serão feitos preferencialmente com todos os integrantes da família, a fim de coletar dados da situação familiar, apresentar as regras de convivência, o funcionamento e o regulamento do abrigo, propiciando o planejamento do retorno à rotina anterior

K.3 As famílias deverão ser geograficamente dividas em 04 setores, cada um desses escolhendo um líder para que apenas este representante possa tratar diretamente com as equipes e com o coordenador geral

K.4 Caso seja necessário, a depender do verificado no momento da triagem, toda família deverá receber no momento do seu acolhimento um kit contendo: Uma escova de dentes (para cada adulto e criança); Uma pasta de dentes (por família); Um sabonete (por família); Um sabão para lavar roupa (por família); Um rolo de papel higiênico (por família); Um colchonete por pessoa (para cada adulto e criança); Um lençol por pessoa (para cada adulto e criança); Um cobertor por pessoa (para cada adulto e criança); Uma toalha por pessoa (para cada adulto e criança)

L) As regras devem ser escritas de forma clara, sendo válidas para todos, assim como afixadas em local de fácil visibilidade. Sugere-se que haja horário fixado para café da manhã, almoço, jantar, abertura, fechamento, silêncio, horário de recreação, realização de tarefas, acompanhamento e reforço escolar *etc*.

L.1 É possível atribuírem-se tarefas aos desabrigados em relação à limpeza, zeladoria das áreas comuns, coleta de lixo, recreação *etc*

L.2 É possível a ministração de assistência religiosa dentro do abrigo, desde que supervisionada pela coordenação, respeitando-se a liberdade religiosa de todos ali presentes

M) A desmobilização do abrigo deverá ser apreciada pela Defesa Civil, desde que comprovada a possibilidade do pleno retorno dos abrigados às suas atividades cotidianas e sua recolocação na sociedade.

M.1 Segundo o manual de gerenciamento de abrigos da defesa civil de Minas Gerais, a desmobilização tem por objetivo: propiciar o retorno ao local de moradia; propor e facilitar o acolhimento das famílias em residências de familiares, amigos, entre outras redes; encaminhar as famílias a abrigos permanentes ou a residências disponibilizadas pelo poder público

M.2 Para a desmobilização total, é necessário: recolher, conferir e guardar todos os materiais; vistoriar instalações; executar a limpeza das instalações; fazer o encerramento operacional

M.3 Por fim, com a desmobilização total, a defesa civil deverá providenciar a relação das instituições e das pessoas que colaboraram com o funcionamento do abrigo temporário, a identificação de todas as atividades realizadas, resumir a discussão das decisões tomadas e elaborar a descrição geral do trabalho realizado

N) O prazo para implementar tais obrigações será de 07 dias, especialmente considerando a realidade local de Guajará-Mirim e de Nova Mamoré, em que a maior parte desses deveres já está implementada ou em fase final de implementação, sendo portanto, um prazo proporcional.

O) Deverá ser gerado, ainda, registro fotográfico dos abrigos e de suas dependências para consulta pelo órgão do Ministério Público.

6. Do cadastramento dos recursos materiais utilizados, viaturas, embarcações, controle de combustível

A) Todas as viaturas, motos, carros, caminhonetes, utilitários, caminhões e embarcações *etc.*, tudo deverá ser cadastrado em sistema informatizado para registro do seu uso perante operações da defesa civil.

B) O registro geral deverá conter as seguintes informações:

B.1 Tipo
B.2 Fabricante e Marca
B.3 Modelo
B.4 Ano fabricação e modelo
B.5 Renavam, chassi ou outra numeração de identificação

B.6 Finalidade

B.7 Capacidade (passageiros e carga)

C) Além disso, em cada uso ou operação realizada, para fins de controle, o órgão da defesa civil ficará encarregado de alimentar o sistema com os seguintes dados:

C.1 Motorista e auxiliar

C.2 Hodômetro inicial e final

C.3 Local de origem e local de destino do atendimento à ocorrência

C.4 Finalidade do uso

C.5 Quem autorizou ou determinou o uso

C.7 Passageiros e /ou carga transportados

C.8 Hora início e hora final do uso do veículo

C.9 Relato de ocorrências extraordinárias, tais como avarias, mudanças do planejamento, se a operação não pode ser concluída *etc*.

D) Essa obrigação recai sobre ambas as coordenações da defesa civil e engloba todo veículo utilizado na finalidade de prestação de ajuda assistencial, ainda que lotado em outra secretaria.

D.1 Caso o veículo usado seja de instituição diversa que esteja prestando apoio e em relação à qual já haja esse controle, a defesa civil poderá solicitar, posteriormente, o envio dos dados para constar do seu relatório

D.2 Por ajuda assistencial entende-se toda atividade de resgate, auxílio, transporte de alimentos, pessoas e de mercadorias para locais de coletas de doações e abrigos, atendimentos a pessoas na área de saúde e psicossocial, logística, visita a desalojados, entrega de doações *etc*.

E) Caso haja o uso de aeronave para atender às demandas decorrentes do estado de crise, deverá haver ainda um rígido controle, informando-se:

E.1 Empresa contratada ou aeronave própria do Poder Público

E.2 Nome do piloto e copiloto em cada viagem realizada para Guajará-Mirim e saindo de Guajará-Mirim

E.3 Se a viagem foi feita por empresa terceirizada, informações sobre eventual dispensa de licitação, contrato administrativo formado, empenho das notas fiscais, indicação no orçamento da rubrica utilizada etc.

E.4 Descrição dos passageiros e carga transportados
E.5 Autorização da força aérea para a realização do voo
E.6 Destino e origem da viagem, tempo de voo
E.7 Se houve transporte de civis e militares não pagantes, informando-se detalhadamente que foram esses passageiros
E.8 Quantidade de combustível gasto em caso de aeronave pertencente ao Poder Público, onde foi feito o abastecimento, qual o valor gasto, quem fez o controle do combustível utilizado

F) O combustível gasto com as viaturas terrestres e fluviais ao atendimento das operações da defesa civil deverá ser devidamente contabilizado em sistema informatizado, incluindo-se as compras decorrentes de contratação direta, empréstimos, doações e demais formas de aquisição.

G) As informações aqui fixadas aplicam-se em caso de operações e viagens envolvendo os Municípios e cidadãos de Guajará-Mirim e de Nova Mamoré, não importando se o ato foi executado e coordenado pelo ente local ou pelo ente estadual da defesa civil.

H) O controle com o gasto de combustível tem por finalidade evitar abusos, malversação dos recursos públicos e condutas ímprobas durante a gestão da crise.

I) O prazo para a implementação dessas obrigações será de até 05 dias.

7. Da prestação de informações orçamentárias e financeiras sobre os valores usados

A) A defesa civil estadual e municipal em atuação nesta comarca deverá gerar relatório circunstanciado acerca de todos os gastos, despesas e empenhos feitos nas operações de auxílio assistencial durante o período da crise. Tal obrigação poderá ser compartilhada com as respectivas Secretarias de Administração e Fazenda.

B) Essas informações deverão ser sistematizadas seguindo-se a legislação especial de regência da matéria acerca de contabilidade pública, as recomendações e orientações do Tribunal de Contas e, em caráter complementar, as obrigações fixadas nessa ação civil pública.

C) Esse relatório deverá ser periodicamente enviado ao Ministério Público, com as informações consolidadas, mediante ofício do chefe da defesa civil pertinente, contendo o extrato e resumo dos gastos realizados, de maneira separada e detalhada, recursos financeiros recebidos e repassados aos entes públicos municipais, origem dos valores aplicados, eventual remanejamento do orçamento.

D) Além disso, todos os contratos administrativos, dispensas de licitação ou licitações dispensáveis ou inexigíveis, desapropriações, requisições administrativas e demais despesas envolvendo a assistência da defesa civil em Guajará-Mirim e em Nova Mamoré deverão constar em relatório detalhado, que igualmente será enviado para controle e fiscalização do órgão *parquetiano*, com intervalo máximo de 07 dias ente um envio e outro.

E) A primeiro relatório, nos moldes aqui previstos, deverá ser remetido no prazo máximo de até 10 dias, contados de sua intimação.

8. Do reforço de pessoal em suporte à Defesa Civil Estadual em Guajará-Mirim e Nova Mamoré

A) Considerando a necessidade de continuar a tomada de ações próprias da defesa civil em Guajará-Mirim e em Nova Mamoré, sem prejuízo daquilo que já foi feito e que está sendo feito, o Estado de Rondônia deverá propiciar um aumento no efetivo de servidores públicos para atuar em âmbito local, que deverá ser reforçado pelos demais servidores e voluntários já recrutados pelos municípios.

B) Esse reforço inclusive vem expressamente previsto no citado decreto de estado de calamidade pública expedido pelo governador de Estado, que previu, entre outras particularidades, a possibilidade de impor sanção administrativa àquele servidor que deixar de cumprir suas funções no contexto do enfrentamento da crise.

C) No âmbito da Polícia Militar e da Polícia Militar Ambiental, o Estado deverá enviar mais 12 integrantes da polícia ostensiva e mais 06 componentes da polícia ambiental a fim de possibilitar, além de outras funções, o efetivo resguardo da segurança pública nos abrigos temporários que foram mobilizados na comarca.

C.1 Esses policiais deverão ser utilizados exclusivamente nas ações decorrentes da defesa civil, especialmente nas operações de fiscalização ostensiva e de atendimento a chamados que possuam nexo de causalidade com a segurança dos abrigos de Guajará-Mirim e de Nova Mamoré, inclusive área rural, como Iata, Surpresa e aldeias indígenas, bem como demais situações que se inseriam no seu quadro de competências

C.2 Deverá ser enviada mais uma embarcação com capacidade mínima de 06 passageiros e motor com potência mínima de 40hp para permitir o patrulhamento e ações via fluvial

C.3 Esses militares deverão permanecer na comarca até o final da crise, inclusive durante o período da reconstrução

C.4 Deverão ser enviados, ainda, mais 02 computadores completos, 02 impressoras e 01 scanner para possibilitar o exercício das funções, incluindo os respectivos softwares, insumos e periféricos necessários

D) No âmbito do Corpo de Bombeiros Militar, que efetivamente faz a coordenação estadual da defesa civil na comarca, o Estado deverá enviar mais 02 oficiais ou suboficiais para auxiliar na coordenação administrativa, além de mais outros 15 militares para o trabalho de execução em campo.

D.1 Esses militares deverão ser utilizados exclusivamente nas ações decorrentes da defesa civil, especialmente nas operações de fiscalização ostensiva e de atendimento a chamados que possuam nexo de causalidade com a segurança dos abrigos de Guajará-Mirim e de Nova Mamoré, inclusive área rural, como Iata, Surpresa e aldeias indígenas, bem como demais situações que se inseriam no seu quadro de competências

D.2 Esses militares deverão permanecer na comarca até o final da crise, inclusive durante o período da reconstrução

D.3 Deverão ser enviados, ainda, mais 02 computadores completos, 02 impressoras e 01 scanner para possibilitar o exercício das funções, incluindo os respectivos softwares, insumos e periféricos necessários

E) Na área da saúde, em relação aos profissionais da saúde que possuam vínculo com o Estado e/ou com os municípios de Guajará-Mirim e de Nova Mamoré e que prestem serviço e/ou possuam contrato com o poder público local, deverá ser determinado o seu retorno imediato ao respectivo posto de trabalho na comarca, considerando ter havido prejuízo no cumprimento da jornada de trabalho, ter havido prejuízo notório ao atendimento na rede pública e, especialmente, porque não há mais situação de pleno inacesso à comarca, eis que a comarca é provida regularmente com voos e, segundo informações, a citada BR 421 parece ter sido liberada para veículos de menor porte.

E.1 Os Municípios de Guajará-Mirim e de Nova Mamoré deverão enviar ao Ministério Público a relação completa de todos os profissionais da área da saúde que apresentaram alguma justificativa pelo não comparecimento ao posto de trabalho, bem como de todos os faltosos, constando a advertência da determinação judicial acerca da obrigatoriedade de sua apresentação na comarca. O citado relatório deverá ser entregue a cada 15 dias, iniciando-se a obrigação no prazo de até 10 dias, contados de sua intimação. Tal relatório deverá ainda discriminar os dias em que houve falta, as horas não efetivamente trabalhadas, eventual pagamento percebido indevidamente, especificando pormenorizadamente cada uma das verbas repassadas ao servidor da área da saúde

E.2 Além disso, no mesmo prazo e periodicidade da alínea anterior, deverá também informar se houve o completo restabelecimento do atendimento em todos os postos de saúde e hospitais, assegurando o cumprimento integral da escala anterior, conforme cronogramas de horários e de lotações que já constam em poder do Ministério Público.

E.3 O Estado deverá complementar a lotação dos postos de trabalhos, enviando profissionais da área médica, enfermagem, assistência social e psicologia em quantidade suficiente para a plena restauração do atendimento outrora realizado na comarca, atenção básica e procedimentos de baixa e média complexidade

E.4 Deverá haver o preenchimento DIÁRIO de folha de frequência desses profissionais, não sendo permitido o lançamento da presença apenas ao final do mês. Tal folha diária dos servidores médicos, enfermeiros e técnicos de enfermagem deverá ser remetida cópia até as 09h do dia seguinte ao Ministério Público. Em havendo faltas, as devidas justificativas deverão ser remetidas ao órgão *parquetiano* em até 03 dias

E.5 Todos os abrigos deverão ser visitados por profissionais da saúde (médicos, enfermeiros ou técnicos de enfermagem) pelo menos 02 vezes por semana, ainda que em dia seguidos, incluindo os da área rural

F) Ainda na área da saúde, os Municípios deverão continuar a propiciar meios para a remoção de pacientes de urgência e emergência, assim como providenciar o transporte dos demais pacientes com consultas médicas agendadas para especialidades não providas pela rede SUS local, inclusive como já consta de outra ação civil pública proposta pelo órgão ministerial nesta comarca, autos 0003478-31.2013.822.0015, *Parquet Web* 2013001010005924.

F.1 Para isso, deverá haver um local especialmente destinado na Secretaria Municipal de Saúde para a realização do cadastramento desses pacientes em Guajará-Mirim e em Nova Mamoré nos voos ou outro meio de transporte a ser utilizado para a ida para a capital

F.2 Esse cadastramento deverá ser feito em sistema informatizado, já especificando a data do embarque, a data da realização do procedimento, consulta ou internação e, salvo nos casos em que o paciente for removido para permanecer internado sem dia previsto de alta, igualmente a data de retorno, incluindo o acompanhante nos casos indicados e recomendados

F.3 Deverá ser disponibilizado semelhante setor no âmbito da Secretaria Estadual de Saúde em Porto Velho, a fim de coordenar o retorno desses pacientes para Guajará-Mirim e Nova Mamoré

F.4 Quando do embarque em Guajará-Mirim e em Nova Mamoré, os pacientes receberão uma espécie de *voucher* ou expediente semelhante, assegurando o seu retorno para a comarca na data já estabelecida, quando então deverão procurar o citado núcleo no âmbito da Secretaria de Estado de Saúde para receber as orientações cabíveis

F.5 Realizado o procedimento, cirurgia, consulta etc, o retorno para essa comarca deverá ser providenciado no prazo máximo de 03 dias, período no qual o paciente e seu acompanhante deverão ter à sua disponibilidade local para hospedagem, tal como uma casa de passagem ou albergue, custeado pelo Poder Público

F.6 Os agendamentos de remoção e de transporte deverão constar em relatório diário e diuturnamente atualizado, abrigando informações completas sobre todas as pessoas que se valeram dos serviços, incluindo: nome do paciente e acompanhante, seus documentos pessoais e qualificação profissional, residência, encaminhamento médico, procedimento que será realizado em Porto Velho, datas de ida e retorno, aeronave utilizada (com sua matrícula e nome dos pilotos e copilotos), comprovante da realização do citado procedimento, entre outras questões

F.7 O citado relatório igualmente deverá ser enviado ao Ministério Público periodicamente.

F.8 O citado setor de cadastramento deverá manter, ainda, cópia de toda a documentação relativa ao item F.6 deste tópico para fins de possibilitar controle e fiscalização posterior pelos órgãos de controle externo

G) No âmbito da Polícia Civil, deverão ser remetidos mais 04 policiais para auxiliar ao atendimento, registro e investigação das ocorrências envolvendo crimes cometidos durante o estado de crise.

G.1 Esses policiais deverão ser utilizados exclusivamente nas ações decorrentes da defesa civil, especialmente nas operações de fiscalização ostensiva e de atendimento a chamados que possuam nexo de causalidade com a segurança dos abrigos de Guajará-Mirim e de Nova Mamoré, inclusive área rural, como Iata, Surpresa e aldeias indígenas, bem como demais situações que se inseriam no seu quadro de competências

G.2 Esses policiais deverão permanecer na comarca até o final da crise, inclusive durante o período da reconstrução

G.3 Deverão ser enviados, ainda, mais 02 computadores completos, 02 impressoras e 01 scanner para possibilitar o exercício das funções, incluindo os respectivos softwares, insumos e periféricos necessários

H) Na área da assistência social, o Estado deverá remeter para Guajará-Mirim e Nova Mamoré 03 psicólogos e 02 assistentes sociais para atuarem ao atendimento das famílias desabrigadas e desalojadas, as quais deverão passar periodicamente por avaliações com equipe psicossocial, a fim de amenizar os traumas, ajudar no enfrentamento da crise, planejar ações positivas e demais atendimentos correlatos.

H.1 Tais atendimentos deverão ser realizados com periodicidade mínima de uma vez por semana, podendo ser coletivo caso não haja a necessidade específica de atendimento individualizado, durante até pelo menos 06 meses após o retorno da família desalojada ou desabrigada para a sua moradia de origem ou à sua vida e rotina cotidianas

H.2 Deverá haver comprovação de que a família foi incluída para a citada terapia

H.3 Todos os abrigos deverão ser visitados pelo menos 02 vezes por semana, ainda que em dia seguidos, incluindo os da área rural

I) Na área jurídica, o Estado de Rondônia deverá manter lotado ou à disposição em Guajará-Mirim um procurador do estado para facilitar a tramitação das medidas, análise de eventuais procedimentos licitatórios ou compras sem licitação, requisições administrativas, desapropriações, como forma de tornar a análise jurídica de tais ações mais ágil e em tempo razoável em termos de resposta às demandas durante o período de crise, além de outras atribuições inerentes ao cargo e regulamentação própria

I.1 O procurador do estado deverá ser responsável pelo atendimento das medidas descritas no *caput* envolvendo tanto Guajará-Mirim quanto Nova Mamoré

I.2 Essa medida não desnatura, não vincula e não afeta em nada a autonomia jurídica do procurador em suas análises, pois visa unicamente a tornar mais célere a tomada de medida durante esse período

J) Na parte de infraestrutura, o Estado deverá enviar uma equipe composta por 01 Engenheiro Civil, 01 Engenheiro Elétrico, 01 Engenheiro Sanitarista, 01 Arquiteto-Urbanista, 01 Engenheiro Florestal, 01 Engenheiro Agrônomo, 01 Médico-Veterinário, 01 técnico de cada uma das áreas anteriormente citadas, a fim de poderem atuar e deliberar sobre as medidas preventivas e a reconstrução dos danos nos municípios de Guajará-Mirim e Nova Mamoré.

J.1 O Estado e os Municípios igualmente deverão prover a vinda de máquinas pesadas, caminhões, tratores e demais recursos para a recuperação desses danos considerados de mais urgente solução

J.2 Os citados profissionais deverão estar à plena disposição para o atendimento das demandas de Guajará- Mirim e Nova Mamoré, sempre que solicitados

J.3 Tais profissionais deverão se fazer fisicamente presentes na comarca pelo menos por pelo uma vez por semana, registrando que o prazo poderá ser ampliado caso haja necessidade no caso concreto

K) Os municípios de Guajará-Mirim e de Nova Mamoré, a seu turno, deverão deixar à disposição das atividades da defesa civil pelo menos 25 servidores, em regime de exclusividade, para atender às necessidades que se verificarem, especialmente as atinentes ao funcionamento de abrigos e reconstrução.

K.1 o Estado deverá, no prazo máximo de 05 dias, promover treinamento e capacitação com esses servidores a fim de explicar sobre a função da defesa civil, a legislação aplicável, questões versando sobre planejamento, coordenação e execução de tarefas, entre outras

9. *Da atualização diária das atividades da defesa civil e centralização de informações*

A) Todos os dias, precisamente às 17 horas, as defesas civis estadual e municipal deverão concluir um relatório das atividades e do trabalho referentes às últimas 24 horas, no qual constarão todas as ações realizadas naquele período operacional, as pendências, as tarefas distribuídas, os prazos para cumprimento *etc.*

A.1 A hora limite considerada como término e início do período operacional será considerada às 14 horas

B) Esse relatório deverá, na verdade, ser um resumo geral de todas as informações tratadas nos tópicos anteriores, com o detalhamento exigido para cada um dos dados em questão, INCLUSIVE NOS MOLDES COMO JÁ FEITO PELA DEFESA ESTADUAL EM PORTO VELHO:

C) Assim, nesse relatório deverá constar informações sobre:

C.1 nível dos rios Mamoré e Laje
C.2 famílias abrigadas
C.3 famílias atingidas
C.4 relação da distribuição de cestas básicas e doações de demais materiais a desalojadas e a desabrigadas, identificando-se o beneficiário
C.5 quantitativo de cestas básicas, água e demais produtos armazenados no almoxarifado do corpo de bombeiros e abrigos

C.6 funcionários que atuaram nas atividades de defesa civil
C.7 doações recebidas e material enviado pelo Poder Público
C.8 viaturas aéreas, terrestres e fluviais envolvidas, com detalhamento das missões e distância percorrida
C.9 atendimentos médicos e de assistência social, com detalhamento, número de pessoas atendidas
C.10 compras realizadas
C.11 recursos recebidos, notas empenhadas, contratos celebrados, licitações em curso, procedimentos de compra direta em curso
C.12 resgates realizados
C.13 auxílio a mudanças
C.14 pacientes transportados
C.15 obras e serviços executados
C.16 ocorrências policiais
C.17 novos abrigamentos e desabrigamentos
C.18 novas famílias desalojadas e famílias que voltaram à sua habitação anterior
C.19 Refeições servidas, com detalhamento daquilo que foi servido e inclusive da quantidade usada
C.20 materiais de expediente, limpeza e outros destinados aos abrigos e usados nas demais operações
C.21 servidores que faltaram ao posto de trabalho ou que não compareçam, ainda que justificadamente, entre aqueles cadastrados
C.22 Outras informações consideradas relevantes

D) A defesa civil estadual e municipal terá 05 cinco dias para implementar essa obrigação, devendo ainda encaminhar diariamente o citado relatório para conhecimento do Ministério Público.

10. Dos pontos relativos a escolas, período letivo, transporte escolar

A) Não será admitido o uso de escolas para o abrigamento de pessoas, a menos que não haja qualquer prejuízo ao cumprimento regular calendário escolar.

A.1 Essa vedação aplica-se igualmente às escolas localizadas em distritos mais distantes da sede da comarca, assim como localidades indígenas

B) A defesa civil deverá providenciar, no prazo de 07 dias, a aquisição e transporte de combustível para os ônibus que fazem transporte escolar em Guajará-Mirim e em Nova Mamoré, para os veículos que atualmente estejam paradas devido ao desabastecimento.

B.1 Os valores gastos para a aquisição e entrega do combustível poderão ser abatidos em eventual contrato com empresa terceirizada fornecedora de combustível ou executora do transporte cujo veículo esteja parado por falta de abastecimento

C) Os Municípios de Guajará-Mirim e de Nova Mamoré, assim como o Estado, deverão informar ao Ministério Público, no prazo de 05 dias, a relação de todas as escolas (com endereço) que tiveram prejuízo do seu calendário escolar devido à falta de transporte escolar, seja por conta de falta de combustível, seja devido às condições precárias das linhas vicinais e ramais.

C.1 Nesse relatório, deverão ser informados os nomes dos alunos, a localidade a qual pertencem e o número de faltas nos casos em que a infrequência tenha sido gerada pela ausência de transporte escolar

D) Igualmente no prazo de 05 dias, a equipe de infraestrutura do Estado, do item 4.1.8, alínea J, deverá fazer o levantamento de todas as estradas vicinais e seus ramais que atualmente não ostentam condições de trafegabilidade aos ônibus do transporte escolar devido ao período chuvoso e, no prazo subsequente de 10 dias, adotar as medidas para possibilitar o retorno do tráfego.

D.1 Essa medida inclui ainda os ramais que dão acesso às linhas principais, onde eventualmente haja o embarque e desembarque de alunos

D.2 Os Municípios e o Estado deverão informar ao Ministério Público todas as rotas licitadas e realizadas pelo próprio Poder Público envolvendo transporte escolar

E) No prazo de 05 dias, o Estado de Rondônia e os Municípios de Guajará-Mirim e de Nova Mamoré deverão ainda informar quais escolas foram afetadas pelas inundações e cheias dos rios na região, informar qual o quantitativo de alunos que foi prejudicado e qual solução foi adotada, para qual escola o corpo discente foi levado e se houve prejuízo no semestre do corrente ano letivo.

F) No prazo de 05 dias, o Estado de Rondônia e os Municípios de Guajará-Mirim e de Nova Mamoré deverão ainda informar quais escolas estão sem receber a merenda escolar, quem é o fornecedor que deveria fazer a entrega, qual recurso e qual a rubrica orçamentária foi usada para a sua aquisição, quais os motivos da não entrega, se houve retardamento do período escolar em razão disso e qual a solução encontrada até o momento.

11. Outros pedidos relevantes a serem oportunamente formulados

A) Considerando a natureza da presente ação civil pública, eventuais outros pedidos poderão ser formulados a depender do tipo de demanda surgida no contexto no enfrentamento da crise.

A.1 A depender do caso concreto, as exigências efetuadas poderão ser relativizadas ou mesmo dispensadas, mediante comprovação e apresentação de justificativas
A.2 As medidas já eventualmente adotadas pelo Poder Público estadual e municipal, ao tempo desta ação, poderão ser comprovadas por maneira idônea, especialmente de forma documental

B) Isso porque, em processos instaurados por força de ações coletivas na defesa de direitos massificados, os princípios da correlação e o da estabilização da demanda sofrem uma releitura principiológica em razão da necessidade de se concretizar uma tutela diferenciada a tais interesses de especial relevância.

C) Assim, o magistrado poderá inclusive ampliar a natureza e o alcance do pedido, assim como deferir outras tutelas eventualmente não solicitadas, mas cuja imprescindibilidade se fizer necessária no curso do processo e tenham relação direta e nexo de causalidade com o litígio enfrentado.

D) Para a eficácia do provimento judicial, sejam adotadas providências que assegurem o efeito prático equivalente ao do adimplemento, nos termos do art. 461 do CPC[12], sem prejuízo da aplicação de medidas de apoio do § 4º do mesmo diploma legal.

E) Com fundamento no art. 125, II e IV, do CPC[13], seja especialmente designada, com a maior brevidade possível, audiência preliminar com os requeridos, a fim de debater a questão e buscar possível apresentação de solução dialogada e consensual ao caso em tela.

F) A ciência dos envolvidos de que o descumprimento das medidas aqui elencadas poderá configurar ato de improbidade administrativa, especialmente porque representarão violação ao princípio constitucional da eficiência na gestão da Administração Pública.

5. A literatura sobre o tema

A tutela coletiva no Brasil tem sido de certo modo superestimada por determinado setor da jurisprudência e pela doutrina especializada sobre o assunto. A ela sempre foi reservado o papel de instrumento potencializado e *quase infalível* na resolução de conflitos coletivos, tendo sido o seu sistema processual dotado das interpretações mais flexíveis possíveis, capazes de gerar e assegurar medidas o mais amplamente favoráveis ao cidadão e à coletividade.

Apenas para se ter uma ideia de como realmente a tutela coletiva no Brasil possui um regime diferenciado e nitidamente desenhado para se extrair o melhor resultado possível, lista-se: facilitação da produção probatória e mesmo inversão do seu ônus; flexibilização procedimental; possibilidade de adequação do conteúdo e extensão do pedido mesmo na fase de julgamento final e execução; isenção de custas e honorários; regime especial da coisa julgada favorável à coletividade em caso de improcedência do pedido; pluralidade de instituições públicas com atribuição para atuarem isoladas ou em conjunto, seja como autores, seja como fiscais do ordenamento jurídico ou para atuarem em auxílio aos potenciais grupos vulneráveis direta ou indiretamente afetados pelo processo; execução provisória diferenciada; recurso de apelação sem efeito suspensivo; amplitude do objeto e não taxatividade das medidas que podem ser requeridas; presunção quanto à legitimidade, pertinência temática e adequação dos

---

[12] Referência ao CPC/1973.
[13] Referência ao CPC/1973.

seus legitimados (ao menos com relação às instituições públicas); canais presenciais e virtuais de denúncia à disposição do cidadão; interesse para o julgamento e conhecimento do mérito; execução coletiva obrigatória pelo Ministério Público *etc.*[14]

Contudo, a despeito de todo esse portentoso instrumental construído e sedimentado no ordenamento brasileiro, o fato é que a tutela coletiva ainda parece estar longe de corresponder às expectativas que nela têm sido depositadas.

O presente *case* aborda a importância e a necessidade de se pensar estrategicamente a formulação de pedidos complexos em sede de ações civis públicas que possuem como objetivo a completa reformulação de estruturas ou redes de atendimento e serviços que, em razão do mau funcionamento ou inadequada prestação de serviços, acabam por violar, de forma generalizada e difusa, direitos de uma coletividade indeterminada.[15]

Tal qual os feitos que tratam de casos complexos, ao escreverem sobre os requisitos de um processo estrutural e seu cabimento no ordenamento brasileiro, Sérgio Cruz Arenhart e Gustavo Osna explicam que: o sistema processual deve ser adaptado e maduro o suficiente para a superação de alguns dogmas jurídicos; além disso, medidas drásticas devem ser a *ultima ratio*, dando-se preferência por provimentos mais simples; é necessário uma atenuação ao princípio da demanda para se permitir alguma liberdade na forma de atuação do direito a ser tutelado; as medidas solicitadas devem ter relação ao ilícito que se pretende impedir ou reparar; impõe-se a revisão do paradigma de participação no processo para muito mais além do dualismo autor-réu; observa-se a presença de *provimentos em cascata*, quando uma primeira decisão-núcleo, genérica, abrangente e principiológica será periodicamente revista e sucedida por várias outras decisões que adequarão a proteção jurisdicional buscada a partir de várias técnicas, conforme a necessidade concretamente surgida ao longo do processo; exige-se normalmente a constante fiscalização e o acompanhamento das

---

[14] DIDER JR., Fredie; ZANETI JR., Hermes. *Curso de Direito Processual Civil*: processo coletivo. 10. ed. Salvador: JusPodivm, 2016, v. 4, p. 386-387.

[15] Edilson Vitorelli traz um excelente artigo sobre questões conceituais envolvendo processos coletivos, processos estruturais, processo civil de interesse público e processos estratégicos. Sobre o assunto, consultar: VITORELLI, Edilson. Levando os conceitos a sérios. processo estrutural, processo coletivo, processo estratégico e suas diferenças. *Revista de Processo*, São Paulo, v. 284, p. 333 – 369, out. 2018.

medidas pelo Judiciário, cujo encargo pode ser delegado a outro órgão, bem como a criação de etapas para o cumprimento escalonado da ordem, a nomeação de terceiros para esboçar o plano de cumprimento ou outras providências recomendadas pelo caso concreto.[16]

O pano de fundo na ação envolvia a completa ausência de estrutura de defesa civil em âmbito municipal para o enfrentamento da inundação que atingira as citadas cidades de Guajará-Mirim e Nova Mamoré.

Problemas como este não se resolvem de maneira simplória ou imediatista. Tampouco pode-se conceber a sua resolução de maneira unilateral ou seguindo-se a lógica da mera adjudicação judicial. Além disso, afetam diferentes grupos, de variadas formas e com intensidade diversas, além de criarem demandas altamente específicas para cada uma das situações geradas.

Bairros e comunidades são atingidos de forma não uniforme em catástrofes como a mencionada neste trabalho. Por exemplo, um local pode necessitar mais de atendimento na área de assistência a idosos, enquanto outro pode ter como foco do problema questões de saneamento básico. Numa comunidade o alagamento pode ter afetado a rede de fornecimento de energia; já em outra a estrutura de saúde pública primária pode ter sido comprometida. E a região inteira pode ter ficado sem comunicação por via terrestre, gerando um quase total desabastecimento de produtos e gêneros de primeira necessidade, como alimentos, gás, bebidas e mesmo medicamentos.

É aceito na doutrina que o pedido coletivo em casos complexos sofre grande flexibilidade quanto à fixação de conteúdo no momento da decisão judicial. Para Leonardo Silva Nunes e Samuel Paiva Cota, é praticamente impossível ao autor coletivo conhecer de antemão todos os contornos da causas de pedir e quais providências finais serão mais adequadas ao litígio existente. Por isso, em tais casos, o pedido pode ser reajustado ao longo do processo por conta da constante modificação da realidade fática e de sua causalidade complexa. Seria facultado, portanto, aos autores coletivos a formulação de um pedido indeterminado e a não apresentação das medidas estruturantes cabíveis, as quais poderão ser identificadas até o fim da instrução probatória, inclusive realizando o acertamento do pedido

---

[16] ARENHART, Sérgio Cruz; OSNA, Gustavo. *Curso de Processo Civil Coletivo*. São Paulo: Revista dos Tribunais, 2019, p. 141-147.

e da causa de pedir, incluindo-se novas pretensões desde que correlatas ao processo originalmente concebido.[17]

É o mesmo entendimento esposado por Sérgio Cruz Arenhart e Gustavo Osna acerca da dificuldade do autor apresentar detalhadamente a sua pretensão nos processos estruturais quando do ajuizamento da ação respectiva, ou ter a exata dimensão daquilo que no futuro será necessário para proteção adequada do direito protegido. Ainda que não seja impossível tal empreitada, Arenhart e Osna consideram que, normalmente, esse levantamento e aferição das medidas cabíveis só será possível ao final da demanda.[18]

O raciocínio apresentado acima não está errado. O problema é que, na prática, sempre há o risco de a própria instrução probatória conduzida em juízo ser qualitativamente inferior quando comparada à que é feita ainda na fase extrajudicial pelo colegitimado ativo. A agenda de audiências em uma Vara e o ritmo do processo podem não ser compatíveis com a plenitude das demandas necessárias ou com a extensão do problema.

Não se desconhece que pode ocorrer de alguns legitimados, como associações com menor potencial financeiro, não disporem dos recursos necessários ou mesmo do poder de requisição de informações para realizarem um levantamento de informações compatível com a gravidade enfrentada. Daí, a importância de se investir no contínuo aparelhamento de instituições como o Ministério Público para a atuação em casos estratégicos de notória complexidade.

Um pedido mal formulado ou pensado de maneira superficial pode culminar em grande inutilidade ao desfecho do processo em tais casos. A própria apuração de informações para subsidiar a pretensão pode ser um transtorno, especialmente se conduzida por operador do direito sem experiência em tais cenários.[19]

---

[17] NUNES, Leonardo Silva. A Certificação de Processos Estruturais. In: REICHELT, Luís Alberto; Marco Félix Jobim (orgs.). *Coletivização e unidade do direito*. Londrina: Thoth, 2019, p. 336; COTA, Samuel Paiva; NUNES, Leonardo Silva. Medidas estruturais no ordenamento jurídico brasileiro: Os problemas da rigidez do pedido na judicialização dos conflitos de interesse público
RIL, Brasília, a. 55 n. 217, p. 251. jan./mar. 2018.
[18] ARENHART, Sérgio Cruz; OSNA, Gustavo. *Curso de Processo Civil Coletivo*, p. 143.
[19] Para uma visão completa sobre o assunto, consultar: VITORELLI, Edilson. *O devido processo legal coletivo*: dos direitos aos litígios coletivos. São Paulo: Revista dos Tribunais, 2016.

Questões envolvendo calamidade e catástrofes exigem a aplicação de um saber nada ortodoxo e não prescindem de estratégias que vão além do que a ciência pura do Direito pode suportar.[20] E a falta de formação específica do legitimado coletivo simplesmente não pode ser suprida por sua boa vontade ou seus vieses bem intencionados na resolução do problema.

O conhecimento técnico de várias outras áreas deve ser angariado e canalizado desde o primeiro instante em que se inicia a apuração e a coleta dos elementos caracterizadores da calamidade. Se o autor coletivo não foi assessorado por especialistas das mais diversas áreas, não haverá como assegurar então que a sua solução inicialmente proposta seja realmente satisfatória.

Ordinariamente, os legitimados ativos para o processo coletivo brasileiro não possuem conhecimento multidisciplinar, estrutura técnica ou mesmo corpo de funcionários para cobrir todas as contingências do caso. Resultado disso é que o pedido estrutural acaba sendo formulado de maneira precária ou incompleta.

Por isso, é importante que ainda durante a fase extrajudicial de construção do pedido o legitimado possa se valer do máximo possível do apoio dos diversos setores da Administração Pública envolvida, pois é esta última quem inegavelmente possui a *expertise* e os servidores com experiência e conhecimento do universo institucional dentro do qual serão postas as exigências para a adequação da estrutura ou da rede de atendimento e serviços que se busca reformular.

Como antedito, as decisões judiciais que envolvem questões estruturantes são marcadas pela fixação de um núcleo principiológico em torno do qual suceder-se-ão várias outras outras decisões a fim de, aos poucos, atingir-se o resultado esperado. A jurisdição nos processos estruturantes é, pois, contínua, gradual e com conteúdo aberto. Segundo Fredie Didier Jr. e Hermes Zaneti Jr., preocupa-se tanto com a fixação de metas (*norma-princípio*), mas igualmente estrutura o modo de como os resultados serão alcançados, determinando condutas a serem observadas ou evitadas para o sucesso da pretensão buscada (*norma-regra*).[21]

---

[20] ASSAGRA DE ALMEIDA, Gregório. *Direito Processual Coletivo Brasileiro*: um novo ramo do direito processual. São Paulo: Saraiva, 2003, p. 588.

[21] DIDER JR., Fredie; ZANETI JR., Hermes. *Curso de Direito Processual Civil*: processo coletivo, p. 381.

Contudo, transferir para o Judiciário a tarefa de estipular integralmente tais metas e resultados pode não ser uma boa estratégia. Se o autor coletivo já apresenta a ação com um amplo leque de ações que julga pertinente, bem como um completo inventário de atividades, isso pode auxiliar enormemente o início dos diálogos e na fixação de um cronograma, digamos, oficial de cumprimento da decisão. Ao juiz, caberá apenas a complementação das ideias e das condutas não antevistas pelo autor coletivo, facilitando-se a tramitação do feito. Começar *do início* sempre será mais penoso do que adaptar e avançar num modelo já preconcebido.

Pode ocorrer, ainda, de o pedido formulado ser materialmente inviável do ponto de vista orçamentário, ou seja, inexequível diante da patente ausência de recursos de quem se exige a prestação. Em outra medida, pode também não ser a melhor opção em termos econômicos. Entre as várias possibilidades, o autor da ação deve comprovar que a via eleita está entre aquelas que causam menos dispêndio do patrimônio do réu.

Cada item ou alínea do pedido deve ser fundamentadamente justificado, sob pena de o acesso ao Judiciário não passar de uma achismo experimental ou, ainda pior, fruto de aventuras e vieses[22] por parte do autor da ação.

Assim, para a resolução de problemas complexos não basta o mero peticionamento de forma absurdamente ilíquida. Por exemplo, pedidos para que se condene o *ente o público a prestar a assistência material devida aos atingidos pela inundação* tendem a não apresentar rendimento algum do ponto de vista da mudança social esperada.

A pretensão em tais casos deve ser suficientemente justificada por elementos e informações hábeis a revelar o cenário do qual foi extraída a solução. A cada uma das exigências e obrigações feitas em face do réu, o autor coletivo deve ser capaz de justificar suas escolhas.

Há que se reconhecer: **isso não é fácil.** Os casos complexos são dotados de grande abstração, e uma multiplicidade de fatores e cenários podem fazer com que o *design* inicialmente pensado seja completamente alterado.

---

[22] NUNES, Dierle; LUD, Natanael; PEDRON, Flávio QUINAUD. *Desconfiando da (im)parcialidade dos sujeitos processuais*: um estudo sobre os viesse cognitivos, a mitigação de seus efeitos e o debiasing. Salvador: JusPodivm, 2018.

E mais: raciocinar a resolução de casos complexos de maneira previamente orientada às consequências daquilo que se deseja implementar certamente exige novos parâmetros em relação aos quais, em regra, os autores coletivos não estão familiarizados.

O autor coletivo deve apresentar os mecanismos pelos quais os resultados esperados serão efetivamente obtidos, como eles serão medidos e reavaliados durante todo o processo, incluindo a inauguração de uma nova estratégia de ataque ao problema caso a abordagem anterior revele-se inadequada. Nesse ponto, técnicas de gerenciamento do processo, que já existem na realidade americana pelo menos desde a década de 70 do século passado[23], são salutares para que o magistrado consiga estipular uma metodologia realmente capaz de dar o melhor efeito prático ao pedido formulado.

Como lembra Paulo Eduardo Alves da Silva, a ideia de gerenciamento de processos judiciais (*case management*) pode implicar na adoção diversas técnicas, incluindo, entre outras, a própria reestruturação de funções dentro do gabinete do magistrado, a criação de funções específicas para auxiliar na condução do feito, pesquisa avançada, nova rotina cartorária, realocação de recursos materiais e tecnológicos *etc*.[24] O importante a se perceber é que não convém tratar o processo de casos complexos sob a mesma lógica que se trabalha em feitos de menor ou quase nenhuma complexidade.

A Lei de Introdução às Normas do Direito Brasileiro (Decreto-Lei nº 4.657/1942), com a redação dada pela Lei nº 12.376, de 2010, em seus arts. 20 a 24, estipula a necessidade de se levarem em conta as consequências práticas da decisão quando realizadas escolhas nas searas administrativas, no âmbito dos órgãos de controle interno e externo ou ainda no por ocasião de julgamentos judiciais.

Além disso, a motivação a tais escolhas deve ser sopesada com base nas alternativas possíveis, as consequências jurídicas e administrativas, os interesses gerais envolvidos, perdas e danos dos grupos envolvidos, a estipulação de regime de transição em caso de nova conformação ou

---

[23] ELLIOT, E. Donald. Managerial Judging and the Evolution of Procedure. *The University of Chicago Law Review*, n. 53, p. 306-336, 1986.

[24] SILVA, Paulo Eduardo Alves da. *Gerenciamento de Processos Judiciais*. São Paulo: Saraiva, 2010, p. 141.

interpretação ao direito discutido, sendo vedado que, com base em mudança posterior de orientação geral, se declarem inválidas situações plenamente constituídas.

No caso de estipulação de nova orientação sobre norma jurídica geral, a qual já venha sendo aplicada há tempos inclusive para fundamentar atos devidamente consumados, o novo regime ou esse novo entendimento deverá ser aplicado de modo proporcional, equânime, eficiente e sem prejuízo aos interesses gerais, levando-se em conta as orientações gerais da época, estas últimas entendidas como as interpretações e especificações contidas em atos públicos de caráter geral ou em jurisprudência judicial ou administrativa majoritária, e ainda as adotadas por prática administrativa reiterada e de amplo conhecimento público.

E, na interpretação de normas sobre gestão pública, serão considerados os obstáculos e as dificuldades reais do gestor e as exigências das políticas públicas a seu cargo.

Como se vê, na formulação de pedidos envolvendo políticas públicas (especialmente em razão do seu potencial de intervenção da estrutura administrativa de um ente público afetado), também o autor coletivo deve passar a considerar todos esses parâmetros apontados pela LINDB, de maneira a tornar justificada e fundamentada eventual mudança administrativa na estrutura ou rede de atendimento ou serviços públicos. Aliás, segundo ainda dispõe a citada lei, o agente público responderá pessoalmente por suas decisões ou opiniões técnicas em caso de dolo ou erro grosseiro (art. 28).

Se as providências solicitadas num processo coletivo violassem a LINDB caso fossem adotadas espontaneamente pelo administrador, não faz, portanto, sentido que elas sejam pleiteadas pelo coletigimado ativo no bojo de uma ação coletiva. Assim, por simetria, o que vale para o controlado, também deveria valer para o controlador. Em outros termos, o controlador não deve solicitar algo que esteja na contramão do novo critério adotado pela LINDB.

De acordo com Edilson Vitorelli, "a lei promove uma ampliação dos parâmetros de controle de legalidade, abandonando, em definitivo, a ideia de legalidade formal, para promover o controle de juridicidade. A LINDB passa a incluir o controle da avaliação apropriada de valores jurídicos abstratos por intermédio das consequências da decisão projetada, as quais devem compor, de modo expresso, a motivação da decisão, sob pena de nulidade".[25]

Contudo, a formulação de escolhas (pelo administrador, pelos controladores e pelo órgão judicial) orientada às consequências práticas da decisão é tarefa que, em boa medida, a própria lei não forneceu os parâmetros e o norteamento a serem seguidos.

No caso, no momento da eleição dos pedidos que constarão em uma ação civil pública, como o controlador externo (por exemplo, o Ministério Público) conseguirá elencar, dentre as várias alternativas possíveis, aquela cujas consequências práticas sejam mais benéficas para a sociedade? Como antever, no plano das consequências práticas da decisão a ser prolatada, que tipo de política pública poderá ser considerada mais vantajosa, qual vantagem seria efetivamente gerada, qual o parâmetro de comparação (vantajosa em relação a), ou, no mínimo, se em alguma medida, ela é realmente vantajosa?

Importante a lembrança Élida Graziane pinto para quem a execução de qualquer política pública deve estar compatível com a vitalidade do orçamento disponível no ente público:

> Daí porque emerge o controle judicial do ciclo orçamentário como exigência de coerência do sistema jurídico. Se o único modo constitucionalmente adequado e legítimo de alocar os recursos públicos no Brasil passa pela natureza normativa das leis de plano plurianual, diretrizes orçamentárias e orçamento anual, a execução de tais leis não pode desbordar dos limites legais, nem frustrar aquela normatividade, impondo-lhe mero sentido retórico (...)[26]

Edilson Vitorelli concebeu um roteiro com alguns indicadores sobre como o administrador poderá sopesar as opções viáveis e as consequências práticas para a validade dos seus atos, especialmente envolvendo a gestão de políticas públicas. Vale conferir:

---

[25] Em Conferência apresentada no I Congresso Internacional dos Tribunais de Contas, em 12 de novembro de 2019. VITORELLI, Edilson. *A Lei de Introdução às Normas do Direito Brasileiro e a ampliação dos parâmetros de controle dos atos administrativos discricionários*: o Direito na era do consequencialismo. Disponível em: <https://edilsonvitorelli.academia.edu/research#drafts>. Acesso em: 03 fev. 2020.

[26] PINTO, Élida Graziane. *Financiamento dos direitos à saúde e à educação*: Uma perspectiva constitucional. Belo Horizonte: Fórum, 2017, p. 22.

5. DA ESTRATÉGIA NA FORMULAÇÃO DE PEDIDOS EM AÇÕES COLETIVAS...

Se é verdade que o consequencialismo da LINDB é pluralista, é preciso delinear um guia prático para a atividade de motivação do administrador, a fim de que ele consiga se desincumbir desse complexo mister e, ao mesmo tempo, cumprir aquilo que a lei lhe exige. Embora a LINDB não deixe muitas pistas sobre como isso poderia ser feito, é possível sugerir que o administrador deveria levar em conta consequências práticas em termos, pelo menos:

1) Microconsequências: relativas às pessoas imediatamente destinatárias da decisão;
2) Macroconsequências: relativas ao grupo social que será impactado pela adoção da medida, sem ser dela destinatário. Isso inclui as pessoas que são excluídas da política pública e aquelas que arcam com os custos da sua implementação;
3) Distribuição temporal: consequências de curto, médio e longo prazo, na medida em que forem previsíveis, ou seja, que, "no exercício diligente de sua atuação, consiga vislumbrar diante dos fatos e fundamentos de mérito e jurídicos", como pontuou o art. 3o, §2o, do Decreto 9.830/2019;
4) Maximização do bem-estar à luz das alternativas: maneira pela qual o ato promove o bem-estar do grupo social e dos indivíduos afetados, em comparação com outros atos que poderiam ser praticados;
5) Representatividade: em que medida aquele ato é desejado pelo grupo social por ele afetado;
6) Distribuição social: repartição das consequências sobre os grupos sociais afetados pela decisão, com especial atenção para os grupos vulneráveis;
7) Economicidade: ponderação acerca das consequências econômicas da adoção ou não adoção da decisão, em face das alternativas disponíveis e dos direitos materiais (sobretudo, aqueles que têm status constitucional) do grupo social afetado pelo ato24, bem como do orçamento disponível para aplicação.[27]

Lado outro, existe uma ferramenta bem simples de gestão (**6W2H**) que consiste em aplicar perguntas diretas envolvendo o planejamento

---

[27] VITORELLI, Edilson. *A Lei de Introdução às Normas do Direito Brasileiro e a ampliação dos parâmetros de controle dos atos administrativos discricionários*, p. 13-14.

de atividades. Quanto mais complexa o nível da atividade, mais perguntas poderão ser feitas. Essa é uma técnica que, se bem adaptada, pode representar um contributo interessante e teste de validade no momento da formulação de pedidos estruturais.

Basicamente, ao se pretender a reconfiguração de uma estrutura ou rede de atendimentos e serviços prestados por um órgão público, em regra, o pedido consistirá na fixação de uma série de obrigações (atividades) contra o Poder Público. Assim, as razões de cada item do pedido realizado seriam mais facilmente compreendidas se, a partir dos elementos probatórios levantados, o autor coletivo conseguisse apresentar, ao juiz e às partes envolvidas, resposta a cada uma das seguintes questões:

1) ***O que*** é ou em que consiste a obrigação ou encargo a ser fixado, de forma detalhada e com todas as nuances possíveis; qual o objetivo da ação; o pedido formulado é rígido ou poderá sofrer alteração ao longo do tempo; qual é o cenário fático que dá suporte à pretensão; desde quando o problema existe; quais os riscos e efeitos colaterais que podem advir da implementação do pedido; o pedido admitirá adaptações; a pretensão solicitada já foi tentada antes; existem métodos ou ações alternativas que consigam atingir o mesmo objetivo buscado a um custo diverso (***What***);

2) ***Por que*** aquela obrigação ou encargo deve ser fixado; em que o pedido pode ser útil ou contribuir para a solução do problema; qual a relevância, essencialidade e importância do requerimento no contexto da crise a ser enfrentada; por que esse pedido é preferível às demais alternativas; por que não se está tentando a solução na via extrajudicial pelos métodos autocompositivos conhecidos (***Why***);

3) ***Onde*** o pedido deverá ser cumprido; em que locais as obrigações fixadas deverão surtir ou impedir a ocorrência o resultado danoso que se deseja evitar; em caso de danos generalizados, qual o melhor local para o ajuizamento da ação e a sua execução; de onde foram levantados os dados que informam a ação (***Where***);

4) ***Quem*** será o responsável pelo cumprimento das obrigações; os órgãos envolvidos para o cumprimento da ordem possuem capacidade técnica para a realização das tarefas; quem serão as pessoas afetadas pela implementação das obrigações; quem é o grupo

atingido pela inoperância ou inexistência da rede de atendimentos e serviço; quem são os operadores envolvidos na coleta das informações; qual o perfil e os eventuais vieses cognitivos envolvendo o autor do pedido, o juiz e as partes no processo; quais instituições serão chamadas a participar do processo de implementação do pedido; como escolher o legitimado ativo mais adequado para a propositura e a condução do processo; quem será responsável por avaliar o sucesso das medidas implantadas (***Who***);

5) ***Quando*** o pedido deverá ser cumprido; qual o prazo mínimo e máximo para a implementação dos requerimentos formulados; qual o cronograma de execução; quais as etapas serão necessárias para a implementação gradual do pedido (***When***);

6) ***Com*** que recursos (material, humano, tecnológico, financeiro, *virtual etc.*) o pedido será efetivado; qual o tipo de insumo será necessário; qual a natureza dos recursos a serem gastos; de onde sairão tais recursos (***With***);

7) ***Como*** as obrigações e encargos serão implementados; como se procederá à execução do pedido no âmbito judicial; como avaliar os riscos do pedido; qual o método será aplicado; como o método foi escolhido; será necessário a reavaliação do método; como proceder em caso de danos praticados por outros países; como proceder no caso de danos multinacionais ou transfronteiriços; como os resultados serão medidos; como controlar o tempo do processo e a eventual demora no Judiciário; o que fazer em caso de julgamento improcedente do pedido ou caso as obrigações aplicadas não surtam os efeitos esperados; qual a alternativa em caso improcedência ou ineficácia do pedido (***How***);

8) ***Quanto custará*** efetivamente para se implementar o pedido; tal custo é razoável diante dos benefícios que serão trazidos; como mensurar a necessidade de reajuste dos custos e valores; com qual intensidade os recursos deverão ser usados (***How much***).

Em litígios de alta complexidade, a resposta a tais indagações é o mínimo esperado no momento da formulação do pedido. Aventuras jurídicas e experimentalismo institucional não são mais aceitos em tempos atuais. A interferência drástica na estrutura administrativa não pode ser alvo de atuação amadora do legitimado coletivo. Se o autor da ação não é capaz de demonstrar, com precisão, as razões, motivos, base e fundamentos do seu pedido a um nível de profundidade razoável, o processo instaurado não passará de uma inocente caderno de boas intenções, mas sem qualquer seriedade ou efeito prático.

Até porque a execução de um pedido estrutural tende a ser seguramente uma das partes mais traumáticas de todo o processo, especialmente quando envolvem a completa remodelagem da rede ou estrutura de atendimentos e serviços.

O autor do pedido precisa reunir uma série de informações e dados para que consiga acionar o Judiciário de forma idônea. O caso é que a falta de experiência dos legitimados coletivos no Brasil para lidar com esse tipo de cenário tem permitido o ajuizamento de ações coletivas de difícil ou quase impossível execução da eventual pretensão. A formação média dos legitimados ativos – especialmente dos provenientes de Instituições públicas – em regra não os habilita a pensar na solução do problema de maneira global e do ponto vista ou perspectiva do administrador público.

Ao legitimado coletivo em demandas complexas de nada adiantará a formulação pedidos abstratos e genéricos, desfalcados de informações e dados capazes de permitir a construção dialogada e plural de uma solução inteligente. A previsibilidade concreta dos resultados e os mecanismos para a sua checagem durante todo o processo assumem igual relevância nesse contexto. O pedido, por assim dizer, deve passar um teste de coerência e vitalidade para poder ser aceito, sob pena de estarmos diante de um processo natimorto.

A transparência, a não-surpresa e a efetiva escuta dos grupos atingidos também são pilares nesse processo. O pedido do autor coletivo deve se submeter ao escrutínio da legitimidade popular para merecer o respaldo perante o Judiciário. Por isso, o provimento buscado não pode ser furto exclusivo e unilateral das inclinações e percepções subjetivas do legitimado ativo.

Um outro ponto de destaque diz respeito à execução pormenorizada do pedido. É comum que autores coletivos apresentem demandas de grande porte em face do Poder Público, mas sequer sem minimamente indicar como ocorrerá a implementação das obrigações e encargos exigidos.

É sempre mais favorável que o caminho do execução seja construído com a participação ativa do demandado; contudo, pode ocorrer de o Poder Público não se sentir estimulado em contribuir com tal empreitada. Assim, em casos complexos, o autor da ação deve conhecer satisfatoriamente os meandros do mundo administrativo e indicar, com razoável acurácia e precisão, o modo pelo qual espera ver sua pretensão cumprida. Sem essa mínima sinalização, o Judiciário poderá ter grande dificuldade em apontar, de maneira concreta, a trilha a ser seguida para a consecução das ordens a serem emitidas.

6. A teoria na prática: considerações críticas sobre o pedido coletivo em ações estruturais e casos complexos

Como pode ser facilmente notado, o *case* apresentado não obteve o resultado esperado no caso concreto, eis que menos de um mês após o deferimento da tutela antecipada, a decisão foi suspensa no órgão jurisdicional de 2º grau e, depois, reformada.

Na verdade, o modelo brasileiro sob o qual se funda o nosso sistema de justiça parece apenas começar a se adaptar para os desafios das lides estruturais.

Edilson Vitorellli sintetiza com maestria os desafios encontrados na condução de um processo estrutural:

> Essencialmente, o processo estrutural tem como desafios: 1) a apreensão das características do litígio, em toda a sua complexidade e conflituosidade, permitindo que os diferentes grupos de interesses sejam ouvidos; 2) a elaboração de um plano de alteração do funcionamento da instituição, cujo objetivo é fazer com que ela deixe de se comportar da maneira reputada indesejável; 3) a implementação desse plano, de modo compulsório ou negociado; 4) a avaliação dos resultados da implementação, de forma a garantir o resultado social pretendido no início do processo, que é a correção da violação e a obtenção de condições que impeçam sua reiteração futura; 5) a reelaboração do plano, a partir dos resultados avaliados, no intuito de abordar aspectos inicialmente não percebidos ou minorar efeitos colaterais imprevistos; e 6) a implementação do plano revisto, que reinicia o ciclo, o qual se perpetua indefinidamente, até que o litígio seja solucionado, com a obtenção do resultado social desejado, que é a reorganização da estrutura.[28]

---

[28] VITORELLI, Edilson. Levando os conceitos a sérios: processo estrutural, processo coletivo, processo estratégico e suas diferenças. *Revista de Processo*, São Paulo, v. 284, p. 333 – 369, out. 2018.

Mas, há casos em que a complexidade do problema é tamanha que mesmo eventual boa vontade no âmbito do Judiciário não será suficiente para a resolução do litígio, a contento. Há que reconhecer, portanto, que algumas lides de alta complexidade simplesmente não conseguirão ser resolvidas no âmbito do Judiciário, de forma efetiva.

A apresentação em juízo de um pedido indeterminado e superficial envolvendo casos complexos pode ser um óbice por conta da falta de ancoragem[29] para o magistrado iniciar a análise e o deferimento das medidas estruturantes.

O lado bom de já apresentar uma série de medidas previamente pensadas de acordo com as consequências práticas da decisão é que o julgador e as partes já partem de um cenário construído sob a ótica do autor da ação. Assim, em tese, mesmo as modificações que possam vir a ocorrer ao longo do feito sempre terão algum tipo de conexão inicial ao *design* estabelecido na petição inicial, o que assegura, em termos estratégicos, um possível acatamento de ao menos parte do pedido.

De outro lado, nem sempre será realmente possível o estabelecimento prévio das medidas estruturantes, especialmente em casos envolvendo situações de urgência, nas quais praticamente a única ação cabível naquele momento será a que vise inibir a prática, a reiteração ou a continuação de um ilícito, ou a sua remoção.

Há vários exemplos, especialmente no direito comparado,[30] de feitos envolvendo demandas estruturantes que não obtiveram sucesso esperado

---

[29] Para uma compreensão sobre vieses cognitivos no processo de julgamento e tomada de decisões: CARDOSO, Renato César; HORTA, Ricardo de Lins e. Julgamento e tomada de decisões no Direito. In: MALLOY-DINIZ, Leandro Fernandes; KLUWE-SCHIAVON, Bruno; GRASSI-OLIVEIRA, Rodrigo. *Julgamento e tomada de decisões*. São Paulo: Pearson Clinical Brasil, 2018, p. 143-168.

[30] TEDDY, Abio Patiente. *Public interest litigation in Uganda and environments law*. Disponível em: <https://www.academia.edu/36318078/Public_interest_litigation_in_Uganda_and_environments_law>. Acesso em: 17 mar. 2020; VERBIC, Francisco. Procesos estructurales en Argentina: una lectura crítica de los principales precedentes de la Corte Suprema de Justicia de la Nación. In: REICHELT, Luís Alberto; Marco Félix Jobim (orgs.). *Coletivização e unidade do direito*. Londrina: Thoth, 2019, p. 27-39; KRISHNAN, Jayanth K. Public Interest Litigation in a Comparative Context. *Buffalo Public Interest Law Journal*, v. XX, p. 19-99, 2001-2002; ALAM, Rafay. *Public Interest Litigation and the Role of Judiciary*. Disponível em: <https://www.academia.edu/18138693/Public_Interest_Litigation_and_the_Role_of_Judiciary>. Acesso em 20 mar. 2020; FACHIN, Melina Girardi; SCHINEMANN, Caio Cesar Bueno.

a despeito de terem sido gerenciadas por anos a fio perante o Judiciário. Aliás, a ideia de prolongar excessivamente a execução de uma medida estruturante sob a supervisão de um juiz pode levar ao fracasso e ao desgaste da estratégia.

Existe uma série de pormenores envolvendo a ampla readequação de uma estrutura pública para a qual, reconhecidamente, refoge por completo ao poder de resolução aparentemente demonstrado pelo Judiciário brasileiro em dias atuais.[31] Dificilmente o juiz brasileiro conseguirá êxito nessa incumbência de fiscalizar, por anos a fio, o trabalho do gestor público. Poderá até mesmo ter energia durante algum tempo, mas fatalmente, a sua sobrecarga de serviço o forçará a canalizar seus esforços para outros processos de seu acervo sempre assustadoramente crescente.

Não bastasse, mesmo para o mais simples ato administrativo é necessário uma grande equipe de técnicos e gestores para viabilizar o cumprimento de toda a burocracia e os cânones legais, desde pareceres jurídicos, licitações, compras, pagamentos, adequação fiscal *etc*.

Imaginemos, no outro extremo, que o juiz competente para o processo coletivo fosse o responsável direto pela prática de todos os atos administrativos necessários para as medidas solicitadas neste *case* apresentado. Além de desconhecer por completo as especificidades e meandros das três pessoas jurídicas envolvidas (o Estado e os dois municípios), a Vara Judicial certamente não possui servidores suficientes e nem mesmo treinados para assessorá-lo nesse mister.

Decisões estruturantes na jurisdição constitucional brasileira: critérios processuais da tutela jurisdicional de direitos prestacionais. *Revista Estudos Institucionais*, Rio de Janeiro, vol. 4, n. 1, p. 211-246, 2018. REIS, Ludmila Costa. *Processo coletivo extrajudicial*: a construção de consensos em conflitos coletivos como instrumento de controle de políticas públicas. 2018, 233f. Tese (Doutorado) – Faculdade de Direito, Universidade Federal de Minas Gerais, Belo Horizonte, 2018; Camila Almeida. *Litígios estruturais*: legitimidade democrática, procedimento e efetividade. Rio de Janeiro: Lumen Juris, 2018.

[31] Recomenda-se fortemente a leitura do trabalho de doutoramento Jordão Violin, o qual fornece um excelente estudo sobre o processo estrutural a partir principalmente da experiência do Judiciário americano. VIOLIN, Jordão. *Processos estruturais em perspectiva comparada*: A experiência norte-americana na resolução de litígios policêntricos. 2019, 241f. Tese (Doutorado) – Faculdade de Direito, Universidade Federal do Paraná, Curitiba, 2019.

Parece também pouco provável que o próprio juiz consiga interagir diretamente com os servidores do próprio quadro do Executivo demandado sem que com isso não surjam vários outros entraves e gargalos.

E mesmo a nomeação de um interventor não tornará o trabalho miraculosamente mais fácil, pois, ao final, todas as deliberações terão como ponto de validação a pessoa do magistrado – ainda que ao longo de todo o processo vários servidores tenham tomado parte do fluxo administrado estipulado.

Ora, para ser esse ponto de validação final e chancelador de todo o trabalho feito num longo e desgastante processo envolvendo casos complexos, duas opções serão as mais prováveis: ou juiz simplesmente confiará cegamente no trabalho de seus auxiliares e interventores nomeados – homologando talvez até de forma temerária tudo o que tiver sido feito –, ou então terá que sacrificar parte considerável do restante do trabalho da Vara para que tenha tempo e condições para pessoalmente conferir todos os pormenores naquele processo. E, como se vê, nenhuma das duas opções parece ser atraente nem para o magistrado, nem para as partes.

Ou seja, em regra, os juízes não possuem capacidade institucional para a formulação, coordenação e implementação direta de políticas públicas, sendo incapazes "de fazer apreciações macroestruturais, já que cotidianamente lidam somente com conflitos intersubjetivos".[32] Pelo menos, não enquanto tiverem que atuar em Varas sobrecarregadas e que não sejam especializadas em tais matérias, já que neste último caso, o volume de trabalho seria nitidamente menor e possibilitaria uma apreciação mais racional e eficiente, sobretudo no âmbito da realidade da Justiça Estadual.

Alguns problemas de desorganização na Administração Pública podem se mostrar devastadoramente complexos. Por isso, deve-se abandonar a crença de que uma ordem judicial, como num passe de mágica, será suficiente para remover todos os obstáculos que até então impediam o gestor de cumprir com aquilo que dele se esperava. O Judiciário, portanto, não é capaz de converter expectativas irreais em mudanças sociais efetivas e resultados concretos.

Nas palavras de Camila Almeida Porfiro, algumas sentenças estruturantes podem se tornar demasiadamente autoritárias, refletindo uma

---

[32] PORFIRO, Camila Almeida. *Litígios estruturais*: legitimidade democrática, procedimento e efetividade. Rio de Janeiro: Lumen Juris, 2018, p. 65.

inadequada presunção de onipotência do Judiciário sobre os demais Poderes, como se ele fosse capaz de resolver todos os problemas que o Legislativo e o Executivo não conseguiram solucionar.[33]

O grande dilema das lides estruturais é que, por vezes, mesmo com todos os esforços das partes envolvidas, a transformação da realidade social, pela via do Judiciário, poderá não conseguir ser efetivada pelo órgão público demandado; com isso, corre-se o risco de a decisão estruturante de ser tachada de inócua e de não impactar positivamente na tutela dos direitos em jogo.

Sob outra perspectiva, mesmo com a renovada injeção de ânimo com o CPC/2015 ao trazer o dever de cooperação processual, é de se esperar que o Executivo sempre tenderá a procrastinar, ao máximo, o cumprimento de novos encargos que judicialmente lhe sejam impostos.

No presente *case*, como se nota especificamente do pedido formulado, o Poder Público era demandado para a implantação de um grande programa de ações e serviços. Dificilmente o Judiciário criaria incentivos suficientes para que o gestor optasse por iniciar imediatamente uma mesa de negociação positiva com o autor coletivo.

Assim, é quase improvável que o administrador público aceite de bom grado a interferência externa em seu orçamento e no seu planejamento, especialmente se estiver no início de sua gestão ou se não vislumbrar qualquer contrapartida que seja realmente vantajosa aos seus interesses institucionais.

Já é muito difícil ao Judiciário organizar uma agenda positiva para o cumprimento de obrigações em casos complexos. Mais difícil ainda será se, além disso, tiver que igualmente criar ao réu incentivos suficientes para lhe dissuadir, por exemplo, a desistir de recursos ou impugnações diversas.

As decisões estruturantes podem ser adotadas com base no art. 139, IV, do CPC/2015, Segundo Henrique Alves Pinto, por meio desta cláusula geral o juiz possui as ferramentas adequadas para o enfrentamento da burocracia estatal e para a reconstrução das instituições públicas.[34]

---

[33] PORFIRO, Camila Almeida. *Litígios estruturais*, p. 117.
[34] PINTO, Henrique Alves. *O enquadramento das decisões estruturais no Código de Processo Civil de 2015*. Ro de Janeiro: Lumen Juris, 2018, p. 92.

Entretanto, mesmo o juiz aplicando as medidas coercitivas, típicas ou atípicas, há que se ponderar se elas surtirão ou não o efeito esperado.

As sanções pecuniárias por exemplo, normalmente recaem sobre o próprio Erário, o que acaba sendo um contrassenso, pois apenas dificultará o eventual cumprimento da decisão. Mesmo o bloqueio de valores no orçamento vigente ou no do ano seguinte também não parece uma boa saída. Juízes (e mesmo os demais colegitimados) em regra não entendem de planejamento público e menos ainda da lógica do orçamento. É temerário manter-se dinheiro em contas judiciais, sem uma destinação efetiva, apenas aguardando o dia em que um possível alvará seja expedido.

Já as sanções pessoais que eventualmente possam ser aplicadas em face do gestor raramente terão o elemento subjetivo necessário para configurar sua responsabilidade. A inabilidade ou incompetência do gestor na direção do órgão público em regra não têm sido aceitas como mote para se fundamentar uma condenação nas esferas criminais, políticas ou por improbidade administrativa.

Além disso, ações dessa magnitude envolvem considerável dispêndio de tempo e elevado esforço material por parte do autor coletivo. No Brasil, o principal autor coletivo ainda é o Ministério Público. Normalmente, a Administração Superior nos diversos Ramos do MP não concede regime diferenciado ou designações especiais para que seu Membro atue apenas em um caso específico. A regra, portanto, não é a da atuação exclusiva em causas complexas.

Sobretudo no âmbito do *Parquet* Estadual, o Membro terá que lidar com todas as outras demandas afetas à sua atribuição, sem atuar com exclusividade no caso estrutural. Por isso, pode ocorrer que o excesso de serviço impeça o Promotor de Justiça de trabalhar no caso com com a profundidade e a extensão recomendadas.

Aliado a isso, em geral, estruturas públicas responsáveis pelo fornecimento e provimento de direitos fundamentais e sociais aos cidadãos em geral encontram-se administrativamente atreladas umas às outras, de uma forma direta ou indireta. Já a organização do Ministério Público Estadual segue a lógica da divisão dos seus órgãos de execução por comarcas ou termos, cada qual contendo uma Promotoria com atuação independente.

Assim, casos complexos não deveriam ser tratados de maneira isolada em cada uma das comarcas, mas, no mínimo, sob uma perspectiva minimamente regionalizada, quiçá, estadual. Neste *case*, reunimos numa mesma ação os três entes públicos em face dos quais os pedidos seriam formulados. Parece óbvio, portanto, que a adequação de uma estrutura pública de determinado município impacta, positiva ou negativamente, na realidade de outros municípios circunvizinhos e até mesmo da capital.

Por isso, têm sido frequentes os debates sobre as novas espacialidades do Ministério Público. Problemas estruturais correm o risco de serem inadequadamente tratados caso sejam apurados de maneira estanque, desconsiderando o contexto maior no qual se encontram.

Nas palavras de Alexandre Jésus de Queiroz Santiago, é comum que assuntos envolvendo políticas públicas abranjam mais de uma comarca. Contudo, em razão do atropelo do dia a dia, dificilmente os Promotores envolvidos conseguirão discutir o assunto de forma convergente. Assim,

> Cada Promotor, aliás, tende a defender seus "comarqueanos", como se diz, com a bandeira do seu procedimento, que é o que ele quer muitas vezes resolver, e corre sempre o risco de menosprezar ou marginalizar os problemas da comarca fora do seu raio de atuação, criando ainda a possibilidade de entrar em conflito de interesses com outro membro, partidário dos problemas de suas comarcas, ou de desenvolver um desinteresse em alcançar uma solução mais abrangente e definitiva, até pela ausência de atribuições.[35]

Casos complexos normalmente envolvem réus com alto poder financeiro e, por conseguinte, a contratação de qualificadas bancas de advogados para a promoção da defesa técnica. Certamente, o corpo jurídico à disposição do réu patrocinará a causa da forma o mais especializada possível, inclusive podendo agir de maneira exclusiva para aquele caso, com acesso a recursos tecnológicos avançados, pesquisas de campo, divisão de tarefas, criação de comitês e metodologias próprias para aquele processo *etc*.

Do outro lado, se um Promotor de Justiça não dispuser da mesma ou superior estrutura de trabalho em relação àquela de que faz uso o réu, torna-se mais difícil o agir estratégico e potencializado no âmbito tanto da investigação quanto da eventual futura ação.

---

[35] SANTIAGO, Alexandre Jésus de Queiroz. In: GOULART, Marcelo Pedroso; ESSADO, Tiago Cintra; CHOUKR, Fauzi Hassan; OLIVEIRA, William Terra de (orgs.). *Ministério Público*: pensamento crítico e práticas transformadoras. 2. tir. Belo Horizonte: D'Plácido, 2018, p. 63.

Marcelo Pedroso Goulart já há algum tempo vem advertindo que a divisão do Ministério Público Estadual por comarcas encontra-se em descompasso com os novos tempos. Entre os principais problemas gerados pela atual ocupação de espaços e divisão territorial de Promotorias de Justiça por comarca, aponta o prestigiado autor:

a) excesso de atividades cumuladas pelos membros os impede de racionalizar o tempo e de atuar de maneira especializada em assuntos mais complexos (*cumulatividade/generalismo*);
b) a atuação nos limites na comarca os impede ter uma visão global do problema, fazendo prevalecer um individualismo improdutivo e transformando cada agente numa "instituição autônoma" (*isolacionismo/fragmentação institucional*);
c) a *pressão por números* (controle interno meramente quantitativo) incentiva a transferência das soluções para o Poder Judiciário de forma precipitada, até para se ver livre dos problemas (*demandismo*).[36]

E, claro, sempre também há que se ponderar sobre a habilidade e conhecimento específico do membro *parquetiano* para lidar com a situação. A independência funcional e a inamovibilidade dos Promotores e Procuradores são prerrogativas essenciais para o desempenho da função, sem os quais certamente os agentes do Ministério Público poderiam ser submetidos a constantes assédios e interferências políticas indevidas, como inclusive ocorria no passado.

Contudo, quando um Membro inexperiente ou refratário é o responsável pela condução de um feito envolvendo situações de crise ou casos complexos, não se pode deixar de reconhecer que os resultados em regra igualmente não serão positivos para os grupos atingidos. E isso vale o mesmo para ações iniciadas de maneira equivocadas por outros legitimados ativos.

Outro problema é que nem sempre o pedido conseguirá ser formulado com base em prognósticos, estatísticas e dados coletados (de forma correta) que espelhem concretamente a situação fática a ser enfrentada. Nem sempre o autor coletivo terá à sua disposição um relatório

---

[36] GOULART, Marcelo Pedroso. *Elementos para uma Teoria Geral do Ministério Público*. Belo Horizonte: Arraes Editores, 2013, p. 160.

confiável, no qual tenha sido utilizada uma metodologia capaz de ilustrar, com a acurácia esperada, as vicissitudes e especificidades em torno do problema.

A abordagem por vezes subjetiva e não calcada em dados empíricos acertados tende a distorcer ou apresentar um cenário, de certa maneira, falseado ou não condizente com o caso, na extensão e profundidade esperadas. Por exemplo, em relação a uma importante publicação de âmbito nacional que versa sobre estatísticas no campo da tutela coletiva brasileira, Edilson Vitorelli e Hermes Zaneti Jr. pontuaram algumas sérias incongruências acerca do teor do relatório disponibilizado:

> Procuramos ressaltar neste texto os riscos de vieses cognitivos, tanto dos entrevistados como dos próprios pesquisares. A consciência dos vieses cognitivos permite ao pesquisador tomar algumas precauções quanto aos achados da pesquisa.
>
> Nesse sentido, apontamos que deficiências no desenvolvimento da metodologia de pesquisa quantitativa, bem como na elaboração das perguntas que compuseram o *survey*, podem ter comprometido as conclusões e sugestões apresentadas. Apontamos, adicionalmente, uma série de afirmações não calcadas nos achados empíricos e que, por essa razão, não deveriam ter integrado a pesquisa. A utilização reiterada de advérbios como "muitos" ou "alguns" também compromete a confiabilidade das afirmações, em determinados pontos que são listados neste texto.
>
> Por outro lado, salientamos a necessidade do cruzamento de dados com outras pesquisas, por intermédio de meta-análise. Ao comparar a pesquisa com os dados do CNMP, demonstramos igualmente a inconsistência de alguns dos achados (...).[37]

Muitas vezes o autor coletivo sequer tem noção do que se passa na comarca vizinha e, não raro, os poucos relatórios existentes à sua disposição têm feição meramente quantitativa, sem qualquer suporte em indicadores sociais relevantes.

---

[37] VITORELLI, Edilson. ZANETI JR., Hermes. O futuro do processo coletivo: considerações sobre o relatório analítico propositivo do Conselho Nacional de Justiça. *Revista de Processo*, São Paulo, v. 295, p. 195-233, set. 2019.

Os vieses cognitivos também podem influenciar o processo de tomada de decisões pelo legitimado coletivo, culminando no ajuizamento de uma ação civil pública que apresenta graves distorções por conta do alto grau de subjetivismo do autor da demanda.

A ausência de estudos sobre os motivos de escolhas dos autores coletivos acerca de determinadas políticas públicas compromete a observância da eficiência na gestão pública administrativa e, ao final, pode levar à prática de ações que culminem em resultados altamente indesejáveis, desvirtuados, desnecessariamente onerosos ou simplesmente incapazes de promover bem coletivo.

De acordo com Benjamin Miranda Tabak e Pedro Henrique Rincon Amaral:

> Uma política mal formulada pode: a) apresentar benefícios notoriamente satisfatórios, mas a custos desnecessariamente altos; b) atingir objetivos diferentes daqueles pretendidos; c) perseguir problemas triviais sem alcançar a raiz do problema enfrentado; d) favorecer grupos específicos, utilizando recursos públicos, sem um critério razoável de justiça distributiva. O resultado dessas más políticas usualmente são críticas de que o governo, na prática, cria mais obstáculos do que efetivamente contribui para a vida do cidadão e do mercado.[38]

Outro gargalo envolvendo casos complexos diz respeito ao ajuizamento de ações que visam reestruturações drásticas e amplas de órgãos públicos em municípios de baixo poder financeiro. A interferência na rotina administrativa e especialmente na combalida saúde orçamentária desses entes federados menores pode tornar a solução mais maléfica do que o próprio problema.

Isso quer significar que, em determinados casos, reformas estruturais em municípios com pouca arrecadação tendem a apresentar efeito prático muito reduzido. O pedido em casos complexos tem por consequência direta a revisão pelo Judiciário das escolhas orçamentárias e do planejamento estatal. Assim, são necessárias certas barreiras ou fronteiras a esse tipo de intervenção, especialmente quando se depara com certo excesso na

---

[38] TABAK, Benjamin Miranda; AMARAL, Pedro Henrique Rincon. Vieses cognitivos e desenho de políticas públicas. *Revista Brasileira de Políticas Públicas*, Brasília, v. 8, n. 2, p. 475, 2018.

manipulação do orçamento a partir de decisões judiciais de questionável efeito prático no plano da mudança social coletiva.[39]

O Conselho Nacional do Ministério Público expediu a Recomendação nº 54, de 28 de março de 2017, a qual dispõe sobre a Política Nacional de Fomento à Atuação Resolutiva do Ministério Público brasileiro.

Para o CNMP, "entende-se por atuação resolutiva aquela por meio da qual o membro, no âmbito de suas atribuições, contribui decisivamente para prevenir ou solucionar, de modo efetivo, o conflito, problema ou a controvérsia envolvendo a concretização de direitos ou interesses para cuja defesa e proteção é legitimado o Ministério Público, bem como para prevenir, inibir ou reparar adequadamente a lesão ou ameaça a esses direitos ou interesses e efetivar as sanções aplicadas judicialmente em face dos correspondentes ilícitos, assegurando-lhes a máxima efetividade possível por meio do uso regular dos instrumentos jurídicos que lhe são disponibilizados para a resolução extrajudicial ou judicial dessas situações" (art. 1º, § 1º).

O cerne da questão é como ser resolutivo quando o Membro ministerial tem que lidar com casos complexos, para o qual não possui minimamente uma adequada estrutura funcional, material e humana.

Além disso, nos termos da citada Recomendação, "Sempre que possível, a atuação resolutiva de planejamento e de gestão sistêmicos deverá promover a convergência estrutural, de modo a contribuir para o desenvolvimento harmônico e sustentável, principalmente nas parcerias e nas redes de cooperação" (art. 1º, § 4º).

Por fim, o Conselho Nacional sugere que a aferição da atuação resolutiva e da produção de resultados jurídicos será assegurada, dentre outros meios, por:

I – adoção de indicadores de resolutividade;

II – consideração, sempre que possível e apropriado, de indicadores sociais da área de atuação do membro dentre aqueles a serem considerados na valoração da respectiva atuação;

III – aferição, sempre que possível, de resultados quantificáveis relevantes relacionados à atuação institucional (ressarcimento de danos, recuperação de

---

[39] Sobre o assunto, consultar: MAURÍCIO JR., Alceu. *A revisão judicial das escolhas orçamentárias*: a intervenção judicial em políticas públicas. Belo Horizonte: Editora Fórum, 2009.

produto do crime e outros), inclusive por meio de especificação nos sistemas eletrônicos de atuação institucional (art. 7º);

A apuração desses dados confiáveis ainda é um dos grandes desafios ao Ministério Público e às demais instituições que atuam perante o sistema de Justiça. Conforme dito, estatísticas ligadas apenas ao aspecto quantitativo do problema hoje muito pouco dizem sobre o potencial transformador daquela atuação.

O gabinete de um Promotor de Justiça com mais processos que de outro colega não significa necessariamente menor efetividade ou qualidade na atuação-fim. Correições e inspeções que são focadas apenas nos números de feitos despachados, na tramitação de processos e em eventual acervo encontrado no gabinete do correcionado conduz a uma metodologia parcialmente eficaz e de certo modo insuficiente para a plena compreensão do papel transformador do Ministério Público.

Porém, como saber se o pedido formulado numa ação coletiva realmente produzirá resultados sociais relevantes? Como medir validamente tais resultados? E como acessar tais informações antes mesmo de se formular o pedido em uma ação coletiva?

Nesse contexto, são igualmente relevantes os apontamentos de Rafael de Oliveira Costa sobre a necessidade de normatização da atuação resolutiva do Ministério Público no seu papel de indutor de políticas públicas, o que reflete diretamente na qualidade e na estratégia de formulação de pedidos em casos complexos. Na visão do autor:

> Transpondo essas fases para a efetividade de políticas públicas, entende-se que a segunda "dimensão" da atuação resolutiva do *Parquet* exige a adequação da normatização vigente, de modo que o atual Procedimento Administrativo de Acompanhamento:
>
> **1)** Seja escalonado, de modo a permitir a avaliação de eficiência e efetividade da política pública *ex ante* e *ex post*, bem como a meta-avaliação das medidas adotadas.
>
> **2)** A avaliação *ex ante* atente para:
> I – O que é esperado da política pública, identificando objetivos, recursos alocados, ações que se pretende executar, resultados esperados e relações causais assumidas;

II – Definição dos indicadores de desempenho a serem utilizados;
III – Investigação da realidade de implementação da política pública;
IV – Aferição da exequibilidade, bem como a capacidade de mensuração de seu desempenho e de alcance dos objetivos planejados; e
V – Subsídios para auxiliar a tomada de decisão sobre os aperfeiçoamentos que podem ser feitos na política pública.

3) As avaliações *ex ante* e *ex post* sigam as seguintes etapas, sem prejuízo de outras que o presidente do procedimento venha entender necessárias:
I – Constituição da Comissão de Avaliação pelo Ministério Público, composta por especialistas na avaliação de políticas públicas e no objeto da política pública em apreço;
II – Primeira coleta e envio de dados;
III – Elaboração de parecer pela Comissão de Avaliação;
IV – Análise dos dados pelo Promotor de Justiça, abrangendo teste de consistência (assertivas "se – então"), análise de vulnerabilidade e análise da pertinência e suficiência das ações (matriz ações/causas).
V – Adoção das medidas cabíveis para garantir efetividade e sanar eventuais irregularidades nas políticas públicas, atentando para as alternativas de intervenção, correção de desvios ou perturbações na trajetória de implementação, adequação e disponibilidade de recursos e ampliação da transparência.

Desse modo, as conquistas alcançadas pela Legística Material podem potencializar a atuação Ministerial na implementação de políticas públicas e evitar a adoção de medidas desordenadas por cada membro da instituição.[40]

No afã de responder estes e outros questionamentos, a Corregedoria Nacional do Ministério Público expediu a chamada *Recomendação de Aracaju* (Recomendação de Caráter-Geral CNMP-CN nº 02, de 21 de junho de

---

[40] COSTA, Rafael de Oliveira. Do Futuro do Ministério Público: Efetividade de Políticas Públicas e Litígio Estratégico no Processo Coletivo. In: BARBOSA, Renato Kim (org.). *O Futuro do Ministério Público* [livro eletrônico]. São Paulo: APMP – Associação Paulista do Ministério Público, 2017, p. 11-12.

2018), tendo ainda publicado uma Revista temática[41] integralmente voltada para o propósito de discutir a fixação parâmetros para a avaliação da resolutividade e da qualidade da atuação dos Membros e das Unidades do Ministério Público pelas Corregedorias-Gerais.

Vale muito a pena a leitura tanto tanto do ato recomendatório quanto dos artigos da citada revista, a despeito de, em várias unidades do Ministério Público pelo Brasil, provavelmente, não haver ainda estrutura funcional, material, humana ou mesmo disponibilidade de tempo e racional divisão de atribuições para que pedidos coletivos em casos complexos sejam avaliados e devidamente instruídos a partir dos seguintes parâmetros, princípios e diretrizes contidos na *Recomendação de Aracaju*:

> Art. 1º (...)
> I – conhecimento das deficiências sociais e das causas locais;
> II – capacidade de articulação, sobretudo no que tange à identificação dos campos conflituosos;
> III – autoridade ética para mediar demandas sociais, aferida pela capacidade para o exercício de liderança a partir da força do melhor argumento na defesa da sociedade e do regime democrático;
> IV – capacidade de diálogo e de construção do consenso;
> V – senso de oportunidade para o desencadeamento das atuações que levem em consideração as situações de lesão ou de ameaça aos direitos fundamentais;
> VI – atuação preventiva, amparada no compromisso com ganhos de efetividade na atuação institucional, voltada notadamente para evitar a prática, a continuidade e a repetição de ilícitos ou para promover a sua remoção;
> VII – atuação atrelada à proteção e à efetivação dos direitos e das garantias fundamentais;
> VIII – realização precedente de pesquisas e investigações eficientes sobre os fatos, em suas múltiplas dimensões e em sede procedimental, como base para a atuação resolutiva e qualificada;

---

[41] *Revista Jurídica Corregedoria Nacional*: qualidade, resolutividade e transformação social. Edição especial: Recomendação de Aracaju, volume VII / Conselho Nacional do Ministério Público. Brasília: CNMP, 2019. Disponível em: <https://www.cnmp.mp.br/portal/institucional/corregedoria/publicacoes/revista-da-corregedoria-nacional>. Acesso em: 17 fev. 2020.

IX – utilização de mecanismos e instrumentos adequados às peculiaridades de cada situação;
X – utilização de ambientes de negociação que facilitem a participação social e a construção da melhor decisão para a sociedade;
XI – contribuição para a participação da comunidade diretamente interessada;
XII – utilização racional e adequada dos mecanismos de judicialização;
XIII – atuação voltada para a garantia do andamento célere e da duração razoável dos feitos sob a responsabilidade do Ministério Público, inclusive mediante a interposição de recursos e a realização de manifestações orais;
XIV – atuação tempestiva e efetiva, com aptidão para evitar a prática e/ou imediatamente estancar a continuidade ou a repetição dos ilícitos, ou para removê-los, independentemente de ocorrência de dolo, culpa ou dano;
XV – atuação efetiva capaz de garantir a integral reparação dos danos nos seus múltiplos aspectos;
XVI – adoção de instrumento que permita o acompanhamento contínuo da tramitação, instrução e fiscalização dos procedimentos investigatórios prioritários e dos processos judiciais mais relevantes;
XVII – atuação efetiva na tutela coletiva e na propositura de ações individuais em situações absolutamente necessárias, sem prejuízo dos atendimentos individuais e dos encaminhamentos devidos;
(...)
XX – atuação célere e eficiente na condução dos procedimentos de investigação que presidir, bem como efetiva contribuição para a rápida conclusão de procedimentos extrajudiciais e processos judiciais em que atuar;
XXI – adoção de todas as medidas e providências para a resolução humanizada dos conflitos, controvérsias e problemas.

Art. 5º (...)
I – adoção, pelos membros da Instituição, de postura proativa que valorize e priorize atuações preventivas, com antecipação de situações de crise;
II – adoção de postura resolutiva amparada no compromisso com ganhos de efetividade na atuação Institucional;
III – priorização da atuação preventiva, de modo programático, para combater ilícitos que possam gerar situações de lesão ou de ameaça aos direitos fundamentais afetos à atuação do Ministério Público, com a adoção,

para tanto, de medidas extrajurisdicionais e judiciais que sejam efetivas e eficientes para evitar essa prática;

IV – na hipótese de inevitabilidade do dano, a aferição se a atuação foi tempestiva e efetiva, com atuação imediata a fim de estancar a continuidade ou a repetição dos ilícitos e de removê-los, a potencializar a dimensão da eficiência na reparação dos danos eventualmente ocorridos e a reduzir dados indicativos de impunidade;

V – utilização de mecanismos de resolução consensual, como a negociação, a mediação, a conciliação, as práticas restaurativas, as convenções processuais, os acordos de resultado, assim como outros métodos e mecanismos eficazes na resolução dos conflitos, das controvérsias e dos problemas;

VI – realização periódica de audiências públicas para permitir ao cidadão o acesso ao Ministério Público para o exercício direto da soberania popular, nos termos do parágrafo único do art. 1o da CR/1988, de modo a viabilizar a participação e a deliberação social sobre prioridades que devam ser objeto da atuação da Instituição, assim como para prestar contas do trabalho ao cidadão interessado;

(...)

IX – realização de atividades extrajudiciais não procedimentais de relevância social, tais como palestras, participação em reuniões e outras atividades que resultem em medidas de inserção social;

(...)

XI – análise consistente das notícias de fato, de modo a ser evitada a instauração de procedimentos ineficientes ou inúteis ou a instauração em situações em que seja visível a inviabilidade da investigação;

XII – delimitação do objeto da investigação, com a individualização dos fatos investigados e das demais circunstâncias relevantes, garantindo, assim, a duração razoável da investigação;

XIII – avaliação contínua da real necessidade de novas diligências e de medidas nos procedimentos extrajurisdicionais, justificando, inclusive, a necessidade das novas prorrogações, em especial por ocasião da renovação dos prazos;

XIV – esgotamento das alternativas de resolução extrajudicial dos conflitos, das controvérsias e dos problemas, com o incremento da utilização de instrumentos como a Recomendação, o Termo de Ajustamento de Conduta, os Projetos Sociais (ou práticas equivalentes) e com a adoção do arquivamento resolutivo sempre que essa medida for a mais adequada;

XV – acompanhamento contínuo da tramitação, instrução e fiscalização dos procedimentos e processos judiciais e das suas respectivas execuções, promovendo as medidas necessárias para a efetivação deles, com relação ao cumprimento e à aplicação das sanções impostas, principalmente nos processos judiciais cujo autor seja o Ministério Público ou naqueles em que, mesmo não sendo o autor, torna-se imperiosa a atuação resolutiva efetiva do Ministério Público como interveniente e fiscal da ordem jurídica e defensor dos interesses sociais e individuais indisponíveis em situação de risco;

XVI – priorização da atuação em tutela coletiva, propondo ações individuais em situações realmente necessárias, sem prejuízo dos atendimentos individuais e dos encaminhamentos cabíveis.

XVII – controle do recolhimento eficiente e da aplicação adequada dos recursos financeiros auferidos em decorrência de multas, indenizações e medidas de prestação pecuniária.

Há ainda um sem número de fatores externos que podem influenciar ou mesmo impedir que a solução arquitetada pelo autor coletivo consiga se concretizar, como a própria falência generalizada do sistema administrativo que se pretende reestruturar, cujos problemas não estão necessariamente ligados a aspectos jurídicos, mas, ao contrário, dizem respeito a uma aguda falta de gestão desde seus menores detalhes.

No realidade brasileira, com os altos índices de congestionamento de processos, sobrecarga de serviço, rígido controle interno por estatísticas favoráveis de produtividade, não cremos que o Judiciário brasileiro (especialmente em comarcas com menores recursos) tenha estrutura ou capacidade funcional para iniciar uma completa supervisão (a longo prazo) em torno de um pedido coletivo em casos complexos visando o restabelecimento da eficiência da chamada administração pública de resultados.

Na visão de Rodrigo Pagani de Souza, a legislação pátria sinaliza no sentido de que o controle racional da gestão pública passa inicialmente pela fixação de parâmetros mais precisos. A intervenção baseada em valores e princípios puramente abstratos começa a dar sinais de fadiga, além da insegurança jurídica gerada por um modelo baseado em premissas extremamente fluidas. Além disso, tem se dado proeminência ao chamado movimento de acentuação do controle prospectivo, ou seja, "das possíveis consequências ou impactos da gestão pública no futuro (ao invés de se voltar exclusivamente para impactos já produzidos no passado)".[42]

Em demandas complexas, é importante evitar o encerramento prematuro do debate. Ao contrário, recomenda-se a abertura de uma agenda democrática entre as partes, a fim de transformar o processo numa arena eficiente de discussão para o enfrentamento da crise. Mesmo que o processo esteja em grau de recurso perante algum Tribunal, nada impede que se determine que a atividade dialógica com as partes recaia sobre o magistrado de 1º grau, até pela proximidade do órgão jurisdicional primevo com os problemas concretamente em curso perante a comarca.[43]

A tutela coletiva é informada pelo princípio do interesse processual no conhecimento do mérito. Mesmo em sede de cognição sumária é possível ao Judiciário a fixação de um cronograma de audiências para assegurar o paulatino cumprimento das obrigações cabíveis. A provisoriedade de uma decisão não impede que a execução da política pública questionada possa avançar contando com a comparticipação de todos os atores.

Além disso, ações dessa magnitude devem contar com pleno entrosamento dentro do próprio Ministério Público, entre Promotores e Procuradores de Justiça, inclusive como forma de atuarem em conjunto em todos os graus jurisdicionais. A atuação estanque dos órgãos *parquetianos* igualmente não favorece a implementação de pedidos estruturais em casos complexos.

Nas lides estruturais o litígio não é bipolarizado, não se submete à lógica do *ganha e perde* ou do também chamado *comando-e-controle*; ao contrário, em tais casos, espera-se que o Executivo reconheça a necessidade da reestruturação ampla de determinado setor de sua administração e, com isso, inicie-se a estipulação de um completo plano para o cumprimento das obrigações e encargos exigidos.

Em caminho à conclusão, deve-se permitir, ainda que minimamente, a participação dos vários grupos atingidos pelos danos em casos complexos.

---

[42] SOUZA, Rodrigo Pagani. Em busca de uma Administração Pública de resultados. PEREZ, Marcos Augusto; SOUZA, Rodrigo Pagani (coords.). *Controle da Administração Pública*. Belo Horizonte: Editora Fórum, 2017, p. 55.

[43] FISS, Owen M.; RESNIK, Judith. *Adjudication and Its Alternatives*: An Introduction to Procedure. New York, Foundation Press, 2003.

Os diversos segmentos da população afetada possuem nítido interesse em se manifestarem perante o órgão julgador acerca da adequação e necessidade do pedido formulado.

A habilitação de associações ou mesmo a vinda aos autos de *amici curiae* é salutar para possibilitar outro desfecho. A simplesmente inadmissão do diálogo com a sociedade e com as autoridades públicas envolvidas faz com que o pedido democraticamente desenhado perca sua total utilidade.

A intervenção racional ou mais branda do Judiciário pode também ser adequada inclusive para se criarem benefícios específicos ao Executivo em caso de cumprimento gradual das obrigações. Em caso de recalcitrância do gestor, aí sim outras medidas de cunho coercitivo podem ter sido aplicadas, em razão da falta de adesão à deferência judicial inicialmente concedida.

Conclusões

A construção de pedidos em ação civil pública envolvendo casos complexos e demandas estruturais ainda é uma matéria em desenvolvimento dentro do sistema processual brasileiro de tutela coletiva.

Existem alguns aspectos práticos de estrangulamento ligados especialmente à metodologia usada para a formulação desse tipo de pretensão, quando ainda se percebe alguma deficiência no plano das Instituições para municiar os autores coletivos de dados e informações realmente capazes de lhes indicar o melhor caminho a ser seguido.

O poder de resolutividade de tais demandas no âmbito do Judiciário brasileiro ainda necessita avançar, especialmente no tocante à compreensão da sua importância e das técnicas que devem ser aplicadas na condução do processo respectivo.

A judicialização de casos complexos, portanto, pode não ser a melhor estratégia de enfrentamento se as partes desconhecem ou não aplicam uma metodologia adequada e própria aos processos estruturais.

A atuação do autor coletivo, por fim, ainda está longe de atingir um grau de excelência desejável, seja pela atual estrutura que lhes é disponibilizada em regra pelas instituições públicas, seja pelos vícios e maneirismos que ainda fortemente influenciam o modo de agir no âmbito do procedimento judicial e extrajudicial de tutela coletiva em nosso País.

Referências

ALAM, Rafay. *Public Interest Litigation and the Role of Judiciary*. Disponível em: <https://www.academia.edu/18138693/Public_Interest_Litigation_and_the_Role_of_Judiciary>. Acesso em 20 mar. 2020.

ARENHART, Sérgio Cruz; JOBIM, Marco Félix (orgs.). *Processos estruturais*. Salvador: JusPodivm, 2017.

ARENHART, Sérgio Cruz; OSNA, Gustavo. *Curso de Processo Civil Coletivo*. São Paulo: Revista dos Tribunais, 2019.

ASSAGRA DE ALMEIDA, Gregório. *Direito Processual Coletivo Brasileiro*: um novo ramo do direito processual. São Paulo: Saraiva, 2003.

BAMPI, Rafaela Soares. *Defesa Civil no ordenamento jurídico brasileiro: um estudo administrativo*, p. 60. Disponível em: <http://siaibib01.univali.br/pdf/Rafaela%20Soares%20Bampi.pdf>. Acesso em 02 fev. 2020.

BASTOS, Fabrício. *Curso de Direito Coletivo*. Indaiatuba: Editora Foco, 2018.

CERRI NETO, Mauro. *Aspectos Jurídicos da das atividades de defesa civil*. Ministério da Integração. Secretaria Nacional de Defesa Civil. Brasília, 2007. Disponível em: https://www.mdr.gov.br/images/stories/ArquivosDefesaCivil/ArquivosPDF/publicacoes/Aspectos_Juridicos.pdf>. Acesso em: 02 fev. 2000.

CHAYES, Abram. The role of the judge in public law litigation. *Harvard Law Review*, vol. 89, n. 7, 1976.

COSTA, Rafael de Oliveira. Do Futuro do Ministério Público: Efetividade de Políticas Públicas e Litígio Estratégico no Processo Coletivo. In: BARBOSA, Renato Kim (org.). O Futuro do Ministério Público [livro eletrônico]. São Paulo: APMP – Associação Paulista do Ministério Público, 2017, p. 8-20.

COTA, Samuel Paiva; NUNES, Leonardo Silva. Medidas estruturais no ordenamento jurídico brasileiro: Os problemas da rigidez do pedido na judicialização dos conflitos de interesse público. *RIL*, Brasília, a. 55 n. 217, p. 243-255. jan./mar. 2018.

DEL NEGRI, André (org.). *Direito e ensino jurídico em desordem*. Belo Horizonte: D'Plácido, 2018.

DIDER JR., Fredie; ZANETI JR., Hermes. *Curso de Direito Processual Civil*: processo coletivo. 10. ed. Salvador: JusPodivm, 2016, v. 4.

ELLIOT, E. Donald. Managerial Judging and the Evolution of Procedure. *The University of Chicago Law Review*, n. 53, p. 306-336, 1986.

FACHIN, Melina Girardi; SCHINEMANN, Caio Cesar Bueno. Decisões estruturantes na jurisdição constitucional brasileira: critérios processuais da tutela jurisdicional de direitos prestacionais. Revista Estudos Institucionais, Rio de Janeiro, vol. 4, n. 1, p. 211-246, 2018.

FISS, Owen M.; RESNIK, Judith. *Adjudication and Its Alternatives*: An Introduction to Procedure. New York, Foundation Press, 2003.

GOULART, Marcelo Pedroso. *Elementos para uma Teoria Geral do Ministério Público*. Belo Horizonte: Arraes Editores, 2013.

KRISHNAN, Jayanth K. Public Interest Litigation in a Comparative Context. *Buffalo Public Interest Law Journal*, v. XX, p. 19-99, 2001-2002.

MAURÍCIO JR., Alceu. *A revisão judicial das escolhas orçamentárias*: a intervenção judicial em políticas públicas. Belo Horizonte: Editora Fórum, 2009.

MORAES, Tercius Zychan de. *As atividades de defesa civil e sua relação com os direitos fundamentais*. Disponível em: <http://www.policiamilitar.sp.gov.br/unidades/caes/artigos/Artigos%20pdf/Tercius%20Zychan%20de%20Moraes.pdf>. Acesso em: 02 fev. 2020.

NUNES, Dierle; LUD, Natanael; PEDRON, Flávio QUINAUD. *Desconfiando da (im)parcialidade dos sujeitos processuais*: um estudo sobre os viesse cognitivos, a mitigação de seus efeitos e o *debiasing*. Salvador: JusPodivm, 2018.

NUNES, Leonardo Silva. A Certificação de Processos Estruturais. In: REICHELT, Luís Alberto; Marco Félix Jobim (orgs.). *Coletivização e unidade do direito*. Londrina: Thoth, 2019, p. 323-343.

PINTO, Élida Graziane. *Financiamento dos direitos à saúde e à educação*: Uma perspectiva constitucional. Belo Horizonte: Fórum, 2017.

PINTO, Henrique Alves. *O enquadramento das decisões estruturais no Código de Processo Civil de 2015*. Ro de Janeiro: Lumen Juris, 2018.

PORFIRO, Camila Almeida. *Litígios estruturais*: legitimidade democrática, procedimento e efetividade. Rio de Janeiro: Lumen Juris, 2018.

REIS, Ludmila Costa. *Processo coletivo extrajudicial*: a construção de consensos em conflitos coletivos como instrumento de controle de políticas públicas. 2018, 233f. Tese (Doutorado) – Faculdade de Direito, Universidade Federal de Minas Gerais, Belo Horizonte, 2018.

SANTIAGO, Alexandre Jésus de Queiroz. In: GOULART, Marcelo Pedroso; ESSADO, Tiago Cintra; CHOUKR, Fauzi Hassan; OLIVEIRA, William Terra de (orgs.). *Ministério Público*: pensamento crítico e práticas transformadoras. 2. tir. Belo Horizonte: D'Plácido, 2018, p. 45-71.

SCHLANGER, Margo. *Beyond the hero judge*: institutional reform litigation as litigation. Disponível em: <https://www.academia.edu/21471873/Beyond_the_Hero_Judge_Institutional_Reform_Litigation_as_Litigation>. Acesso em: 20 mar. 2020.

SILVA, Paulo Eduardo Alves da. *Gerenciamento de Processos Judiciais*. São Paulo: Saraiva, 2010.

SOUZA, Rodrigo Pagani. Em busca de uma Administração Pública de resultados. PEREZ, Marcos Augusto; SOUZA, Rodrigo Pagani (coords.). *Controle da Administração Pública*. Belo Horizonte: Editora Fórum, 2017, p. 39-61.

PICOLI, Bruno de Lima. *Processo Estrutural*. 2018, 110f. Dissertação (Mestrado em Direito) – Universidade Federal do Paraná, Setor de Ciências Jurídicas, Programa de Pós-graduação em Direito, Curitiba, 2018.

TABAK, Benjamin Miranda; AMARAL, Pedro Henrique Rincon. Vieses cognitivos e desenho de políticas públicas. *Revista Brasileira de Políticas Públicas*, Brasilia, v. 8, n. 2, p. 472-491, 2018.

TEDDY, Abio Patiente. *Public interest litigation in Uganda and environments law*. Disponível em: <https://www.academia.edu/36318078/Public_interest_litigation_in_Uganda_and_environments_law>. Acesso em: 17 mar. 2020.

VERBIC, Francisco. Procesos estructurales en Argentina: una lectura crítica de los principales precedentes de la Corte Suprema de Justicia de la Nación. In: REICHELT, Luís Alberto; Marco Félix Jobim (orgs.). *Coletivização e unidade do direito*. Londrina: Thoth, 2019, p. 27-39.

VIOLIN, Jordão. *Processos estruturais em perspectiva comparada*: A experiência norte-americana na resolução de litígios policêntricos. 2019, 241f. Tese (Doutorado) – Faculdade de Direito, Universidade Federal do Paraná, Curitiba, 2019.

VITORELLI, Edilson. *O devido processo legal coletivo*: dos direitos aos litígios coletivos. SãoPaulo: Revista dos Tribunais, 2016.

_____. Levando os conceitos a sérios: processo estrutural, processo coletivo, processo estratégico e suas diferenças. *Revista de Processo*, São Paulo, v. 284, p. 333-369, out. 2018.

_____. ZANETI JR., Hermes. O futuro do processo coletivo: considerações sobre o relatório analítico propositivo do Conselho Nacional de Justiça. *Revista de Processo*, São Paulo, v. 295, p. 195-233, set. 2019.

_____. *A Lei de Introdução às Normas do Direito Brasileiro e a ampliação dos parâmetros de controle dos atos administrativos discricionários*: o Direito na era do consequencialismo. Disponível em: <https://edilsonvitorelli.academia.edu/research#drafts>. Acesso em: 03 fev. 2020.

6. A fixação de indenização por danos morais coletivos no bojo da ação penal por ato de corrupção e o cabimento de cautelares reais a partir de julgado do STF

GUILHERME FERNANDES FERREIRA TAVARES

Introdução
Dentro do escopo de construção do direito em sociedade, costuma-se dizer que a higidez da ordem jurídica depende de sua eficácia e aplicabilidade, conceitos induzidos por meio do estabelecimento de sanções ao descumprimento das normas postas. Neste sentido, Bobbio[1] define norma jurídica como *aquela cuja execução é garantida por uma sanção externa e institucionalizada*. Com este pressuposto, vislumbra-se a relevância do estudo acerca das sanções que incidem sobre os atos ilícitos praticados, visto que a aplicação de tais sanções implica no respeito as normas em vigor, tornando harmônica a convivência social.

Neste escopo, se a sociedade não admite que uma pessoa mate a outra, cria-se o crime de homicídio, submetendo aquele que venha a matar outrem a uma pena privativa de liberdade, uma sanção. Ou, ainda, pretendendo-se diminuir o número de acidentes de trânsito são estabelecidas regras de conduta, tais como obedecer à sinalização e não utilizar aparelhos celulares, sujeitando aquece que as descumprir ao pagamento de multa e à pontuação de sua carteira de motorista, que poderá resultar na suspensão de sua habilitação.

---

[1] BOBBIO, Norberto. **Teoria do ordenamento jurídico**. 4 ed. Brasília: EdUNB, 1994, p. 40.

Sem embargo das sanções de natureza moral, as quais incidem no íntimo do infrator e não possuem expresso reflexo direto no direito, em regra, os atos cuja prática é vedada pelo ordenamento jurídico podem sofrer sanções jurídica de natureza administrativa, a partir do exercício do poder de polícia da Administração Pública previsto no art. 78, do Código Tributário Nacional[2]; e, ainda, de natureza criminal, desde que a conduta esteja exaustiva e previamente prevista em legislação criminal.

É de se reconhecer, no que tange à responsabilidade civil, que o direito brasileiro não acolhe a teoria dos danos punitivos, ou seja, que a obrigação de indenizar seja fixada tendo como parâmetro a adequação de punir o infrator pelo dano causado. Dessa forma, não há falar em caráter de punição – que não consagra o instituto de direito comparado dos danos punitivos (*punitive damages*) –, haja vista que a responsabilidade civil por dano revestiria a compensação de caráter punitivo propiciaria o *bis in idem* (pois, como firmado, a punição imediata é tarefa específica do direito administrativo e penal)[3].

De todo modo, em muitas hipóteses a responsabilidade criminal e administrativa gera danos de natureza civil, ou seja, faz nascer a obrigação de indenizar a vítima pelos danos experimentados, na forma do artigo 927, do Código Civil[4].

Exemplificativamente, a prática de desmatar unidade de conservação especialmente protegida pode gerar reflexos nas três instâncias de responsabilização. Na esfera criminal, a conduta possui enquadramento típico no artigo 40, da Lei 9.605/98, com pena privativa de liberdade de reclusão de um a cinco anos. Na esfera cível, o desmatamento é ato ilícito que atinge o direito difuso ao meio ambiente ecologicamente equilibrado, o que, na forma do artigo 14, parágrafo 1º, da Lei 6.938/81,

---

[2] Art. 78, do Código Tributário Nacional. Considera-se poder de polícia atividade da administração pública que, limitando ou disciplinando direito, interêsse ou liberdade, regula a prática de ato ou abstenção de fato, em razão de intêresse público concernente à segurança, à higiene, à ordem, aos costumes, à disciplina da produção e do mercado, ao exercício de atividades econômicas dependentes de concessão ou autorização do Poder Público, à tranqüilidade pública ou ao respeito à propriedade e aos direitos individuais ou coletivos.

[3] REsp 1.354.536-SE, Rel. Min. Luis Felipe Salomão, julgado em 26/3/2014.

[4] Art. 927, do Código Civil. Aquele que, por ato ilícito (arts. 186 e 187), causar dano a outrem, fica obrigado a repará-lo.

faz nascer a obrigação de indenizar a coletividade presente e futura acerca dos danos causados. De igual forma, na instância administrativa, o fato de desmatar unidade de conservação especialmente protegida enseja a atuação dos órgãos de execução ambiental por meio do poder de polícia aplicando sanções previstas no art. 72, da Lei 9.605/98 que vão desde multa a suspensão total das atividades praticadas causadores do dano.

Essa tríplice responsabilização é indiscutível no plano teórico. Por opção do constituinte originário, as condutas e atividades consideradas lesivas ao meio ambiente sujeitarão os infratores, pessoas físicas ou jurídicas, a sanções penais e administrativas, independentemente da obrigação de reparar os danos causados (art. 225, §3º, da Constituição Federal). Para além da previsão constitucional, a dogmática de independência das instâncias penal, civil e administrativa já implica na inexistência de *bis in idem* quando tais ramos da ciência jurídica se fazem aplicar.

Sob essa ótica, a obrigação de indenizar, juntamente com a responsabilidade criminal e administrativa, compõe o rol de instâncias que repelem coercitivamente a prática do ilícito.

Com essas razões, o que se busca com este ensaio é trilhar o mesmo caminho levado a efeito acima para sustentar que os atos de corrupção também podem ensejar reflexos independentes nas esferas penal, civil e administrativa. Em outras palavras, o agente público corrupto deve experimentar as sanções criminais estampadas no capítulo do Código Penal dos crimes contra a administração pública, bem como a obrigação de indenizar a sociedade pelos danos morais coletivos causados pelo ato praticado, sem prejuízo de sua responsabilização disciplinar na forma da lei que rege a carreira do servidor público.

Além disso, como a conduta ímproba é capaz de gerar responsabilização civil por dano moral coletivo, no plano processual penal, a conduta tipificada como crime também suscita a responsabilização civil. Com a possibilidade jurídica de se postular a indenização neste plano, se faz cabível, também, intentar ações cautelares para o fim de resguardar a sociedade da higidez do ressarcimento.

Para confirmar essa assertiva, o raciocínio seguirá três premissas.

A primeira, a conduta criminosa, por se tratar de ato ilícito na forma do art. 927, do Código Civil, gera a obrigação de indenizar. A segunda, se há responsabilidade civil decorrente do fato criminal, quando o crime alberga direitos fundamentais de natureza coletiva ou difusa, como acontece nos crimes ambientais e contra a administração pública, é juridicamente possível a fixação de indenização à sociedade pelos prejuízos causados. A terceira e última, havendo obrigação de indenizar, também se faz pertinente a promoção de ações cautelares para garantir a sociedade que os danos causados serão compensados pecuniariamente.

Para fins didáticos, a ideia aqui sustentada partirá da análise do caso concreto julgado pela Primeira Turma do Supremo Tribunal Federal, no Agravo Regimental na Petição nº 7.069, do Distrito Federal, em relação aos atos de corrupção supostamente praticados pelo ex-senador da República Aécio Neves, para se debater o ponto central: a partir de uma caracterização do dano moral coletivo em decorrência de uma conduta capitulada como crime, sustentar a possibilidade de promover cautelares patrimoniais penais para resguardar o efetivo adimplemento das indenizações fixadas pelo juízo criminal.

Em outras palavras, a violação do bem jurídico objeto de proteção pelo direito penal, também deve o ser, nessa esfera do direito (direito penal coletivo[5]), por parte de uma tutela coletiva capaz de fazer-se indenizar o dano moral coletivo causado pela ação reprimida pelo direito penal, ainda que cautelarmente.

1. Caso concreto. Atos de corrupção supostamente praticados pelo ex senador Aécio Neves

A Primeira Turma do Supremo Tribunal Federal julgou o Agravo Regimental na Petição nº 7.069, do Distrito Federal, que tinha como ponto central a possibilidade jurídica de se deferir cautelarmente o

---

[5] O professor Gregório Assagra talha essa acepção de direito penal coletivo a partir do seguinte raciocínio: "o direito penal coletivo exsurge como uma nova abordagem do direito penal, que atenta para os direitos e as garantias constitucionais fundamentais também em uma dimensão coletiva, nos termos delineados expressamente no Título II, Capítulo I, da CR/1988. Trata-se de área do conhecimento que precisa ser sistematizada para se tornar mecanismo efetivo do Estado Democrático de Direito no combate aos grandes crimes que atingem a coletividade, tais como a corrupção, a sonegação fiscal, a poluição ambiental, entre outros". ALMEIDA, Gregório Assagra de; COSTA, Rafael de Oliveira. **Direito processual penal coletivo:** A tutela penal dos bens jurídicos coletivos. Belo Horizonte: D'plácido, 2019. 113 p.

6. A FIXAÇÃO DE INDENIZAÇÃO POR DANOS MORAIS COLETIVOS...

sequestro de valores para o fim de garantir futura fixação de indenização por danos morais coletivos em relação aos atos de corrupção supostamente praticados pelo ex-senador da República Aécio Neves.

Neste caso, o Ministério Público, em sede cautelar, ou seja, antes da prolação da sentença penal condenatória, requereu: (a) o sequestro de bens e ativos do ex- Senador da República Aécio Neves e Andrea Neves da Cunha no montante de R$ 2.000.000,00, correspondente ao produto do crime de corrupção passiva pelo qual foram denunciados no Inquérito nº 4.506; (b) o arresto de R$ 5.686.600,00 sobre o patrimônio lícito de cada um dos agravados, a fim de garantir (b.1) a reparação do dano moral por eles causado em virtude da suposta prática do crime contra a Administração Pública, no valor de R$ 4 milhões; (b.2) o pagamento da multa penal a eles eventualmente aplicada ao fim da ação criminal contra eles instaurada, no montante de R$ 1.686.600,00.

O ato de corrupção praticado e narrado na inicial acusatória foi o seguinte: entre fevereiro e maio de 2017, os agravados, agindo conjuntamente com outros autores do crime, solicitaram e receberam vantagem indevida no montante de R$ 2 milhões, em razão da função pública de Senador da República exercida por Aécio Neves da Cunha.

Sobre o cabimento da cautelar patrimonial penal para garantir a indenização de danos morais coletivos, ressalta-se o voto vencedor proferido pelo Ministro Luís Roberto Barroso:

> Cabe examinar, em seguida, se o delito de corrupção passiva pode ter gerado, conforme sustentado pelo agravante, dano moral coletivo à sociedade brasileira, dada a gravidade da conduta e a grande projeção política que possuía o agravado Aécio Neves da Cunha à época dos fatos. 20. Entendo que o sistema jurídico brasileiro reconhece a possibilidade de que violações a direitos difusos ou coletivos gerem danos morais à coletividade. Com efeito, o Código de Defesa do Consumidor prevê como direito básico dos consumidores a "efetiva prevenção e reparação de danos patrimoniais e morais, individuais, coletivos e difusos" (art. 6º, VI). Já a Lei da Ação Civil Pública disciplina os meios processuais para o reconhecimento da "responsabilidade por danos morais e patrimoniais causados (...) a qualquer outro interesse difuso ou coletivo" (art. 1º, IV). 21. No que diz respeito à possibilidade de atos de corrupção produzirem danos morais à coletividade, vale lembrar que a Lei da Ação Civil Pública prevê expressamente a possibilidade de danos

morais causados "ao patrimônio público e social" (art. 1º, VIII). Também a Lei Anticorrupção, como mencionado, refere-se genericamente a danos causados pelo ilícito, sem diferenciar entre os de caráter patrimonial e aqueles de natureza moral (Lei nº 12.846/2013, art. 21, parágrafo único). 22. O Superior Tribunal de Justiça, já há algum tempo, tem decidido que "não há vedação legal ao entendimento de que cabem danos morais em ações que discutam improbidade administrativa seja pela frustração trazida pelo ato ímprobo na comunidade, seja pelo desprestígio efetivo causado à entidade pública que dificulte a ação estatal" (REsp 960.926/MG, Rel. Ministro Castro Meira, Segunda Turma, DJe 01.04.2008). 23. Se a improbidade administrativa gera dano moral coletivo, numa primeira análise, reputo que, com maior razão, poderia produzi-lo a prática do crime de corrupção, que configura uma das mais críticas formas de improbidade administrativa. A corrupção lesa o interesse da coletividade não somente em razão dos prejuízos econômicos (danos patrimoniais) causados, mas também pelas suas consequências extrapatrimoniais (danos morais), notadamente a desconfiança da população sobre as instituições públicas e o descrédito que passa a recair sobre todas as suas ações. 24. Porém, nem todo ato de improbidade, ou mesmo de corrupção, deve ser considerado grave o suficiente para colocar em risco a confiança da coletividade no funcionamento regular da Administração Pública. Por isso, tem reputado corretamente a jurisprudência do Superior Tribunal de Justiça que "o reconhecimento de dano moral coletivo deve se limitar às hipóteses em que configurada grave ofensa à moralidade pública" (REsp 1303014/RS, Rel. p/ Acórdão Min. Raul Araújo, Quarta Turma, j. 18.12.2014). **25. De toda forma, ainda não houve pronunciamento deste Supremo Tribunal Federal a respeito da possibilidade jurídica de reparação de danos morais coletivos, notadamente quando decorrentes de atos de improbidade administrativa ou de corrupção. 26. Nesse contexto, entendo prematuro determinar o bloqueio antecipado no patrimônio dos acusados sob esse fundamento. O cabimento da condenação em danos morais será discutido, à luz do contraditório e da ampla defesa, no curso da ação penal. (g.n.)**

Vê-se, portanto, que o Supremo Tribunal Federal não afastou de plano a possibilidade de fixação pelo juízo criminal do dano moral coletivo em decorrência da prática de crime. O pedido cautelar não fora deferido tão somente porque a matéria não havia sido decidida com a profundidade que merece pelo Tribunal. Há que se destacar, de outro lado, a passagem neste mesmo julgado do voto do Ministro Luiz Fux, que estipulou requisitos para a decretação do arresto para fins de garantir a eventual indenização por danos morais coletivos:

> De fato, a prática criminosa pode configurar também ilícito civil e produzir efeitos danosos a toda a coletividade, impondo ao acusado o dever de reparação do dano moral e material decorrente de sua ação. Porém, a decretação de arresto em sede de ação penal, para garantia do pagamento de dano moral coletivo, demanda mínima demonstração da sua caracterização e das bases para sua quantificação, máxime mediante apresentação de prova de dolo ou culpa do agente, conforme se considere se o resultado danoso foi ou não imediatamente desejado com a prática da ação criminosa.
>
> (...)
>
> Por constituir-se o arresto como medida assecuratória, sua natureza conservativa, típica da tutela cautelar de urgência voltada a impedir perigo de dano ou de risco ao resultado útil do processo, exige a demonstração do *periculum in mora*.

O que se vê do julgado do Supremo Tribunal Federal é a possibilidade jurídica de se fixar dano moral coletivo na esfera criminal, em decorrência de conduta tipificada como crime. A controvérsia, porém, se sedia no cabimento de medida cautelar de arresto para garantir o pagamento de indenização por dano moral coletivo fixada em sentença penal condenatória. A despeito de inexistência de previsão legal, o voto do Ministro Luiz Fux exige os requisitos do periculum in mora e a demonstração cabal, em sede cautelar, dos requisitos da responsabilidade civil.

Com essas premissas, passa-se a enfrentar os argumentos que permeiam o tema.

2. Da responsabilidade civil pela prática de crime

O direito penal tem como escopo a proteção de bens jurídicos de natureza individual, difusa ou coletiva, todos escolhidos pelo constituinte originário e estampados na Constituição da República de 1988 e tratados internacionais internalizados ao ordenamento brasileiro como norma constitucional (art. 5º, §3º, da Constituição).

Roxin[6] ensina que o conceito de bem jurídico tem que ser plasmado na Constituição, pois "*os bens jurídicos são circunstâncias dadas ou finalidades úteis para o indivíduo e seu livre desenvolvimento no marco de um sistema social global estruturado sobre a base dessa concepção dos fins ou para o funcionamento do próprio sistema*". Dessa forma, a razão precípua de existir o direito penal é o fortalecimento harmônico da convivência social por meio do estabelecimento de sanções àqueles que violarem os bens jurídicos estatuídos na Constituição Federal.

Dito de outro modo, tais bens jurídicos são o bem ou valor considerado pela norma penal como merecedor de proteção jurídica para garantir a paz social. Esses bens podem ser classificados em: a) individuais (vida, integridade física, honra, liberdade, patrimônio); b) coletivos (incolumidade pública, meio ambiente, fé pública e paz pública); c) estatais (administração da justiça, soberania, ordem pública e econômica). Noutra perspectiva, segundo a percepção do agente, se classificam em: a) concretos (vida, integridade física, patrimônio); b) abstratos (incolumidade pública, fé pública, paz pública); segundo a natureza: a) naturais (vida, integridade física); b) somativos (patrimônio, administração pública e econômica).

Gianpaolo Poggio Smanio[7] propõe outra divisão do que se compreende como classificação dos bens jurídicos penais:

> a) os bens jurídicos penais de natureza individual referentes aos indivíduos, dos quais estes têm disponibilidade, sem afetar os demais indivíduos. São portanto, bens jurídicos divisíveis em relação ao titular. Citamos, como exemplo, a vida, a integridade física, a propriedade, a honra, etc. b) os bens jurídicos penais de natureza coletiva, que se referem à coletividade, de forma que os indivíduos não têm disponibilidade sem afetar os demais titulares do bem jurídico. São, dessa forma, indivisíveis em relação aos titulares. No direito penal, os bens de natureza coletiva estão compreendidos dentro do interesse público. Podemos exemplificar com a tutela da incolumidade pública, da paz pública; c) os bens jurídicos penais de natureza difusa, que também se referem à sociedade em sua totalidade, de forma que os indivíduos não têm

---

[6] ROXIN, Claus. A proteção dos bens jurídicos como função do direito penal. Porto Alegre: Livraria do Advogado, 2006, p. 54.

[7] SMANIO. Gianpaolo Poggio. **O conceito de jurídico penal difuso**. Doutrina Adcoas, v. 7, n. 20, 2. Quis, out. 2004, p. 394.

disponibilidade sem afetar a coletividade. São igualmente, indivisíveis em relação aos titulares. Ocorre que os bens de natureza difusa traz uma conflituosidade social que contrapõe diversos grupos dentro da sociedade, como na proteção ao meio ambiente, que contrapõe, por exemplo, os interesses econômicos industriais e o interesse da preservação ambiental, ou na proteção das relações de consumo, em que estão contrapostos os fornecedores e os consumidores, a proteção da saúde pública, no que se refere à produção alimentícia de remédios, a proteção da economia popular, da infância e da juventude, dos idosos, etc.

A estipulação dos bens jurídicos pelas sociedades contemporâneas perpassa pelo conceito de sociedade do risco (*Weltrisikogesellschaft*), expressão criada por Ulrich Beck[8], pela qual as atividades e os riscos a ela inerentes afetam a sociedade imperceptivelmente em seu conjunto, sem distinção de classes. Segundo Gregório Assagra[9], essa sociedade do risco, implica consideráveis consequências ao direito, tais como:

> 1. A introdução de novos delitos, especialmente em hipóteses derivadas do progresso técnico e científico, como a informática, a tecnologia genética e a biotecnologia;
> 2. A ampliação da força persecutória e a permanente busca pela melhoria da persecução penal; e
> 3. A compreensão da necessidade de tutela de bens jurídicos coletivos fundamentais para o convívio social.

O que se vê, portanto, é que o direito penal instrumentalizado pelo processo, tem como finalidade, através do uso legítimo da força estatal, a aplicação de sanções pessoais àqueles que, de alguma forma, infringirem os bens jurídicos e a capitulação esteja taxativamente estipulada em lei penal incriminadora. A instância repressora, assim, é a forma escolhida pelo direito para proteger os bens jurídicos estampados na Constituição

---

[8] BECK, Ulrich. **Sociedade de risco: rumo a uma outra modernidade**. Tradução de Sebastião Nascimento. São Paulo: Ed. 34, 2010.
[9] ALMEIDA, Gregório Assagra de; COSTA, Rafael de Oliveira. **Direito processual penal coletivo:** A tutela penal dos bens jurídicos coletivos. Belo Horizonte: D'plácido, 2019. 112 p.

Federal no pacto republicano social levado a efeito em 1988 e em pleno vigor.

Numa análise mais estrita em relação ao escopo desse ensaio, os atos de corrupção são danosos ao desenvolvimento social e econômico de qualquer sociedade, pois causam desestímulo à meritocracia, implicam em danos às políticas públicas estabelecidas e infringem direitos fundamentais que são protegidos constitucionalmente. A prática corruptiva é violadora do bem jurídico probidade administrativa e fé pública de forma direta, mas indiretamente tal prática é nociva a todos os bens jurídicos a que determinada política pública visa concretizar, o que dentro de uma sociedade do risco, merece especial atenção do direito.

A corrupção numa licitação pública para a construção de um posto de saúde, por exemplo, é violadora do direito coletivo saúde pública, estampado no art. 196, da Constituição Federal. Desta forma, desde a prática de subornar o guarda de trânsito até fraudes em procedimentos licitatórios milionários, os atos de atos de corrupção causam danos que são absorvidos pela sociedade em que estão imiscuídos e, portanto, por opção do legislador, merecem ser coibidos em várias esferas de atuação.

Como já anunciado na introdução a este ensaio, as condutas enquadradas como ato de corrupção produzem danos que geram reflexos em várias áreas do direito que são interdependentes, tanto no âmbito punitivo quanto no âmbito restaurativo. No âmbito do direito penal, vê-se a configuração do crime estampado nos artigos 317[10] e 333[11], denominados de corrupção passiva e ativa respectivamente, com o sancionamento de

---

[10] Art. 317 – Solicitar ou receber, para si ou para outrem, direta ou indiretamente, ainda que fora da função ou antes de assumi-la, mas em razão dela, vantagem indevida, ou aceitar promessa de tal vantagem: Pena – reclusão, de 2 (dois) a 12 (doze) anos, e multa. (Redação dada pela Lei nº 10.763, de 12.11.2003) § 1º – A pena é aumentada de um terço, se, em conseqüência da vantagem ou promessa, o funcionário retarda ou deixa de praticar qualquer ato de ofício ou o pratica infringindo dever funcional.§ 2º – Se o funcionário pratica, deixa de praticar ou retarda ato de ofício, com infração de dever funcional, cedendo a pedido ou influência de outrem: Pena – detenção, de três meses a um ano, ou multa.

[11] Art. 333 – Oferecer ou prometer vantagem indevida a funcionário público, para determiná-lo a praticar, omitir ou retardar ato de ofício: Pena – reclusão, de 2 (dois) a 12 (doze) anos, e multa. (Redação dada pela Lei nº 10.763, de 12.11.2003) Parágrafo único – A pena é aumentada de um terço, se, em razão da vantagem ou promessa, o funcionário retarda ou omite ato de ofício, ou o pratica infringindo dever funcional.

pena privativa de liberdade, a qual, se presentes os requisitos do art. 44, do Código Penal, podem ser convertidas em pena restritiva de direito, além da multa de natureza criminal.

Além disso, o ato de corrupção praticado por servidor público possui reflexos administrativos disciplinares, o que pode ter como consequência a aplicação da penalidade de demissão, como ocorre, por exemplo, em relação aos servidores públicos da esfera federal (art. 132, XI, da Lei 8.112/90). Faz-se possível a aplicação, também, da lei de improbidade administrativa, com sancionamentos de ordem pecuniária e perda do cargo público.

De outro lado, a prática da conduta criminosa, como ato ilícito por natureza, pode gerar dever de indenizar no âmbito civil, já que presentes a conduta ilegal, o dano e nexo de causalidade. Essa indenização civil tem por objetivo não só punir o agente pela conduta praticada, mas visa ressarcir à sociedade pelos prejuízos de ordem material e moral experimentados em virtude do ato de corrupção em questão.

O que se vê neste caso é a obrigação de indenizar o dano causado pela prática criminosa. Imaginemos que determinada empreiteira tenha sistematicamente por vários anos subornado determinado setor de licitações de um município para vencer todas as licitações de obra, evitando-se, assim, a competitividade inerente ao procedimento licitatório e, portanto, a busca pela Administração Pública pela proposta mais vantajosa. Com a certeza que vencerá a licitação em decorrência do pagamento de propina, a empresa nunca concederá desconto em sua proposta, forçando o gasto indevido de recursos públicos, além do desestímulo de outras empreiteiras de apresentar uma proposta mais condizente com o interesse público.

No caso concreto evidenciado no julgamento do Supremo Tribunal Federal objeto deste estudo, a obrigação de indenizar à sociedade se demonstra de maneira evidente. A narrativa da inicial acusatória no sentido de que Senador da República no exercício de seu mandato teria se locupletado por meio de ato corruptivo a despeito das obrigações jurídicas de probidade que são atinentes ao exercício da função pública. O enquadramento típico criminal, neste caso, não esgota as instâncias punitivas ou ressarcitórias para o caso. É natural que os danos causados à sociedade coletivamente mereçam ser indenizados pelo denunciado.

A conduta, portanto, gera reflexos no âmbito civil, haja vista que todos os cidadãos brasileiros experimentaram evidente prejuízo em seu desenvolvimento social e econômico pelo conluio entre o agente público e o particular que se beneficiou da prática ilícita. Há dano moral coletivo a se indenizar.

Em outro espectro, no viés civilista, aquele que, por ação ou omissão voluntária, negligência, ou imprudência, violar direito, ou causar prejuízo a outrem, fica obrigado a reparar o dano (artigo 186, do Código Civil). No plano teórico, a responsabilização civil e criminal não se diferem quanto aos seus elementos constitutivos. Dessa forma, para o nascimento da obrigação de indenizar faz-se necessária a presença da conduta comissiva ou omissiva, do dano causado e do nexo de causalidade entre a conduta e o dano.

Fernando Noronha[12], neste sentido, explica que para surgir a obrigação de indenizar são necessários os seguintes pressupostos:

> 1. que haja um fato (uma ação ou omissão humana, ou um fato humano, mas independente da vontade, ou ainda um fato da natureza), que seja antijurídico, isto é, que não seja permitido pelo direito, em si mesmo ou nas suas consequências;
>
> 2. que o fato possa ser imputado a alguém, seja por dever a atuação culposa da pessoa, seja por simplesmente ter acontecido no decurso de uma atividade realizada no interesse dela;
>
> 3. que tenham sido produzidos danos;
>
> 4. que tais danos possam ser juridicamente considerados como causados pelo ato ou fato praticado, embora em casos excepcionais seja suficiente que o dano constitua risco próprio da atividade do responsável, sem propriamente ter sido causado por esta.

No caso concreto, todos os pressupostos doutrinários estão presentes: Há um ato comissivo humano antijurídico consubstanciado na solicitação ou recebimento de vantagem indevida para a realização de ato de ofício que pode ser imputado a alguém, o qual produziu danos nefastos à sociedade, prejuízos esses causados pela própria ação ilícita.

O reflexo civil da conduta criminal é tratado legislativamente pelo Código de Processo Penal, oportunidade em que regulamenta a ação

---

[12] NORONHA, Fernando. **Direito das obrigações**. 3. ed. rev. e atual. São Paulo: Saraiva, 2010, p. 468/469.

civil *ex delicto*[13]. Por este instrumento, a vítima do crime pode executar, no juízo cível, a sentença penal condenatória no que tange aos prejuízos civis causados com a prática do crime.

Almeida e Costa (2019) reforçam a existência do reflexo civil decorrente da conduta capitulada como crime:

> No âmbito do Direito Processual Penal Coletivo, a actio civilis ex delicto é a via mais recomendada para o exercício da tutela ressarcitória em âmbito individual e, na esfera coletiva, a ação coletiva ex delicto. Assim, na hipótese da prática de delito que ofenda bens jurídicos coletivos amplamente considerados, é possível o reconhecimento do dever de reparação na forma específica ou o ressarcimento pelo equivalente ou na forma genérica, com o reconhecimento do an debeatur (obrigação de indenizar), e, até mesmo, conforme o caso, em havendo elementos suficientes nos autos do processo penal, a fixação do quantum debeatur (valor a ser indenizado) na própria

---

[13] Art. 63. Transitada em julgado a sentença condenatória, poderão promover-lhe a execução, no juízo cível, para o efeito da reparação do dano, o ofendido, seu representante legal ou seus herdeiros.
Parágrafo único. Transitada em julgado a sentença condenatória, a execução poderá ser efetuada pelo valor fixado nos termos do inciso iv do caput do art. 387 deste Código sem prejuízo da liquidação para a apuração do dano efetivamente sofrido. (Incluído pela Lei nº 11.719, de 2008).
Art. 64. Sem prejuízo do disposto no artigo anterior, a ação para ressarcimento do dano poderá ser proposta no juízo cível, contra o autor do crime e, se for caso, contra o responsável civil. (Vide Lei nº 5.970, de 1973)
Parágrafo único. Intentada a ação penal, o juiz da ação civil poderá suspender o curso desta, até o julgamento definitivo daquela.
Art. 65. Faz coisa julgada no cível a sentença penal que reconhecer ter sido o ato praticado em estado de necessidade, em legítima defesa, em estrito cumprimento de dever legal ou no exercício regular de direito.
Art. 66. Não obstante a sentença absolutória no juízo criminal, a ação civil poderá ser proposta quando não tiver sido, categoricamente, reconhecida a inexistência material do fato.
Art. 67. Não impedirão igualmente a propositura da ação civil:
I - o despacho de arquivamento do inquérito ou das peças de informação;
II - a decisão que julgar extinta a punibilidade;
III - a sentença absolutória que decidir que o fato imputado não constitui crime.
Art. 68. Quando o titular do direito à reparação do dano for pobre (art. 32, §§ 1º e 2º), a execução da sentença condenatória (art. 63) ou a ação civil (art. 64) será promovida, a seu requerimento, pelo Ministério Público.

sentença penal condenatória, passando-se diretamente para a fase de ressarcimento, com a execução do julgado no juízo competente, de acordo com a redação dos artigos 63, parágrafo único, e 387, IV, ambos do Código de Processo Penal.

Demonstrada a obrigação de indenizar decorrente da prática criminosa, passo as considerações acerca do dano moral coletivo.

2.1. Dano moral coletivo

O legislador constituinte dedicou especial atenção à tutela dos interesses difusos e coletivos. Não só ressaltou em diversas passagens do texto constitucional o caráter coletivo e social de diversos direitos materiais, como ampliou os meios processuais de tutela de interesses metaindividuais[14]. Na atual ordem constitucional é indubitável a presença de direitos difusos e coletivos que devem ser garantidos pela instrumentalidade do processo, seja de natureza civil como de natureza penal.

Na lógica da responsabilidade civil, os danos morais coletivos refletem aqueles prejuízos experimentados por uma coletividade em decorrência de um ato ilícito. O dano moral coletivo é espécie autônoma de dano que está relacionada à integridade psico-física da coletividade, bem de natureza estritamente transindividual e que, portanto, não se identifica com aqueles tradicionais atributos da pessoa humana (dor, sofrimento ou abalo psíquico), amparados pelos danos morais individuais.

Essa modalidade de dano também foi adotada na V Jornada de Direito Civil, que aprovou o Enunciado n. 456, que assim dispõe: "*A expressão 'dano' no art. 944 abrange não só os danos individuais, materiais ou imateriais, mas também dos danos sociais, difusos, coletivos e individuais homogêneos a serem reclamados pelos legitimados para propor ações coletivas*".

---

[14] A Constituição de 1988 instituiu o mandado de segurança coletivo (art. 5.º, LXX); possibilitou aos sindicatos e associações defender em juízo interesses da respectiva coletividade (art. 5.º, XXI e 8.º, III); ampliou o objeto da ação popular (art. 5.º, LXXIII); aumentou o número de legitimados para propositura de ação direita de inconstitucionalidade e, finalmente, fez referência expressa à ação civil pública, para a proteção do "patrimônio público e social, do meio ambiente e de outros interesses difusos e coletivos", cuja promoção é função institucional do Ministério Público, sem exclusão de outros entes (art. 129, III e § 1.º).

No que tange ao seu conceito, Carlos Alberto Bittar Filho[15] leciona que o dano moral coletivo

> é a injusta lesão da esfera moral de uma dada comunidade, ou seja, é a violação antijurídica de um determinado círculo de valores coletivos. Quando se fala em dano moral coletivo, está-se fazendo menção ao fato de que o patrimônio valorativo de uma certa comunidade (maior ou menor), idealmente considerado, foi agredido de maneira absolutamente injustificável do ponto de vista jurídico; quer isso dizer, em última instância, que se feriu a própria cultura, em seu aspecto imaterial. Tal como se dá na seara do dano moral individual, aqui também não há que se cogitar de prova da culpa, devendo-se responsabilizar o agente pelo simples fato da violação (damnum in re ipsa).

A matéria dos danos morais coletivos sofreu oscilação na jurisprudência do Superior Tribunal de Justiça. Após sucessivos julgados em sentido negativo[16], o STJ majoritariamente admitiu indenização por danos morais coletivos[17], tomando por base o Código de Defesa do Consumidor e a Lei da Ação Civil Pública[18]. Invariavelmente, as condenações em danos morais coletivos se dão em matérias afetas ao direito ambiental, direito do consumidor, direito bancário, etc[19], o que não significa que tal entendimento não possa ser estendido para atos criminosos de corrupção.

Em relação a ações de improbidade administrativa, o Superior Tribunal de Justiça tem entendido que é juridicamente possível a fixação de dano moral coletivo a partir da conduta ímproba, porém, não se trata de uma

---

[15] BITTAR FILHO, Carlos Alberto. Do dano moral coletivo no contexto jurídico brasileiro. Disponível em: http://egov.ufsc.br/portal/sites/default/files/anexos/30881-33349-1-PB.pdf. Acesso em: 05 jan 2020.

[16] STJ, REsp 971.844/RS, j. 12.02.2010, rel. Min. Teori Albino Zavascki; STJ, REsp 821.891/RS, rel. Min. Luiz Fux, j. 12.05.2008; STJ, AGREsp 201102973961, 1.ª T., j. 16.04.2013, Ari Pargendler.

[17] Art. 6.º São direitos básicos do consumidor: (...) VI – a efetiva prevenção e reparação de danos patrimoniais e morais, individuais, coletivos e difusos.

[18] Art. 1.º Regem-se pelas disposições desta Lei, sem prejuízo da ação popular, as ações de responsabilidade por danos morais e patrimoniais causados:

[19] REsp 1269494/MG, Rel. Ministra ELIANA CALMON, SEGUNDA TURMA, julgado em 24/09/2013, DJe 01/10/2013; AgInt no REsp 1833565/MG, Rel. Ministro MAURO CAMPBELL MARQUES, SEGUNDA TURMA, julgado em 21/11/2019, DJe 27/11/2019.

conclusão automática da condenação pelo ato ímprobo, faz-se necessário um agravamento pela conduta que cause efetivos danos sociais. Dessa sorte, o dano moral difuso e coletivo não é causado por todo e qualquer ato de improbidade administrativa e, na hipótese, é necessário o curso da fase instrutória processual a fim de verificar se o ato ímprobo em análise causa evidente e significativa repercussão no meio social[20].

De outro lado, a jurisprudência do Superior Tribunal de Justiça, ao apreciar os requisitos necessários para o deferimento de indisponibilidade de bens de forma a acautelar o ressarcimento dos danos morais coletivos, tem excepcionado a regra estampada no precedente de recursos repetitivos Resp 1366721/BA[21] que entabulou que o perigo da demora é presumido para fins de deferimento da medida cautelar. Neste mesmo sentido, é o voto do Ministro Luiz Fux no caso concreto objeto deste estudo. Em relação ao dano moral coletivo oriundo de atos de improbidade administrativa, de outro lado, faz-se necessário demonstrar todos os requisitos da tutela de urgência previstos no artigo 300, do Código de Processo Civil, qual seja a probabilidade do direito e o perigo de dano ou o risco ao resultado útil do processo[22].

O que se pode estabelecer dos entendimentos jurisprudenciais mencionados é que se em tais temáticas é consolidada a possibilidade de fixação de dano moral coletivo, em condutas tipificadas como crime que acautelam direitos coletivos, tais como os de corrupção, que naturalmente são mais graves ao convívio social, vê-se presentes os requisitos para a responsabilização civil e consequentemente o nascimento da obrigação de indenizar. Se a improbidade administrativa gera dano moral coletivo, numa primeira análise, com maior razão, poderia produzi-lo a prática do crime de corrupção, que configura uma das mais críticas formas de improbidade administrativa.

No que diz respeito à possibilidade de atos de corrupção produzirem danos morais à coletividade, vale lembrar que a Lei da Ação Civil Pública

---

[20] AgInt no AREsp 1392625/GO, Rel. Ministro MAURO CAMPBELL MARQUES, SEGUNDA TURMA, julgado em 23/05/2019, DJe 28/05/2019

[21] REsp 1366721/BA, Rel. Ministro NAPOLEÃO NUNES MAIA FILHO, Rel. p/ Acórdão Ministro OG FERNANDES, PRIMEIRA SEÇÃO, julgado em 26/02/2014, DJe 19/09/2014.

[22] REsp 1731782/MS, Rel. Ministra REGINA HELENA COSTA, PRIMEIRA TURMA, julgado em 04/12/2018, DJe 11/12/2018

prevê expressamente a possibilidade de danos morais causados "ao patrimônio público e social" (art. 1º, VIII). Também a Lei Anticorrupção se refere genericamente a danos causados pelo ilícito, sem diferenciar entre os de caráter patrimonial e aqueles de natureza moral (Lei nº 12.846/2013, art. 21, parágrafo único).

Dessa forma, no plano do direito material, juridicamente possível a fixação de danos morais coletivos em decorrência de conduta tipificada como crime de corrupção. Dito isso, necessário enfrentar os argumentos de ordem processual para instrumentalizar a fixação de indenização nesta sede.

3. Reflexões sobre a fixação de dano moral coletivo pela instância criminal em decorrência do crime de corrupção

Superados os aspectos atinentes ao direito material, importante tecer algumas considerações acerca da instrumentalização da obrigação de indenizar decorrente de atos de corrupção. É certo que a esfera cível ordinariamente é a competente para discutir a responsabilidade civil por danos morais coletivos, porém, para o fim de conferir eficiência ao sistema de justiça o legislador ordinário editou a lei 11.719/2008 incluindo o inciso IV, no artigo 387, do Código de Processo Penal, e possibilitando ao juiz de instrução do processo penal, em sede de sentença penal condenatória, fixar valor mínimo para reparação dos danos causados pela infração, considerando os prejuízos sofridos pelo ofendido.

Diante do quadro em que um mesmo fato é analisado por juízos distintos, cível e criminal, é conveniente o estabelecimento de mecanismos de interação entre esses. Neste sentido, Carlos Eduardo de Moraes Domingos[23] cita como exemplos de mecanismos de interação: a faculdade concedida ao juiz de suspender o processo civil, pelo prazo legal, até a solução do processo criminal (art. 64 do Código de Processo Penal e art. 313, V e §4º do Código de Processo Civil); a autoridade da coisa julgada da sentença penal condenatória no processo civil em determinados casos (art. 63 do Código de Processo Penal e art. 515, VI, do Código de Processo Civil); bem como a fixação de valor indenizatório civil na sentença penal condenatória (art. 387, IV, do Código de Processo Penal).

---

[23] DOMINGOS, Carlos Eduardo de Moraes. A fixação do valor indenizatório na sentença penal condenatória: fase instrutória e prova da pretensão cível. Revista Fórum de Ciências Criminais – RFCC, Belo Horizonte, ano 6, n. 12, p. 85-115, jul./dez. 2019.

Sobre a interlocução entre o juízo cível e criminal, Sérgio Rebouças[24] ensina que:

> Trata-se de relevante inovação introduzida pela Lei 11.719/2008, prestigiando o objetivo de composição à vítima. Assim, concordando com o valor fixado, poderá o ofendido promover desde logo a execução da quantia certa no juízo cível. Não concordando, poderá promover o processo de liquidação destinado à apuração do valor adequado, em caráter preparatório à execução. Por outro lado, a fixação de valor mínimo a título de reparação do dano depende de pedido expresso do acusador ou do ofendido, em virtude do princípio do contraditório, sendo essa a posição dominante na jurisprudência.

O sistema processual brasileiro criou, dentro da dualidade dos juízos cível e criminal, uma proeminência do juízo criminal, o qual, a partir das provas produzidas na instância penal, poderá fixar o valor indenizatório mínimo que poderá ser executado no juízo cível. Desse modo, a regra em nosso sistema judiciário era a separação de jurisdição, em que a ação penal destinava-se à condenação do agente pela prática da infração penal, enquanto a ação civil tinha por objetivo a reparação do dano. Essa é a inteligência do artigo 935 do Código Civil[25].

Em vários países europeus (Portugal, Espanha, Itália, Alemanha, por exemplo), porém, adota-se a união de instâncias em matéria de responsabilização civil dos danos causados pela infração penal. Na verdade, em pelo menos um deles, Portugal, a união (de instâncias) é obrigatória (art. 71, CPP português[26]), ressalvados alguns casos específicos (art. 72, CPP português[27]). Por esse sistema, o ajuizamento da demanda penal determina a unidade de juízo para a apreciação da matéria cível, abrindo-se

---

[24] REBOUÇAS, Sérgio. **Curso de Direito Processual Penal.** Salvador, Editora Juspodivm, 2017, p. 1030

[25] Art. 935: A responsabilidade civil é independente da criminal, não se podendo questionar mais sobre a existência do fato, ou sobre quem seja o seu autor, quando estas questões se acharem decididas no juízo criminal.

[26] Art. 71, do Código de Processo Penal Português. O pedido de indemnização civil fundado na prática de um crime é deduzido no processo penal respectivo, só o podendo ser em separado, perante o tribunal civil, nos casos previstos na lei.

[27] Art. 72, do Código de Processo Penal Português. 1 – O pedido de indemnização civil pode ser deduzido em separado, perante o tribunal civil, quando:

espaço, inclusive, em algumas dessas legislações, para a intervenção e participação de terceiros no processo penal.

Sobre essa interlocução de instâncias, importante registrar a seguinte crítica doutrinária[28], no sentido de inexistir procedimentalização específica para a fixação da indenização na esfera penal, o que pode causar violação ao devido processo penal, sobretudo no que tange ao direito de produção probatória, já que os procedimentos civis e penais são totalmente distintos:

> Insegurança e dúvida surgem na medida em que a Lei nº 11.719/08 concede ao juízo penal o poder de determinar o valor reparatório civil na sentença penal condenatória, sem, contudo, definir qualquer forma de fazê-lo. A questão essencial que envolve a fixação de valor indenizatório na sentença penal condenatória diz respeito ao seu modo de realização. Não sendo permitido ao intérprete legislar, a fixação de valor mínimo indenizatório na sentença penal condenatória somente pode ser desenhada a partir

---

a) O processo penal não tiver conduzido à acusação dentro de oito meses a contar da notícia do crime, ou estiver sem andamento durante esse lapso de tempo;
b) O processo penal tiver sido arquivado ou suspenso provisoriamente, ou o procedimento se tiver extinguido antes do julgamento;
c) O procedimento depender de queixa ou de acusação particular;
d) Não houver ainda danos ao tempo da acusação, estes não forem conhecidos ou não forem conhecidos em toda a sua extensão;
e) A sentença penal não se tiver pronunciado sobre o pedido de indemnização civil, nos termos do n.º 3 do artigo 82.º;
f) For deduzido contra o arguido e outras pessoas com responsabilidade meramente civil, ou somente contra estas haja sido provocada, nessa acção, a intervenção principal do arguido;
g) O valor do pedido permitir a intervenção civil do tribunal colectivo, devendo o processo penal correr perante tribunal singular;
h) O processo penal correr sob a forma sumária ou sumaríssima;
i) O lesado não tiver sido informado da possibilidade de deduzir o pedido civil no processo penal ou notificado para o fazer, nos termos do n.º 1 do artigo 75.º e do n.º 2 do artigo 77.º
2 – No caso de o procedimento depender de queixa ou de acusação particular, a prévia dedução do pedido perante o tribunal civil pelas pessoas com direito de queixa ou de acusação vale como renúncia a este direito.

[28] DOMINGOS, Carlos Eduardo de Moraes. A fixação do valor indenizatório na sentença penal condenatória: fase instrutória e prova da pretensão cível. *Revista Fórum de Ciências Criminais – RFCC*, Belo Horizonte, ano 6, n. 12, p. 85-115, jul./dez. 2019.

das regras procedimentais já existentes no processo penal, à luz crítica da garantia-síntese do devido processo.

Relativamente à instrução do pedido ressarcitório, objeto deste estudo, o que deve se ter em conta, qualquer que seja a interpretação da norma, é que a fixação de valor indenizatório dentro do processo penal atende a uma pretensão cível, impossível de ser apartada do direito à prova. Devem ser afastadas soluções que permitam ao juízo fixar o montante ressarcitório a partir do que entender cabalmente provado nos autos, tolhendo às partes as atividades probatórias e argumentativas. Tal equivaleria a uma decisão decorrente de um não processo, pois contrária à própria lógica dialética processual. É certo, assim, que o contexto processual democrático impede que assim se realize.

Todavia, não se deve esquecer que a pretensão civil é marcada pela acessoriedade quando discutida no processo penal. Isto é, não pode protagonizar a instrução processual. Ausente regulamentação legal quanto à oportunidade de seu oferecimento, valoração e produção, a complexidade da prova cível deve servir como parâmetro concreto para seu controle. No caso de imprescindibilidade de produção de prova complexa ou de confronto com as garantias processuais do imputado, o valor indenizatório não deverá ser fixado sequer em patamar mínimo.

A partir do sistema adotado pelo legislador brasileiro, há que se definir se a fixação de patamar indenizatório mínimo pelo juízo criminal deve atingir não só os danos materiais, mas também os danos morais latu sensu.

Dentro desse ponto de vista, alguns doutrinadores entendem que o dano moral, por se tratar de questão de extrema complexidade e que nem mesmo a lei estabelece critérios para a sua fixação, não deve ser tratado dentro do juízo criminal. Até porque, em última análise, o arbitramento do valor mínimo a ser fixado pelo juiz penal envolverá uma atividade de liquidação limitada e que, para ser executada, deverá ser entregue ao juiz civil. De outro modo, critica a doutrina[29] que o enfrentamento da

---

[29] Nesse sentido: "Pensamos que o ingresso da vítima no processo penal para postular apenas a satisfação do dano pode causar tumulto e arrastar o processo por mais tempo" (TOURINHO FILHO, 2013, p. 36). "É mais um entrave à resposta da jurisdição criminal dentro do tempo razoável. Por isso, são inadmissíveis os meios de prova e a metodologia de

problemática dos danos morais no âmbito criminal proporcionará a essa esfera uma maior burocratização, afetando diretamente a celeridade necessária aos processos penais, que são conduzidos por uma ótica imputativa de conduta.

Veja o entendimento dos professores Eugênio Pacelli e Douglas Fischer[30]

> Parece-nos que a Lei não se reportou aos danos de natureza moral, limitando-se àqueles valores relativos aos danos materiais, de fácil comprovação (do prejuízo) no processo. O arbitramento do dano moral implicaria: (a) a afirmação de tratar-se de verba indenizatória, isto é, de natureza civil; e (b) a necessidade de realização de todo o devido processo penal para a sua imposição, o que não parece ser o caso da citada Lei nº 11.719/08.

De outro lado, há parte da doutrina que entende que o dano moral é indiscutivelmente indenizável, consoante art. 5.º, V e X, da CF e art. 186 do CC. E, como o art. 387, IV, do CPP menciona tão somente "reparação dos danos", não caberia ao intérprete restringi-lo ao dano material. Opina neste sentido Andrey Borges de Mendonça[31]:

> Assim, parece-nos, diversamente do que têm defendido alguns autores, que não há qualquer razão plausível para se excluir ao magistrado criminal a possibilidade de fixar, inclusive, a indenização por danos morais. O fato de o magistrado penal não estar acostumado a isso, não pode ser fator para restrição, até porque também inexistia a possibilidade de fixação de um dano quantificável e nem por isto se exclui a aplicação do dispositivo em análise. Ademais, excluir a fixação do dano moral é negar vigência ao dispositivo em análise a uma série de crimes que não trazem qualquer violação material, mas

---

busca desta, quando objetivarem a reparação cível" (GIACOMOLLI, 2015, p. 110). Igualmente, já na década de 80, José Carlos Barbosa Moreira alertava quanto à incompatibilidade entre celeridade processual e intervenção da parte civil e dilação instrutória no processo penal (conferir: BARBOSA MOREIRA, 1988, p. 114).

[30] PACELLI, Eugênio e FISCHER, Douglas. Comentários ao Código de Processo Penal e sua jurisprudência. São Paulo: Editora Atlas, 2013, p. 806

[31] MENDONÇA, Andrey Borges de. Nova reforma do Código de Processo Penal. 2. ed. São Paulo: Método, 2009.

sim predominantemente moral, como nos casos dos crimes contra a honra. Por qual motivo não poderia o magistrado, nesta espécie de crimes, fixar o montante, ainda que parcial, da indenização a título de dano moral? Não vemos, portanto, qualquer razão para a restrição. Ao contrário, esta posição nega vigência ao quanto disposto no art. 387, inc. IV, do CPP.

A jurisprudência do Superior Tribunal de Justiça tem se firmado no sentido de que é possível ao juiz criminal a fixação valor mínimo para os danos morais causados ao ofendido[32]. No Resp 1.585.684-DF, relatado pela Ministra Maria Thereza de Assis Moura, o entendimento sobre a possibilidade de fixação de danos morais pelo juízo criminal restou possível juridicamente. Veja a passagem do voto em que o Superior Tribunal de Justiça chancela tal entendimento:

> Considerando que a norma não limitou e nem regulamentou como será quantificado o valor mínimo para a indenização e considerando que a legislação penal sempre priorizou o ressarcimento da vítima em relação aos prejuízos sofridos, creio que o juiz que se sentir apto, diante de um caso concreto, a quantificar, ao menos o mínimo, o valor do dano moral sofrido pela vítima, não poderá ser impedido de o fazer. Porém, nesse caso, em decorrência do dever de fundamentação de toda e qualquer decisão judicial, deverá o juiz, ao fixar o valor de indenização previsto no artigo 387, IV, do CPP, fundamentar minimamente a opção, indicando o quantum refere-se ao dano moral.

Por força das garantias constitucionais processuais, a fixação de danos morais pelo juízo criminal em sentença penal condenatória deve ser precedida de amplo debate da temática durante a marcha processual, com requerimento estampado na inicial acusatória, pleno contraditório entre as partes e notadamente a existência de coerente fundamentação jurídica na sentença para o fim de identificar a presença dos pressupostos da responsabilidade civil.

Dessa forma, sendo admitida a possibilidade de o juízo criminal fixar o dano moral individual em decorrência de prática de crime, não

---

[32] REsp 1.585.684-DF, Rel. Min. Maria Thereza de Assis Moura, julgado em 9/8/2016, DJe 24/8/2016.

há qualquer óbice na fixação do dano moral coletivo nesta mesma sede. Neste sentido, Gregório Assagra[33]

> Essa modalidade de tutela não se limita, no âmbito processual penal coletivo, à reparação dos danos materiais causados pelo crime. Ao contrário, abrange também o dano moral coletivo, uma vez que o artigo 387 do CPP não exclui essa modalidade de dano, estabelecendo apenas que o juiz, ao proferir a sentença condenatória, fixará valor mínimo para a reparação, considerando os prejuízos sofridos pelo ofendido.

A concepção teórica deduzida para fomentar a atuação do juiz criminal para o dano moral coletivo não se altera. Com mais razão, a necessidade de se estabelecer eficiência ao sistema de justiça e proporcionar ao interesse público primário maior acautelamento quando o crime praticado tem como escopo proteger interesses difusos da sociedade, tais como a probidade administrativa e a regularidade das políticas públicas albergadas pelo tipo penal da corrupção.

4. Medidas cautelares reais no âmbito criminal com abrangência aos danos morais coletivos

Sendo possível juridicamente a fixação de danos morais coletivos pelo juízo criminal, por força do artigo 387, IV, do Código de Processo Penal, nasce na instância penal também a possibilidade de jurídica de se apreciar cautelares patrimoniais para resguardar o eventual ressarcimento a ser estipulado ao fim do processo com a sentença penal condenatória. Em outras palavras, com a finalidade de conferir celeridade e eficiência ao sistema de justiça, não é necessário movimentar o juízo cível para provocar cautelarmente a indisponibilidade de bens do investigado criminal, pois tal medida possui cabimento jurídico na esfera criminal.

No âmbito do processo penal coletivo, embora inexista regulamentação específica, a persecução patrimonial voltada à localização de qualquer benefício derivado ou obtido, direta ou indiretamente, da infração penal, ou de bens ou valores lícitos equivalentes, com vistas à propositura de medidas cautelares reais, confisco definitivo e identificação do benefício

---

[33] ALMEIDA, Gregório Assagra de; COSTA, Rafael de Oliveira. **Direito processual penal coletivo:** A tutela penal dos bens jurídicos coletivos. Belo Horizonte: D'plácido, 2019. p. 256.

econômico final da conduta, poderá ser realizada antes, concomitante ou após a regular persecução penal.

A indisponibilidade de bens no âmbito do processo penal possui conotações instrumentais próprias com diversos institutos que devem ser utilizados para cada finalidade estipulada em lei. Neste âmbito, é importante considerar a distinção entre o arresto, que alcança bens lícitos, para garantia do cumprimento da futura condenação, e de outro lado a medida de sequestro, que incide sobre os produtos ou proveitos do crime, apreendidos em poder do acusado, que por isso não detém sua posse legítima.

Relativamente ao sequestro, previsto no art. 125 do CPP, por se cuidar de bens cuja origem ilícita está assentada em indícios veementes verificáveis primo ictu oculi, sua decretação independe da demonstração da urgência. Com efeito, o sequestro não tem por objetivo conservar um bem a ser discutido no curso do processo, como é típico das medidas cautelares, mas sim apreender bens obtidos por meio da prática criminosa. Cuida-se de caso em que a posse ou propriedade dos bens não se revela legítima e, por isso, deve ser decretada sua apreensão e sequestro nos autos do processo. Pode ser decretado de ofício, a requerimento do Ministério Público, do ofendido ou mediante representação da autoridade policial (art. 126).

Noutro giro, o arresto recai sobre bens lícitos, não oriundos da prática criminosa, com o objetivo específico de garantir o futuro pagamento dos danos causados pelo crime, das custas processuais e da pena de multa (art. 140 do Código de Processo Penal). Indiscutível que o art. 134 do Código de Processo Penal exige, tão somente, a certeza da infração e indícios suficientes de autoria.

Em relação aos crimes contra a administração pública, notadamente a prática do delito de corrupção, importante instrumento cautelar real é o sequestro previsto no Decreto-Lei nº 3.240/1941 que, no entendimento da jurisprudência do STJ, não fora revogado pelas disposições sobre o sequestro do Código de Processo Penal[34].

Essa medida acautelatória prevista em lei especial pode alcançar qualquer bem do investigado ou acusado, diferentemente das idênticas providências cautelares no CPP, que atingem somente os bens resultantes

---

[34] STJ, REsp 1.124.658/BA, j. 17.12.2009, rel. Min. Og Fernandes.

do crime ou adquiridos com o proveito da prática delitiva. São requisitos necessários a decretação da medida tão somente os indícios veementes da responsabilidade do agente e a indicação de patrimônio a ser bloqueado.

Discute a doutrina se este sequestro especial poderia ser utilizado para acautelar o quantum indenizatório a título do prejuízo causado. O artigo 1º, do Decreto-Lei nº 3.240/1941[35], dispõe que o sequestro englobará os prejuízos sofridos pela Administração Pública. Na interpretação deste dispositivo, entendo que esses prejuízos são aqueles de ordem material, tais como os desvios de recursos decorrentes do ato de corrupção. O dano moral coletivo, por sua vez, como tem como destinatário a própria sociedade não se faz possível a utilização do sequestro especial para o seu acautelamento, fazendo-se necessária a utilização do arresto do Código de Processo Penal. Neste sentido, Guilherme Madeira Dezem[36]:

> Embora seja interessante esta medida, o fato é que do ponto de vista da responsabilidade junto ao erário bem como da restituição de valores e indenização esta medida não se mostra como a mais adequada. Modernamente há uma série de medidas que podem ser implementadas no âmbito do processo civil ligadas à Lei de Improbidade Administrativa que deve-se buscar reservar o processo penal para a discussão apenas daquilo que primariamente interessa a ele: a responsabilidade penal do agente, seja ele culpado ou inocente.

Assim, ao se utilizar o arresto como medida cautelar real para instrumentalizar a garantia, no processo penal, da indenização por dano moral coletivo causada pela prática do crime de corrupção, importante ressaltar quais são os requisitos exigidos pela lei e pela jurisprudência do Supremo Tribunal Federal para a sua decretação.

Como já dito, o arresto recai sobre bens lícitos, não oriundos da prática criminosa, com o objetivo específico de garantir o futuro pagamento dos danos causados pelo crime, das custas processuais e da pena de multa (art. 140 do Código de Processo Penal).

---

[35] Ficam sujeitos a sequestro os bens de pessoa indiciada por crime de que resulta prejuizo para a fazenda pública, ou por crime definido no Livro II, Títulos V, VI e VII da Consolidação das Leis Penais desde que dele resulte locupletamento ilícito para o indiciado.

[36] DEZEM. Guilherme Madeira. Curso de Processo Penal. 2ª Edição revista, atualizada e ampliada. São Paulo: Revista dos Tribunais, 2016. p. 440.

Segundo o artigo 134 do Código de Processo Penal para a decretação do arresto exige-se, tão somente, a certeza da infração (materialidade delitiva) e indícios suficientes de autoria. Todavia, a jurisprudência do STF preconizada no caso em estudo pelo voto do Ministro Luiz Fux, deduziu que o texto da norma não deve ser interpretado de modo incongruente com sua natureza assecuratória, não antecipatória, mas meramente cautelar. A dispensa de requisitos cautelares para determinar o bloqueio de bens com fundamento na alegada "certeza da infração", segundo o STF, importaria violação ao devido processo legal e ao princípio da presunção de inocência, enquanto regra de tratamento do acusado no curso da ação penal. Exige-se, portanto, a demonstração do periculum in mora, ou seja, a pretensão acautelatória deve vir acompanhada de argumentos que demonstrem que o acusado ou investigado estaria dilapidando seu patrimônio ou se esvaindo da aplicação da lei penal para fins ressarcitórios.

O que fez o Supremo Tribunal Federal, com o pretexto de interpretar a legislação processual, foi inverter a natureza jurídica do arresto penal de tutela de evidência para tutela de urgência. Como já explicado acima, este mesmo caminho foi trilhado pela jurisprudência do Superior Tribunal de Justiça quando da decretação da indisponibilidade de bens em ações de improbidade administrativa para acautelar o pagamento de indenização por danos morais coletivos, oportunidade em que o STJ definiu, em *distinguishing*, não ser aplicável o precedente que torna o periculum in mora presumido na indisponibilidade de bens em ações de improbidade.

Com essas razões, segundo o Supremo Tribunal Federal, são requisitos necessários para o deferimento da medida cautelar real de arresto penal para fins de garantir a indenização por danos morais coletivos: (i) a plausibilidade do direito, identificados com a presença da materialidade delitiva e indícios de autoria; (ii) o perigo da demora, revelados com a demonstração de que alvo da constrição esteja dilapidando o seu patrimônio ou, ainda, que a demora na constrição possa causar prejuízos ao resultado útil do processo; (iii) a demonstração da caracterização do dano moral coletivo e das bases para sua quantificação, máxime mediante apresentação de prova de dolo ou culpa do agente, conforme se considere se o resultado danoso foi ou não imediatamente desejado com a prática da ação criminosa. Neste posto, deve-se ressaltar que a indenização por dano moral coletivo não é efeito automático da prática criminosa.

O que se vê dos requisitos acima é que a jurisprudência das cortes superiores fez uma interpretação ampliativa do dispositivo legal que regulamenta o arresto penal para incluir requisitos não estipulados legislativamente para o fim de dificultar o acautelamento do dano moral coletivo causado por condutas criminosas. Neste caso, num critério de ponderação próprio, a jurisprudência deixou de preconizar o interesse coletivo primário, como por exemplo o prejuízo causado a uma determinada política pública alvo de corrupção sistematizada, alocando todo o risco do processo na coletividade. Em outras palavras, mesmo existindo prova da materialidade do crime e fortes indícios de autoria – únicos requisitos estipulados em lei – o deferimento do arresto dependerá, ainda, da demonstração cabal em sede preliminar do dano causado, do elemento subjetivo do agente, bem como do perigo da demora, elementos de difícil comprovação em sede inicial da investigação criminal.

Em relação à competência jurisdicional para apreciar a cautelar real de arresto, com a vigência da Lei nº 13.964 de 24 da dezembro de 2019, as ações cautelares deduzidas para resguardar o pagamento de indenização por danos morais coletivos no âmbito criminal devem tramitar diante do Juiz de Garantias, se o momento processual em que intentadas for anterior ao recebimento da denúncia. Essa é a inteligência do artigo 3º-B, V que dispõe:

> Art. 3º-B. O juiz das garantias é responsável pelo controle da legalidade da investigação criminal e pela salvaguarda dos direitos individuais cuja franquia tenha sido reservada à autorização prévia do Poder Judiciário, competindo-lhe especialmente:
> V – decidir sobre o requerimento de prisão provisória ou outra medida cautelar, observado o disposto no § 1º deste artigo;

Com essas premissas, o caso citado acima em que o Procurador-Geral da República deduziu pretensão cautelar junto ao Supremo Tribunal Federal para o fim de sequestrar patrimônio de Senador da República é plenamente cabível e, segundo os argumentos acima, deveria ter sido acatado pela Corte Suprema. Porém, pelo fato de o STF ter exigido requisitos não expressos em lei, o pedido não fora deferido.

Conclusões

A discussão posta neste ensaio sobre a possibilidade jurídica de o juiz criminal fixar danos morais coletivos em decorrência de ação criminosa praticada por acusado em ação penal ou investigado em inquérito policial é de grande relevância prática, uma vez que busca acautelar o interesse público primário consubstanciado na higidez das políticas públicas, bem como os prejuízos experimentados pela coletividade em virtude de odiosas práticas de corrupção.

Sendo possível a fixação da obrigação de indenizar por parte do autor de crimes no âmbito da responsabilidade civil, bem como a interlocução processual civil e penal com a vigência do art. 387, IV, do Código de Processo Penal, vê-se juridicamente possível que a sentença penal condenatória fixe um patamar mínimo para os danos morais coletivos causados com a prática do crime, sobretudo aqueles praticados contra a fazenda pública, desde que sejam respeitados os postulados da ampla defesa, do contraditório e da fundamentação específica das decisões judiciais.

Neste ínterim, para o fim de garantir o resultado útil do processo, viável se faz a dedução de medida cautelar real de arresto, no âmbito do processo penal, para garantir a indenização a ser fixada na sentença penal condenatória. Para tanto, segundo a jurisprudência do STF, são necessários os seguintes requisitos: (i) a plausibilidade do direito, identificados com a presença da materialidade delitiva e indícios de autoria; (ii) o perigo da demora, revelados com a demonstração de que alvo da constrição esteja dilapidando o seu patrimônio ou, ainda, que a demora na constrição possa causar prejuízos ao resultado útil do processo; (iii) a demonstração da caracterização do dano moral coletivo e das bases para sua quantificação, máxime mediante apresentação de prova de dolo ou culpa do agente, conforme se considere se o resultado danoso foi ou não imediatamente desejado com a prática da ação criminosa.

Considerando que a previsão legal abrange tão somente o item I acima, o Supremo agiu ativamente para exigir elementos não previstos na lei. Tal constatação, dessa forma, inviabilizou equivocadamente o deferimento do pedido formulado pela Procuradoria-Geral da República no caso concreto objeto de estudo neste ensaio.

Referências

ASSIS, Araken de. *Eficácia civil da sentença penal*. 2. ed. São Paulo: Revista dos Tribunais, 2000.

ALMEIDA, Gregório Assagra de; COSTA, Rafael de Oliveira. *Direito processual penal coletivo: A tutela penal dos bens jurídicos coletivos*. Belo Horizonte: D'plácido, 2019. 376 p.

BADARÓ, Gustavo Henrique Righi Ivahy. *Processo penal*. 4. ed. São Paulo: Revista dos Tribunais, 2016.

BARBOSA MOREIRA, José Carlos. *Apontamentos para um estudo sobre a reparação do dano causado pelo crime e os meios de promovê-la em juízo*. In: BARBOSA MOREIRA, José Carlos. *Temas de Direito Processual. Segunda Série*. São Paulo: Saraiva, 1988.

BECK, Ulrich. *Sociedade de risco: rumo a uma outra modernidade*. Tradução de Sebastião Nascimento. São Paulo: Ed. 34, 2010.

BOBBIO, Norberto. *Teoria do ordenamento jurídico*. 4 ed. Brasília: EdUNB, 1994.

DEZEM. Guilherme Madeira. *Curso de Processo Penal*. 2ª Edição revista, atualizada e ampliada. São Paulo: Revista dos Tribunais, 2016. p. 440.

DOMINGOS, Carlos Eduardo de Moraes. A fixação do valor indenizatório na sentença penal condenatória: fase instrutória e prova da pretensão cível. Revista Fórum de Ciências Criminais – RFCC, Belo Horizonte, ano 6, n. 12, p. 85-115, jul./dez. 2019.

FERNANDES, Antônio Scarance. *O Papel da Vítima no Processo Criminal*. São Paulo: Malheiros, 1995.

FERNANDES, Antônio Scarance. *Processo penal constitucional*. 6. ed. São Paulo: Revista dos Tribunais, 2010.

MENDONÇA, Andrey Borges de. *Nova reforma do Código de Processo Penal*. 2. ed. São Paulo: Método, 2009.

NUCCI, Guilherme de Souza. *Ação civil ex delicto: problemática e procedimento após a Lei 11.719/2008*. Revista dos Tribunais. São Paulo, v. 98, n. 888, p. 395-439, out. 2009.

PACELLI, Eugênio e FISCHER, Douglas. *Comentários ao Código de Processo Penal e sua jurisprudência*. São Paulo: Editora Atlas, 2013, p. 806

NORONHA, Fernando. *Direito das obrigações*. 3. ed. rev. e atual. São Paulo: Saraiva, 2010.

REBOUÇAS, Sérgio. *Curso de Direito Processual Penal*. Salvador, Editora Juspodivm, 2017, p. 1030

SMANIO. Gianpaolo Poggio. *O conceito de jurídico penal difuso*. Doutrina Adcoas, v. 7, n. 20, 2. Quis, out. 2004, p. 394.

TRIGUEIROS NETO, Arthur da Motta. *Comentários às recentes reformas do Código de Processo Penal e legislação extravagante correlata*. São Paulo: Editora Método, 2008, p. 146-147.

TOURINHO FILHO, Fernando da Costa. *Processo Penal*. Vol. 2. 35. ed. São Paulo: Saraiva, 2013.

TUCCI, Rogério Lauria. *Direitos e garantias individuais no processo penal brasileiro*. 4. ed. São Paulo: Revista dos Tribunais, 2011.

7. Como funciona o princípio da correlação no direito dos desastres?

Juliana Carvalho da Silva Wendt

1. O Desastre de Mariana/MG – Barragem de Fundão
Em 5 de novembro de 2015, houve o rompimento da barragem da Samarco, neste desastre foram lançados 62 milhões de metros cúbicos de lama com rejeitos de mineração que invadiram o distrito de Bento Rodrigues, 35 km do munícipio mineiro de Mariana, onde está localizada a bacia do Rio Doce. A bacia mencionada abrange 230 municípios dos estados de Minas Gerais e Espírito Santo, onde muitos são abastecidos pela água do rio.

A barragem de Fundão, pertence a mineradora Samarco que é controlada pela Vale e Anglo-Australiana BHP Billiton Brasil Ltda. O acidente causado pelo rompimento da barragem ficou mundialmente conhecido, pois é o maior desastre ambiental registrado na história do Brasil.

De acordo com o laudo técnico preliminar do IBAMA[1] o desastre de Mariana foi classificado como um Desastre de Nível IV, ou seja, de muito grande porte. Tal classificação está relacionada quanto à intensidade, à evolução e à origem do evento calamitoso. Dessa maneira, desastres desse nível causam danos muito graves e não podem ser superáveis e tão pouco suportáveis pela comunidade.

---

[1] BRASIL. Instituto Brasileiro do Meio Ambiente e dos Recursos Naturais Renováveis (IBAMA). *Laudo técnico preliminar*: impactos ambientais decorrentes do desastre envolvendo o rompimento da barragem de Fundão, em Mariana, Minas Gerais. Disponível em: <http://www.ibama.gov.br/phocadownload/barragemdefundao/ laudos/laudo_tecnico_preliminar_Ibama.pdf>Acesso em: 26.11.2019. p.2.

Além do desastre ambiental, a lama da barragem trouxe inúmeros abalos físicos e psíquicos para as famílias moradoras da cidade, para os povos indígenas e comunidades tradicionais que viviam na região.

Comunidades urbanas e rurais; cidades e vilarejos; agricultores, ribeirinhos, pescadores, indígenas e quilombolas que viviam do rio e com o rio. Rio que lhes representava não só a principal fonte de água, como também de alimento, de renda, de lazer, de vida[2].

A inundação impactou vidas que jamais serão reconstruídas, pois os dias de pós-tragédia trouxe a depressão como consequência. Não somente idosos foram atingidos, mas também crianças e jovens estão sem perspectivas de um dia a vida voltar ao normal. A Universidade Federal de Minas Gerais (UFMG) divulgou um estudo onde pesquisadores apontaram que 30% das pessoas atingidas tiveram depressão em decorrência do acidente causado pela Samarco; as perdas imateriais causadas pelo desastre são irreparáveis.

Assim, diante desse ocorrido, busca-se com este estudo abordar as questões sobre a tutela jurisdicional ambiental, tutela coletiva e como funciona o princípio da correlação no direito dos desastres, tendo em vista que as medidas para minimizar as consequências do desastre devem ser realizadas de forma urgente e efetiva.

2. Objeto do Processo

Entre as inúmeras demandas protocoladas, há a Ação Civil Pública[3] proposta pelo Ministério Público Federal – MG/ES, com pedidos de tutela de urgência, em face da SAMARCO Mineração S/A, VALE S/A e BHP Biliton Brasil LTDA, de medidas emergenciais socioambientais, socioeconômicas e humanitárias.

Para tutelar o interesse coletivo foi proposta Ação Civil Pública que tem previsão constitucional no artigo 129, III e, também, na Lei 7.347/1985,

---

[2] FERREIRA, Simone Raquel Batista. Desastre no Vale do Rio Doce – Antecedentes, impactos e ações sobre a destruição: Marcas da colonialidade do poder no conflito entre a mineradora Samarco, os povos originários e comunidades tradicionais do Rio Doce. Rio de Janeiro: Folio Digital: Letra e Imagem, 2016. p. 267.

[3] MINAS GERAIS. Tribunal Regional Federal da 1ª Região. Ação Civil Pública 0023863-07.2016.4.01.3800, em curso ante o juízo da 12ª Vara Federal da Seção Judiciária de Minas Gerais. Disponível em: <https://processual.trf1.jus.br/consultaProcessual/ processo.php?proc= 238630720164013800>Acesso em: 26 nov.2019.

onde se requer através de obrigação de fazer ou não fazer que o gerador da lesão transindividual se comprometa a cumprir as exigências da lei para sanar os prejuízos causados.

A necessidade da Ação Civil Pública é explicada por Jadir Cirqueira de Souza[4], o processo civil individual não consegue atingir todos os possíveis lesados em decorrência dos acontecimentos de grande vulto. Já o processo coletivo possibilita que, numa única demanda judicial, seja solucionada a lide e pacificadas as relações sociais.

Cirqueira[5] observa que depois das ações administrativas promovidas pelos órgãos públicos competentes, a ação civil pública tem sido o instrumento jurídico mais utilizado na defesa do meio ambiente. Aponta ainda que o crescente uso da ação civil pública ambiental e dos termos de ajustamento de condutas decorre, na maioria das vezes, da decisiva atuação do Ministério Público e, em posição adversa, da falta de consciência ecológica de vários segmentos da sociedade e dos próprios integrantes dos Poderes Públicos, bem como da ineficiência do sistema de controle administrativo ambiental.

De acordo com Vitorelli[6] em relação aos litígios coletivos, o desastre da Samarco se enquadra como um litígio de difusão irradiada, inúmeros indivíduos foram afetados nos mais variados níveis e formas. Dessa maneira, o foco deve ser nas individualidades de cada grupo, sendo que para muitos dos casos a autocomposição pode vir a não ser o meio mais adequado da tutela dos atingidos.

Assim, segundo Vitorelli, de todos os tipos de litígios coletivos, certamente, os que representam o maior desafio ao desenvolvimento de um modelo processual são os irradiados. A raiz do problema, em termos simples, reside no fato de que esses litígios não são apropriados para a resolução pela via do processo judicial. Eles envolvem um vasto grupo de pessoas afetadas de modos distintos pela controvérsia, com visões diferentes sobre como ela deveria terminar e, por isso mesmo, com

---

[4] Souza, Jardir Cirqueira de. Ação Civil pública ambiental. São Paulo. Ed. Pilares, 2005. p. 143.
[5] Ibidem, 2005, p. 160.
[6] VITORELLI, Edilson. Tipologia dos litígios transindividuais: um novo ponto de partida para a tutela coletiva. In: ZANETI JR., Hermes (Org.). Repercussões do Novo CPC: Processo Coletivo. Salvador. Juspodivm, 2016, p. 49-107.

interesses diversos a serem representados no processo. Esses litígios estão de tal modo entranhados na vida da sociedade que é difícil elaborar um corte que permita simplificar a realidade para fazer com que ela caiba nos estreitos limites de um processo judicial que, espera-se, chegará ao fim um dia. Em razão dessas características, os litígios irradiados têm o mais elevado grau de complexidade e conflituosidade de todos os tipos propostos. Por esse motivo, o processo deve buscar reconstruir a multiplicidade de interesses e pontos de vista do contexto social que se pretende resolver pela via jurisdicional.

No bojo da ação o Ministério Público Federal (MPF), pede-se a condenação das empresas para repararem integralmente o dano socioambiental provocado pelo rompimento da Barragem de Fundão, observados determinados parâmetros mínimos para tanto: (a) a adotarem medidas de compensação em valores não inferiores a quatro bilhões e cem milhões de reais; (b) a indenizarem a coletividade pelo tempo em que ficou inviabilizada de desfrutar do meio ambiente equilibrado; (c) a indenizarem a coletividade pelo dano moral coletivo; (d) a repararem integralmente os danos socioeconômicos e humanos; (e) condenação da União, os Estados de MG e ES e as empresas rés a recuperação ambiental e indenização aos povos indígenas e comunidades tradicionais atingidos; (f) ressarcimentos dos gastos públicos, destinação de importes ao apoio e fortalecimentos das unidades de conservação; (g) criação da Reserva de Desenvolvimentos Sustentável da Foz do Rio Doce; (h) desenvolvimento de outras atividades econômicas na região que promovam a diminuição de sua dependência com relação à indústria mineraria; condenação da União, Estados de MG e ES e as empresas rés a recuperarem as demais áreas de APP da Bacia Hidrográfica do Rio Doce e as suas demais nascentes; (i) condenação das empresas rés a manterem, em fundo privado próprio, sob gestão própria e fiscalização por auditoria independente capital nunca inferior a 100% das despesas para os 12 meses subsequentes e constituírem garantias suficientes ao valor integral da reparação dos danos.

Há ainda a ação conjunta da Advocacia Geral da União, Procuradoria Geral do Estado do Espírito Santo e Advocacia Geral do Espirito Santo, além dos pedidos de recomposição econômico e social, requereram medidas de indenização que envolve os danos ambientais.

Nesse sentido, em novembro de 2015, após o evento danoso, foi proposto um Termo de Compromisso Socioambiental Preliminar (TCSA)

7. COMO FUNCIONA O PRINCÍPIO DA CORRELAÇÃO NO DIREITO DOS DESASTRES?

pelo Ministério Público do Estado do Espírito Santo (MP/ES), Ministério Público Federal (MPF) e Ministério Público do Trabalho (MPT) em desfavor da Samarco Mineração S.A., pois como as lides judiciais tem uma demora excessiva, e por se tratar de um caso complexo, naquele momento era necessário medidas que atenderiam a população de forma imediata, assim meios extrajudiciais para estabelecer obrigações e dar celeridade e com isso abrandar os impactos da tragédia. Dentre tantas necessidades, era necessário o galgamento dos efluentes na barragem de Santarém sobre os municípios de Baixo Guandu, Colatina, Marilândia e Linhares. Não havia completado um mês, e houve o primeiro termo aditivo ampliando o seu objeto, pois viu-se a necessidade de garantir a adoção de medidas para a manutenção de renda e resguardar as pessoas que possuíam trabalhos vinculados ao Rio Doce atingidas pela lama.

Diversos foram os infortúnios no decorrer das ações que a Samarco deveria realizar, entre os objetos do acordo estava ainda o fornecimento de água potável ao município de Colatina-Es que era abastecido exclusivamente pelo Rio Doce. Após sete dias de abastecimento a empresa informou que cessaria a distribuição na cidade, com base em uma decisão judicial. Nessa situação, os Ministérios Públicos Federal (MPF/ES), do Trabalho (MPT /ES) e do Estado do Espírito Santo (MP/ES) obtiveram judicialmente decisão onde obrigou a Samarco a continuar o fornecimento de água na cidade.

A Samarco por diversas vezes tentou se eximir de cumprir com o mínimo estabelecido, cumprindo em diversos momentos sob a pressão de ser penalizada através de multas milionárias, deixando claro a sua indiferença com os atingidos por aquela tragédia.

Enfim, como bem pontua Edilson Vitorelli[7] diante da extensão dos danos decorrentes do desastre ocorrido em Mariana/MG, seria rigorosamente recomendável o mais amplo debate para a solução negociada da controvérsia, por meio da realização de audiências públicas, com a participação dos cidadãos, da sociedade civil organizada, da comunidade científica e dos representantes dos interesses locais envolvidos, a exemplo das autoridades municipais. Não há dúvidas de que o processo coletivo

---

[7] VITORELLI, Edilson. De quem é o meio ambiente? Parâmetros para um modelo de tutela jurisdicional adequada a luz da teoria dos litígios coletivos. Revista de Processo Comparado. vol. 8/2018. p. 251-297. Jul – Dez / 2018.

brasileiro avançou muito nos últimos 30 anos, mas também parece certo que, no ponto em que se encontra atualmente, não será capaz de dar resposta aos novos desafios com o qual é confrontado.

3. Estabilização da demanda e seus elementos

Marcelo Pacheco Machado[8] entende que a demanda é um ato singular para o processo civil, importando a instauração do mecanismo estatal de resolução de controvérsias e a delimitação de seu objeto litigioso, da matéria que será objeto da tutela jurisdicional, a ser potencialmente concedida por meio do processo. Os sentidos da expressão "demanda", embora em grande parte relacionado ao fenômeno processual, é dizer: *(i)* por qual meio se demanda, *(ii)* o que se demanda, ou *(iii)* quem demanda ou é demandado.

No que tange a fase inicial do procedimento quando ajuizada a ação será citado o réu, e o objeto litigioso, por força da lei, se estabiliza, não podendo o autor alterá-lo livremente. No entanto, havendo anuência do réu, é permitido ao requerente, até o saneamento do processo, aditar ou alterar o pedido ou a causa de pedir.

A estabilização da demanda está ligada à imutabilidade de seus elementos, quais sejam: as partes, pedido e causa de pedir. O autor tem o dever de observar que em determinado momento é vedado qualquer modificação dos itens anteriormente mencionados. O direito brasileiro, adota o modelo rígido sobre essa questão, não autorizando a modificação dos meios objetivos após o saneamento do processo.

É possível que ao ser proposta a demanda e instaurado o processo, haja alguma modificação subjetiva ou objetiva. Os casos de modificação subjetiva são aqueles em que, autorizada por lei, ocorre a sucessão processual, conforme preceitua o art. 108, NCPC. Já o art. 329 do mesmo diploma, disciplina a estabilidade objetiva da demanda.

Antes da citação é possível o autor acrescentar um pedido sem consentimento do demandado, sendo que as custas processuais correrão por sua conta em razão dessa iniciativa. Pode ainda, acrescentar uma nova causa de pedir ao processo, com o consentimento da outra parte, poderá adicionar ao processo até o saneamento um novo pedido ou causa de pedir.

---

[8] MACHADO, Marcelo Pacheco. A correlação no processo civil: relações entre demandas e tutela jurisdicional. Salvador: JusPodivm, 2015. p. 195.

7. COMO FUNCIONA O PRINCÍPIO DA CORRELAÇÃO NO DIREITO DOS DESASTRES?

Leciona THEODORO JÚNIOR[9] da citação decorre, portanto, a estabilização do processo graças à litispendência (art. 240), a lide exposta pelo autor, na inicial, passa a ser o objeto do processo; e ocorre fixação tanto de seus elementos objetivos como subjetivos. As partes, também, se estabilizam após a citação, e não se substituem, a não ser nos casos expressamente previstos em lei"[10].

A dificuldade da flexibilização dos pedidos ao longo do processo possui como fundamento preservar a segurança jurídica e, principalmente, o devido processo legal, contraditório e a ampla defesa. Marcelo Abelha Rodrigues[11] esclarece que, se no curso do processo se admitisse inovações no pedido ou causa de pedir, teríamos um sério problema em relação à justiça da decisão, já que teria sido desrespeitado o contraditório, o que poderia comprometer a própria legitimação da sentença.

O contraditório poderia ser descumprido com a alteração de pedidos pelo autor no decorrer do processo. Se o réu já ofereceu sua resposta e o autor pretende alterar o seu pedido. Ou se a produção de provas tivesse ocorrido, e o pedido é modificado. Como exercer o contraditório? Verificando tais hipóteses o legislador impediu a modificação após o saneamento do processo, garantindo, assim, o contraditório e a ampla defesa, ambos princípios constitucionais, assegurados no artigo 5º, LV da Constituição Federal.

Nelson Nery Júnior[12] observa a importância dos princípios e, em particular, o Princípio do Contraditório ao afirmar:

> "O princípio do contraditório, além de constituir fundamentalmente em manifestação do princípio do estado de direito, tem íntima ligação com o da igualdade das partes e o do direito de ação, pois o texto constitucional, ao garantir aos litigantes o contraditório e a ampla defesa, quer significar

---

[9] THEODORO JÚNIOR, H. Curso de Direito Processual Civil – Teoria geral do direito processual civil, processo de conhecimento e procedimento comum – vol. I. 57a. ed. Rio de Janeiro: Forense, 2016. p. 721.
[10] Ibidem, 2016. p. 722.
[11] Abelha, Marcelo. Manual de direito processual civil. 6.ª ed. rev., atual. e ampl. – Rio de Janeiro: Forense, 2016. p. 113.
[12] NERY JUNIOR, Nelson. Código de Processo Civil comentado. Nelson Nery Junior, Rosa Maria de Andrade Nery. 3. ed. São Paulo: Thomson Reuters Brasil, 2018. p. 209.

que tanto o direito de ação quanto o direito de defesa são manifestações do princípio do contraditório".

O entendimento de Rui Portanova[13] sobre o Princípio da Estabilização é traduzido por uma necessidade dentro da Ciência Processual, como forma de garantia do devido processo legal:

> "A inquietação do princípio da substanciação em evitar a mudança dos fatos narrados (*mutatio libelli*) não é sem razão. Vale lembrar que a causa de pedir e o pedido vão interessar não só na adequada formação do processo em geral e do contraditório em especial. Visa, ainda, assegurar a instrução probatória e evitar surpresas sentenciais".

A necessidade da imutabilidade objetiva da demanda, não pode ser um princípio absoluto. Na maioria das vezes os processos têm um extenso lapso temporal de tramitação e, em diversas situações, podem surgir fatos novos e o processo for de todo inflexível, a sentença do juiz não poderá ter o alcance da tutela pretendida. A necessidade de a sentença ter congruência com o pedido inicial sofre limitações.

O legislador se deparou com a possibilidade de no decorrer da marcha processual surgir algum fato superveniente, que influi ou possa influir no julgamento da lide posta em juízo, verificando a necessidade de amenizar a rigidez dos princípios mencionados, trazendo ao contexto a flexibilização.

Através do artigo 493 do CPC de 2015, anteriormente capitulado no art. 462 do Código de 1973, foi apresentada a possibilidade de o juiz considerar algum fato que visa constituir, modificar ou extinguir o direito posto que possa influir no julgamento da lide. A lei dispõe que caberá ao juiz considerar, de ofício ou a requerimento do interessado, a situação exposta no momento de proferir a decisão. O artigo não aponta expressamente sobre a alteração do pedido ou da causa de pedir, mas a adequação da sentença a uma nova situação fática.

Sobre o fato superveniente à propositura da ação Teresa Wambier[14] dispõe que são duas verdades aparentemente opostas: a sentença deve

---

[13] PORTANOVA, Rui. Princípios do processo civil. Porto Alegre: Livraria do Advogado, 1997, p. 135.
[14] WAMBIER, Teresa Arruda Alvim. Primeiros comentários ao novo código de processo civil: artigo por artigo. 2º. ed. rev., atual e ampl. São Paulo: Ed. Revista dos Tribunais, 2016, p. 882.

ser proferida como se o tivesse sido no momento em que o autor moveu a ação. A distância entre o momento da propositura e o da decisão não deve representar prejuízo para aquele que tem direito. Por outro lado, há o princípio da atualidade, consubstanciado no artigo 493 do CPC. Se os fatos se alterarem no curso da demanda, de molde a influir no teor da decisão, deve o juiz os levar em conta, para decidir. A decisão que desconsiderar estes fatos, capazes de mudar o rumo do processo e o troe da própria decisão, deve ser considerada omissa[15].

Imperioso destacar que na exposição de motivos do novo CPC um dos escopos principais destaca-se "criar condições para que o juiz possa proferir decisão de forma mais rente à realidade fática subjacente à causa".

Nessa linha, o art.139 flexibiliza o procedimento permitindo a atuação de acordo com a realidade do processo com o fito de garantir a tutela do direito. Incumbir ao juiz a promoção de alteração nos prazos processuais e na ordem de produção da prova, de forma a melhor adequá-los às necessidades do caso concreto, sempre com o objetivo de buscar maior efetividade. Essa regra está em prefeita consonância com a que permite às partes pactuar alterações no procedimento comum, de modo a torná--lo mais apropriado para a espécie de questão de direito material de que trate o contrato ou, em juízo, o litígio. A ideia é obter do processo o maior rendimento possível, para as partes e para todo o enorme espectro de interesses mediatos envolvidos, sejam do próprio Judiciário, de ver solucionado mais um caso, sejam da sociedade, que daquela solução poderá extrair parâmetros de conduta[16].

3.1. A flexibilização da estabilização da demanda

Humberto Theodoro Júnior[17] leciona sobre outro instituto da flexibilização da demanda trazida pelo novo Código, a negociação processual capitulada no art. 190, que altera o procedimento, a fim de adequá-lo às necessidades e conveniências do caso. Assim, não há motivo razoável para que a alteração do pedido, consentida por ambas as partes, seja recusada

---

[15] Ibidem, 2016, p. 883.
[16] Ibidem, 2016, p. 302.
[17] THEODORO JÚNIOR, H. Curso de Direito Processual Civil – Teoria geral do direito processual civil, processo de conhecimento e procedimento comum – vol. I. 57a. ed. Rio de Janeiro: Forense, 2016. p. 802.

apenas pelo fato de já se achar saneado o processo. O problema pode ser equacionado pelo regime do art. 190, deixando de lado a limitação do art. 329, II, se as circunstâncias o aconselharem. As regras processuais são extremamente funcionais, justificando-se por finalidades a serem alcançadas. Se a finalidade do limite do saneamento do processo é evitar o tumulto e o retrocesso procedimentais, e se tais inconvenientes não se fazem presentes, nada impede que a alteração do pedido seja acatada com base no art. 190, mesmo que isto aconteça depois do saneamento.

Sobre o instituto do negócio jurídico processual é importante esclarecer que pode ter por objeto causas que versem sobre direitos que admitam autocomposição. Neste ponto, há de se destacar importante observação: não devem ser confundidos os direitos que admitem autocomposição com os direitos disponíveis. Não são, definitivamente expressões sinônimas. Direitos que admitem autocomposição perfazem categoria jurídica mais ampla que os direitos disponíveis: dentre os primeiros, com efeito, podem existir direitos disponíveis e, também, direitos indisponíveis[18].

A flexibilização da estabilização da demanda é no sentido de a decisão judicial corresponder à lide no momento da conclusão da discussão, e não quando petição inicial foi apresentada. Como dito alhures, entre a petição inicial e a sentença, há um lapso temporal extenso em que os fatos podem ter sofrido alterações.

O acesso à justiça funciona como a principal garantia do cidadão para a prestação jurisdicional. Quando alguém tem a necessidade de buscar pelo Judiciário, quer valer seu direito frente a uma situação conflituosa, ou seja, busca-se por justiça. Para que isso seja viável e de fato assegurar o direito a quem pleiteia, o Estado deve assegurar que, no processo, sejam garantidas o que a Constituição estipulou como garantias mínimas quanto ao acesso à justiça.

O processo deve ser um instrumento eficaz, mas para isso acontecer, deve o autor ter uma resposta efetiva e em tempo razoável a crise enfrentada, podendo alterar elementos conforme a necessidade do trâmite processual, sem que isso venha ferir a ampla defesa e o contraditório. A impossibilidade de alteração dos elementos objetivos da demanda enfraquece as garantias constitucionais do acesso à justiça.

---

[18] WAMBIER, Teresa Arruda Alvim. Primeiros comentários ao novo código de processo civil: artigo por artigo. 2º. ed. rev., atual e ampl. São Paulo: Ed. Revista dos Tribunais, 2016, p. 402.

Entende-se que a reforma processual no que tange a possibilidade de alteração é medida necessária e útil para a solução dos litígios.

Portanto, a efetividade e a devida prestação jurisdicional não pode ser limitada pelo procedimento, devendo o magistrado analisar se a flexibilização realmente soluciona os conflitos trazendo justiça ao caso concreto.

4. Como funciona o princípio da correlação no direito dos desastres?

O princípio da congruência ou da correlação entre ação e sentença funda-se, também, em outro princípio, segundo o qual a intervenção do Estado, para realizar os interesses individuais tutelados pelo direito material, depende da vontade do particular, que é titular do interesse; e, evidentemente, só cabe à parte provocar o exercício da função jurisdicional para realizar um interesse seu, tutelado; cabe a ela, também, invocar, na petição inicial ou na contestação, um fato jurídico de que crê decorrer seu direito, preparando os elementos aptos a convencer o juiz[19].

Marcelo Abelha Rodrigues[20] entende que a regra da estabilização da demanda é extremamente importante, pois tem o condão de preservar a segurança jurídica e, especialmente, o contraditório e a ampla defesa das partes. Todavia, no direito ambiental deve ser analisado de uma maneira diversa ao modelo clássico. O bem ambiental é altamente instável, possuindo uma sensibilidade tal que pequenas variações de espaço e tempo podem alterar sobremaneira uma situação jurídica ambiental. Uma pequena alteração de um fator ambiental — como a água, o ar, o clima, o vento, a pressão, etc. — pode trazer inúmeras variações para o equilíbrio ecológico, causando enorme prejuízo ao meio ambiente.

Considerando ainda a sua essencialidade à vida, e também porque o bem ambiental é ubíquo — comunica-se sem fronteiras —, é muito importante que, quando se pretenda levar a juízo a tutela jurisdicional do ambiente, o processo não seja uma ferramenta que engesse a proteção ambiental, isto é, é deveras importante que o processo, como técnica e método de realização de direitos, seja capaz de se mostrar maleável

---

[19] WAMBIER, Teresa Arruda Alvim. Primeiros comentários ao novo código de processo civil: artigo por artigo. 2ª. ed. rev., atual e ampl. São Paulo: Ed. Revista dos Tribunais, 2016, p. 306.
[20] RODRIGUES, Marcelo Abelha. Processo Civil Ambiental. Salvador: Juspodivm, 2016, p. 172-183.

o suficiente — respeitados os limites do devido processo legal — para permitir uma tutela jurisdicional ambiental justa e efetiva.

O autor pontua que não adianta[21] — considerando a instabilidade do bem ambiental — o sistema processual oferecer técnicas de tutela que não acompanhem essa exigência imperiosa do meio ambiente? A estabilidade da demanda do processo civil clássico não se coaduna com a instabilidade do bem ambiental.

Por isso, o princípio processual da estabilidade da demanda deve ser revisitado quando se estiver diante de uma lide ambiental. Como já explorado anteriormente, a análise do pedido e da causa de pedir nas demandas de natureza ambiental deve ser realizada por um ângulo diverso do que aquele usualmente explorado no processo civil clássico.

Quando no bojo da demanda o pedido é relacionado a bens altamente instáveis, como é o meio ambiente, não é possível a aplicação da estabilização da demanda. Via de regra, um destrate ambiental reclama uma proteção imediata, célere e efetiva, a proteção jurisdicional deve ser capaz de acompanhar as eventuais modificações que o bem ambiental poderá sofrer no decorrer do processo, pois, a natureza como dito anteriormente é instável, gerando alterações que poderiam comprometer a regra da estabilidade da demanda.

Marcelo Abelha[22] exemplifica da seguinte maneira a instabilidade ambiental, basta imaginar a hipótese de ter sido formulado um pedido de reflorestamento de uma área indevidamente desmatada: quando a demanda chega ao seu final, a área desmatada tornou-se ou já era maior do que a que havia sido delimitada pelo pedido inicialmente, mas no momento da propositura da demanda não era possível delimitá-la com alguma segurança. Claro que nesta hipótese, se o pedido não puder ser interpretado extensivamente, haverá uma injustiça sem precedentes, já que se estará impondo à coletividade a necessidade de buscar uma nova tutela para debelar apenas uma extensão um pouco maior daquela mesma crise jurídica. Enfim, dever-se-ia admitir, e definir, que nas lides ambientais o pedido sempre será interpretado extensivamente, sem que disso resulte qualquer violação do princípio processual da congruência

---

[21] Ibidem, 2016, p. 174.
[22] RODRIGUES, Marcelo Abelha. Processo Civil Ambiental. Salvador: Juspodivm, 2016, p. 492.

ou da estabilidade da demanda. Assim, quando a lide tem como discussão central matéria ambiental, as portas da proteção jurisdicional deverão ser amplas para não impedir medidas importantes para o reestabelecimento ou ao menos a tentativa de recuperar o bem tutelado.

Nas lides ambientais o pedido sempre será interpretado extensivamente, sem que disso resulte qualquer violação do princípio processual da congruência ou da estabilidade da demanda.

Luiz Guilherme Marinoni[23], defende a mitigação do princípio da congruência entre o pedido e a sentença trazida pelo Código de Processo Civil, entende que deve haver a releitura do referido princípio para a efetiva tutela dos direitos:

> "Essa proibição tinha que ser minimizada para que o juiz pudesse responder à sua função de dar efetiva tutela aos direitos. Melhor explicando, essa regra não poderia mais prevalecer, de modo absoluto, diante das novas situações de direito substancial e da constatação de que o juiz não pode mais ser visto como um 'inimigo', mas como representante de um Estado que tem consciência que a efetiva proteção dos direitos é fundamental para a justa organização social".

Já decidiu o Superior Tribunal de Justiça que, em decorrência do princípio do poluidor-pagador, pode o juiz determinar medidas necessárias à recuperação do ambiente, ainda que não haja pedido expresso na petição inicial. É o que se vê do julgado a seguir, veiculado no Informativo n. 445:

> "PROCESSUAL CIVIL E AMBIENTAL — (...) — APLICAÇÃO DO PRINCÍPIO DO POLUIDOR PAGADOR. (...)
> 3. O STJ alberga o entendimento de que o pedido não deve ser extraído apenas do capítulo da petição especificamente reservado aos requerimentos, mas da interpretação lógico-sistemática das questões apresentadas pela parte ao longo da petição.
> 4. De acordo com o princípio do poluidor-pagador, fazendo-se necessária determinada medida à recuperação do meio ambiente, é lícito ao julgador determiná-la mesmo sem que tenha sido instado a tanto. 5. Recurso especial

---

[23] MARINONI, Luiz Guilherme. Técnica Processual e Tutela dos Direitos. 3ª edição. São Paulo: Ed. RT. 2010. p. 105.

parcialmente conhecido e não provido" (STJ, 2ª Turma, REsp 967.375/RJ, rel. Min. Eliana Calmon, DJ 20-9-2010)".[24]

Após alguns anos, o entendimento do STJ caminha para a continuidade da preservação do meio ambiente e não admite a ocorrência de julgamento extra petita quando há situações reflexas a degradação do bem ambiental.

Interessante, ainda, é constatar que, no mesmo STJ, tem sido adotada a possibilidade de que as sentenças nas ações civis públicas revistam-se de caráter de maior generalidade, não devendo especificar todas as medidas que devem ser adotadas para a recuperação da área degradada.

> "PROCESSO CIVIL E AMBIENTAL. AÇÃO CIVIL PÚBLICA. RESPONSABILIDADE POR DANOS AMBIENTAIS. MATA CILIAR AO REDOR DO RESERVATÓRIO HIDRELÉTRICO DE SALTO SANTIAGO. ÁREA DE PRESERVAÇÃO PERMANENTE. DANOS AMBIENTAIS. REFLORESTAMENTO. VIOLAÇÃO DO ART. 535 DO CPC. NÃO OCORRÊNCIA. JULGAMENTO EXTRA PETITA (...).
>
> Consoante jurisprudência pacificada nesta Corte, o pedido inicial deve ser interpretado em consonância com a pretensão deduzida na exordial como um todo, levando em conta todos os fatos e fundamentos jurídicos presentes, de modo que o acolhimento da pretensão extraída da interpretação lógico-sistemática da peça inicial não implica julgamento extra petita. No caso dos autos, relevante destacar que se trata de provimento liminar para a efetivação do pedido principal contido na Ação Civil Pública, qual seja, reflorestamento da mata ciliar, de modo que a determinação de que se promovam ações reflexas à sua efetivação não pode ser classificada como julgamento extra petita, mormente quando se infere da cautela do magistrado singular que a medida seja efetivada da maneira menos onerosa ao réu, consoante destacado nas razões do acórdão.(AgRg no REsp 1434797 / PR AGRAVO REGIMENTAL NO RECURSO ESPECIAL 2013/0395471-7. Ministro HUMBERTO MARTINS. SEGUNDA TURMA. 17/05/2016)".[25]

---

[24] BRASILIA. Superior Tribunal de Justiça. Recurso Especial n. 967.375/RJ, rel. Min. Eliana Calmon, Brasília 20 de set. de 2010. < https://scon.stj.jus.br/SCON/jurisprudencia/doc.jsp>. Acesso em: 27 de novembro. 2019.

[25] BRASILIA. Superior Tribunal de Justiça. Agravo Regimental em Recurso Especial n. 1434797/PR, rel. Min. Humberto Martins, Brasília 17 de maio. de 2016. < https://scon.stj.jus.br/SCON/jurisprudencia/doc.jsp>. Acesso em: 27 de novembro. 2019.

7. COMO FUNCIONA O PRINCÍPIO DA CORRELAÇÃO NO DIREITO DOS DESASTRES?

O Superior Tribunal Federal ratifica o entendimento do STJ sobre impossibilidade de julgamento extra petita quando se enfrenta questões de dano ambiental, devendo ser interpretado de forma ampla para a preservação e recuperação da área degradada.

> "Trata-se de recurso extraordinário interposto contra acórdão do Superior Tribunal de Justiça, assim ementado: "PROCESSO CIVIL E AMBIENTAL. AÇÃO CIVIL PÚBLICA. RESPONSABILIDADE POR DANOS AMBIENTAIS. MATA CILIAR AO REDOR DO RESERVATÓRIO HIDRELÉTRICO DE SALTO SANTIAGO. ÁREA DE PRESERVAÇÃO PERMANENTE. DANOS AMBIENTAIS. REFLORESTAMENTO. VIOLAÇÃO DO ART. 535 DO CPC. NÃO OCORRÊNCIA. JULGAMENTO EXTRA PETITA. INEXISTÊNCIA. ART. 6º, §§ 2º E 3º, DA LEI DE INTRODUÇÃO ÀS NORMAS DO DIREITO BRASILEIRO. NÃO VIOLAÇÃO. NOVO CÓDIGO FLORESTAL. IRRETROATIVIDADE. PRECEDENTES. 1. Não se verifica a alegada violação do art. 535 do CPC/73, pois a prestação jurisdicional foi dada na medida da pretensão deduzida, conforme se depreende da análise do acórdão recorrido, que se debruçou na análise da legislação de regência. (...)3. Consoante jurisprudência pacificada nesta Corte, o pedido inicial deve ser interpretado em consonância com a pretensão deduzida na exordial como um todo, levando em conta todos os fatos e fundamentos jurídicos presentes, de modo que o acolhimento da pretensão extraída da interpretação lógico-sistemática da peça inicial não implica julgamento extra petita. 4. No caso dos autos, relevante destacar que se trata de provimento liminar para a efetivação do pedido principal contido na Ação Civil Pública, qual seja, reflorestamento da mata ciliar, de modo que a determinação de que se promovam ações reflexas à sua efetivação não pode ser classificada como julgamento extra petita, mormente quando se infere da cautela do magistrado singular que a medida seja efetivada da maneira menos onerosa ao réu, consoante destacado nas razões do acórdão. (RE 1055475, Relator(a): Min. ROBERTO BARROSO, julgado em 02/04/2019, publicado em PROCESSO ELETRÔNICO DJe-086 DIVULG 25/04/2019 PUBLIC 26/04/2019)".[26]

---

[26] BRASILIA. Superior Tribunal Federal. Recurso Extraordinário n. 1055475, rel. Min. Roberto Baroso, Brasília de abr. de 2019. < http://stf.jus.br/portal/jurisprudencia/listarJurisprudencia.asp?s1=%28%281055475%2 ENUME%2E+OU+1055475%2EDMS%2 E%29% 29+NAO+S%2EPRES%2E&base=base Monocraticas&url=http://tinyurl. com/w33ntcg>. Acesso em: 27 de novembro. 2019.

Destarte, a tutela jurisdicional ambiental reclama a necessidade de se dar uma mobilidade ao pedido e à causa de pedir. Não se pode, evidentemente, permitir uma causa de pedir aberta, de forma a admitir ou legalizar surpresas fáticas, porque o prejuízo aí seria *in re ipsa* para a defesa. Todavia, para evitar o desperdício de atividade jurisdicional, permitindo que seja adequada à realidade fática alterada no curso do processo — algo, repitamos, comum no processo ambiental —, deve ser admitido que, a requerimento da parte interessada, mesmo depois do despacho saneador, porém antes da sentença, seja alterado o pedido ou a causa de pedir, concedendo à parte adversária o direito ao contraditório e à ampla defesa em prazo suficiente para a oferta e a prova das exceções que entenda necessárias[27].

A formação do processo depende de um ato da parte, de natureza postulatória. Somente a demanda, permite retirar o Estado de sua posição de inércia, autorizando-o a investigar a ocorrência de determinados fatos. Esta autorização para agir, atuar e prestar a tutela jurisdicional é em todos os momentos condicionados ao pleno respeito ao contraditório e à ampla defesa[28].

Em decorrência do princípio dispositivo, há dever de congruência (adstrição do juiz ao pedido), imposto ao órgão jurisdicional, de decidir a lide nos limites identificados a partir da pretensão do autor e da resistência do réu, o que se conhece como princípio da correlação (ou princípio da congruência), entre o pedido e a sentença. É consequência do princípio dispositivo que as limitações quanto ao poder decisório do juiz, para a causa, sejam estipuladas pelo autor, pela pretensão deduzida em juízo, e pelo réu, pela defesa que tiver oferecido no caso concreto, assim como pelas provas, produzidas pelas partes, que constem dos autos a respeito de tais alegações.

Por óbvio, vale destacar que em respeito ao princípio da cooperação, não pode o juízo surpreender a parte ampliando o pedido inicial da demanda sem que antes sinalize aos litigantes a sua intenção, dando-lhes, assim, a oportunidade e os meios de oferecer suas defesas.

---

[27] RODRIGUES, Marcelo Abelha. Processo Civil Ambiental. Salvador: Juspodivm, 2016, p. 493.
[28] MACHADO, Marcelo Pacheco. A correlação no processo civil: relações entre demandas e tutela jurisdicional. Salvador: JusPodivm, 2015. p. 200.

7. COMO FUNCIONA O PRINCÍPIO DA CORRELAÇÃO NO DIREITO DOS DESASTRES?

As regras processuais são ativas e agem de forma funcional, há uma finalidade a ser alcançada. Se o saneamento do processo tem por fim evitar prejuízos e tumulto processual, e se tais situações não se encontram naquele momento, não há impedimento legal para a alteração do pedido seja acatada com fundamento no art. 190, mesmo depois do saneamento.

No que tange ao caso em comento, ou seja, a correlação no direito dos desastres, o princípio da congruência ou da correlação entre sentença e o pedido não é absoluto, comporta exceções que precisam ser verificadas de acordo com a lei e o caso concreto; o que se pretende é o resultado útil e prático do processo, que deve entregar ao autor a tutela jurisdicional adequada e, de acordo com as necessidades do pedido, podendo ser ampliada em alguns casos.

As técnicas processuais devem se adequar ao caso concreto não impedindo que desastres como o de Mariana, um litígio que alcança diversos grupos fique engessado por conta do procedimento. Como bem preceitua Vitorelli[29], a complexidade do litígio irradiado deve ser refletida no processo, pela adaptação das técnicas processuais que permitam a obtenção de decisões que progressivamente satisfaçam aspectos da demanda, atendendo primeiramente aos subgrupos mais intensamente lesados.

Em suma, à medida que a jurisdição se desenvolve, a mutabilidade da realidade determinará a readequação das decisões anteriores, sua extensão ou sua restrição, de forma que a execução dos provimentos impactará na reconfiguração do conhecimento do objeto litigioso. Vitorelli entende que o caráter policêntrico dos litígios irradiados exige a pluralização do diálogo processual como condição para uma solução que dê conta de todos os elementos do problema (apud FLETCHER, p. 645).

Conclusões

A tragédia ocorrida em de novembro de 2015, foi considerado um dos maiores desastres ambientais do Brasil – desastre de Mariana onde está localizada a bacia do Rio Doce. O rompimento da barragem da Samarco deixou sequelas irreversíveis para toda a população que dependia de forma direta e indireta do Rio Doce.

---

[29] VITORELLI, Edilson. De quem é o meio ambiente? Parâmetros para um modelo de tutela jurisdicional adequada a luz da teoria dos litígios coletivos. Revista de Processo Comparado. vol. 8/2018. p. 251-297. Jul-Dez /2018.

Diante desse fato algumas ressalvas em relação ao regramento processual são necessárias, pois a tutela dos direitos difusos e coletivos devem ser observadas de forma ampla, uma vez que o bem jurídico ambiental é instável e pode sofrer alterações durante a tramitação processual.

Uma das contribuições do presente artigo é no sentido de que, a partir do conhecimento dos aspectos básicos do processo civil relativos ao meio ambiente e por meio do abrandamento das regras procedimentais, é possível melhorar a defesa da sociedade, garantido a efetiva tutela do direito pleiteado.

A estabilização do processo que se reflete na imutabilidade subjetiva e objetiva da demanda tem como escopo a segurança jurídica durante a marcha processual, mas tal instituto deve ser revisitado a fim de ser flexibilizado para que o litígio possa ser resolvido de forma célere e efetiva. A dificuldade da flexibilização dos pedidos ao longo do processo possui como fundamento a preservação do devido processo legal, do contraditório e da ampla defesa.

O abrandamento da estabilização da demanda é no sentido de a decisão judicial corresponder à lide no momento da conclusão da discussão, e não quando a petição inicial foi apresentada. Entre a petição inicial e a sentença, há um lapso temporal extenso em que os fatos podem ter sofrido alterações. É fundamental mencionar que a estabilidade da demanda do processo civil clássico não se coaduna com a instabilidade do bem ambiental, pois as modificações vão ocorrendo e a sentença deve abranger todos os pedidos que constam na exordial e aqueles supervenientes, pois o que se almeja é uma satisfação efetiva do objeto pleiteado.

As Cortes brasileiras pacificaram o entendimento que as ações reflexas exaradas em sentença relacionadas aos pedidos insculpidos no pedido original não traduzem julgamento extra petita, pois a questão é relacionada a preservação e recuperação do meio ambiente que deve ter interpretação ampla, não violando princípio processual da congruência ou da estabilidade da demanda.

Não se vislumbra neste momento analisar de forma ampla todo o caso envolvendo a mineradora Samarco tendo em vista a sua complexidade. Procura-se atentar para o emprego dos instrumentos jurídicos com a finalidade de minimizar o sofrimento das pessoas envolvidas direta e indiretamente no litígio, notadamente as mais necessitadas. Como visto o desastre ocasionado pela Samarco é classificado por Vitorelli como litígio de difusão irradiada, que tem como características central a incidência do dano sobre inúmeros indivíduos nos mais variados níveis e formas. Por isso a necessidade de observar o instrumento jurídico utilizado.

Por fim, é importante maior interesse pelo direito ambiental, tanto pela coletividade quanto do poder público, para o desenvolvimento de medidas para a mitigação dos danos e reconstrução das áreas afetadas, com o objetivo da preservação das presentes e futuras gerações.

Referências

ABELHA, Marcelo. Manual de direito processual civil. 6.ª ed. rev., atual. e ampl. – Rio de Janeiro: Forense, 2016.

ARENHART, Sérgio Cruz. Processos estruturais no direito brasileiro: reflexões a partir do Caso da ACP do Carvão. In: GRINOVER, Ada Pellegrini; WATANABE, Kazuo; COSTA,

Susana Henriques da. O processo para solução de conflitos de interesse público. Salvador: JusPodivm, 2017.

BONDIOLI, L. G. A. In: WAMBIER, T. A. A. Breves comentários ao novo Código de Processo Civil. São Paulo: Editora Revista dos Tribunais, 2015.

BRASIL. Código de Processo Civil. Disponível em: <http://www.planalto.gov.br/ccivil_03/_ato2015-2018/2015/lei/l13105.htm.> Acesso em: 26 nov.2019.

BRASIL. Instituto Brasileiro do Meio Ambiente e dos Recursos Naturais Renováveis (IBAMA). Laudo técnico preliminar: impactos ambientais decorrentes do desastre envolvendo o rompimento da barragem de Fundão, em Mariana, Minas Gerais. Disponível em: <http://www.ibama.gov.br/phocadownload/barragemdefundao/laudos/laudo_tecnico_preliminar_Ibama.pdf>. Acesso em: 26 nov.2019.

BRASILIA. Superior Tribunal de Justiça. Recurso Especial n. 967.375/RJ, rel. Min. Eliana Calmon, Brasília 20 de set. de 2010. < https://scon.stj.jus.br/SCON/jurisprudencia/doc.jsp>. Acesso em: 27 de novembro. 2019.

BRASILIA. Superior Tribunal de Justiça. Agravo Regimental em Recurso Especial n. 1434797/PR, rel. Min. Humberto Martins, Brasília 17 de maio. de 2016. < https://scon.stj.jus.br/SCON/jurisprudencia/doc.jsp>. Acesso em: 27 de novembro. 2019.

BRASILIA. Superior Tribunal Federal. Recurso Extraordinário n. 1055475, rel. Min. Roberto Baroso, Brasília de abr. de 2019. <http://stf.jus.br/portal/jurisprudencia/listar Jurisprudencia.asp?s1=%28%281055475%2ENUME%2E+OU+1055475%2EDMS%2E%229+NAO+S%2EPRES%2E&base=baseMonocraticas&url=http://tinyurl.com/w33ntcg>. Acesso em: 27 de novembro. 2019.

BUENO, Cassio Scarpinella, Novo CPC anotado, 2015, ed. Saraiva.

CABRAL, Antonio do Passo; ZANETI JR., Hermes. Entidades de infraestrutura específica para a resolução de conflitos coletivos: as claims resolution facilities e sua aplicabilidade no Brasil. Revista de Processo, v. 287, jan/2019, p. 445-483.

CAMBI, E., e outros. Curso de Processo Civil Completo. São Paulo: RT, 2016.

MARINONI, L.G., ARENHART, S. C., e MITIDIERO, D. Novo curso de processo civil: teoria do processo civil, volume 1. São Paulo: Editora Revista dos Tribunais, 2015.

DIDIER Jr., Fredie. Curso de Direito Processual Civil. Introdução ao Direito Processual Civil, parte geral e processo de conhecimento. v.1. Salvador: JusPodivm, 2016.

FERREIRA, Simone Raquel Batista. Desastre no Vale do Rio Doce – Antecedentes, impactos e ações sobre a destruição: Marcas da colonialidade do poder no conflito entre a mineradora Samarco, os povos originários e comunidades tradicionais do Rio Doce. Rio de Janeiro: Folio Digital: Letra e Imagem, 2016.

MACHADO, Marcelo Pacheco. A correlação no processo civil: relações entre demandas e tutela jurisdicional. Salvador: JusPodivm, 2015.

MARINONI, Luiz Guilherme; ARENHART, Sérgio Cruz. Comentários ao Código de Processo Civil: (arts. 294 ao 333) In: MARINONI, Luiz Guilherme; ARENHART, Sérgio Cruz; MITIDIERO, Daniel. *Coleção comentários ao Código de Processo Civil*; v. IV. 2. ed. – São Paulo : Thomson Reuters Brasil, 2018.

MARINONI, Luiz Guilherme. Técnica Processual e Tutela dos Direitos. 3ª edição. São Paulo: ed. RT. 2010.

MINAS GERAIS. Tribunal Regional Federal da 1ª Região. Ação Civil Pública 0023863-07.2016.4.01.3800, em curso ante o juízo da 12ª Vara Federal da Seção Judiciária de Minas Gerais. Disponível em: <https://processual.trf1.jus.br/consulta-Processual/processo.php?proc= 238630720164013800>Acesso em: 26 nov.2019.

NERY JUNIOR, Nelson. Código de Processo Civil comentado. Nelson Nery Junior, Rosa Maria de Andrade Nery. 3. ed. São Paulo: Thomson Reuters Brasil, 2018.

ORGANON, Núcleo de Estudo, Pesquisa e Extensão em Mobilizações Sociais. Impactos Socioambientais no Espírito Santo da ruptura da barragem de rejeitos da Samarco- Relatório preliminar. Novembro/dezembro. Mimeo. 2015. Disponível em: https://issuu. com/organon2016/docs/relat__rio_preliminar_de_impactos_s. Acesso em 27 novembro de 2019.

PASSARINHO, Nathalia. Tragédia com barragem da Vale em Brumadinho pode ser a pior no mundo em 3 décadas. Disponível em: https://www.bbc.com/portuguese/brasil-47034499. Acesso em: 02 de junho de 2019.

PORTANOVA, Rui. Princípios do processo civil. Porto Alegre: Livraria do Advogado, 1997.

RODRIGUES, Marcelo Abelha. Processo Civil Ambiental. Salvador: Juspodivm, 2016.

SOUZA, Jadir Cirqueira de. Ação Civil pública ambiental. São Paulo. Ed. Pilares, 2005. p.143.

THEODORO JÚNIOR, H. Curso de Direito Processual Civil – Teoria geral do direito processual civil, processo de conhecimento e procedimento comum – vol. I. 57a. ed. Rio de Janeiro: Forense, 2016.

VITORELLI, Edilson. Tipologia dos litígios transindividuais: um novo ponto de partida para a tutela coletiva. In: ZANETI JR., Hermes (Org.). Repercussões do Novo CPC: Processo Coletivo. Salvador. Juspodivm, 2016.

VITORELLI, Edilson. De quem é o meio ambiente? Parâmetros para um modelo de tutela jurisdicional adequada a luz da teoria dos litígios coletivos. Revista de Processo Comparado. vol. 8/2018. p. 251 – 297. Jul – Dez /2018.

WAMBIER, Teresa Arruda Alvim. Primeiros comentários ao novo código de processo civil: artigo por artigo. 2º. ed. rev., atual e ampl. São Paulo: Ed. Revista dos Tribunais, 2016.

III
LEGITIMIDADE E COMPETÊNCIA

8. Legitimação no processo coletivo: análise dos legitimados no caso *Apple*

Jéssica Santos Nunes Sampaio

1. O Litígio Coletivo

Neste capítulo, tem-se o objetivo de analisar quem são os legitimados no processo coletivo. O estudo se concentrará na averiguação da ação coletiva n. 0700899-55.2018.8.07.0001/DF, proposta pelo Instituto Brasileiro de Política e Direito da Informática (IBDI), em face da APPLE COMPUTER BRASIL LTDA.

Melhor delineando, a ação objeto do presente estudo cuida de "Ação Coletiva Indenizatória e de Obrigação de Fazer", proposta pelo IBDI com o objetivo de obter condenação da empresa ré ao pagamento de indenização por dano moral coletivo, sob a alegação de que a *Apple* teria causado prejuízo aos seus consumidores por meio de prática de obsolescência programada, devendo a empresa, além de indenizar à coletividade, ser condenada a realizar substituição dos aparelhos afetados por novos.

Em seus fundamentos, a referida associação preconiza que, nos termos da Lei 7.347/85[1], a Ação Civil Pública se mostra como instrumento

---

[1] BRASIL. *Lei n. 7.347, de 24 de julho de 1985*. Disciplina a ação civil pública de responsabilidade por danos causados ao meio-ambiente, ao consumidor, a bens e direitos de valor artístico, estético, histórico, turístico e paisagístico (VETADO) e dá outras providências. Disponível em: <http://www.planalto.gov.br/ccivil_03/Leis/L7347orig.htm>. Acesso em: 2 jan. 2020.

processual que visa a respaldar o interesse difuso e coletivo[2], bem como o interesse do consumidor.

A autora sustenta a existência de reiterada prática de obsolescência programada, conduta caracterizada pela decisão do fornecedor, de maneira intencional, de lançar novos produtos no mercado em um curto espaço de tempo, o que acaba por tornar o modelo anterior defasado e, por conseguinte, obrigar o consumidor a adquirir o modelo mais recente[3]. O lançamento da atualização do sistema operacional (IOS 10.2.1) para os proprietários dos aparelhos iPhones 6, 6 Plus, 6s, 6s Plus, iPhone SE e de iPhones 7 e 7 Plus teria sido prejudicial, eis que os *smartphones* ficaram com a capacidade reduzida, situação cabalmente demonstrada por meio do *software Geekbench*[4].

Ademais, o impacto da suposta prática comercial abusiva também foi motivo de ações coletivas e individuais em outros países. As primeiras ações foram ajuizadas nos Estados Unidos. Em todas as ações os consumidores alegam que a Apple, de maneira ardilosa, deteriorou o desempenho dos aparelhos antigos no intuito de forçar os consumidores a adquirirem os aparelhos recém lançados[5].

---

[2] BRASIL. *Lei n. 7.347, de 24 de julho de 1985*. Art. 1º Regem-se pelas disposições desta Lei, sem prejuízo da ação popular, as ações de responsabilidade por danos morais e patrimoniais causados: (...) ll – ao consumidor;

[3] "Entende-se como obsolescência programada a decisão de reduzir a vida útil de produtos, de forma que este se torne obsoleto e seja descartado, induzindo o consumidor a comprar novamente para satisfazer o fetichismo do consumismo exacerbado". EFING, Antônio Carlos; CAVALCANTE SOARES, Alexandre Araújo; DE PAIVA, Leonardo Lindroth. *Reflexões sobre o tratamento jurídico da obsolescência programada no Brasil: implicações ambientais e consumeristas*. Novos Estudos Jurídicos (UNIVALI), v. 21, p. 1266, 2016. p. 03.

[4] Assim: *iPhone 11 Pro deixa Androids para trás em primeiro teste de desempenho*. Disponível em: <https://olhardigital.com.br/noticia/iphone-11-pro-deixa-androids-para-tras-em-primeiro--teste-de-desempenho/90265>. Acesso em 2 jan. 2020. Do mesmo modo: *Iphone 12.3*. Disponível em: <https://browser.geekbench.com/v4/cpu/14601046>. Acesso em 12 jan. 2020.

[5] Assim: publicada na Revista Exame em 04.11.17, acessível em: https://exame.abril.com.br/negocios/a-receita-da-apple-rumo-ao-trilhao-dedolares. Acesso 12 jan.2020. reportagem publicada em 01.05.17, que faz referência a outra reportagem originalmente publicada no jornal Wall Street Journal, que analisou relatórios fiscais da Apple, chegando à conclusão de que suas reservas (dinheiro acumulado e aplicado em fundos, disponível para investimento) supera a casa dos 250 bilhões de dólares. A reportagem está acessível em: https://www.thebrief.com.br/mercado/116256-ryca-apple-teriaus-250-bilhoes-fundos--reserva.htm. Acesso em 12.jan.2020. acessível em: http://g1.globo.com/tecnologia/

8. LEGITIMAÇÃO NO PROCESSO COLETIVO: ANÁLISE DOS LEGITIMADOS NO CASO *APPLE*

Para o Instituto Brasileiro de Política e Direito da Informática a *Apple* afrontava um princípio norteador das relações de consumo, previsto no artigo 4º da legislação consumerista[6], qual seja: o *respeito à dignidade do consumidor*, caracterizada pela prática comercial abusiva[7] e violação ao princípio da boa-fé objetiva[8].

Após o recebimento da petição inicial, o Ministério público solicitou sua habilitação aos autos na qualidade e litisconsorte ativo, bem como apresentou aditamento a petição inicial, documento em que requereu, além da indenização pleiteada, condenação da requerida em se abster de utilizar mecanismos que afetem a capacidade de aparelhos que já se encontram no mercado.

Depois do deferimento do pedido do Ministério Público para habilitação nos autos como litisconsorte ativo, observou-se o primeiro ponto de tensão em relação aos legitimados ativos que deveriam compor a demanda, eis que o instituto autor opôs embargos de declaração em que alegou contradição em face do deferimento da habilitação, sob a alegação de que Ministério Público não pode figurar como parte autora e fiscal da ordem jurídica concomitantemente.

A embargante fundamenta suas razões com base na literalidade do que se encontra disposto no § 3º do artigo 5º da Lei n. 7.347/85[9]. Para a

---

noticia/2011/10/historia-da-apple-epermeada-por-acoes-judiciais-com-empresas.html. Acesso em 12.jan.2020.

[6] BRASIL. *Lei n. 8.078/90, de 11 de setembro de 1990*. Art. 4º A Política Nacional das Relações de Consumo tem por objetivo o atendimento das necessidades dos consumidores, o respeito à sua dignidade, saúde e segurança, a proteção de seus interesses econômicos, a melhoria da sua qualidade de vida, bem como a transparência e harmonia das relações de consumo, atendidos os seguintes princípios: (...).

[7] Nesse sentido é o rol exemplificativo de cláusulas abusivas previsto no artigo 39 da Lei 8.078/90. Art. 39. É vedado ao fornecedor de produtos ou serviços, dentre outras práticas abusivas: (...).

[8] BRASIL. *Lei n. 8.078/90, de 11 de setembro de 1990*. Artigo 4.º (...) III – harmonização dos interesses dos participantes das relações de consumo e compatibilização da proteção do consumidor com a necessidade de desenvolvimento econômico e tecnológico, de modo a viabilizar os princípios nos quais se funda a ordem econômica (art. 170, da Constituição Federal), sempre com base na boa-fé e equilíbrio nas relações entre consumidores e fornecedores.

[9] BRASIL. *Lei n. 7.347, de 24 de julho de 1985*. Art. 5º Têm legitimidade para propor a ação principal e a ação cautelar: (...) § 3º Em caso de desistência infundada ou abandono da ação por associação legitimada, o Ministério Público ou outro legitimado assumirá a titularidade ativa.

recorrente o MP só assumirá a titularidade da ação coletiva por força de desistência voluntária ou abandono injustificado por parte da entidade autora.

Em sede de contrarrazões[10] o Ministério Público apontou que sua participação na demanda na qualidade de legitimado ativo visa a amparar o direito dos consumidores, bem como propiciar uma defesa ampliada, no intuito de combater as supostas abusividades praticadas pelo fornecedor.

Outro ponto suscitado pelo *parquet* em defesa de sua legitimidade ativa foi a menção ao artigo 179, inciso II do CPC[11], no sentido de que a redação do referido artigo elenca *medidas processuais pertinentes*[12] que poderão ser tomadas pelo Ministério Público.

Ao analisar as razões apresentadas pelo instituto e pelo Ministério Público[13] o magistrado registrou a inexistência de omissão, contradição ou obscuridade em face da decisão que acolheu o pedido de habilitação do *parquet* e finalizou prelecionando que *o ingresso do Ministério Público no polo ativo da demanda decorre do exercício de sua função institucional prevista no artigo 129, inciso III, da Constituição Federal*[14] [15].

O segundo ponto de tensão em relação à composição do polo ativo da demanda se deu com o pedido de habilitação, por parte do PROCON/DF, que alegou, em síntese: *legitimação concorrente* estatuída pelo artigo 82 do CDC[16], bem como requereu que a ação fosse declinada a uma das Varas de Fazenda Pública.

---

[10] Ação civil Pública nº 0700899-55.2018.8.07.0001 contrarrazões de ID 8420266.

[11] BRASIL. *Lei 13.105, de 16 de março de 2015*. Art. 179. Nos casos de intervenção como fiscal da ordem jurídica, o Ministério Público: (...) II – poderá produzir provas, requerer as medidas processuais pertinentes e recorrer.

[12] *Idem*.

[13] Ação civil Pública nº 0700899-55.2018.8.07.0001 Decisão de ID 8420270.

[14] BRASIL. *Constituição da República Federativa Brasileira de 1988 (CRFB/1988)*. Artigo 129 – São funções institucionais do Ministério Público: (...) III – promover o inquérito civil e a ação civil pública, para a proteção do patrimônio público e social, do meio ambiente e de outros interesses difusos e coletivos;

[15] Ação civil Pública nº 0700899-55.2018.8.07.0001 decisão 8420270 pg. 2.

[16] BRASIL, *Lei n. 8.078, de 11 de setembro de 1990*. Artigo 82 – Art. 82. Para os fins do art. 81, parágrafo único, são legitimados concorrentemente: I – o Ministério Público; II – a União, os Estados, os Municípios e o Distrito Federal; III – as entidades e órgãos da Administração

O Ministério Público se manifestou contra o pedido de habilitação realizado por parte do órgão de defesa do consumidor no sentido de elencar uma série de prejuízos, dentre eles: (i) a alteração do juízo competente; (ii) a duração razoável do processo; e o (iii) comprometimento a rápida solução do litígio.[17] O magistrado decidiu indeferir o ingresso do PROCON/DF na figura de litisconsorte ativo.

O terceiro ponto de tensão se encontra na defesa apresentada pela *Apple* que, além de requerer a total improcedência da demanda, de maneira a combater a matéria de fato e de direito que envolve o caso concreto, suscitou, em sede de preliminar, a ilegitimidade ativa da instituição autora (IBDI).

A empresa requerida sustenta que a legitimação da associação para representar seus membros e associados em juízo depende de autorização expressa, conforme artigo 5º, XXI, da Constituição Federal[18]. Posicionamento balizado em sede de repercussão geral no RE 573232[19] e que será abordado com mais ênfase nos capítulos seguintes.

2. O Processo

Conforme já delineado acima, a Ação Civil Pública progrediu judicialmente perante o juízo da 9ª Vara Cível de Brasília. Após concluso para sentença o juízo julgou o mérito antecipadamente nos termos do artigo

---

Pública, direta ou indireta, ainda que sem personalidade jurídica, especificamente destinados à defesa dos interesses e direitos protegidos por este código; IV – a associação legalmente constituída há pelo menos um ano e que incluam entre seus fins institucionais a defesa dos interesses e direitos protegidos por este código, dispensada a autorização assemblear.

[17] Ação civil Pública nº 0700899-55.2018.8.07.0001 ID 8420375 página 02.

[18] CRFB/1988. Artigo 5.º – (...) XXI – as entidades associativas, quando expressamente autorizadas, têm legitimidade para representar seus filiados judicial ou extrajudicialmente;

[19] (...) Ao dar provimento ao Recurso Extraordinário (RE) 573232, o Plenário reafirmou a jurisprudência da Corte no sentido de que não basta permissão estatutária genérica, sendo indispensável que a autorização seja dada por ato individual ou em assembleia geral. O caso teve repercussão geral reconhecida e a decisão servirá de base para os casos semelhantes sobrestados nas demais instâncias (...). Disponível em: http://www.stf.jus.br/portal/cms/verNoticiaDetalhe.asp?idConteudo=266753&caixaBusca=N. Acesso 12.jan.2020.

355, I, do CPC[20], sob o argumento de ser o magistrado o destinatário final da prova — artigo 370 do CPC[21].

Em primeira análise, quanto à matéria de direito, o magistrado *a quo* abordou as preliminares referentes aos legitimados para compor o polo ativo da Ação Civil Pública.

Veja-se trecho da sentença[22]: "acolho a preliminar de ilegitimidade ativa da associação; rejeito a preliminar de ilegitimidade do Ministério Público (...)."

Para enfrentar a matéria referente à legitimidade *ad causam* o julgador fez uma brevíssima análise em relação ao direito de ação sob o fundamento de que este decorre do direito de obter do Judiciário a solução de um litígio, de modo até mesmo a substituir a vontade das partes.[23]

Mais à frente, o magistrado assevera que para o exercício pleno do direito de ação algumas condições devem ser preenchidas, quais sejam: legitimidade *ad causam*, interesse de processual e, por fim, possibilidade jurídica do pedido[24].

Ato seguinte, passa à análise da legitimidade da associação para a propositura de Ação Civil Pública:

> No que tange à legitimidade da associação para a propositura de ação civil coletiva voltada à defesa de interesses difusos e coletivos, "os interessados ligam-se entre si pela necessidade da proteção de direitos que interessam à coletividade como um todo, independentemente da identificação dos indivíduos", razão pela qual a tutela desses direitos há de se dar, ante a sua transindividualidade e indivisibilidade, de forma coletiva, tratando--se, a previsão constante do art. 5º, "a" e "b", da Lei da Ação Civil Pública e do artigo 82, IV, do Código de Defesa do Consumidor, de hipótese de legitimação ordinária coletiva estabelecida em lei e não de legitimação

---

[20] BRASIL. *Lei n. 13.105, de 16 de março de 2015*. CPC. Art. 355. O juiz julgará antecipadamente o pedido, proferindo sentença com resolução de mérito, quando: I – não houver necessidade de produção de outras provas;

[21] *Idem*. Art. 370. Caberá ao juiz, de ofício ou a requerimento da parte, determinar as provas necessárias ao julgamento do mérito.

[22] Ação civil Pública nº 0700899-55.2018.8.07.0001 sentença ID 8420586 – pág 03

[23] Ação civil Pública nº 0700899-55.2018.8.07.0001 sentença ID 8420586 – pág 03

[24] Ação civil Pública nº 0700899-55.2018.8.07.0001 da sentença 8420586.

extraordinária, em que o legitimado coletivo atua em nome próprio, mas em defesa de direitos pertencentes a uma coletividade humana, no caso, de seus associados, prevista no art. 5º, XXI, da Constituição Federal e que, segundo a Corte Constitucional, exige a autorização específica e expressa dos associados, individualmente ou mediante assembleia.[25]

O acolhimento da preliminar também foi baseado no Recurso Extraordinário 573.232/SC[26], que em regime de repercussão geral restou por reconhecer a ilegitimidade *ad causam* de associações quanto aos pedidos relativos a direitos individuais homogêneos.

Em relação a pretensa ilegitimidade ativa do Ministério Público, esta foi rejeitada com fundamento no artigo 127 da Constituição Federal[27] e artigos 81 e 82 do Código de Defesa do Consumidor,[28] levando em consideração que nas relações consumeristas sempre haverá relevância

---

[25] Ação civil Pública nº 0700899-55.2018.8.07.0001 sentença id 8420586 – pág 04.
[26] Ação civil Pública nº 0700899-55.2018.8.07.0001 acordão nº 1196721.
[27] BRASIL. *CRFB/1988*. Art. 127. O Ministério Público é instituição permanente, essencial à função jurisdicional do Estado, incumbindo-lhe a defesa da ordem jurídica, do regime democrático e dos interesses sociais e individuais indisponíveis.
[28] BRASIL, *Lei 8.078/90*. Art. 81. A defesa dos interesses e direitos dos consumidores e das vítimas poderá ser exercida em juízo individualmente, ou a título coletivo. Parágrafo único. A defesa coletiva será exercida quando se tratar de: I – interesses ou direitos difusos, assim entendidos, para efeitos deste código, os transindividuais, de natureza indivisível, de que sejam titulares pessoas indeterminadas e ligadas por circunstâncias de fato; II – interesses ou direitos coletivos, assim entendidos, para efeitos deste código, os transindividuais, de natureza indivisível de que seja titular grupo, categoria ou classe de pessoas ligadas entre si ou com a parte contrária por uma relação jurídica base; III – interesses ou direitos individuais homogêneos, assim entendidos os decorrentes de origem comum. Art 82. Para os fins do art. 100, parágrafo único, são legitimados concorrentemente: Art. 82. Para os fins do art. 81, parágrafo único, são legitimados concorrentemente: I – o Ministério Público, II – a União, os Estados, os Municípios e o Distrito Federal; III – as entidades e órgãos da Administração Pública, direta ou indireta, ainda que sem personalidade jurídica, especificamente destinados à defesa dos interesses e direitos protegidos por este código; IV – as associações legalmente constituídas há pelo menos um ano e que incluam entre seus fins institucionais a defesa dos interesses e direitos protegidos por este código, dispensada a autorização assemblear. § 1º O requisito da pré-constituição pode ser dispensado pelo juiz, nas ações previstas nos arts. 91 e seguintes, quando haja manifesto interesse social evidenciado pela dimensão ou característica do dano, ou pela relevância do bem jurídico a ser protegido.

social a permitir a atuação do MP, conforme também delineado na súmula 601 do STJ.[29]

Depois de superadas as preliminares referentes à legitimidade o magistrado acabou por julgar o pedido improcedente.

Isso porque no entender do magistrado não houve violação ao Código de Defesa do Consumidor, sob a justificativa de que a evolução tecnológica a cada dia modifica e cria novas ferramentas e métodos produtivos.

Na convicção do julgador, as atualizações não configuram ofensa ao artigo 37 nem tão pouco ao artigo 12 (ambos do CDC[30]), pois o fabricante, ao lançar um novo produto, estaria contribuindo para o avanço tecnológico. Ademais, em relação aos consumidores que tiveram seus aparelhos atingidos por uma suposta queda de desempenho quanto ao uso da bateria, a estes foi facultada a substituição da bateria por um valor mais baixo.

Em face da sentença, o IBDI opôs embargos de declaração, oportunidade em que alegou, em síntese, a existência de contradição ante o julgamento antecipado da lide sem a devida intimação das partes para especificar provas. Também arguiu omissão quanto à análise dos argumentos apresentados que consubstanciavam sua legitimidade.

O julgador rejeitou os embargos de declaração sob a justificativa de ausência de vícios materiais a serem corrigidos. Anotou, além disso, a taxatividade do artigo 1.022[31] do CPC.

---

[29] Superior Tribunal de Justiça. *Enunciado sumular n. 601* – O Ministério Público tem legitimidade ativa para atuar na defesa de direitos difusos, coletivos e individuais homogêneos dos consumidores, ainda que decorrentes da prestação de serviço público.

[30] BRASIL, *Lei n. 8.078/90*. Art. 37. É proibida toda publicidade enganosa ou abusiva. § 1º É enganosa qualquer modalidade de informação ou comunicação de caráter publicitário, inteira ou parcialmente falsa, ou, por qualquer outro modo, mesmo por omissão, capaz de induzir em erro o consumidor a respeito da natureza, características, qualidade, quantidade, propriedades, origem, preço e quaisquer outros dados sobre produtos e serviços. § 2º É abusiva, dentre outras a publicidade discriminatória de qualquer natureza, a que incite à violência, explore o medo ou a superstição, se aproveite da deficiência de julgamento e experiência da criança, desrespeita valores ambientais, ou que seja capaz de induzir o consumidor a se comportar de forma prejudicial ou perigosa à sua saúde ou segurança. § 3º Para os efeitos deste código, a publicidade é enganosa por omissão quando deixar de informar sobre dado essencial do produto ou serviço.

[31] BRASIL. Lei n. 13.105/2015. *CPC*. Art. 1.022. Cabem embargos de declaração contra qualquer decisão judicial para: I – esclarecer obscuridade ou eliminar contradição; II

Insatisfeitos com a sentença prolatada, o Ministério Público, bem como o IBDI, interpuseram Recurso de Apelação e em seguida a *Apple Computer* apresentou Recurso Adesivo.

Dentre as razões recursais apresentadas, o presente estudo se concentrará apenas nas matérias que versam sobre a legitimidade ativa da associação, quais sejam:

O IBDI sustenta que o precedente citado na sentença fundamentando sua ilegitimidade para propor a demanda não se aplica ao caso em análise. Para o instituto se faz necessária a distinção entre a o instituto da representação e da substituição processual. Alega em síntese que sua atuação na qualidade de substituto processual, em nome próprio, na defesa de direito alheio, não necessita de autorização expressa de seus substituídos. Segundo o instituto o precedente do Supremo Tribunal Federal se refere as ações coletivas em que a associação autora atue como representante processual, ou seja, defendendo interesses individuais de cada uma delas.[32]

Após a análise do litígio coletivo se mostra necessário um estudo mais aprofundado quanto à legitimidade *ad causam* com base nos seguintes pontos controvertidos que se encontram entre os institutos da representação processual e da substituição processual.

3. A literatura sobre o caso

Indispensável à função jurisdicional, o processo é a forma pela qual a jurisdição se opera.

Para que seja possível tratar da relação controversa no caso concreto, qual seja, a legitimidade ativa, é preciso delinear alguns pontos relativos aos pressupostos processuais e as condições da ação no direito processual civil pátrio.

Conforme doutrina já consolidada, os pressupostos processuais são requisitos de existência e validade da relação jurídica processual que

---

– suprir omissão de ponto ou questão sobre o qual devia se pronunciar o juiz de ofício ou a requerimento; III – corrigir erro material. Parágrafo único. Considera-se omissa a decisão que: I – deixe de se manifestar sobre tese firmada em julgamento de casos repetitivos ou em incidente de assunção de competência aplicável ao caso sob julgamento; II – incorra em qualquer das condutas descritas no art. 489, § 1º.

[32] Ação civil Pública nº 0700899-55.2018.8.07.0001 acordão nº 1196721.

antecedem as condições da ação, de forma a viabilizar o julgamento do mérito.[33]

O Código de Processo Civil de 1973 sofreu grandes influências pela doutrina de Liebman, que anotou como condições genéricas da ação a legitimidade das partes, o interesse processual e a possibilidade jurídica do pedido[34].

Ocorre que Liebman alterou sua teoria de forma a reduzir as condições da ação apenas para o interesse de agir e a legitimidade, pois a possibilidade jurídica do pedido estaria integrada no interesse processual.[35]

Desta forma, nos termos do artigo 17 do Código de processo Civil vigente: *para postular em juízo é necessário ter interesse e legitimidade*[36].

Para Fredie Didier Jr[37]:

> Não há mais razão para o uso, pela ciência do processo brasileira, do conceito 'condições da ação'. A legitimidade ad causam e o interesse de agir passarão a ser explicados com suporte no repertório teórico dos pressupostos processuais. A legitimidade e o interesse passarão, então, a constar da exposição sistemática dos pressupostos processuais de validade: o interesse, como pressuposto de validade objetivo extrínseco; legitimidade, como pressuposto de validade subjetivo relativo às partes.

O interesse de agir está atrelado ao resultado útil do processo ao demandante. Já a legitimidade consiste em identificar a pessoa a quem

---

[33] SCHIAVI, Mauro. *O Novo Código de Processo Civil e os pressupostos processuais e as condições da ação – impactos no processo do trabalho*. Disponível em: <https://www.trt7.jus.br/escolajudicial/arquivos/files/busca/2015/O_novo_CPC_e_os_pressupostos_processuais_e_condicoes_da_acao.pdf>. Acesso em: 20 dez. 2019.

[34] MAGGIO, Marcelo Paulo. *Condições da ação: com ênfase à ação civil pública para a tutela dos interesses difusos*. 2. ed. Curitiba: Juruá, 2007, p. 65.

[35] SCHIAVI, Mauro. Op. Cit., p. 7.

[36] BRASIL. *Lei n. 13.105, de 16 de março de 2015. Código de Processo Civil*. Disponível em: <http://www.planalto.gov.br/ccivil_03/_ato2015-2018/2015/lei/l13105.htm>. Acesso em 20 dez. 2019

[37] DIDIER JÚNIOR, Fredie. *Curso de direito processual civil*. 17ª ed., [rev., ampl. e atual.]. Salvador: JusPodivm, 2015, p. 306.

pertence o interesse de agir[38]. Ou seja, o ajuste entre a situação jurídica afirmada perante o órgão jurisdicional e a situação que a lei prediz caracterizam a legitimidade da parte[39].

Ocorre que em determinadas situações a legitimidade pode ser conferida a outras pessoas, não necessariamente titulares do conflito, mas que irão perseguir a defesa de um direito alheio.

Nesta esteira, a legitimidade ordinária resta configurada pelo concurso entre a titularidade do direito material e a legitimidade de atuação na causa, ao contrário do que se observa na legitimação extraordinária[40].

Nelson Nery Junior e Rosa Maria de Andrade Nery[41] advertem que essa dicotomia entre legitimado ordinário e extraordinário só se aplica no campo do direito individual. A rigor, no processo coletivo o legislador legitimará pessoa, órgão ou entidade a conduzir o processo judicial no qual se pretende proteger o direito difuso e coletivo[42].

Para Fredie Didier Jr[43] a legitimidade *ad causam* consiste em classificá-la como legitimação ordinária ou extraordinária. A legitimação ordinária pode ser assim classificada quando observada relação entre o legitimado e as situações que serão aportadas ao Judiciário, em defesa de direito próprio em juízo.

---

[38] SCHIAVI, Mauro. *Apud* DIDIER, Fredie. *In: Manual de direito processual civil.* v. 1. 3ª ed. São Paulo: Malheiros: 2005, p. 208.

[39] MAGGIO, Marcelo Paulo. Op. Cit 70.

[40] FERRAZ, Cristina. Legitimidade da Defensoria Pública na Ação Civil Pública à luz do acesso à justiça. *REVISTA DIREITO E JUSTIÇA: REFLEXÕES SOCIOJURÍDICAS*, [S.l.], v. 13, n. 20, p. 35-52, ago. 2013. ISSN 21782466. Disponível em: <http://srvapp2s.santoangelo.uri.br/ seer/index.php/direito_e_justica/ article/view/1115>. Acesso em: 3 jan. 2020. *Apud.* NERY JUNIOR, Nelson. *Código de Processo Civil comentado e legislação processual civil extravagante.* São Paulo: RT, 2010.

[41] FERRAZ, Cristina. *Apud* NERY JUNIOR, Nelson. *Código de Processo Civil comentado e legislação processual civil extravagante* / Rosa Maria de Andrade Nery. São Paulo: RT, 2010, p. 190.

[42] *Ibidem.*

[43] DIDIER JR., Fredie. *Fonte normativa da legitimação extraordinária no novo Código de processo civil: a legitimação extraordinária de origem negocial.* Revista eletrônica [do] Tribunal Regional do Trabalho da 9ª Região, Curitiba, volume 4, n. 39, p. 2, dez. 2019.

Nas palavras de Araken de Assis[44]: "a regra geral da legitimidade somente poderia residir na correspondência dos figurantes do processo como os sujeitos da lide".

Já na legitimação extraordinária, a situação legitimadora não guarda relação com a questão jurídica que será analisada pelo magistrado[45]. *In verbis*: "na legitimação extraordinária confere-se a alguém o poder de conduzir processo que versa sobre direito do qual não é titular ou do qual não é titular exclusivo"[46].

Nos termos do artigo 18 do Código de processo Civil vigente[47], a legitimação extraordinária se trata de medida excepcional e decorre de autorização do ordenamento jurídico. Já a legislação processual anterior, Lei n. 5.869, de 11 de janeiro de 1973, em seu artigo 6º atribuía a legitimação extraordinária à necessidade de previsão em lei.[48] Para a professora Teresa Arruda Alvim, em decorrência do princípio da legalidade o artigo 18 do CPC é impreciso[49].

Em relação ao caso concreto, e em se tratando de processo coletivo, o rol de legitimados para propositura das ações coletivas encontra-se

---

[44] DIDIER JR., Fredie. *Apud* ASSIS, Araken de. "Substituição processual". *Revista Dialética de Direito Processual*. São Paulo: Dialética, 2003, n. 09, p. 12.

[45] DIDIER JR., Fredie. *Op cit*, p. 138.

[46] *Idem*.

[47] BRASIL. *Lei n. 13.105, de 16 de março de 2016*. Art. 18. Ninguém poderá pleitear direito alheio em nome próprio, salvo quando autorizado pelo ordenamento jurídico. Parágrafo único. Havendo substituição processual, o substituído poderá intervir como assistente litisconsorcial.

[48] DIDIER JR., Fredie. *Apud Código de Processo Civil Comentado*. São Paulo: RT, 1975, vol. 1, p. 426. Nesse sentido, também, NERY Jr., Nelson; NERY, Rosa. *Código de Processo Civil comentado*. 11. ed. São Paulo: RT, 2011, p. 190. 8 "Notas sobre o problema da efetividade do processo". Temas de Direito Processual Civil – terceira série. São Paulo: Saraiva, 1984, p. 33, nota 7. 9 ZANETI Jr., Hermes. "A legitimação conglobante nas ações coletivas: a substituição processual decorrente do ordenamento jurídico". In: Araken de Assis; Eduardo Arruda Alvim; Nelson Nery Jr.; Rodrigo Mazzei; Teresa Arruda Alvim Wambier; Thereza Alvim (Coord.). *Direito Civil e processo: estudos em homenagem ao Professor Arruda Alvim*. São Paulo: Revista dos Tribunais, 2007, p. 859-866. " O NCPC adotou a lição de Arruda Alvim, Barbosa Moreira e Hermes Zaneti Jr. segundo os quais seria possível a atribuição de legitimação extraordinária sem previsão expressa na lei, desde que seja possível identificá-la no ordenamento jurídico, visto como sistema. A inspiração legislativa é clara.

[49] WAMBIER, Teresa Arruda Alvim *et al. Primeiros Comentários ao Novo Código de Processo Civil: artigo por artigo*. 3ª ed. São Paulo: Revista dos Tribunais, 2015, p. 83.

previsto no artigo 5º da LACP⁵⁰ e artigo 82⁵¹ do CDC. Ou seja, ficou a cargo do legislador a definição dos requisitos que devem ser preenchidos pelos legitimados ativos da ação coletiva, incumbindo ao juiz a análise do preenchimento dos requisitos.⁵²

Em se tratando de legitimação extraordinária, esta pode ser compreendida como gênero da qual são espécies a representação e a substituição processual.⁵³

Na representação a parte da demanda é o representado, pois o representante estará em juízo em nome alheio a defender direito de outrem. Ocorre que em determinadas situações o ordenamento apenas confere ao sujeito autorização genérica de representação processual que necessita ser complementada por uma autorização expressa e individualizada.⁵⁴

É o caso das associações, nos termos do artigo 5º, inciso XXI: as entidades associativas só podem atuar na qualidade de representante processual mediante expressa autorização, individual ou assemblear.

Já na substituição processual, aquele que está em juízo defende direito alheio em nome próprio. Isso significa dizer que na substituição processual a parte é o próprio substituto⁵⁵. A substituição processual se trata

---

⁵⁰ BRASIL. *Lei n. 7.347, de 24 de julho de 1985.* Art. 5º Têm legitimidade para propor a ação principal e a ação cautelar: (...) § 3º Em caso de desistência infundada ou abandono da ação por associação legitimada, o Ministério Público ou outro legitimado assumirá a titularidade ativa.

⁵¹ BRASIL, *Lei n. 8.078, de 11 de setembro de 1990.* Art. 82. Para os fins do art. 81, parágrafo único, são legitimados concorrentemente: I – o Ministério Público; II – a União, os Estados, os Municípios e o Distrito Federal; III – as entidades e órgãos da Administração Pública, direta ou indireta, ainda que sem personalidade jurídica, especificamente destinados à defesa dos interesses e direitos protegidos por este código; IV – a associação legalmente constituída há pelo menos um ano e que incluam entre seus fins institucionais a defesa dos interesses e direitos protegidos por este código, dispensada a autorização assemblear.

⁵² NISHI. Luis Fernando. *A legitimidade ativa nas ações coletivas na jurisprudência do Superior Tribunal de Justiça.* Disponível em:<https://www.pucsp.br/tutelacoletiva/download/artigo--a-legitimidade-ativa.pdf>. Acesso em 07 jan. 2020.

⁵³ CAVALCANTI, Marcos de Araújo. O fim da substituição processual nas ações coletivas ajuizadas por associações para a tutela de direitos individuais homogêneos. *Revista de Processo*, v. 257, p. 283-316, 2016. p. 7.

⁵⁴ *Idem*, p. 8.

⁵⁵ *Ibidem*.

de medida excepcional que só será permitida quando prevista no ordenamento jurídico, independentemente de autorização dos substituídos.

4. A teoria na prática: aplicação da literatura ao caso

O objetivo do presente estudo se encontra em discernir, a partir da análise de um caso concreto, acerca da legitimidade das associações nas ações coletivas. Conforme já delineado no tópico anterior, a legitimação via representação e substituição processual não se confundem e devem ser aplicadas visando uma tutela adequada, tempestiva e efetiva.

Com base nos conceitos mencionados no tópico anterior, o questionamento que aparece é o seguinte: Qual a modalidade de legitimação deve ser aplicada ao caso apresentado?

Para responder a esta pergunta não basta recorrer a modalidade que melhor atenda o caso concreto. Deve ser levado em consideração todo um conjunto normas que circundam as ações coletivas e a legitimidade das associações.

A Lei de Ação Civil Pública, por exemplo, estabelece que as associações, com a finalidade de proteger os direitos coletivos, possuem legitimidade para propor ação coletiva, desde que constituídas há pelo menos um ano[56].

Outro requisito encontra-se estatuído no código de defesa do consumidor em seu artigo 82[57] que no que tange defesa de interesses e direitos dos consumidores, dispensou o requisito da autorização assemblear para propositura de ação coletiva, levando em consideração o acesso à tutela jurisdicional.

Ocorre que a necessidade ou não de autorização individual ou expressa foi levada ao Supremo Tribunal Federal (STF), no julgamento do Recurso Extraordinário 573.232/SC, que restou por discutir as seguintes teses:

---

[56] Idem, p. 9.
[57] BRASIL, Lei n. 8.078, de 11 de setembro de 1990. Art. 82. Para os fins do art. 81, parágrafo único, são legitimados concorrentemente: I – o Ministério Público; II – a União, os Estados, os Municípios e o Distrito Federal; III – as entidades e órgãos da Administração Pública, direta ou indireta, ainda que sem personalidade jurídica, especificamente destinados à defesa dos interesses e direitos protegidos por este código; IV – a associação legalmente constituída há pelo menos um ano e que incluam entre seus fins institucionais a defesa dos interesses e direitos protegidos por este código, dispensada a autorização assemblear.

8. LEGITIMAÇÃO NO PROCESSO COLETIVO: ANÁLISE DOS LEGITIMADOS NO CASO *APPLE*

a ausência da necessidade de autorização expressa e individual dos associados para permitir à associação o ajuizamento de ação em defesa de direitos individuais homogêneos; e II) os limites subjetivos da coisa julgada decorrente da decisão judicial e a legitimidade ativa dos associados que não apresentaram autorização individual para, beneficiando-se da procedência do pedido, executarem individualmente o título executivo judicial[58]

Por fim o julgamento do referido recurso concluiu que:

(a) não basta permissão estatutária genérica, sendo indispensável que associação apresente juntamente com a petição inicial a autorização individual dos associados ou a ata de assembleia específica autorizativa do ajuizamento da demanda, assim como a lista nominal dos associados com os respectivos endereços; (b) apenas aqueles associados que tiveram suas autorizações individuais apresentadas na fase do processo de conhecimento serão legitimados para executarem individualmente o título executivo judicial; e (c) caso a associação realize assembleia específica com a finalidade de autorizar o ajuizamento da demanda, a simples apresentação da ata de assembleia, juntamente com a lista nominal e respectivos endereços dos associados, permitirá que estes executem individualmente o título executivo judicial.[59]

Em síntese o STF firmou o entendimento de que é necessária a autorização expressa assemblear ou individual dos associados para legitimar as associações no caso de representação processual. Ocorre que o precedente vem sendo aplicado de maneira inadequada pelo STJ e por outros Tribunais, exigindo autorização até mesmo nos casos de substituição processual, nas ações coletivas que envolvem a defesa dos interesses e direitos dos consumidores.[60]

---

[58] CAVALCANTI, Marcos de Araújo. O fim da substituição processual nas ações coletivas ajuizadas por associações para a tutela de direitos individuais homogêneos. *Revista de Processo*, v. 257, p. 283-316, 2016, p. 3.

[59] *Idem*, p. 7.

[60] ZANETI Jr; Hermes. FERREIRA, Carlos Frederico Bastos; ALVES, Gustavo Silva. A ratio decidendi do precedente STF/RE 573.232/SC: substituição processual v. representação processual. desnecessidade de autorização assemblear nas ações coletivas em defesa ao consumidor. Revista de Direito do Consumidor, São Paulo, v.108, p, 161-187,5016.

E foi com base no RE 573.232/SC que o Tribunal de Justiça do Distrito Federal e dos Territórios (TJDFT) não acolheu a preliminar de legitimidade do Instituto Brasileiro de Política e Direito da Informática, associação devidamente constituída.

Na análise da preliminar o relator considerou que os pedidos da inicial envolvem direitos individuais homogêneos, a exigir, pois, autorização expressa ou assemblear de cada associado, nos termos da jurisprudência do Supremo Tribunal Federal (RE 573.232/SC), julgado em regime de repercussão geral[61].

Para o relator, em que pese o Estatuto Social da parte autora prevê dentre as suas finalidades a proteção aos Direitos do Consumidor, o que de certa forma legitimaria a associação para propor a demanda sem a autorização dos associados, o fato da demanda tratar de direitos individuais homogêneos, nos termos RE 573.232/SC, torna necessário à apresentação de autorização expressa dos associados.

Entretanto, o CDC, em seu artigo 82, IV[62] traz em sua literalidade conclusão diversa, a qual afasta a aplicabilidade do precedente ao caso em análise, uma vez que dispensa a autorização assemblear no que tange a defesa dos interesses e direitos dos consumidores.

Observados tais pontos, percebe-se uma clara tensão entre a aplicabilidade do precedente ao caso analisado, eis que a natureza jurídica da demanda que originou o RE 573.232/SC e a natureza jurídica da ação coletiva proposta pelo IBDI são distintas.

Não se pode negar que ambas as demandas possuem como cerne de sua discussão a modalidade de legitimação ativa por substituição ou representação processual, porém a ação que originou o RE 573.232-SC não envolveu a legitimidade de entidade de defesa do consumidor para propositura de ação coletiva, e sim a ilegitimidade de pessoas físicas para ingressarem na fase de execução sem a necessidade de comprovar vinculo associativo.

---

[61] Acórdão n. 1196721.
[62] BRASIL, Lei n. 8.078, de 11 de setembro de 1990. Art. 82. Para os fins do art. 81, parágrafo único, são legitimados concorrentemente: (...) IV – as associações legalmente constituídas há pelo menos um ano e que incluam entre seus fins institucionais a defesa dos interesses e direitos protegidos por este código, dispensada a autorização assemblear.

8. LEGITIMAÇÃO NO PROCESSO COLETIVO: ANÁLISE DOS LEGITIMADOS NO CASO *APPLE*

O que aconteceu foi que de certa forma a decisão do STF que vem servindo de parâmetro para diversas ações de naturezas distintas, restou por negar a existência do instituto da substituição processual no âmbito das ações coletivas de iniciativa das associações[63].

A *contrário sensu* da doutrina, que possui entendimento majoritário no sentido de afirmar que as associações possuem legitimidade extraordinária na modalidade de substituição processual[64].

Ademais, o texto constitucional, em seu artigo 5º, inciso XXI, é claro no sentido de que as associações defendem, em nome alheio, direito alheio. Nesses casos, mesmo levando em consideração elevado número de representados, não se trata de hipótese de direito coletivo por não se tutelar coletivamente direitos individuais homogêneos[65].

Para José Carlos Barbosa Moreira[66], o legislador constitucional no teor do 5º, inciso XXI da CF trata de uma hipótese típica de substituição processual.

O doutrinador acrescenta que o fenômeno da representação não traz nenhuma novidade ao ordenamento jurídico, pois os associados estariam em juízo agindo individualmente[67]. Podendo concluir que a legitimação

---

[63] CAVALCANTI, Marcos de Araújo. O fim da substituição processual nas ações coletivas ajuizadas por associações para a tutela de direitos individuais homogêneos. *Revista de Processo*, v. 257, p. 283-316, 2016. P. 06

[64] CARVALHO, A. R.. *Substituição Processual no Processo Coletivo: Um instrumento de Efetivação do Estado Democrático de Direito*. 1. ed. São Paulo: Pillares, 2006. v. 1. 318p. Apud Constitucional. Ministério Público. Ação civil pública para proteção do patrimônio público. Art. 129, III, da CF. Legitimação extraordinária conferida ao órgão pelo dispositivo constitucional em referência, hipótese em que age como substituto processual de toda a coletividade e, consequentemente, na defesa de autêntico interesse difuso, habilitação que, de resto, não impede a iniciativa do próprio ente público na defesa de seu patrimônio, caso em que o Ministério Público intervirá como fiscal da lei, sob pena de nulidade da ação (Art. 17, § 4º, da Lei 8.429/92). Recurso não conhecido. (RE 208.790-SP, Tribunal Pleno, rel. Min. Ilmar Galvão, Tribunal Pleno, *DJU* 15.12.2000, p. 105).

[65] CAVALCANTI, Marcos de Araújo. O fim da substituição processual nas ações coletivas ajuizadas por associações para a tutela de direitos individuais homogêneos. *Revista de Processo*, v. 257, p. 283-316, 2016, p. 13.

[66] CARVALHO, A. R.. Substituição Processual no Processo Coletivo: Um instrumento de Efetivação do Estado Democrático de Direito. 1. ed. São Paulo: Pillares, 2006. v. 1. 318p. *Apud* MOREIRA, José Carlos Barbosa. *Ações coletivas na Constituição Federal de 1988*, p. 90.

[67] *Idem.*

na modalidade de representação processual gera uma descaracterização da tutela coletiva, restando presente apenas a figura de um litisconsórcio multitudinário, concentrado em um só representante e com eficácia apenas *inter partes*.[68]

E mesmo levando em consideração que a Constituição Federal só faz referência ao instituto da representação processual, o instituto da substituição processual se encontra previsto na legislação infraconstitucional (artigo 18 do CPC[69]).

Tomando por base a tutela de direitos individuais homogêneos, nos termos do artigo 5º da LACP[70] e artigo 82 do CDC[71], essa somente se dará por intermédio do instituto da substituição processual, sendo dispensada a autorização individual e assemblear por se tratarem de requisitos incompatíveis com a referida modalidade de legitimação extraordinária[72].

O que se pretende esclarecer é que o caso concreto apresenta uma demanda coletiva de consumo, e tais demandas visam uma maior amplitude da tutela adequada, a autorização para legitimação via representação limita a tutela, enquanto a legitimação por substituição é ampla e visa atingir todo o grupo de consumidores afetados e não só os filiados.

---

[68] PARECER PGFN/CRJ Nº 269/2015. Parecer público. Tutela coletiva de pretensões tributárias. Análise pormenorizada acerca da legitimação ativa e limites da eficácia subjetiva da sentença coletiva.

[69] BRASIL. *Lei n. 13.105, de 16 de março de 2016.* Art. 18. Ninguém poderá pleitear direito alheio em nome próprio, salvo quando autorizado pelo ordenamento jurídico. Parágrafo único. Havendo substituição processual, o substituído poderá intervir como assistente litisconsorcial.

[70] BRASIL. *Lei n. 7.347, de 24 de julho de 1985.* Art. 5º Têm legitimidade para propor a ação principal e a ação cautelar: (...)

[71] BRASIL, *Lei n. 8.078, de 11 de setembro de 1990.* Art. 82. Para os fins do art. 81, parágrafo único, são legitimados concorrentemente: I – o Ministério Público; II – a União, os Estados, os Municípios e o Distrito Federal; III – as entidades e órgãos da Administração Pública, direta ou indireta, ainda que sem personalidade jurídica, especificamente destinados à defesa dos interesses e direitos protegidos por este código; IV – a associação legalmente constituída há pelo menos um ano e que incluam entre seus fins institucionais a defesa dos interesses e direitos protegidos por este código, dispensada a autorização assemblear.

[72] CAVALCANTI, Marcos de Araújo. O fim da substituição processual nas ações coletivas ajuizadas por associações para a tutela de direitos individuais homogêneos. *Revista de Processo*, v. 257, p. 283-316, 2016, p. 14.

8. LEGITIMAÇÃO NO PROCESSO COLETIVO: ANÁLISE DOS LEGITIMADOS NO CASO *APPLE*

A modalidade de legitimação adequada em face das ações coletivas que envolvam demandas de consumo também se faz necessária em face da discussão acerca dos limites subjetivos da coisa julgada referente a ação coletiva proposta por entidades associativas, questão posta em discussão no STF através do Recurso Extraordinário 612.043/PR – tema 499[73], eis que existia um grande receio na alteração dos efeitos da tutela coletiva em relação às ações de consumo. Por hora, pelo menos este receio foi superado mantendo os efeitos "erga omnes" e "ultra partes", previstos no artigo 103 do CDC[74].

Para Hermes Zaneti JR.[75] o precedente firmado no RE 573.232/SC merece revisão na sua aplicação por parte dos tribunais, pois restou por tratar sobre os casos de representação processual.

---

[73] Tema 499 STF: Limites subjetivos da coisa julgada referente à ação coletiva proposta por entidade associativa de caráter civil. Disponível em: < http://www.stf.jus.br/portal/jurisprudenciaRepercussao/verProcessoDetalhe.asp?incidente=3864686>. Acesso em 17 jan. 2020

[74] BRASIL, *Lei n. 8.078, de 11 de setembro de 1990.* Art. 103. Nas ações coletivas de que trata este código, a sentença fará coisa julgada:I – erga omnes, exceto se o pedido for julgado improcedente por insuficiência de provas, hipótese em que qualquer legitimado poderá intentar outra ação, com idêntico fundamento valendo-se de nova prova, na hipótese do inciso I do parágrafo único do art. 81;II – ultra partes, mas limitadamente ao grupo, categoria ou classe, salvo improcedência por insuficiência de provas, nos termos do inciso anterior, quando se tratar da hipótese prevista no inciso II do parágrafo único do art. 81;III – erga omnes, apenas no caso de procedência do pedido, para beneficiar todas as vítimas e seus sucessores, na hipótese do inciso III do parágrafo único do art. 81.§ 1º Os efeitos da coisa julgada previstos nos incisos I e II não prejudicarão interesses e direitos individuais dos integrantes da coletividade, do grupo, categoria ou classe.§ 2º Na hipótese prevista no inciso III, em caso de improcedência do pedido, os interessados que não tiverem intervindo no processo como litisconsortes poderão propor ação de indenização a título individual.§ 3º Os efeitos da coisa julgada de que cuida o art. 16, combinado com o art. 13 da Lei nº 7.347, de 24 de julho de 1985, não prejudicarão as ações de indenização por danos pessoalmente sofridos, propostas individualmente ou na forma prevista neste código, mas, se procedente o pedido, beneficiarão as vítimas e seus sucessores, que poderão proceder à liquidação e à execução, nos termos dos arts. 96 a 99.§ 4º Aplica-se o disposto no parágrafo anterior à sentença penal condenatória.

[75] ZANETI Jr; Hermes. FERREIRA, Carlos Frederico Bastos; ALVES, Gustavo Silva. A ratio decidendi do precedente STF/RE 573.232/SC: substituição processual v. representação processual. desnecessidade de autorização assemblear nas ações coletivas em defesa ao consumidor. Revista de Direito do Consumidor, São Paulo, v.108, p, 161-187,5016.

Tem-se, portanto, que a defesa dos direitos individuais homogêneos, sob o prisma da substituição processual, é o que na realidade garante a existência de uma demanda tipicamente coletiva[76].

Conclusões
Fato é que no caso concreto verificou-se o reconhecimento da ilegitimidade da Associação sob a ótica do Recurso Extraordinário RE 573.232/SC o que de certa forma cria empecilhos a tutela do direito coletivo e acesso à justiça.

A distinção entre os institutos da substituição processual e representação processual é um assunto que vem movimentando os tribunais e os juristas. Antes mesmo de falecer a doutrinadora Ada Pellegrini Gringover trocou e-mails com a Associação Nacional para defesa da Cidadania Meio Ambiente e Democracia (Amarbrasil), afirmando que o "Direito coletivo brasileiro não foi adotada a técnica do "opt-in", afirmou Ada Pellegrini".[77]

A jurista pretendia se habilitar, na qualidade de *amicus curie*, em uma demanda judicial na qual fazia parte do polo ativo a própria Amarbrasil sob a seguinte alegação:

> "Sei muito bem qual é o foco das operadoras e o que elas miram é confundir a substituição com a representação, para abortar todas as ações civis públicas baseadas na ei da ação civil pública e no Código de Defesa do Consumidor. É isto que temos que combater agora"[78]

Nesse sentir conclui-se que a legitimidade ativa das associações, conforme previsto no ordenamento jurídico, se configura através da substituição processual, visando à tutela de direitos individuais e homogêneos.

Além disso, na prática, a substituição processual se trata de uma característica que "garante a existência de um processo tipicamente

---

[76] CAVALCANTI, Marcos de Araújo, p. 15.
[77] ROVER. Tadeu. E-mails de Ada Pellegrini diferenciam substituição e representação processual. Disponível em: <https://2019.vlex.com/#/search/jurisdiction:BR/E-mails+de+Ada+Pellegrini+diferenciam+substitui%C3%A7%C3%A3o+e+representa%C3%A7%C3%A3o+processual/WW/sources/11533>. Acesso em 13. Jan. 2020.
[78] Idem.

coletivo"[79], e que constitui acesso à justiça e a preservação quanto ao princípio da igualdade[80].

Referências

BRASIL. *Lei 13.105, de 16 de março de 2015*. Disponível em: < http://www.planalto.gov.br/ccivil_03/ _ato2015-2018/2015/lei/l13105.htm>. Acesso em 10 jan. 2020.

___. *Lei n. 7.347, de 24 de julho de 1985*. Disponível em: < http://www.planalto.gov.br/ccivil_0 3/Leis/L7347orig.htm>. Acesso em 13 de janeiro de 2020.

___. *Constituição da República Federativa Brasileira de 1988 (CRFB/1988)*. Disponível em: <http://www.planalto.gov.br/ccivil_03/constituicao/constituicao.htm>. Acesso em 13 jan. 2020.

___. *Lei n. 8.078/90, de 11 de setembro de 1990*. Disponível em: < http://www.planalto.gov.br/ccivil_03/ leis/l8078.htm>. Acesso em 5 jan. 2020.

___. *Superior Tribunal de Justiça*. Súmula n. 601. Disponível em: < https://ww2.stj.jus.br/docs_internet/revista/eletronica/stj-revista-sumulas-2018_47_capSumulas601-605.pdf>. Acesso em 9 jan. 2020.

CAVALCANTI, Marcos de Araújo. *O fim da substituição processual nas ações coletivas ajuizadas por associações para a tutela de direitos individuais homogêneos*. Revista de Processo, v. 257, p. 283-316, 2016.

DIDIER JÚNIOR, Fredie. *Curso de direito processual civil*. 17ª ed., [rev., ampl. e atual.]. Salvador: JusPodivm, 2015.

___. *Fonte normativa da legitimação extraordinária no novo Código de processo civil: a legitimação extraordinária de origem negocial*. Revista eletrônica [do] Tribunal Regional do Trabalho da 9ª Região, Curitiba, volume 4, 2019.

___. Apud ASSIS, Araken de. Substituição processual. Revista Dialética de Direito Processual. São Paulo: Dialética, 2003.

___. Apud Código de Processo Civil Comentado. São Paulo: RT, 1975.

EFING, Antônio Carlos; CAVALCANTE SOARES, Alexandre Araújo; DE PAIVA, Leonardo Lindroth. *Reflexões sobre o tratamento jurídico da obsolescência programada no Brasil: implicações ambientais e consumeristas*. Novos Estudos Jurídicos (UNIVALI), v. 21, 2016.

FERRAZ, Cristina. Legitimidade da Defensoria Pública na Ação Civil Pública à luz do acesso à justiça. *REVISTA DIREITO E JUSTIÇA: REFLEXÕES SOCIOJURÍDICAS*,

---

[79] CAVALCANTI, Marcos de Araújo. *O fim da substituição processual nas ações coletivas ajuizadas por associações para a tutela de direitos individuais homogêneos*. Revista de Processo, v. 257, p. 283-316, 2016.

[80] RIGO, Vivian . A legitimação para a causa na tutela coletiva – crítica à visão clássica. Revista da Defensoria Pública do Estado do Rio Grande do Sul , v. 3, p. 145-194, 2011. P. 24.

[S.l.], v. 13, n. 20, p. 35-52, ago. 2013. ISSN 21782466. Disponível em: <http://srvapp2s.santoangelo.uri.br/seer/index.php/direito_e_justica/article/view/1115>. Acesso em: 3 jan. 2020. *Apud.* NERY JUNIOR, Nelson. Código de Processo Civil comentado e legislação processual civil extravagante. São Paulo: RT, 2010.

GEEKBENCH. *Iphone 12.3.* Disponível em: <https://browser.geekbench.com/v4/cpu/14601046>. Acesso em 12 jan. 2020.

MAGGIO, Marcelo Paulo. *Condições da ação: com ênfase à ação civil pública para a tutela dos interesses difusos.* 2. ed. Curitiba: Juruá, 2007.

NERY Jr., Nelson; NERY, Rosa. *Código de Processo Civil comentado.* 11. ed. São Paulo: RT, 2011.

NISHI. Luis Fernando. *A legitimidade ativa nas ações coletivas na jurisprudência do Superior Tribunal de Justiça.* Disponível em:<https://www.pucsp.br/tutelacoletiva/download/artigo-a-legitimidade-ativa.pdf>. Acesso em 07 jan. 2020.

OLHAR DIGITAL. *iPhone 11 Pro deixa Androids para trás em primeiro teste de desempenho.* Disponível em: <https://olhardigital.com.br/noticia/iphone-11-pro-deixa-androids-para-tras-em-primeiro-teste-de-desempenho/90265>. Acesso em 2 jan. 2020.

RIGO, Vivian . A legitimação para a causa na tutela coletiva – crítica à visão clássica. Revista da Defensoria Pública do Estado do Rio Grande do Sul , v. 3, p. 145-194, 2011.

ROVER. Tadeu. E-mails de Ada Pellegrini diferenciam substituição e representação processual. Disponível em: <https://2019.vlex.com/#/search/jurisdiction:BR/E-mails+de+Ada+Pellegrini+diferenciam+substitui%C3%A7%C3%A3o+e+representa%C3%A7%C3%A3o+processual/WW/sources/11533>. Acesso em 13. Jan. 2020.

SCHIAVI, Mauro. *O Novo Código de Processo Civil e os pressupostos processuais e as condições da ação – impactos no processo do trabalho.* Disponível em: <https://www.trt7.jus.br/escolajudicial/arquivos/files/busca/2015/O_novo_CPC_e_os_pressupostos_processuais_e_condicoes_da_acao.pdf>. Acesso em: 20 dez. 2019.

WAMBIER, Teresa Arruda Alvim *et al. Primeiros Comentários ao Novo Código de Processo Civil: artigo por artigo.* 3ª ed. São Paulo: Revista dos Tribunais, 2015.

ZANETI Jr., Hermes. *A legitimação conglobante nas ações coletivas: a substituição processual decorrente do ordenamento jurídico. In:* Araken de Assis; Eduardo Arruda Alvim; Nelson Nery Jr.; Rodrigo Mazzei; Teresa Arruda Alvim Wambier; Thereza Alvim (Coord.). *Direito Civil e processo: estudos em homenagem ao Professor Arruda Alvim.* São Paulo: Revista dos Tribunais, 2007.

ZANETI Jr; Hermes. FERREIRA, Carlos Frederico Bastos; ALVES, Gustavo Silva. A ratio decidendi do precedente STF/RE 573.232/SC: substituição processual v. representação processual. desnecessidade de autorização assemblear nas ações coletivas em defesa ao consumidor. Revista de Direito do Consumidor, São Paulo, v.108, p, 161-187, 5016.

9. Competência nas ações coletivas ambientais e o desastre do Rio Doce: adequação e gestão da competência[1]

Daniela Bermudes Lino
Hermes Zaneti Jr.

Introdução

> *Engraçada essa justiça que um rio limita (...).*
> (Blaise Pascal)[2]

A relevância da abordagem de temas relacionados à tutela jurisdicional socioambiental é uma marca do século XX e segue ganhando destaque

---

[1] Este artigo é resultado das atividades do Grupo de Pesquisa "Fundamentos do Processo Civil Contemporâneo", vinculado à Universidade Federal do Espírito Santo (UFES) e cadastrado no Diretório de Grupos de Pesquisa do CNPq (http://dgp.cnpq.br/dgp/espelhogrupo/0258496297445429. Atualmente o FPCC/UFES possuiu financiamento de pesquisa para o estudo do Caso do Desastre do Rio Doce concedido pela Fundação de Amparo à Pesquisa e à Inovação do Estado do Espírito Santo – FAPES entre 2018 e 2020. O grupo de pesquisa é membro fundador da ProcNet – Rede Internacional de Pesquisa sobre Justiça Civil e Processo contemporâneo" (http://laprocon.ufes.br/rede-de-pesquisa). Este trabalho é uma revisão e releitura de dois trabalhos anteriores, artigo anteriormente publicado na Revista de Direito Ambiental (LINO, Daniela Bermudes. Competência Territorial Adequada nas Ações Coletivas Socioambientais: Considerações sobre o CC 144.922/MG no Desastre do Rio Doce. *Revista de Direito Ambiental*. São Paulo: RT, vol. 92, p. 285-303, out./dez., 2018) e texto enviado para coletânea a ser publicada sobre o Caso do Rio Doce, organizada por Andressa de Oliveira Lanchotti. Há também elementos da orientação nº 2/2018 elaborada pelo NUPROC/MPES – Núcleo Permanente de Direito Processual Civil e Impactos do Novo CPC na Atuação do MP, publicado em http://intranet.mpes.mp.br/nuproc/wp-content/uploads/sites/101/2019/01/Vers%C3%A3o-Final-ORIENTA%C3%87%C3%83O-Compet%C3%AAncia-e-Caso-Rio-Doce-final.pdf.

[2] PASCAL, Blaise. *Pensamentos*. São Paulo: Martins Fontes, 2001, p. 21.

no século XXI, em âmbito nacional e internacional[3]. No Brasil, essa relevância consolida-se junto à constitucionalização dos direitos coletivos, a partir da Constituição Federal de 1988, quando o direito ao meio ambiente ecologicamente equilibrado foi elevado à categoria de direito constitucional de todos, inclusive de futuras gerações (art. 225 da CF/88). Em âmbito internacional, nesse mesmo contexto do século XX, foram eventos como a Conferência Internacional sobre o Meio Ambiente (Estocolmo, Suécia, 1972) e a Conferência Internacional sobre Meio Ambiente e Desenvolvimento, no Rio de Janeiro, que resultou na Declaração das Nações Unidas sobre Meio Ambiente e Desenvolvimento de 1992, que anunciaram uma nova visão sobre a tutela do meio ambiente.

Ao tempo em que se aumenta a preocupação com a proteção do meio ambiente, o momento atual também marca a existência de ilícitos e danos ambientais multifacetários, especialmente nos países em desenvolvimento, como o Brasil.[4]

Nesse panorama, em que convivem a preocupação com a essencialidade do equilíbrio ecológico e a intensa degradação ambiental, evidencia-se a imprescindibilidade da tutela jurisdicional do meio ambiente.

Mas as características do bem ambiental exigem mais do que uma ideia formal de tutela jurisdicional. Seja em razão da indivisibilidade do meio ambiente, da sensibilidade do equilíbrio ecológico, ou da impossibilidade de se estabelecer limites aos fatores ambientais, é necessário que as técnicas processuais para proteção do meio ambiente se façam

---

[3] Em âmbito internacional, destaque-se os seguintes trabalhos: GARCÍA-ALVAREZ, Laura. "Daños privados por contaminación en el tráfico externo: A propósito del caso Akapan vs. Shell (Nigéria)". *Cuadernos de Derecho Transnacional*, v. 5, No 2, Oct /2013, p. 548-583; GARCÍA-ALVARZ, Laura. "Las acciones colectivas en los litigios internacionales por daños ambientales.". *Revista electrónica de estudios internacionales (REEI)*, N°. 30, 2015, p.11. Disponível em: http://www.reei.org/index.php/revista/num30/articulos/acciones- colectivas-litigios-internacionales-danos- ambientales. Acesso em: 30/11/2017.

[4] Não só no Brasil, mas na América Latina como um todo. Como relembrado por Herman Benjamin, nos anos 80, a partir da crise econômica e inflação, iniciou-se na América Latina uma exploração desenfreada e irresponsável de recursos naturais. Para ele, a América Latina não conseguiu superar a marca do colonialismo, de forma que, atualmente, a relação de subordinação ocorre em face das multinacionais na exploração de recursos naturais (BENJAMIN, Antônio Herman de Vasconcellos. A proteção do meio ambiente nos países menos desenvolvidos da América Latina". *Revista de Direito Ambiental*, p. 83-105, dez/1996)

de acordo com as suas peculiaridades. Trata-se do devido processo legal ambiental ou processo justo ambiental.[5]

Entre os institutos processuais que precisam ser adequados a essas peculiaridades, está a competência, especialmente em razão de uma característica: a ubiquidade do bem ambiental, que não encontra limitações espaciais ou territoriais. Essa característica revela uma grande dicotomia: visto que o meio ambiente não respeita fronteiras, como definir a competência territorial para sua tutela a partir das linhas geográficas estatais criadas pelo homem? Se a competência é o "calcanhar de Aquiles"[6] do processo coletivo brasileiro, os casos socioambientais podem ser pensados enquanto grandes exemplos disso.

Essa dicotomia que permeia a definição da competência nos casos socioambientais não é mitigada pelas soluções expostas no microssistema do processo coletivo. Expressões como local do dano (art. 2º da Lei 7.437/85 e art. 93, I do Código de Defesa do Consumidor), dano regional e dano nacional (art. 93, II do CDC) não conseguem satisfatoriamente responder aos casos ambientais, potencialmente plurilocalizados e multifacetários, envolvendo, em dimensões às vezes incalculáveis, não só o equilíbrio ecológico, mas também aspectos sociais e econômicos que surgem em consequência das lesões ao meio ambiente.

Esses problemas territoriais em torno da competência se fazem presentes no caso do Desastre do Rio Doce[7]: o maior desastre socioambiental

---

[5] RODRIGUES, Marcelo Abelha. *Processo Civil Ambiental*. 4ª ed. Salvador: Juspodivm, 2016.

[6] Expressão utilizada por Elton Venturi para tratar da competência jurisdicional na tutela coletiva. (VENTURI, Elton. A competência jurisdicional na tutela coletiva. In: GRINOVER, Ada Pellegrini; MENDES, Aluísio Gonçalves de Castro; WATANABE, Kazuo. *Direito processual coletivo e o anteprojeto de Código Brasileiro de Processos Coletivos*. São Paulo: Revista dos Tribunais, 2007, p. 96)

[7] A expressão que entendemos mais correta para descrever todas as implicações jurídicas do caso é "Desastre do Rio Doce". Algumas razões de ordem técnica indicam neste sentido: 1) desastre não se limita a questões de origem natural, incluindo as consequências provocadas por ações antrópicas, ações humanas, neste sentido: "Uma definição normativa de desastres (lato sensu) pode ser encontrada na própria legislação brasileira, segundo a qual este consiste no 'resultado de eventos adversos, naturais ou provocados pelo homem sobre um ecossistema vulnerável, causando danos humanos, materiais ou ambientais e consequentes prejuízos econômicos e sociais' [art. 2º, II, DEc. 7.257/2010]." (CARVALHO, DeltonWinter de. *Desastres Ambientais e sua Regulação Jurídica. Deveres de Prevenção, Resposta e Compensação Ambiental*. 2ª ed. São Paulo: RT, 2020, parte I) – o autor deixa claro que se

da história do Brasil, que atingiu diversas localidades de Minas Gerais e do Espírito Santo, gerando ações coletivas com pedidos idênticos e conexos, em diversas Varas dos dois Estados, para tutelar o equilíbrio ecológico, e também os danos sociais e econômicos ocasionados a terceiros.

Qual seria o Judiciário competente para processamento das ações? O Superior Tribunal de Justiça trouxe um importante parâmetro no Conflito de Competência 144.922/MG[8] que bem demonstra como adequar as regras de competência do processo coletivo às peculiaridades do caso.

Além do papel do Judiciário na adequação das regras de competência, o Caso Rio Doce também demonstra a relevância do papel das partes processuais envolvidas para tentar mitigar as problemáticas decorrentes da definição da competência nas ações coletivas. Isso ficou evidenciado especialmente nas cláusulas do Termo de Ajustamento de Conduta (TAC da Governança)[9], assinado em 25 de junho de 2018, por MPF, MPES, MPMG, DPES, DPMG, DPU, União, Estados, órgãos ambientais

tratam de eventos que atingem comunidades e possuem uma dimensão social, para além da dimensão individual); 2) o Rio Doce é um rio nacional que se estende por dois estados da federação brasileira, Minas Gerais e Espírito Santo, sendo que o desastre atingiu de forma intensa ambos os Estados-membros. Muito embora a localidade inicial do impacto tenha sido a cidade de Mariana e a comunidade de Bento Rodrigues hoje a extensão do dano já atingiu todos os integrantes da bacia hidrográfica e em alguns casos, como será relatado, pelas dimensões do impacto, pessoas e grupos de pessoas que estão inclusive fora da bacia hidrográfica do Rio Doce, visto que o dano atingiu o mar territorial brasileiro e ecossistemas que não obedecem limites geográficos fixos; 3) o termo desastre inclui as três esferas de responsabilidade jurídica consequentes aos fatos, ou seja, a responsabilidade civil, a responsabilidade administrativa e a responsabilidade criminal, bem como, os danos e ilícitos que atingem grupos ou indivíduos, individuais ou coletivo, ambientais, sociais, econômicos entre outros. É importante perceber que este tipo de litígio é um litígio de difusão irradiada (VITORELLI, Edilson. *O Devido Processo Legal Coletivo. Dos Direitos aos Litígios Coletivos*. São Paulo: RT, 2016), tal qual uma pedra no lago, espalha ondas de afetados, grupos e indivíduos, configurando-se em um litígio de alta conflituosidade interna e complexo em relação ao objeto.

[8] Destaque-se não será abordado o ponto da decisão do CC 144.922/MF relativo à competência da Justiça Federal. A análise deste trabalho cinge-se ao critério territorial.

[9] Um dos principais objetivos do acordo estabelecimento de canais efetivos de participação social na elaboração, execução e fiscalização das medidas socioambientais e socioeconômicas necessárias para a recuperação integral da Bacia do Rio Doce e seu litoral; a repactuação

e empresas responsáveis e homologado pela 12ª Vara Federal de Belo Horizonte.

O acordo prevê obrigações das partes no que se refere ao gerenciamento da competência: a) extinção de algumas ações coletivas para evitar decisões conflitantes (cláusula 104); e b) necessidade de que as empresas requeiram a intimação do Poder Público, em especial do Ministério Público, nos autos das demais ações que envolvam direitos difusos em trâmite para que se manifestem quanto à extinção, conexão, continência e ou litispendência (cláusula 104, §3º e 4º).

Diante desse contexto, o presente artigo abordará o tema da competência adequada nas ações coletivas socioambientais a partir da análise do Caso Rio Doce. Na primeira parte, será feita uma breve exposição do caso para, desde já, demonstrar a complexidade desse litígio e sua extensão territorial; A segunda parte será destinada a abordar criticamente as regras de competência previstas no sistema do processo coletivo brasileiro e entender a gestão da competência sob duas perspectivas: a gestão judicial e a gestão pelas partes. Ao final, trataremos do tema da competência especificamente no Caso Rio Doce, a partir do Conflito de Competência 144.922/MG e das previsões do TAC Governança.

1. Desastre do Rio Doce: o maior desastre socioambiental da história do Brasil

O dia 05 novembro de 2015 marcou o maior desastre ambiental da história do Brasil. A barragem de Fundão se rompeu e a barragem de Santarém (ambas pertencentes à mineradora Samarco), no estado de Minas Gerais, transbordou, despejando mais de 40 milhões de metros cúbicos de rejeitos minerais. A lama tóxica formada pelos rejeitos alcançou as povoações de Bento Rodrigues e Barra Longa, nas margens no Rio Gualaxo do Norte, passou pelo Rio do Carmo, Rio Piranga, atingiu o Rio Doce e, após 16 dias percorrendo aproximadamente 660 km, alcançou o mar em Regência, no Município de Linhares (ES). Além dessas, várias outras localidades foram diretamente atingidas em Minas Gerais (Aimorés, Alpercata, Belo Oriente, Galileia, Governador Valadares, Resplendor,

---

de todos os programas em curso e o estabelecimento de assessorias técnicas nos territórios atingidos.

Tumiritinga, Conselheiro Pena) e no Espírito Santo (Baixo Guandu, Colatina, Linhares), entre outras.[10]

O Desastre provocou danos ambientais, sociais e econômicos incalculáveis e contínuos: Contaminação da água dos rios atingidos com lama de rejeitos de minério; Suspensão do abastecimento público nas principais cidades banhadas pelo Rio Doce; Suspensão das captações de água para atividades econômicas, propriedades rurais e pequenas comunidades; Assoreamento do leito dos rios e dos reservatórios das barragens de geração de energia; Soterramento das lagoas e nascentes adjacentes ao leito dos rios; Impacto sobre estuários e manguezais na foz do Rio Doce; Destruição de áreas de reprodução de peixes; Comprometimento da estrutura e função dos ecossistemas aquáticos e terrestres associados; Comprometimento do estoque pesqueiro – impacto sobre a pesca; Impacto no modo de vida e nos valores étnicos e culturais de povos indígenas e populações tradicionais, entre outros danos, alguns ainda não identificados.[11]

Os danos causados pelo Desastre demonstram que, além do inquestionável impacto ao equilíbrio ecológico, coletividades e indivíduos foram diretamente atingidos pelo ocorrido, desde uma perspectiva social, econômica e humana. Tais impactos tomaram uma extensa proporção territorial, não sendo tarefa fácil delimitar territorialmente quais impactos ocorreram em qual localidade. Trata-se de resultado do fator tempo-espaço[12] – muito comum às circunstâncias socioambientais – em que a

---

[10] Ministério Público do Estado do Espírito Santo. Centro de Apoio Operacional de Defesa do Meio Ambiente, de Bens e Direitos de Valor Artístico, Estético, Histórico, Turístico, Paisagístico e Urbanístico – CAOA. Dossiê Samarco, 2016, documento interno. Conselho Nacional dos Direitos Humanos – CDNH. Relatório sobre o rompimento da barragem de rejeitos da mineradora Samarco e seus efeitos sobre o vale do rio Doce, 2017 Disponível em [http://www.mdh.gov.br/sobre/participacao-social/cndh/relatorios/Relatriolda BarragemdoRioDoce_FINAL_APROVADO.pdf]. Acesso em: 24/03/2017

[11] O Conselho Nacional de Direitos Humanos elenca pelo menos 20 danos ambientais, sociais e econômicos gerados a partir do Desastre do Rio Doce. (BRASIL, Conselho Nacional dos Direitos Humanos – CDNH. Relatório sobre o rompimento da barragem de rejeitos da mineradora Samarco e seus efeitos sobre o vale do rio Doce, 2017)

[12] O problema do tempo e espaço em relação ao tema competência na tutela jurisdicional coletiva é bem abordado por Marcelo Abelha Rodrigues, especialmente em relação ao caso da Samarco. (RODRIGUES, Marcelo Abelha. *Fundamentos da tutela coletiva*. Brasília, DF: Gazeta Jurídica, 2017, p. 148)

dimensão espacial dos danos foi ampliada a partir do tempo, em razão dos problemas que se sucederam, fazendo surgir um litígio complexo plurilocalizado. E aqui deve-se alertar que talvez a dimensão espacial do conflito ainda possa não estar delimitada com convicção. Em casos ambientais, os danos muitas vezes se prolongam no tempo, não se exaurindo de forma imediata[13].

Diante da extensão territorial do caso, foram ajuizadas uma série de ações coletivas conexas, na Justiça Federal e na Justiça Estadual, tanto em Minas Gerais (Belo Horizonte, Governador Valadares, Resplendor, Conselheiro Pena, Galiléia, Mariana), como no Espírito Santo (Colatina, Vitória, Linhares)[14], buscando a reparação dos danos ambientais e também dos danos sociais e econômicos reflexos.

Se vários são os locais atingidos, qual é o Judiciário com competência para apreciar as demandas coletivas resultantes do Desastre? O próximo tópico irá abordar criticamente as soluções expostas pelo processo coletivo para definição do Judiciário competente em casos como o do Rio Doce.

2. Competência nas ações coletivas socioambientais: Regras do Processo Coletivo, Competência Adequada e Gestão da Competência

A competência jurisdicional é o resultado de critérios para distribuir entre órgãos as atribuições relativas ao desempenho da jurisdição[15]. No microssistema do processo coletivo, esses critérios foram trazidos pelo art. 2º da Lei da Ação Civil Pública (LACP 7.437/85) e pelo art. 93 do Código

---

[13] Sobre a inexistência de prescrição das pretensões individuais no Caso Rio Doce, após três anos do Desastre: SOBRAL, Mariana Andrade; CAMPOS, Rafael Mello Portella; TRAZZI, Paulo Henrique Camargo; ZANETI JR., Hermes; LINO, Daniela Bermudes. *Ações Individuais no Caso Rio Doce: Interrupção da Prescrição, Suspensão da Prescrição e Comportamento Contraditório dos Litigantes no Processo de Autocomposição. Revista de Processo. São Paulo: RT. Vol. 298, p. 193/217, dez, 2019.*

[14] Entre as coletivas, a princípio foram ao menos 15 ações no Espírito Santo, espalhadas pela Justiça Estadual e Justiça Federal de Linhares, Colatina e Vitória e 29 ações em Minas Gerais, também na Justiça Estadual e Federal de Belo Horizonte, Governador Valadares, Aimorés, Mariana, entre outras localidades. (BRASIL, Ministério Público do Estado do Espírito Santo. Centro de Apoio Operacional de Defesa do Meio Ambiente, de Bens e Direitos de Valor Artístico, Estético, Histórico, Turístico, Paisagístico e Urbanístico – CAOA. *Dossiê Samarco*, 2016, documento interno).

[15] DIDIER JR., Fredie. *Curso de direito processual civil: introdução ao direito processual civil, parte geral e processo de conhecimento.* 20ª ed. Salvador: JusPodivm, 2018, v.1, p. 187.

de Defesa do Consumidor, que conjuntamente aplicam-se à definição da competência para casos coletivos, incluindo-se as demandas socioambientais. Parte-se do entendimento de que é possível a convivência entre os dois dispositivos, igualmente aplicáveis aos direitos difusos, coletivos ou individuais homogêneos.

Nesse sentido, a interpretação da aplicação conjunta do art. 2º da LACP e 93 CDC deve ser feita a partir da diretriz da razoabilidade, buscando-se a efetiva tutela judicial dos direitos coletivos envolvidos, fazendo-se as adaptações necessárias a partir do caso concreto.[16] Essa adaptação a partir das peculiaridades do caso concreto é o que se entende por competência adequada[17], extremamente relevante nos casos coletivos e

---

[16] Concorda-se com a posição de Rodolfo de Camargo Manusco, que entende não haver antinomia ou contrariedade entre o art. 2 da LACP e art. 93 do CDC. MANUSCO. Rodolfo de Camargo. *Ação civil pública*. 9 ed. São Paulo: RT, 2004, p. 99-100.

[17] Pioneiros no tema: Fredie Didier Jr. e Hermes Zaneti Jr.: DIDIER JR, Fredie; ZANETI JR., Hermes, *Curso de direito processual civil: processo coletivo*. 14ª ed. Salvador: JusPodivim, 2020, v. 4, p. 139; DIDIER JR., Fredie. *Curso de direito processual civil: introdução ao direito processual civil, parte geral e processo de conhecimento*, p. 248. Na doutrina nacional também defendem a ideia de adequação da competência: CABRAL, Antônio do Passo. *Forum non conveniens* e o controle da competência adequada no processo civil brasileiro. In: MARINONI, Luiz Guilherme; ARENHART, Sérgio Cruz; MITIDIERO, Daniel; DOTTI, Rogéria. *O Processo civil entre a técnica processual e a tutela dos direitos*. São Paulo: Editora revista dos Tribunais, 2017, p. 68; SARNO, Paulo Braga. Competência adequada. *Revista de Processo*, v. 19, p. 13-41, mai/2013. No processo civil internacional, também já existe uma preocupação com a competência adequada. Nesse sentido, na doutrina nacional: ZANETI, Graziela Argenta. *Jurisdição adequada para os processos coletivos transnacionais*. São Paulo: RT, 2020o. No direito norte-americano: DODSON, Scott. A revolution in jurisdiction. In.: DODSON, Scott. *The Legacy of Ruth Bader Ginsburg*. Cambridge, 2015. A proposta de Scott Dodson para revolucionar a análise da competência jurisdicional (jurisdiction) a partir das decisões de Ruth Ginsburg como juíza e Justice da Suprema Corte foi descrita em três passos: a) questões de competência devem ser analisadas de forma restrita (*jurisdictionality*), não incluindo outras matérias que digam respeito a admissibilidade do pedido, como por exemplo, no caso brasileiro, as questões referentes aos prazos prescricionais e decadenciais, custas, legitimidade, interesse, etc.; b) sequenciamento invertido (*resequencing*), é possível verificar as questões de admissibilidade antes de verificar a competência, se o juízo de admissibilidade (não de mérito) já puder ser estabelecido não há porque enfrentar a questão de competência, competência não é uma matéria isolada, diz respeito à admissibilidade da demanda e deve ser preferida a abordagem legal à abordagem constitucional. O exemplo dado diz respeito ao *forum non conveniens* nas causas internacionais, se é possível aferir que a jurisdição não é adequada em razão de matérias relativas ao direito de ampla defesa, economia processual e garantias

socioambientais, porquanto a flexibilização das regras de competência com base no exame do caso pode mitigar problemáticas decorrentes da interpretação estanque dos art. 2 da LACP e art. 93 do CDC.

2.1. Critério do "local do dano" (Art. 2, LACP)

O art. 2 da LACP (Lei 7.437/85)[18] determina que a competência para as ações coletivas será a do foro do local onde ocorrer o dano (art. 2, *caput* da LACP) e que a propositura da ação prevenirá a jurisdição do juízo para todas as ações posteriormente intentadas e que possuam a mesma causa de pedir e o mesmo objeto (parágrafo único do art. 2 da LACP). Trata-se de regra peculiar que prevê competência territorial absoluta [*funcional*][19]. Por meio do dispositivo, busca-se assegurar que a demanda seja julgada

---

processuais não há porque enfrentar antes a questão da fixação de competência (Sinochem International Co. v. Malaysia International Shipping Co.); c) correção ou saneabilidade das questões de competência (*curing*), defeitos de competência poder ser sanados (curados) e mesmo as alegações anteriores de incompetência a partir da ausência de uma parte que qualifique o juízo como competente poderão ser superadas por considerações de ordem prática e pragmática com o ingresso da parte que atrai a competência posteriormente na demanda (Caterpillar Inc. v. Lewis, em um caso subsequente a Corte não aplicou a mesma solução, Grupo Dataflux v. Atlas Global Group L.P., mas isto não infirma o precedente, apenas cria uma exceção).

[18] "Art. 2º As ações previstas nesta Lei serão propostas no foro do local onde ocorrer o dano, cujo juízo terá competência funcional para processar e julgar a causa. Parágrafo único: A propositura da ação prevenirá a jurisdição do juízo para todas as ações posteriormente intentadas que possuam a mesma causa de pedir ou o mesmo objeto".

[19] A melhor doutrina prefere designar a competência do art. 2º da LACP como competência territorial absoluta. MOREIRA, José Carlos Barbosa. "A expressão 'competência funcional' no art. 2º da lei da ação civil pública". In: MILARÉ, Edis (coord.). *A ação civil pública após 20 anos: efetividade e desafios*. São Paulo: Revista dos Tribunais, 2005, p. 247-255; MOREIRA, José Carlos Barbosa, "Interesses difusos e coletivos". *Revista trimestral de direito público*. São Paulo: Malheiros, 1993, n. 3, p. 193. Acrescente-se: DIDIER JR, Fredie; ZANETI JR., Hermes, *Curso de direito processual civil: processo coletivo*, p.141; RODRIGUES, Marcelo Abelha. *Fundamentos da tutela coletiva*, p. 151; RODRIGUES, Marcelo Abelha. *Ação civil pública e meio ambiente*. São Paulo: Forense Universitária, 2003, p. 120-121; MENDES, Aluísio Gonçalves. *Competência cível da justiça federal*. São Paulo: Saraiva, 1998, p. 19; VINCENZI, Brunela Vieira de. "Competência funcional – distorções". *Revista de Processo*. São Paulo: RT, 2002, nº 105, p. 277-278. ARENHART, Sérgio Cruz; MOREIRA, Egon Bockmann; BAGATIN, Andreia Cristina; FERRARO, Marcela Pereira. *Comentários à Lei de Ação Civil Pública*. São Paulo: Revista dos Tribunais, 2016, *versão digital*;

pelo Judiciário mais próximo aos fatos, facilitando a colheita de provas e a percepção acerca das consequências do dano.

Contudo, a interpretação literal de "critério do local do dano" pode trazer dificuldades[20] diante de uma demanda socioambiental, como o caso do Desastre do Rio Doce. Considerando as características do bem ambiental, principalmente a ubiquidade, que impede o homem delimitar fronteiras aos fatores ambientais, e os efeitos reflexos a terceiros[21], como estabelecer a competência para casos que levem a uma abrangente extensão territorial de danos socioambientais e socioeconômicos? Nessas hipóteses, não há um local do dano, mas vários locais dos danos, incluindo-se a circunscrição de várias comarcas, todas absolutamente e concorrentemente competentes para julgamentos dos casos[22]. Qualquer um dos foros concorrentes seria competente a partir do critério da prevenção?

Entende-se aqui que a utilização do critério da prevenção para determinar a competência entre os foros concorrentes sem a ponderação, no caso, acerca de qual foro pode tutelar de forma mais efetiva e adequada o litígio coletivo e ambiental viola frontalmente o devido processo legal coletivo e o devido processo legal ambiental.

Nessa perspectiva, embora a regra geral seja a prevenção, deve-se permitir, em certos casos, flexibilizar essa regra para definir a competência do local que possa oferecer a melhor tutela jurisdicional, mesmo que não seja o Juízo prevento, considerando-se critérios como local de produção

---

[20] Alguns autores abordam possíveis complicações no critério "local do dano" diante de ações coletivas preventivas ou inibitórias. Nesse sentido: RODRIGUES, Marcelo Abelha. *Processo civil ambiental*. 4ª ed. Salvador: Juspodivm, 2016, p. 186-187; VENTURI, Elton. A competência jurisdicional na tutela coletiva, p.103. Adota-se aqui o entendimento de que para essas ações aplica-se o art.209 do Estatuto da Criança e do Adolescente que determina a competência do local onde ocorreu ou deva ocorrer a ação ou omissão (DIDIER JR, Fredie; ZANETI JR., Hermes, *Curso de processo coletivo*, p. 142).

[21] Sobre as características do bem ambiental, ver: RODRIGUES, Marcelo Abelha. "Reflexos do direito material do ambiente sobre o instituto da coisa julgada (in utilibus, limitação territorial, eficácia preclusiva da coisa julgada e coisa julgada rebus sic stantibus)." Revista dos Tribunais, vol. 861/2007, p. 24-29, Jul, 2007; *Doutrinas Essenciais de Direito Ambiental*, vol. 4, p. 741 –748, Mar- 2011.

[22] A doutrina refere-se a esses casos como de *dano multilocal*, dando exemplo de causas ambientais e consumeiristas (MOREIRA, Egon Bockmann, BAGATIN, Andreia Cristina, ARENHART, Sérgio Cruz, FERRARO, Marcela Pereira. *Comentários à Lei de Ação Civil Pública*, cit, versão digital)

de provas, local dos cumprimentos dos provimentos jurisdicionais, local em que se possa promover de forma mais efetiva a restauração do dano causado, local dos bens do executado (nas ações de reparação pecuniária)[23], entre outros critérios que possam atender à adequação entre o caso e a competência. Deve-se aplicar o princípio da competência adequada para preencher lacunas do art. 2 da LACP.

2.2. Critério do "âmbito de extensão do dano" (art. 93, CDC)

Frente às dificuldades relativas à determinação do local do dano a partir do critério do art. 2 da LACP, o art. 93 do CDC[24] complementa a disciplina da competência nas ações coletivas, especialmente nas hipóteses em que o dano abranja mais de uma comarca. O dispositivo trouxe a categorização dos danos a partir de sua extensão (dano local, dano regional e dano nacional). Além disso, determinou a competência do foro do local onde ocorreu ou deva ocorrer o dano, para os danos locais (inciso I do art. 93 do CDC), e o foro da Capital do Estado ou do Distrito Federal, para os danos de âmbito nacional ou regional (inciso II do art. 93 do CDC).

O texto do dispositivo levou a diversas interpretações doutrinárias acerca do sentido das expressões dano local, dano regional e dano nacional. Seria o dano local aquele ocorrido em determinado município, o dano regional o ocorrido em mais de um município e o dano nacional o que ocorreu em mais de um estado[25]? Ou seria o dano local aquele que não extrapola uma comarca, o dano regional aquele ocorrido em mais de um estado ou mais de uma comarca de uma mesma região e o dano nacional a lesão em todo território nacional[26]?

---

[23] Critérios defendidos por Marcelo Abelha Rodrigues (RODRIGUES, Marcelo Abelha. *Fundamentos da tutela coletiva*, p. 154-159).

[24] "Art. 93. Ressalvada a competência da Justiça Federal, é competente para a causa a justiça local: I – no foro do lugar onde ocorreu ou deva ocorrer o dano, quando de âmbito local; II: no foro da Capital do Estado ou no do Distrito Federal, para os danos de âmbito nacional ou regional, aplicando-se as regras do Código de Processo Civil aos casos de competência concorrente".

[25] Interpretação de ARRUDA ALVIM, José Manuel de et al. *Código do Consumidor comentado*. 2 ed. rev. ampl., São Paulo: Revista dos Tribunais, 1995, p. 426.

[26] Critérios mencionados por Elton Venturi em forma de questionamento (VENTURI, Elton. A competência jurisdicional na tutela coletiva, p. 100).

Quanto aos danos de âmbito (art. 93, I, CDC) local não há inovações quando comparado ao que já dispunha o art. 2º da LACP. As maiores reflexões se referem à competência das capitais dos estados atingidos ou do Distrito Federal para danos regionais ou nacionais.

O autor Pedro Lenza[27], anos antes do Desastre do Rio Doce, exemplificou a hipótese de um dano ambiental causado no Rio Doce – que corta os Estados do Espírito Santo e de Minas Gerais. Seria um dano regional ou nacional? Para o autor trata-se de dano regional. Na decisão do CC 144/922/MG, o STJ considerou que os impactos foram regionais e nacionais[28], mas não adentrou especificamente nesse debate.

Sem a pretensão de responder o que seria dano regional e dano nacional, é importante a percepção de que existem danos que, embora possuam maior dimensão territorial, atingindo, por exemplo, mais de um Estado-membro, estão muito distantes da capital e do Distrito Federal. Nessas circunstâncias, a análise do caso concreto pode tornar recomendável privilegiar a regra do art.2 da Lei da Ação Civil Pública, definindo a competência, preferivelmente, em um dos locais atingidos pelos danos, em consonância com o critério de adequação da competência e do princípio da proximidade. Nem sempre a capital de um dos Estados atingidos será o local mais conveniente para o deslinde da controvérsia, pois a possível distância dos fatos pode levar a dificuldades na produção de provas e na efetivação dos provimentos judiciais.

Sob essa ótica, o caso ambiental envolvendo o Terminal Portuário – Distrito Industrial do Açu é um importante parâmetro a ser mencionado, pois, entre a competência do local do dano e a competência da capital do Estado, o TRF-2 decidiu pela competência do local do dano.

No conflito negativo de competência entre a 3ª Vara Federal do Rio de Janeiro e a 1ª Vara Federal de Campos dos Goytacazes, considerou o TRF-2 que "em consonância com o disposto no artigo 93, inciso II, do CDC, encontra-se o Princípio da Competência Adequada, aplicável ao

---

[27] LENZA, Pedro. Competência na Ação Civil Pública: dano de âmbito local, regional e nacional – art. 93 do CDC. In: LUCON, Paulo Henrique dos Santos. *Tutela coletiva: 20 anos da Lei da Ação Civil Pública e do Fundo de Defesa de Direitos Difusos, 15 anos do Código de Defesa do Consumidor*, São Paulo: Atlas, 2006, p. 203-204.

[28] Ver ementa do CC 144.922/MG, Rel. Ministra Diva Malerbi (Desembargadora Convocada TRF 3ª Região), Primeira Seção, julgado em 22/06/2016, DJe 09/08/2016.

caso, ou seja, quando o dano for de âmbito regional ou nacional, levando-se em consideração a facilitação da produção da prova e da defesa do réu, a publicidade da ação coletiva e a facilitação da adequada notificação e conhecimento pelo grupo, deve a competência ser estabelecida com base em no Juízo mais adequado. A competência territorial absoluta, ou funcional, justifica-se também pela proximidade do juiz em relação aos fatos, supondo a lei que ele possua melhores condições de compor adequadamente o conflito de interesses.".[29] A partir do princípio da competência adequada, definiu-se a competência de Campos dos Goytacazes, local mais diretamente atingido pelo dano.

Por outro lado, a competência do Distrito Federal só será adequada quando for um dos locais atingidos pelo dano ou em situações que atinjam todo o território nacional. Neste caso, em concorrência com a competência das capitais dos Estados-membros[30].[31]

2.3. Competência adequada e Gestão da competência

Conforme os tópicos anteriores, nos processos coletivos, temos um caso peculiar de competência territorial absoluta. Uma competência que cumula o "âmbito do dano" (art. 93 do CDC) com o local do dano (art. 2 da LACP), acabando por admitir vários juízos competentes de forma absoluta, fixando-se a competência por prevenção e pela proximidade do dano. Diante disso, a competência é realmente um tema complexo do processo coletivo.

As lições tradicionais de processo civil ensinam que a competência absoluta preserva o interesse público, sendo, portanto, improrrogável e ineficaz o acordo entre as partes.[32] A competência absoluta não admitia,

---

[29] TRF-2, CC 11965, Des. Federal Guilherme Calmon Nogueira da Gama, E-DJF2R, 30.07.2012, p. 263/264

[30] Em posição divergente, Ada Pellegrini Grinover, para quem, nos casos de dano nacional, a competência seria exclusiva do Distrito Federal (GRINOVER, Ada Pellegrini; WATANABE, Kazuo; NERY JÚNIOR, Nelson. *Código brasileiro de defesa do consumidor: comentado pelos autores do anteprojeto*. 10 ed. Rio de Janeiro: Forense, 2011, v. 2, Processo Coletivo (arts. 81 a 104 e 109 a 119), p. 147.

[31] DIDIER JR, Fredie; ZANETI JR., Hermes, *Curso de direito processual civil: processo coletivo*, p. 148-153.

[32] CHIOVENDA, Giuseppe. *Principii di Diritto Processuale Civile*. Napoli: Jovene editore, 1965, p. 485/486.

portanto, que o juiz fizesse exceções ao seu regime tradicional. Entretanto, há algum tempo o Supremo Tribunal Federal vem relativizando essa matéria em benefício da tutela dos direitos e da polícia judiciária.

Isso é especialmente relevante para o processo coletivo, em que, tanto o critério "local do dano", como o critério "âmbito de extensão do dano" podem ser adequados em algumas situações e inadequados em outras[33]. Isso, porque textos de lei não conseguem contemplar todas as situações complexas que demandam a efetiva e adequada tutela do Judiciário.

A complexidade na definição da competência refletiu a necessidade de admitirem-se nos casos de competência absoluta em litígios ambientais uma modulação da competência mais adequada ao julgamento do litígio. Incluída aí uma modulação no próprio Judiciário, bem como a hipótese de soluções convencionais entre as partes, quando mais de um juízo for competente de maneira absoluta, sem que haja ofensa ao juiz natural.

Nesse sentido, ainda que se pense que uma reforma legislativa possa trazer critérios mais claros de definição da competência, casos como o Desastre do Rio Doce sempre demandarão flexibilidade interpretativa a partir das peculiaridades do litígio. Nenhum texto irá suprir todas as peculiaridades que um litígio de multiconflituosidade pode trazer.

Por isso, é preciso buscar algumas soluções para mitigar problemáticas da definição da competência em casos ambientais como o do Rio Doce, seja através de uma gestão judicial da competência a partir do princípio da competência adequada, como fez o TRF-2 no caso do Terminal Portuário – Distrito Industrial do Açu e como se demonstrará que fez o STJ no CC 144.922/MG no Desastre do Rio Doce, seja através de uma gestão convencional das partes do processo a partir de negócios jurídicos processuais autorizados pelo art.190 do Código de Processo Civil, o que também ocorreu no Desastre do Rio Doce.

Para a gestão judicial da competência, é preciso observar a possibilidade de cognição de ofício da competência, a regra do Kompetenz-Kompetez, segundo a qual todo magistrado tem competência para analisar e decidir sobre sua própria competência, e o próprio conflito de competência como mecanismo de controle. Neste ponto, por mais que o conflito de competência possa ser visto como um entrave ao desenvolvimento do processo,

---

[33] Essa opinião é trazida por GIDI, Antônio. *Rumo a um código de processo civil coletivo: a codificação das ações coletivas do Brasil*. 1 ed. Rio de Janeiro: GZ Editora, 2008, p. 246.

trata-se justamente do contrário. A incerteza e indeterminação da competência pode prejudicar a efetividade do processo e a segurança jurídica, bem como a superposição de competências pode levar ao desperdício de recursos dispendidos com simultâneos centros decisórios sobre a mesma questão.[34] Nesse sentido, muitas vezes, em casos de grande extensão e danos múltiplos como os ambientais, o conflito de competência pode ser um instrumento de gestão judicial para organizar as competências e evitar decisões conflituosas e desperdício no processo.

Nesse gerenciamento da competência pelo Judiciário, deve-se considerar o princípio da competência adequada como indissociável da tutela coletiva e da tutela ambiental. A melhor alternativa é utilizar o critério híbrido (art. 2 da LACP e art. 93 do CDC), de forma flexível, permitindo ao Judiciário a interpretação do instituto da competência de acordo as singularidades exigidas no litígio.

A gestão judicial pode ainda, nesses casos, ser combinada com a gestão convencional da competência, que permite a realização de negócio jurídico processual para estabelecer regras sobre a competência, tanto para a definição da própria competência[35] como para gerenciamento que questões relacionadas à competência como extinção de processos ajuizados em mais de um Juízo, conexão de demandas, continência, litispendência, situações muito comuns em litígios multifacetários e de grande extensão como podem ser as ações coletivas ambientais e como é o Desastre do Rio Doce.

3. Competência no Caso Rio Doce – Competências absolutas concorrentes, Gestão Judicial da Competência e Gestão Convencional da Competência

Abordou-se até aqui o caso Desastre do Rio Doce e as possibilidades de soluções trazidas pelo microssistema do processo coletivo para definição

---

[34] CABRAL, Antônio do Passo. *Juiz natural e eficiência processual: flexibilização, delegação e coordenação de competências no processo civil*, no prelo, p. 175-184.

[35] A possibilidade de definição da competência por escolha das partes mostra que uma regra de competência pode ser definida em norma convencional. Não se trata de uma norma "abstrata" ou "geral", mas construída para o caso (ad hoc); além disso, pode ser estabelecida *ex post fato* (pela previsão de convenções processuais incidentes) (CABRAL, Antônio do Passo. *Juiz natural e eficiência processual: flexibilização, delegação e coordenação de competências no processo civil*, p. 304.

da competência territorial em litígios socioambientais, bem como hipóteses para mitigar as problemáticas que podem surgir em relação ao competências nas causas coletivas.

Agora, importante entender as soluções do Caso Desastre do Rio Doce, tanto do ponto de vista na gestão judicial da competência, como sob a ótica da gestão convencional.

3.1. Gestão Judicial da Competência – O CC 144.922/MG

O CC 144.922/MG[36] foi suscitado pela Samarco Mineração S.A apontando como suscitados o Juízo de Direito da 7ª Vara Cível da Comarca de Governador Valadares e o Juízo da 2ª Vara Federal da Subseção Judiciária de Governador Valadares. O conflito de competência surgiu a partir de duas ações civis públicas em Governador Valadares (uma na justiça estadual e outra na justiça federal) que possuíam o objetivo comum de determinar a distribuição de água e promover o monitoramento da água do Rio Doce. A Samarco alegou na petição a existência de decisões conflitantes entre os Juízos suscitados e defendeu que a competência para processamento das ações era da 2ª Vara Federal da Subseção Judiciária de Governador Valadares.

Instado a manifestar-se no conflito, o Ministério Público Federal apresentou uma terceira via: entendeu pela procedência do conflito para que fosse declarada a competência do Juízo da 12ª Vara Federal da Seção Judiciária de Minas Gerais, em Belo Horizonte. Foi esse o entendimento adotado pelo Superior Tribunal de Justiça no voto da relatora Ministra Diva Malerbi, excetuando-se, entretanto, situações que envolvam aspectos humanos e econômicos que podem ser intentadas no foro da residência dos autores ou do dano.

A íntegra do acórdão permite identificar os fundamentos da decisão em três pontos principais: a) critério da prevenção; b) critério da efetividade dos provimentos jurisdicionais; c) critérios da proximidade e da adequação da competência às peculiaridades do caso concreto.

---

[36] Para verificar os pontos debatidos neste tópico acessar a jurisprudência do STJ: CC 144.922/MG, Rel. Ministra Diva Malerbi (Desembargadora Convocada TRF 3ª Região), Primeira Seção, julgado em 22/06/2016, DJe 09/08/2016.

a) Critério da prevenção

O primeiro critério adotado na decisão do STJ foi o da prevenção, ao considerar que, "diante de direitos difusos, caracterizados pela indeterminação dos sujeitos e indivisibilidade do objeto, e de danos que extrapolam uma circunscrição judiciária, *outra resposta não há, senão pela prevenção*"[37].

Diante desse argumento, com base no parágrafo único do art. 2º da LACP, ponderou a relatora que o juiz que conhecer em primeiro lugar da causa terá a jurisdição preventa e que, no Desastre do Rio Doce, teria sido a 12ª Vara Federal Belo Horizonte a primeira a ter distribuída (16/11/2015) uma ação civil pública – ajuizada pela Associação de Defesa dos Interesses Coletivos (ADIC) e na qual o Ministério Público Federal solicitou a sua inclusão no polo ativo – para reparação dos danos ambientais causados pelo rompimento da barragem do fundão.

Já se defendeu neste artigo que o critério da prevenção, se considerado de forma isolada na definição da competência, pode ferir o devido processo legal coletivo e o devido processo legal ambiental.

Nesse sentido, imagine-se que, com base na interpretação do art. 93, II do CDC, fosse ajuizada uma ação civil pública no Distrito Federal buscando a reparação dos danos causados pelo desastre do Rio Doce e que fosse o DF o juízo prevento. Seria razoável aceitar a competência do DF, mesmo que inadequado à tutela judicial do caso, apenas porque era o juízo prevento? De fato, diante das já mencionadas possíveis impropriedades do art. 93, II, do CDC, chegou a ser ajuizada uma ação referente à reparação dos danos causados pelo desastre do Rio Doce no Distrito Federal[38], que foi declinada para 12ª Vara Federal Belo Horizonte.

---

[37] Nesse sentido, a íntegra do acórdão: "Para além disso, a questão que se coloca como premente na hipótese, decorrente da tutela dos interesses difusos, caracterizados pela indeterminação dos sujeitos e indivisibilidade do objeto, é como se dará a fixação do foro competente quando o dano vai além de uma circunscrição judiciária. Outra resposta não há, senão pela prevenção." (CC 144.922/MG, Rel. Ministra Diva Malerbi, Primeira Seção, julgado em 22/06/2016)

[38] De fato, foi ajuizada uma Ação Civil Pública na 3ª Vara da Seção Judiciária do Distrito Federal visando reparar o dano socioambiental decorrente do Desastre do Rio Doce. Mas em decisão da Magistrada Katia Balbino de Carvalho Ferreira, no dia 14/12/2015, foi declinada competência para 12ª Vara Federal da Seção Judiciária de Minas Gerais (Belo

b) Critério da efetividade

O voto da Relatora Ministra Diva Malerbi no CC 144.922 também considerou critérios de efetividade para decidir a competência da 12ª Vara Federal da Seção Judiciária de Minas Gerais (Belo Horizonte). Além de identificar que a ação que tramita na 12ª Vara Federal da Seção Judiciária de Minas Gerais possui objeto mais abrangente, englobando os pedidos das ações da Justiça Estadual e da Justiça Federal de Governador Valadares, a Relatora ainda identificou a existência de Termo de ajustamento de conduta firmado entre a União, Samarco e outros, expressamente prevendo que as divergências de interpretação decorrentes do acordo serão submetidas ao Juízo da 12ª Vara Federal da Seção Judiciária de Minas Gerais.

Ademais, também se considera no voto que a 12ª Vara Federal de Belo Horizonte possui sob análise outros processos, visando à reparação ambiental *stricto sensu* e medidas de distribuição da água (Ação Popular n. 0060441-03.2015.04.01.3800 e a Ação Civil Pública n. 0069758-61.2015.4.01.3400), o que lhe confere melhor condições de tomar medidas dotadas de mais efetividade, evitando decisões contrárias em prejuízo da tutela judicial socioambiental, como ponderou o acórdão.[39]

c) Critérios da proximidade e da adequação da competência às peculiaridades do caso concreto

Além do critério da efetividade, o ponto principal do CC 144.922/MG foi o entendimento pela existência de exceções à regra geral de competência

---

Horizonte) (Processo n. 69758-61.2015.4.01.3400, 3ª Vara da Justiça Federal do Distrito Federal. Magistrada Kátia Balbino de Carvalho Ferreira, 14/12/2015)

[39] Veja-se que o critério da efetividade foi expressamente referido no voto da Relatora Ministra Diva Malerbi: "Dessas circunstâncias, observa-se que a 12ª Vara Federal da Secção Judiciária de Minas Gerais possui melhores condições de dirimir as controvérsias aqui postas, decorrentes do acidente ambiental de Mariana, pois, além de ser a Capital de um dos Estados mais atingidos pela tragédia, já tem sob sua análise processos outros, visando não só à reparação ambiental strito sensu, mas também a distribuição de água à população dos Municípios atingidos, entre outras providências, o que lhe propiciará, diante de uma visão macroscópica dos danos ocasionados pelo desastre ambiental do rompimento da barragem de Fundão e do conjunto de imposições judicias já direcionadas à empresa Samarco, tomar medidas dotadas de melhor efetividade, que não corram o risco de serem neutralizadas por outras decisões judiciais provenientes de juízos distintos, além de contemplar o maior número de atingidos."(CC 144.922/MG, Rel. Ministra Diva Malerbi, Primeira Seção, julgado em 22/06/2016)

da 12ª Vara Federal de Belo Horizonte. A decisão do Superior Tribunal de Justiça ressalvou situações que envolvam aspectos estritamente humanos e econômicos da tragédia (tais como o ressarcimento patrimonial e moral de vítimas e familiares, combate ao abuso de preços, etc.) ou mesmo abastecimento de água potável que exija soluções peculiares ou locais.

Para esses casos, ficou decidido no acórdão que a definição da competência deve levar em conta as circunstâncias particulares e individualizadas, decorrentes do acidente ambiental, com base na garantia de acesso facilitado ao Poder Judiciário e da tutela mais ampla e irrestrita possível, de forma que as ações envolvendo aspectos humanos e econômicos da tragédia, que exijam soluções locais, devem sem ajuizadas no foro de residência dos autores ou do dano.[40]

A decisão de excluir da competência da 12ª Vara Federal de Belo Horizonte as demandas decorrentes de aspectos humanos e econômicos que exijam soluções locais configura – mesmo que não tenha havido menção expressa – a aplicação do critério da proximidade entre o juízo e o lugar do dano e da adequação da competência às peculiaridades do litígio. O que foi dito, em outros termos, é que algumas demandas, mesmo conexas ao Desastre do Rio Doce, exigem soluções do Judiciário mais próximo ao dano e aos atingidos. Para esses casos, não é adequada a competência da Justiça Federal de Belo Horizonte.

Esse ponto do acórdão do CC 144.922 demonstra a impossibilidade de se aplicar a competência de maneira genérica, especialmente em um desastre ambiental de grande extensão. É preciso observar as peculiaridades do litígio (princípio da competência adequada).

---

[40] "18. Há que se ressalvar, no entanto, as situações que envolvam aspectos estritamente humanos e econômicos da tragédia (tais como o ressarcimento patrimonial e moral de vítimas e familiares, combate a abuso de preços etc) ou mesmo abastecimento de água potável que exija soluções peculiares ou locais, as quais poderão ser objeto de ações individuais ou coletivas, intentadas cada qual no foro de residência dos autores ou do dano. Nesses casos, devem ser levadas em conta as circunstâncias particulares e individualizadas, decorrentes do acidente ambiental, sempre com base na garantia de acesso facilitado ao Poder Judiciário e da tutela mais ampla e irrestrita possível. Em tais situações, o foro de Belo Horizonte não deverá prevalecer, pois significaria óbice à facilitação do acesso à justiça, marco fundante do microssistema da ação civil pública" (CC 144.922/MG, Rel. Ministra Diva Malerbi, Primeira Seção, julgado em 22/06/2016)

Sob essa ótica, o CC 144.922/MG funcionou como mecanismo de gerenciamento judicial da competência no caso Rio Doce, possibilitando a organização das regras de competência as partir das peculiaridades do litígio, impedindo a superposição de competências e por consequência evitando decisões conflitantes no Caso.

A partir do CC 144.922/MG, há a convivência de duas hipóteses de competências absolutas concorrentes no Caso do Rio Doce. Uma para as controvérsias gerais do desastre (12ª Vara Federal de Belo Horizonte), competência territorial absoluta pelo âmbito do dano por se tratar se dano regional, e outra para os aspectos humanos e econômicos que exijam soluções peculiares, como o abastecimento de água potável, para os quais a competência é territorial absoluta do local do dano (art. 2º da LACP). A gestão da competência nesse caso permitiu a existência de mais de uma ação coletiva para tratar de diferentes aspectos do litígio, sem que se comprometa a efetividade, o acesso à justiça e a proximidade com o local do dano.

Esse é um importante parâmetro para outros litígios socioambientais, e também para as demandas coletivas em geral que resultem em impactos socioeconômicos de grande extensão. É possível diferentes competências para diferentes repercussões de um mesmo fato, a partir da identificação do juízo que possa melhor tutelar uma ou outra questão localizada. Não significa que irá se fragmentar a tutela coletiva em um sem-número de ações, mas que reflexos localizados dos danos ambientais podem ser processados em juízos locais.

Mas acrescente-se que, nem sempre é fácil distinguir os aspectos estritamente ambientais dos aspectos humanos e econômicos, por causa da inevitável reflexibilidade dos danos ambientais a terceiros. Pode ser que a medida de proteção ambiental esteja voltada, por exemplo, para evitar a contaminação da água que abastece a população, o que exigiria medidas localizadas. Por isso, entende-se que o importante é distinguir demandas que exijam soluções locais de demandas que exijam soluções mais amplas (sejam ambientais, sociais ou econômicas).

3.2. Gestão Convencional da Competência – TAC Governança

O Caso Rio Doce também demonstra a relevância do papel das partes processuais envolvidas para tentar mitigar as problemáticas decorrentes da definição da competência nas ações coletivas através da gestão convencional da competência.

Isso ficou evidenciado especialmente nas cláusulas do Termo de Ajustamento de Conduta (TAC da Governança), assinado em 25 de junho de 2018, por MPF, MPES, MPMG, DPES, DPMG, DPU, União, Estados, órgãos ambientais e empresas responsáveis e homologado pela 12ª Vara Federal de Belo Horizonte. O acordo prevê obrigações das partes no que se refere ao gerenciamento da competência: a) extinção de algumas ações coletivas para evitar decisões conflitantes (cláusula 104); e b) necessidade de que as empresas requeiram a intimação do Poder Público, em especial do Ministério Público, nos autos das demais ações que envolvam direitos difusos em trâmite para que se manifestem quanto à extinção, conexão, continência e ou litispendência (cláusula 104, §3º e 4º).

Essas cláusulas configuram negócio jurídico processual (art. 190, CPC) que vincula as partes e o juiz, bem como concretizam o princípio da boa-fé a da cooperação para o processo (art. 5º, 6º, 7º, 9º, 10, CPC/2015).

Há um comprometimento entre Poder Público, Ministérios Público, Defensorias Públicas, Órgãos Ambientais e empresas responsáveis em evitar decisões conflitantes, bem como em permitir a manifestação do Poder Público e Ministério Público em ações que envolvam direitos difusos em trâmite quanto à extinção, conexão, continência e ou litispendência. Essa manifestação é fundamental para que se leve ao conhecimento do Judiciário qualquer peculiaridade envolvida na causa que excepcione ou que justifique a regra da competência geral em relação a competência local. É uma forma de os envolvidos cooperarem para evitar problemáticas decorrentes da competência e gerenciar as ações coletivas em curso sobre diferentes questões do Desastre.

4. Um exemplo no Estado do Espírito Santo

Diante disso, é importante mencionar um caso recente do Estado do Espírito Santo envolvendo competência no Desastre do Rio Doce em que uma decisão monocrática do Tribunal de Justiça do Estado do Espírito Santo[41] reconheceu, de ofício, a incompetência absoluta do Poder Judiciário Estadual para o processamento e julgamento da ação civil pública 0017045-06.2015.8.08.0030 e declinou para 12ª Vara Federal de Belo Horizonte, sem a oitiva das Forças Tarefas do Ministério Público.

---

[41] TJES, Agravo de Instrumento 0009045- 12.2018.8.08.0030, julgado em 03/09/2018.

A ação civil pública 0017045-06.2015.8.08.0030 foi ajuizada pelo Município de Linhares em face da Samarco para proteção dos Rios e Lagoas (água doce) do Município de Linhares, objetivando impedir a contaminação pelas águas do Rio Doce, uma vez que a contaminação da água doce de Linhares poderia comprometer os estoques de água potável da população do Município.

Acrescente-se que, no momento da decisão monocrática, a ação civil pública do Município de Linhares em face da Samarco já havia sido sentenciada, determinando-se uma série de medidas para proteção da água doce do Município de Linhares, entre as quais a construção de uma barragem definitiva para que as águas do Rio Doce não contaminem bens do Estado do Espírito Santo, quais sejam Lagoa Juparanã e o Rio de Ligação com a Lagoa Nova.

Essa decisão, de certa forma, não se coaduna com a adequação e gerenciamento da competência em casos ambientais pelas seguintes razões:

a) A decisão de incompetência do Tribunal de Justiça do Espírito Santo deveria ter sido precedida de oitiva das Forças-Tarefas do Ministério Público, nos termos do parágrafo quarto da cláusula centésima quarta do TAC Governança, já homologado;

b) A ação civil pública ajuizada pelo Município de Linhares em face da Samarco busca medidas locais de proteção dos Rios e Lagoas (água doce) do Município, para que não se comprometa os estoques de água potável, em prejuízo da população local;

c) Portanto, a ação civil pública 0017045-06.2015.8.08.0030 ao buscar medidas para garantir o abastecimento de água potável para população de Linhares por meio de medidas locais, é exceção à regra geral da competência da 12ª Vara Federal de Belo Horizonte, respeitando o CC 144.922/MG, bem como a regra de competência absoluta do art. 2º da Lei de Ação Civil Pública.[42]

---

[42] Ver orientação nº 2/2018 elaborada pelo NUPROC/MPES – Núcleo Permanente de Direito Processual Civil e Impactos do Novo CPC na Atuação do MP, publicado em http://intranet.mpes.mp.br/nuproc/wp-content/uploads/sites/101/2019/01/Vers%C3%A3o-Final-ORIENTA%C3%87%C3%83O-Compet%C3%AAncia-e-Caso-Rio-Doce-final.pdf. É possível solicitar acesso aos pareceres do NUPROC pelos e-mails dos autores, registrados na nota inicial deste trabalho.

Conclusões

O Desastre do Rio é caso plurilocalizado (*dano multilocal*) e multifacetário que impactou o equilíbrio ecológico, a sociedade e a economia dos locais atingidos, gerando amplas repercussões coletivas e o ajuizamento de diversas ações. Em casos como esse, a definição da competência é uma tarefa complexa, exigindo adequação e gerenciamento da competência.

Nas ações coletivas ambientais, como os resultantes do rompimento da barragem da Fundão, o microssistema do processo coletivo possibilita a aplicação do art.2º da LACP e art. 93 do CDC, o que gera uma peculiaridade no que se refere à competência territorial absoluta: uma competência que cumula o âmbito do dano (art. 93 do CDC) com o local do dano (art. 2º da LACP), admitindo vários juízos competentes de forma absoluta, fixando-se a competência por prevenção e pela proximidade do dano.

Em face desse quadro de vários juízes competentes de forma absoluta, comum às ações coletivas ambientais, tornou-se necessário admitir uma modulação da competência mais adequada ao julgamento do litígio. Incluída aí a modulação pelo próprio Judiciário, bem como a hipótese de soluções convencionais entre as partes, quando mais de um juízo for competente de maneira absoluta, sem que haja ofensa ao juiz natural.

Para reduzir as problemáticas que podem surgir a partir das regras geográficas de definição da competência em face de um litígio de grande extensão, é preciso buscar algumas soluções. Isso pode ser feito através de uma gestão judicial, em que os critérios de âmbito de extensão do dano e local do dano sejam combinados com o princípio da competência adequada para buscar a efetividade do processo, segurança jurídica, e acesso à justiça, evitando a superposição de competências e decisões conflitantes. Além disso, a gestão judicial pode ser combinada com uma gestão convencional das partes do processo a partir de negócios jurídicos processuais autorizados pelo art.190 do Código de Processo Civil.

Especificamente quanto ao Caso do Rio Doce este artigo traz as seguintes considerações:

a) O Caso do Rio Doce conjuga a adequação da competência por meio da gestão judicial da competência e a gestão convencional da competência;

b) O CC 144/922/MG funcionou como mecanismo de gerenciamento judicial da competência no caso Rio Doce, possibilitando a organização das regras de competência as partir das peculiaridades do litígio, impedindo a superposição de competências e, por consequência, evitando decisões conflitantes no Caso;
c) A partir do CC 144.922/MG, há a convivência de duas hipóteses de competências absolutas concorrentes no Caso do Rio Doce. Uma para as *controvérsias gerais do desastre* (12ª Vara Federal de Belo Horizonte), *competência territorial absoluta pelo âmbito do dano por se tratar se dano regional*; e, outra para os *aspectos humanos e econômicos* que exijam soluções peculiares, como o abastecimento de água potável, para os quais a competência é territorial absoluta do local do dano (art. 2º da LACP).
A gestão da competência nesse caso permitiu a existência de mais de uma ação coletiva para tratar de diferentes aspectos do litígio, sem que se comprometa a efetividade, o acesso à justiça e a proximidade com o local do dano;
d) O CC 144.922 é um importante parâmetro para outros litígios socioambientais, e também para as demandas coletivas em geral que resultem em impactos socioeconômicos de grande extensão, porque ensina que é possível diferentes competências para diferentes repercussões de um mesmo fato, a partir da identificação do juízo que possa melhor tutelar uma ou outra questão localizada. Não significa que irá se fragmentar a tutela coletiva em um sem-número de ações, mas que reflexos localizados dos danos ambientais podem ser processados em juízos locais;
e) O Caso Rio Doce também demonstra a relevância do papel das partes processuais envolvidas para tentar mitigar as problemáticas decorrentes da definição da competência nas ações coletivas através da gestão convencional da competência. Isso ficou evidenciado especialmente nas cláusulas do Termo de Ajustamento de Conduta (TAC da Governança) homologado pela 12ª Vara Federal de Belo Horizonte;
f) O acordo prevê obrigações das partes no que se refere ao gerenciamento da competência: a) extinção de algumas ações coletivas para evitar decisões conflitantes (cláusula 104); e b) necessidade de que as empresas requeiram a intimação do Poder Público, em

especial do Ministério Público, nos autos das demais ações que envolvam direitos difusos em trâmite para que se manifestem quanto à extinção, conexão, continência e ou litispendência (cláusula 104, §3º e 4º);

g) As cláusulas configuram negócio jurídico processual (art. 190, CPC) que vincula as partes e o juiz, bem como concretizam o princípio da boa-fé a da cooperação para o processo (art. 5º, 6º, 7º, 9º, 10, CPC/2015). É uma forma de os envolvidos cooperarem para evitar problemáticas decorrentes da competência e gerenciar as ações coletivas em curso sobre diferentes questões do Desastre.

As considerações feitas neste texto sobre a competência nos nas ações coletivas, em específico, nas demandas ambientais, permitirão, futuramente, o desenvolvimento de texto sobre o art. 69 do Código de Processo Civil de 2015, que trata do pedido de cooperação interna nacional como desdobramento do dever de recíproca cooperação (art. 67, CPC), uma grande novidade que pode ter grande utilidade e aplicabilidade nas demandas coletivas, em especial para mitigar eventuais problemáticas advindas das competências concorrentes.[43]

Referências

ARENHART, Sérgio Cruz; MOREIRA, Egon Bockmann; BAGATIN, Andreia Cristina; FERRARO, Marcela Pereira. *Comentários à Lei de Ação Civil Pública*. São Paulo: Revista dos Tribunais, 2016.

ARRUDA ALVIM, José Manuel de et al. *Código do Consumidor comentado*. 2 ed. rev. ampl., São Paulo: Revista dos Tribunais, 1995.

BENJAMIN, Antônio Herman de Vasconcellos. A proteção do meio ambiente nos países menos desenvolvidos da América Latina". *Revista de Direito Ambiental*, p. 83-105, dez/1996.

CABRAL, Antônio do Passo. *Juiz natural e eficiência processual: flexibilização, delegação e coordenação de competências no processo civil*, no prelo.

CABRAL, Antônio do Passo. *Forum non conveniens* e o controle da competência adequada no processo civil brasileiro. In: MARINONI, Luiz Guilherme; ARENHART,

---

[43] Ver DIDIER JR., Fredie. *Cooperação judiciária nacional. Esboço de uma Teoria para o Direito Brasileiro*. Salvador: Juspodivm, 2020.

Sérgio Cruz; MITIDIERO, Daniel; DOTTI, Rogéria. *O Processo civil entre a técnica processual e a tutela dos direitos*. São Paulo: Editora revista dos Tribunais, 2017.

CARVALHO, Delton Winter de. *Desastres Ambientais e sua Regulação Jurídica. Deveres de Prevenção, Resposta e Compensação Ambiental*. São Paulo: RT, 2015, parte I.

CHIOVENDA, Giuseppe. *Principii di Diritto Processuale Civile*. Napoli: Jovene editore, 1965.

DIDIER JR., Fredie. *Cooperação judiciária nacional. Esboço de uma Teoria para o Direito Brasileiro*. Salvador: Juspodivm, 2020.

DIDIER JR., Fredie. *Curso de direito processual civil: introdução ao direito processual civil, parte geral e processo de conhecimento*. 20ª ed. Salvador: JusPodivm, 2018, v.1.

DIDIER JR, Fredie; ZANETI JR., Hermes. *Curso de direito processual civil: processo coletivo*. 14ª ed. Salvador: JusPodivim, 2020, v.4.

DODSON, Scott. A revolution in jurisdiction. In.: DODSON, Scott. *The Legacy of Ruth Bader Ginsburg*. Cambridge, 2015.

GARCÍA-ALVARZ, Laura. "Daños privados por contaminación en el tráfico externo: A propósito del caso Akapan vs. Shell (Nigéria)". *Cuadernos de Derecho Transnacional*, v. 5, No 2, Oct /2013, p. 548-583.

GARCÍA-ALVARZ, Laura. "Las acciones colectivas en los litigios internacionales por daños ambientales.". *Revista electrónica de estudios internacionales (REEI)*, Nº. 30, 2015, p.11. Disponível em: http://www.reei.org/index.php/revista/num30/articulos/acciones- colectivas-litigios- internacionales-danos- ambientales. Acesso em: 30/11/2017.

GIDI, Antônio. *Rumo a um código de processo civil coletivo: a codificação das ações coletivas do Brasil*. 1aed. Rio de Janeiro: GZ Editora, 2008.

GRINOVER, Ada Pellegrini; WATANABE, Kazuo; NERY JÚNIOR, Nelson. *Código brasileiro de defesa do consumidor: comentado pelos autores do anteprojeto*. 10 ed. Rio de Janeiro: Forense, 2011, v.2, Processo Coletivo (arts.81 a 104 e 109 a 119).

LENZA, Pedro. Competência na Ação Civil Pública: dano de âmbito local, regional e nacional – art.93 do CDC. In: LUCON, Paulo Henrique dos Santos. *Tutela coletiva: 20 anos da Lei da Ação Civil Pública e do Fundo de Defesa de Direitos Difusos, 15 anos do Código de Defesa do Consumidor*, São Paulo: Atlas, 2006, p.203-204.

LINO, Daniela Bermudes. Competência Territorial Adequada nas Ações Coletivas Socioambientais: Considerações sobre o CC 144.922/MG no Desastre do Rio Doce. *Revista de Direito Ambiental*. São Paulo: RT, vol. 92, p. 285-303, out./dez., 2018.

MANUSCO. Rodolfo de Camargo. *Ação civil pública*. 9 ed. São Paulo: RT, 2004.

MENDES, Aluísio Gonçalves. *Competência cível da justiça federal*. São Paulo: Saraiva, 1998.

MOREIRA, José Carlos Barbosa. "A expressão 'competência funcional' no art. 2º da lei da ação civil pública". In: MILARÉ, Edis (coord.). *A ação civil pública após 20 anos: efetividade e desafios*. São Paulo: Revista dos Tribunais, 2005.

MOREIRA, José Carlos Barbosa, "Interesses difusos e coletivos". *Revista trimestral de direito público*. São Paulo: Malheiros, 1993, n.3.
PASCAL, Blaise. *Pensamentos*. São Paulo: Martins Fontes, 2001.
RODRIGUES, Marcelo Abelha. *Ação civil pública e meio ambiente*. São Paulo: Forense Universitária, 2003.
RODRIGUES, Marcelo Abelha. *Fundamentos da tutela coletiva*. Brasília, DF: Gazeta Jurídica, 2017.
RODRIGUES. Marcelo Abelha. *Processo civil ambiental*, 4ª ed. Salvador: Juspodivm, 2016.
RODRIGUES, Marcelo Abelha. "Reflexos do direito material do ambiente sobre o instituto da coisa julgada (in utilibus, limitação territorial, eficácia preclusiva da coisa julgada e coisa julgada rebus sic stantibus)." Revista dos Tribunais, vol. 861/2007, p. 24-29, Jul, 2007; *Doutrinas Essenciais de Direito Ambiental*, vol. 4, p. 741-748, Mar- 2011.
SARNO, Paulo Braga. Competência adequada. *Revista de Processo*, v.19, p.13-41, mai/2013.
SOBRAL, Mariana Andrade; CAMPOS, Rafael Mello Portella; TRAZZI, Paulo Henrique Camargo; ZANETI JR., Hermes; LINO, Daniela Bermudes. Ações Individuais no Caso Rio Doce: Interrupção da Prescrição, Suspensão da Prescrição e Comportamento Contraditório dos Litigantes no Processo de Autocomposição. *Revista de Processo*. São Paulo: RT. Vol. 298, p. 193/217, dez, 2019.
VENTURI, Elton. A competência jurisdicional na tutela coletiva. In: GRINOVER, Ada Pellegrini; MENDES, Aluísio Gonçalves de Castro; WATANABE, Kazuo. *Direito processual coletivo e o anteprojeto de Código Brasileiro de Processos Coletivos*. São Paulo: Revista dos Tribunais, 2007.
VINCENZI, Brunela Vieira de. "Competência funcional – distorções". *Revista de Processo*. São Paulo: RT, 2002, nº 105.
VITORELLI, Edilson. *O Devido Processo Legal Coletivo. Dos Direitos aos Litígios Coletivos*. São Paulo: RT, 2016.
ZANETI, Graziela Argenta. *Jurisdição adequada para os processos coletivos transnacionais*. São Paulo: RT, 2020.

10. Assédio moral no setor bancário: a competência no processo coletivo trabalhista

Martha Diverio Kruse

1. O litígio coletivo
1.1. Introdução

No setor bancário, uma das irregularidades mais recorrentemente enfrentadas pelo Ministério Público do Trabalho é o assédio moral, que ocorre de forma similar em todo o Brasil. De acordo com diversas apurações, a conduta parte de centros de gestão dos bancos, e tem como objetivo aumentar o lucro. Os grandes bancos têm estabelecimentos em todas as unidades da Federação. Quatro grandes empresas detêm 86% (oitenta e seis por cento) das agências em todo o país[1]. Em consulta ao site do Banco Central do Brasil, pode-se verificar o número de agências de cada um dos cinco maiores bancos, espalhadas em todas as unidades da federação, com dados atualizados até 31 de outubro de 2019:

Contagem de NOME AGÊNCIA	Rótulo																												
Rótulos de Linha	AC	AL	AM	AP	BA	CE	DF	ES	GO	MA	MG	MS	MT	PA	PB	PE	PI	PR	RJ	RN	RO	RR	RS	SC	SE	SP	TO	Total Geral
BANCO BRADESCO S.A.	6	44	76	6	290	127	46	52	164	110	411	78	82	108	55	123	29	337	442	35	34	4	206	167	22	1470	25	4549
BANCO DO BRASIL S.A.	22	49	42	17	261	135	91	93	151	100	470	80	105	111	69	139	62	310	257	67	46	12	332	257	40	997	40	4355
CAIXA ECONOMICA FEDERAL	14	48	39	8	214	85	67	77	146	43	324	50	52	67	42	92	37	225	273	38	27	7	260	159	37	921	21	3373
ITAÚ UNIBANCO S.A.	3	10	20	4	87	35	43	34	168	17	413	21	26	33	15	56	6	305	493	13	12	3	123	88	7	1083	7	3125
BANCO SANTANDER (BRASIL) S.	2	8	13	3	54	25	44	31	35	6	214	23	21	25	22	81	8	144	335	11	6	2	170	74	6	1357	2	2722

---

[1] https://www.nexojornal.com.br/grafico/2018/03/29/Quantas-s%C3%A3o-e-como-se-distribuem-as-ag%C3%AAncias-banc%C3%A1rias-no-Brasil

Como as decisões administrativas e operacionais destas empresas geralmente partem de um centro de poder, o modo de operação e de gestão é similar em todas as unidades, fazendo com que haja repetição das irregularidades trabalhistas em todas as Unidades da Federação, com múltiplas investigações similares por parte do Ministério Público do Trabalho, em face da mesma empresa e sobre o mesmo objeto. Coloca-se em foco no presente trabalho, em especial, a atuação judicial acerca de condutas abusivas e constrangedoras, caracterizadoras do assédio moral organizacional.

Com a repetição de condutas irregulares, ou a irradiação dos efeitos de uma única conduta[2], surgem questões acerca da atribuição dos Procuradores do Trabalho e da competência das Varas do Trabalho, para a investigação e a proposição de ação civil pública, e para o respectivo processamento, julgamento e execução, que serão abordadas no presente estudo, a partir do caso de assédio moral organizacional no Banco Bradesco.

As questões passam pela necessidade de divulgação e manutenção de banco de dados para posterior consulta de decisões com abrangência nacional; pelo momento da apreciação da notícia de fato, também abarcando a posição da Câmara de Coordenação e Revisão do Ministério Público do Trabalho quanto a conflitos de atribuição, e, por fim, chegando à questão da necessidade de definição de melhores formas de execução das decisões de abrangência nacional.

1.2. O assédio moral e seu enfrentamento

Dentro das diversas áreas de atuação do Ministério Público do Trabalho, o enfrentamento ao assédio moral foi estabelecido como uma de suas prioridades estratégicas, nos termos da Portaria 583 de 22 de maio de 2017, que instituiu a Política de Prevenção e Enfrentamento ao Assédio Moral e Sexual e à Discriminação do Ministério Público do Trabalho[3].

---

[2] VITORELLI, Edilson. **O devido processo legal coletivo: dos direitos aos litígios coletivos, 2ª ed. rev, atual. e. ampl.** São Paulo: Thomas Reuters Brasil, 2019. (Coleção o novo processo civil – Coordenadores Luiz Guilherme Marinoni, Sérgio Cruz Arenhart, Daniel Mitidiero).

[3] BRASIL. Ministério Público do Trabalho. Manual sobre a prevenção e o enfrentamento ao assédio moral e sexual e à discriminação. Disponível em: https://mpt.mp.br/pgt/publicacoes/

Conquanto não se tenha o intuito de aprofundar, no presente trabalho, a discussão conceitual e ontológica sobre a questão, aponta-se como premissa a definição de assédio moral elaborada por Rodolfo Pamplona Filho: "uma conduta abusiva, de natureza psicológica, que atenta contra a dignidade psíquica do indivíduo, de forma reiterada, tendo por efeito a sensação de exclusão do ambiente e do convívio social"[4].

Na hipótese de estipulação de metas excessivas, e da utilização de constrangimentos sistemáticos como forma de gestão, surge a figura do assédio moral organizacional. Adriane Reis de Araujo define o assédio moral organizacional como "a prática sistemática, reiterada e freqüente de variadas condutas abusivas, sutis ou explícitas contra uma ou mais vítimas, dentro do ambiente de trabalho, que, por meio do constrangimento e humilhação, visa controlar da subjetividade dos trabalhadores[5].

A conduta que se pretende combater, portanto, é estratégica por parte das empresas. Visa atingir e incrementar um lucro crescente em exponencial, desconsiderando os limites e a dignidade da pessoa humana dos trabalhadores. Parte de um núcleo de gestão centralizado, que define as metas, as punições pelo respectivo descumprimento, entre outros.

Em sendo assim, analisar-se-á a mais recente atuação do Ministério Público do Trabalho, em face do Banco Bradesco, buscando a cessação do assédio moral organizacional claramente caracterizado, com especial enfoque nas formas de efetivação da decisão obtida, e nos obstáculos para tanto, perpassando pelas decisões da Câmara de Coordenação e Revisão do Ministério Público do Trabalho acerca da questão.

---

manuais/manual-sobre-a-prevencao-e-o-enfrentamento-ao-assedio-moral-e-sexual-e-a-
-discriminacao/@@display-file/arquivo_pdf. Acesso em 5 de dezembro de 2019.

[4] PAMPLONA FILHO, Rodolfo. Noções conceituais sobre o assédio moral na relação de emprego. **Revista Jus Navigandi**, ISSN 1518-4862, Teresina, ano 11, n. 1149, 24 ago. 2006. Disponível em: https://jus.com.br/artigos/8838. Acesso em: 5 dez. 2019.

[5] ARAUJO, Adriane Reis de. **Assédio Moral Organizacional. In: Revista do Tribunal Superior do Trabalho, vol. 73, n. 2, abril-junho de 2007. Disponível em:** https://juslaboris.tst.jus.br/bitstream/ handle/20.500.12178/2307/010_araujo.pdf?sequence= 5&isAllowed=y. Acesso em 5 de dezembro de 2019.

2. O processo

Quanto ao processo, no presente estudo será apresentada a decisão judicial obtida na ação civil pública mais recente em face do Banco Bradesco e com a temática "assédio moral", e, no âmbito extrajudicial, uma decisão da Câmara de Coordenação e Revisão do Ministério Público do Trabalho, que direciona a investigação em âmbito administrativo, definindo a atribuição dos Procuradores pelo critério do "local do dano", prevalecendo este sobre a prevenção, de modo a averiguar a compatibilidade estratégica entre ambas.

2.1. Da decisão obtida nos autos do Processo n. 0100832-24.2019.5.01.0066

Pela atualidade e pela repercussão da decisão, escolheu-se como caso representativo do enfrentamento ao assédio moral organizacional pelo Ministério Público do Trabalho a decisão obtida recentemente na Ação Civil Pública n. 0100832-24.2019.5.01.0066.

A ação foi ajuizada em 6 de agosto de 2019, após investigação que se iniciou em 2016, por meio do inquérito n. IC 004665.2016.01.000/6. Destaca-se que no momento inicial do inquérito, isto é, na apreciação prévia, a Procuradora do Trabalho Oficiante determinou buscas nos Sistemas informatizados para verificação de preexistência de ação civil pública ou Termo de Ajuste de Conduta de âmbito nacional acerca do tema "assédio moral", tendo sido certificado pelo servidor que não havia instrumento de abrangência nacional com identidade de tema.

Instruído o inquérito com consultas às reclamatórias trabalhistas sobre o tema, com inúmeros depoimentos de trabalhadores, informações do Sindicato da categoria, entre outros documentos, fora ajuizada a ação civil pública correspondente.

A petição inicial descreveu a situação recorrente de constrangimentos e humilhações prejudicando trabalhadores do Bradesco. Pontuou a existência de 969 ações trabalhistas individuais no estado do Rio de Janeiro com o tema "assédio moral". Mencionou, também, a repetição de notícias e atuações de Sindicatos em diversas unidades da federação, demonstrando a ocorrência do assédio moral organizacional também em São Paulo, Piauí, Minas Gerais, Amazonas, Bahia.

Esclareceu, ainda, que as condutas eram perpetradas não só por Gerentes Regionais como, também, por Diretores da Empresa, com uso de rankings de produtividade de empregados, metas abusivas e tratamento humilhante. Dentre as situações constrangedoras, foi relatado que, em pelo menos dois turnos, são realizadas áudio-conferências com o objetivo de obrigar e pressionar os gerentes a cumprir metas estabelecidas, sendo que aqueles que não conseguiam alcançá-las eram constrangidos, humilhados e ameaçados de perder seus respectivos empregos. Além disso, os trabalhadores eram mantidos sem poder sair da agência, após o expediente, até que cumprissem as metas, em prática caracterizada como cárcere privado nos depoimentos.

Com base nos dados disponíveis nos bancos de dados da Previdência Social, acessíveis aos Procuradores do Ministério Público do Trabalho, também foram mencionados os inúmeros e similares afastamentos dos empregados do Banco requerido por transtornos comportamentais, doenças mentais e doenças do sistema nervoso, em todo o país.

A defesa do banco requerido fundamentou-se no Código de Ética do Banco, que, conforme constatado pelo Ministério Público do Trabalho, apesar de existir no papel, não tinha qualquer efetividade no mundo dos fatos.

Os fundamentos da ação foram a dignidade da pessoa humana e o valor social do trabalho, previstos no artigo 1º e 170 da Constituição Federal, além da Convenção 190 da Organização Internacional do Trabalho. Houve ainda referência ao Decreto 9.751, de 21 de novembro de 2018, que estabeleceu as diretrizes de respeito aos direitos humanos para as empresas, e à Convenção 190 da Organização Internacional do Trabalho, aprovada em julho de 2019, e que assim define a figura do assédio no ambiente laboral:

> la expresión «violencia y acoso» en el mundo del trabajo designa un conjunto de comportamientos y prácticas inaceptables, o de amenazas de tales comportamientos y prácticas, ya sea que se manifiesten una sola vez o de manera repetida, que tengan por objeto, que causen o sean susceptibles de causar, un daño físico, psicológico, sexual o económico, e incluye la violencia y el acoso por razón de género[6].

---

[6] ORGANIZAÇÃO INTERNACIONAL DO TRABALHO. Convenção 190, de julho de 2019. Disponível em: https://www.ilo.org/wcmsp5/groups/ public/---ed_norm/---relconf/ documents/ meetingdocument/wcms_711139.pdf

Ressaltou a petição inicial que a forma de dominação dos empregados pelo banco inquirido foi inclusive tema de tese de doutorado em ciências sociais, no ano de 1986 (SEGNINI, L. R. P. Bradesco: a liturgia do poder. Tese 'Doutorado em Ciências Sociais'. PUC- SP. São Paulo, 1986).

Os pedidos da ação, no que tange ao assédio moral, envolveram a abstenção das condutas tidas por caracterizadoras do assédio moral, como cárcere privado, áudio conferências humilhantes, a divulgação do ranking de produtividade perante os demais, e de utilização de quaisquer práticas vexatórias ou humilhantes em face de seus empregados. Fora requerida também a criação de uma comissão exclusiva para receber denúncias, investigar e adotar as providências saneadoras com relação ao assédio moral. Postulou-se, também, indenização por dano moral coletivo no valor de R$155.111.110,00 (cento e cinquenta e cinco milhões, cento e onze mil e cento e dez reais). Foi requerida tutela de urgência.

Obteve-se a antecipação de tutela, conforme decisão exarada em 12 de agosto de 2019. Foi determinado à ré, sob pena de multa de R$ 50.000,00, que:

- Abstenha-se de, por quaisquer de seus representantes, administradores, diretores, gerentes ou pessoas que possuam poder hierárquico, utilizar práticas vexatórias ou humilhantes contra seus empregados e trabalhadores próprios ou terceirizados, especialmente as que consistam em pressioná-los, coagi-los ou intimidá-los, ou por intermédio de palavras agressivas ou de qualquer outro comportamento que os submeta a constrangimento físico ou moral ou que atente contra a honra e a dignidade da pessoa humana, inclusive no processo de cobrança por cumprimento de metas, nos termos do art.6º do Decreto nº 9.571/2018, especialmente seus incisos I, V, IX, X, XII, XIII e XIV e inciso III do art.1º da Constituição da República;
- Abstenha-se da pratica de cárcere privado de seus trabalhadores, de forma a impedir e não tolerar o cerceio do direito destes de ir e vir, a fim de não infringir os direitos humanos de seus funcionários, nos termos do artigo 4º, do inciso IV do artigo 5º e incisos I, II, V, X e XII do artigo 6º, todos do Decreto nº 9.571/2018, inciso III do art.1º da Constituição da República e inciso XV do art.5º, também da Constituição da República;
- Abstenha-se de prática discriminatória com relação a empregados que retornarem de afastamentos laborais por motivo de saúde ou em

decorrência de reintegração ao trabalho por decisão judicial, garantindo que o empregado retorne ao mesmo posto de trabalho, ou em posto de igual complexidade e responsabilidade, nos termos do caput do art. 7º do Decreto e inciso VIII do art. 8º do mesmo diploma, bem como caput do art. 5º da Constituição da República, salvo motivações de ordem médica ou oriundas de decisões judiciais de ações individuais;
- Abstenha-se de prática discriminatória em razão de padrão estético de seus empregados, bem como abster-se de estabelecer referido padrão através de exigências invasivas à privacidade e liberdade de expressão de seus empregados, tendo em vista o teor o inciso III do art. 1º; do inciso IV do art. 3º e do inciso II do art. 4º, todos da Constituição da República, bem como artigo 1º da Lei nº 9.029/1995, inciso I do artigo 6º e artigo 8º, ambos do Decreto nº 9.571/2018, bem como do art. 21 do Código Civil Brasileiro e inciso X do art. 5º da Constituição da República.

Para além do deferimento de tutela de urgência, a Procuradora do Trabalho titular do processo tomou medidas no sentido de efetivar o cumprimento da liminar, conforme se vê do Procedimento de Acompanhamento Judicial (PAJ 4722.2019.01.000/7), em que foi mencionado descumprimento verificado em mandado de verificação, e, ainda, contato com o advogado do Sindicato dos Empregados em Estabelecimentos Bancários do Rio de Janeiro, o qual se comprometeu a enviar notícias de eventual descumprimento.

No entanto, muito embora, na petição inicial, tenha se referido a ocorrência da irregularidade em diversas unidades da Federação, não foi feito pedido expresso de reconhecimento da abrangência nacional, razão pela qual pende dúvida acerca do alcance territorial da decisão exarada em sede de tutela de urgência[7], tendo as diligências de verificação de cumprimento da decisão ficado restritas ao estado do Rio de Janeiro.

---

[7] Como a petição inicial não requereu abrangência nacional dos pedidos, não fora definida na decisão a respectiva abrangência territorial, o que dificulta a execução da decisão em relação a descumprimentos ocorridos em agências fora do território do Rio de Janeiro.

A decisão foi amplamente noticiada em sites de notícias e sites de sindicatos de diversas unidades da Federação, como Mato Grosso do Sul, Bahia, Espírito Santo, entre outros[8].

A petição inicial coletiva, embasada na análise de situações ocorridas em diversas unidades da federação, obteve sucesso, sendo deferida a tutela de urgência. Não se vê razão para restringir a abrangência ao Estado do Rio de Janeiro, de modo a prejudicar os empregados do Banco das demais unidades da federação, mormente quando posta *sub judice* a situação nacional, como já referido.

Destaca-se, que, até o dia 1º de julho de 2020, não houve prolação de sentença nos autos da ação mencionada. Tampouco houve pedido ou referência à abrangência nacional, muito embora o requerido tenha sido o Banco Bradesco, com referência ao CNPJ de sua matriz.

Acerca da abrangência das decisões exaradas em sede de Ação Civil Pública, necessário fazer uma breve análise da Orientação Jurisprudencial n. 130 da SDI-II do Tribunal Superior do Trabalho, bem como do histórico de sua redação, além de algumas considerações acerca do artigo 16 da Lei n.º 7.347/85 e do artigo 103 do Código de Defesa do Consumidor, o que será feito adiante (item "3.2").

Ainda no tocante ao tema "assédio moral no Bradesco", passa-se à análise decisão da Câmara de Coordenação e Revisão em um Conflito Negativo de Atribuições suscitado especificamente em uma notícia de fato com este objeto, no estado de Minas Gerais.

2.2. A decisão da E. Câmara de Coordenação e Revisão nos autos do Conflito de Atribuição suscitado nos autos da Notícia de Fato n. 000488.2018.03.006/0

Em Minas Gerais, a Justiça do Trabalho encaminhou ao Ministério Público do Trabalho sentença proferida em reclamatória individual,

---

[8] A notícia pode ser encontrada nos seguintes sites, acessados em 9 de dezembro de 2019: http://www.fetecpr.org.br/justica-do-trabalho-concede-tutela-de-urgencia-para-banir-pratica-de-assedio-moral-no-bradesco/; https://www.folhadedourados.com.br/noticias/brasil-mundo/justica-do-trabalho-concede-tutela-de-urgencia-para-banir-pratica-de-assedio-moral-no-bradesco ; http://www.bancarios-es.org.br/bradesco-e-obrigado-a-banir-pratica-de-assedio-moral ;

concernente, entre outras matérias, ao assédio moral ocorrido no Banco Bradesco, com a finalidade de "cientificação e adoção das providências cabíveis". A sentença relata que: "a exordial narra que "a reclamante estava submetida a cobranças excessivas e metas desmedidas, pautadas em constantes ameaças e exposições públicas e vexatórias, sendo os empregados "ranqueados" de acordo com a produção e em reuniões eram expostos publicamente".

A notícia de fato foi inicialmente distribuída em Governador Valadares, em 14 de novembro de 2018. A certidão de histórico de atuação para fins de análise de prevenção buscou apenas os inquéritos civis em trâmite no estado de Minas Gerais, motivo pelo qual o sistema eletrônico de controle de procedimentos extrajudiciais do MPT não acusou a existência do Inquérito 004665.2016.01.000/6, que, posteriormente deu origem à ação supramencionada. Embora a ação não tivesse sido ajuizada (o que somente ocorreu em agosto de 2019), a investigação já se encontrava em trâmite.

O Procurador do Trabalho então titular da notícia de fato, atuando em Governador Valadares, verificou que a agência do Bradesco em que ocorreram os fatos narrados na exordial situava-se em Coronel Fabriciano, município que conta com uma Procuradoria do Trabalho, sugerindo fosse suscitado conflito de atribuição caso o entendimento do Procurador na unidade do destino fosse diverso.

Na nova Procuradoria, em Coronel Fabriciano, também não foi realizada consulta nos sistemas de banco de dados nacional do Ministério Público do Trabalho. O Procurador do Trabalho em Coronel Fabriciano suscitou o conflito negativo de atribuições, sob o argumento de que "o tema Assédio Moral não comporta subdivisões", e sustentando que o Ofício de Governador Valadares era o prevento, em função da existência de outro inquérito civil sobre o tema "assédio moral". Não houve investigação acerca da existência de inquéritos civis e ações civis públicas em trâmite sobre o tema no cenário nacional.

Submetido o conflito à Câmara de Coordenação e Revisão (CCR), foi proferida decisão, fixando a competência pelo local do dano, e afirmando que o critério do local do dano antecede os critérios de prevenção. Destacou, ainda, que caso no decorrer das investigações, fosse constatado se tratar de dano regional ou nacional, a atribuição poderia ser alterada, incidindo, eventualmente, os critérios afetos à prevenção. A Câmara de

Coordenação e Revisão não fez qualquer menção a investigações já em curso em outras unidades da federação[9].

O fundamento da decisão foi a Orientação Jurisprudencial n. 130 da Seção de Dissídios Individuais (SDI- II) do Tribunal Superior do Trabalho, que, em seu inciso I, refere que: "A competência para a Ação Civil Pública fixa-se pela extensão do dano" (item 3.2).

A decisão fundamentou-se, ainda, em julgado anterior da própria CCR, que exige a "demonstração prévia e efetiva de causa comum", e que prevê a "necessidade de investigação onde ocorreu o suposto dano para a compreensão de sua dinâmica" (NF 154.2018.17.001-3). Nessa decisão, esclareceu a CCR:

> Ademais, a centralização da investigação de assédio moral em um único procedimento, com abrangência regional ou nacional, decorre da efetiva verificação de que as práticas investigadas apresentem, de fato, contorno estadual, regional ou nacional, a partir de elementos que efetivamente demonstrem a origem comum dos incidentes ou irregularidades encontradas em diferentes localidades, o que não é o caso dos autos.

A NF 154.2018.17.001-3, utilizada como paradigma para a decisão ora analisada, investigava a Caixa Econômica Federal, e as condutas

---

[9] III – VOTO
Com razão o membro suscitado.
Com efeito, a análise primordial quanto ao **local do dano** (art. 2º da Lei 7.347/85), antecede os critérios de prevenção elencados pela Resolução nº 69/2007.
Por consectário, identificado o dano em Coronel Fabriciano/MG, fixa-se a competência, improrrogável e absoluta. Na mesma esteira, convém citar a OJ 130 da SDI2 do TST:(...)
Evidente que, no decorrer das investigações, caso se constate que as irregularidades transcendem a esfera local, decorrentes de uma origem em comum a configurar dano regional ou nacional, a atribuição do membro do MPT responsável pela condução do procedimento poderá ser alterada, incidindo, eventualmente, os critérios afetos à prevenção. (...)
Contudo, tal situação demanda o início de investigação do suposto dano no local que originalmente lhe foi atribuído, permitindo a colheita de provas com maior facilidade, as quais eventualmente instruirão futura ação civil pública.
Por conseguinte, aferindo-se que o dano noticiado teria ocorrido em município cuja circunscrição integra a PTM de Coronel Fabriciano/MG, não vislumbro outro desfecho, senão a declaração da atribuição do suscitante. Brasília,16 de janeiro de 2019.
SANDRA LIA SIMÓN

denunciadas correspondiam às condutas do gerente: exaltava-se com os empregados; não permitia que o trabalhador saísse do seu posto de atendimento sem comunicá-lo; fazia ameaças com a extinção de função gratificada; não realizava rotinas de trabalho para não caracterizar desvio de função; obrigava os trabalhadores a estarem disponíveis vinte e quatro horas por dia em grupo de rede social; realiza difamações e desqualificava os empregados a ele subordinados.

Na Ação Civil Pública n. 0107300-29.2014.5.17.0132, mencionada pelo Procurador que suscitou o conflito de atribuição no caso da Caixa Econômica Federal, o fundamento para a limitação territorial do alcance da decisão foi justamente a produção de provas exclusivamente em relação à agência de Castelo, no Espírito Santo. Assim, em nova notícia de fato, agora quanto à agência situada em Porto Alegre, Rio Grande do Sul, foi preciso reiniciar as investigações, e haverá, provavelmente, a necessidade de ajuizamento de mais uma Ação Civil Pública, pois privilegiado o aspecto local, atendendo ao entendimento da Câmara de Coordenação e Revisão.

2.3. Especificidades do assédio moral organizacional e seus reflexos na competência e na atribuição para investigação

A dinâmica de tratamento humilhante e fixação de metas excessivas no setor bancário, como já reiteradamente exposto, não acontece apenas de forma localizada em cada agência, mas parte de um centro de poder, razão pela qual se faz necessário analisar a competência e a atribuição para investigar especificamente o assédio moral no setor bancário, sopesando os critérios "local do dano" e "prevenção".

Considerando-se que há mais de quatro mil agências do Bradesco no país, e, que, provavelmente, existem condutas lesivas em todas elas, decorrentes da política da empresa, definida de forma central, todas poderiam ser consideradas "locais do dano". Assim levado a efeito o entendimento da Câmara de Coordenação e Revisão, o Ministério Público do Trabalho precisaria instaurar mais de 4000 (quatro mil) investigações simultâneas, dado o número de agências do Bradesco mencionado, demonstrar efetivamente e de forma prévia a origem comum.

Outrossim, não necessariamente as notícias de fato aportam em todas as Procuradorias de forma simultânea, e sem que se proceda a consulta a expedientes em trâmite em outras unidades de federação, torna-se inviável a detecção da abrangência do problema.

Muito embora a proximidade ao local do dano seja um critério a ser considerado, respeitosamente se questiona se seria a melhor estratégia investigar o assédio moral organizacional individualmente em cada agência, quando já havia investigações de abrangência nacional em curso. Analisado sob essa perspectiva, esse critério deixa em desvantagem o Ministério Público do Trabalho, pois os réus têm apenas um centro de decisão enquanto o Ministério Público do Trabalho conta com Procuradores com independência funcional em todos os seus ofícios, o que pode levar a decisões conflitantes, pedidos de indenização assimétricos, entre outras assincronias.

Outrossim, a falta de remessa, pelo critério da prevenção de notícias de fato versando sobre o assédio moral organizacional impede que o Procurador atuante no primeiro procedimento tenha mais um argumento para requerer a abrangência nacional da decisão obtida. Veja-se que apesar de citado o número de reclamatórias trabalhistas no Estado no Rio de Janeiro acerca do tema em face do Bradesco, e a atuação de Sindicatos nas demais unidades da federação, a petição inicial não mencionou as investigações realizadas pelo próprio Ministério Público do Trabalho em outras unidades, argumento que poderia subsidiar um pedido expresso de abrangência nacional.

2.3.1. A competência na Lei de Ações Civis Públicas

O artigo 2º da Lei n. 7.347, de 24 de julho de 1985[10], conhecida como a Lei de Ações Civis Públicas, adota como critério principal para definição de competência o local do dano, mas não olvida da prevenção, critério estipulado no seu parágrafo único, incluído pela Medida Previsória n. 2.180-35, de 2001.

A prevenção[11] tem relevância de destaque na organização das ações já ajuizadas, e evita a prolação de decisões dissonantes sobre os mesmos casos, atuando também, com vistas à tão buscada molecularização das

---

[10] Art. 2º As ações previstas nesta Lei serão propostas no foro do local onde ocorrer o dano, cujo juízo terá competência funcional para processar e julgar a causa.
Parágrafo único A propositura da ação prevenirá a jurisdição do juízo para todas as ações posteriormente intentadas que possuam a mesma causa de pedir ou o mesmo objeto. (Incluído pela Medida provisória nº 2.180-35, de 2001)

[11] Nessa senda, Sérgio Ferraz caracterizou o parágrafo único do artigo 2º da Lei de Ações Civis Públicas como "sensato e prudente", pois explicita hipótese de prevenção da jurisdição.

demandas. Assim, o sistema legislativo o processo coletivo apresenta dois critérios: local do dano, respeitada a prevenção.

Conquanto a definição de competência na Lei de Ações Civis Públicas adote esses critérios de maneira sopesada e proporcional (local do dano e prevenção), o artigo 16[12] da mesma lei, com redação da Lei n. 9.494, de 10.9.1997, apresenta limitações que contrariam o objetivo do próprio instituto Ação Civil Pública, que é, justamente, a molecularização da demanda.

Nesse sentido, cabe registro, embora não seja viável ingressar e expor toda a discussão doutrinária[13] sobre o tema no presente artigo, da posição do Superior Tribunal de Justiça, que desconsiderou o artigo 16 da Lei da Ação Civil Pública, para aplicar o artigo 103 do Código de Defesa do Consumidor, no que tange à coisa julgada em ações coletivas[14]. Cabe

(FERRAZ, Sérgio. Ação civil pública: um horizonte inalcançável. In: MILARÉ, Édis (Coord.). **Ação civil pública após 30 anos.** São Paulo: Revista dos Tribunais, 2015, 804 p.)

[12] Art. 16. A sentença civil fará coisa julgada erga omnes, nos limites da competência territorial do órgão prolator, exceto se o pedido for julgado improcedente por insuficiência de provas, hipótese em que qualquer legitimado poderá intentar outra ação com idêntico fundamento, valendo-se de nova prova. (Redação dada pela Lei nº 9.494, de 10.9.1997)

[13] Nesse ponto, registra-se a posição de Marcos Nassar, em artigo sobre o tema, que precedeu a mudança de entendimento do Superior Tribunal de Justiça:
"Da interpretação do art. 2º da LACP, combinado com o art. 93 do CDC, dessume-se que o juízo ao qual incumbe processar a ação civil pública ou ação coletiva ostenta competência territorial absoluta abrangente de toda a extensão do dano (ocorrido ou potencial) que compõe a causa de pedir da demanda. Assim, no processo coletivo, os limites do dano (real ou potencial) determinam os da competência, que, por seu turno, definem o alcance dos efeitos da sentença e a abrangência da coisa julgada". (NASSAR, Marcos. **Os efeitos da sentença coletiva e a restrição do art. 16 da Lei da Ação Civil Pública. Mudança de jurisprudência no STJ?** In: Boletim Científico ESMPU, Brasília, a. 13 – n. 42-43, p. 225-266 – jan./dez. 2014. Disponível em: https://escola.mpu.mp.br/publicacoes/boletim-cientifico/edicoes-do-boletim/boletim-cientifico-n-42-43-janeiro-dezembro-2014/os-efeitos-da-sentenca-coletiva-e-a-restricao-do-art-16-da-lei-da-acao-civil-publica--mudanca-de-jurisprudencia-no-stj/at_download/file. Acesso em 5 de janeiro de 2020.

[14] *Exempli gratia:*. "os efeitos e a eficácia da sentença não estão circunscritos a lindes geográficos, mas aos limites objetivos e subjetivos do que foi decidido, levando-se em conta, para tanto, sempre a extensão do dano e a qualidade dos interesses metaindividuais postos em juízo". (REsp.1.243.887/PR, Rel. Min. Luis Felipe Salomão, Corte Especial, Dje de 12/12/2011); "A distinção, defendida inicialmente por Liebman, entre os conceitos de eficácia e de autoridade da sentença, torna inócua a limitação territorial dos efeitos da coisa julgada estabelecida pelo art. 16 da LAP. A coisa julgada é meramente a imutabilidade dos efeitos

referência, ainda, ao RE 1101937, que tramita no Supremo Tribunal Federal, sob a relatoria do Ministro Alexandre de Moraes, no qual a repercussão geral do tema (constitucionalidade do artigo 16 da Lei de Ação Civil Pública) foi reconhecida em 20 de abril de 2020, ocasionando a suspensão dos processos em que pende decisão sobre o tema, até o julgamento final.

2.3.2. A competência no Código de Defesa do Consumidor

O artigo 103 do Código de Defesa do Consumidor[15] vincula os efeitos da coisa julgada a natureza dos interesses sendo discutidos em juízo, fazendo clara menção aos incisos do artigo 81[16]. Assim, quando os direitos forem

da sentença. Mesmo limitada aquela, os efeitos da sentença produzem-se erga omnes, para além dos limites da competência territorial do órgão julgador" (REsp 1.243.386/RS, Rel. Min. Nanci Andrighi, Terceira Turma, DJE de 26/06/2012).

[15] Art. 103. Nas ações coletivas de que trata este código, a sentença fará coisa julgada:
I – erga omnes, exceto se o pedido for julgado improcedente por insuficiência de provas, hipótese em que qualquer legitimado poderá intentar outra ação, com idêntico fundamento valendo-se de nova prova, na hipótese do inciso I do parágrafo único do art. 81;
II – ultra partes, mas limitadamente ao grupo, categoria ou classe, salvo improcedência por insuficiência de provas, nos termos do inciso anterior, quando se tratar da hipótese prevista no inciso II do parágrafo único do art. 81;
III – erga omnes, apenas no caso de procedência do pedido, para beneficiar todas as vítimas e seus sucessores, na hipótese do inciso III do parágrafo único do art. 81.
§ 1º Os efeitos da coisa julgada previstos nos incisos I e II não prejudicarão interesses e direitos individuais dos integrantes da coletividade, do grupo, categoria ou classe.
§ 2º Na hipótese prevista no inciso III, em caso de improcedência do pedido, os interessados que não tiverem intervindo no processo como litisconsortes poderão propor ação de indenização a título individual.
§ 3º Os efeitos da coisa julgada de que cuida o art. 16, combinado com o art. 13 da Lei nº 7.347, de 24 de julho de 1985, não prejudicarão as ações de indenização por danos pessoalmente sofridos, propostas individualmente ou na forma prevista neste código, mas, se procedente o pedido, beneficiarão as vítimas e seus sucessores, que poderão proceder à liquidação e à execução, nos termos dos arts. 96 a 99.
§ 4º Aplica-se o disposto no parágrafo anterior à sentença penal condenatória.
[16] Art. 81. A defesa dos interesses e direitos dos consumidores e das vítimas poderá ser exercida em juízo individualmente, ou a título coletivo.
Parágrafo único. A defesa coletiva será exercida quando se tratar de:
I – interesses ou direitos difusos, assim entendidos, para efeitos deste código, os transindividuais, de natureza indivisível, de que sejam titulares pessoas indeterminadas e ligadas por circunstâncias de fato;

difusos, os efeitos da coisa julgada são *erga omnes,* quando o interesse for coletivo, constitui-se coisa julgada ultra partes, limitada ao grupo, categoria ou classe, e, quando o interesse for individual homogêneo, a coisa julgada é erga omnes, apenas para beneficiar as vítimas e seus sucessores.

O Código de Defesa do Consumidor, portanto, não faz qualquer referência aos limites da competência territorial do órgão prolator da decisão, permitindo, portanto, que a decisão alcance todos os interessados, independentemente da limitação territorial da jurisdição do órgão prolator.

A questão da competência, por sua vez, é tratada no artigo 93 do Código Defesa do Consumidor, que também traz o local do dano como critério principal[17], mas determinando que sejam utilizados os critérios do Código de Processo Civil, no caso de competência concorrente.

Quando da publicação do Código de Defesa do Consumidor, em 11 de setembro de 1990, estava em vigor o Código de Processo Civil de 1973. Esclarece-se que a prevenção era considerada tanto no Código de 1973 (artigos 102 a 111), quanto no Novo Código de Processo Civil, de 2015 (artigos 54 a 63).

Tem-se, pois, que o Sistema de Processo Coletivo considera o parâmetro do local do dano em conjunto com o critério da prevenção, sendo que a Lei de Ação Civil Pública refere expressamente a prevenção, e o Código de Defesa do Consumidor remete às regras do Código de Processo Civil.

II – interesses ou direitos coletivos, assim entendidos, para efeitos deste código, os transindividuais, de natureza indivisível de que seja titular grupo, categoria ou classe de pessoas ligadas entre si ou com a parte contrária por uma relação jurídica base;
III – interesses ou direitos individuais homogêneos, assim entendidos os decorrentes de origem comum.
[17] Art. 93. Ressalvada a competência da Justiça Federal, é competente para a causa a justiça local:
I – no foro do lugar onde ocorreu ou deva ocorrer o dano, quando de âmbito local;
II – no foro da Capital do Estado ou no do Distrito Federal, para os danos de âmbito nacional ou regional, aplicando-se as regras do Código de Processo Civil aos casos de competência concorrente.

2.3.3. O entendimento da Câmara de Coordenação e Revisão do Ministério Público do Trabalho

A E. Câmara de Coordenação e Revisão do Ministério Público do Trabalho (CCR-MPT) decidiu privilegiar o critério do local do dano, como se viu da decisão analisada.

A problemática do assédio moral organizacional no Banco Bradesco já vinha sendo combatida pelo Ministério Público do Trabalho desde 2006, com sucessivas investigações e ações civis públicas. Nesse sentido, o relatório de arquivamento por "Investigação Repetida" exarado nos autos da NF 000714.2016.02.000/5, na sede da 2ª Região (São Paulo), apontou, em 25 de julho de 2016, o trâmite de três ações de abrangência nacional acerca do tema "assédio moral" em face do Bradesco. Destacou o Procurador oficiante: "A existência de três ações "de âmbito nacional", em Procuradorias Regionais do Trabalho (PRTs) distintas, com objetos semelhantes, ainda que parcialmente, já demonstra uma certa desorganização no controle da possível conexão de ações. De qualquer sorte, pelo menos no âmbito da PRT desta 2ª Região será possível averiguar-se, com segurança, o objeto da ação civil pública (ACP)0509600-47.2006.5.02.0082, à qual se refere o procedimento de acompanhamento judicial (PAJ) 002846.2006.02.000/5, em trâmite perante a 82ª VT desta Capital".

Era viável a detecção, tanto pelos suscitantes, quanto, com mais razão, pela Câmara de Coordenação e Revisão, que se trata de tema com repercussão nacional, estrategicamente definido como prioridade, e que o dano não é local, mas apenas os efeitos da conduta do Banco, oriunda de seu centro de gestão, no caso da reclamatória trabalhista enviada à Procuradoria do Trabalho de Governador Valadares, ocorreram na agência de Coronel Fabriciano. A causa comum evidencia-se quando se verifica que o problema são as metas excessivas, o "ranqueamento" de produtividade, decisões que parte do centro de gestão, da Diretoria do Banco, com alcance nacional.

Cabe referir, contudo, que os Procuradores do Trabalho suscitantes do conflito negativo de atribuição seguiram o próprio entendimento da Câmara de Coordenação e Revisão ao não intentar localizar investigações de abrangência nacional, pois a Câmara exige a investigação inicialmente em âmbito local, para demonstração prévia e efetiva da causa comum, conforme já referido[18].

---

[18] Vide nota n. 10 supra.

Com a decisão da E. Câmara de Coordenação e Revisão, e o apego ao local do dano, e a desconsideração da prevenção para fins de distribuição do inquérito civil em âmbito nacional, perde-se a força de decisões como a analisada no item 2.1., pois, privilegia-se a perspectiva individual e local, em detrimento da visão sistêmica, do macrocenário do litígio. Ademais, admite-se a possibilidade de o inquérito civil trocar de titularidade por três vezes sucessivas, em prejuízo à continuidade das investigações.

Veja-se que a tentativa de coibir o assédio moral no banco Bradesco está judicializada, com âmbito nacional, desde 2006, e, ainda assim, em 2019, há novas e repetidas investigações abertas, o que demonstra que o objetivo, o bem da vida buscado, não foi até o presente momento efetivado, ou seja, não obstante as diversas ações ajuizadas, as diversas investigações em curso e finalizadas, permanece ocorrendo o assédio moral. Se assim não fosse, não chegariam, com tamanha frequência e nos mais diversos locais do país, notícias de fato com o mesmo relato: assédio moral, constrangimentos e humilhações.

Torna-se interessante, pois, estudar meios efetivos de efetivar as decisões obtidas em ações civis públicas com abrangência nacional, decisões estas obtidas após trabalhosas investigações, instrução processual, e que precisam refletir no mundo fático, ou seja, efetivamente garantir a melhora da vida dos trabalhadores, objeto buscado.

O critério local do dano, mencionado pela Câmara de Coordenação e Revisão, decorre da interpretação redação da OJ 130 da SDI-II do E. Tribunal Superior do Trabalho, cuja redação e histórico são verificados no item 3.2. O mesmo critério é utilizado pela Câmara de Coordenação e Revisão para determinar a forma de execução de eventuais decisões de alcance nacional. Nesse sentido, a título exemplificativo, pode-se citar a decisão no Conflito Negativo suscitado na Notícia de fato n. 000140.2018.01.002/8:

> Conflito negativo de atribuição. Notícia de fato que versa sobre falta de emissão de comunicação de acidente de trabalho por instituição financeira. Ausência de atos instrutórios concretos a comprovar a materialdidade da lesão no âmbito local. Deslocamento da investigação para outra regional que acompanha ação judicial com sentença pendente de trânsito em julgado. Reconhecimento da atribuição da procuradoria do local onde descumprida a obrigação de fazer.

Assim, o quadro que se tem hoje, é a necessidade de se instaurar tantas investigações quantos sejam os locais de irradiação dos danos causados, com posterior remessa a titular de ofício sediado nas capitais dos Estados ou do Distrito Federal, para, apenas após a prolação de decisão em ação civil pública, tornar-se viável a execução da decisão, ou melhor, as execuções da decisão, uma vez que se entende pela necessidade de múltiplas execuções locais.

Essa situação pode inviabilizar, na prática, a efetividade das ações civis públicas de abrangência nacional, cujo reconhecimento e aceitação pelo Judiciário tanto buscou o Ministério Público do Trabalho. A pesquisa científica "Ministério Público do Trabalho e tutela judicial coletiva"[19] demonstra o esforço hercúleo realizado para que o Judiciário trabalhista reconhecesse a possibilidade de utilização da Ação Civil Pública em seu âmbito, após um árduo início com as ações sendo, em sua maioria, extintas sem resolução do mérito.

Obtido êxito perante o Judiciário, que atualmente reconhece sem maiores delongas a legitimidade e a aplicabilidade da Ação Civil Pública na esfera trabalhista, cabe investir em organização e integração em âmbito interno de forma a potencializar a efetividade da atuação.

2.4. A necessidade de integração da atuação do Ministério Público do Trabalho

Por outro lado, o cenário atual não justifica a falta de integração e de trocas de informações entre as unidades do Ministério Público do Trabalho diagnosticada. Os sistemas de tecnologia de informação estão cada vez melhores desenvolvidos, contando o Ministério Público do Trabalho com um excelente banco de dados, e a possibilidade de busca pelo CNPJ do denunciado, de filtro pelo tema, entre outros filtros. Verifica-se a necessidade de efetiva consulta aos sistemas.

Nesse diapasão, cabe lembrar o papel da Câmara de Coordenação e Revisão desenhado pela Lei Orgânica do Ministério Público do Trabalho, de integração da atuação ministerial, atribuição que pode e deve ser

---

[19] CARELLI, Rodrigo de Lacerda. Ministério Público do Trabalho e tutela judicial coletiva / Rodrigo de Lacerda Carelli – coordenador, Cássio Luís Casagrande, Paulo Guilherme Santos Périssé. – Brasília: ESMPU, 2007. 112 p.

exercida usufruindo-se das facilidades decorrentes dos sistemas de tecnologia da informação.

Uma das questões que pode prejudicar a ciência pela Câmara de Coordenação e Revisão das repetidas investigações, é a redação do seu enunciado 8, que dispensa o envio de relatórios de arquivamento por investigação repetida para a Câmara de Coordenação e Revisão:

> ENUNCIADO Nº 08/CCR INVESTIGAÇÃO REPETIDA. Por decisão monocrática do Relator, não se conhece da remessa quando o fundamento do arquivamento for a existência de investigação repetida, hipótese em que os autos devem ser remetidos ao Procurador Oficiante no procedimento com idêntico objeto.

Embora, de fato, entenda-se que não seja caso de necessidade de homologação ou não pela Câmara de Coordenação e Revisão, pois não há negativa de atuação, talvez fosse de se considerar a remessa para fins de sistematização das informações disponíveis, para posterior consulta, auxiliando em casos como o do conflito negativo de atribuição ora analisado.

Nessa senda, por exemplo, há diversos indeferimentos de instauração de novos inquéritos civis em face do Bradesco no Estado de Santa Catarina (Procuradoria Regional do Trabalho da 12ª Região) com a temática "assédio moral" em função da existência de investigação anterior com abrangência inicialmente regional, e, posteriormente, nacional (IC 000085.2005.12.000/0). Fossem esses indeferimentos remetidos e organizados pela Câmara de Coordenação e Revisão, no exercício da sua função de integração, teriam sido levados em consideração quando da prolação da decisão no conflito negativo, e, eventualmente, de maneira prévia à própria suscitação.

A Lei Orgânica do Ministério Público da União, ela define, em seu artigo 103, as atribuições da Câmara de Coordenação e Revisão:

> Art. 103. Compete à Câmara de Coordenação e Revisão do Ministério Público do Trabalho:
> I – promover a integração e a coordenação dos órgãos institucionais do Ministério Público do Trabalho, observado o princípio da independência funcional;

II – manter intercâmbio com órgãos ou entidades que atuem em áreas afins;
III – encaminhar informações técnico-jurídicas aos órgãos institucionais do Ministério Público do Trabalho;
IV – resolver sobre a distribuição especial de feitos e procedimentos, quando a matéria, por sua natureza ou relevância, assim o exigir;
V – resolver sobre a distribuição especial de feitos, que por sua contínua reiteração, devam receber tratamento uniforme;
VI – decidir os conflitos de atribuição entre os órgãos do Ministério Público do Trabalho.
Parágrafo único. A competência fixada nos incisos IV e V será exercida segundo critérios objetivos previamente estabelecidos pelo Conselho Superior.

Da leitura da lei, nota-se que é atribuição da Câmara de Coordenação e Revisão promover a integração dos órgãos do Ministério Público do Trabalho, integração na qual se entende estar abarcada a promoção da divulgação e efetivação das decisões de abrangência nacional. A lei permite, inclusive, decisões sobre distribuição especial de feitos, quando a sua natureza assim o exigir ou quando necessitarem de tratamento uniforme.

Esse dispositivo demonstra a importância que fora concedida à questão da unidade, da uniformidade de tratamento de algumas matérias, em paralelo ao princípio da independência funcional. A independência funcional não é uma carta branca[20] para agir sem se levar em consideração todas as decisões já obtidas pelo próprio Ministério Público do Trabalho, em especial quando a decisão goza de vigência em âmbito nacional. Do contrário, chegar-se-ia a uma situação em que o próprio Ministério Público do Trabalho estaria negando vigência à decisão judicial que lhe foi favorável, e, ainda, estaria sobrecarregando o judiciário com demandas repetidas, todas em âmbito nacional, e onerando seus Membros com a instauração de investigações reiteradas.

A relevância da manutenção das informações acerca de investigações, Termos de Ajuste de Conduta e ações civis públicas é tamanha que

---

[20] MAZZILLI, Hugo Nigro. **Princípios Institucionais do Ministério Público Brasileiro.** Disponível em http://www.mazzilli.com.br/pages/ artigos/princinst.pdf. Artigo publicado na Revista do Ministério Público do Rio Grande do Sul, n. 731 jan./2013 – abr/2013, p. 9, com atualizações feitas em ago. 2013

ensejou a elaboração da Resolução Conjunta n. 02 do Conselho Nacional do Ministério Público e do Conselho Nacional de Justiça, que "institui os cadastros nacionais de informações de ações coletivas, inquéritos e termos de ajustamento de conduta, e dá outras providências", que será analisada adiante.

Expostas as decisões, tanto do Poder Judiciário na Ação Civil Pública ajuizada pelo Ministério Público do Trabalho, quanto da Câmara de Coordenação e Revisão em conflito de atribuição acerca de notícia de fato, ambas com o objeto "assédio moral" e o inquirido "Bradesco", tem-se as seguintes questões para investigar: a) seria possível atribuir abrangência nacional à decisão proferida nos autos do Processo n. **0100832-24.2019.5.01.0066**?; b) o critério "local do dano" utilizado pela Câmara de Coordenação e Revisão tanto para decidir conflitos de atribuição como para definir o responsável pela execução de decisões de abrangência nacional é o mais adequado aos fins buscados?

3. A literatura sobre o tema
3.1. Necessidade de Divulgação das Decisões obtidas em sede de Tutela Antecipada e Definitivas

Não há efetividade em se debater os critérios jurídicos e judiciais de delimitação ou ampliação dos limites territoriais da coisa julgada em ações coletivas se não houver, de fato, uma divulgação e manutenção de um banco de dados acessível, tanto aos operadores do direito, quanto à população eventualmente interessada, das decisões obtidas[21].

Essa preocupação já existia quando da publicação do Código de Defesa do Consumidor, conforme se vê do seu artigo 94, que determina a publicação de edital no órgão oficial sempre que proposta a ação civil pública.

---

[21] Nesse sentido, ponderações de Hamilton Alonso Jr, que refere, em suma, A necessidade de divulgação das decisões obtidas em processo coletivo não é nova, tendo sido preocupação desde a elaboração do Código de Defesa do Consumidor, como se vê de seu artigo 94, bem como do artigo 96, que foi objeto de veto. No entanto, existem e surgem diariamente novas formas de se proceder nessa divulgação e manutenção de bancos de dados, que pendem de alimentação. A necessidade já existia, mas surgem novos meios adequados e aptos para satisfazê-la. No entanto, ainda falta organização e expertise para se dominar esses meios e utilizá-lo de forma mais efetiva. (ALONSO Junior, Hamilton, **O Julgado Coletivo e a fase de execução: alguns avanços necessários.** In: MILARÉ, Edis (Coord). A Ação Civil Pública após 25 anos. São Paulo: Revista dos Tribunais, 2010).

Evidentemente que desde 1990, os meios de comunicação e publicação tiveram nítida evolução, não havendo razão para limitar a publicação das ações civis públicas e respectivas decisões apenas em "editais nos órgãos oficiais". Destarte, passa-se à análise dos meios de divulgação interna e externa das questões atinentes à ação civil pública.

3.1.1. A divulgação em âmbito interno

Há uma premente necessidade de divulgação das decisões e investigações de abrangência nacional, por meio, em especial, dos sistemas de tecnologia da informação disponíveis: Delphos, MPT Busca, campo "abrangência nacional" do sistema do Ministério Público do Trabalho Digital (MPTD).

Uma das formas de divulgação é o envio de correspondência na lista eletrônica de membros, e a divulgação também pela Assessoria de Comunicação, tanto na esfera interna como para o público em geral. Ocorre que a divulgação fica presente, por esses meios, por um tempo limitado, sendo importante a possibilidade de busca *a posteriori* e com precisão, pelo membro que se deparar com o mesmo problema novamente.

Além da possibilidade de busca, é necessário que haja o efetivo movimento de busca pelo Procurador titular de nova notícia de fato em face de empresas que detenham essa amplitude nacional, para que se verifique se há como se executar diretamente as decisões já obtidas, sem a necessidade de se percorrer, novamente, o longo caminho do Inquérito Civil e do Processo de Conhecimento.

Assim, propõe-se que o Membro, ao se deparar com uma notícia de fato que tenha o potencial de ser repetitiva em relação a outros inquéritos, especialmente de abrangência nacional, realize a respectiva pesquisa no sistema Delphos, para localizar se há um inquérito de abrangência nacional.

Outrossim, para viabilizar a reunião das investigações, há que se flexibilizar a exigência de demonstração da causa comum, feita pela Câmara de Coordenação e Revisão, admitindo-se a presunção de origem comum dos litígios fundados em alegações de assédio moral organizacional, dada a própria natureza do problema, de modo de gestão centralizado e desrespeitoso à dignidade da pessoa humana.

O atual sistema do Ministério Público do Trabalho, chamado Ministério Público do Trabalho Digital (MPTD), em que tramitam todos os respectivos procedimentos administrativos, conta com um campo "abrangência", e as opções "local"; "regional" e "nacional", o que deve ser preenchido por meio de um "clique". Ocorre que, em muitos dos casos, não se verifica o preenchimento do campo pelo titular do ofício, mesmo em procedimentos em cujo teor se refere a abrangência nacional.

O sistema ainda oferece algumas formas de busca. O MPT "Busca" permite a busca por documentos através de palavras nele contidas, e o MPT "Delphos" permite a busca de procedimentos pelo CNPJ ou nome da parte investigada, sendo possível o filtro pelo assunto, conforme catálogo constante do "Temário Unificado do Ministério Público do Trabalho"[22].

Filtrando pelo CNPJ do Bradesco e pelo assunto "Assédio Moral", obtiveram-se os seguintes resultados: 299 procedimentos, sendo 41 procedimentos ativos, entre inquéritos civis e ações civis públicas em acompanhamento. Evidentemente, há algumas peculiaridades, não sendo todos os processos sobre exatamente a mesma situação jurídica. Há questões de dispensas discriminatórias, metas excessivas, mas algumas delas com certeza se repetem, como mencionado no relatório de arquivamento supracitado.

Essas formas de consulta estão acessíveis apenas para Membros do Ministério Público do Trabalho.

3.1.2. A divulgação em âmbito externo

A melhor forma de efetivar as decisões é a publicação respectiva, para ciência dos interessados, que eventualmente, estejam inseridos na mesma situação fática que a ação buscou enfrentar, para que promovam a sua execução, ou noticiem o seu descumprimento. Um dos meios práticos para promover a publicação e manutenção das informações para a consulta é a formação de um banco de dados.

A importância da existência de um banco de dados organizado e efetivamente alimentado foi destacada no Manual de Atuação em Tutela Coletiva do Ministério Público Federal:

> Outra vantagem que merece ser mais explorada pela Instituição diz respeito à chamada "economia de escala". Quantas e quantas vezes o Ministério Público não enfrenta, no país, as mesmas questões, seja no que diz respeito aos problemas reais apresentados a seus membros nos mais diversos pontos

---

[22] Disponível em: https://www.cecult.ifch.unicamp.br/pf-cecult/public-files/projetos/10596/temario_completo_do_ministerio_publico_do_trabalho.pdf. Acesso em 5 de janeiro de 2020.

do país, seja no que se refere às teses jurídicas que lhe são opostas? Diante dessas questões, seus membros, depois de muita reflexão, estudo e criatividade, encontram soluções que precisam ser aproveitadas pelos demais colegas, como forma de otimizar o serviço e qualificar a atuação.

Para tanto se faz imprescindível implementar organizados e eficazes bancos de dados nacionais (no caso do Ministério Público Federal) e estaduais ou locais (em cada Procuradoria), numa perspectiva próxima de unificação desses dados ou, no mínimo, de acesso facilitado para todo o país (pela intranet). Felizmente, está já implantada, em fase inicial, uma Base de Dados de Manifestação em Inteiro Teor, que será alimentada pelas Câmaras, PFDC, Núcleos Temáticos e demais Unidades do Ministério Público Federal, mediante acesso credenciado, e possibilitará a pesquisa por assunto, autor, unidade, tipo de documento, número do procedimento ou ação judicial (consta do Anexo II um manual de ajuda para inserção dos documentos digitalizados). Na Procuradoria da República do Mato Grosso do Sul disponibiliza-se na intranet todas as peças elaboradas pelos membros atuantes naquele Estado (cf. , item Pesquisa. Acesso em: 10 mar. 2006)[23].

Com esse objetivo, e, para facilitar o acesso ao público em geral, a Resolução Conjunta n. 2 do Conselho Nacional do Ministério Público e do Conselho Nacional de Justiça instituiu o Cadastro Nacional de Informações de Ações Coletivas, Inquéritos e Termos de Ajuste de Conduta, o qual funciona por meio do endereço eletrônico: https://www.cnmp.mp.br/direitoscoletivos, intitulado "Portal de Direitos Coletivos".

Os objetivos na formação do Cadastro vão ao encontro do que ora se aponta, a necessidade de divulgação e sistematização dos dados referentes à atuação em litígios coletivos para a população, em atendimento aos princípios da eficiência, da publicidade, e da transparência. No entanto, o sistema não foi amplamente divulgado, e também há indícios de que não seja adequadamente alimentado, o que torna um tanto inócua a iniciativa.

---

[23] GAVRONSKI, Alexandre Amaral. Tutela coletiva: visão geral e atuação extrajudicial / Alexandre Amaral Gavronski; colaboração: Francisco Gomes de Souza Júnior, Patrícia Noêmia da Cruz Mello. – Brasília : Escola Superior do Ministério Público da União; Procuradoria Federal dos Direitos do Cidadão, 2006. Disponível em: file:///C:/Users/Administrador/Desktop/Manual+de+Atuacao+volume+1%20(1).pdf. Acesso em 3 de janeiro de 2020.

Quanto a esses indícios, buscaram-se[24] nos termos de pesquisa partes que sabidamente são investigadas em inquéritos civis e requeridas em ações civis públicas de abrangência nacional, como "Bradesco" (ora estudado) e Empresa Brasileira de Correios e Telégrafos, e a pesquisa não retornou qualquer inquérito ou ação em trâmite, o que não corresponde à realidade dos fatos. Pesquisaram-se, ainda, todos os grandes bancos mencionados neste artigo, e a pesquisa não retornou qualquer resultado. Ainda, pesquisado apenas pelo Ramo, buscando-se todos os dados tangentes ao Ministério Público do Trabalho, encontraram-se apenas 98 ocorrências, e, algumas, nitidamente sem repercussão nacional, pois ajuizada em face de Município, como é o caso do Inquérito n. 000390.2016.23.000-8, em face do Município de Cuiabá, que consta da lista.

Assim, verifica-se a necessidade de aprimoramento do cadastro, inicialmente passando pela melhor definição da responsabilidade pela alimentação dos dados, e, posteriormente, envolvendo a divulgação da própria existência do cadastro perante o público em geral. A simples existência do banco de dados não resolve o problema da falta de divulgação das decisões, e tem o potencial de agravar a situação, uma vez que cria uma ilusão da existência de um banco de dados.

3.2. OJ 130 da SDI-II do Tribunal Superior do Trabalho

A Orientação Jurisprudencial n. 130 da Seção de Dissídios Individuais II do Tribunal Superior do Trabalho tem grande destaque na análise da controvérsia acerca da competência para julgamento da ação civil pública no âmbito trabalhista, tendo sido mencionada por algumas vezes, e constituindo o alicerce da posição da Câmara de Coordenação e Revisão, razão pela qual merece especial atenção.

A redação original da Orientação Jurisprudencial n. 130 da SDI-II do Tribunal Superior do Trabalho[25], de 4 de maio de 2004, recebera vultosas críticas da doutrina, inclusive no que tange aos conceitos de dano regional

---

[24] Pesquisa realizada em 3 de janeiro de 2020.

[25] Redação original – DJ 04.05.2004

Nº 130. Ação civil pública. Competência territorial. Extensão do dano causado ou a ser reparado. Aplicação analógica do art. 93 do código de defesa do consumidor

Para a fixação da competência territorial em sede de ação civil pública, cumpre tomar em conta a extensão do dano causado ou a ser reparado, pautando-se pela incidência analógica do art. 93 do Código de Defesa do Consumidor. Assim, se a extensão do dano a ser reparado

e dano suprarregional utilizados. A fixação de competência exclusiva para ações de abrangência nacional no Distrito Federal dificultava o acesso à Justiça e a colheita de provas. Sobre a redação original, bem resumiu Ronaldo Lima dos Santos:

> Em resumo, a Orientação Jurisprudencial 130 da SDI-II do TST foi editada na efervescência do debate a respeito das ações coletivas no processo do trabalho, cujos contornos vêm firmando-se paulatinamente na doutrina e na jurisprudência. O seu conteúdo dissona dos diversos posicionamentos da doutrina trabalhista, da praxe forense e do comportamento que vem sendo adotado pelos diversos entes legitimados para a propositura das ações coletivas e pelos juízes trabalhistas. A manutenção da OJ-130, neste momento, terá como efeito o engessamento das ações coletivas na Justiça do Trabalho, fantasma que rondou por muito tempo as ações de cumprimento, até o cancelamento do famigerado Enunciado 310 do TST[26].

Destaca-se que previamente à elaboração da Orientação Jurisprudencial acima referida, havia discussão acerca da competência do próprio Tribunal Superior do Trabalho para julgar ações civis públicas de abrangência nacional, tendo sido o divisor de águas justamente uma ação do Ministério Público do Trabalho em face da Caixa Econômica Federal, em função do desvirtuamento dos contratos de estágio. Pacificada a competência funcional das Varas do Trabalho, fixou-se o debate no aspecto territorial da competência, que deu ensejo à elaboração da redação original da Orientação Jurisprudencial em análise[27].

A mudança da jurisprudência do TST em matéria de ação civil pública de abrangência nacional teve alterações significativas e importantes à própria finalidade da ação civil. A firmeza do Ministério Público do Trabalho na defesa de sua visão acerca da interpretação do sistema legislativo aplicável; em ação proposta em face de empresa do setor bancário

---

limitar-se ao âmbito regional, a competência é de uma das varas do trabalho da capital do estado; se for de âmbito supra-regional ou nacional, o foro é o do Distrito Federal.

[26] SANTOS, Ronaldo Lima dos. Análise crítica da orientação jurisprudencial n. 130 da SDI-II DO TST. In: MINISTÉRIO PÚBLICO DA UNIÃO. **Revista do Ministério Público do Trabalho, ano XIV, 2004.**

[27] *Idem, ibidem.*

(Caixa Econômica Federal), ocasionou a aceitação da competência funcional das Varas do Trabalho para julgamento das ações civis públicas, e, em um primeiro momento, o Tribunal Superior do Trabalho definiu a competência exclusiva das Varas do Trabalho da capital do Distrito Federal para julgamento de ação civil pública de abrangência nacional (2004).

Seguiu-se um forte movimento, tanto na doutrina processual trabalhista quanto do próprio Ministério Público do Trabalho, de críticas e enfrentamento da competência exclusiva das Varas do Trabalho do Distrito Federal estabelecida na redação original da Orientação Jurisprudencial[28].

Assim, revisando seu entendimento, em 2012, o Tribunal Superior do Trabalho editou a atual redação da Orientação Jurisprudencial n. 130 da SDI-II:

> 130. AÇÃO CIVIL PÚBLICA. COMPETÊNCIA. LOCAL DO DANO. LEI Nº 7.347/1985, ART. 2º. CÓDIGO DE DEFESA DO CONSUMIDOR, ART. 93 (redação alterada na sessão do Tribunal Pleno realizada em 14.09.2012) – Res. 186/2012, DEJT divulgado em 25, 26 e 27.09.2012
>
> I – A competência para a Ação Civil Pública fixa-se pela extensão do dano.
>
> II – Em caso de dano de abrangência regional, que atinja cidades sujeitas à jurisdição de mais de uma Vara do Trabalho, a competência será de qualquer das varas das localidades atingidas, ainda que vinculadas a Tribunais Regionais do Trabalho distintos.
>
> III – Em caso de dano de abrangência suprarregional ou nacional, há competência concorrente para a Ação Civil Pública das varas do trabalho das sedes dos Tribunais Regionais do Trabalho.
>
> IV – Estará prevento o juízo a que a primeira ação houver sido distribuída.

A Câmara de Coordenação e Revisão fixa seu entendimento de atribuição "absoluta" segundo o critério do local do dano, desconsiderando a questão da prevenção, mencionada especificamente no inciso IV da Orientação Jurisprudencial 130, utilizada como fundamento para

---

[28] SANTOS, Ronaldo Lima. Análise da Orientação Jurisprudencial n. 130 da SDI II do TST: a competência territorial das ações coletivas trabalhistas. In: Revista do Tribunal Regional do Trabalho da 15ª Região, n. 30, 2007. Disponível em: https://juslaboris.tst.jus.br/bitstream/handle/20.500.12178/104359/2007_santos_ronaldo_analise_orientacao.pdf?sequence=1&isAllowed=y

tanto. Ademais, a Orientação Jurisprudencial estabelece que a competência fixa-se pela 'extensão do dano', não utilizando a expressão 'local do dano'.

Tanto a Orientação Jurisprudencial n. 130 quanto o Parágrafo único do artigo 2º da Lei n. 7.347 de 1985 consideram a prevenção, que é instituto essencial aos objetivos buscados pela Ação Civil Pública, de molecularização das demandas e evitação de decisões dissonantes em causas similares e repetidas.

Além disso, é preciso pontuar que há situações capazes acarretar danos simultâneos em múltiplos locais, como o controle eletrônico das atividades dos empregados por meio de um centro de vigilância, tratamentos humilhantes e vexatórios que podem ocorrer em massa por meio de redes sociais e outros meios informatizados de comunicação, como precisamente a áudio conferência mencionada na petição inicial analisada.

3.3. Extensão dos danos

A Orientação Jurisprudencial n. 130, analisada retro, trata da extensão do dano como parâmetro para a fixação da competência. Embora por 'extensão do dano' possa se compreender 'local do dano', conforme a interpretação da Câmara de Coordenação e Revisão do Ministério Público do Trabalho já analisada, é preciso trazer à baila novos conceitos processuais.

É importante referir que muitas vezes apenas um ato, ou uma decisão, geram efeitos em diversos locais, o que ocorre, com certeza, no caso do assédio moral organizacional, em que a decisão da estratégia da empresa é refletida em todas as suas agências. Um outro exemplo interessante é o trazido por Edilson Vitorelli: "uma empresa fornecedora de alimentos em larga escala reduz o seu controle de contaminação e permite que insetos sejam misturados aos seus produtos, atingindo os respectivos compradores"[29].

Nesse caso, se a empresa estiver situada, por exemplo, no estado de São Paulo, e os compradores adquirirem os produtos em outras unidades da federação, qual seria, para efeitos da observância do Sistema de Processo Coletivo, o local do dano?

---

[29] VITORELLI, *op. Cit, p.* 76.

Vitorelli[30] secciona os litígios transindividuais de difusão local em dois círculos concêntricos, posicionando no círculo central aqueles conflitos que atingem uma comunidade altamente coesa e agregada, e, no círculo externo, os litígios que englobam pessoas com um laço de solidariedade mais tênue, decorrente de se colocarem na mesma perspectiva social, e exemplificando com os litígios trabalhistas.

O fator que aproxima os trabalhadores de uma determinada empresa praticante de assédio moral organizacional é à sujeição às mesmas regras, diretrizes, formas de operação e 'motivação', e não necessariamente a proximidade física ou geográfica, mormente em um momento em que as comunicações ocorrem em massa (redes sociais, áudio conferências, cursos virtuais, videoconferências). Parece que surge, aqui, o mesmo problema para identificar o local do dano daquele mencionado no exemplo da indústria de alimentos.

O dano ocorre, de fato, em diversos locais, ou seja, em todas as agências bancárias, no caso do assédio moral organizacional, e em todos os estabelecimentos em que forem adquiridos os alimentos contaminados, na situação da indústria alimentícia, muito embora os danos decorram de uma decisão centralizada, em ambos os exemplos.

Nesse caso, para efeitos de definição de competência, entende-se que qualquer dos locais em que se verifique os efeitos danos podem ser considerado o local do dano, para evitar que se afaste a possibilidade de busca da jurisdição por quaisquer dos legitimados. No entanto, pela multiplicidade de locais do dano que passam a surgir, parece inviável a desconsideração total da prevenção, o que levaria a diversos julgamentos díspares sobre litígios idênticos, porque decorrentes de causa comum.

4. A teoria na prática: aplicação da literatura ao caso
4.1. Da possibilidade de se reconhecer abrangência nacional às decisões proferidas nos autos do Processo n. 0100832-24.2019.5.01.0066

Há que se questionar, portanto, se haveria qualquer motivo para restringir a decisão à circunscrição do estado fluminense. A resposta é aparentemente negativa. As situações narradas são extremamente similares em diversas unidades da federação, que foram taxativamente mencionadas na

---

[30] *Op. Cit, p. 85.*

petição inicial. Inclusive, uma das práticas constrangedoras e humilhantes ocorria por áudio conferência, partindo de uma central e atingindo todas as agências no Brasil, o que bem caracteriza o conflito de difusão local no segundo círculo vislumbrado por Vitorelli, como mencionado no item retro, independentemente do posicionamento geográfico dos trabalhadores.

A situação vexatória e humilhante ultrapassa os empregados das agências situadas no Rio de Janeiro, conforme já descrito. Tendo sido expostas, na petição inicial, as situações ocorridas em agências em variadas Unidades da Federação, o réu tem a possibilidade de ampla defesa acerca dos fatos ocorridos em todo o País.

Nessas circunstâncias, restringir os efeitos da decisão apenas para o Estado do Rio de Janeiro acarretaria, ainda que indiretamente, permitir que os demais empregados de todas as outras Unidades da Federação continuassem tendo sua dignidade vilipendiada, e, ainda, seria não reprimir de forma efetiva a decisão centralizada da qual decorriam os danos, uma vez que a matriz do banco situa-se no estado de São Paulo, fora, portanto, do Rio de Janeiro.

A restrição acarretaria, ainda, a necessidade de ingresso de novas ações civis públicas com o mesmo tema, afrontando contra o princípio da eficiência, e contra a principal finalidade da Ação Civil Pública, qual seja, molecularizar as demandas, evitando a repetição de processos idênticos. Correr-se-ia, ademais, o risco de decisões conflitantes, em diferentes Unidades da Federação, para casos sabidamente idênticos, de assédio moral organizacional, cogitando-se a possibilidade de metas excessivas serem permitidas *exempli gratia*, em São Paulo, e proibidas no Rio de Janeiro, o que não faria qualquer sentido, lógico ou jurídico[31].

---

[31] Nesse sentido, lição de Rizzato Nunes: E mais: se uma indústria de medicamentos com sede numa pequena cidade comercializa remédio que gera a morte de pessoas, todos esperam que a sentença proferida pelo Juiz naquela pequena localidade possa impedir a comercialização em todo o país. Não teria sentido algum salvar a vida das pessoas numa cidade ou Estado e permitir conscientemente a morte de outras nos demais lugares. Isso feriria o princípio da racionalidade e da razoabilidade do sistema jurídico constitucional e, no caso, o superprincípio da dignidade da pessoa humana. (NUNES, Rizzato. **A amplitude da coisa julgada na Ação Coletiva.** In: Migalhas, 8 de dezembro de de 2016. Disponível em: https://www.migalhas.com.br/ABCdoCDC/92,MI250286,91041-A+amplitude+da+coisa+julgada+na+Acao+Coletiva

Em adição, nota-se que o réu na Ação Civil Pública é o Banco Bradesco S.A, inscrito no CNPJ 60.746.948/0001-12, com sede em Osasco, São Paulo, ou seja, a matriz da empresa. Assim, torna-se evidente que a decisão deferida em sede de urgência deve contemplar todos os empregados do Banco requerido, independentemente da Unidade da Federação em que atuem, uma vez que a ação, acertadamente, visou o centro de gestão do Banco, de onde partem as decisões acerca do processo de gestão, de fixação de metas, de métodos organizacionais de trabalho.

4.2. Da necessidade de revisão, pela Câmara de Coordenação e Revisão, do critério "local do dano" quando tangente ao assédio moral organizacional

Propõe-se, pelos fundamentos já expostos, uma reconstrução do critério "local do dano" como único critério para distribuição dos feitos, em atenção à alteração da redação da Orientação Jurisprudencial n. 130 da SDI-II do Tribunal Superior do Trabalho, e da nova classificação de litígios proposta com maestria por Edilson Vitorelli, aliada à observância do critério da prevenção.

Propugna-se, mais, pela obrigatoriedade de consulta ao sistema no âmbito nacional quando da distribuição ou do recebimento das notícias de fato, para que se possa usufruir dos benefícios e facilidades decorrentes da possibilidade de obtenção da abrangência nacional, efetivando-se a decisão em âmbito nacional também no mundo dos fatos.

Como destacado exaustivamente, o assédio moral organizacional é identificável a partir da repetição de condutas em locais diversos, decorrentes de uma decisão centralizada. É importante sublinhar que a definição da atribuição para investigar o assédio moral organizacional em âmbito administrativo precede a discussão da competência, pois será o titular da investigação (Inquérito Civil) que, no mais das vezes, irá propor a Ação Civil Pública, na jurisdição correspondente à sua circunscrição. Aqui desponta a vultosa relevância do papel da Câmara de Coordenação e Revisão, de maneira a incentivar a atuação integrada, de acordo com as regras da prevenção, inclusive, para privilegiar a investigação que estiver mais avançada, evitando a repetição e o reinício da investigação a cada novo dano identificado.

O argumento da proximidade das provas para sustentar a consideração em absoluto do critério 'local do dano' é facilmente superado pela possibilidade de expedição de cartas precatórias sempre que for necessário[32]. Ademais, a tecnologia atual demonstra que é perfeitamente possível a oitiva de testemunhas que estejam em outras unidades da federação, pois os meios telemáticos vêm sendo utilizados sem restrições para esse fim. A vantagem é que o responsável pela investigação mais antiga, ou seja, o Procurador prevento, passa a ter ciência e controle das diligências realizadas nos outros locais, o que contribuiria para a integração da atuação ministerial no enfrentamento do assédio moral organizacional.

Conclusões

O enfrentamento ao assédio moral organizacional constitui-se formalmente em prioridade estratégica do Ministério Público do Trabalho. Para alcançar êxito nessa meta, entretanto, a estratégia deve ser revista de forma holística, passando pela reformulação das regras de distribuição de atribuição para investigar e pela necessidade de divulgação e manutenção dos bancos de dados atualizados e eficientes contendo as informações tocantes à atuação judicial e extrajudicial do Ministério Público do Trabalho na temática.

O assédio moral organizacional, por sua própria natureza, parte de um centro de decisão das empresas, mormente no setor bancário, e esse fato deve ser levado em consideração quando da definição da atribuição para investigar, o que impacta no posterior estabelecimento da competência judicial para julgar as ações civis públicas eventualmente propostas.

É necessário potencializar e efetivar as decisões obtidas, e, conforme analisado, há três medidas que podem ser adotadas com essa finalidade: privilegiar a busca da abrangência nacional nas ações propostas, sopesar o critério da prevenção ao lado do parâmetro 'local do dano' nos casos de assédio moral organizacional e integrar, efetivamente, a atuação do Ministério Público do Trabalho, tanto por meio da atuação da Câmara de Coordenação e Revisão quanto pelo investimento na divulgação das informações tangentes ao enfrentamento do assédio moral organizacional, no âmbito interno e externo, com manutenção de banco de dados eficaz e adequadamente alimentado.

---

[32] Resolução n. 96 do Conselho Superior do Ministério Público do Trabalho, de 25 de novembro de 2010, disponível em: https://pgt.mpt.mp.br/externo/csmpt/resolucoes/resolu96.pdf, acesso em 6 de janeiro de 2020.

Referências

ALONSO Junior, Hamilton, *O Julgado Coletivo e a fase de execução: alguns avanços necessários*. In: MILARÉ, Edis (Coord). A Ação Civil Pública após 25 anos. São Paulo: Revista dos Tribunais, 2010).

ARAUJO, Adriane Reis de. *Assédio Moral Organizacional.* In: *Revista do Tribunal Superior do Trabalho*, vol. 73, n. 2, abril-junho de 2007. Disponível em: https://juslaboris.tst.jus.br/bitstream/handle/20.500.12178/2307/010_araujo.pdf?sequence=5&isAllowed=y. Acesso em 5 de dezembro de 2019

BRASIL. Ministério Público do Trabalho. Manual sobre a prevenção e o enfrentamento ao assédio moral e sexual e à discriminação. Disponível em: https://mpt.mp.br/pgt/publicacoes/manuais/manual-sobre-a-prevencao-e-o-enfrentamento-ao-assedio--moral-e-sexual-e-a-discriminacao/@@display-file/arquivo_pdf. Acesso em 5 de dezembro de 2019.

CARELLI, Rodrigo de Lacerda. *Ministério Público do Trabalho e tutela judicial coletiva* / Rodrigo de Lacerda Carelli – coordenador, Cássio Luís Casagrande, Paulo Guilherme Santos Périssé. – Brasília: ESMPU, 2007. 112 p.

(FERRAZ, Sérgio. Ação civil pública: um horizonte inalcançável. In: MILARÉ, Édis (Coord.). *Ação civil pública após 30 anos*. São Paulo: Revista dos Tribunais, 2015, 804 p.)

GAVRONSKI, Alexandre Amaral. *Tutela coletiva: visão geral e atuação extrajudicial*. Alexandre Amaral Gavronski; colaboração: Francisco Gomes de Souza Júnior, Patrícia Noêmia da Cruz Mello. – Brasília : Escola Superior do Ministério Público da União; Procuradoria Federal dos Direitos do Cidadão, 2006. Disponível em: file:///C:/Users/Administrador/Desktop/Manual+de+Atuacao+volume+1%20(1).pdf. Acesso em 3 de janeiro de 2020.

MAZZILLI, Hugo Nigro. *Princípios Institucionais do Ministério Público Brasileiro*. Disponível em http://www.mazzilli.com.br/pages/artigos/princinst.pdf. Artigo publicado na Revista do Ministério Público do Rio Grande do Sul, n. 731 jan./2013 – abr/2013, p. 9, com atualizações feitas em ago. 2013

NASSAR, Marcos. *Os efeitos da sentença coletiva e a restrição do art. 16 da Lei da Ação Civil Pública. Mudança de jurisprudência no STJ?* In: Boletim Científico ESMPU, Brasília, a. 13 – n. 42-43, p. 225-266 – jan./dez. 2014. Disponível em: https://escola.mpu.mp.br/publicacoes/boletim-cientifico/edicoes-do-boletim/boletim-cientifico-n-42-43-janeiro-dezembro-2014/os-efeitos-da-sentenca--coletiva-e-a-restricao-do-art-16-da-lei-da-acao-civil-publica-mudanca-de--jurisprudencia-no-stj/at_download/file. Acesso em 5 de janeiro de 2020.

NUNES, Rizzato. *A amplitude da coisa julgada na Ação Coletiva*. In: Migalhas, 8 de dezembro de de 2016. Disponível em: https://www.migalhas.com.br/ABCdoCDC/92,MI250286,91041-A+amplitude+da+coisa+julgada+na+Acao+Coletiva

ORGANIZAÇÃO INTERNACIONAL DO TRABALHO. Convenção 190, de julho de 2019. Disponível em: https://www.ilo.org/wcmsp5/groups/public/---ed_norm/----relconf/documents/meetingdocument/wcms_711139.pdf

PAMPLONA FILHO, Rodolfo. Noções conceituais sobre o assédio moral na relação de emprego. *Revista Jus Navigandi*, ISSN 1518-4862, Teresina, ano 11, n. 1149, 24 ago. 2006. Disponível em: https://jus.com.br/artigos/8838. Acesso em: 5 dez. 2019.

SANTOS, Ronaldo Lima dos. Análise crítica da orientação jurisprudencial n. 130 da SDI-II DO TST. In: MINISTÉRIO PÚBLICO DA UNIÃO. *Revista do Ministério Público do Trabalho*, ano XIV, 2004.

SANTOS, Ronaldo Lima. Análise da Orientação Jurisprudencial n. 130 da SDI II do TST: a competência territorial das ações coletivas trabalhistas. In: Revista do Tribunal Regional do Trabalho da 15ª Região, n. 30, 2007. Disponível em: https://juslaboris.tst.jus.br/bitstream/handle/20.500.12178/104359/2007_santos_ronaldo_analise_orientacao.pdf?sequence=1&isAllowed=y

VITORELLI, Edilson. *O devido processo legal coletivo: dos direitos aos litígios coletivos*, 2ª ed. rev., atual. e ampl. São Paulo: Thomas Reuters Brasil, 2019. (Coleção o novo processo civil – Coordenadores Luiz Guilherme Marinoni, Sérgio Cruz Arenhart, Daniel Mitidiero).

IV

PROVAS NO PROCESSO COLETIVO

11. O caso da contaminação por chumbo no Vale do Ribeira/PR e a convivência entre ações individuais e coletivas: alguns parâmetros para um melhor aproveitamento dos atos processuais coletivos

Thaís Amoroso Paschoal

Introdução

Na única Vara Cível da Comarca de Bocaiúva do Sul/PR tramitam cerca de 2.300 ações individuais (de reparação de dano moral) propostas com fundamento nos danos ambientais decorrentes da exploração do minério de chumbo no Vale do Ribeira/PR e a poluição ambiental provocada na região pelo desenvolvimento dessa atividade ao longo de mais de 50 anos. Essas ações convivem com duas ações coletivas propostas também com base na exploração de chumbo e os danos causados na região. Em 2019, o Superior Tribunal de Justiça julgou o Recurso Especial 1.525.327-PR, na modalidade repetitiva, determinando a suspensão de todas as ações individuais até o trânsito em julgado da ação coletiva.

O caso traz à tona tema relevantíssimo para o adequado manejo dos instrumentos coletivos de tutela, voltados à universalidade da Jurisdição e à garantia de isonomia, efetividade e eficiência. Afinal, tramitando ação coletiva suficiente à tutela dos direitos, não parece adequado permitir que centenas ou milhares de ações individuais sobrecarreguem o Poder Judiciário veiculando pretensões já tuteláveis na via coletiva.

É esta questão, com um específico olhar sobre o caso da contaminação por chumbo no Vale do Ribeira/PR, que se pretende analisar neste trabalho. Pretende-se investigar a possibilidade de suspensão de ações individuais quando há ação coletiva de mesmo objeto, e as consequências dessa suspensão, ou seja, os limites do aproveitamento, nas ações individuais, dos atos praticados na ação coletiva.

1. O caso

As ações coletivas 2001.70.00.019188-2 e 5004891-93.2011.404.7000, em trâmite na 11ª Vara Federal de Curitiba/PR, foram propostas, respectivamente, pelo Município de Adrianópolis/PR e pela Liga Ambiental e Centro de Estudos, Defesa e Educação Ambiental contra a Plumbum do Brasil[1], em 2001 e 2011, em razão de danos ambientais causados pelo abandono a céu aberto de resíduos da mineração de chumbo após o encerramento das atividades das empresas Plumbum[2-3]. Os pedidos formulados nessas

---

[1] Foram incluídos no polo passivo, na primeira demanda, José Carlos Leprevost e a União Federal, e na segunda a União Federal, o Departamento Nacional de Produção Mineral – DNPM, o Município de Adrianópolis e a Companhia de Saneamento do Paraná – SANEPAR.

[2] Da sentença proferida nestes autos, depreende-se: "A mineradora Plumbum S/A teria encerrado suas atividades no ano de 1995, deixando a céu aberto e sem nenhuma proteção, milhares de toneladas de rejeitos, levadas ao leito do Rio Ribeira, por efeito da lixiviação natural promovida pelas águas das chuvas. Aludido rio passaria pela cidade de Adrianópolis, com foz em uma área de manguezais na região de Iguape e de Cananeia. Por outro lado, na região dos bairros de Vila Mota e de Capelinha, no imóvel de matrícula n. 2.112, do Cartório do Registro de Imóveis de Bocaíuva do Sul/Pr, encontrar-se-iam cerca de 177.000 toneladas de resíduos de beneficiamento de chumbo, resíduos tóxicos que estariam expostos ao efeito das intempéries, causando graves danos ambientais. Finos como areia, encontrando-se à margem da via que ligaria aludidas vilas ao centro daquela cidade, tais resíduos acabariam sendo levados pela força dos ventos, causando danos aos moradores daquela região, pela sua natural aspiração" (p. 2).

[3] Pesquisa sobre a exposição humana ao chumbo nos municípios do Alto e Médio Vale, Adrianópolis, Ribeira, Iporanga, Eldorado e também na cidade de Cerro Azul (PR) envolveu a participação voluntária de 472 crianças (7-14 anos) e 523 adultos (15-70 anos), concluindo que "embora as atividades de mineração e metalurgia tenham cessado em 1996, as populações do Alto Vale do Ribeira ainda convivem com várias fontes de contaminação ambiental, em especial de chumbo, tipicamente originadas da atividade de extração, beneficiamento e refino mineral. Os maiores níveis de exposição humana ao chumbo ocorrem nas comunidades localizadas nas proximidades da refinaria, município de Adrianópolis (PR). As emissões de metais para atmosfera, durante décadas de funcionamento da refinaria e subsequente deposição dos particulados, ocasionaram a contaminação dos solos em áreas habitadas, sendo bastante improvável que a via de contaminação humana se deva ao consumo de água" (FIGUEIREDO, Bernardino Ribeiro. *A contaminação ambiental e humana por chumbo no Vale do Ribeira* (SP-PR). ComCiência. Disponível em: http://www.comciencia.

demandas incluíam a reparação pelo dano ambiental e a condenação dos réus à reparação dos danos materiais e morais, difusos e individuais homogêneos[4].

A sentença, proferida no dia 10 de dezembro de 2018, julgou parcialmente procedentes os pedidos[5], condenando a Plumbum a cumprir as recomendações realizadas no laudo pericial produzido nos autos, promovendo o aterramento do remanescente da escória de chumbo e eliminação dos resíduos, além de aprimorar o isolamento da área em causa, com construção de muros de alvenaria ou cercas de outra ordem, capazes de efetivamente impedir o trânsito de *animas sencientes* e seres humanos em até 180 dias. Além de outras medidas voltadas à proteção e recuperação da região contaminada, foram os réus condenados à reparação

br/reportagens/2005/11/09.shtml. Acesso em 20.jan.2020). Pesquisa realizada por equipe multidisciplinar da Unicamp de 1998 a 2005, financiada pela Fundação de Amparo à Pesquisa do Estado de São Paulo (Fapesp), analisou a exposição humana ao chumbo em municípios do Vale do Ribeira/PR. 60% das amostras indicaram concentrações de chumbo superiores a dez microgramas por decilitro de sangue, aceito internacionalmente como limite máximo de normalidade: "Aproximadamente 13% das amostras apresentaram concentrações superiores a vinte microgramas por decilitro, o que já impunha a adoção de medidas de intervenção ambiental na área e acompanhamento médico" (DI GIULIO, Gabriela Marques; PEREIRA, Newton Müller; FIGUEIREDO, Bernardino Ribeiro de. O papel da mídia na construção social do risco: o caso Adrianópolis, no Vale do Ribeira. História, Ciências, Saúde – Manguinhos, Rio de Janeiro, v.15, n.2, p.293-311, abr.-jun. 2008, p. 295).

[4] "A condenação dos réus ao cumprimento das obrigações de fazer e não-fazer contidas nas recomendações constantes na 'Avaliação de risco à saúde humana por exposição aos resíduos da Plumbum no Município de Adrianópolis – PR' e na legislação vigente, cada qual na medida de suas competências legais e responsabilidades, que deverão ser organizadas na forma de planos ou de projetos básicos contendo ações, metas, prazos razoáveis e orçamentos e que deverá ser submetido aos órgãos ambientais competentes para aprovação e posterior implementação integral [...]"; "A condenação das rés Plumbum e União Federal a reparar os danos materiais e morais, difusos e individuais homogêneos [...] sendo que a condenação pelos danos difusos deverá ser vinculada à remediação da área contaminada e à compensação dos danos que se mostrarem irremediáveis";

[5] "(a) a empresa lançou inconsequente e imprudentemente rejeitos de mineração diretamente na água do Rio Ribeira, expondo toda a população local a elevado risco de contrair Saturnismo e outras moléstias, causadas pela contaminação plúmbea; (b) simplesmente abandonou montanhas de escória de chumbo, sem devotar o mínimo cuidado para impedir que fossem levados pelo vento e aspiradas pela população local. Inexoravelmente, parcela de tal reticulado foi inalada pelas pessoas do entorno, com prejuízo para a qualidade de vida, dada a elevada toxidade do chumbo, o que não pode ser olvidado pelo Poder Judiciário".

dos danos extrapatrimoniais ambientais no valor de R$ 40.000.000,00 (quarenta milhões de reais). A sentença não analisou os pedidos de danos individuais formulados.

Com base nos mesmos fatos, em 2013, 2.300 ações individuais foram propostas na Vara Cível de Bocaiúva do Sul/PR contra Trevisa Investimentos S/A, Plumbum do Brasil Ltda., Plumbum Comércio e Representações de Produtos Minerais e Industriais Ltda., Lloyds TSB, Itaú Unibanco S/A e HSBC Bank Brasil S/A, tendo como objeto a exploração do minério de chumbo na região. Os bancos foram incluídos no polo passivo da demanda pois seriam responsáveis solidários pelo dano causado (tese do poluidor indireto), em razão da concessão de financiamento para importação de equipamentos. O pedido formulado nessas ações refere-se ao dano moral (individual) sofrido pelos moradores da região.

Tão logo recebeu as ações individuais, o Juízo da Vara Cível de Bocaiúva do Sul/PR determinou sua suspensão até o julgamento das ações coletivas, o que ensejou a interposição de milhares de agravos de instrumento[6], distribuídos para Câmaras Cíveis diversas do Tribunal de Justiça do Paraná, com a prolação de decisões em sentido contrário, algumas determinando a manutenção da suspensão, outras o prosseguimento da ação. Um desses recursos (agravo de instrumento n. 0029898-86.2013.8.16.0000) ensejou a interposição de Recurso Especial que acabou sendo afetado para julgamento na modalidade repetitiva. A decisão – proferida dois dias após a prolação da sentença coletiva, determinou a suspensão das ações individuais até o trânsito em julgado da sentença coletiva[7]. As ações permanecem suspensas.

---

[6] Um desses recursos foi remetido à Seção Cível do TJPR pelo relator, Des. Fagundes Cunha, nos termos do art. 555, § 1º, do Código de Processo Civil de 1973, para se prevenir a divergência acerca do tema entre as Câmaras do Tribunal. A Seção Cível, por meio de voto divergente proferido pelo Des. Luiz Osório Moraes Panza, entendeu que o incidente seria incabível, pois as decisões proferidas nos agravos de instrumento ainda eram monocráticas, sequer havendo a integralização do contraditório (TJPR; Agravo de Instrumento n. 0028967-83.2013.8.16.0000; Seção Cível; Rel. designado Des. Luiz Osório Moraes Panza; j. 18.10.2013; DJ 21.01.2014). Retornando à Câmara julgadora, o Agravo de Instrumento foi provido, para se determinar o prosseguimento da ação individual, considerando a inexistência de litispendência. Após a interposição de Recurso Especial, determinou-se o sobrestamento pelo STJ.

[7] REsp 1525327-PR; 2ª Seção; Rel. Min. Luis Felipe Salomão; j. 12.12.2018; DJe 01.03.2019.

Dentre as várias questões que este caso suscita, chama a atenção o tratamento dado pelo sistema brasileiro às inúmeras situações de concomitância entre ações individuais e coletivas de mesmo objeto, e as consequências dessa convivência. Especificamente no caso das ações propostas pela Plumbum, o problema decorrente da coexistência de 2.300 ações individuais, não obstante a tramitação de duas ações coletivas com base nos mesmos fundamentos e com pedidos conexos, se agrava em razão da presença, no polo passivo das ações individuais, de instituições que não são rés nas ações coletivas. Esse detalhe – que certamente levantará novas discussões uma vez cessada a suspensão determinada pelo STJ – suscita uma questão que vai além da análise da possibilidade, ou não, da suspensão das ações individuais. Em síntese, é imprescindível investigar os efeitos dessa suspensão ou, em outras palavras, indagar se será possível o aproveitamento da decisão coletiva nas ações individuais, e em que medida isso ocorrerá.

2. A convivência entre ações individuais e ações coletivas no microssistema processual coletivo brasileiro

O fundamento legal que disciplina a convivência entre ações coletivas e ações individuais é o art. 104 do Código de Defesa do Consumidor, segundo o qual as ações coletivas não induzem litispendência para as ações individuais, podendo os autores dessas ações se beneficiarem dos efeitos da coisa julgada coletiva desde que requeiram a suspensão de sua ação individual no prazo de trinta dias, a contar da ciência nos autos do ajuizamento da ação coletiva. A opção nesse caso, como se vê, será do autor da ação individual: poderá, se assim desejar, pleitear a suspensão de sua demanda no aguardo do julgamento da ação coletiva[8].

---

[8] Em 28.10.2009, a 2ª Seção do STJ pacificou, no julgamento de recurso especial repetitivo, o entendimento de que "ajuizada ação coletiva atinente a macro-lide geradora de processos multitudinários, suspendem-se as ações individuais, no aguardo do julgamento da ação coletiva". Essa solução, segundo se ressaltou naquele julgamento, garante o "interesse público de preservação da efetividade da Justiça, que se frustra se estrangulada por processos individuais multitudinários" (REsp 1.110.549-RS; 2ª Seção; Rel. Min. Sidnei Beneti; j. 28.10.2009; DJe 14.12.2009). Decisão no mesmo sentido – referendando o entendimento da 2ª Seção – foi proferida pela 1ª Seção mais recentemente, também sob o rito dos recursos repetitivos: "RECURSO REPETITIVO. PROCESSUAL CIVIL. RECURSO ESPECIAL. REPRESENTATIVO DA CONTROVÉRSIA. ART. 543-C DO CÓDIGO DE

> No atual sistema coletivo brasileiro, portanto, não há espaço para o reconhecimento de litispendência e a consequente extinção das

PROCESSO CIVIL. AÇÃO COLETIVA. SERVIDOR PÚBLICO ESTADUAL. Piso salarial profissional nacional para os profissionais do magistério público da educação básica, nos termos da Lei nº 11.738/08. SUSTAÇÃO DE ANDAMENTO DE AÇÕES INDIVIDUAIS. POSSIBILIDADE. 1. Segundo precedentes deste Superior Tribunal, "ajuizada ação coletiva atinente a macrolide geradora de processos multitudinários, suspendem-se as ações individuais, no aguardo do julgamento da ação coletiva". (v.g.: REsp 1110549/RS, Rel. Ministro SIDNEI BENETI, Segunda Seção, julgado em 28/10/2009, DJe 14/12/2009). 2. Este STJ também compreende que o posicionamento exarado no referido REsp 1.110.549/RS, 'não nega vigência aos aos arts. 103 e 104 do Código de Defesa do Consumidor; com os quais se harmoniza, atualizando-lhes a interpretação extraída da potencialidade desses dispositivos legais ante a diretriz legal resultante do disposto no art. 543-C do Código de Processo Civil, com a redação dada pela Lei dos Recursos Repetitivos (Lei n. 11.672, de 8.5.2008)'. 3. Recurso Especial conhecido, mas não provido" (REsp 1353801/RS; Rel. Min. Mauro Campbell Marques; j. 14.08.2013; DJe 23.08.2013).

Embora muitas decisões tenham sido proferidas posteriormente nesse sentido, essa orientação não parece ter sido suficiente à solução do problema, havendo decisões recentes, do próprio STJ, no sentido da desnecessidade de suspensão das ações individuais quando há demanda coletiva com mesmo objeto. Como exemplo, a seguinte decisão, proferida após o julgamento, em 2009, do primeiro recurso afetado: "Esta Corte já se manifestou no sentido de que a demanda coletiva para defesa de interesses de uma categoria convive de forma harmônica com ação individual para defesa desses mesmos interesses de forma particularizada, consoante o disposto no art. 104 do CDC" (AgRg no REsp 1360502/RS, 1ª T. Rel. Ministro Benedito Gonçalves, j. 23.04.2013, DJe 29.04.2013). No sentido da decisão paradigmática: "Diante dos fatos narrados no acórdão recorrido, acerca da multiplicidade de ações individuais existentes e da possibilidade real destas gerarem decisões judiciais contraditórias, mormente pela existência de uma ação civil pública cuidando da mesma questão jurídica, mostra-se acertada a decisão do Tribunal de origem de suspender os processos singulares" (AgRg nos EDcl no AREsp 210833/RS; Rel. Min. Napoleão Nunes Maia Filho; j. 24.09.2013; DJe 02.10.2013). Mais recentemente, tem se pacificado na Corte o entendimento de que apenas as ações individuais já propostas podem ser alcançadas pela suspensão: "A incidência do art. 104 do CDC se dá em casos de propositura da ação coletiva após o ajuizamento de ações individuais, hipótese diversa da situação dos autos, em que, conforme se depreende do acórdão recorrido, a ação coletiva foi proposta anos antes da ação individual." (REsp 1653095/RJ, 2ª Turma; Rel. Ministro Herman Benjamin, julgado em 21/03/2017, DJe 24/04/2017). Discordamos desse entendimento. Por coerência, e se o fundamento para a suspensão das ações individuais é a racionalidade da prestação jurisdicional, além da garantia de isonomia, não há razão para não se entender que qualquer ação individual que veicule mesmo objeto, ainda que proposta posteriormente à ação coletiva, deverá ser automaticamente suspensa.

demandas individuais, ou mesmo para a suspensão automática dessas demandas no aguardo da ação coletiva de mesmo objeto[9]. Isso decorre da concepção individualista que norteia a tutela coletiva, impedindo o desenvolvimento de ferramentas guiadas por uma racionalidade verdadeiramente coletiva[10], resultando na coexistência de número elevadíssimo de ações repetitivas e a consequente falta de eficiência da prestação jurisdicional.

A previsão desvirtua o objetivo da tutela coletiva, vocacionada à universalidade da Jurisdição, garantia de isonomia, efetividade e eficiência[11], que justificam a suspensão das ações individuais quando há ação coletiva em que os pedidos ou uma determinada questão são discutidos.

Há aqui uma questão conceitual importante. Se a racionalidade da tutela coletiva é muito diversa daquela que justifica e orienta a tutela

---

[9] Uma ressalva importante: embora se mencione que as ações teriam o mesmo objeto, a convivência que ora se analisa diz respeito, também, a ações coletivas e individuais que, embora não veiculem o mesmo pedido, apresentem discussão de questões de fato ou de direito idênticas. Nesses casos, não é necessário que essa identidade se refira a todas as questões, podendo alcançar apenas alguma(s) dela(s). É o que ocorre, como se verá, com o caso analisado neste texto.

[10] "O desenvolvimento de propostas que possam resultar numa forma diferenciada de tutela fundada em técnicas igualmente diferenciadas, permeada por uma nova e diversa racionalidade, é essencial para a construção de uma Jurisdição efetiva e verdadeiramente coletiva. Essa revisitação passa necessariamente por dois aspectos. Em primeiro lugar, um repensar sobre a tutela coletiva de um modo geral, com a adequação dos institutos a partir de sua lógica coletiva, deixando-se de lado a racionalidade individual que permeia o sistema coletivo e sua aplicação. Além disso, o desenvolvimento de técnicas que, para além das ações coletivas, possam contribuir para a prestação de uma tutela universal, adequada e efetiva, com eficiência e isonomia. Sob esse aspecto, a coletivização parece contribuir de forma significativa para a redução dos altos índices de congestionamento e a necessária prestação jurisdicional eficiente" (LUNARDI, Thaís Amoroso Paschoal. *Coletivização da prova. Técnicas de produção coletiva da prova e seus reflexos na esfera individual* (tese de doutorado). Curitiba: Universidade Federal do Paraná, 2018, p. 51).

[11] "As necessidades atuais de tutela impõem a otimização do tratamento coletivo dessas questões. O Poder Judiciário, na atualidade, não se pode dar ao luxo de desperdiçar recursos (econômicos, materiais e humanos) com a solução de pretensões individuais que já são objeto de tutela conjunta, especialmente quando precisa também dar resposta adequada e tempestiva a outras tantas demandas (individuais e coletivas) a ele submetidas" (ARENHART, Sérgio Cruz. *A tutela coletiva de interesses individuais – para além da proteção dos interesses individuais homogêneos*. São Paulo: Revista dos Tribunais, 2013, p. 279-280).

individual, não há motivos para não se considerar possível o reconhecimento da litispendência (ainda que parcial) nos casos em que a ação coletiva e as ações individuais veicularem as mesmas pretensões[12]. De fato, essa diversa racionalidade exige um novo olhar sobre os próprios institutos do processo civil, que não devem ser desconsiderados, mas sim adequados à lógica coletiva. O que importa, no caso, é o resultado que será alcançado. As sentenças coletivas e individuais, quando as ações têm o mesmo objeto, terão, ao menos no que se refere aos interesses individuais, o mesmo resultado: a tutela a esses direitos. Ainda que essa tutela seja prestada por via diversa (coletiva/individual) e se considere haver situação jurídica diversa (coletiva/individual), isso diz respeito apenas à forma como a pretensão (coletiva/individual) é veiculada, não interferindo no resultado material que será alcançado. Sob esse aspecto, é possível defender a existência de litispendência entre ação coletiva para tutela de direitos individuais homogêneos e ações individuais de mesmo objeto, em especial porque as partes na ação coletiva, em sentido material, são os mesmos titulares dos direitos discutidos nas ações individuais. É por isso que, pensamos, não há sentido, ao menos se partirmos de uma racionalidade efetivamente coletiva, na previsão do art. 104 do CDC.

A opção do legislador, porém, foi outra. E não é difícil compreendê-la. O sistema brasileiro não adota propriamente uma lógica coletiva, prevendo essa forma de tutela, mas a partir de premissas que se identificam com a racionalidade que orienta o processo individual. O repensar desse microssistema em busca de uma nova Jurisdição coletiva exige várias releituras e novas disposições legislativas, dentre as quais a que viabilize o tratamento efetivamente coletivo de questões individuais, a partir da impossibilidade de discussão individual quando há técnica coletiva manejada com a mesma finalidade. Isso exigiria uma readequação de grande parte da sistemática processual coletiva, a começar pelo controle

---

[12] Em sentido contrário, Fredie Didier Jr. e Hermes Zaneti Jr. afirmam que "realmente, não se está diante de ações idênticas. Nas ações coletivas, pleiteia-se o direito coletivo lato sensu (difusos, coletivos ou individuais homogêneos). Já nas ações individuais, busca-se a tutela de direito individual. As demandas veiculam afirmação de situações jurídicas ativas distintas; não podem ser consideradas idênticas" (DIDIER JR., Fredie; ZANETI JR., Hermes. *Curso de direito processual civil – processo* coletivo, v. 4, 12ª ed. Salvador: JusPodivm, 2018, p. 182).

da representatividade adequada[13] e a mudança na eficácia da coisa julgada e sua extensão subjetiva.[14-15]

---

[13] Especificamente no que toca às ações coletivas, o microssistema processual coletivo atribui a determinados entes a legitimidade para sua propositura. Assim, podem propor ações coletivas o Ministério Público; a União, os Estados, os Municípios e o Distrito Federal; as entidades e órgãos da administração pública, direta ou indireta, ainda que sem personalidade jurídica, especificamente destinados à defesa dos interesses e direitos protegidos por este Código; as associações legalmente constituídas há pelo menos 1 (um) ano e que incluam entre seus fins institucionais a defesa dos interesses e direitos protegidos pelo CDC (art. 5º da Lei 7.347/85, que, alterada pela Lei 11.448/2007, insere a Defensoria Pública no rol de legitimados; e art. 82 do Código de Defesa do Consumidor). Uma das grandes dificuldades da tutela coletiva decorre justamente desse ponto. Ao atribuir a esses entes a legitimidade para tutelar direitos difusos, coletivos e coletivizáveis, o sistema admite que a decisão proferida em ações coletivas alcance pessoas que não participaram diretamente do processo. Sob este aspecto, defende-se que o autor coletivo deve ostentar uma representatividade adequada para a defesa dos direitos da coletividade. Essa adequação é vista apenas sob a perspectiva da atuação processual do ente, deixando-se de lado a aferição de sua efetiva atuação junto aos integrantes do grupo, de modo a garantir sua participação direta na tomada de decisões. Há, de outro lado, autores que apontam alguns critérios que podem auxiliar na percepção de que a representatividade do autor da demanda coletiva é adequada, v.g.: a) a capacidade de viabilizar uma ligação efetiva entre os advogados que conduzem a ação e os membros da classe; b) a adoção de um papel ativo, e não meramente passivo, na condução da demanda, recomendando-se inclusive a elaboração de um plano de atuação a ser compartilhado com a classe e c) as condutas adotadas pelo representante em casos anteriores, em especial com vistas à análise de eventuais atitudes caracterizadoras da má-fé, ou mesmo de condutas omissas que possam ter prejudicado a defesa dos interesses (MULHERON, Rachael. *The class action in common law legal systems – a comparative perspective*. Portland: Hart Publishing, 2004, p. 291-295). Eles se aplicam a todos os entes legitimados, inclusive àqueles de caráter público, com relação aos quais não se pode, igualmente, haver uma pressuposição quanto à sua habilidade para a defesa adequada dos direitos. Sérgio Cruz Arenhart define a representatividade adequada como um critério que pode "apontar para a melhor solução diante do caso concreto", devendo ser aferido a partir de inúmeros elementos, sejam eles econômicos, estruturais, históricos etc. "O fundamental", como afirma, "é perceber se o legitimado que está autorizado a conduzir a coletivização, terá condições de representar adequadamente os interesses dos ausentes no processo, de forma que a solução por ele conseguida represente a maior vantagem possível para os indivíduos e para a gestão do serviço 'Justiça'" (ARENHART, Sérgio Cruz. *A tutela coletiva de interesses individuais...*, p. 233). Para Edilson Vitorelli, "uma teoria geral dos processos representativos considera compatível com a Constituição um processo em que a representação não seja um mecanismo de exclusão dos representados, mas proporcione a obtenção de tutela efetiva dos direitos materiais violados, restringindo a participação apenas na medida necessária

para tanto. Cabe ao representante promover momentos de participação no decorrer da atividade representativa, nos quais os representados são chamados a avaliar prospectiva e retrospectivamente as ações do representante em relação ao processo, bem como debater entre si e com ele os resultados e objetivos desejáveis" (VITORELLI, Edilson. *O devido processo legal coletivo. Dos direitos aos litígios coletivos*. São Paulo: Revista dos Tribunais, 2016, p. 255).

[14] "Bem vistas as coisas, um maior rigor na aferição da legitimidade ativa nas ações coletivas poderia muito contribuir para a efetividade dessa tutela. A consideração de que a parte (processualmente considerada) tem condições de defender adequadamente os interesses de toda a classe representada no instrumento coletivo torna a tutela muito mais efetiva, viabilizando até mesmo alteração legislativa que possibilitasse uma ampliação dos limites subjetivos da coisa julgada, com produção pro et contra, alcançando os membros da classe mesmo se se tratar de decisão desfavorável" (LUNARDI, Thaís Amoroso Paschoal. *Coletivização da prova...*, p. 95).

[15] "A ação coletiva pode servir a diferentes fins – nem todos compatíveis entre si. Um modelo que maximize a função de economia processual tende a limitar o papel de facilitação do acesso à justiça ou de dissuasão do ilícito e assim por diante. No modelo brasileiro, a absoluta ausência de repercussão negativa do resultado do processo coletivo sobre as pretensões e ações individuais, se por um lado preserva as garantias de acesso à justiça, contraditório e devido processo legal em favor de cada legitimado individual, por outro, pouco contribui para a economia processual e a estabilização de uma resposta jurisdicional uniforme para casos iguais. Essa segunda função, nomofilática, é crucial para a isonomia, a segurança jurídica e a certeza do direito. Além disso, o processo coletivo acaba produzindo proteção jurisdicional pouco estável – de menor qualidade, portanto – para o réu vitorioso. A ausência de coisa julgada ultra partes faz com que, mesmo tendo sua razão reconhecida em um primeiro processo coletivo, ele não esteja livre de sucessivas e reiteradas novas demandas coletivas. A garantia de tutela jurisdicional não lhe é plenamente outorgada" (TALAMINI, Eduardo. *A dimensão coletiva dos direitos individuais homogêneos: ações coletivas e os mecanismos previstos no Código de Processo Civil de 2015*. In In ZANETI JR., Hermes (coord.). Processo coletivo. Salvador: JusPodivm, 2016, p. 129). Para Sergio Menchini, "per valorizzare il ruolo e la funzione di questo, si devono inserire strumenti che, per un verso, consentano di vincolare alla decisione emessa sulla questione comune, sai favorevole sia sfavorevole al gruppo, i tribunali e le parti delle liti individuali, senza ricorrer, però, a figure di giudicato ultra partes, e, per altro verso, proprio onde evitare l'estensione ai terzi degli effetti della sentenza campione, favoriscano, senza ricorrere a meccanismi di tipo coattivo difficilmente compatibili con il principio dispositivo, la partecipazione al giudizio dei membri della categoria interessata, cercando anche di prevede istituti in grado di senellire lo svolgimento del procedimento che vede coinvolta uma moltitudine di diritti e di soggetti, senza svilire il ruolo e la posizione di ciascuno di questi circa la gestione della causa". Propõe, assim, a adoção do modelo do *opt in*, "ossia si deve ampliare il più possibile la composizione soggettiva del processo modello (o colletivo), tramite regole che favoriscano

Seja como for, a existência de elevado número de demandas, as repetições desnecessárias de questões e pedidos, as possíveis decisões conflitantes e a falta de racionalidade na prestação jurisdicional recomendam que, muito embora não se trate de litispendência e, portanto, não se mostre possível a extinção das ações individuais, haja a suspensão dessas demandas até que a ação coletiva seja definitivamente julgada. Até porque, tecnicamente, se está diante de prejudicialidade[16], aplicando-se o disposto no art. 313, V, a, do CPC.

Seria possível pensar também nos casos em que, embora a ação coletiva tenha por objeto direitos difusos ou coletivos *stricto sensu*, a sentença gere repercussões na esfera individual, com o reconhecimento de direitos individuais decorrentes do dano coletivo. Nesses casos, não há razão para não se reconhecer ao menos a conexão entre a ação coletiva e as ações individuais[17], o que poderia ensejar também a suspensão das ações individuais propostas anteriormente à ação coletiva.

la partecipazione ad esso dei membri della classe coinvolta" (MENCHINI, Sergio. *La tutela giurisdizionale dei diritti individuali omogenei: aspetti critici e prospettive ricostruttive*. In MENCHINI, Sergio (a cura di). Le azioni seriali. Napoli: Edizioni Scientifiche Italiane, 2008, p. 95).

[16] Em seu clássico "Questões prejudiciais e coisa julgada", Barbosa Moreira considera a prejudicialidade instituto pertinente ao direito processual, "que não se deixa reduzir a simples fenômeno de ordenação procedimental, senão que postula, em sua essência, uma prioridade logicamente necessária na solução de determinadas questões, em razão do condicionamento que daí resulta para a de outras e que se refletirá especificamente no sentido em que essas outras hão de ser, por sua vez, resolvidas" (BARBOSA MOREIRA, José Carlos. *Questões prejudiciais e coisa julgada*. Rio de Janeiro: Borsoi, 1967, p. 41-42).

[17] Discorrendo acerca da cumulação de pretensões de tutela difusa, coletiva e individual homogênea em diversas ações coletivas, Elton Venturi afirma ser certo que o art. 103, §3º, do CDC determinou expressamente "a transposição do resultado de procedência da ação civil pública para beneficiar individualmente as vítimas e seus sucessores, acarretando, assim, a automática inclusão de uma espécie de 'pedido implícito' de tutela de direitos individuais homogêneos no âmbito de qualquer ação coletiva que tenha visado à expressa tutela de direitos difusos ou coletivos". Por isso, considera correto afirmar que "o ajuizamento da ação civil pública veicula, necessariamente, pretensão de tutela de direitos individuais homogêneos, produzindo, portanto, ou a litispendência ou a continência, respectivamente, em relação a eventuais outras ações que intentem a mesma pretensão fundadas nas mesmas causas de pedir ou que deduzam outras causas de pedir ou pedidos" (VENTURI, Elton. *Processo civil coletivo*. São Paulo: Malheiros, 2007, p. 337). Concordamos com o autor no ponto em que

Assim, ainda que não se entenda tratar-se de litispendência, ao menos a existência de conexão entre a ação coletiva e as individuais deve ser reconhecida. Apenas não deverá essa conexão implicar a necessária reunião dos casos, o que seria evidente causa de tumulto processual[18]. A suspensão das ações individuais é suficiente para evitar ineficiência e risco de decisões conflitantes, e é consequência que, ao lado da reunião de demandas, se compatibiliza com o instituto da conexão.

Embora a solução ideal para a funcionalidade e efetividade do sistema de tutela coletiva no Brasil passe pela impossibilidade de propositura de ação individual em razão da existência de ação coletiva de mesmo objeto (num contexto, é claro, de revisitação e aprimoramento de vários institutos que integram o sistema processual coletivo e, por evidente, no âmbito de uma proposta de *lege ferenda*), a suspensão das ações individuais já poderá, ao menos, reduzir as chances de decisões contraditórias e anti-isonômicas.

De outro lado, a suspensão das ações individuais quando há ação coletiva sobre o mesmo tema garante a efetividade do processo – já que apenas na macro lide será necessária a discussão e solução da questão principal, atinente aos milhares de conflitos individuais – e a isonomia,

---

afirma tratar-se de litispendência ou, ao menos, de continência (que nada mais é do que hipótese de litispendência parcial). Porém, com a previsão do art. 57 do CPC e a necessária extinção da ação contida, parece não haver, no âmbito do microssistema processual coletivo brasileiro, espaço para a consideração de continência (litispendência parcial) entre ações coletivas e individuais. Daí porque optamos pela existência de, ao menos, conexão.

[18] "Não nos parece que o efeito da conexão/continência entre ação coletiva e ação individual deva ser o da reunião dos processos, que, certamente, tumultuaria muito a condução do procedimento. É mais adequado imputar a esse fato o efeito da suspensão do procedimento da ação individual, à espera do julgamento da causa coletiva, até mesmo ex officio, pelo tribunal, conforme será demonstrado em próximo item. Aliás, é essa a disciplina do julgamento de casos repetitivos, que permite inclusive a suspensão nacional. Porém, deve ser observado, sempre, o princípio de que a ação coletiva no Brasil não constitui óbice à tutela individual do direito, permitindo-se ao autor da ação individual a exclusão e a continuação de seu processo sempre que a referida suspensão ex officio ultrapassar prazo razoável. No caso do incidente de resolução de demandas repetitivas, essa norma foi prevista expressamente (art. 980, parágrafo único, CPC)" (DIDIER JR., Fredie; ZANETI JR., Hermes. *Curso...* v. 4, p. 188).

evitando que um mesmo fato seja resolvido e qualificado juridicamente ou que um mesmo pedido seja julgado de formas diversas, para situações idênticas, dando à questão, por fim, a melhor interpretação, considerando-se o caráter teleológico da tutela coletiva[19].

Solução em sentido contrário impede o adequado aproveitamento da tutela coletiva. A disposição que autoriza a tramitação de ações individuais concomitantes a ações coletivas, aliada à ausência de formação de coisa julgada nos casos de sentença de improcedência, são evidentes fatores de estímulo à propositura de ações individuais mesmo nos casos em que a questão já é objeto de ação coletiva. No sistema brasileiro, é o titular do direito individual quem decide se será, ou não, incluído no âmbito de alcance da sentença coletiva, seja pela possibilidade de suspensão de ação

---

[19] Em artigo específico sobre o tema, Kazuo Watanabe defende que "a solução que seria mais apropriada, em nosso sentir, na conformidade das ponderações acima desenvolvidas, seria a proibição de demandas individuais referidas a uma relação jurídica global incindível. Porém, a suspensão dos processos individuais poderá, em termos práticos, produzir efeitos bem próximos da proibição, se efetivamente for aplicada pelo juiz da causa" (WATANABE, Kazuo. *Relação entre demanda coletiva e demandas individuais*. In GRINOVER, Ada Pellegrini; MENDES, Aluisio Gonçalves de Castro; WATANABE, kazuo (coord). Direito processual coletivo e o anteprojeto de Código brasileiro de processos coletivos. São Paulo: Revista dos Tribunais, 2007, p. 160). No mesmo sentido, Fredie Didier Jr. e Hermes Zaneti Jr.: "a jurisprudência poderia, de maneira criativa, dando concreção aos direitos fundamentais da efetividade da tutela jurisdicional, da duração razoável do processo e da segurança jurídica, encaminhar-se no sentido de reconhecer como de interesse público (não ficando na dependência da vontade do particular, que muitas vezes desconhece a existência de uma ação coletiva) a suspensão das ações individuais, se pendente ação coletiva que versa sobre direitos individuais homogêneos. Trata-se de uma exigência decorrente da necessária racionalização do exercício da função jurisdicional, como forma de evitar decisões diversas para situações semelhantes, o que violaria o princípio da igualdade. A aplicação dessa regra, permitindo a suspensão dos processos individuais por prejudicialidade, conforme o disposto no art. 313, V, a do CPC, já foi utilizada com sucesso em diversos precedentes do Rio Grande do Sul no caso dos expurgos inflacionários da poupança. Trata-se de evidente aplicação do princípio da efetividade, adequação e da flexibilização dos procedimentos aos processos coletivos". E complementam, com base na análise do já citado recurso especial paradigmático julgado pelo STJ: "de nada adiantaria não autorizar a suspensão ex officio, quando os recursos especiais provenientes destas causas repetitivas poderiam ter o seu curso sobrestado, ex officio, por decisão do ministro do STJ. Era preciso dar coerência ao sistema" (DIDIER JR., Fredie; ZANETI JR., Hermes. *Curso...* v. 4, p. 191-193).

individual já proposta[20], seja pela necessidade de manejo da execução individual da sentença coletiva[21].

A suspensão aqui proposta, todavia, não deve se limitar apenas às ações individuais que tenham o mesmo objeto (ou seja, o mesmo pedido) de uma ação coletiva. É claro que para essas situações a suspensão se mostra ainda mais adequada, na medida em que o próprio pedido afeto ao direito individual já será apreciado em uma ação coletiva, alcançando inevitavelmente, ao menos em caso de procedência, os titulares desses direitos. Há, porém, outras situações em que a suspensão se mostra especialmente adequada.

Trata-se dos casos em que, embora o pedido seja diverso, há fundamentos – questões de fato ou de direito – discutidos tanto nas ações coletivas quanto nas ações individuais[22]. Pense-se, ainda, nos casos em que há questão de fato objeto de prova na ação coletiva, com o condão de influenciar as decisões nas ações individuais ou ao menos com o potencial de evitar a produção dessa mesma prova de forma individual em todas as demandas. Nesses casos, não há dúvidas acerca da necessidade de se determinar a suspensão das ações individuais no aguardo da prova produzida na coletiva, inclusive pela aplicação do art. 313, V, *b*, que prevê a suspensão do processo quando a sentença tiver de ser proferida após a verificação de fato[23]

---

[20] "O sistema brasileiro de tutela coletiva de direitos individuais privilegiou a autonomia individual, optando por um regime em que as ações individuais têm sempre preferência sobre as demandas coletivas e em que o particular só é atingido pelos efeitos da sentença coletiva se assim expressamente pretender (sistema *opt in*). Vale dizer que, no sistema vigente, a demanda coletiva tem aplicação apenas subsidiária e eventual aos indivíduos, que podem escapar de seus efeitos, seja promovendo demandas individuais, seja não aderindo expressamente à ação coletiva. Ainda que o sistema tenha algumas variações nesse critério – como é o caso do regime da coisa julgada *secundum eventum litis* (com a sua extensão aos indivíduos, no caso de sentença coletiva favorável) ou do transporte *in utilibus* dos efeitos da sentença favorável às relações individuais – o sistema segue, basicamente, as linhas gerais da proteção da ação individual" (ARENHART, Sérgio Cruz. *A tutela coletiva*..., p. 55).

[21] "Para a fase de execução, o regime privilegia a execução individual do julgado, estimulando o indivíduo a apresentar-se em juízo para postular o valor que lhe é devido, valendo-se do rito previsto para o processo de execução tradicional" (ARENHART, Sérgio Cruz. *A tutela coletiva*..., p. 60).

[22] ARENHART, Sérgio Cruz. *A tutela coletiva*..., p. 277.

[23] Egas Moniz de Aragão, à luz do art. 265 do CPC de 1973, lembra que "a ocorrência do fato tanto pode ser uma condição, a que esteja subordinada a relação jurídica, objeto

ou a produção de prova em outro juízo[24], aplicável, nos termos do art. 377 do CPC, nos casos em que a prova seja imprescindível. Por uma interpretação sistemática, a regra deve estender-se para qualquer ato de cooperação nacional voltado à produção de provas. Embora o dispositivo fale em pleito formulado até o saneamento, não parece haver óbices, no caso de prova produzida coletivamente, à suspensão também quando a prova for determinada após essa etapa.

Não nos parece que o art. 104 do CDC, ao descaracterizar a litispendência entre essas demandas e outorgar ao autor da demanda individual o direito de pedir sua suspensão, vedaria a suspensão de ofício pelo juiz. Não só porque inexiste no dispositivo vedação expressa nesse sentido, como também em razão da própria racionalidade da tutela coletiva e a observância da eficiência, da efetividade, e da razoável duração do processo.

Assim, havendo ação coletiva em que a prova comum seja produzida, deve ocorrer a suspensão de todas as ações individuais em que a mesma questão fática é discutida, desde que se trate de questão essencial para o julgamento das pretensões formuladas em cada uma das demandas individuais.

3. A suspensão das ações individuais propostas em razão do dano ambiental no Vale do Ribeira/PR: uma análise do conteúdo e dos efeitos da decisão proferida no Recurso Especial 1.525.327-PR

A discussão sobre a suspensão de ações individuais enquanto tramita ação coletiva de mesmo objeto ganha, no caso que se analisa neste trabalho, um contorno muito especial.

A suspensão, como se viu, foi determinada pelo Superior Tribunal de Justiça no julgamento do Recurso Especial 1.525.327-PR, sob os seguintes fundamentos: a) as ações coletivas otimizam a prestação jurisdicional, prevenindo a atomização dos conflitos sociais e propiciando tutela jurisdicional mais qualificada em vista da possibilidade de consideração de

---

principal ou secundário do processo, como a prática, por uma das partes, de ato que constitua contraprestação ou contrapartida de outro, o qual, posto exigível, não seja um dos requisitos da própria possibilidade jurídica do pedido, como seria o depósito preparatório da ação, por exemplo" (MONIZ DE ARAGÃO, Egas. *Comentários ao Código de Processo Civil, Lei 5.869, de 11 de janeiro de 1973*, v. II: arts. 154-269, 9ª ed. Rio de Janeiro: Forense, 1998, p. 360).

[24] ARENHART, Sérgio Cruz. *A tutela coletiva...*, p. 243.

elementos no feito coletivo; b) há entendimentos na Corte no sentido da suspensão das demandas individuais enquanto tramita a ação coletiva; c) a suspensão das ações individuais facilita a celebração de termos de ajustamento de conduta e propicia a adoção de medidas voltadas à reparação de danos mais prementes, pois confere maior calculabilidade dos gastos reparatórios imediatos, assim como a mitigação instantânea dos custos com demandas atomizadas, de modo a, em muitos casos, compatibilizar-se com o nível econômico-financeiro do responsável por danos de vulto; d) há apuração de que a ação civil pública contém o pleito indenizatório requerido na ação individual; e) após a tramitação do processo coletivo, o Juízo do feito individual terá subsídios fáticos e técnicos relevantes para que possa proferir uma sentença de maior qualidade e adequada ao caso, o que melhor contempla o princípio da efetividade do processo; e) nas ações coletivas há inúmeras determinações probatórias, incluindo ofícios expedidos a órgãos públicos solicitando diversas providências; laudo pericial produzido pelo Instituto de Perícia, Ciência e Tecnologia de Curitiba (LACTEC); relatório de avaliação de risco realizado pela Secretaria da Saúde do Paraná e pela Companhia de Saneamento do Paraná (SANEPAR) afirmando que não houve contaminação das águas.

O entendimento do Superior Tribunal de Justiça está correto. Por tudo o que já se discorreu no item anterior, a tramitação de 2.300 ações individuais em que se discute o dano ambiental causado pela atividade de chumbo no Vale do Ribeira concomitantemente à tramitação de duas ações coletivas em que se discute esse mesmo dano não se justifica, em especial numa perspectiva de eficiência e isonomia, que orientam o microssistema processual coletivo.

Há, porém, inúmeras questões interessantes que diferenciam este caso de tantos outros em que a suspensão de demandas individuais – e, em especial, as consequências dessa suspensão e do julgamento da ação coletiva – foi (ou poderia ter sido) determinada.

A começar, porque os danos individuais não foram objeto da decisão coletiva. Muito embora em uma das ações coletivas tenha sido veiculado pedido de reparação de danos materiais e morais de caráter individual homogêneo, a sentença deixa claro ter versado apenas "sobre pretensões de conteúdo coletivo, cabendo ao r. Juízo da Comarca de Bocaiúva do Sul apreciar a questão alusiva às demandas individuais" (p. 318). Já se disse que nas ações individuais o pedido é de indenização por dano moral, com fundamento no medo, incerteza e angústia que a exposição ao risco de contaminação na região teria causado aos moradores. Não há nessas demandas pedido de reparação de danos materiais em razão da concentração de chumbo em excesso no sangue dos moradores do Vale do Ribeira.

Ainda assim, há nas ações coletivas e individuais uma questão comum: o dano ambiental causado pela atividade mineradora desenvolvida na região do Vale do Ribeira pela empresa Plumbum, e as consequências desse dano para o meio ambiente (e, via de consequência, para os moradores daquela região).

Sem dúvida, contudo, o ponto mais complexo reside na presença, no polo passivo das ações individuais, de partes que não integram o polo passivo das ações coletivas. Trata-se das instituições financeiras que teriam financiado a atividade poluidora, sustentando os autores, em razão disso, a aplicação do art. 12 da Lei nº 6.938/81 e do art. 2º, § 4º da Lei nº 11.105/05, com vistas à caracterização das instituições como poluidores indiretos.

Ainda assim, não nos parece haver óbices à suspensão. Afinal, mesmo que com partes distintas, a questão comum que justifica a suspensão das ações individuais é o dano ambiental, suas causas e consequências, do que decorrem todos os pedidos formulados nas ações coletivas e nas ações individuais. Embora não se trate de pedidos e fundamentos idênticos, há relevante questão comum que permeia os pedidos formulados em ambas, o que recomenda a consideração, ao menos, dessa questão comum. Certamente, e como se verá mais adiante, uma das maiores vantagens da suspensão das ações individuais neste caso reside na possibilidade de aproveitamento da complexa prova que foi produzida nas ações coletivas.

É imprescindível, porém, que se analise a possibilidade de aproveitamento dos atos processuais praticados nas ações coletivas para as ações individuais. Afinal, e uma vez transitada em julgado a sentença coletiva, poderá a prova coletivamente produzida ser utilizada nas ações individuais? Teriam as partes, neste caso, direito de complementar essa prova, se necessário? As decisões proferidas nas ações coletivas poderão produzir efeitos nas ações individuais?

É disso que se ocupará no próximo item.

4. O aproveitamento dos atos praticados nas ações coletivas

A análise da viabilidade da suspensão de ações individuais enquanto tramita ação coletiva com questões ou pedidos comuns exige um olhar sobre as consequências dessa suspensão, após o trânsito em julgado da ação coletiva[25]. É por isso que, antes de se determinar a suspensão, é fundamental que se verifique se, de fato, há elementos comuns entre as demandas e se poderá haver o compartilhamento de atos entre elas[26]. Uma das maiores dificuldades nesses casos residirá, sem dúvida, no respeito ao contraditório.

Não há dúvidas de que a sentença proferida nas ações coletivas não poderá prejudicar aqueles que não foram parte nessas demandas. E isso se refere tanto aos moradores do Vale do Ribeira/PR, relativamente aos pedidos fundados em direitos individuais homogêneos (já que, como se viu, não houve análise e julgamento dessas questões e pedidos na sentença coletiva), quanto no que se refere às instituições financeiras. Aplica-se neste caso o disposto no art. 506 do CPC, impedindo que a coisa julgada prejudique terceiros. Isso demonstra o equívoco da decisão do STJ no que se refere à determinação da suspensão das ações individuais até o trânsito em julgado da sentença coletiva. Afinal, se as decisões não poderão ser aproveitadas nas ações individuais, não há motivo para que se aguarde meses, até mesmo anos, para que as ações individuais possam retomar seu curso.

Quanto às provas produzidas – o laudo pericial e a prova documental –, a questão é mais complexa.

Não há dúvidas, em especial com a vigência do CPC de 2015 e a previsão do art. 372, quanto à admissibilidade da prova emprestada no processo civil brasileiro. Para sua admissão, é imprescindível que se trate do mesmo fato *probando* e haja observância do contraditório, tanto no processo de

---

[25] Vale ressaltar que, com relação ao aproveitamento da prova produzida coletivamente, sequer haveria a necessidade de se aguardar o trânsito em julgado para seu aproveitamento nas ações individuais. Afinal, apenas a prova produzida será aproveitada, sem que a valoração realizada pelo juízo da ação coletiva se transporte.

[26] Sobre o tema, especificamente no que se refere ao aproveitamento da prova coletiva para ações individuais frente ao problema da representatividade adequada, PASCHOAL, Thaís Amoroso. *Um olhar sobre a prova coletiva: possibilidades para um melhor aproveitamento da prova produzida coletivamente*. In REICHELT, Luís Alberto; JOBIM, Marco Felix. Coletivização e Unidade do Direito. Londrina: Thoth Editora, 2019.

origem, quanto no processo para o qual será transportada a prova. O contraditório, neste caso, inclui não só a necessária manifestação no processo em que a prova será aproveitada, como também a participação das partes (ou, ao menos, daquela contra quem a prova será utilizada) durante sua produção. De outro lado, e com fundamento na efetividade, a jurisprudência admite o empréstimo de prova, ainda que as partes do processo para o qual será transportada não tenham participado de sua produção no processo de origem[27].

Essa necessária participação de todos os sujeitos na formação da prova acaba por inviabilizar um melhor aproveitamento desse mecanismo, o que se justifica pela necessidade de preservação da garantia constitucional do contraditório[28]. Afinal, nem sempre o fato comum que já foi objeto de prova produzida anteriormente será discutido pelas mesmas partes que compuseram a ação anterior. Desse modo, para além da utilização da prova emprestada nos casos em que partes idênticas pleiteiam, com fundamento em uma mesma causa de pedir (ao menos, com fundamento nos mesmos fatos) pretensões diversas, a prova emprestada pode ser utilizada também em ações com partes diversas.

---

[27] Nesse sentido: "[...] 9. Em vista das reconhecidas vantagens da prova emprestada no processo civil, é recomendável que essa seja utilizada sempre que possível, desde que se mantenha hígida a garantia do contraditório. No entanto, a prova emprestada não pode se restringir a processos em que figurem partes idênticas, sob pena de se reduzir excessivamente sua aplicabilidade, sem justificativa razoável para tanto. 10. Independentemente de haver identidade de partes, o contraditório é o requisito primordial para o aproveitamento da prova emprestada, de maneira que, assegurado às partes o contraditório sobre a prova, isto é, o direito de se insurgir contra a prova e de refutá-la adequadamente, afigura-se válido o empréstimo" (STJ, EREsp 617.428/SP, CE, Rel. Min. Nancy Andrighi, j. 04.06.2014, DJe 17.06.2014).

[28] "É certo que a efetividade do acesso à justiça depende da racionalização da prática de atos processuais e está intimamente ligada à possibilidade de se poder alegar e provar, mas tudo isso deve ser temperado diante do direito que os interessados na solução do litígio têm de adequadamente participar da aquisição da prova que vai importar para a formação do juízo. Aliás, esse direito garantido às partes também possui importância fundamental para que a própria jurisdição possa cumprir sua obrigação de forma perfeita e legítima" (MARINONI, Luiz Guilherme; ARENHART, Sérgio Cruz; MITIDIERO, Daniel. *Curso de processo civil, v. 2 – tutela dos direitos mediante procedimento comum*. São Paulo: Revista dos Tribunais, 2018, p. 299).

Para isso, é imprescindível que a parte contra quem será a prova utilizada no processo futuro tenha participado de sua formação, ainda que aquele que pretenda beneficiar-se da prova tenha sido terceiro naquele processo[29]. Tanto num caso (utilização da prova pelas mesmas partes) como no outro (prova utilizada em favor de quem não participou de sua formação), é perfeitamente admissível sua eventual complementação no processo futuro. A questão se torna mais complexa quando se observa que, nem sempre, o benefício ou prejuízo decorrente da prova é facilmente perceptível. Em muitos casos, apenas a valoração da prova possibilitará essa análise. Não nos parece correto, nesses casos, impedir o empréstimo da prova. A solução que mais se coaduna com a eficiência e a efetividade é aquela que recomenda o transporte da prova e sua complementação, quando se mostrar necessário.

---

[29] Esse é o entendimento da doutrina majoritária. Em regra, entende-se que o compartilhamento da prova somente poderá ocorrer entre processos que tenham as mesmas partes, ou, ao menos que a parte contra quem se pretenda produzir a prova tenha participado do processo de origem, preservando-se o contraditório. Nesse sentido: TALAMINI, Eduardo. *A prova emprestada no processo civil ou penal*. In Revista de Informação Legislativa n. 140, out/dez 1998, p. 149; WAMBIER, Luiz Rodrigues; TALAMINI, Eduardo. *Curso avançado de processo civil*, v. 2, 16ª ed. São Paulo: Revista dos Tribunais, 2016, p. 250; GOÉS, Gisele. *Teoria geral da prova – apontamentos*. Salvador: JusPodivm, 2005, p. 62-63; DIDIER JR., Fredie; BRAGA, Paula Sarno; OLIVEIRA, Rafael Alexandria de. *Curso de processo civil*, v. 2, 12ª ed. revista, ampliada e atualizada. Salvador: JusPodivm, 2017, p. 148, que ressalva a possibilidade de importação da prova quando tanto aquele que a requer, quanto aquele contra quem ela será produzida forem terceiros em relação ao processo de origem, pois, "como nenhuma das partes participou da formação da prova, qualquer delas pode pedir a importação; o contraditório será garantido no processo para onde a prova foi trasladada" (Ibid., p. 148-149). Em sentido contrário, admitindo o empréstimo mesmo contra a parte que não participou de sua produção: "Antes de mais nada, é preciso reconhecer que o contraditório pode perfeitamente realizar-se no processo em que se verifique a apresentação da prova emprestada. Nesse momento, a parte que não participou da produção poderá impugnar o respectivo resultado. Além do mais, não é raro acontecer, especialmente nos processos de massa versando sobre o mesmo tema, que determinado meio de prova tenha possibilitado várias conclusões idênticas, sempre sob o crivo do contraditório. A utilização dessa prova em processo diverso, envolvendo a mesma controvérsia fática, não deve ser vedada. A ausência de uma das partes no momento da produção não a impede de impugnar o resultado ou demonstrar a existência de especificidades que o tornariam inaplicável à situação concreta" (BEDAQUE, José Roberto dos Santos. *Poderes instrutórios do juiz*, 7ª ed. São Paulo: Revista dos Tribunais, 2013, p. 169).

No mais, quando não for possível o exercício do contraditório, a prova emprestada não será a princípio admitida, não se podendo descartar sua produção quando caracterizado conflito entre direitos fundamentais, a ser solucionado caso a caso, mediante juízo de ponderação[30]. A situação se verificará principalmente quando a reprodução da prova não for possível, nos casos, por exemplo, em que houve perecimento de elementos importantes para essa reprodução, ou quando o custo da prova e o impacto que sua reiteração gera no conjunto de processos não justificar sua repetição[31].

Essa solução parece aplicável no caso em análise, a fim de se possibilitar o aproveitamento, para as ações individuais, do conjunto probatório produzido nas ações coletivas.

Em primeiro lugar, a prova documental produzida coletivamente – um conjunto de pareceres e estudos realizados por especialistas na região do Vale do Ribeira, contratos e registros relativos à atividade da Plumbum etc. – poderá ser aproveitada sem maiores ressalvas nas ações individuais, oportunizando a integralização do contraditório pelas partes nessas demandas. Afinal, em se tratando de prova documental, o contraditório sempre poderá ser observado de forma integral posteriormente à sua produção[32].

Quanto à prova pericial, a sentença coletiva deixa clara a existência de pontos omissos ou inconclusivos no laudo, especialmente no que se refere à prova dos danos individualmente sofridos pelos moradores da região[33]. Há, de outro lado, inúmeras conclusões no laudo relativas às

---

[30] MARINONI, Luiz Guilherme; ARENHART, Sérgio Cruz; MITIDIERO, Daniel. *Curso...* v. 2, p. 299.

[31] Defendendo a restringibilidade dos direitos fundamentais, Virgílio Afonso da Silva afirma que qualquer restrição a direitos fundamentais deve ser acompanhada de uma exigência de fundamentação constitucional (SILVA, Virgílio Afonso da. *O conteúdo essencial dos direitos fundamentais e a eficácia das normas constitucionais*. Revista de Direito do Estado 4 (2006): 23-51). No caso, a restrição ao contraditório (pela possibilidade de aproveitamento, nas ações individuais, de prova da qual as partes dessas demandas não participaram) se fundamenta na garantia da razoável duração ao processo, eficiência e efetividade, exigindo do juiz, no caso, um ônus argumentativo muito forte, suficiente a demonstrar a fundamentação constitucional e o juízo de ponderação realizado a fim de autorizar o uso da prova emprestada.

[32] MARINONI, Luiz Guilherme; ARENHART, Sérgio Cruz; MITIDIERO, Daniel. *Curso...* v. 2, p. 299.

[33] "Por outro lado, no movimento 539, deferiu-se a realização de perícia toxicológica; de perícia médico-veterinária e de exame de mercado imobiliário. Aludidas diligências

características do solo da região (que contribuiria para um aumento nos índices de chumbo), a existência de resíduos em locais próximos à região da empresa ré etc. A valoração dessa prova, realizada pelo juiz da ação coletiva, não influi na valoração que será realizada nas demandas individuais. Afinal, ela teve como base o específico conjunto probatório dos autos das ações coletivas, a partir dos fundamentos que sustentavam os pedidos (de natureza difusa) formulados naquelas demandas.

Esse laudo deverá ser aproveitado nas ações individuais, sem prejuízo da possibilidade de sua complementação. O conjunto probatório das ações coletivas é riquíssimo, composto de laudo técnico que analisou pormenorizadamente os fatos relativos à contaminação por chumbo na região, e inúmeros estudos realizados por especialistas, também sobre o específico caso do Vale do Ribeira. Há, além disso, muitos estudos publicados em revistas acadêmicas que, a partir de coleta de dados na região, examinou várias questões afetas a este caso[34]. Não se desconsidera, à luz de todos esses elementos, a possibilidade de se atribuir certa notoriedade ao fato de que o dano ambiental na região do Vale do Ribeira foi causado pela atividade de exploração do chumbo.

Sob este aspecto, o impedimento à nova produção de prova custosa e demorada do dano ambiental e suas causas se fundamenta na eficiência,

---

probatórias não foram levadas adiante, não obstante tal deferimento judicial, dada a ausência de recolhimento de honorários sucumbenciais, dada a não aceitação do munus por parte dos experts na área de toxicologia humana – notadamente, dada a dificuldade envolvendo a constituição de comitês de ética médica, no que toca a experimentos e testes envolvendo a captação de sangue humano –, como já relatado no curso dessa demanda. Aludidos comitês são impostos pela Resolução n. 196, de 10 de outubro de 1996, do Conselho Nacional da Saúde, dentre outros diplomas normativos aplicáveis. Restou frustrado, por conseguinte, o intento de se apurar, com o exame efetivo do estado de saúde dos moradores de Adrianópolis, e sob bilateralidade de audiência, se haveria, de fato, o pretenso excesso na concentração de chumbo (Pb) no sangue de tais pessoas" (Sentença, p. 35).

[34] CUNHA, Fernanda et al. Human and environmental lead contamination in the Upper Ribeira Valley, southeastern Brazil. Terrae, Campinas, n.2, p.28-36. 2005. FIGUEIREDO, Bernardino Ribeiro. A contaminação ambiental e humana por chumbo no Vale do Ribeira (SP-PR). ComCiência. Disponível em: http://www.comciencia.br/reportagens/2005/11/09.shtml. Acesso em 20 jan 2020; PAOLIELLO, Mônica Maria Bastos et al. Exposure of children to lead and cádmium from a mining area of Brazil. Environmental Research, Baltimore, v.88, 2002; PAOLIELLO, Mônica Maria Bastos et al. Determinants of blood lead levels in an adult population from a mining area in Brazil. Journal de Physique IV, Grenoble, v.107, 2003.

sob a perspectiva da proporcionalidade pan processual, "como critério de valoração do emprego de certo recurso para a obtenção de um processo eficiente". Em outras palavras, para possibilitar "a consecução de um ponto de equilíbrio entre a proteção dos interesses individuais envolvidos em cada acontecimento processual e a proteção dos interesses coletivos à gestão racional do conjunto dos processos"[35]. Esse fundamento, aliado à força do conjunto probatório dos autos, recomenda que, no caso em análise, não haja nova produção de prova técnica, salvo se demonstrada a necessidade de sua complementação, ônus atribuível às partes nas ações individuais. Neste caso, demonstrado que a prova não teve por objeto determinado fato relevante para a causa, nada obsta a reabertura do contraditório, para se permitir a produção da prova sobre esse fato.

Outro ponto que reforça essa possibilidade é o fato de a prova emprestada não carregar para o processo futuro a valoração realizada no processo de origem[36]. Em outras palavras, ao juiz que julgará as ações individuais caberá agregar essa prova ao conjunto probatório dos autos, valorando-a de acordo com o que, naquelas demandas, contribuir para a formação da sua convicção[37].

---

[35] CAPONI, Remo. *O princípio da proporcionalidade na Justiça Civil*. In Revista de Processo, São Paulo, v. 192, fev.2011. Para uma ampla e aprofundada análise sobre a proporcionalidade panprocessual e, em especial, sua relação com os interesses tuteláveis na via coletiva, ARENHART, Sérgio Cruz. *A tutela coletiva de interesses individuais*, p. 26 e ss.

[36] "A prova emprestada, como todas as espécies de provas, é sujeita à avaliação e vale pelo poder de convencimento que carrega. Tanto poderá, por si só, convencer, como poderá cooperar no convencimento, quando mais não seja, pelo seu simples valor argumental, como ainda poderá ser considerada inteiramente ineficiente, tudo dependendo das condições objetivas e subjetivas que apresenta, das partes nela interessadas, do caráter do fato probando, da natureza do processo, enfim das circunstâncias que influem na avaliação e estimação das provas" (SANTOS, Moacyr Amaral. *Prova judiciária...* v. I, op. cit., p. 309).

[37] Interessante colocação a respeito é feita por Moacyr Amaral Santos: "Mas, neste sistema, 'no processo concebido como instrumento público de distribuição da justiça', 'em que as testemunhas e os peritos passam a ser testemunhas e peritos do juízo', as razões excludentes do valor das provas produzidas entre terceiros devem ser acolhidas com certa reserva. Porque, presume-se, se a prova é do juízo, pelo juízo formada, é de entender-se ter sido feita com as necessárias garantias à descoberta da verdade. Se o fato é o mesmo, ali e aqui, e foi judicialmente reconhecido como provado no primeiro processo, por que motivo não se atribuir à prova emprestada ao segundo uma certa eficácia? A verdade é que todo elemento probatório, trazido a um processo deverá ser estimado e avaliado. Cumpre ao juiz pesa-lo não só isoladamente, como nas suas condições objetivas e subjetivas, como no

De fato, a prova objeto do empréstimo não carrega a valoração realizada no processo em que produzida, devendo ser considerada pelo juiz da segunda demanda no exame do conjunto probatório dos autos. O livre convencimento motivado assume, neste ponto, dupla importância. Em primeiro lugar, serve de justificativa à autorização do julgamento fundado em prova produzida em outra ação[38]. De outro lado, garante a inserção desses elementos no material probatório da segunda demanda, permitindo que o juiz forme seu convencimento livremente a partir do conjunto das provas posto no específico caso sob julgamento. Na medida em que o valor probatório atribuído em cada caso possui, como lembra Calamandrei, caráter *relativo e contingente*[39], não está o juiz da

conjunto, com as demais provas, atendendo ao fato probando, às alegações das partes, ao direito violado, à norma jurídica invocada, enfim às circunstâncias que influem na formação do convencimento. Merecerá, às vezes, a espécie de prova em apreço ser tida em valor secundário, quase nenhum, quase nulo, como merecerá, outras vezes, a mais distinguida atenção, dependendo a sua maior ou menor eficácia do poder de convencer, que possuir, à vista dos fatos e circunstâncias dos autos. Quando maior eficácia não tenha, ao menos constituirá uma presunção de homem, e como tal sempre deverá ser estimada e avaliada. Se são admissíveis presunções simples, 'nada veda ao juiz lobriga-las, na prova de um processo debatido entre partes diversas' (Lessona) 'máxime no caso de comunhão ou identidade de interesses" (Mortara)" (SANTOS, Moacyr Amaral. *Prova Judiciária no Cível e Comercial*, v. I, 3ª ed. São Paulo: Max Limonad, [ano], p. 312-313).

[38] Em trabalho no qual analisa a hipótese de se considerar a sentença como meio de prova, Calamandrei aborda a questão da seguinte forma: "in mancanza di un espresso divieto di legge, non si potrebbe inibire al giudice di prendere in considerazione, tra i vari elementi probatori di cui egli può tener conto per risolvere le questioni della causa, i giudizi sugli stessi fatti che trovi enunciati in un'altra sentenza, e di valutari così, per arrivare a formar la convinzione propria, anche l'opinione espressa in proposito da un diverso giudice in un diverso processo" (CALAMANDREI, Piero. *La sentenza civile come mezzo di prova*. In Rivista di Diritto Processuale Civile, v. 15, n. 1, 1938, p. 118-119).

[39] CALAMANDREI, Piero. *La sentenza civile come mezzo di prova*, p. 120. Dentre outras razões, é por isso que, para o autor, a sentença não pode ser utilizada pelo juiz da segunda demanda como prova documental da ocorrência dos fatos reconhecidos em ação anrterior: "Può darsi che il giudice che trae dalla precedente sentenza una presnuzione di verità, sia stato convinto non tanto dalla opinione personale in essa enunciata, quanto dai riferimenti alle resultanze istruttorie su cui tale opinione sia espressamente basata: in tal caso la sentenza emessa nel processo precedente non è che uno strumento sbrigativo offerto al nuovo giudice per conoscere nei loro elementi essenziali e per rivalutare *ex novo* le prove su cui la precedente sentenza si è basata; e il problema della efficacia probatoria della sentenza rientra così nell'altro problema della utilizzabilità in un processo delle prove raccolte in un processo

segunda demanda vinculado à valoração anterior. Afinal, o raciocínio probatório tem relação direta com o caso concreto e o material probatório colocado à disposição do juiz, que tem como base fatos e provas que não necessariamente podem ter integrado o conjunto probatório da primeira ação. Inserido em meio a outros fatos e provas, aquele fato inicialmente reconhecido na sentença anterior pode ensejar conclusão diversa[40].

À luz de todos esses argumentos, não parece razoável impedir o uso de prova técnica complexa repleta de elementos importantes para o esclarecimento de questões fáticas presentes nas demandas individuais, apenas porque há, nessas ações, partes que não participaram de sua produção. Seja porque há, no caso, outros direitos fundamentais que convivem com a garantia do contraditório e recomendam o uso dessa prova, seja porque o fato em discussão é dotado de certa notoriedade. O caso – que, neste aspecto, é excepcionalíssimo – justifica que esse forte conjunto probatório seja agregado ao conjunto probatório das ações individuais, recebendo a devida e específica valoração pelo juiz daquelas causas, sem se descartar, repise-se, a possibilidade de complementação da prova.

---

diverso. Ma se il nuovo giudice basa il suo ragionamento presuntivo sul solo fondamento dell' opinione espressa dal giudice precedente, senza cercar di risalire da essa all' istruttoria che l' ha preceduta e di valutare nuovamente per proprio conto quei materiali probatori su cui ha ragionato il giudice precedente, allora mi pare che questo servile ossequio alla opinione altrui non si possa considerare come un pilastro abbastanza solido per fondarvi sopra una presunzione: e che tutta la stima che un giudice possa avere per il raziocinio del collega che l' ha preceduto nel valutar gli stessi fatti, non sia sufficiente a esonerarlo dal dovere di ragionare colla testa propria" (CALAMANDREI, Piero. *La sentenza civile come mezzo di prova*, p. 124-125). É por isso que, "tale efficacia probatoria deve essere in generale negata alla sentenza civile: non solo nel senso che ad essa non possa mai riconoscersi il carattere di una prova legale dei fatti enunciati nelle sue premesse, ma altresì nel senso che non possa ravvisarsi in essa neanche un elemento idoneo a formare in un diverso processo la libera convinzione del giudice e a tener luogo della diretta valutazione delle prove, che sola può costituire una sufficiente motivazione della nuova sentenza" (CALAMANDREI, Piero. *La sentenza civile come mezzo di prova*, p. 128).

[40] Ver, a este respeito, interessante estudo em que Susan Haack afirma que, sob certas condições, um conjunto de evidências justifica uma conclusão em grau superior a qualquer um de seus componentes isoladamente considerados (HAACK, Susan. *Proving Causation: The Holism f Warrant and the Atomism of Daubert*. Journal of Health & Biomedical Law, IV (2008): 253-289).

Seja como for, é fundamental observar, mais uma vez, que nas ações individuais há questões de fato e de direito que não integram o objeto da ação coletiva. Na medida em que a prova produzida coletivamente não versou sobre essas questões, elas deverão, por óbvio, ser objeto de nova prova nas ações individuais, inclusive pericial, se necessária.

Conclusões

O trabalho realizou uma análise do caso da contaminação por chumbo no Vale do Ribeira/PR, em especial no que refere à tramitação concomitante de duas ações coletivas e mais de duas mil ações individuais com base no dano ambiental decorrente da exploração de chumbo na região.

A acertada decisão do Superior Tribunal de Justiça no REsp 1.525.327-PR determinou a suspensão de todas as ações individuais, até o trânsito em julgado da sentença proferida nas ações coletivas, medida que preserva a racionalidade da tutela coletiva, garantindo a eficiência e evitando riscos de decisões conflitantes.

É imprescindível, porém, que a questão seja analisada com um olhar sobre as consequências da suspensão das demandas individuais, verificando se, uma vez cessada a suspensão, será possível o aproveitamento dos atos praticados na ação coletiva, e quais os limites da eficácia desses atos nas ações individuais.

No específico caso em análise, muito embora haja nas demandas inúmeras questões distintas e partes diversas, será possível o aproveitamento do conjunto probatório produzido na ação coletiva, com a possibilidade de sua complementação na esfera individual e específica valoração pelo juiz das ações individuais, evitando a reiteração de prova custosa e demorada já produzida nas ações coletivas e garantindo-se, por consequência, a razoável duração do processo, a eficiência e a efetividade.

Referências

ARENHART, Sérgio Cruz. *A tutela coletiva de interesses individuais – para além da proteção dos interesses individuais homogêneos*. São Paulo: Revista dos Tribunais, 2013.

BARBOSA MOREIRA, José Carlos. *Questões prejudiciais e coisa julgada*. Rio de Janeiro: Borsoi, 1967.

BEDAQUE, José Roberto dos Santos. *Poderes instrutórios do juiz*, 7ª ed. São Paulo: Revista dos Tribunais, 2013.

CALAMANDREI, Piero. *La sentenza civile come mezzo di prova*. In Rivista di Diritto Processuale Civile, v. 15, n. 1, 1938.

CAPONI, Remo. *O princípio da proporcionalidade na Justiça Civil*. In Revista de Processo, São Paulo, v. 192, fev.2011.

CUNHA, Fernanda et al. *Human and environmental lead contamination in the Upper Ribeira Valley, southeastern Brazil*. Terrae, Campinas, n.2, p.28-36. 2005.

DIDIER JR., Fredie; ZANETI JR., Hermes. *Curso de direito processual civil – processo coletivo*, v. 4, 12ª ed. Salvador: JusPodivm, 2018.

DIDIER JR., Fredie; BRAGA, Paula Sarno; OLIVEIRA, Rafael Alexandria de. *Curso de processo civil*, v. 2, 12ª ed. revista, ampliada e atualizada. Salvador: JusPodivm, 2017.

DI GIULIO, Gabriela Marques; PEREIRA, Newton Müller; FIGUEIREDO, Bernardino Ribeiro de. *O papel da mídia na construção social do risco: o caso Adrianópolis, no Vale do Ribeira*. História, Ciências, Saúde – Manguinhos, Rio de Janeiro, v.15, n.2, p.293-311, abr.-jun. 2008.

FIGUEIREDO, Bernardino Ribeiro. *A contaminação ambiental e humana por chumbo no Vale do Ribeira (SP-PR)*. ComCiência. Disponível em: http://www.comciencia.br/reportagens/2005/11/09.shtml. Acesso em 20.jan.2020.

GOÉS, Gisele. *Teoria geral da prova – apontamentos*. Salvador: JusPodivm, 2005.

HAACK, Susan. *Proving Causation: The Holism f Warrant and the Atomism of Daubert*. Journal of Health & Biomedical Law, IV (2008): 253-289.

LUNARDI, Thaís Amoroso Paschoal. *Coletivização da prova. Técnicas de produção coletiva da prova e seus reflexos na esfera individual* (tese de doutorado). Curitiba: Universidade Federal do Paraná, 2018.

MARINONI, Luiz Guilherme; ARENHART, Sérgio Cruz; MITIDIERO, Daniel. *Curso de processo civil, v. 2 – tutela dos direitos mediante procedimento comum*. São Paulo: Revista dos Tribunais, 2018.

MENCHINI, Sergio. *La tutela giurisdizionale dei diritti individuali omogenei: aspetti critici e prospettive ricostruttive*. In MENCHINI, Sergio (a cura di). Le azioni seriali. Napoli: Edizioni Scientifiche Italiane, 2008.

MONIZ DE ARAGÃO, Egas. *Comentários ao Código de Processo Civil*, Lei 5.869, de 11 de janeiro de 1973, v. II: arts. 154-269, 9ª ed. Rio de Janeiro: Forense, 1998.

MULHERON, Rachael. *The class action in common law legal systems – a comparative perspective*. Portland: Hart Publishing, 2004.

PAOLIELLO, Mônica Maria Bastos et al. *Exposure of children to lead and cádmium from a mining area of Brazil*. Environmental Research, Baltimore, v.88, 2002.

PAOLIELLO, Mônica Maria Bastos et al. *Determinants of blood lead levels in an adult population from a mining area in Brazil*. Journal de Physique IV, Grenoble, v.107, 2003.

PASCHOAL, Thaís Amoroso. *Um olhar sobre a prova coletiva: possibilidades para um melhor aproveitamento da prova produzida coletivamente*. In REICHELT, Luís Alberto; JOBIM, Marco Felix. Coletivização e Unidade do Direito. Londrina: Thoth Editora, 2019.

SANTOS, Moacyr Amaral. *Prova Judiciária no Cível e Comercial*, v. I, 3ª ed. São Paulo: Max Limonad, [ano].

SILVA, Virgílio Afonso da. *O conteúdo essencial dos direitos fundamentais e a eficácia das normas constitucionais*. Revista de Direito do Estado 4 (2006): 23-51.

TALAMINI, Eduardo. *A dimensão coletiva dos direitos individuais homogêneos: ações coletivas e os mecanismos previstos no Código de Processo Civil de 2015*. In In ZANETI JR., Hermes (coord.). Processo coletivo. Salvador: JusPodivm, 2016.

TALAMINI, Eduardo. *A prova emprestada no processo civil ou penal*. In Revista de Informação Legislativa n. 140, out/dez 1998.

VENTURI, Elton. *Processo civil coletivo*. São Paulo: Malheiros, 2007.

VITORELLI, Edilson. *O devido processo legal coletivo. Dos direitos aos litígios coletivos*. São Paulo: Revista dos Tribunais, 2016.

WAMBIER, Luiz Rodrigues; TALAMINI, Eduardo. *Curso avançado de processo civil*, v. 2, 16ª ed. São Paulo: Revista dos Tribunais, 2016.

WATANABE, Kazuo. *Relação entre demanda coletiva e demandas individuais*. In GRINOVER, Ada Pellegrini; MENDES, Aluisio Gonçalves de Castro; WATANABE, kazuo (coord). Direito processual coletivo e o anteprojeto de Código brasileiro de processos coletivos. São Paulo: Revista dos Tribunais, 2007.

V

COISA JULGADA COLETIVA

12. Os limites territoriais da coisa julgada coletiva: o caso do tema de repercussão geral 1.075

Hermes Zaneti Jr.
Edilson Vitorelli
Brígida Roldi Passamani
Daniela Bermudes Lino

Introdução: o caso

O propósito do trabalho é debater uma história longa e, até certo ponto, funesta, do ordenamento jurídico brasileiro: a tentativa de limitar a eficácia da coisa julgada coletiva. O problema que esse constructo apresentava era fácil de perceber: a coisa julgada coletiva era boa demais. Ela resolvia problemas demais e, no Brasil, é comum que não se queira que os problemas sejam resolvidos. Então, a história da coisa julgada coletiva é, de alguma maneira, um retrato de parte da história do Brasil. As nossas *class actions* são vítimas do próprio sucesso.

O ponto atual da história é o Tema de Repercussão Geral 1.075, que, em 2020, determinou a suspensão de todas as ações civis públicas que tenham a pretensão de estabelecer eficácia nacional para a coisa julgada. Trinta e cinco anos depois da edição da LACP, os nossos tribunais parecem, ainda, incapazes de fazer as pazes com esse instituto, enquanto os direitos fundamentais do cidadão aguardam para serem tutelados.

O tema é, portanto, absolutamente atual e merece ser contemplado em todos os seus detalhes, a fim de que a Ciência do Direito possa fornecer uma resposta para a decisão que, no momento em que estas linhas foram finalizadas, ainda estava por vir.

1. O art. 16 da Lei de Ação Civil Pública e sua leitura pelo Superior Tribunal de Justiça

1.1. A literalidade do texto do art. 16: de 1997 a 2011

A atual redação do art. 16 da Lei 7.347/85 (Lei da Ação Civil Pública) dispõe que "a sentença civil fará coisa julgada *erga omnes*, nos limites da competência territorial do órgão prolator". Essa redação foi fruto de reforma, no ano de 1997, quando o Governo Federal editou a Medida Provisória 1.570/97, que, após ser reeditada por cinco vezes, foi convertida na Lei nº 9.494/9714. A partir desse momento, concretizou-se a tentativa de cindir a coisa julgada nas ações coletiva, com o claro intuito de frear a tutela coletiva e a efetividade de suas decisões. O enunciado desnatura todo o sistema de extensão subjetiva dos efeitos das decisões coletivas. É, por isso, claramente inconstitucional. Nem mesmo por Emenda à Constituição seria possível eliminar o acesso à justiça de parte do grupo por questões territoriais, consagrado como garantia fundamental no art. 5º, XXXV. Toda restrição de direito fundamental exige um argumento de direito fundamental em contrário e no caso não há.[1] A questão, portanto, poderia ser resolvida de modo breve e simples.

Em realidade, a limitação territorial da coisa julgada coletiva prevista na redação do art. 16 da Lei da Ação Civil Pública é uma das maiores impropriedades legislativas já criadas no Brasil, tendo sido criticada por absolutamente toda a doutrina especializada. É impossível restringir a coisa julgada tendo em conta os limites territoriais de atuação do juízo. Há tantas questões práticas impossíveis de serem solucionadas sob essa perspectiva – como se faria com sentenças conflitantes? E se a competência territorial mudar ao longo do processo? E se a sentença for confirmada (*rectius*, substituída) pelo tribunal, especialmente os tribunais superiores com competência territorial nacional, qual será a competência aplicável? – que ninguém imaginava que ela pudesse ter resultado prático minimamente frutífero. Apesar disso, e sem grande atenção a esses problemas práticos, a redação da disposição foi aplicada com literalidade pelo Superior

---

[1] Na doutrina, afirmando a incidência no direito brasileiro dos "limites dos limites" aos direitos fundamentais, a exemplo da proporcionalidade, da razoabilidade e da garantia do núcleo essencial, cf. SARLET, Ingo W. *Eficácia dos Direitos Fundamentais. Uma Teoria Geral dos Direitos Fundamentais na Perspectiva Constitucional*. 13ª ed. revista e atualizada. Porto Alegre: Livraria do Advogado, 2018, p. 414 e ss.

Tribunal de Justiça, que entendia pela legalidade dos limites territoriais da coisa julgada estabelecidos pela legislação infraconstitucional.

1.2. A nova jurisprudência do Superior Tribunal de Justiça: o afastamento da literalidade do texto

Após longos debates doutrinários, e em anos de idas e vindas jurisprudenciais, o Superior Tribunal de Justiça passou a reconhecer as impropriedades do art. 16 da Lei da Ação Civil Pública, primeiramente para os direitos difusos e direitos coletivos *stricto sensu* (REsp Repetitivo 1.114.035/PR, 2ª Seção, Tema 710) e, mais recentemente, para todas as espécies de direitos coletivos (difusos, coletivos em sentido estrito e individuais homogêneos), por ocasião do julgamento do EREsp nº 1.134.957/SP, Relatoria da Min. Laurita Vaz, julgado pela Corte Especial do Tribunal. O acórdão dos Embargos de Divergência atribuiu à questão dos limites territoriais da coisa julgada (art. 16 da LACP) a interpretação mais coerente com o microssistema do processo coletivo, especialmente o art. 93 do CDC (que trata da competência e extensão do dano) e art.103 do CDC (que estabelece o regime da coisa julgada no processo coletivo *erga omnes* e *ultra partes*) para entender indevido limitar, aprioristicamente, a eficácia de decisões proferidas em ações civis públicas coletivas ao território da competência do órgão judicante.

O entendimento do Superior Tribunal de Justiça no EREsp 1.134.957/SP é consentâneo com a percepção de que as decisões coletivas devem corresponder à extensão dos direitos e situações jurídicas tuteladas, na dimensão do grupo, categoria ou classe de pessoas envolvidas, não importando se direitos ou interesses difusos, coletivos ou individuais homogêneos. A ação civil pública visa à tutela integral do grupo, de modo que ao se tutelar um, todos serão igualmente tutelados, na feliz expressão de Kazuo Watanabe.[2]

Perceba-se que não há, nessa decisão, grande inovação em termos de teoria do direito, como apontaram diversos autores. A eficácia da sentença, acobertada pela coisa julgada, sempre incide sobre uma posição, situação ou relação jurídica, o que faz com que ela tenha a mesma dimensão da própria posição, situação ou relação. Se alguém é proprietário de uma

---

[2] WATANABE, Kazuo. Demandas coletivas e os problemas emergentes da práxis forense, Revista de Processo, n. 67, jul./set. 1992, p. 23.

fazenda na divisa de dois estados e está em um conflito possessório, a ordem do juiz de um estado vale sobre todo o bem, pouco importando que ele esteja parcialmente em outra localidade. Quem obtém uma condenação em um estado poderá executá-la em outro, onde quer que esteja o devedor ou seus bens. Comarcas e subseções judiciárias são subdivisões territoriais circunstanciais e mutáveis, cujo único e exclusive propósito é viabilizar o acesso à justiça do cidadão e o equilíbrio de trabalho entre os juízes. Por exemplo, em 9 de fevereiro de 2018, o Tribunal Regional Federal da 3ª Região aprovou o Provimento 33, alterando a jurisdição da Subseção Judiciária Federal de Campinas para "excluir os municípios de Amparo, Itatiba, Jarinu e Morungaba", transferindo-os para a Subseção Judiciária de Bragança Paulista. Parece óbvio que esse ato infralegal não pode ter qualquer efeito sobre a coisa julgada, cuja índole é legal e constitucional. O que o tribunal tinha em mente, ao editá-lo, era apenas equilibrar a carga de trabalho entre os juízes federais das duas subseções. Fica evidente que jurisdição não se confunde com competência territorial e que competência não tem nenhuma relação com coisa julgada.

1.3. O caminho para o STF

Apesar de tudo isso parecer razoavelmente óbvio, o entendimento do STJ sobre os limites territoriais da coisa julgada coletiva, que garantiu a harmonia do microssistema do processo coletivo, foi objeto de questionamentos, diretos e paralelos, perante o STF, para questionar a sua higidez, sob grave risco de retrocesso. O principal deles é o Recurso Extraordinário n. 1.101.937/SP, interposto para questionar o entendimento do acórdão do EREsp 1.134.957/SP sobre a limitação territorial da coisa julgada coletiva.

No Supremo Tribunal Federal, o Ministro Alexandre de Moraes proferiu duas decisões monocráticas no RE 1.101.937/SP: a primeira, já superada, entendendo que o STJ teria violado a reserva de plenário, o que não ocorreu; e a segunda no sentido de que o acórdão do STJ no EREsp 1.134.957/SP teria violado o precedente do STF no RE 612.043 – RG/PR (Tema 499) e que teria divergido do entendimento do STF na Medida Cautelar na Ação Direta de Inconstitucionalidade 1576 sobre a constitucionalidade do art. 16 da Lei 7.347/1985. O referido recurso extraordinário será julgado pelo Plenário do STF.

O presente artigo enfrenta as duas questões que estão pendentes no Supremo Tribunal Federal (RE 1.101.937/SP):

a) A aplicabilidade ou não da Tese 499 do STF ao caso concreto que deu origem ao entendimento mais recente do STJ no EREsp 1.134.957/SP;
b) A aplicabilidade da decisão em Medida Cautelar na ADI 1576 e existência ou inexistência de divergência entre a decisão do Superior Tribunal de Justiça no EREsp 1.134.957/SP e a decisão da Medida Cautelar na ADI 1576-MC;

Para examinar essas duas questões, a sequência deste artigo será dividida em quatro partes.

Na primeira parte, se fará uma breve abordagem metódica sobre as críticas doutrinárias aos limites territoriais da coisa julgada coletiva (art. 16 da Lei 7.347/85 e art. 2º-A da Lei nº 9.494/1997). A segunda parte apresentará a decisão do STJ no EREsp 1.134.957/SP, para esclarecer o caso que originou o precedente e quais foram as balizas interpretativas da Corte Especial sobre os limites territoriais da coisa julgada. Estabelecido o caso-precedente do STJ, a terceira parte questiona se há contrariedade entre o entendimento vinculante do STJ e o entendimento vinculante do STF na Tese 499, o que demandará o conhecimento da *ratio decidendi* deste último, já esclarecida pelo próprio STF. Por fim, a quarta parte analisa a decisão do STF na Medida Cautelar na ADI 1576, com o objetivo de demonstrar que não há vinculação jurídica da decisão que indeferiu a medida cautelar no que tange às alterações intentadas ao art. 16 da LACP, tampouco a formação de precedente, dada a rasa força argumentativa e não enfrentamento da questão de constitucionalidade pelo ato prolatado pela Corte.

2. As críticas doutrinárias aos limites territoriais da coisa julgada coletiva

O art. 16, Lei nº 7.347/1985, e o art. 2º-A, Lei nº 9.494/1997, visam restringir a "eficácia subjetiva da coisa julgada" em ação coletiva, impondo uma limitação territorial a essa eficácia, restrita ao âmbito da jurisdição do órgão prolator da decisão.[3]

---

[3] Fazem referência ao histórico legislativo dos dispositivos e as alterações realizadas pelas Medidas Provisórias: 1.570/97 (convertida na Lei 9.494/97), 1.798-1/99 e 2.180-35/01: RODRIGUES, Marcelo Abelha. *Ação Civil Pública e Meio Ambiente*. 3ª ed. Rio de Janeiro:

O enunciado do art. 16 da Lei da Ação Civil Pública estabelece que "A sentença civil fará coisa julgada *erga omnes* nos limites da competência territorial do órgão prolator, exceto se o pedido for julgado improcedente por deficiência de provas, hipótese em que qualquer legitimado poderá intentar outra ação com idêntico fundamento, valendo-se de nova prova". O art. 2º-A da Lei nº 9.494/1997, no mesmo sentido, traz a seguinte redação: "A sentença civil prolatada em ação de caráter coletivo, proposta por entidade associativa, na defesa dos interesses e direitos dos seus associados, abrangerá apenas os substituídos que tenham, na data da propositura da ação, domicílio no âmbito da competência territorial do órgão prolator".

Esses dispositivos que limitam territorialmente a eficácia subjetiva da decisão coletiva sempre foram alvo de fortes críticas, especialmente sob o ponto de vista da ineficácia desses textos legais *perante o modelo brasileiro de ações coletivas* (microssistema do processo coletivo).[4] Após a exposição das críticas da doutrina, será possível perceber que o entendimento que deve prevalecer é que a limitação da eficácia da decisão não deve subsistir diante das características mais elementares do processo coletivo, tais como *o tratamento molecular do litígio* e a *indivisibilidade do bem tutelado*.[5]

As críticas doutrinárias, em resumo[6], se fazem a partir de quatro argumentos, sendo que cada um deles é suficiente, em si, para demonstrar a impossibilidade de se efetuar a limitação territorial da coisa julgada coletiva à competência territorial do órgão prolator.

a) Os dispositivos são *ineficazes* porque, entre a ação civil pública e o Código de Defesa do Consumidor, vige um sistema imbricado de dispositivos (art. 21, LACP, e art. 90, CDC), de forma que a

---

Editora Forense Universitária, 2009, p. 252-256; LENZA, Pedro. *Teoria Geral da Ação Civil Pública*. São Paulo: Revista dos Tribunais, 2003, p. 261-266.

[4] DIDIER JR, Fredie; ZANETI JR., Hermes. *Curso de direito processual civil: processo coletivo*. 13ª ed. Salvador: JusPodivm, 2019, p. 497-505.

[5] .Cf. ZANETI JR., Hermes. *Mandado de segurança coletivo: aspectos processuais controversos*. Porto Alegre: Sergio Antonio Fabris, 2001; DIDIER JR, Fredie; ZANETI JR., Hermes. Curso de direito processual civil: processo coletivo. 13ª ed. Salvador: JusPodivm, 2019, p. 497-503.

[6] Para uma sistematização mais ampla acerca das críticas doutrinárias, ver: DIDIER JR, Fredie; ZANETI JR., Hermes. Curso de direito processual civil: processo coletivo. 13ª ed. Salvador: JusPodivm, 2019, p. 497-503.

incidência do art. 103 do CDC (eficácia *erga omnes* da coisa julgada coletiva) ao sistema de tutela coletiva impede a interpretação que confere limitação territorial para eficácia *erga omnes* da decisão proferida em ação civil pública, quer esteja fundada na LACP, quer no CDC.[7]

b) Os dispositivos são desproporcionais e irrazoáveis (e, logo, inconstitucionais), pois não partem de uma necessidade oposta de tutela de direitos fundamentais e impõem exigências absurdas, bem como permitem o ajuizamento simultâneo de tantas ações civis públicas quantas sejam as unidades territoriais em que se divida o respectivo órgão jurisdicional, mesmo que sejam demandas iguais, envolvendo sujeitos em igualdade de condições, com a possibilidade teórica de decisões diferentes e até conflitantes em cada uma delas.[8] Dessa forma, atentam contra os objetivos de economia processual, segurança jurídica e efetividade da tutela jurisdicional coletiva.

c) Há equívoco na técnica legislativa, que acaba por confundir competência, como critério legislativo para repartição da jurisdição, com coisa julgada e a imperatividade decorrente do comando jurisdicional, apanágio da jurisdição, que é una em todo o território

---

[7] .NERY Jr., Nelson e NERY, Rosa Maria. *Código de Processo Civil Comentado e legislação extravagante*. São Paulo: Revista dos Tribunais, 2006, p. 1.558. No mesmo sentido, MAZZILLI, Hugo Nigro. *A defesa dos interesses difusos em juízo*. 11ª ed. São Paulo: Saraiva, p. 287; SILVA, Bruno Freire e. "A ineficácia da tentativa de limitação territorial dos efeitos da coisa julgada na ação civil pública". *Processo civil coletivo*. Rodrigo Mazzei e Rita Nolasco (coord.). São Paulo: Quartier Latin, 2005, p. 334-345.

[8] .ZAGREBELSKY, Gustavo. *Il diritto mite: legge, diritti, giustizia*. Nuova edizione. Torino: Einaudi, 1992. p. 8-11. Trata-se de evidente apropriação do direito processual pelo "Príncipe/ Estado", óbvio abuso do poder de legislar excepcionalmente atribuído ao Poder Executivo e que, no Estado Democrático de Direito, deveria ter vedado o uso do poder como se fosse seu "Soberano" ou "Supremo Magistrado". Todo poder emana do povo e está limitado pela Constituição (art. 1º, parágrafo único da CF/88). Soberana é a Constituição, a Constituição atua, ela mesma, como "Supremo Magistrado" da nação. O uso do processo para garantir os interesses do poder e das classes dominantes não é novo, e mereceu forte apelido de "microssistema processual do Estado" em recente obra de doutrina. Cf. SILVA, Carlos Augusto. *O processo civil como estratégia de poder: reflexo da judicialização da política no Brasil*. Rio de Janeiro: Renovar, 2004.

nacional (art. 16, CPC).⁹ Por essa razão, aplicam-se aqui as ideias de Enrico Tullio Liebman e deve ser efetuada a distinção entre autoridade da coisa julgada e eficácia da sentença.¹⁰

d) Existe a ineficácia da própria regra de limite territorial da competência em si, vez que o legislador estabeleceu expressamente no art. 93 do CDC (lembre-se, aplicável a todo o sistema das ações coletivas) que a competência para julgamento de ilícito de âmbito regional ou nacional é do juízo da capital dos Estados ou no Distrito Federal; portanto, nos termos da própria lei, ampliou a "jurisdição do órgão prolator".¹¹

Ainda sobre este ponto, é importante observar que, mesmo limitando-se a coisa julgada, o que importa, para fins de extensão territorial, é o conteúdo do que foi estabilizado, que vai além dos limites territoriais do órgão prolator por sua própria natureza.¹² Isto explica, por exemplo, porque uma sentença coletiva que tenha determinado a extensão subjetiva *erga omnes* para todo o território nacional não possa ser modificada em sede de liquidação e execução para se aplicar os limites territoriais: os efeitos da sentença proferida em ação coletiva não estão limitados a lindes geográficos, mas aos limites objetivos e subjetivos do que foi decidido.¹³

---

⁹ MARINONI, Luiz Guilherme; ARENHART, Sérgio Cruz; MITIDIERO, Daniel. *Novo Curso de Processo Civil: Tutela dos direitos mediante procedimentos diferenciados*. São Paulo: Revista dos Tribunais, 2015, p. 450-451; MANCUSO, Rodolfo de Camargo. *Jurisdição Coletiva e Coisa Julgada: Teoria Geral das Ações Coletivas*. 3ª ed. São Paulo: Revista dos Tribunais, 2012, p. 367-376.

¹⁰ Cf. LIEBMAN, Enrico Tullio. *Eficácia e Autoridade da Sentença e outros Escritos sobre a Coisa Julgada*. Trad. Alfredo Buzaid e Benvindo Aires. Trad. textos posteriores à edição de 1945, Ada Pellegrini Grinover. 4ª ed. Rio de Janeiro: Forense, 2006, p. 287/289.

¹¹ Nesse sentido, aprofundando as críticas aqui esboçadas cf. GRINOVER, Ada Pelegrini. *A ação civil pública refém do autoritarismo. O processo: estudos e pareceres*. São Paulo: Perfil, 2005. LEONEL, *Manual do processo coletivo*. 3ª ed. São Paulo: Revista dos Tribunais, 2013.

¹² Nesse sentido, o próprio STF já entendeu que essa restrição não se aplica aos casos de órgão jurisdicionais com competência em todo território nacional (RMS 23.566-DF, rel. Min. Moreira Alves, 19.2.2002. (RMS-23566) (Informativo STF 258/RMS-23566). A Reforma do Judiciário elucidou melhor o texto constitucional anterior, restou definido no novo texto constitucional que "§ 2º O Supremo Tribunal Federal e os Tribunais Superiores têm jurisdição em todo o território nacional." (Art. 92 da CF/88, NR EC 45/04). Para o inteiro teor do voto-líder cf. transcrições no Informativo STF 262.

¹³ DIDIER JR, Fredie; ZANETI JR., Hermes. *Curso de direito processual civil: processo coletivo*. 13ª ed. Salvador: JusPodivm, 2019, p.499.

Caso admitíssemos que uma ação civil pública pudesse produzir efeitos apenas para os substituídos que tenham, na data da propositura da ação, domicílio no âmbito da competência territorial do órgão prolator, estaríamos, por tabela, defendendo:

a) que seria possível o ajuizamento de outras tantas ações civis públicas, cada uma em uma seção judiciária, de igual teor àquela que já fora ajuizada e julgada;
b) que essas outras causas poderiam chegar a resultado diverso daquele primeiramente alcançado;[14]
c) que algumas pessoas em determinado território poderiam não lograrem obter o reconhecimento judicial de um direito que outros, em igual situação, já obtiveram.

Estes argumentos deixam clara uma premissa: a lógica das demandas coletivas está exatamente na tutela molecular (única) de uma pluralidade de direitos ou situações jurídicas semelhantes.

Exigir-se o fracionamento da questão coletiva, com o evidente risco de decisões contraditórias, é, sem dúvida, violar essa lógica e o ordenamento jurídico infraconstitucional desenhado para albergá-la.

3. A decisão do STJ no ERESP n. 1.134.957/SP: adequação da controvérsia sobre os limites territoriais da coisa julgada coletiva ao microssistema da tutela coletiva para todas as espécies de direitos coletivos

O STJ, após extenso debate doutrinário e em anos de idas e vindas jurisprudenciais, encaminhou-se pela garantia da eficácia da decisão coletiva a todas as espécies de direitos coletivos (difusos, coletivos em sentido estrito e individuais homogêneos), na extensão da situação jurídica tutelada e

---

[14] Obviamente, não poderíamos imaginar que o legislador impusesse a obrigatoriedade do ajuizamento de tantas ações civis quantas sejam as unidades territoriais da Justiça Federal e, ao mesmo tempo, prestigiasse a coisa julgada porventura alcançada na primeira causa, de modo que as outras demandas tivessem de respeitá-la. Seria achincalhe à inteligência do legislador cogitar que ele desejava, com esta fragmentação, apenas que se repetisse o pedido já julgado, sem que houvesse risco de derrota. Ao permitir o fracionamento da causa coletiva nos diversos estados da federação, o legislador assume o risco de decisões contraditórias, e parece achar isso normal e aceitável.

nos limites da decisão, não importando o momento processual em que se analise a questão.[15] No acórdão do EREsp nº 1.134.957/SP, Relatoria da Min. Laurita Vaz, a Corte Especial consignou que o precedente firmado pelo Recurso Especial Repetitivo n.º 1.243.887/PR, Rel. Min. Luís Felipe Salomão – no qual se reconheceram as impropriedades do art. 16 da Lei n. 7.347/1985[16], afirmando que a eficácia da sentença não estaria restrita aos limites territoriais do órgão prolator, qualquer que seja o direito coletivo tutelado – deveria ser aplicado e seguido *também* para os direitos individuais homogêneos e em *qualquer fase do processo coletivo.*

No caso em questão, discutia-se a revisão dos contratos celebrados no âmbito do Sistema Financeiro Habitacional (SFH) – tutela de direitos individuais homogêneos (art. 81, parágrafo único, inc. III do CDC). Trata-se de uma ação civil pública por substituição processual ajuizada pelo Instituto Brasileiro de Defesa do Consumidor (IDEC), na Justiça Federal de São Paulo, em face de 16 Bancos nacionais. Foi a partir desse caso que entendeu o Superior Tribunal de Justiça pela eficácia da revisão em todo o território nacional, sem aplicação das limitações territoriais do órgão prolator como prevê a literalidade do art. 16 da Lei de Ação Civil Pública.

A partir desse entendimento, a Corte Especial do STJ restabeleceu e confirmou o importante precedente formado pelo órgão, no julgamento do REsp repetitivo nº 1.243.887/PR. A Corte deixou expressamente consignado que, para todo e qualquer momento processual e para toda e qualquer situação jurídica objeto de ações coletivas, sejam estas para a tutela de direitos difusos, coletivos em sentido estrito ou individuais

---

[15] DIDIER JR, Fredie; ZANETI JR., Hermes. *Curso de direito processual civil: processo coletivo*, p. 503.

[16] No EREsp nº 1.134.957/SP foi rechaçada a alegação dos embargados de que a situação discutida em juízo era diversa da decidida no recurso especial repetitivo nº n.º 1.243.887/PR (representativo da controvérsia): "Assim, para a solução da questão processual em comento, a alegação de que as situações fáticas dos acórdãos em cotejo não são semelhantes mostra-se desinfluente. A questão processual controvertida (limitação territorial do art. 16 da LACP) nos julgados em cotejo é a mesma, motivo pelo qual está evidente a divergência. Não tem nenhum relevo, no caso, o fato de que no ato paradigma o feito se encontrava em fase de cumprimento ou liquidação de sentença, pois o momento processual em nada influiu na fixação da tese repetitiva pela Corte Especial" (STJ, Corte Especial, EResp nº 1.134.957/SP, Min. Rel. Laurita Vaz, DJ 24.10.2016, DJe 30.11.2016, p. 20).

12. OS LIMITES TERRITORIAIS DA COISA JULGADA COLETIVA

homogêneos[17], não se pode limitar, *a priori*, a extensão territorial da eficácia e autoridade da decisão. O fez de forma clara e determinada a partir apenas dos fundamentos infraconstitucionais da questão, dando ao direito infraconstitucional a unidade que é a missão por excelência do Superior Tribunal de Justiça.[18] Alguns pontos da decisão são importantes para compreender o entendimento do STJ no EREsp nº 1.134.957/SP:

> "A antiga jurisprudência do STJ, segundo a qual 'a eficácia erga omnes circunscreve-se aos limites da jurisdição do tribunal competente para julgar o recurso ordinário' (...) em hora mais que ansiada pela sociedade e pela comunidade jurídica, deve ser revista para atender ao real e legítimo propósito das ações coletiva, que é viabilizar um comando judicial célere e uniforme – em atenção à extensão do interesse metaindividual objetivado na lide (...) O norte (...) deve ser o que dispõem os arts. 93 e 103 do CDC (...) Portanto, se o dano é de escala local, regional ou nacional, o juízo competente para proferir sentença, certamente, sob pena de ser inócuo o provimento, lançara mão de comando capaz de recompor ou indenizar os danos local, regional ou nacionalmente, levados em consideração, para tanto, os beneficiários do comando, independentemente de limitação territorial" (Recurso Especial Repetitivo n.º 1.243.887/PR, Rel. Min. Luís Felipe Salomão). E mais: "os efeitos e a eficácia da sentença não estão circunscritos a lindes geográficos, mas aos limites objetivos e subjetivos do que foi decidido, levando-se em conta, para tanto, sempre a extensão do dano e a qualidade dos interesses metaindividuais postos em juízo" (AgRg no REsp 1545352/SC – Rel. Min. Herman Benjamin). Agora nas palavras do próprio voto da Min. Laurita Vaz: "o entendimento firmado pela Corte Especial contempla todos os gêneros das ações coletivas (...) a jurisprudência desta Corte evolui para que, nos diversos feitos coletivos regulados em leis esparsas, a limitação territorial dos efeitos da coisa julgada seja considerada inapropriado".

Em síntese, o entendimento no STJ a partir do Recurso Especial Repetitivo n.º 1.243.887/PR e do EREsp nº 1.134.957/SP para afastar a

---

[17] Como já defendiam DIDIER JR, Fredie; ZANETI JR., Hermes. *Curso de direito processual civil: processo coletivo.* 13ª ed. Salvador: JusPodivm, 2019.

[18] DIDIER JR, Fredie; ZANETI JR., Hermes. *Curso de direito processual civil: processo coletivo.* 13ª ed. Salvador: JusPodivm, 2019.

limitação territorial na Ação Civil Pública do IDEC baseia-se nos seguintes argumentos:

a) O alcance da sentença proferida em ação civil pública deve levar em consideração o que dispõe o Código de Defesa do Consumidor acerca da extensão do dano e da qualidade dos interesses metaindividuais postos em juízo, especificamente os arts. 93 e 103 do CDC;
b) Diante desses dispositivos legais, os efeitos e a eficácia da sentença não estão circunscritos a lindes geográficos, mas aos limites objetivos e subjetivos do que foi decidido, levando-se em conta, para tanto, sempre a *extensão do dano* e *a qualidade dos interesses metaindividuais postos em juízo*. A questão principal, portanto, é o alcance objetivo ("o que se decidiu") e subjetivo ("em relação a quem se decidiu"). Esse é o entendimento que atinge o real e legítimo propósito das ações coletivas, que é viabilizar um comando judicial célere e uniforme – em atenção à extensão do interesse metaindividual objetivado na lide;

O que o STJ fez foi harmonizar a interpretação do art.16 da LACP com as regras de tutela coletiva previstas no Código de Defesa do Consumidor: interpretação de lei federal com base em preceitos de lei também federal, como sói acontecer quando se tem um microssistema legal. A partir disso, entendeu-se que o comando da sentença recai sobre o que se decidiu (condenação sobre dano de extensão local, regional ou nacional, art. 93 CDC) e para quem se decidiu (limites subjetivos, art.103 do CDC), independentemente de limitação territorial. Não se tornou necessária qualquer manifestação sobre a constitucionalidade ou não do art. 16 da LACP, porque o microssistema do processo coletivo constitui parâmetro interpretativo que, sozinho, resolve a controvérsia sobre os limites territoriais da coisa julgada coletiva. Em outras palavras, fica claro que a interpretação conferida ao art. 16 da LACP, no Recurso Especial Repetitivo n.º 1.243.887/PR e no EREsp nº 1.134.957/SP, foi feita a partir do microssistema do processo coletivo, em específico a partir do art. 93 do CDC (competência e extensão do dano) e art. 103 do CDC que estabelece o regime da coisa julgada no processo coletivo.

4. Ausência de questão constitucional: o tema 715 de Repercussão Geral, do Supremo Tribunal Federal

Em fevereiro de 2014, o Supremo Tribunal Federal recebeu um Agravo em Recurso Extraordinário, interposto pelo Banco do Brasil, sob o número 796.473, atribuído à relatoria do Ministro Gilmar Mendes. A repercussão geral do recurso foi analisada, recebendo o número 715 e tendo como tema "Recurso extraordinário em que se discute, à luz dos arts. 18 e 125 da Constituição Federal, se sentença proferida em ação civil pública promovida perante o Poder Judiciário de determinado ente da federação pode ser executada perante o foro de outro ente federado". Estava em jogo, portanto, a necessidade de o STF se manifestar ou não sobre o alcance do art. 16, da LACP.

No caso, relatou o próprio STF, o recorrido propôs execução individual perante a Vara Cível de Comarca do Rio Grande do Sul da sentença prolatada nos autos da ação coletiva promovida pelo IDEC, ajuizada em desfavor do Banco do Brasil na 12ª Vara Cível da Circunscrição Judiciária do Distrito Federal. O Banco recorrente, por sua vez, interpôs exceção de pré-executividade alegando a impossibilidade de execução da sentença fora dos limites da competência territorial do órgão prolator da sentença, "conforme regra disposta no artigo 16 da Lei n. 7.347/85". A esse contexto, fático, respondeu o Ministro relator, Gilmar Mendes, acompanhado de todos demais ministros votantes:

> "Verifico que a controvérsia em exame discute questão atinente à limitação territorial da eficácia da decisão proferida em ação coletiva, questão que se restringe ao âmbito infraconstitucional (Lei de Ação Civil Pública e Código de Processo Civil).
>
> A jurisprudência desta Corte firmou-se no sentido de que configura ofensa reflexa ao texto constitucional mera alegação de ofensa a dispositivos constitucionais, quando a controvérsia cingir-se à interpretação ou aplicação de normas infraconstitucionais, o que inviabiliza o prosseguimento do recurso extraordinário. Nesse sentido, cito os precedentes: ARE 768.851 e ARE 778.121, ambos de Relatoria do Min. Roberto Barroso; ARE 777.885 e ARE 778.464, de Relatoria da Min. Cármen Lúcia, DJe 29.11.2013; ARE 789.485, de minha relatoria, DJe 7.3.2014; e o RE-AgR 468.140, Rel. Min. Ricardo Lewandowski, DJe 26.9.2013".

O Ministro Gilmar prosseguiu, citando trecho do RE-AgR 468.140, Rel. Min. Ricardo Lewandowski, DJe 26.9.2013, no qual o ministro relator asseverou, de modo expresso, que "A questão atinente à limitação territorial da eficácia da decisão proferida em ação coletiva proposta por entidade associativa restringe-se ao âmbito infraconstitucional (Leis 7.347/1985, 8.078/1990 e 9.494/1997), não guardando relação com o art. 5º, XXI, da Constituição"

Além disso, o Ministro Gilmar Mendes recorda que ele próprio já havia relatado, em 2012, o AI-RG 689.765, DJe 13.9.2012, no qual, mais uma vez, o Tribunal reputara infraconstitucional a discussão sobre os limites territoriais da coisa julgada, nos termos do art. 16 da LACP. Nesse caso, uma correntista recorria contra a Caixa Econômica Federal e o STF asseverou que:

> "a jurisprudência desta Corte é firme no sentido de que a mera alegação de violação aos limites objetivos dos primados constitucionais do devido processo legal, da ampla defesa, da coisa julgada, do ato jurídico perfeito e do direito adquirido é insuficiente para viabilizar o processamento de recurso extraordinário quando a norma constitucional for atingida apenas de forma reflexa, na medida em que a controvérsia cingir- se à interpretação ou aplicação de normas infraconstitucionais".

Essas decisões não passaram despercebidas pelos próprios Ministros. Fazendo referência ao Tema 715, o STF proferiu outros 4 acórdãos, o mais recente em 13 de março de 2020[19]. Além disso, foram 110 decisões monocráticas, a mais atual, em 7 de maio de 2020 (apenas 8 dias antes do momento em que estas linhas eram escritas), da lavra do Ministro Luiz Fux[20] e 33 decisões da Presidência, a mais recente em 4 de outubro de

---

[19] EMENTA: AGRAVO REGIMENTAL NO RECURSO EXTRAORDINÁRIO COM AGRAVO. PROCESSUAL CIVIL. AÇÃO CIVIL PÚBLICA. FORNECIMENTO DE MEDICAMENTOS. EFICÁCIA DA DECISÃO: SÚMULA N. 279 DO SUPREMO TRIBUNAL FEDERAL E OFENSA CONSTITUCIONAL DIRETA. TEMA 715 DA REPERCUSSÃO GERAL. AGRAVO REGIMENTAL AO QUAL SE NEGA PROVIMENTO. (ARE 1244525 AgR, Relator(a): Min. CÁRMEN LÚCIA, Segunda Turma, julgado em 13/03/2020, PROCESSO ELETRÔNICO DJe-065 DIVULG 19-03-2020 PUBLIC 20-03-2020)

[20] ARE 857623, Relator(a): Min. LUIZ FUX, julgado em 07/05/2020.

2018, determinando a aplicação do regime do art. 1.030 do CPC, exatamente em recurso interposto pelo Banco do Brasil.

Isso significa que está além de qualquer dúvida que o Supremo Tribunal Federal entende que a questão dos limites territoriais da coisa julgada coletiva não é de índole constitucional. Há centenas de precedentes do STF nesse sentido.

5. O milagre da ressurreição de uma tese: o Tema 1.075 de Repercussão Geral

De tudo o que foi estabelecido anteriormente, não há como não se estranhar o reconhecimento de repercussão geral, pelo STF, no tema 1.075, que não apenas reputou constitucional a questão relativa aos limites territoriais da coisa julgada coletiva, como também determinou a suspensão, em todo o país, de todos os processos, em qualquer grau de jurisdição, "nos quais esteja pendente de deliberação a aplicação do art. 16 da Lei 7.347/1985".

São muitas as estranhezas e desconfortos provocados pela decisão. A primeira delas está no fato de que são recorrentes, nesses autos, todos os maiores bancos do país: Banco do Brasil, Caixa Econômica Federal, Itaú, Bradesco e Santander. O recorrido é o IDEC, associação de defesa do consumidor. Não há *amici curiae* habilitados. Os pedidos de habilitação de *amici curie* de diversas instituições, já reconhecidas em outras demandas no STJ e no STF, como representativas na tutela coletiva, instituições de caráter nacional, foram negados ao argumento de que o IDEC já representava todos os interesses, "com vistas a evitar a repetitividade em série de órgãos portadores de idênticos interesses e conhecimentos acerca do tema em voga".[21]

---

[21] Foram solicitadas as habilitações de na qualidade de *amici curiae* pelo Instituto Defesa Coletiva, pela Associação Nacional do Ministério Público do Consumidor (MPCom), pela Confederação dos Trabalhadores no Serviço Público Federal – CONDSEF, pela Federação Nacional dos Trabalhadores no Serviço Público Federal – FENADSEF e pelo Sindicato Nacional dos Servidores Federais da Educação Básica, Profissional e Tecnológica – SINASEFE nacional (decisão no RE 1.101.937/SP). Também foi solicitada a intervenção pelo Conselho Nacional de Procuradores-Gerais do Ministério Público dos Estados e da União (CNPG), associação que congrega todos os procuradores-gerais dos Ministérios Públicos do país, o que denota a relevância com que o Ministério Público vem encarando essa controvérsia.

Além da desconfortável circunstância de tratar-se de cinco Golias contra um único Davi, essas partes coincidem com aquelas que já litigaram, por diversas vezes, a mesma questão perante o STF. Curiosamente, nos autos do AI-RG 689.765 era a própria Caixa Econômica Federal quem argumentava, com sucesso, que o debate sobre coisa julgada coletiva deveria ser resolvido no âmbito infraconstitucional. Ao que parece, há aí um certo *venire contra factum proprium*: enquanto venciam no STJ, os bancos litigavam para que o STF não se imiscuísse no problema, sustentando o caráter infraconstitucional da controvérsia relativa à coisa julgada. Depois da virada da maré naquele tribunal, eles se voltaram para o argumento contrário.

A segunda estranheza tem a ver com o fato de que o Tema 715 de Repercussão Geral sequer é mencionado no voto do Ministro Alexandre de Moraes. Seria de se esperar, ainda que fosse o caso de se buscar uma superação ou distinção quanto a esse precedente, de natureza vinculante, que houvesse debate. Contudo, não houve. A decisão passa ao largo de um precedente que, inclusive depois dela própria, continua sendo normalmente aplicado pelo STF. Aliás, cabe ressaltar que o próprio Ministro Alexandre de Moraes, relator do tema 1.075, proferiu decisão monocrática nos autos do ARE 1240808, julgado em 26/11/2019, aplicando o tema 715 a recurso do Banco do Brasil, para afirmar que "o SUPREMO TRIBUNAL FEDERAL, nos autos do RE 796.473 (Rel. Min. GILMAR MENDES, Tema 715), afastou a repercussão geral da matéria relativa aos limites territoriais da eficácia de decisão prolatada em ação coletiva". Assim, não há como não se estranhar a falta de debate sobre esse ponto, em seu voto, por ocasião do Tema 1.075.

A estranheza provocada por essa omissão torna-se mais pronunciada quando o relator fundamenta a relevância constitucional do Tema 1.075 na decisão do RE 612043 RG, Rel. Min. MARCO AURÉLIO, julgado em 17/11/2011, o Tema 499, que será retomado abaixo. Ocorre que o tema, nesse caso, foi definido como "Possui repercussão geral a controvérsia acerca do momento oportuno de exigir-se a comprovação de filiação do substituído processual, para fins de execução de sentença proferida em ação coletiva ajuizada por associação – se em data anterior ou até a formalização do processo". Parece claro, portanto, tratar-se de questões dissociadas. Enquanto o art. 16 da LACP cuida de todos os tipos de ações coletivas, ajuizadas por quem quer que seja o autor, o tema 499 analisava a repercussão constitucional da filiação ou não de alguém a uma associação autora da ação coletiva. Logo, afirmar que a repercussão constitucional da questão versada no Tema 1.075 se relaciona ao Tema 499 parece pouco apropriado. Tecnicamente, são duas ações distintas. No Tema 1.075 a ação é por substituição processual, ação civil pública, em benefício de todos, sem necessidade de autorização dos beneficiários; no Tema 499 a ação é por representação, art. 5º, XXI, CF/1988, e somente se procede com autorização dos associados.

Finalmente, a decisão de suspensão nacional, inclusive após embargos de declaração, carece de motivação. Não é debatida, em seus brevíssimos parágrafos, qual seria a urgência que demandaria a paralização de todas essas demandas, inclusive aquelas que sequer foram sentenciadas. É sabido que ações coletivas exigem, não raro, extensa dilação probatória, motivo pelo qual sua suspensão precoce somente deveria ser determinada em casos excepcionais. Seria de se supor, nesse caso, um debate apropriado sobre a necessidade dessa drástica medida, o qual, lamentavelmente, não ocorreu. Mais do que isso, a suspensão extrapola os limites do caso que está afetado. O caso trata de uma ação ainda não transitada em julgado e, nos embargos de declaração, o Min. Relator estendeu os efeitos da decisão. Nos embargos de declaração no Tema 1.075, foi determinada a suspensão de todas as ações coletivas no país, em qualquer grau de jurisdição, na fase em que estivessem (conhecimento, cumprimento de sentença, ou execução), independentemente do direito material em discussão, bastando que pretendam a atribuição de efeitos nacionais. Não pode o STF afetar um caso que trata dos limites territoriais no processo de conhecimento, portanto, antes da decisão, e expandir para todas as demais hipóteses, inclusive em ofensa a coisa julgada, suspendendo a liquidação e execução em curso de processos findos. Há uma clara violação da lógica dos precedentes, ao imperativo de surgirem das circunstâncias fáticas do caso (art. 926, § 2º, CPC).

Cumpre observar, em todo esse contexto, que a uniformização horizontal é o âmago de um sistema de precedentes, de modo que o Supremo Tribunal Federal deve obediência a suas próprias decisões. Todo e qualquer sistema de precedentes só não se converte em uma ferramenta de abuso judicial se, junto com a autoridade de vincular todos os demais julgadores, também incide sobre o juiz o dever de vincular-se a si mesmo, para o futuro. Nas palavras de Antonin Scalia[22], juiz da Suprema Corte dos Estados Unidos, falecido em 2016:

> "Pois quando, escrevendo pela maioria da Corte, eu firmo uma norma geral e fixo 'essa é a base da nossa decisão', eu não apenas vinculo os tribunais inferiores, mas eu vinculo também a mim mesmo. Se o próximo caso tiver fatos em relação aos quais as minhas preferências políticas ou ideológicas indicariam uma conclusão oposta, eu serei incapaz de atender a essas preferências: eu me comprometi com a norma que rege o caso. (...) Criando normas, nós nos comprometemos".

Seria lamentável, portanto, que o Supremo Tribunal Federal, no julgamento do Tema 1.075, desse azo à crítica, já referida pela doutrina, de que o Brasil vem criando um sistema de precedentes unilateral. Unilateral no sentido de que os tribunais se valem dos precedentes para aumentar a sua própria autoridade, mas não hesitam em descartá-los no momento em que a sua aplicação torna-se inconveniente com as preferências que os julgadores gostariam de ter, no caso futuro.

6. Não aplicabilidade do Tema 499 do Supremo Tribunal Feral ao EREsp n. 1.134.957/SP: confrontando os limites materiais dos dois precedentes

Como afirmado no início deste artigo, uma das questões atualmente pendentes no Supremo Tribunal Federal (RE 1.101.937/SP – Tema 1.075) relaciona-se ao argumento de que o acórdão da Corte Especial do Superior Tribunal de Justiça em Embargos de Divergência no Recurso Especial n. 1.134.957/SP teria violado a Tese de Repercussão Geral 499 do Supremo Tribunal Federal.

Na medida em que o entendimento do Superior Tribunal de Justiça na Corte Especial e o Tema 499 de Repercussão Geral do Supremo Tribunal Federal são vinculantes, na forma do art. 927, inciso V do CPC, a controvérsia está diretamente relacionada ao conhecimento do modelo brasileiro de precedentes normativos vinculantes e, em especial, à teoria dos precedentes.

---

[22] SCALIA, Antonin. The Rule of Law as a Law of Rules. The University of Chicago Law Review, vol. 56, 1989, p. 1175 e ss.

A partir do núcleo dogmático composto pelos arts. 489, §1º, V e VI, 926 e 927, consagrou-se um modelo que conjuga aspectos formais e materiais do precedente.²³ No art. 489, §1º, V, o Código de Processo Civil assimila a *ratio decidendi* no conceito de fundamentos determinantes. Entender o precedente sob o ponto de vista de seu aspecto material é importante para conhecer o que vincula e o que não vincula na decisão que formou o precedente, bem como os exatos fatores materiais de vinculação. O conceito de *ratio decidendi* deve ser levado a sério, porque a *ratio decidendi* desencadeia o *stare decisis*. Antes de um tribunal decidir se seguirá um precedente, é preciso saber o que o precedente estabelece.²⁴

Nesse sentido, para tratar da aplicabilidade do Tema 499 do STF ao acórdão do STJ nos Embargos de Divergência, é preciso entender, primeiramente, os exatos limites materiais, isto é, a *ratio decidendi* do Recurso Extraordinário 612.043, que gerou o precedente da Tese 499, suscitada no STF e, posteriormente, questionar-se se o caso-precedente julgado pelo STJ, no EREsp n. 1.134.957/SP amolda-se a essa delimitação material ou se distingue-se dela, caso em que não há que se falar em aplicação do precedente (*distinguishing*).

6.1. Esclarecendo a *ratio decidendi* do Tema 499 do STF: controvérsia afetada para julgamento e tese fixada – ação por representação processual vs. ação por substituição processual

O Tema 499 do STF foi afetado com Repercussão Geral, a partir do Recurso Extraordinário n. 612.043, para discutir "*à luz dos artigos 1º; 5º, XXI; e 109, § 2º, da Constituição Federal, a abrangência dos efeitos da coisa julgada em execução de sentença proferida em ação ordinária de caráter coletivo ajuizada por entidade associativa de caráter civil relativamente aos substituídos, para definir se abrangeria somente os filiados à data da propositura da ação ou também os que, no decorrer, alcançaram essa qualidade.*"

---

²³ ZANETI JR, Hermes. *O valor vinculante dos precedentes: teoria dos precedentes normativos formalmente vinculantes*. 2ª ed. Salvador: Juspodivm, 2016, p.346; ZANETI JR, Hermes. Comentários aos arts. 926 a 946 do CPC. In: CABRAL, Antônio do Passo; CRAMER, Ronaldo (coord.). *Comentários ao novo Código de Processo Civil*. 2a ed. revista, atualizada e ampliada. Rio de Janeiro: Forense, 2016.

²⁴ DUXBURY, Neil, *The nature and authority of precedent*. Cambridge: Cambridge University Press, 2008, p.89-90.

O Tema nº 499 foi julgado pelo STF, que fixou a seguinte tese: *"A eficácia subjetiva da coisa julgada formada a partir de ação coletiva, de rito ordinário, ajuizada por associação civil na defesa de interesses dos associados, somente alcança os filiados, residentes no âmbito da jurisdição do órgão julgador, que o fossem em momento anterior ou até a data da propositura da demanda, constantes de relação juntada à inicial do processo de conhecimento"*.

Diante da decisão do STF em repercussão geral, faz-se necessária a identificação da *ratio decidendi*. Uma das técnicas do *common law* adequadas para identificação da *ratio decidendi* é a desenvolvida por Goodhart[25]: a etapa essencial na determinação da *ratio decidendi* de um caso é a averiguação dos fatos materiais (*material fatcs*) sobre os quais o juiz baseou a sua conclusão (fatos considerados pelo juiz como materiais + a solução jurídica baseada nesses fatos). A partir dessa técnica, todos os fatos especificamente declarados como materiais pelo juiz devem ser considerando materiais.

Os fatos materiais que determinam a *ratio decidendi* formada a partir do RE 612.043 – como se observa da controvérsia afetada para julgamento, retirada do próprio site do STF – refere-se especificamente ao *caso previsto no art. 5º, XXI, CF/1988* – ação coletiva por representação (a que o acórdão do STF denominou de "ação coletiva de rito ordinário"). Portanto, os fatos declarados como materiais pelo STF neste precedente limitam-se às ações por representação processual.

Sobre o tema, é relevante considerar que a ação por representação, prevista no art. 5º, XXI, CF/1988, refere-se à situação em que se busca a tutela direito alheio, em nome alheio. Nesse caso, somente os representados que deram autorização para ação estão acobertados pela coisa julgada que, nesse caso, será *pro et contra*. Não se trata de ação coletiva *opt out*, como a ação civil pública, mas de "ação coletiva, de rito ordinário" (expressão cunhada pelo STF) por representação, pois serve à tutela dos associados que autorizaram o ajuizamento, portanto, *processo coletivo opt in*.[26]

Por outro lado, não há que se confundir a ação por representação com a ação por substituição processual (art. 129, III e § 1º, da CF/1988 e art. 5º, da LACP), que é uma ação em nome próprio para defesa de direito

---

[25] GOODHART, Arthur L. Determining the ratio decidendi of a case. *Yale Law Journal*, vol. 40, n. 2, pp. 161/183, Dec/1930, p. 169.

[26] DIDIER JR, Fredie; ZANETI JR., Hermes. *Curso de direito processual civil: processo coletivo*. 13ª ed. Salvador: JusPodivm, 2019, p. 247.

alheio, como a ação civil pública. São técnicas processuais distintas, com efeitos igualmente distintos. A Constituição não estava tratando dessa ação quando aludiu às associações, no art. 5º, XXI.

Nesse sentido, a tese do STF no Tema 499 no sentido de que "*A eficácia subjetiva da coisa julgada formada a partir de ação coletiva, de rito ordinário, ajuizada por associação civil na defesa de interesses dos associados, somente alcança os filiados, residentes no âmbito da jurisdição do órgão julgador, que o fossem em momento anterior ou até a data da propositura da demanda, constantes de relação juntada à inicial do processo de conhecimento*" aplica-se somente aos casos de representação processual (tutela de direito alheio em nome alheio, a que o STF denomina de ações coletivas de rito ordinário) nos termos do art. 5º, XXI, CF/1988.

Embora a leitura do inteiro teor desse precedente deixasse isso bastante claro, a forma como a tese foi redigida gerou controvérsias no STJ. Foi por isso que, no julgamento dos embargos de declaração relativos ao próprio Tema 499, o STF elucidou, nas palavras do Relator, Ministro Marco Aurélio, que "cumpre prestar esclarecimento quanto ao alcance da tese, a qual se mostra restrita às ações coletivas de rito ordinário. O que articulado no tocante às ações civis públicas foi enfrentado quando do julgamento do extraordinário. Salientei a distinção no voto". Em virtude desse pronunciamento, o Superior Tribunal de Justiça acolheu, com efeitos infringentes, embargos de declaração apresentados contra a decisão do REsp 1405697/MG, para esclarecer a inaplicabilidade do tema 499 às ações civis públicas, selando essa controvérsia, ao que parecia, de uma vez por todas[27].

---

[27] EMBARGOS DE DECLARAÇÃO NO RECURSO ESPECIAL. ADOÇÃO DE PREMISSA INSUBSISTENTE NO ACÓRDÃO EMBARGADO. RECONHECIMENTO. INAPLICABILIDADE DA TESE FIRMADA PELO STF NO RE N. 573.232/SC À HIPÓTESE. VERIFICAÇÃO. REJULGAMENTO DO RECURSO. NECESSIDADE. AÇÃO COLETIVA. ASSOCIAÇÃO. LEGITIMIDADE ATIVA. EXPRESSA AUTORIZAÇÃO ASSEMBLEAR. PRESCINDIBILIDADE. SUCESSÃO PROCESSUAL NO POLO ATIVO. ADMISSÃO. PRECEDENTES DESTA CORTE. EMBARGOS DE DECLARAÇÃO ACOLHIDOS COM EFEITOS INFRINGENTES PARA JULGAR IMPROVIDO O RECURSO ESPECIAL DA PARTE ADVERSA.
1. Constatada a inaplicabilidade do entendimento adotado pelo STF à hipótese dos autos, tal como posteriormente esclarecido pela própria Excelsa Corte, é de se reconhecer, pois, a insubsistência da premissa levada a efeito pelo acórdão embargado, assim como a fundamentação ali deduzida, a ensejar, uma vez superado o erro de premissa, o rejulgamento do recurso.

Esse mesmo entendimento foi reiterado pelo STJ, em outras ocasiões.[28]

Em conclusão, o Tema 499, do STF e a decisão do STJ no EREsp 1.134.957/SP, que foi recorrida nos autos do Recurso Extraordinário n. 1.101.937/SP (Tema 1.075) convivem em espaços distintos. Enquanto Tema 499 trata de situação em que associação buscava, em nome alheio, tutela de direito alheio, o Tema 1.075 se refere a ação relacionada a direitos individuais homogêneos, à qual o próprio STF já esclareceu não ser aplicável à tese firmada anteriormente. Logo, o Tema 499 não serve de precedente nem para o reconhecimento da repercussão geral, nem para o julgamento do mérito do Tema 1.075.

7. Inexistência de contrariedade entre o acórdão do STJ no EREsp nº 1.134.957/SP e Medida Cautelar na ADI 1576
7.1. Interpretação infraconstitucional da Corte Especial do STJ

Por fim, em relação à controvérsia sobre eventual contrariedade entre o acórdão do STJ no EREsp nº 1.134.957/SP e a Medida Cautelar na ADI 1576, é necessário considerar o que exatamente decidiu o STJ e qual o alcance da decisão da Medida Cautelar na ADI 1576.

---

2. Não se aplica ao caso vertente o entendimento sedimentado pelo STF no RE n. 573.232/SC e no RE n. 612.043/PR, pois a tese firmada nos referidos precedentes vinculantes não se aplica às ações coletivas de consumo ou quaisquer outras demandas que versem sobre direitos individuais homogêneos. Ademais, a Suprema Corte acolheu os embargos de declaração no RE n. 612.043/PR para esclarecer que o entendimento nele firmado alcança tão somente as ações coletivas submetidas ao rito ordinário.

3. O microssistema de defesa dos interesses coletivos privilegia o aproveitamento do processo coletivo, possibilitando a sucessão da parte autora pelo Ministério Público ou por algum outro colegitimado, mormente em decorrência da importância dos interesses envolvidos em demandas coletivas.

4. Embargos de declaração acolhidos, com efeitos infringentes, para julgar improvido o recurso especial interposto pela parte adversa.
(EDcl no REsp 1405697/MG, Rel. Ministro MARCO AURÉLIO BELLIZZE, TERCEIRA TURMA, julgado em 10/09/2019, DJe 17/09/2019)

[28] .REsp 1649087/RS, Rel. Ministra Nancy Andrighi, Terceira Turma, julgado em 02/10/2018, DJe 04/10/2018. Destacam-se os demais julgados do STJ que passaram a aplicar adequadamente o Tema 499: (REsp 1649087/RS, Rel. Min. Nancy Andrighi, Terceira Turma, DJe 04/10/2018); (REsp 1554821/RS, Rel. Min. Nancy Andrighi, Terceira Turma, DJe 04/10/2018); (AgInt no AREsp 1304797/RJ, Rel. Min. Mauro Campbell Marques, Segunda Turma, DJe 26/09/2018).

A decisão do STJ no acórdão do EREsp nº 1.134.957/SP conferiu interpretação infraconstitucional ao art.16 da LACP. Não há, nos termos da decisão, menção qualquer acerca da inconstitucionalidade do art.16. Isso porque, conforme já analisado, a tese adotada pelo STJ, no acórdão impugnado, apenas conferiu à questão dos limites territoriais da coisa julgada 93 e 103 do CDC.

Logo, se a decisão do STJ não se refere em nenhum momento à inconstitucionalidade do dispositivo, não há que se falar em contrariedade ao que foi decidido pelo STF na Medida Cautelar na ADI 1576-1 sobre o art.16 da LACP.

7.2. A Medida Cautelar na ADI 1576 – Ausência de vinculação da decisão que indefere a medida cautelar em ação direta de inconstitucionalidade e perda do objeto da ação principal

A ADI-MC 1576 tratava da alegação de eventuais inconstitucionalidades na MP 1570/1997, que estabelecia uma série de alterações no ordenamento jurídico. Nessa ADI, foi requerida a concessão de medida cautelar com o fito de que o Supremo Tribunal Federal, no exercício de poder geral de cautela, suspendesse na íntegra "a eficácia da Medida Provisória", de modo a abarcar a integralidade de seus quatro artigos originais.

Ocorre que a medida cautelar requerida na ADI-MC 1576 foi parcialmente deferida para conceder efeito suspensivo unicamente ao art. 2º da MP 1570/1997, que em nada se relaciona à controvérsia relacionada à LACP[29]. Com relação ao tema aqui discutido, a decisão negou a liminar para suspender o art. 16 da LACP, o que não enseja a efeito vinculante no sistema jurídico.

Especificamente sobre o tema, Alexandre de Moraes afirma que o entendimento do Supremo Tribunal Federal é de que os efeitos vinculantes são atribuídos somente a concessão (positiva) da medida liminar, ao seu deferimento, jamais a sua negativa. Refere-se ainda aos julgamentos do

---

[29] Art. 2º O art. 1º da Lei nº 8.437, de 30 de junho de 1992, passa a vigorar acrescido do seguinte parágrafo: "§ 4º Sempre que houver possibilidade de a pessoa jurídica de direito público requerida vir a sofrer dano, em virtude da concessão da liminar, ou de qualquer medida de caráter antecipatório, o juiz ou o relator determinará a prestação de garantia real ou fidejussória.

STF no RE nº 316.857-6/RN e na Reclamação nº 2.810.[30] Entendimento semelhante pode ser verificado na posição adotada por Teori Zavascki, que afirma que "deferida a liminar, a ninguém será legítimo invocar em seu favor , nem aos tribunais aplicar, o preceito normativo cuja vigência tiver sido por ela sustada (...)"[31].

O fato é que o artigo 11, §1º, da Lei nº 9.868/1999, que prevê a vinculação e eficácia *erga omnes* da medida cautelar assim o faz do ponto de vista lógico: só se pode vincular algo/alguém àquilo que efetivamente exista. A medida cautelar somente existe se deferida. Isto porque não se trata de vinculação à *decisão* que carrega o deferimento ou o indeferimento da medida, mas a medida em si considerada, enquanto norma concreta (judicial) contida no dispositivo da decisão (portanto, concernente ao discurso do caso), que irá suspender a eficácia de uma outra norma (legislativa/executiva), em caso de Ação Direta de Inconstitucionalidade, ou manter sua eficácia, em caso de Ação Declaratória de Constitucionalidade.

Por esta mesma razão, o indeferimento da medida provisória não obsta que tribunais inferiores, ainda que na pendência de controle concentrado de constitucionalidade, realizem controle difuso (artigo 948, CPC/15)[32], visto não haver, entre os dois mecanismos, predileção ou hierarquia, em um ambiente jurídico que corretamente aplique um modelo de precedentes. O mesmo não se pode dizer para os casos em que há o deferimento da medida cautelar, cuja eficácia vinculante e efeito *erga omnes* proíbem a prolação de decisões conflitantes com aquela proferida, ainda que provisoriamente, pelo Supremo Tribunal Federal, de modo a tornar incabível ou prejudicado o incidente de inconstitucionalidade, ou, ainda, conforme prevê o art. 21 da Lei 9.868/1999, a possibilidade de suspensão do julgamento dos processos que envolvam a aplicação da norma objeto da ação até seu julgamento definitivo (art. 313, V, *a*, CPC/15).

Em segundo lugar, concorre para a ausência de vinculação da decisão que apreciou o requerimento cautelar o fato de que a ADI-MC 1576 perdeu seu objeto, não tendo ocorrido o julgamento final, ficando a questão

---

[30] MORAES, Alexandre. *Direito Constitucional*. 32 ª ed. São Paulo: Atlas/GEN, 2016. p. 783.

[31] ZAVASCKI, Teori Albino. Eficácia das sentenças na jurisdição constitucional. 4ª ed. São Paulo: Editora Revista dos Tribunais, 2017. p. 84

[32] STF, Rcl 2063 (QO), Pleno, Min. Ellen Gracie, *DJ 05.09.2003*.

decidida apenas no âmbito provisório, característico das tutelas de urgência – tendo sido a decisão revogada pelo encerramento do processo.

No ponto, convém destacar dois aspectos: primeiro, é marcante das medidas provisórias o grau reduzido de estabilidade no sistema jurídico, de sorte que poderá deixar de ter validade a qualquer tempo, não somente pelo advento do encerramento do processo mediante decisão que aprecia em definitivo o mérito, como por qualquer outra causa que ponha fim à contenda. É por isso, aliás, que o CPC prevê, no art. 304, um procedimento específico para viabilizar a estabilização da tutela provisória. Fora dessa hipótese, a tutela vive apenas durante o curso do processo.

Em segundo lugar, a extinção do processo por perda do objeto significa extinção sem julgamento de mérito. Cogitar que, mesmo nessa hipótese, a medida cautelar continuaria formando um precedente significa afirmar, de maneira ilógica, que uma decisão do Tribunal que sequer analisou o mérito da controvérsia poderá vincular o pensamento do próprio tribunal em análises futuras. Não há norma referente à "justiça do caso", prolatada pelo Supremo Tribunal Federal, a qual pudesse se vincular o Superior Tribunal de Justiça, nem o próprio STF, em termos de uniformização horizontal.

Logo, a decisão do Superior Tribunal de Justiça no julgamento EResp 1.134.957/SP atuou com observância a adequada sistematização processual, no tocante à jurisdição constitucional.

7.3. A Medida Cautelar na ADI 1576 – Não formação de precedente (ou *Obiter Dictum* sobre a constitucionalidade do art. 16 da Lei da Ação Civil Pública)

Inicialmente, cumpre realçar premissa basilar componente do presente trabalho: a norma se distingue do texto e é resultado da interpretação[33]. Um adequado modelo de precedentes normativos encontra-se ancorado em bases interpretativas consistentes, visto que é marca deste modelo a necessidade de conferir, por meio de um reforçado ônus argumentativo, racionalidade ao sistema[34]. A afirmação ganha relevância não só para apreensão da nova perspectiva de interação do sistema jurídico-processual,

---

[33] TARELLO, Giovanni. *L'Interpretatizione della Legge*. Milano: Giuffré, 1980. p. 61.
[34] ZANETI JR, Hermes. *O valor vinculante dos precedentes: teoria dos precedentes normativos formalmente vinculantes*. Salvador: Juspodivm, 2016. p. 291.

mas, sobretudo, para que sejam traçadas balizas que permitam que o Código responda à necessidade de que não somente leis carecem de interpretação, mas, sobretudo, as decisões e os precedentes delas oriundos, quando for o caso.

Por esta mesma razão, já se teve a oportunidade de afirmar que "o controle da função de enriquecer a oferta jurídica de normas e do discurso do precedente exige a fundamentação analítica adequada (art. 489, §1º, V e VI, CPC/2015)"[35]. No ponto, torna-se imprescindível assinalar comum equívoco metodológico quando se conjuga jurisdição constitucional, em especial, controle concentrado de constitucionalidade e precedentes: operados em domínios distintos e próprios de linguagem, não há correspondência automática entre a formação de precedente e a prolação de decisão judicial em sede de controle[36] (ou qualquer outra, diga-se). Isto é, a decisão em controle de constitucionalidade concentrado não é o precedente. O precedente poderá ser formado a partir da decisão e, então, valerá para casos futuros. A decisão, em si, se identifica com a justiça do caso e, por óbvio, é válida apenas para ele próprio.

Assim, extrair um precedente da decisão da ADI/MC 1.576 significa analisar a fundamentação dos votos e não apenas o resultado do julgamento. É daí que se pode definir os exatos fatores materiais de vinculação. Quando se parte dessa análise, fica claro que não ocorreu fixação de precedente sobre a constitucionalidade do artigo 16 da LACP. Isso porque, do ponto de vista formal, conforme já mencionado, ao ser marcada por um juízo não exauriente de cognição, a decisão de medida cautelar não contempla aprofundamento argumentativo na apreciação das alterações

---

[35] ZANETI JR, Hermes. *O valor vinculante dos precedentes: teoria dos precedentes normativos formalmente vinculantes*. Salvador: Juspodivm, 2016. p. 362.

[36] No que ensina Daniel Mitidiero, "*Em primeiro lugar, o artigo 927, I, não prevê propriamente hipótese de precedente. Trata-se de controle de constitucionalidade. O dispositivo confunde eficácia erga omnes com efeito vinculante do precedente. Daí que não são propriamente 'as decisões do Supremo Tribunal Federal em controle concentrado de constitucionalidade' que valem como precedentes. (...) O que pode, no entanto, gerar precedentes são as razões determinantes constantes da decisão em controle abstrato de constitucionalidade – tanto quanto podem gerar, aliás, as razões determinantes constantes da fundamentação da decisão em controle difuso de constitucionalidade. O art. 927, I, do CPC, confunde o plano da aplicação – que é o plano em que se situa o controle de constitucionalidade – com o plano da interpretação – que é o plano em que se situa a formação do precedente judicial*". Precedentes, da persuasão à vinculação. 2ª ed. São Paulo: Revista dos Tribunais, 2017. p. 92/93.

de redação promovidas no dispositivo. Em segundo lugar, as breves considerações tecidas à constitucionalidade na decisão provisória têm efeito de *obiter dictum,* pois constituem abordagem periférica, irrelevante, se analisada sob a perspectiva do que é necessário ao alcance da decisão[37], ou aquilo que não é essencial à decisão. Portanto, não vinculam o STF e, via oblíqua, os demais órgãos da composição jurisdicional do sistema. Não integrariam a *ratio decidendi,* caso ela pudesse ser formada, pois não integram o *core* da decisão. Precedentes vinculam em razão de sua normatividade, oriunda do esforço argumentativo empregado no domínio da linguagem, com objetivo de enfrentar questão posta ao conhecimento jurisdicional.

Portanto, é equivocada a afirmação do Ministro relator, na decisão que reconheceu a repercussão geral da questão constitucional no RE 1.101.937/SP (Tema 1.075), no sentido de que "no que pertine à limitação territorial a que alude o artigo 16 da Lei 7.347/1985, esta SUPREMA CORTE, no julgamento da ADI 1576 – MC, confirmou a constitucionalidade do dispositivo". O Supremo Tribunal Federal não confirmou a constitucionalidade da norma, porque sobre ela se debruçou apenas em sede provisória e, mesmo nesta, apenas para negar a liminar.

A decisão que indefere a medida cautelar não traz, do ponto de vista argumentativo, o debate quanto à constitucionalidade da norma, que é unicamente tangenciado, de maneira superficial, nos votos proferidos pelos ministros que julgaram o requerimento da cautelar. A leitura de decisão mostra que os julgadores, naquela ocasião, dedicaram-se a debater a concessão da cautelar para suspender art. 2º da MP 1570/1997. Naqueles pontos em que a medida cautelar foi negada, como no caso do at. 16 da LACP, praticamente não houve debate dos ministros.

De fato, mesmo um exame superficial do acórdão proferido na ADI-MC 1.576 demonstra a forma tangencial e rarefeita com que é enfrentada a questão pelo Ministro Marco Aurélio, relator. À matéria foi dedicada uma solitária lauda, na qual um único parágrafo se refere aos argumentos do Ministro. Note-se que essa decisão foi proferida em 1997, ou seja, ainda na aurora do sistema processual coletivo brasileiro. E, para o Ministro

---

[37] MARINONI, Luiz Guilherme. *Precedentes obrigatórios,* 2ª ed. São Paulo: Revista dos Tribunais, 2016, p.161. ZANETI JR, Hermes. *O valor vinculante dos precedentes: teoria dos precedentes normativos formalmente vinculantes.* Salvador: Juspodivm, 2016. p. 352.

Marco Aurélio, o único motivo que o levava a indeferir, naquele momento, a liminar, era que a alteração de redação era inócua: "tenho a mudança de redação como pedagógica" (p. 14). Fica claro, de tudo o que a doutrina e a jurisprudência debateram nos últimos vinte anos, que, naquele momento, ainda não era possível visualizar o alcance da alteração redacional do art. 16, que tanto mal fez ao sistema processual coletivo e tantas controvérsias ocasionou. Não havia mera pedagogia na mudança de redação, de modo que o fundamento determinante para a denegação da medida cautelar, naquele momento, não sobreviveu ao desenrolar dos acontecimentos e à evolução doutrinária e jurisprudencial. Não há, portanto, precedente[38],

---

[38] ARENHART, Sérgio Cruz. *A tutela coletiva de interesses individuais: para além da proteção dos interesses individuais homogêneos.* 2ª ed. São Paulo: Revista dos Tribunais, 2016, p. 254-257, realizou uma minuciosa análise dos votos dos Ministros, na referida decisão, chegando à mesma conclusão exposta no texto: "É fato que o Supremo Tribunal Federal, ao examinar a Medida Cautelar na Ação Direta de Inconstitucionalidade 1.576, indeferiu a liminar para sustar os efeitos do dispositivo em questão, concluindo que não havia suficientes razões para supô-lo inconstitucional. Examinando, porém, a decisão, vê-se que os pontos nodais que autorizam a conclusão da inconstitucionalidade da regra em comento sequer foram tocados, baseando-se os ministros em clara análise de conveniência política da norma em questão e mantendo a manifesta confusão entre jurisdição e competência. Os votos dos vários ministros revelam essa tendência e a própria petição inicial apresenta argumentação muito restrita em relação a essa regra. Com efeito, do que se extrai do voto do relator, a argumentação da petição inicial, para justificar a necessidade de liminar na Ação de Inconstitucionalidade proposta, se limita a indicar que a regra dificulta o acesso aos tribunais. Em razão da argumentação apresentada na ação de inconstitucionalidade, esclareceu o Min. Marco Aurélio, em seu voto, que "a alteração do artigo 16 correu à conta da necessidade de explicitar-se a eficácia erga omnes da sentença proferida na ação civil pública. Entendo que o artigo 16 da Lei 7.347, de 24 de julho de 1985, harmônico com o sistema Judiciário pátrio, jungia, mesmo na redação primitiva, a coisa julgada erga omnes da sentença civil à área de atuação do órgão que viesse a prolatá-la. A alusão à eficácia erga omnes sempre esteve ligada à ultrapassagem dos limites subjetivos da ação, tendo em conta até mesmo o interesse em jogo – difuso ou coletivo – não alcançando, portanto, situações concretas, quer sob o ângulo objetivo, quer subjetivo, notadas além das fronteiras fixadoras do juízo. Por isso, tenho a mudança de redação como pedagógica, a revelar o surgimento de efeitos erga omnes na área de atuação do Juízo e, portanto, o respeito à competência geográfica delimitada pelas leis de regência". Dos demais votos disponíveis – o voto do Min. Celso de Mello, que deferia a liminar, não se encontra disponível na página eletrônica do Supremo Tribunal Federal –, vê-se que a argumentação apresentada pelo Min. Nelson Jobim fundamentou-se no abuso da ação civil pública, que permitia que vários sujeitos impugnassem a mesma coisa perante vários juízos, de modo que, obtida a decisão favorável em um deles, desistia-se das demais

como também afirmou a Procuradoria-Geral da República, em parecer já exarado nos autos do Tema de Repercussão Geral 1.075.

demandas. Em seu entendimento, o art. 16, ora examinado, pacificava a questão, ao impedir essa proliferação de ações com o mesmo objeto, entendendo ele que a medida se prestava à mesma finalidade de proposta legislativa por ele feita, para conferir competência originária a tribunais para ações de caráter nacional. O Min. Maurício Corrêa salientou que a norma era oportuna, tratando-se de "tema que de há muito se aguardava viesse a ser disciplinado em lei". Na ótica do Min. Carlos Velloso, o dispositivo não trazia nenhuma novidade no sistema normativo. Em seu entendimento, esse é o regime processual tradicional, já que também no direito processual individual "o juiz decide nos limites de sua competência territorial. Não há, pois, novidade". Porém, salientou o Min. Carlos Velloso estar preocupado com a situação particular das demandas ajuizadas contra a União, pois em seu entender o art. 16 poderia chocar-se com o art. 109, § 2º, da CF/1988. Em sua conclusão, pois, tendo a ação civil pública como ré a União, o art. 16 não poderia prevalecer, devendo-se aplicar o texto constitucional. Segundo o Min. Néri da Silveira, a limitação do art. 16 é natural ao regime de distribuição de competência do direito brasileiro. Em seu entender, "o juiz só pode oficiar sobre matéria, a respeito da qual é competente e dentro dos limites de sua jurisdição". Por conta disso, segundo sua compreensão, "o juiz, mesmo em se tratando de ação civil pública, em matéria que seja de sua competência, não pode dar uma provisão de âmbito nacional, para ter eficácia fora do âmbito de sua jurisdição. Decerto, sobre este tema caberá ao STF manifestar-se, em toda sua extensão". O Min. Moreira Alves não se manifestou sobre o mérito da regra, limitando-se a afirmar a urgência presente na medida provisória. Finalmente, o Min. Sepúlveda Pertence salientou, em seu voto, também o abuso que se praticava em relação à ação coletiva, que havia se transformado em "sucedâneo de uma estranha ADIn regional contra lei federal". Porém, concluiu que não havia urgência para a edição da medida provisória, razão pela qual deferia a liminar. Como se vê, nenhum dos votos analisados examina, propriamente, questões constitucionais a respeito da regra em questão. As manifestações limitam-se a indicar a conveniência da regra, para barrar o abuso no emprego das ações coletivas perante juízos diferentes. Outros votos, por seu turno, revelam profunda confusão entre jurisdição e competência, afirmando, por exemplo, que o magistrado (de primeiro grau) não tem jurisdição para além de sua competência. Desse modo, tal deliberação não serve para supor a constitucionalidade do preceito em questão. Ela, a rigor, é decisão vazia de conteúdo constitucional, de modo que permanece em aberto o tema para futura investigação, inclusive do próprio Supremo Tribunal Federal. Aliás, calha mencionar que a decisão mencionada foi proferida em período extremamente conturbado para as ações coletivas, em que eram prolatadas várias decisões contraditórias (em ações coletivas) em vários juízos, alguns dos quais contra atos do próprio Supremo Tribunal Federal. A maturação da questão na atualidade e a necessidade de dar solução à multidão de demandas individuais repetidas, possivelmente, receberiam hoje maior simpatia daquela Corte."

8. O artigo 16 da LACP é inconstitucional

Como última consideração, é preciso deixar claro que, ainda que se tratasse de questão constitucional, ainda que o microssistema processual coletivo não impedisse, pela aplicação do CDC, a incidência da atual redação do art. 16 da LACP e ainda que o STF não devesse fidelidade a sua própria decisão, no Tema 715, a análise do mérito do Tema 1.075 deveria concluir pela absoluta inconstitucionalidade da limitação da eficácia territorial da coisa julgada à competência do órgão prolator da decisão.

A Ação Civil Pública tem status constitucional (art. 129, III) e opera como instrumento de garantia de direitos fundamentais ao patrimônio público e social, ao meio ambiente e a outros interesses difusos e coletivos. Desse modo, a limitação da sua eficácia significa limitar a efetividade dos próprios direitos fundamentais que ela se destina a resguardar, o que não se admitiria nem em sede de Emenda à Constituição, quanto mais de norma infraconstitucional. Como afirmou a Procuradoria-Geral da República, em parecer apresentado nos autos do Tema 1.075, "A outorga de estatura constitucional à ação civil pública, lida em conjunto com os demais preceitos que norteiam os direitos transindividuais alcançados pelo instituto e com os referentes aos agentes legitimados para a sua propositura, demonstram que houve um processo de constitucionalização do sistema de defesa coletiva". Esse sistema não pode ser desconstruído em sede infraconstitucional. O Procurador-Geral da República sumariou essa tese, em destaque, da seguinte forma:

> "Interpretação nesses moldes aponta para a existência de um direito fundamental à tutela jurisdicional coletiva adequada, compreendida essa como a que (i) facilite o amplo acesso à Justiça (art. 5º, XXXV); (ii) favoreça a efetiva e eficaz entrega da prestação jurisdicional (arts. 5º, LXXVIII, 37, caput, 127, caput, e 129, caput e III); (iii) dê tratamento isonômico aos jurisdicionados (art. 5º, caput); e (iv) proteja a vulnerabilidade dos detentores do direito coletivo reivindicado (art. 5º, XXXII, XXXV e XXXVI)".

De fato, despida a questão de tecnicismos, é preciso indagar, com singeleza: a quem interessa a restrição da eficácia da coisa julgada coletiva? Certamente, não ao cidadão titular dos direitos materiais coletivos, porque ele teria menores oportunidades de acesso à jurisdição, eis que seriam necessárias, para a tutela adequada de seus direitos, tantas ACPs quantas sejam as comarcas e subseções judiciárias do país. Também não interessaria ao cidadão contribuinte, que sustenta, com seus impostos, o funcionamento do sistema de justiça, que seria sobrecarregado por tantas demandas. Da mesma forma, não interessaria ao empresário honesto, cumpridor de seus deveres, porque, em vez de ser demandado em uma única ACP, na qual poderia obter uma coisa julgada com eficácia erga omnes de improcedência da pretensão, passará a ser demandado em milhares de ações, em todo o país. Com o avanço das telecomunicações e das vendas à distância, propulsionadas ainda mais pela pandemia de COVID-19, não é incomum que pequenas empresas façam negócios pela internet, em diferentes partes do país. Esses negócios poderão ser inviabilizados se essas pessoas passarem a ser processadas em ACPs idênticas, nas mais variadas localidades. Finalmente, o art. 16 também não interessa ao senso de justiça mais básico, que se consubstancia na isonomia, constitucionalmente plantada no *caput* do art. 5º. Condutas passarão a ser lícitas em algumas comarcas e ilícitas em outras, gerando intensa insegurança jurídica.

O processo coletivo, mesmo sem a participação das verdadeiras vítimas do litígio, é o mais apto a garantir a possibilidade de obtenção de tutela adequada. Como já se afirmou, em outra ocasião:

> "Quando se considera a desigualdade fática entre as partes, como a que ocorre, por exemplo, entre um agente econômico que causa lesões a milhares de consumidores dispersos, é provável que a coletivização das demandas, mesmo que com o sacrifício total da participação, propicie aos lesados maiores possibilidades de obtenção de tutela adequada de seus direitos do que o ajuizamento de demandas individuais"[39].

Isso quer dizer que o sistema processual coletivo deve ser desenhado à luz dos litígios com os quais ele lida. Não se pode pretender estabelecer uma interpretação literal de um texto infraconstitucional para, com ele, varrer para o ralo as possibilidades de que lesões coletivas relevantes sejam tuteladas de modo efetivo. Cada tipo de litígio coletivo – litígios

---

[39] VITORELLI, Edilson. O devido processo legal coletivo: dos direitos aos litígios coletivos. 2.ed. São Paulo: RT, 2019, p. 201.

globais, locais e irradiados[40] – demanda a adoção de técnicas processuais específicas, nenhuma das quais compatível com a redação limitante do art. 16 da LACP.

A inaptidão da literalidade do art. 16 da LACP para resolver litígios coletivos foi percebida também pelo Procurador-Geral da República, com um exemplo simples: imagine uma ação relativa a derramamento de petróleo em determinada região do litoral fluminense, com extensão dos danos por todo o litoral do Estado do Rio de Janeiro, abrangendo, ainda, parte do litoral paulista. Seria necessário, de modo esdrúxulo, que o dano causado ao litoral do Rio de Janeiro fosse processado por um juiz federal daquele estado, enquanto o dano ao litoral paulista por outro juiz federal, agora em Santos. Tudo isso implica duplicar, para a sociedade, o custo da tutela jurisdicional, em violação ao princípio da eficiência, bem como dificultar que o meio ambiente, constitucionalmente assegurado (art. 225), seja, de fato, reparado.

Mesmo em casos relacionados a direitos individuais homogêneos, a aplicação do art. 16 da LACP reforçaria a "assimetria estrutural" em favor dos causadores de danos em massa, porque eles podem diluir o custo dos danos que causam nos processos propostos por todas as vítimas e em todas as ACPs. Desse modo, ele pode se valer do conhecimento total do litígio para produzir provas, contratar pareceres jurídicos e especialistas e litigar mais eficientemente do que aqueles que se dedicam a tentar reaver os direitos da sociedade, os quais ficariam restritos ao território da comarca ou subseção judiciária[41].

9. Conclusões

Este artigo buscou analisar o ainda e sempre polêmico tema dos limites territoriais a coisa julgada coletiva, a partir das controvérsias mais recentes no Superior Tribunal de Justiça e no Supremo Tribunal Federal.

O desenvolvimento da pesquisa pautou-se na análise de duas questões: 1) saber se é aplicável a Tese 499 do STF ao caso-precedente da Corte Especial do STJ no EREsp 1.134.957/SP, que determinou que as decisões

---

[40] Essa classificação foi desenvolvida em detalhes em VITORELLI, Edilson. O devido processo legal coletivo: dos direitos aos litígios coletivos. 2.ed. São Paulo: RT, 2019, capítulo 2.

[41] Nesse sentido, VITORELLI, Edilson. O devido processo legal coletivo: dos direitos aos litígios coletivos. 2.ed. São Paulo: RT, 2019, p. 448.

nas ações coletivas não estariam restritas aos limites territoriais do órgão prolator da decisão em nenhuma das espécies de direito coletivo *lato sensu*, devendo a extensão da decisão corresponder ao grupo tutelado; 2) enfrentar a aplicabilidade da decisão em Medida Cautelar na ADI 1576 e existência ou inexistência de divergência entre a decisão do Superior Tribunal de Justiça no EREsp 1.134.957/SP e a decisão da Medida Cautelar na ADI 1576-MC.

Quanto ao primeiro ponto, os argumentos desenvolvidos demonstraram que não há contrariedade entre o precedente da Corte Especial do STJ sobre os limites territoriais da coisa julgada coletiva (EREsp 1.134.957/SP) e o Tema 499 do STF. Os precedentes aplicam-se a situações fático-jurídicas diversas: o Tema 499 restringe-se aos fatores materiais do RE 612.043/PR, esclarecidos pelo próprio STF, que são as ações coletivas por representação processual ou "ações coletivas de rito ordinário" (5º, XXI, da Constituição Federal), em que há tutela de direito alheio em nome alheio, ao passo que o precedente do STJ em Corte Especial aplica-se às ações civis públicas (substituição processual), em que há tutela em nome próprio de direito alheio.

Quanto ao segundo ponto, demonstrou-se que é preciso compreender exatamente o que decidiu o STJ no EREsp 1.134.957/SP e qual o alcance da decisão do STF na ADI-MC 1576. A decisão da Corte Especial do STJ não realizou interpretação constitucional sobre o art. 16 da Lei da Ação Civil Pública, mas apenas harmonizou o dispositivo às regras do Código de Defesa do Consumidor ao microssistema da tutela coletiva. Não se tornou necessária qualquer manifestação sobre a constitucionalidade ou não do art. 16 da LACP porque os arts. 93 e 103 do CDC já constituem parâmetro interpretativo que, sozinho, resolve a controvérsia sobre os limites territoriais da coisa julgada coletiva.

Mas, para além da interpretação infraconstitucional do STJ, verifica-se a precariedade da decisão do STF na ADI-MC 1576. A constitucionalidade do art. 16 da LACP é um *obiter dictum* não efetivamente enfrentado pelo STF na ADI-MC 1576, especialmente por fazer parte de uma medida cautelar que restou prejudicada no mérito e que não foi sequer deferida liminarmente em relação ao tema dos limites territoriais da coisa julgada coletiva, o que reitera a inexistência de efeito vinculante da decisão conforme reiterado entendimento do Supremo Tribunal Federal.

Adicionalmente, foi possível verificar que, ao julgar o tema de repercussão geral 715 e, depois, em centenas de outras decisões, o STF firmou precedente vinculante no sentido de que a definição dos limites da coisa julgada coletiva é matéria de índole infraconstitucional, que não está na esfera de análise da Suprema Corte.

Anotaram-se diversas estranhezas relacionadas ao reconhecimento de repercussão geral ao Tema 1.075, sem que houvesse referência ao precedente vinculante anterior, bem como a outras decisões que reafirmaram a tese nele definida. Concluiu-se que seria inapropriado que o STF pretendesse, agora, reconsiderar o status constitucional da questão, quando a única modificação pela qual a controvérsia passou foi a identidade das partes litigantes. Um sistema de precedentes é embasado pelo binômio autoridade-estabilidade, sendo que a alteração de precedentes deve ser exceção, não regra.

Finalmente, demonstrou-se que, ainda que o mérito do Tema 1.075 seja analisado, a conclusão mais adequada é a inconstitucionalidade da restrição da coisa julgada aos limites da competência territorial do órgão prolator, pela vedação constitucional de restrição a uma técnica processual que é desenhada exclusivamente para resguardar direitos fundamentais. Restrições a direitos fundamentais somente são possíveis a partir de outros direitos fundamentais. Por força dos limites dos limites que impõe aos direitos fundamentais, a restrição não é proporcional e é irrazoável. Nesse sentido, deve se preservar a norma que seja mais protetiva dos grupos atingidos. Para além disso, em uma reflexão geral, questiona-se se o direito é mesmo, como imortalmente afirmava Reale, fato, valor e norma. Dessa forma, o julgamento do Tema 1.075 deve ser encarado também sob o prisma do questionamento: quem ganha com a limitação territorial da coisa julgada?

Referências

ARENHART, Sérgio Cruz. *A tutela coletiva de interesses individuais: para além da proteção dos interesses individuais homogêneos*. 2ª ed. São Paulo: Revista dos Tribunais, 2016.

DIDIER JR, Fredie; ZANETI JR., Hermes. *Curso de direito processual civil: processo coletivo*. 13ª ed. Salvador: JusPodivm, 2019.

DUXBURY, Neil, *The nature and authority of precedent*. Cambridge: Cambridge University Press, 2008.

GRINOVER, Ada Pelegrini. *A ação civil pública refém do autoritarismo. O processo: estudos e pareceres.* São Paulo: Perfil, 2005.

GOODHART, Arthur L. Determining the ratio decidendi of a case. *Yale Law Journal*, vol. 40, n. 2, pp. 161/183, Dec/1930.

LENZA, Pedro. *Teoria Geral da Ação Civil Pública.* São Paulo: Revista dos Tribunais, 2003.

LEONEL, *Manual do processo coletivo*. 3ª ed. São Paulo: Revista dos Tribunais, 2013.

LIEBMAN, Enrico Tullio. *Eficácia e Autoridade da Sentença e outros Escritos sobre a Coisa Julgada.* Trad. Alfredo Buzaid e Benvindo Aires. Trad. textos posteriores à edição de 1945, Ada Pellegrini Grinover. 4ª ed. Rio de Janeiro: Forense, 2006.

MANCUSO, Rodolfo de Camargo. *Jurisdição Coletiva e Coisa Julgada: Teoria Geral das Ações Coletivas.* 3ª ed. São Paulo: Revista dos Tribunais, 2012.

MARINONI, Luiz Guilherme. Precedentes obrigatórios, 2ª ed. São Paulo: Revista dos Tribunais, 2016.

MARINONI, Luiz Guilherme; ARENHART, Sérgio Cruz; MITIDIERO, Daniel. *Novo Curso de Processo Civil: Tutela dos direitos mediante procedimentos diferenciados.* São Paulo: Revista dos Tribunais, 2015.

MAZZILLI, Hugo Nigro. *A defesa dos interesses difusos em juízo.* 11ª ed. São Paulo: Saraiva.

MENDES, Gilmar Ferreira; BRANCO, Paulo Gustavo Gonet. Curso de Direito Constitucional. 13ª ed. São Paulo: Saraiva Educação, 2018.

MITIDIERO, Daniel. Precedentes, da persuasão à vinculação. 2ª ed. São Paulo: Revista dos Tribunais, 2017.

NERY Jr., Nelson e NERY, Rosa Maria. *Código de Processo Civil Comentado e legislação extravagante.* São Paulo: Revista dos Tribunais, 2006.

RODRIGUES, Marcelo Abelha. *Ação Civil Pública e Meio Ambiente.* 3ª ed. Rio de Janeiro: Editora Forense Universitária, 2009.

SARLET, Ingo W.; MARINONI, Luiz Guilherme; MITIDIERO, Daniel. Curso de Direito Constitucional. 5ª ed. São Paulo: Saraiva, 2016.

SILVA, Bruno Freire e. "A ineficácia da tentativa de limitação territorial dos efeitos da coisa julgada na ação civil pública". *Processo civil coletivo.* Rodrigo Mazzei e Rita Nolasco (coord.). São Paulo: Quartier Latin, 2005.

SILVA, Carlos Augusto. *O processo civil como estratégia de poder: reflexo da judicialização da política no Brasil.* Rio de Janeiro: Renovar, 2004.

TARELLO, Giovanni. L'Interpretatizione dela Legge. Milano: Giuffré, 1980.

VITORELLI, Edilson. *O devido processo legal coletivo*: dos direitos aos litígios coletivos. 2.ed. São Paulo: RT, 2019.

ZAGREBELSKY, Gustavo. *Il diritto mite: legge, diritti, giustizia.* Nuova edizione. Torino: Einaudi, 1992.

ZANETI JR, Hermes. Comentários aos arts. 926 a 946 do CPC. In: CABRAL, Antônio do Passo; CRAMER, Ronaldo (coord.). *Comentários ao novo Código de Processo Civil*. 2a ed. revista, atualizada e ampliada. Rio de Janeiro: Forense, 2016.

ZANETI JR, Hermes. *O valor vinculante dos precedentes: teoria dos precedentes normativos formalmente vinculantes*. 2ª ed. Salvador: Juspodivm, 2016.

ZANETI JR., Hermes. *Mandado de segurança coletivo: aspectos processuais controversos*. Porto Alegre: Sergio Antonio Fabris, 2001.

ZAVASCKI, Teori Albino. Eficácia das sentenças na jurisdição constitucional. 4ª ed. São Paulo: Editora Revista dos Tribunais, 2017.

13. O caso do medicamento VIOXX: as entrelinhas da coisa julgada no processo coletivo

Adriana de Farias Pereira

1. O litígio

O caso proposto a exame, por sua sutileza, leva-nos a mergulhar no estudo de vários institutos do processo civil, mas é no processo coletivo que nos faz emergir e refletir se, o que está positivado atualmente no ordenamento jurídico brasileiro, é o bastante para garantir e dar efetividade a tutelas coletivas.

Nada melhor do que partir de uma situação concreta para observarmos se, nas ações coletivas, o previsto abstratamente na norma se manifesta, uniformemente, na realidade. Em outras palavras, se os conceitos normativos possuem na prática os efeitos jurídicos pretendidos.

Há de se observar, igualmente, se os direitos coletivos em conflito, levando em consideração os seus titulares, são de fato tutelados como na forma desejada pelos acadêmicos, legisladores e operadores do direito. Vejamos, então.

O laboratório farmacêutico Merck fabricava o medicamento VIOXX, utilizado para o tratamento da artrite. Era comercializado em 47 países, inclusive no Brasil. O medicamento foi retirado das prateleiras do mundo todo depois que estudos mostraram que pacientes que sofriam de câncer de cólon, tratados por três anos com o remédio, apresentaram "duas vezes mais riscos de terem problemas cardiovasculares, como ataques cardíacos e derrame, do que os que tomaram placebo"[1].

---

[1] ÉPOCA ONLINE, 2008 e DA REUTHERS, 2008.

A revista britânica *The Lancet* publicou que, somente nos EUA, o uso do VIOXX provocou até 140 mil casos de problemas de coração e até mortes, o que deu origem a diversas ações civis contra o laboratório fabricante. Algumas destas ações resultaram em indenizações, outras não.[2]

Em 2007, os laboratórios Merck Co. resolveram fechar um acordo bilionário para extinguir estas milhares de ações, como noticiado no Consultor Jurídico[3], segundo o qual, a quantia indenizatória, de 4,85 bilhões de dólares, pode ter sido uma "das três maiores já pagas em toda a história do direito civil nos Estados Unidos".

2. O litígio coletivo relacionado ao VIOXX no Brasil

Para categorizar o objeto do processo coletivo, comumente há a utilização da classificação predecessora do catedrático Barbosa Moreira[4], segundo a qual, direitos transindividuais ou metaindividuais dividem-se em naturalmente coletivos ou acidentalmente coletivos.

Os direitos naturalmente coletivos são caracterizados pela indivisibilidade de seu objeto, como, por exemplo, o direito ao meio ambiente. Portanto, não podem ser fruídos por um único indivíduo.

Subdividem-se em direitos difusos e em direitos coletivos, também chamados de direitos coletivos em sentido estrito. Os primeiros são os direitos indivisíveis e de titularidade indeterminável e, os segundos, são os direitos indivisíveis e de titularidade determinável.

Por sua vez, os direitos acidentalmente coletivos são os direitos individuais homogêneos, caracterizados por sua divisibilidade. São aqueles que, apesar de naturalmente individuais, recebem tratamento coletivo, tanto para facilitar a sua tutela, como por razões de economia processual.

Esta é a classificação do direito no caso em exame: um litígio coletivo cujo objeto é categorizado na doutrina tradicional como direitos individuais homogêneos.

Ressalta-se que a classificação dos direitos, objetos de defesa coletiva, foi introduzida no direito brasileiro através do Código de Defesa do Consumidor (CDC), constando de forma expressa no parágrafo único de seu artigo 81[5].

---

[2] CONSULTOR JURÍDICO, 2008.
[3] CONSULTOR JURÍDICO, 2007.
[4] BARBOSA MOREIRA, 1984.
[5] Art. 81 – A defesa dos interesses e direitos dos consumidores e das vítimas poderá ser exercida em juízo individualmente, ou a título coletivo. Parágrafo único. A defesa coletiva

2.1. A primeira ação coletiva relacionada ao VIOXX

No Brasil, o primeiro legitimado coletivo a ingressar com ação civil pública contra Merck Sharp e Dhome Farmaceutica Ltda, bem como Merck e CO INC, foi a Associação Fluminense do Consumidor e trabalhador – AFCONT, ainda em 2004.[6]

O pedido formulado visava à condenação dos réus ao pagamento de indenização aos consumidores do VIOXX, pelos danos materiais e morais sofridos em virtude de suas exposições ao risco de lesões cardiovasculares causados pelos efeitos colaterais do uso do referido medicamento, produzido e comercializado até 30/09/2004.

Essa ação civil pública, distribuída à 4ª Vara Empresarial da comarca da capital do Rio de Janeiro, foi julgada improcedente em sentença confirmada pelo Tribunal de Justiça desse Estado. O respectivo acórdão foi assim ementado:

> Ação civil pública. Medicamento – vioxx. Comercialização suspensa em 2004. Realização de pesquisas que indicaram um aumento na probabilidade de eventos cardiovasculares após 18 meses de uso contínuo. Retirada voluntária do produto do mercado pela fornecedora. Dano moral coletivo. Inexistência. Violação a direitos individuais homogêneos não configurada. Sentença de improcedência mantida. Desprovimento do apelo.[7]

No acórdão supramencionado, diante da necessidade de categorização do direito material em demandas coletivas, foi deixado claro que a ação civil pública, objeto de julgamento, versava sobre direitos individuais homogêneos.

---

será exercida quando se tratar de: I – interesses ou direitos difusos, assim entendidos, para efeitos deste código, os transindividuais, de natureza indivisível, de que sejam titulares pessoas indeterminadas e ligadas por circunstâncias de fato; II – interesses ou direitos coletivos, assim entendidos, para efeitos deste código, os transindividuais, de natureza indivisível de que seja titular grupo, categoria ou classe de pessoas ligadas entre si ou com a parte contrária por uma relação jurídica base; III – interesses ou direitos individuais homogêneos, assim entendidos os decorrentes de origem comum.

[6] RJ, Comarca da Capital, 4ª Vara Empresarial, processo nº 0115695-58.2004.8.19.0001.
[7] TJ/RJ, AC n. 0115695-58.2004.8.19.0001, Rel. Vera Maria Soares Van Hombeeck, 14 out. 2008.

Em seguida, a questão central da lide foi delimitada em se saber se houve violação a estes direitos, a fim de se decidir sobre o cabimento de "compensação coletiva por danos morais e a condenação genérica à reparação de danos materiais"[8].

Constou no acórdão que o VIOXX passou a ser comercializado no Brasil depois de autorização concedida pela ANVISA, em 16.08.99, e que foi retirado do mercado voluntariamente, em virtude de, em 2004, ter sido constatado um aumento dos riscos de eventos cardiovasculares após 18 meses de uso do medicamento.

Ao contestarem o pedido, os fabricantes do medicamento, réus no processo, juntaram ao feito cópia de estudos realizados desde 1999, a fim de comprovarem que não tinham ciência de seus efeitos colaterais e que o retiraram do mercado após a descoberta destes riscos.

Todavia, o legitimado coletivo, autor da ação, para se contrapor a estes argumentos, apresentou somente algumas reportagens jornalísticas, nas quais foi afirmado que as rés tiveram ciência da periculosidade do medicamento muito antes de 2004, bem como se reportou a algumas condenações por elas sofridas em ações individuais propostas nos Estados Unidos.

Desta forma, aquela Corte Estadual[9] entendeu que as mencionadas reportagens não serviriam como meio de prova idôneo a afastar os documentos apresentados pelas rés, porquanto somente faziam "menção a fonte, sem trazê-la aos autos", tampouco as condenações nos EUA seriam aptas a tanto, dadas as diferenças entre o sistema judicial americano e o brasileiro.

Por outro lado, foi utilizado também como fundamento da decisão, o fato de o autor coletivo não ter demonstrado nos autos o alcance das supostas lesões causadas à coletividade, o que seria fundamental para ensejar uma condenação em danos morais coletivos.

De acordo com o julgado[10], era preciso demonstrar "que o uso contínuo do remédio, no território nacional, causou grande número de vítimas", pois "o simples uso do medicamento, durante período inferior a 18 meses, não traz, segundo as pesquisas, possibilidade de agravamento dos riscos

---

[8] Ibid.
[9] TJ/RJ, AC n. 0115695-58.2004.8.19.0001, Rel. Vera Maria Soares Van Hombeeck, 14 out. 2008.
[10] Ibid.

de eventos cardiovasculares". Acrescentou, ainda, que, a mera "retirada do medicamento do comércio nacional", não teria, por si só, "a abrangência apresentada pela autora"[11].

A propósito, o Tribunal de Justiça do Estado do Rio de Janeiro adotou, inclusive, como razões de decidir pelo desprovimento da apelação, a sentença do Juízo *a quo*, dela transcrevendo o seguinte trecho:

> É certo que é dever do fornecedor informar ao consumidor as características do produto, bem como suas indicações, contraindicações e riscos. Neste aspecto, nota-se que a bula do medicamento continha claras informações quanto à incidência de problemas cardíacos em razão de sua utilização (fls. 198/210). A bula do Vioxx continha todas as informações disponíveis quanto à segurança do medicamento e os riscos que ele apresentava. Documento este que não foi impugnado pela parte Autora.
>
> Cabe mencionar que todo medicamento, principalmente quando comercializado sob prescrição médica, possui determinada margem de risco à saúde. É fato notório que todos os medicamentos apresentam riscos, em certos casos de extrema gravidade. Todo antinflamatório [sic] pode gerar complicações gastrintestinais. A resposta do ofício expedido para a ANVISA consta a seguinte informação (fls. 2.037/2.038): "...o estudo demonstrou um risco relativo aumentado de eventos cardiovasculares (CV) como: ataques cardíacos e derrames, a partir de 18 meses de tratamento, em pacientes que recebiam Vioxx, quando comparados com os que recebiam placebo".
>
> Significa dizer que o risco não é total, absoluto, mas sim uma potencialidade de risco, levando-se ainda em consideração a utilização do medicamento a partir de 18 meses, ou seja, um uso bastante prolongado e contínuo em se tratando de antinflamatório [sic] que somente poderia ser vendido sob prescrição médica.[12]

2.2. A segunda ação coletiva relacionada ao VIOXX

Em 2009, após o acordo da Merck nos Estados Unidos ter sido noticiado, o Instituto Brasileiro de Defesa da Qualidade de Vida e do Meio Ambiente para as Futuras Gerações (Instituto QMF) ajuizou, perante o Juízo estadual

---

[11] *Ibid.*
[12] TJ/RJ, AC n. 0115695-58.2004.8.19.0001, Rel. Vera Maria Soares Van Hombeeck, 14 out. 2008.

da comarca do Estado de São Paulo, ação civil pública contra as mesmas partes, com a mesma causa de pedir e pedido.

Esta segunda ação civil pública, que tramitava em São Paulo, foi julgada extinta sem julgamento do mérito em razão da existência de coisa julgada *erga omnes* formada com o julgamento do Tribunal de Justiça do Estado do Rio de Janeiro, exposto no tópico anterior, vez que os pedidos indenizatórios, veiculados naquela ação coletiva, foram julgados improcedentes sob o fundamento de que não haveria ilicitude na conduta dos réus apta a gerar o dever de indenizar a coletividade:

> Na hipótese destes autos, verifica-se que o pedido é de indenização por danos materiais e morais causados aos consumidores do medicamento mencionado na petição inicial e pelo motivo de que havia defeito no produto, não informado pelo fabricante.
>
> Os pedidos e a causa de pedir são idênticos, enquanto que a coletividade autora (consumidores do VIOXX) é a mesma, conquanto representada nesta e na demanda que tramitou na 4ª Vara Empresarial do Rio de Janeiro por associações distintas.
>
> Julgada improcedente aquela ação e transitada em julgado a sentença copiada a fls. 1.458/1.466, inviável o prosseguimento da presente demanda, movida por substituto processual da coletividade de consumidores do referido medicamento.[13]

A parte autora, então, interpôs recurso de apelação desta decisão, sustentando que a ação que tramitou no Estado do Rio de Janeiro foi julgada improcedente por insuficiência de prova, o que possibilitaria a rediscussão da lide com base em novas provas (art. 103, inc. I, CDC).

Alegou também que a ação coletiva julgada improcedente em um Estado da Federação, não induziria coisa julgada em ação idêntica proposta em outro Estado, nos termos do artigo 16 da Lei de Ação Civil Pública (LACP).

Todavia, o Tribunal de Justiça do Estado de São Paulo confirmou a sentença de primeira instância em acórdão que recebeu a seguinte ementa:

---

[13] São Paulo, Proc. n. 0111944-86.2009.8.26.0100 (583.00.2009.111944), ACP, 21ª VC, juíza Maria Carolina de Mattos Bertoldo.

Ação de indenização por danos materiais e morais. Apelante é associação de âmbito múltiplo. Anteriormente fora proposta ação similar por outra associação de âmbito múltiplo perante a Justiça do Estado do Rio de Janeiro, julgada improcedente.

Naquela demanda fora analisada matéria fática. Coisa julgada caracterizada. Decisão com efeito 'erga omnes', com validade e eficácia no Território Nacional. Peculiaridades da demanda originária do Estado do Rio de Janeiro não têm suporte no artigo 16, da LACP. Prevalência do artigo 103, inciso I, do Código de Defesa do Consumidor. Pressuposto processual negativo externo impossibilita a entrega da prestação jurisdicional no mérito. Apelo desprovido.[14]

Por outro lado, o referido acórdão manteve a sentença que extinguiu a ação civil pública proposta pelo Instituto QMF, com base no inciso I do artigo 103 do Código de Defesa do Consumidor, porquanto o juiz da ação proposta no Estado do Rio de Janeiro teria analisado profundamente a prova constante nos autos. Transcreve-se:

> Referida ação fora julgada improcedente, reconhecendo que o polo passivo teria realizado o necessário pela segurança e eficácia do medicamento, destacando, ainda, que a medicina evolui e apresenta novas técnicas, bem como os estudos clínicos levaram em consideração eventuais danos à saúde em determinadas hipóteses de uso do medicamento, fls. 1.464, salientando, também, que as apeladas obtiveram autorização e aprovação do órgão regulador para a comercialização do produto, fls. 1.465.
>
> Assim, a decisão judicial originária do Estado do Rio de Janeiro se aprofundou nas questões técnicas e correlatas, portanto, não se vislumbra a presença das alegações genéricas e superficiais da apelante de que a improcedência da ação teria ocorrido singelamente por insuficiência de provas.[15]

Irresignada com a decisão do Tribunal de Justiça do Estado de São Paulo, o Instituto QMF interpôs recurso especial para o Superior Tribunal de Justiça, alegando violação ao disposto nos artigos 535 do Código

---

[14] TJ/SP, 4ª CDP, AC nº 990.10.102464-0/ SP, 23 set. 2010.
[15] *Ibid.*

de Processo Civil, 103, III, do Código de Defesa do Consumidor e 16 da Lei da Ação Civil Pública, além de sustentar a inexistência de coisa julgada[16].

3. O julgamento[17] da segunda ação relacionada ao VIOXX
3.1. Entendimentos precursores – institutos processuais civis importantes para a resolução do litígio

O desvendamento da coisa julgada coletiva, através do presente estudo, possui como critério, primeiramente, dar significado aos institutos jurídicos abrangidos em cada etapa da aquisição do conhecimento sobre o julgamento do caso, facilitando, desta forma, a compreensão da leitura da legislação e das respectivas interpretações possíveis, principalmente as dadas pelos Ministros votantes e as adotadas mediante novas metodologias que serão expostas.

3.1.1. Litispendência

Como anteriormente citado, o Instituto QMF também ingressou em outros estados da federação com ações civis públicas similares, as quais, ora obtinham o mesmo destino das demais, sendo julgadas extintas sem o julgamento de mérito em virtude da coisa julgada, ora eram remetidas a Justiça do Estado do Rio de Janeiro, em virtude da ocorrência de litispendência.[18]

Sobre o instituto da litispendência, no processo coletivo comum, a teoria adotada no nosso ordenamento jurídico é a da Tríplice Identidade, segundo a qual, uma ação é idêntica a outra quando lhes forem comuns as partes, a causa de pedir e o pedido (art. 337, § 2º, CPC).

---

[16] STJ, REsp nº 1302596 / SP (2012/0004496-3), Rel. Min. Paulo de Tarso Sanseverino, 01 fev. 2016.

[17] Cabe mencionar que, os ministros que compunham a Segunda Seção do Superior Tribunal de Justiça, à unanimidade, não acolheram a preliminar arguida a respeito de violação ao artigo 535 do Código de Processo Civil por não vislumbrarem nulidade por omissão, tampouco negativa de prestação jurisdicional, porquanto o acórdão recorrido decidiu de modo integral e com fundamentação suficiente a controvérsia.

[18] AREsp 396781/RO, REsp 1.186.140/RN, REsp – 1.573.632/DF, REsp 1.432.221/GO, REsp 1.353.163/PB e REsp 1.319.434/SE.

Fredie Didier Jr. e Hermes Zaneti Jr.[19] esclarecem que "não são duas ou mais demandas com os mesmos elementos; na verdade, é a mesma demanda" que dá "origem a dois ou mais processos distintos".

No entanto, entendem que, a tríplice identidade dos elementos da demanda seria apenas o caso mais emblemático de litispendência, porquanto poderia haver litispendência sem esta tríplice identidade. Exemplificam esta afirmação com a seguinte hipótese:

> Qualquer um dos condôminos pode propor demanda para proteger o condomínio. Se o condômino A e o condômino B propuserem demanda para a proteção do bem condominial, fundada na mesma causa de pedir, dando origem a processos diversos, haverá litispendência, mesmo sem identidade da parte autora.[20]

A partir desta consideração, pode-se imaginar que a Teoria da Tríplice Identidade não seria suficiente para revelar a existência de litispendência no processo coletivo, pois as ações coletivas podem ser propostas por legitimados diversos.

Esta dedução está correta, pois a legitimação nas ações coletivas, além de extraordinária, é concorrente e disjuntiva, vale dizer, não há somente um legitimado coletivo que pode agir em nome próprio defendendo interesses da coletividade (concorrente). Acrescenta-se, ainda, que qualquer um deles poderá ingressar sozinho com uma ação coletiva (disjuntiva).

Portanto, à tutela coletiva, com o escopo de se verificar se, de fato, determinado processo está se repetindo, aplica-se, em regra, a Teoria da Identidade da Relação Jurídica Deduzida, segundo a qual, o que distingue as ações é a relação jurídica material nela deduzida. Assim, não é necessário que as partes sejam as mesmas para que haja identidade entre demandas.

Salienta-se que não é possível haver litispendência entre uma ação coletiva e uma ação individual, como dispõe o artigo 104 do CDC[21],

---

[19] DIDIER JR., ZANETI JR., 2016, p. 153
[20] *Ibid*, pp. 153-154.
[21] Art. 104. As ações coletivas, previstas nos incisos I e II e do parágrafo único do art. 81, não induzem litispendência para as ações individuais, mas os efeitos da coisa julgada erga omnes ou ultra partes a que aludem os incisos II e III do artigo anterior não beneficiarão os autores das ações individuais, se não for requerida sua suspensão no prazo de trinta dias, a contar da ciência nos autos do ajuizamento da ação coletiva.

em razão dos pedidos terem naturezas diferentes. Obviamente, na ação coletiva o pedido tem natureza coletiva e, em uma ação comum, tutela-se um direito individual.

Desta forma, é possível a identidade total entre demandas coletivas à luz da Teoria da Identidade da Relação Jurídica Material, desde que as partes sejam diversas. Se as partes forem iguais, a Teoria da Tríplice Identidade é que identificará as demandas com o mesmo conteúdo e o segundo processo será extinto sem exame do mérito (art. 485, V, CPC).

Todavia, quando há repetição de ações *coletivas* em que se "busca o reconhecimento ou efetivação de uma mesma situação jurídica ativa (baseada nos mesmos fatos)"[22], propostas por legitimados diversos, o efeito da litispendência não será a extinção do segundo processo e, sim, a reunião dos feitos para tramitação e julgamento em conjunto.

Isto porque, de nada adiantaria extinguir um dos processos, se a "parte autora, como colegitimada", poderia "intervir no processo sobrevivente, na qualidade de assistente litisconsorcial"[23].

Neste sentido, a Súmula 489 do Superior Tribunal de Justiça: "Reconhecida a continência, devem ser reunidas na Justiça Federal as ações civis públicas propostas nesta e na Justiça estadual".

Ademais, pode ocorrer, igualmente, a reunião de demandas, para julgamento em conjunto, que tutelem direitos coletivos através de procedimentos diversos (art. 83, CDC), como, por exemplo, de uma ação civil pública com uma ação popular, quando forem propostas em defesa do mesmo direito.

3.1.2. Litispendência e o entendimento jurisprudencial sobre o artigo 16 da Lei 7.347/85 (Lei da Ação Civil Pública)

Neste momento, faz-se necessária a advertência de que o artigo 16 da Lei 7.347/85[24] estabelece que a sentença civil fará coisa julgada *erga omnes*, nos limites da competência territorial do órgão prolator.

---

[22] DIDIER JR., ZANETI JR., 2016, p. 157.
[23] *Ibid*, p. 155.
[24] Art. 16. A sentença civil fará coisa julgada *erga omnes*, nos limites da competência territorial do órgão prolator, exceto se o pedido for julgado improcedente por insuficiência de provas, hipótese em que qualquer legitimado poderá intentar outra ação com idêntico fundamento, valendo-se de nova prova. (Redação dada pela Lei nº 9.494, de 10.9.1997).

Um exemplo sobre a hipótese, comumente dado, é o seguinte: se o Ministério Público Federal ajuizar uma ação coletiva no município do Rio de Janeiro e o pedido for julgado procedente, a coisa julgada produzirá efeitos *erga omnes* limitados ao Estado do Rio de Janeiro.

Entrementes, em 2011, no REsp.1.243.887/PR, a Corte Especial do Superior Tribunal de Justiça, em julgamento de recurso repetitivo, posicionou-se no sentido de que as sentenças e os acórdãos proferidos em ações civis públicas em determinado Estado da Federação, valeriam para todo o país, afastando, assim, parte do disposto no artigo 16 da Lei 7.347/85. Transcreve-se:

> [...] os efeitos e a eficácia da sentença não estão circunscritos a lindes geográficos, mas aos limites objetivos e subjetivos do que foi decidido, levando-se em conta, para tanto, sempre a extensão do dano e a qualidade dos interesses metaindividuais postos em juízo.[25]

Posteriormente, no julgamento do REsp 1.243.386/RS, a Terceira Turma do STJ assim se manifestou:

> "A distinção, defendida inicialmente por Liebman, entre os conceitos de eficácia e de autoridade da sentença, torna inócua a limitação territorial dos efeitos da coisa julgada estabelecida pelo art. 16 da LAP. A coisa julgada é meramente a imutabilidade dos efeitos da sentença. Mesmo limitada aquela, os efeitos da sentença produzem-se erga omnes, para além dos limites da competência territorial do órgão julgador.[26]

Adotando-se os precedentes que afastaram o art. 16 da LACP, a conclusão que se extrai, é a de que não haveria objeção em se reconhecer litispendência em uma segunda ação coletiva idêntica, manejada em outro Estado da Federação, inclusive, foi como se decidiu o caso que ora está sendo analisado.

Não obstante, em alguns julgados posteriores, o STJ ainda aplicou o artigo 16 da LACP, aliás, este entendimento foi o adotado no voto do Relator, que não prevaleceu, como veremos mais adiante.

---

[25] REsp.1.243.887/PR, Rel. Min. Luis Felipe Salomão, Corte Especial, Dje de 12/12/2011.
[26] REsp 1.243.386/RS, Rel. Min. Nanci Andrighi, Terceira Turma, DJE de 26/06/2012.

Atualmente, todos os processos em andamento nos quais se discute a abrangência do limite territorial para eficácia das decisões proferidas em ação civil pública, previsto no artigo 16 da LACP, estão suspensos pelo STF, devido ao reconhecimento de repercussão geral da matéria no RE nº 1.101.937, pelo ministro Alexandre de Moraes, conforme noticiado na revista eletrônica Consultor Jurídico.[27]

3.1.3. Litispendência e o critério de prevenção

A título de complementação, menciona-se, desta feita, que a prevenção entre duas ações coletivas, assim como na tutela individual, dar-se-á pela citação válida, de acordo com o artigo 240 do Código de Processo Civil.[28]

Se ainda não tiver ocorrido a citação válida em um dos processos, aplica-se o artigo 59 do mesmo diploma legal, de modo que, o "registro ou a distribuição da petição inicial" é que indicará o juízo prevento.

Na prática, ao juiz prevento caberá dar andamento e julgar o processo e, ao segundo, julgar extinto o processo sem julgamento do mérito em razão da litispendência, ou, nos processos coletivos, determinar a reunião das ações para tramitação em conjunto, salvo, como se verá adiante, quando se estiver diante da coisa julgada.

3.1.4. Litispendência e a sentença de mérito proferida na primeira ação civil pública proposta contra o laboratório fabricante do VIOXX

No caso do medicamento VIOXX, como antes mencionado, o Instituto QMF ingressou com ações idênticas em vários Estados da Federação, sendo que, em algumas, foi determinada a remessa dos feitos para a Justiça do Estado do Rio de Janeiro para a reunião das ações.[29]

Esta peculiaridade de alguns processos foi destacada no parecer proferido pelo Subprocurador-Geral da República Humberto Jacques

---

[27] CONSULTOR JURÍDICO, 2020.
[28] Art. 240. A citação válida, ainda quando ordenada por juízo incompetente, induz litispendência, torna litigiosa a coisa e constitui em mora o devedor, ressalvado o disposto nos art. 397 e 398 da Lei no 10.406, de 10 de janeiro de 2002 (Código Civil).
[29] Há que se ter em mente que, apesar de a reunião dos feitos para tramitação em conjunto ser a solução adequada com relação ao fenômeno da litispendência nas ações coletivas, este instituto não se confunde com a conexão, pois esta última pressupõe a existência de dois ou mais processos diferentes e, na litispendência, os processos são repetidos, são idênticos.

de Medeiros, no Agravo em Recurso Especial nº 396.781/RO[30], de cujo trecho, ora se transcreve:

> O TJ/RO acolheu a preliminar de prevenção, determinando a remessa dos autos ao juízo da Capital do Rio de Janeiro em que tramitou a Ação Civil Pública nº 0027942-87.2009.8.19.001 (2009.001.028233-2). Tal julgamento ocorreu em 14/08/2012 (e-STJ fl. 2.534).
> A partir de consulta processual por meio do site do Tribunal de Justiça do Estado do Rio de Janeiro, verifica-se que foi julgada a apelação da referida ação civil pública em 7/08/2012. Ou seja, antes do julgamento realizado pelo TJ/RO, que determinou a remessa dos autos ao juízo do Rio de Janeiro, a ação não apenas já havia sido sentenciada, como também já havia sido julgado o recurso de apelação cível.
> Desta forma não seria o caso de reunião dos feitos, em razão da incidência da Súmula nº 235/ STJ: "A conexão não determina a reunião de processos, se um deles já foi julgado".
> Entretanto, tratando-se de questão de competência relativa (territorial), como não foi suscitada pela parte, não pode esta Corte Superior reconhecer de ofício tal circunstância. A propósito, a ação civil pública manejada no Estado do Rio de Janeiro, que teria gerado conexão com este feito, atualmente encontra-se em fase de recurso especial, pendente de análise (REsp 1.417.640/RJ).

Em virtude de possuírem a mesma relação jurídica material, mesmo tendo sido propostas por legitimados coletivos diversos (legitimação concorrente), aplica-se, no caso em exame, a Teoria da Identidade da Relação Jurídica Material.

Acontece que, na ação coletiva objeto do presente estudo, a litispendência não gerou o efeito de reunir as demandas idênticas, como a doutrina e a jurisprudência determinam. Salienta-se que este entendimento é doutrinário e a lei é silente quanto à ocorrência deste efeito da litispendência entre ações coletivas.

As ações civis públicas não foram reunidas porque havia a presença de uma característica a mais na primeira ação proposta, ou seja, nela já havia sido proferido julgamento de mérito. Assim, deixou de ser possível a tramitação em conjunto dos processos.

---

[30] STJ, nº 396.781/RO, Rel. Min. Francisco Falcão.

A norma criada deu lugar, então, à incidência de uma outra regulamentação jurisprudencial, qual seja, a da Súmula 235 do STJ – "A conexão não determina a reunião de processos, se um deles já foi julgado".

Em assim sendo, a segunda ação civil pública, a que tramitava no Estado de São Paulo, foi julgada extinta sem julgamento do mérito em razão da existência da coisa julgada incidente sobre a sentença de improcedência do primeiro processo.

3.1.5. A coisa julgada no processo comum e no processo coletivo

Para se refletir sobre os votos proferidos no julgamento do Recurso Especial interposto pelo Instituto QMF, proposto com o escopo de afastar a coisa julgada e dar seguimento à ação civil pública que buscava tutelar os direitos daqueles consumidores expostos aos efeitos adversos do medicamento VIOXX, deve ser revisitado o instituto da coisa julgada na tutela individual e na coletiva.

Notadamente, o artigo 502 do Código de Processo Civil fornece ao ordenamento jurídico o conceito de coisa julgada: "Denomina-se coisa julgada material a autoridade que torna imutável e indiscutível a decisão de mérito não mais sujeita à recurso".

A imutabilidade e a indiscutibilidade das decisões de mérito são corolários da coisa julgada. Atualmente, alcançam não somente as sentenças de mérito, como ocorria sob a égide do CPC/73, mas também as decisões interlocutórias de mérito (CPC/2015).

Almeja-se, desta forma, dar segurança jurídica às decisões judiciais quando transitadas em julgado, ou seja, quando não for mais possível, em regra, delas se interpor recurso.

3.1.6. Efeitos jurídicos da coisa julgada

A coisa julgada produz efeitos de imediato, que são classificados pela doutrina em negativos e positivos. Estes efeitos são decorrentes da qualidade "indiscutibilidade" da decisão de mérito transitada em julgado.

Em síntese, os efeitos negativos implicam, em regra, na impossibilidade de os indivíduos rediscutirem em juízo uma questão decidida em um processo, mesmo que esse possua pedido diferente e, os positivos, na incidência em processo diverso do que foi decidido em uma ação na qual se discutiu, no todo ou em parte, a mesma causa de pedir.

Logo, a "indiscutibilidade opera em duas dimensões", simultaneamente, como lecionam Fredie Didier Jr, Paula Sarno Braga e Rafael Alexandria de Oliveira[31], de forma bem didática:

> Em uma dimensão, a coisa julgada impede que a mesma questão seja decidida novamente – a essa dimensão dá-se o nome de efeito negativo da coisa julgada. Se a questão decidida for posta novamente para a apreciação jurisdicional, a parte poderá objetar com a afirmação de que já há coisa julgada sobre o assunto, a impedir o reexame do que fora decidido. A indiscutibilidade gera, neste caso, uma defesa para o demandado (art. 337, VII, CPC).
>
> Na outra dimensão, a coisa julgada deve ser observada, quando utilizada como fundamento de uma demanda – a essa dimensão dá-se o nome de efeito positivo da coisa julgada. O efeito positivo da coisa julgada determina que a questão indiscutível pela coisa julgada, uma vez retornando como fundamento de uma pretensão (como questão incidental, portanto), tenha de ser observada, não podendo ser resolvida de modo distinto. O efeito positivo da coisa julgada gera vinculação do julgador (de uma segunda causa) ao quanto decidido na causa em que a coisa julgada foi produzida.

A qualidade imutabilidade da coisa julgada tem uma função negativa. Não é permitida a admissão de uma segunda relação jurídica processual idêntica à primeira, na qual se operou a coisa julgada.

3.1.7. Regime jurídico da coisa julgada

Notadamente, a coisa julgada possui *status* de garantia constitucional, vez que a Carta Magna prevê que "a lei não prejudicará o direito adquirido, o ato jurídico perfeito e a coisa julgada" (Art. 5º, inc. XXXVI, da CF).

Com efeito, ainda que a coisa julgada seja uma garantia constitucional, o seu regime jurídico é estabelecido em atos normativos infraconstitucionais, seja na tutela individual ou coletiva.

É no Código de Processo Civil, no Código de Defesa do Consumidor e em legislações que versem sobre instrumentos processuais para a proteção de direitos, onde estão previstos os regimes jurídicos da coisa julgada, seus limites objetivos e subjetivos e modo de produção ou formação de seus efeitos.

---

[31] DIDIER JR; BRAGA; OLIVEIRA, 2016.

3.1.8. Limites objetivos e subjetivos da coisa julgada

A coisa julgada individual e coletiva, no tocante aos seus limites objetivos, estão em sintonia: ambas são regradas pelo artigo 503 do Código de Processo Civil, no sentido de que a "decisão que julgar total ou parcialmente o mérito tem força de lei nos limites da questão principal expressamente decidida".

Entretanto, requer-se cautela na distinção entre os limites subjetivos e o modo de produção da coisa julgada, pois variam de acordo com a natureza do direito em disputa, se coletivo ou individual, assim como os seus efeitos sobre outro processo.

Com singeleza, estes significados serão trabalhados na medida do avanço do estudo do presente caso, objetivando que sejam facilmente apreendidos.

No processo individual, o artigo 506 do Código de Processo Civil, determina que a "sentença faz coisa julgada às partes entre as quais é dada, não prejudicando terceiros". Depreende-se que o limite subjetivo da coisa julgada individual é *inter partes.*

Na coisa julgada coletiva, a compreensão dos efeitos e do modo de sua produção, depende de se rememorar as categorias de direitos estabelecidas para o processo coletivo, porquanto o texto normativo correlaciona os efeitos da coisa julgada à classificação em abstrato destes direitos.

Desde logo menciona-se que a metodologia que será sugerida neste estudo adotará como premissa a tipologia dos direitos coletivos, tal como concebida pelo professor Edilson Vitorelli[32], de onde se ecoa avanços necessários a uma adequada tutela do conteúdo material das ações coletivas.

A partir dos ensinamentos de Vitorelli[33], revela-se a necessidade de reconstrução do pensamento de que a correta definição e alcance de todos os institutos que versem sobre processo civil coletivo devam partir da categorização do direito coletivo prevista no artigo 81 do Código de Defesa do Consumidor.

Isto porque, para que se possa enxergar as verdadeiras matizes do devido processo legal coletivo, deve-se partir da análise das características do conflito coletivo em concreto, pois, nas exatas palavras do professor:

---

[32] VITORELLI, 2019.
[33] *Ibid*

Não existem categorias de direitos que, a *priori*, os tornem mais ou menos aptos à tutela coletiva. O que interessa verdadeiramente para o processo e para a atuação dos atores processuais não é a categorização abstratas dos direitos, mas as características dos litígios coletivos.[34].

3.1.9. Categorias do direito coletivo e os efeitos da coisa julgada de acordo com o Código de Defesa do Consumidor

Neste limiar, por ora, importa repisar que no processo coletivo, os direitos materiais são classificados como difusos e coletivos em sentido estrito, que compõem os direitos transindividuais, bem como os direitos individuais homogêneos, insertos de forma expressa no parágrafo único do artigo 81 do Código de Defesa do Consumidor.

Da leitura do artigo de lei supramencionado, extrai-se, muito claramente, os critérios de diferenciação dos direitos difusos, coletivos em sentido estrito e individuais homogêneos, são eles: "*subjetivo* (titularidade do direito material), *objetivo* (divisibilidade do direito material) e de *origem* (origem do direito material)"[35]. No momento adequado, falar-se-á mais sobre esta diferenciação.

Por outro lado, o regime jurídico da coisa julgada coletiva está regulado no artigo 103 do Código de Defesa do Consumidor.

3.1.10. Modos de formação da coisa julgada

No ordenamento jurídico brasileiro existem três maneiras de produção da coisa julgada: *a) pro et contra; b) secundum eventum litis e, c) secundum eventum probationis*.

A primeira, é a regra geral adotada no Código de Processo Civil: o modo de produção da coisa julgada é *pro et contra* (art.502 e 503).

Isto porque, uma vez realizada a análise de mérito da questão ajuizada, a coisa julgada material se forma, não importando se em favor daquele que ganhou ou do que perdeu a ação. Por esta regra, se a ação for julgada procedente ou improcedente, mesmo que por falta de provas, a autoridade da coisa julgada se imporá.Esta regra predomina no processo comum, e, a princípio, também no processo coletivo.

---

[34] *Ibid*, pp. 27 e 28.
[35] GIDI, 1995, p. 22.

A segunda maneira de produção da coisa julgada prevista no ordenamento jurídico é a *secundum eventum litis*, que é a que se forma "em apenas um dos possíveis resultados do processo: procedência ou improcedência. [...] É o caso da coisa julgada no processo penal: a sentença condenatória sempre pode ser revista em favor do réu. Não parece haver exemplo no processo civil"[36].

O terceiro modo é o *secundum eventum probationis*, segundo a qual não se formará coisa julgada se a ação for julgada improcedente por insuficiência de provas, como ocorre no processo coletivo (art.103, CDC), ação popular (art. 18 da Lei nº 4717/65) e no mandado de segurança, individual ou coletivo (art. 19 da Lei nº 12016/2009).

Há que se ter em mente que, *a coisa julgada no código de processo civil designada pela doutrina como secundum eventum litis, é a que poderá ser transportada de um processo para outro para beneficiar terceiros. Quando ela os prejudicar, em regra, a eles não se estenderá (art. 506, CPC)*.

No processo coletivo, é no § 3º do artigo 103 do Código de Defesa do Consumidor, que a ideia de jamais a coisa julgada poder prejudicar terceiros é abraçada.

Vitorelli[37] esclarece que esta inserção se deu porque havia muita resistência ao ingresso do processo coletivo no nosso ordenamento jurídico, de modo que esta previsão traria maior tranquilidade à comunidade jurídica. Leia-se:

> No contexto das concepções doutrinárias compartilhadas pelos juristas brasileiros na década de 1980, já não era fácil fazer prevalecer a ideia de introduzir um sistema de tutela de direitos transindividuais. Pior ainda se ele pudesse prejudicar pessoas que não participara do processo. Ada Pellegrini Grinover expõe esta controvérsia para ao final, concluir expressamente:
>
> "Assim, no juízo de valor que antecedeu à escolha do legislador, verificava-se que a extensão da coisa julgada a terceiros, que não foram pessoalmente parte do contraditório, ofereceria riscos demasiados, calando fundo nas relações intersubjetivas, quando se tratasse de prejudicar direitos individuais; além disso, o esquema brasileiro de legitimação poderia suscitar problemas

---

[36] DIDIER JR; BRAGA; OLIVEIRA, 2016, pp. 533-534.
[37] VITORELLI, 2019, pp. 27 e 28.

de constitucionalidade, na indiscriminada extensão subjetiva do julgado, por infringência ao contraditório.

Foi por isso que o Código de Defesa do Consumidor agasalhou o regime da extensão da coisa julgada a terceiros, que não foram parte do processo, apenas para beneficiá-los".

3.1.11. Extensão da coisa julgada a terceiros

Por ora, não se nega a credulidade de que a coisa julgada somente beneficie terceiros, em razão do desejo do legislador materializado no artigo 506 do Código de Processo Civil ao determinar que a "sentença faz coisa julgada às partes entre as quais é dada, *não prejudicando terceiros*" (itálico nosso).

A conjugação da classificação dos direitos materiais de natureza coletiva com os limites subjetivos da coisa julgada, previstos nos artigos supratranscritos (art. 81 e 103 do CDC), resulta, entre outras, nas seguintes conclusões:

a) O transporte da coisa julgada para outra ação, seja individual ou coletiva, só ocorre *in utilibus*, isto é, para favorecer (art. 103, § 3º do CDC e 506, CPC).

b) No aspecto individual, não há transferência da coisa julgada coletiva de sentença de improcedência, pois nunca poderá prejudicar outros legitimados ativos, salvo com relação ao assistente litisconsorcial, o qual ficará sujeito aos efeitos da coisa julgada, ainda que lhe prejudique, porquanto foram parte na ação e não porque são terceiros (art. 103, parágrafo 2º, do CDC).

c) As ações coletivas não produzem litispendência para as ações individuais, porém, os efeitos da coisa julgada também não beneficiarão os autores de ações individuais, se não for requerida a sua suspensão no prazo de trinta dias, a contar da ciência nos autos do ajuizamento da ação coletiva (art. 104, CDC).

d) Quando se trata de direitos difusos, a coisa julgada terá efeitos *erga omnes*, valendo para todos (limite subjetivo) no caso de julgamento de procedência ou improcedência. A exceção se dará quando for julgada improcedente por falta de provas, hipótese que poderá ser novamente proposta com base em novas provas (inciso I, art. 103, CDC). Ressalta-se que a decisão por improcedência será *erga omnes* enquanto não for proposta ação individual, visto que não se estende para prejudicar os legitimados ordinários.

e) No caso de direitos coletivos em sentido estrito, tratado no inciso II do artigo 103 do CDC, aplica-se o mesmo raciocínio, com a diferença de que os limites subjetivos da coisa julgada será *ultra partes*, limitadamente ao grupo, categoria ou classe. Frise-se que a decisão de improcedência da ação coletiva por insuficiência de prova também não fará coisa julgada à vista de novas provas.

f) No caso de direitos transindividuais, que são os difusos ou coletivos em sentido estrito, se a coisa julgada é *erga omnes*, no caso de decisão procedente ou improcedente com análise de mérito e esgotamento de provas, nenhum outro legitimado coletivo poderá intentar outra ação coletiva. Se for julgada improcedente e da análise da decisão se vislumbrar que assim o foi por insuficiência de lastro probatório para embasar uma decisão de procedência, o legitimado coletivo poderá ajuizar ação com idêntico fundamento.

g) Por último, ao cuidar dos direitos individuais homogêneos, o inciso III, do artigo 103 do CDC, estabelece que a decisão fará coisa julgada *erga omnes*, apenas no caso de procedência do pedido, para beneficiar todas as vítimas e seus sucessores.

No entanto, com relação aos direitos individuais homogêneos, o Código de Defesa do Consumidor não foi nada claro sobre se, no caso de decisão de improcedência por insuficiência de prova, ou até mesmo com esgotamento do lastro probatório, a coisa julgada obstaria a propositura de nova ação coletiva com base em novas provas.

3.1.12. A coisa julgada no caso do medicamento VIOXX. Indagações sobre a coisa julgada nos direitos individuais homogêneos

Após rememorar-se estes institutos, faz-se necessário contextualizá-los no caso concreto.

O caso do medicamento VIOXX, na doutrina tradicional, diz respeito aos direitos individuais homogêneos, pois decorre de uma origem comum: a possibilidade de ter causado efeitos colaterais, como derrame e ataque cardíaco, ou até morte aos consumidores do medicamento.

Segundo Didier Jr.; Braga e Oliveira[38], os direitos individuais homogêneos:

> [...] têm em comum "a procedência, a gênese na conduta comissiva ou omissiva da parte contrária, questões de direito ou de fato que lhes conferem características de homogeneidade, revelando, nesse sentir, prevalência de questões comuns e superioridade na tutela coletiva.

Pois bem. Em se tratando de uma ação coletiva que visa tutelar direitos individuais homogêneos, qual o efeito da coisa julgada decorrente de sentença ou acórdão de improcedência?

Tem-se a expectativa de se responder a esta indagação lançando mão do regramento jurídico sobre a espécie, ou seja, com o que dispõe o inciso III, do artigo 103 e seu parágrafo 2º, do CDC, que assim regulamentam a coisa julgada em direitos individuais homogêneos:

> III – erga omnes, apenas no caso *de procedência* do pedido, para beneficiar todas as vítimas e seus sucessores, na hipótese do inciso III do parágrafo único do art. 81. [...]
>
> § 2º Na hipótese prevista no inciso III, em caso *de improcedência* do pedido, *os interessados que não tiverem intervindo no processo como litisconsortes* poderão propor ação de indenização a título individual (itálico nosso).

Ocorre que, da leitura do referido texto legal, não se pode inferir, categoricamente, que a coisa julgada decorrente da improcedência da ação coletiva sobre direitos individuais homogêneos proposta por *um legitimado coletivo* incide sobre outra ação coletiva, sequer no caso de improcedência por insuficiência de provas, como ocorre com os direitos transindividuais.

Nesta perspectiva, nota-se que as disposições normativas sobre o tema são bastantes lacônicas, não tendo a potência de, por si só, permitirem ao aplicador do direito subsumir um caso concreto ao texto legal, para solucionar a questão dos efeitos da coisa julgada da decisão de improcedência

---

[38] DIDIER JR; BRAGA; OLIVEIRA, 2016, p. 72.

do pedido sobre uma segunda ação coletiva proposta pelo *mesmo legitimado coletivo ou por outro*.

Ressalta-se que, sob o aspecto individual, *mister* transcrever a lição de Antonio Gidi[39]: "a tutela individual do direito individual é irremovível do cidadão por uma garantia constitucionalmente assegurada (CF, art. 5º, XXXV)". Está-se a tratar, portanto, da tutela coletiva do direito individual.

3.2. Do julgamento – O voto vencido do Relator, Ministro Paulo de Tarso Sanseverino

Infere-se da leitura do voto do Relator do recurso especial, Ministro Paulo de Tarso Sanseverino, ao julgar a ação do VIOXX, que, para ele, o cerne da questão em debate seria se os efeitos da decisão de improcedência de ação coletiva, na qual se discutiram direitos individuais homogêneos, atingiria ação civil pública idêntica, ajuizada por outro legitimado coletivo, em outro Estado da federação.

Em outras palavras, a questão central seria se a decisão proferida pelo Tribunal de Justiça do Rio de Janeiro produziria efeito *erga omnes* dentro e fora dos limites da competência territorial daquele órgão prolator.

Advertiu que, a sentença de improcedência em referência não teria eficácia *erga omnes*, em virtude do disposto nos artigos 103, III, e 81, III, do CDC, aplicáveis aos direitos individuais homogêneos. O artigo 103, I do mesmo diploma legal, o qual fundamentou o *decisum*, incidiria somente em processos que versassem sobre direitos difusos.

Isto porque, em se tratando de direitos individuais homogêneos, que seriam aqueles decorrentes de uma origem comum "(vítimas de infarto do miocárdio resultante do uso do medicamento "VIOXX")", somente haveria efeito *erga omnes* nas hipóteses de procedência do pedido.

Assim sendo, se a primeira ação foi julgada improcedente, não haveria por que se falar em eficácia *erga omnes* em relação à outra ação coletiva, com o mesmo objeto, posteriormente ajuizada.

Acrescentou, ainda, que o inciso III do artigo 103 do CDC se diferencia dos incisos anteriores porque não contempla a hipótese de improcedência por insuficiência de provas. O referido artigo se refere somente ao caso de procedência do pedido, de modo que, se a decisão for de improcedência, não se estenderá à nova ação proposta para tutelar os mesmos interesses.

---

[39] GIDI, 1995, p. 68.

Concluiu, então, que o acórdão recorrido incorreu em *error in iudicando* ao aplicar o inciso I do artigo 103 do Código de Defesa do Consumidor, e não a regra do inciso III do mesmo dispositivo.

Argumentou, também, que, mesmo se a hipótese do inciso I do artigo 103 do CDC incidisse no caso concreto, ainda assim a decisão da primeira ação não produziria efeitos *erga omnes*, pois teria se dado por insuficiência de provas.

Esta argumentação foi justificada com a observação de que a primeira demanda coletiva foi ajuizada em 2004, com amparo em reportagens da época, sendo que a segunda ação foi movida em 2009, quando já havia elementos probatórios mais robustos.

O relator, em seu voto, também interpretou o artigo 16 da Lei da Ação Civil Pública no sentido defendido pelo recorrente, ou seja, no de que essa regra processual, além de estabelecer limitação territorial para as decisões em processo coletivo, deixaria expresso limites para a eficácia da sentença de improcedência por insuficiência de provas prolatada em ação coletiva.

Ao final, votou pelo provimento do recurso especial para rejeitar a preliminar de coisa julgada, determinando o retorno dos autos à origem para regular processamento e julgamento da segunda ação coletiva. Esta posição restou vencida no julgamento do recurso especial.

3.3. Comentários a solução apresentada pelo Ministro Relator com relação ao artigo 16 da Lei de Ação Civil Pública

No tocante ao artigo 16 da Lei de Ação Civil Pública, este foi trazido ao voto como sendo aplicável em relação à sua primeira parte: "A sentença civil fará coisa julgada *erga omnes*, nos limites da competência territorial do órgão prolator".

Em decisão mais recente, no julgamento do REsp nº 1.114.035/PR, o STJ mais uma vez formou precedente no sentido de a autoridade da sentença coletiva ter eficácia para além dos limites territoriais do órgão julgador. Cabe dar destaque à fundamentação utilizada para tanto[40], por seu conteúdo didático:

---

[40] REsp 1114035/PR, Rel. Ministro Sidnei Beneti, Rel. p/ Acórdão Ministro João Otávio de Noronha, Terceira Turma, julgado em 07/10/2014, DJe 23/10/2014.

A sentença e o Acórdão expressamente reconheceram caráter nacional à coisa julgada formada no julgamento. Essa conclusão, que já se sustentava pelos motivos da sentença e do Acórdão, agora se sustenta, com muito mais razão, visto que a matéria, trazida a julgamento pela ora Recorrente a esta Corte, cujos julgamentos possuem validade na interpretação do Direito Federal infra-constitucional para todo o País, é, no julgamento desta Corte proclamada, quer dizer, vale para todo o território nacional – e assim deve ser, porque esta Corte é exatamente destinada, em termos constitucionais, a firmar a jurisprudência infra-constitucional com efeito em todo território nacional. Frise-se que a formação de coisa julgada nacional pela palavra final infra-constitucional do Superior Tribunal de Justiça é absolutamente necessária para a eliminação da insegurança jurídica no país. A Própria unidade do Direito Nacional restaria destruída caso a admitido que a interpretação dos mesmos dispositivos infra-constitucionais restasse diversa em casos idênticos, dependendo dos limites da competência dos Tribunais ou Juízos de origem. Ademais, caso se concluísse pelo contrário, estariam frustrados os elevados propósitos que levaram à instituição da Ação Civil Pública no Direito Brasileiro – e para todo o País, por lei nacional, para proclamação de interpretação da lei válida para todo o âmbito da competência jurisdicional do órgão prolator – que, no caso do Superior Tribunal de Justiça, é todo o território nacional. Atente-se, ademais, à própria evolução dos precedentes desta corte sobre o caráter nacional da coisa julgada em ação civil pública de âmbito federal. Os primeiros precedentes que se formaram nesta Corte Superior, são no sentido de que os efeitos da sentença, na ação civil pública, ficam restritos aos limites da competência territorial do órgão prolator. Nesse sentido: AgRg nos EREsp 253589/SP, Corte Especial, Rel. Min. LUIZ FUX, DJE de 01/07/2008; EREsp 293407/SP, Corte Especial, Rel. Min. JOÃO OTÁVIO DE NORONHA, DJ de 01/08/2006; EREsp 399.357/SP, Segunda Seção, Rel. Min. FERNANDO GONÇALVES, DJe de 14/12/1999.

Verifica-se, no entanto, que a posição da Corte tem evoluído na compreensão da questão. Entende-se, agora, que o legislador teria confundido os conceitos de "coisa julgada" e "eficácia da sentença".

Em 19/11/2011, no julgamento do REsp 1.243.887/PR, Corte Especial, Relator o E. Ministro LUIS FELIPE SALOMÃO, vêm as seguintes ponderações de inteira procedências:

A bem da verdade, o art. 16 da LACP baralha conceitos heterogêneos – como coisa julgada e competência territorial – e induz a interpretação, para os mais apressados, no sentido de que os "efeitos" ou a "eficácia" da sentença podem ser limitados territorialmente, quando se sabe, a mais não poder, que coisa julgada – a despeito da atecnia do art. 467 do CPC – não é "efeito" ou "eficácia" da sentença, mas qualidade que a ela se agrega de modo a torná--la "imutável e indiscutível". É certo também que a competência territorial limita o exercício da jurisdição e não os efeitos ou a eficácia da sentença, os quais, como é de conhecimento comum, correlacionam-se com os "limites da lide e das questões decididas" (art. 468, CPC) e com as que o poderiam ter sido (art. 474, CPC) – tantum judicatum, quantum disputatum vel disputari debebat. A apontada limitação territorial dos efeitos da sentença não ocorre nem no processo singular, e também, como mais razão, não pode ocorrer no processo coletivo, sob pena de desnaturação desse salutar mecanismo de solução plural das lides. A prosperar tese contrária, um contrato declarado nulo pela justiça estadual de São Paulo, por exemplo, poderia ser considerado válido no Paraná; a sentença que determina a reintegração de posse de um imóvel que se estende a território de mais de uma unidade federativa (art. 107, CPC) não teria eficácia em relação a parte dele; ou uma sentença de divórcio proferida em Brasília poderia não valer para o judiciário mineiro, de modo que ali as partes pudessem ser consideradas ainda casadas, soluções, todas elas, teratológicas. A questão principal, portanto, é de alcance objetivo ("o que" se decidiu) e subjetivo (em relação "a quem" se decidiu), mas não de competência territorial.

Todavia, consoante citado no item 3.1.2 supra, o STJ estava se posicionando em sentido contrário, ou seja, pela inaplicabilidade do art. 16 da LACP e, atualmente, todos os processos em andamento sobre o tema estão suspensos pelo STF (RE 1.101.937).

3.4. A solução apresentada pelo Ministro Relator com relação aos efeitos da coisa julgada

O Exmº Min. Rel. Paulo Sanseverino[41] soluciona o caso concreto interpretando literalmente o disposto na legislação. Traz à baila alguns conceitos inerentes ao tema, com os quais já se trabalhou neste artigo, para a melhor compreensão da racionabilidade da conclusão do seu voto.

---

[41] STJ, REsp nº 1302596 / SP (2012/0004496-3), Rel. Min. Paulo de Tarso Sanseverino, 01 fev. 2016.

Partindo da disciplina normativa e doutrinária exposta, vê-se que o Ministro Relator entendeu que, diante de direitos individuais homogêneos, uma ação coletiva transitada em julgado com julgamento de mérito pela improcedência por insuficiência de prova, não induziria coisa julgada para outra ação intentada por outro legitimado coletivo.

Vai mais além. Com base no raciocínio do eminente Relator, mesmo no caso de análise de prova, outro legitimado coletivo poderia ingressar com outra ação com base em novo material probatório.

Trilhando a indução do Ministro Paulo Sanseverino ao fundamentar sua decisão, nota-se que a ação civil pública examinada foi proposta com lastro probatório maior do que o que embasou a primeira ação coletiva julgada improcedente.

Latente a este raciocínio do Relator, está o significado de que poderia ser ajuizada idêntica ação por outro legitimado coletivo com base em provas mais robustas.

O efeito prático da mencionada afirmação é o de que a coisa julgada não transporta efeitos para outros legitimados no caso de improcedência de ação coletiva cujo objeto sejam direitos individuais homogêneos, caracterizando-se seu modo de formação como, em regra, *secundum eventum litis* e somente entre as partes na qual é dada.

À luz de tais considerações, *mister* revisitar o artigo 103 do CDC para perceber que não há regulamentação abstratamente expressa a respeito de como o intérprete da norma deve aplicar, em concreto, os efeitos da coisa julgada de improcedência a um segundo processo coletivo idêntico.

Apesar de o legislador desejar regular hipoteticamente os efeitos da coisa julgada em todas as categorias de direitos de natureza coletiva, seja em caso de procedência ou de improcedência, no caso de direitos individuais homogêneos, não alcançou o seu intento.

Nota-se que, com relação aos direitos transindividuais, foram regulados os efeitos da coisa julgada em ações julgadas improcedentes com suficiência e com insuficiência de provas, mesmo que doutrinariamente se encontre críticas no sentido de que, concretamente, a coisa julgada nestas categorias produzem efeitos diversos da intenção buscada pela previsão normativa sobre tema.

Por outro lado, com relação aos direitos individuais homogêneos, o legislador não inseriu no direito positivo regra expressa aplicável aos direitos individuais homogêneos em caso de improcedência de ação coletiva, motivo pelo qual o intérprete está impossibilitado de extrair diretamente da norma como se comportam os efeitos da coisa julgada neste aspecto.

Logo, na ausência de regras, ou de princípios a serem extraídos da legislação ou diretamente da Constituição Federal, a interpretação da temática pelo julgador poderá ser múltipla e, ainda, poderá dar ensejo a decisões contraditórias.

Foi o que aconteceu no caso do VIOXX. A sentença na ação originária, que foi a segunda proposta sobre o caso no Brasil, assim como em várias das que se seguiram em outros entes da federação, foi tomada com base no artigo 103, I, do CDC, referente a direitos difusos.

O acórdão do Tribunal de Justiça de São Paulo, que julgou recurso de apelação da segunda ação, a ajuizada pelo Instituto QMF, também foi proferido com base no mesmo dispositivo legal.

Entretanto, o voto proferido pelo Ministro Relator, vencido no julgamento, foi em sentido diverso, ou seja, no da não existência de coisa julgada apta a produzir efeitos obstativos da segunda ação, em virtude da aplicação do inciso III, do artigo 103 do CDC aos direitos individuais homogêneos.

A decisão consubstanciada no voto vencedor, apesar de concordar com as premissas do voto vencido, concluiu de maneira diametralmente oposta sobre os efeitos da coisa julgada com relação a terceiros no caso dos direitos individuais homogêneos, mesmo com base no inciso III, do artigo 103 do CDC. Vejamos.

3.5. Do julgamento. O voto vencedor: Ministro Ricardo Villas Boas
Em seu voto, o Ministro vencedor concordou com o Relator quanto ao enquadramento dos direitos defendidos na categoria de individuais homogêneos, porquanto decorrentes de origem comum, qual seja, o consumo de produto apontado como defeituoso.

Os votos se harmonizaram também com relação à incidência das disposições do inciso III do art. 103 do Código de Defesa do Consumidor ao caso, bem como em não aplicar as normatizações atinentes aos direitos difusos e coletivos, previstas, respectivamente, nos incisos I e II do mesmo artigo, pois ambos estavam de acordo, como antes dito, a respeito do processo versar sobre direitos individuais homogêneos.

Entretanto, a contraposição do voto vencedor se deu na seguinte questão: após o trânsito em julgado de decisão que julgou improcedente ação coletiva para a defesa de direitos individuais homogêneos, seria possível a repetição da demanda coletiva com o mesmo objeto, proposta por outro legitimado coletivo, em diferente estado da federação?

Para o voto vencedor, "a leitura açodada do disposto no inciso III do artigo 103 poderia levar à equivocada conclusão de que apenas a procedência da ação coletiva emanaria efeitos capazes de obstar a reproposítura de demanda coletiva idêntica"[42], como conclui o eminente Relator.

A lógica adotada é a de que a interpretação da norma do inciso III, do artigo 103 do CDC, supramencionado, deve se dar com a observância do que estabelece o seu § 2º.

Embasa, este seu posicionamento, na doutrina de Antonio Gidi[43], transcrevendo, entre outros trechos o que se segue:

> Se esse dispositivo ressalva aos 'interessados que não tiverem intervindo no processo como litisconsortes' a possibilidade de propor a sua ação individual é porque, contrário sensu, aqueles interessados que intervieram, aceitando a convocação do edital a que se refere o art. 94, são atingidos pela coisa julgada inter partes. Além disso, é atingida pela coisa julgada ultra partes toda a comunidade de vítimas titular dos direitos individuais homogêneos, já que a pretensão coletiva dos seus direitos individuais não pode mais ser levada a juízo, e a mesma ação coletiva não pode mais ser reproposta por nenhum dos legitimados do art. 82. Fica obstada definitivamente, assim, a tutela coletiva desses direitos individuais.[44]

Portanto, o voto vencedor abraça a ideia, muito bem abalizada, de que nas

> [...] ações coletivas intentadas para a proteção de interesses ou direitos individuais homogêneos, a sentença fará coisa julgada *erga omnes* apenas no caso de procedência do pedido. No caso de improcedência, os interessados

---

[42] STJ, REsp nº 1302596 / SP (2012/0004496-3), Rel. Min. Paulo de Tarso Sanseverino, 01 fev. 2016.

[43] *Ibid, apud* GIDI, Antonio. Coisa julgada e litispendência em ações coletivas. São Paulo: Saraiva, 1995, pp. 139-142.

[44] STJ, REsp nº 1302596 / SP (2012/0004496-3), Rel. Min. Paulo de Tarso Sanseverino, 01 fev. 2016.

que não tiverem intervindo no processo como litisconsorte poderão propor ação de indenização *a título individual*. (itálico nosso).[45]

Assim sendo, encontra na doutrina o respaldo para ir além da norma, acrescentando ao mundo jurídico os efeitos da coisa julgada no caso de improcedência de ação coletiva que proteja direitos individuais homogêneos.

O Ministro Ricardo Villas Boas justifica a distinção de tratamento conferido aos direitos individuais homogêneos na suposição de que os legitimados coletivos não estão tão distantes dos fatos, como no direito difuso e coletivo. Isto porque, o mecanismo de convocação dos interessados, previsto no artigo 94 do CDC[46], dá a oportunidade de todos participarem da instrução processual.

Para melhor elucidação de seu pensamento, rememora o histórico da introdução desta categoria de direito no ordenamento jurídico, com o escopo de iluminar sua característica essencial, de um conjunto de direitos subjetivos individuais, que atrai o procedimento processual da convocação prevista no artigo 94 do CDC, que faz com que este tipo de direito esteja submetido a uma representação mais fidedigna.

Eis suas exatas palavras:

> A tutela dos interesses individuais homogêneos não era prevista na Lei de Ação Civil Pública (Lei nº 7.347/1985) que cuidava apenas dos direitos difusos e coletivos. A sua defesa foi instituída no Brasil pelo Código de Defesa do Consumidor sob a inspiração da *class action for damages* do direito norte-americano na busca da proteção coletiva de vítimas de um evento danoso comum a vários consumidores (Conforme: BENJAMIN, Antônio Herman. Manual de direito do consumidor. 2 ed. São Paulo: Revista dos Tribunais, 2009, pág. 388).
>
> Em verdade, trata-se de mecanismo de facilitação da defesa dos direitos de vítimas de um evento de origem comum que, embora sejam tuteláveis de forma coletiva, não perdem a natureza de direitos subjetivos individuais [...]

---

[45] *Ibid*

[46] Art. 94 – Proposta a ação, será publicado edital no órgão oficial, a fim de que os interessados possam intervir no processo como litisconsortes, sem prejuízo de ampla divulgação pelos meios de comunicação social por parte dos órgãos de defesa do consumidor.

Tendo em vista essa característica, exclusiva dos direitos individuais homogêneos – de um conjunto de direitos subjetivos individuais –, é que, conforme previsão do artigo 94 do Código de Defesa do Consumidor, proposta a ação coletiva, deverá ser dada, por meio de publicação de edital [...]

Além disso, nas demandas para defesa de direitos difusos e coletivos há um natural maior distanciamento dos fatos e das provas pelos legitimados do que quando se trata de direitos individuais homogêneos, o que justifica a propositura de nova demanda coletiva quando surja prova nova mais robusta capaz de alterar a cognição sobre a matéria apenas nos primeiros casos.

Nas ações coletivas para a defesa de direitos individuais homogêneos, por outro lado, não se justifica a repetição da ação quando aferida sua improcedência por insuficiência de provas. Isto porque, em tais casos, é conferida a todos os possíveis interessados no deslinde da controvérsia a oportunidade de participar ativamente da instrução processual.[47]

O efeito prático desta interpretação é o de que não caberá propositura de nova ação coletiva por qualquer dos colegitimados, somente "resguardo do direito individual dos atingidos pelo evento danoso"[48], porquanto o legitimado coletivo, nesta hipótese, estaria, supostamente, melhor subsidiado pelos titulares do direito individual.

Sob este aspecto, retoma-se a lição de Antonio Gidi[49], no sentido de que, em casos como estes, somente "a *tutela coletiva* do direito individual fica trancada; porque a tutela individual do direito individual é irremovível do cidadão por uma garantia constitucionalmente assegurada (CF, art. 5º, XXXV)" (itálico nosso).

O Ministro Ricardo Vilas Boas, então, passa a explicar o porquê de ele considerar que o legislador quis diferenciar a forma de extensão a terceiros da coisa julgada nos direitos individuais homogêneos.

Para a compreensão em toda plenitude do entendimento do eminente Ministro, por uma questão de didática, reproduz-se a lição por ele citada que dá desfecho a seu voto:

---

[47] STJ, REsp nº 1302596 / SP (2012/0004496-3), Rel. Min. Paulo de Tarso Sanseverino, 01 fev. 2016.
[48] *Ibid*
[49] GIDI, 1995, p. 68.

Isto assim é porque nas duas primeiras hipóteses inexiste colaboração possível, ou, ao menos, um 'convite' para que os interessados, propriamente ditos, possam atuar. Consequentemente, é possível e plausível que venha a surgir nova prova, porque a cognição dos legitimados do art. 82 é ou pode ser, por certo, compreensivelmente limitada, pela circunstância de maior distanciamento dos fatos e, pois, das possíveis provas a esses referentes.

Já no caso do art. 103, inciso III, em face da regra do art. 94, há uma intimação e 'convite/convocação', o mais amplo possível, para que os interessados compareçam pessoal e diretamente ao litígio. Desta forma, sendo estes os 'senhores' dos fatos e, em última análise do interesse ou do direito, e, devendo ser também os maiores interessados em comparecer, não se justifica a repetição de outra (na verdade, da mesma) ação coletiva, ainda que tenha havido improcedência por insuficiência de prova, quanto mais na hipótese de improcedência, pura e simples, quando nesta ação coletiva possivelmente muitos interessados litigaram direta e pessoalmente. E, se não litigaram, tiveram a possibilidade de o fazer (art. 94).

Por isto é que, no plano desta ação coletiva, se opera sempre coisa julgada, seja caso de procedência, seja de improcedência e mesmo que a ação tenha tido esse resultado de improcedência em face de insuficiência de prova [...]

Neste caso, a coisa julgada só atinge os legitimados de que trata o art. 82 (e os que foram litisconsortes) na precedente ação coletiva [...]

O texto do art. 103, inciso III, se linguisticamente lido, poderia suscitar dúvida. Isto porque se aí se diz que há coisa julgada 'erga omnes', apenas no caso de procedência do pedido, para beneficiar todas as vítimas..., poder-se-ia, 'a contrario sensu', concluir que, no caso de improcedência (já que o objetivo seria 'apenas' o de beneficiar), inocorreria coisa julgada em relação à ação coletiva. Isto conduziria à implicação – se assim fosse – de que a mesma ação coletiva poderia ser novamente movida. Como a conclusão é dogmaticamente inaceitável e, tendo-se presente que, quando o legislador quis (e, o fez nos termos em que o quis) excluir a ocorrência de coisa julgada, o fez claramente (incisos I e II, deste art. 103), deve-se entender que há sempre coisa julgada.

Para se explicar então o *'erga omnes'*, há de se entender a expressão com o sentido de que, se procedente, o benefício se estende a todos ou seja, todos os que são titulares de interesses ou direitos homogêneos. Mas, se improcedente, há a coisa julgada, mas tomada, agora a expressão somente com o sentido de se referir ao(s) legitimado(s) que atuaram no processo, ou que nesse poderiam tê-lo feito também (i.e., os do art. 82)[50].[51]

Por fim, negou provimento ao recurso especial, porquanto, para ele, decidiu bem o Tribunal local que manteve a sentença de extinção do processo sem resolução do mérito, conquanto identificada a ocorrência de coisa julgada.

4. A necessidade de reconstrução do pensamento de que a correta definição e alcance de todos os institutos que versem sobre processo civil coletivo devam partir da categorização do direito material

O sistema processual coletivo foi construído a partir da categorização dos direitos materiais, de modo que os institutos processuais civis, até então moldados a direitos subjetivos individuais, ganharam contornos de acordo com as particularidades dos direitos abstratamente previstos.

Desta forma, a legislação brasileira, com a contribuição de grandes nomes como José Carlos Barbosa Moreira, Ada Pellegrini Grinover e Waldemar Mariz de Oliveira Junior, como lembrado por Vitorelli[52], construiu um processo legal coletivo adaptando institutos como competência, legitimidade, coisa julgada e execução, às classificações dos direitos coletivos para que pudessem ter a devida tutela jurisdicional.

Portanto, para que se possa entender o caso VIOXX, necessário se compreender a construção do microssistema de direitos coletivos, especialmente com relação aos direitos individuais homogêneos.

Entrementes, ao se estudar a construção do sistema, descortina-se a premência de se reconstruir estes conceitos básicos do processo legal coletivo para contribuir com o escopo do ordenamento jurídico de possibilitar uma proteção jurisdicional coletiva que se aproxime da realidade, buscando a efetivação da Justiça.

---

[50] STJ, REsp nº 1302596 / SP (2012/0004496-3), Rel. Min. Paulo de Tarso Sanseverino, 01 fev. 2016, ALVIM NETTO, José Manoel de Arruda. Código do Consumidor Comentado. 2. Ed. São Paulo: Revista dos Tribunais, 1995, pp.467-471.

[51] STJ, REsp nº 1302596 / SP (2012/0004496-3), Rel. Min. Paulo de Tarso Sanseverino, 01 fev. 2016.

[52] VITORELLI, 2019.

4.1. Entendendo o voto vencedor de acordo com o processo legal coletivo

Percebe-se, no julgamento do caso VIOXX, que os julgadores concordaram que a hipótese em exame se tratava de direitos individuais homogêneos, conceituado no inciso III do parágrafo único do artigo 81 do CDC como "interesses ou direitos individuais homogêneos, assim entendidos os decorrentes de origem comum".

Os direitos individuais homogêneos foram inseridos no ordenamento jurídico através do Código de Defesa do Consumidor. Até então, esses direitos eram incluídos na esfera de abrangência dos direitos difusos[53].

Sem esta criação do CDC, não seria possível a tutela coletiva "de direitos individuais com natural dimensão coletiva em razão de sua homogeneidade, decorrente da massificação/padronização das relações jurídicas e das lesões daí decorrentes"[54].

Acontece que, como dito anteriormente, o CDC foi bastante lacônico ao cuidar dos direitos individuais homogêneos, diferentemente de como tratou os direitos difusos e coletivos, também denominados coletivos em sentido estrito.

Diante deste cenário, para dar solução aos litígios coletivos tendo por base estes direitos, como é o caso do VIOXX, o julgador necessita se valer da doutrina, da jurisprudência e das normas fundamentais a respeito da tutela coletiva.

Nessa leitura, evidencia-se que a classificação dos direitos coletivos está intimamente ligada aos efeitos dos institutos processuais, *apesar de não haver nenhuma diferenciação entre seus ritos processuais.*

Desta feita, a depender de como se entenda os direitos individuais homogêneos, os institutos processuais civis correlatos incidirão e darão os contornos da maneira pela qual a tutela jurisdicional poderá ser decidida.

Assim sendo, ao se adotar a classificação de Barbosa Moreira[55] – e entender os direitos individuais homogêneos como direitos acidentalmente coletivos, portanto, "'genuínos direitos subjetivos individuais" que apresentam 'características de direitos pertencentes a pessoas determi-

---

[53] GIDI, 1995, p. 24.
[54] DIDIER JR., ZANETI JR., 2016, p. 71.
[55] BARBOSA MOREIRA, 1984.

nadas, que sobre eles mantém o domínio jurídico"[56] – o processo atrairá os efeitos atinentes a direitos individuais coletivamente tratados.

Ao passo que, se o julgador adotar o entendimento de que estes caracterizam genuínos direitos coletivos, incidirá o mesmo regramento dos direitos transindividuais.

Contudo, a visão mais adotada é a dos direitos individuais homogêneos como uma categoria autônoma, como foi no caso em exame.

Filiados à doutrina tradicional, tanto o Ministro Sanseverino, quanto o Ministro Villas Boas, sentiram a necessidade de dar tratamento diverso à sentença de improcedência nos direitos individuais homogêneos do que o dado pelo CDC aos direitos difusos e coletivos, tidos por Barbosa Moreira[57] como naturalmente coletivos.

Notadamente, mesmo concordando com a categorização do direito, os ministros, e aqueles que seguiram seus votos, tiveram dificuldades em criar uma solução para a hipótese, de modo que, partindo de premissa similar, chegaram a conclusões contrapostas. Realmente a questão era complexa.

O voto vencido concluiu que não se aplicaria aos direitos individuais homogêneos, o regramento dos direitos transindividuais. Por esta razão, a sentença de improcedência, que faria coisa julgada nos direitos transindividuais, não teria este mesmo efeito nos direitos individuais homogêneos. Desta forma, com relação a eles, independentemente da dimensão do exame da prova, a sentença de improcedência não produziria coisa julgada coletiva *erga omnes*.

Sob outra perspectiva, o voto vencedor conferiu solução ao processo no sentido de que sempre a sentença de improcedência faria coisa julgada que se estenderia a outro legitimado coletivo, inclusive em caso de insuficiência de prova. Isto é, a sentença de improcedência, em qualquer hipótese, produziria coisa julgada *erga omnes*, diferentemente do que acontece nos direitos transindividuais.

Isto porque, para o Ministro Villas Boas, nas lides que visam proteger direitos individuais homogêneos, há a possibilidade de maior participação do titular do direito no processo, em decorrência da previsão do artigo 94 do CDC.

[56] ZAVASCKI, 2007, p. 43.
[57] BARBOSA MOREIRA, 1984.

13. O CASO DO MEDICAMENTO VIOXX

Neste momento, importante repisar as palavras que fundamentaram este posicionamento, constantes no voto vencedor:

"A tutela dos interesses individuais homogêneos não era prevista na Lei de Ação Civil Pública (Lei nº 7.347/1985) que cuidava apenas dos direitos difusos e coletivos. A sua defesa foi instituída no Brasil pelo Código de Defesa do Consumidor sob a inspiração da *class action for damages* do direito norte-americano na busca da proteção coletiva de vítimas de um evento danoso comum a vários consumidores (Conforme: BENJAMIN, Antônio Herman. Manual de direito do consumidor. 2 ed. São Paulo: Revista dos Tribunais, 2009, pág. 388).

Em verdade, trata-se de mecanismo de facilitação da defesa dos direitos de vítimas de um evento de origem comum que, embora sejam tuteláveis de forma coletiva, não perdem a natureza de direitos subjetivos individuais [...]

Tendo em vista essa característica, exclusiva dos direitos individuais homogêneos – de um conjunto de direitos subjetivos individuais –, é que, conforme previsão do artigo 94 do Código de Defesa do Consumidor, proposta a ação coletiva, deverá ser dada, por meio de publicação de edital [...]

Além disso, nas demandas para defesa de direitos difusos e coletivos há um natural maior distanciamento dos fatos e das provas pelos legitimados do que quando se trata de direitos individuais homogêneos, o que justifica a propositura de nova demanda coletiva quando surja prova nova mais robusta capaz de alterar a cognição sobre a matéria apenas nos primeiros casos.

Nas ações coletivas para a defesa de direitos individuais homogêneos, por outro lado, não se justifica a repetição da ação quando aferida sua improcedência por insuficiência de provas. Isto porque, em tais casos, é conferida a todos os possíveis interessados no deslinde da controvérsia a oportunidade de participar ativamente da instrução processual."[58]

A fundamentação trazida neste voto se filia ao entendimento de que a titularidade do direito material, nos direitos individuais homogêneos, "pertencem a uma comunidade formada de pessoas perfeitamente individualizadas, que também são indeterminadas e determináveis"[59],

---

[58] STJ, REsp nº 1302596 / SP (2012/0004496-3), Rel. Min. Paulo de Tarso Sanseverino, 01 fev. 2016.
[59] GIDI, 1995, p. 22.

características que os direitos individuais homogêneos receberam quando foram abstratamente categorizados.

4.2. Reflexos da titularidade do direito coletivo no julgamento do processo coletivo, especificamente no caso VIOXX

A titularidade do direito material consubstancia um critério, trazido por Gidi[60], de diferenciação, sob o aspecto subjetivo, entre os direitos transindividuais – difusos e coletivos em sentido estrito – e os direitos individuais homogêneos.

Fazendo um parênteses, pois este assunto ainda será objeto do tópico 4.5, aqueles que concebem os direitos individuais homogêneos como direitos coletivos, perceberam que, para o processo coletivo, a questão de *titulares individuais determinados*[61] é irrelevante. Por este motivo, atribuiriam solução diversa à demanda do que a dada no voto vencedor, ao menos quanto à fundamentação.

Um enfoque novo à questão, é conferido por Vitorelli[62], o qual fornece maior soma de motivos para a condução da solução ao processo se dar, não com base na classificação trazida pelo CDC, mas em uma teoria unificada dos litígios coletivos, o que representaria o fim dos direitos individuais homogêneos como categoria autônoma.

Ressalta-se que, pela teoria de Vitorelli, "quando se reconceitua a titularidade dos direitos transindividuais, deixa de existir esta característica diferenciadora", porquanto em todas as classificações, o direito pertenceria a pessoas, mais ou menos identificáveis[63].

Como estas últimas Teorias poriam fim ao litígio, ganhará significado no tópico próprio.

Por enquanto, enfatiza-se que a questão da solução da controvérsia dependerá de como se entendem os direitos individuais homogêneos, principalmente com relação ao aspecto subjetivo relativo à sua titularidade. Se verdadeiros direitos coletivos na fase de conhecimento do processo ou não, ou se essa categorização abstrata de direito deve dar lugar aos contornos do litígio concreto.

---

[60] *Ibid.*
[61] DIDIER JR., ZANETI JR., 2016, p. 78.
[62] VITORELLI, 2019, pp.100-118.
[63] VITORELLI, 2019, p.101.

4.3. Correlacionando o artigo 94 do CDC e a titularidade do direito coletivo como fundamentos do voto vencedor

Seguindo a linha de raciocínio até aqui exposta, *mister* comentar, neste momento, trecho do voto vencedor que faz referência ao artigo 94 do CDC, não sem antes revisitá-lo: "Proposta a ação, será publicado edital no órgão oficial, a fim de que os interessados possam intervir no processo como litisconsortes, sem prejuízo de ampla divulgação pelos meios de comunicação social por parte dos órgãos de defesa do consumidor".

O cotejamento do disposto no artigo supratranscrito com o tema titularidade do direito, evidencia que somente nos direitos individuais homogêneos há a possibilidade de os indivíduos titulares do direito em litígio ingressarem no processo como assistentes litisconsorciais.

Fredie Didier Jr. e Hermes Zaneti Jr.[64], ao lecionarem sobre as características da legitimação coletiva, dizem exatamente isto, que o artigo 94 traz ao processo coletivo a possibilidade de os legitimados individuais ingressarem no feito como assistentes litisconsorciais:

> Há *legitimação extraordinária exclusiva*, se apenas o legitimado extraordinário puder ser a parte principal do processo, cabendo ao protagonista da situação litigiosa, se já não fizer parte da demanda, intervir no processo na condição de assistente litisconsorcial (litisconsorte ulterior). Nas ações coletivas, essa intervenção só é possível quando estiverem sendo discutidos direitos individuais homogêneos (art. 94 do CDC), ressalvando-se a situação da comunidade indígena, já mencionada, que possui legitimação coletiva ordinária. (itálico no original).

Percebe-se que a ideia trazida pelo voto vencedor é a de que, pelo fato de haver a convocação do artigo 94, justificar-se-ia a maior preservação da coisa julgada, já que haveria a possibilidade de outros legitimados influírem na sua formação.

Entretanto, a possibilidade de a sentença de improcedência fazer coisa julgada *erga omnes*, com ou sem suficiência de prova, nos direitos individuais homogêneos, em razão da possibilidade de participação no processo dos indivíduos lesados como assistentes litisconsorciais, não

---

[64] DIDIER JR., ZANETI JR., 2016, p. 183.

implica, necessariamente, que estes direitos sejam tutelados de forma mais adequada. Em outras palavras, que a coisa julgada tenha mais qualidade.

4.4. O artigo 94 do CDC, a possibilidade de participação no processo e a qualidade da coisa julgada

A fórmula adotada pelo CDC no artigo 94 do Código de Defesa do Consumidor, por si só, não tem a potencialidade de elevar a qualidade da decisão judicial.

Indubitavelmente, tem a propriedade de identificar os indivíduos que tiveram seu direito material lesado ou ameaçado de lesão (ao ingressarem na lide como litisconsortes), de permitir decisão conjunta do processo, dada a homogeneidade do direito, bem como de a eles fazer incidir a coisa julgada *inter partes*[65].

A possibilidade de participação de titulares do direito material na lide, de fato, pode levar a decisões judiciais mais precisas, mas não é fator decisivo para tanto.

Vitorelli[66] ao lecionar sobre participação e representação em ações coletivas, especificamente sobre se a participação é capaz de aumentar a precisão das decisões, arremata esta conclusão:

> Afirma-se que a participação permite que as partes exponham suas razões e suas provas o que, "evidentemente", contribuiria para a qualidade da decisão e da implementação do direito material dela decorrente. Mas esse raciocínio trata todos os mecanismos participativos do processo em bloco – postulação, resposta, produção de provas, audiência, recursos – impedindo a avaliação do papel de cada um deles na obtenção de uma decisão precisa. É claro que expor razões e apresentar provas auxilia na obtenção de uma decisão mais adequada. O problema é definir em que medida cada evento processual participativo contribui para esse resultado e qual o seu custo. Se o indivíduo tem deficiências financeiras ou de informações necessárias para a condução do processo, não há motivo para crer que a atribuição a ele próprio da prerrogativa de defender seus direitos seja solução mais eficiente para garantir o resultado materialmente adequado.

---

[65] Isto porque não terá necessidade de transportar os efeitos da coisa julgada, pois efetivamente participaram do processo.

[66] VITORELLI, 2019, p.205.

4.5. A representação adequada no processo coletivo e o artigo 94 do CDC

Nota-se que, na fundamentação do voto vencedor, em verdade, está a se considerar que há, nos processos que versem sobre direitos individuais homogêneos, uma representação mais adequada dos interesses em disputa a legitimar as decisões em processos coletivos, em virtude do disposto no artigo 94 do CDC.

Com todo respeito, este entendimento não se coaduna com a realidade do processo legal coletivo. Explica-se:

> No direito brasileiro, o legislador adotou a legitimação extraordinária no processo coletivo, atribuindo a legitimados, previamente elencados na lei, a representação em juízo dos titulares dos direitos transindividuais e dos individuais homogêneos.

Desta forma, independentemente da categorização do direito coletivo, ou da previsão contida no artigo 94 do CDC, existem questionamentos substanciais à representação adequada no devido processo legal coletivo:

> O cerne do problema está nos limites da representação, seja de direitos pertencentes a uma sociedade composta de indivíduos mais ou menos determinados, seja de direitos concernentes a cada um desses indivíduos. A decisão sobre viabilizar ou não que a tutela do direito seja perseguida por alguém que não é seu titular independe de se definirem categorias abstratas que admitem ou inadmitem, a *priori,* atuação de um representante.[67]

Vale a pena reproduzir os comentários de Vitorelli[68] sobre o devido processo legal no tocante à participação e representação em ações coletivas:

> É exatamente esse elemento que está ausente no processo coletivo. Especialmente no modelo brasileiro, em que o legitimado coletivo nunca é um integrante da sociedade titular do direito, não existe participação no processo coletivo. Ela é vedada, a *contrario sensu,* pelo art. 6º da LACP, no caso dos direitos transindividuais e, mesmo quando se trata de direitos

---

[67] VITORELLI, 2019, p.114.
[68] *Ibid*, pp.119-120.

individuais homogêneos, a disposição do art. 103, § 2º, do CDC impõe um custo excessivamente elevado à participação. Caso opte por participar, o titular do direito será afetado adversamente pela decisão de improcedência, independentemente de quaisquer considerações acerca do efetivo controle sobre o processo que possa ter exercido. Logo, o estímulo racional, oferecido pela lei, é em favor da não participação[69].

Apesar de não ser objetivo deste estudo o aprofundamento na questão da representação adequada na tutela coletiva, é curioso perceber que os consumidores do VIOXX de outros países obtiveram, em muitos processos, nos Estados Unidos principalmente, decisões exitosas, diferentemente do que aconteceu no Brasil, o que faz com que se questione se aqui não houve um problema de representação adequada.

Sobre participação e representação em ações coletivas, este tema foi tratado com maestria na obra de Vitorelli[70], tantas vezes aqui reproduzida, à qual remete-se o leitor para aprofundamento.

De qualquer forma, a previsão legal que existe com relação aos direitos individuais homogêneos – de se dar ampla publicidade à ação coletiva a fim de que os interessados, vítima ou seus sucessores, possam intervir no processo como litisconsortes –, é somente uma particularidade do processo.

O processo coletivo, em todas as categorias adotadas pelo CDC, será exatamente igual, como se verá a seguir.

4.6. A criação dos direitos individuais homogêneos e sua interação processual

Os direitos individuais homogêneos são denominados de acidentalmente coletivos por Barbosa Moreira[71]. A conceituação tradicional de direitos individuais homogêneos caracteriza-o como essencialmente divisíveis, derivados de uma origem comum.

Sua titularidade pertence a cada um dos indivíduos que integram o grupo, que é formado por pessoas indeterminadas, porém determináveis. São coletivamente tratados por uma ficção jurídica, a fim de possibilitar a tutela judicial coletiva destes direitos.

---

[69] *Ibid*, pp.119-120.
[70] *Ibid*, 2019.
[71] BARBOSA MOREIRA, 1984.

Gidi[72] dá um importante destaque a questão:

> [...] tal categoria de direitos representa uma ficção criada pelo direito positivo brasileiro com a finalidade única e exclusiva de possibilitar a proteção coletiva (molecular) de direitos individuais com dimensão coletiva (em massa). Sem essa expressa previsão legal, a possibilidade de defesa coletiva de direitos individuais estaria vedada.

A defesa coletiva destes direitos, então, seria permitida pela homogeneidade decorrente da circunstância de serem os direitos individuais provenientes de uma origem comum, que implicaria em defesas jurídicas similares, bem como na necessidade de os respectivos processos obterem decisões também semelhantes, como sustenta Antônio Gidi[73].

Para o mencionado autor, "é possível associar o conceito de 'origem comum' ao de 'causa de pedir'. As causas de pedir de cada direito individual devem ser, se não exatamente as mesmas, pelo menos similares a ponto de tornar indiferentes, para a apuração em juízo, as peculiaridades de cada caso particular"[74].

Portanto, a homogeneidade desses direitos dá ensejo a causas de pedir similares, porquanto derivam de uma origem comum, que pode ser uma questão de fato ou de direito. Consequentemente, essa circunstância dará ensejo a *teses jurídicas comuns*.

Esta conexidade entre as lides individuais é que, por uma questão de economia processual, acesso à justiça e aplicação voluntária e de autoridade do direito material[75], indica que estes direitos devam ter tratamento molecular através da ação coletiva.

Com relação as peculiaridades de cada caso individual, Antonio Gidi[76] esclarece que estas serão:

> [...] aferidas apenas na fase de liquidação de sentença coletiva, que é verdadeira ação individual em que cada titular do direito individual deverá

---

[72] GIDI, 1995, p. 30.
[73] *Ibid.*
[74] *Ibid*, p. 31.
[75] DIDIER JR., ZANETI JR., 2016, pp. 72-73.
[76] GIDI, 1995, p. 32.

provar não somente o montante do seu crédito, como que efetivamente faz parte da comunidade de vítimas do evento submetido e julgado na referida sentença.

Seguindo este raciocínio, somente na fase de liquidação da sentença coletiva é que a titularidade dos direitos homogêneos assumiria relevo. Nesta fase é que se poderia dizer que a titularidade dos direitos individuais homogêneos seriam determináveis ou determinadas, diante do protagonismo destes indivíduos na execução da sentença. Até então, estes direitos seriam tutelados coletivamente, ou seja, tratados como pertencentes a todos os lesados, indistintamente.

Nas precisas palavras de Antonio Gidi[77]:

> Em que pese os direitos individuais homogêneos serem um feixe de direitos essencialmente divisível, impende consignar que a sua titularidade é da comunidade como um todo, indivisivelmente considerada, composta por diversas vítimas do evento. Da mesma forma, o pedido feito em juízo numa ação coletiva em defesa de direitos individuais homogêneos deve ser para a tutela indivisivelmente considerada do bem. A divisibilidade, perceba-se, somente se manifestará nas fases de liquidação e execução da sentença coletiva.

Fredie Didier Jr. e de Hermes Zaneti Jr.[78] ressaltam que a indivisibilidade dos direitos individuais homogêneos no processo de conhecimento pode ser demonstrada através da possibilidade de os legitimados coletivos executarem a sentença condenatória, revertendo a indenização devida ao Fundo de Defesa dos Direitos Difusos.

Todavia, como bem percebido por Vitorelli[79], levando em consideração o litígio coletivo, sem a preocupação de incluí-lo abstratamente em uma categoria de direito material, sempre se poderá identificar a sociedade titular do direito e, se esta for composta por pessoas determinadas, e a lesão atingi-las diretamente, "é natural que o cumprimento da sentença seja feito em benefício desses indivíduos", concluindo que, a divisibilidade

---

[77] *Ibid*, 31.
[78] DIDIER JR., ZANETI JR., 2016, p. 74.
[79] VITORELLI, 2019, p. 108.

na liquidação e execução da sentença coletiva não decorre do fato de se tratar de direitos individuais homogêneos.

Urge mencionar que, o tratamento atomizado deste direito, através de ações individuais, em regra, implicaria na tramitação conjunta dos processos, manteria a necessidade de obtenção da mesma decisão no tocante à *tese comum*, autorizaria a litigância litisconsorciada e, a rigor, poderiam ser objeto de incidente de resolução de demandas repetitivas e de recurso especial e extraordinários repetitivos.

4.7. A ausência de diferenciação no tratamento processual das categorias do direito coletivo

A partir das considerações feitas no tópico anterior, torna-se fácil a percepção da obtemperação de parte da doutrina ao entendimento tradicional de que os direitos individuais homogêneos são tratados processualmente como de titularidade determinada, com objeto divisível e disponível.

Em verdade, são tratados da mesma forma que os direitos coletivos: em favor de uma coletividade indeterminada e com objeto indivisível. Isto porque, segundo o entendimento exposto, possuem um núcleo comum que é a tese jurídica geral relativa ao direito material em disputa.

Nas palavras de Fredie Didier Jr. e de Hermes Zaneti Jr.[80], o pedido nas ações coletivas será sempre uma "tese jurídica geral" que beneficia a todos, de modo que:

> [...] como corolário desse entendimento, e ainda da precisa lição de que os direitos coletivos *lato sensu* têm dupla função material e processual e foram positivados em razão da necessidade de sua tutela jurisdicional, os direitos individuais homogêneos são indivisíveis e indisponíveis até o momento de sua liquidação e execução, voltando a ser indivisíveis se não ocorrer a tutela integral do ilícito. Trata-se de procedimento trifásico de efetivação da tutela jurisdicional [...].

4.8. Repensando uma solução ao caso VIOXX

Uma vez destrinchada a visão processual dos direitos individuais homogêneos como uma autêntica ação coletiva, pode-se retornar ao caso VIOXX para lançar luz a outro possível desfecho.

---

[80] DIDIER JR., ZANETI JR., 2016, p. 73.

Isto porque a adequada prestação jurisdicional depende da definição da extensão da coisa julgada formada no primeiro julgamento, proferido pela Justiça carioca, à segunda ação, que tramitou na Justiça paulista, analisada, neste estudo, considerando o respectivo recurso especial.

Desta feita, salienta-se que, se faz necessário suprir a omissão legislativa quanto aos efeitos da sentença de improcedência em ação coletiva cujo objeto sejam direitos individuais homogêneos, para dar solução à controvérsia.

Para tanto, há que se ter em mente que o legislador pretendeu realizar a interação entre a classificação do direito coletivo (direito material) e o processo legal coletivo (direito processual), a fim de possibilitar a sua adequada tutela, pois, até então, o direito positivo não previa proteção a direitos coletivos.

Assim sendo, os instrumentos processuais que já existiam foram moldados para garantirem proteção ao direito coletivo, tal qual ele se apresentava na realidade fática.

Por sua vez, os direitos individuais homogêneos foram criados depois da introdução do processo coletivo no direito brasileiro, sendo protegidos através de ação considerada individual, mas coletivamente tratada.

Neste estudo, já foi demonstrado que a interação entre o direito material e o processual, em todas as categorias de direitos, seja naturalmente coletivo ou acidentalmente coletivo, será idêntica. O instrumento processual de garantia destes direitos, que possibilitam a adequada prestação jurisdicional, é exatamente o mesmo: uma genuína ação coletiva.

Por esta razão, os conteúdos atribuídos, legal ou doutrinariamente, aos diversos institutos processuais civis coletivos deverão regular os processos coletivos indistintamente. Não há motivo par conferir tratamento diverso aos processos que versem sobre direitos individuais homogêneos, como no caso do VIOXX.

Conclui-se que o julgador, para suprir a lacuna existente quanto os efeitos da improcedência nas ações coletivas que tutelem direitos individuais homogêneos, deverá buscar resposta no próprio ordenamento jurídico, ou seja, na norma que regula os efeitos da coisa julgada no caso de improcedência do pedido sobre direitos transindividuais (artigo 103, incisos I e II).

Para tanto, deve se valer da analogia, que é uma técnica de integração legislativa prevista no artigo 4º da Lei de Introdução às Normas do Direito Brasileiro – LINDB – e no artigo 126 do CPC.

No dizer de José Jairo Gomes, "é correto afirmar que a analogia induz o encontro de uma só solução para fatos que apresentem uma similitude lógico-valorativa fundamental"[81].

O referido autor traz, ainda, ao conhecimento, a distinção existente entre analogia *legis* e analogia *juris*. Na analogia *legis*, "*há uma só regra legal a aplicar, e.g.,* determinado artigo de lei" e na analogia *juris*, "não existe dispositivo legal específico, incidindo, antes, um princípio resultante da síntese de vários dispositivos ou um princípio subjacente ou implícito no sistema"[82].

Partindo desta premissa, pode-se afirmar que, se a ação coletiva que tutela direitos individuais homogêneos for julgada improcedente com esgotamento probatório, a coisa julgada será *erga omnes*, estendendo seus efeitos a todos os legitimados coletivos, tal e qual a regulação contida no inciso I do artigo 103 do CPC aplicável a direitos difusos. A tutela daqueles direitos não mais poderá ser instrumentalizada por outra ação coletiva.

Por outro lado, se a demanda for julgada improcedente por falta de provas, os direitos poderão ser tutelados por ação coletiva proposta pelos demais legitimados coletivos, à vista de novas provas, e, até mesmo, pelo legitimado coletivo autor da primeira demanda.

Fredie Didier Jr. e Hermes Zaneti Jr.[83] também chegam à conclusão similar:

> Assim, parece que, aplicando o princípio hermenêutico de que a solução das lacunas deve ser buscada no microssistema coletivo, pode-se concluir que se a ação coletiva for julgada procedente ou improcedente por ausência de direito, haverá coisa julgada no âmbito coletivo; se julgada improcedente por falta de provas, não haverá coisa julgada no âmbito coletivo, seguindo o modelo já examinado para os direitos difusos e coletivos em sentido estrito.

---

[81] GOMES, 2012, p. 63
[82] *Ibid*, pp.63-64
[83] DIDIER JR., ZANETI JR., 2016, p. 400.

Adotando-se a supramencionada tese no caso do VIOXX, o resultado do processo dependeria de se verificar se na sentença de improcedência proferida no Juízo do Estado do Rio de Janeiro houve análise de prova.

Parece que sim. O referido acórdão manteve a sentença que extinguiu a ação civil pública proposta pelo Instituto QMF, afirmando que o juiz da ação proposta no Estado do Rio de Janeiro teria analisado profundamente a prova constante nos autos. Transcreve-se:

> Referida ação fora julgada improcedente, reconhecendo que o polo passivo teria realizado o necessário pela segurança e eficácia do medicamento, destacando, ainda, que a medicina evolui e apresenta novas técnicas, bem como os estudos clínicos levaram em consideração eventuais danos à saúde em determinadas hipóteses de uso do medicamento, fls. 1.464, salientando, também, que as apeladas obtiveram autorização e aprovação do órgão regulador para a comercialização do produto, fls. 1.465.
>
> Assim, a decisão judicial originária do Estado do Rio de Janeiro se aprofundou nas questões técnicas e correlatas, portanto, não se vislumbra a presença das alegações genéricas e superficiais da apelante de que a improcedência da ação teria ocorrido singelamente por insuficiência de provas.[84]

Não estender os efeitos da coisa julgada de improcedência por ausência do direito a outra ação coletiva idêntica, como defendeu o Relator no voto vencido, o que não é permitido pela legislação hodierna, reconhecendo que a nova ação possui provas mais robustas capazes de alterar o resultado do julgamento, é outro assunto, que será tratado mais adiante quando se falar sobre coisa julgada coletiva especificamente.

5. Reconstruindo o processo coletivo

5.1. A ausência de diferenciação entre as categorias de direito estabelecidas no artigo 81 do CDC, no tocante ao seu aspecto subjetivo e à origem do seu direito material

Na letra J, do item 3.1, expôs-se que o Código de Defesa do Consumidor diferencia os direitos difusos, coletivos em sentido estrito e individuais homogêneos, a partir de três critérios: "*subjetivo* (titularidade do direito

---

[84] TJ/SP, 4ª CDP, AC nº 990.10.102464-0/ SP, 23 set. 2010.

material), *objetivo* (divisibilidade do direito material) e de *origem* (origem do direito material)"[85].

Inicialmente, pretende-se revelar a crítica da doutrina à diferenciação da classificação dos direitos coletivos quanto à titularidade do direito material.

De acordo com o artigo 81 do Código de Defesa do Consumidor, os titulares das categorias de direitos são: *"I)* direitos difusos: o grupo de pessoas indeterminadas e ligadas por circunstâncias de fato; *II)* direitos coletivos *stricto sensu:* o grupo, a categoria ou classe de pessoas; *III)* direitos individuais homogêneos: o grupo dos indivíduos lesados, quando a lesão decorrer de origem comum (...)"[86].

Para definir o erro metodológico da mencionada caracterização sob tal aspecto, nada mais adequado, neste momento, do que nos valermos das conclusões de Antonio Gidi[87]:

> É imperativo observar que, ao contrário do que se costuma afirmar, não são vários, nem indeterminados, os titulares (sujeitos de direito) dos direitos difusos, coletivos ou individuais homogêneos. Há apenas um único titular – e muito bem determinado: uma comunidade no caso dos direitos difusos, uma coletividade no caso dos direitos coletivos ou um conjunto de vítimas indivisivelmente considerado no caso dos direitos individuais homogêneos. Assim, afigura-se-nos de todo despiciendo o questionamento pirandelliano que se põe Mauro Capelletti de que tais direitos superindividuais seriam "interesses em busca de um titular. [...]
>
> Quem tem o direito público subjetivo à prestação jurisdicional referente a tais direitos (direito de ação coletivo) é apenas a comunidade ou a coletividade como um todo, através das entidades legalmente legitimadas à sua propositura. [...]
>
> Do direito subjetivo, portanto, nunca é demais repetir, só há um titular: a comunidade, a coletividade ou a comunidade de vítimas indivisivelmente considerada, conforme seja o direito difuso, coletivo ou individual homogêneo, respectivamente. As pessoas que compõem a comunidade ou a coletividade é que são várias e indeterminadas ou indetermináveis; não o titular do direito material em si.

---

[85] GIDI, 1995, p. 22.
[86] DIDIER JR., ZANETI JR., 2016, p.79.
[87] GIDI, 1995, pp. 23-24.

Quanto à origem do direito, o referido autor acrescenta que não há como distinguir os direitos difusos dos direitos individuais homogêneos, pois a "origem comum" que os caracteriza, são as mesmas "circunstâncias de fato" que ligam as pessoas que compõem a comunidade titular do direito difuso[88].

Contudo, a diferenciação da origem do direito material entre os direitos difusos, os direitos coletivos *stricto sensu* e os direitos individuais homogêneos, é inútil, na medida que todos recebem o mesmo tratamento processual. Todos derivam de um ato ilícito que atinge a uma sociedade que indica que a tutela deve ser buscada abstrata e genericamente.

Edilson Vitorelli[89], com maestria, exemplificou esta constatação com decisões do Superior Tribunal de Justiça:

> Basta exemplificar que o Superior Tribunal de Justiça afirmou, em 2010, que a pretensão de não pagamento da taxa de emissão de boleto bancário consistia em "interesses individuais homogêneos de caráter indivisível", ainda que todos afirmem que a principal característica dos direitos individuais homogêneos seja a sua divisibilidade.
>
> Em 2014, tratando rigorosamente do mesmo problema, o mesmo STJ afirmou que "os interesses individuais homogêneos não deixam de ser também interesses coletivos. Porém, em se tratando de direitos coletivos em sentido estrito, de natureza indivisível, estabelece-se uma diferença essencial diante dos direitos individuais homogêneos, que se caracterizam pela sua divisibilidade. Nesse passo, embora os direitos individuais homogêneos se originem de uma mesma circunstância de fato, esta compõe somente a causa de pedir da ação civil pública, já que o pedido em si consiste na reparação do dano (divisível) individualmente sofrido por cada prejudicado. Na hipótese em foco, o mero reconhecimento da ilegalidade da TEB caracteriza um interesse coletivo em sentido estrito, mas a pretensão de restituição dos valores indevidamente cobrados a esse título evidencia um interesse individual homogêneo.

---

[88] *Ibid*, p. 24.
[89] VITORELLI, 2019, p. 102.

5.2. Uma síntese sobre as constatações que deram ensejo à proposta de reconstrução do processo coletivo de Edilson Vitorelli

Edilson Vitorelli, em sua obra O Devido Processo Legal Coletivo[90] caminha por toda a trajetória do processo coletivo, desde suas valorosas origens históricas. Ascende a todos os pressupostos do processo coletivo para constatar os problemas práticos subjacentes, demonstrando as suas manifestações, didaticamente, nos litígios em que atuou como Procurador da República e os observados em sua vida acadêmica.

Constatou que a classificação do CDC "bloqueou as possibilidades de avanço na definição da titularidade dos direitos coletivos, sobretudo dos transindividuais"[91] e que o afirmado sobre a decisão no processo coletivo, "que ela apenas beneficia, nunca prejudica os ausentes"[92] seria apenas um "mito".

Levou em consideração as nuances da doutrina sobre a titularidade destes direitos para esclarecer que houve "quem os reputasse titularizados pela sociedade, grupo, coletividade, pelo conjunto de pessoas que forma a sociedade, ou mesmo sem titular algum, tratando-os como mera atuação do direito objetivo"[93].

Contudo, acertadamente concluiu que o "fato é que pouco se avançou, em trinta anos, da ideia de Waldemar Mariz de Oliveira Júnior, de que os direitos transindividuais são de todos e, ao mesmo tempo, de ninguém"[94], extraindo a consequência observada de que:

> Com isso perdeu-se, na realidade dos casos, qualquer referencial de adequação da tutela que pudesse ser relacionado com pessoas que efetivamente serão impactadas pela decisão. A despersonificação da titularidade permite que o processo coletivo rompa os laços com as pessoas que originalmente pretendeu beneficiar, adquirindo um reprovável viés paternalista ou autoritário. Isso não significa que o resultado material derivado do processo seja sempre mau, mas certamente aumenta o risco de que uma providência

---

[90] VITORELLI, 2019, p. 102.
[91] *Ibid*, p. 465.
[92] *Ibid*.
[93] *Ibid*.
[94] *Ibid*.

indesejada pelos membros ausentes de uma classe, que deveriam ser os titulares do direito e em nome de quem se litiga, seja acobertada pela coisa julgada"[95].

Desta forma, para superar estes problemas, formulou uma nova tipologia, que leva em consideração os tipos de conflitos e não categorias de direitos. Se o que se pretende é conciliar a realidade com a condução adequada do processo coletivo, de fato, nada mais coerente do que se partir do litígio para definir quem são os titulares dos direitos coletivos.

Entrementes, o referido autor, foi além, e, transcendendo estas balizas, apresentou propostas para a devida reconstrução do processo coletivo brasileiro, com base na ideia fundamental de que "o perfil do litígio deve condicionar a atuação do legitimado e que dele depende a formulação de um processo coletivo adequado"[96].

As propostas para a condução do processo coletivo de acordo com o litígio em concreto, parte de um minucioso estudo exposto em sua obra, na qual, com uma linguagem franca, evidencia outros vários problemas a serem enfrentados para um adequado devido processo legal coletivo.

Ao analisar a participação e representação no processo coletivo, à luz dos princípios e garantias processuais previstos na Constituição da República, constatou dois problemas, que o levaram a propor uma teoria que pautasse a atuação do legitimado coletivo "tendo como referencial os interesses, vontades e perspectivas dos ausentes, ainda que conservando algum grau de autonomia"[97].

O primeiro problema vislumbrado foi "a constitucionalidade da extensão subjetiva da coisa julgada, em um sistema que elege a participação pessoal como elemento central do devido processo legal"[98], vez que, no processo coletivo, permite-se afastá-la, por exigências pragmáticas.

Isto porque, a doutrina tradicional entende que é preciso que tenha um processo coletivo, e que, para isso, deve ser afastada a atuação do

---

[95] *Ibid.*
[96] VITORELLI, 2019.
[97] *Ibid*, p. 466.
[98] *Ibid.*

indivíduo e adotada uma técnica de representação processual. No entanto, a adoção desta técnica, "autorizaria o legislador a criar novas técnicas de representação processual, aptas a afastar a atuação do indivíduo em um vasto rol de processos relacionados ao seu próprio bem-estar"[99], o que, muitas vezes, seria inaceitável.

Em segundo lugar, observou que "embora se afirme que o legitimado coletivo atua 'em nome' de pessoas ausentes no processo, e não em defesa de interesse próprio, ainda não foi formulada uma teoria que embase essa atividade representativa, estabeleça seus pressupostos e requisitos"[100], vez que não há "elementos que permitam sustentar uma atividade processual representativa sem elementos de participação dos ausentes"[101].

5.3. A importância das características do litígio coletivo para a adequada prestação jurisdicional

Inicialmente, o autor esclarece que os "direitos transindividuais existem na sociedade em um estado de indeterminação, não sendo possível precisar a quem pertencem ou qual o seu exato conteúdo" e a "violação interfere nesse estado e faz com que os direitos transindividuais possam ser definidos e sua titularidade delimitada"[102] no conflito.

Desta forma, cada conflito coletivo, inclusive os que versam sobre direito transindividual, envolve um direito coletivo único e específico. Isto é assim porque o litígio surge "da interação entre o direito íntegro e a violação, que pode ser enquadrado em categorias, de acordo com as diferentes situações de violação"[103]. O autor exemplifica da seguinte forma:

> Por exemplo, cada vez que o meio ambiente é violado, se produz um novo conceito de meio ambiente, cujos titulares serão definidos a partir das características da violação e com o objetivo de se tratar o litígio dela decorrente, oferecendo-lhe, se for o caso, tutela jurisdicional[104].

---

[99] *Ibid.*
[100] *Ibid.*
[101] *Ibid.*
[102] VITORELLI, 2019, p. 79.
[103] *Ibid.*
[104] *Ibid.*

Sob esta ótica, em qualquer conflito coletivo, o que existe:

> [...] é uma sociedade de pessoas, que sofrem mais ou menos com a violação de seus direitos, para o qual o processo busca mecanismos para entregar a tutela jurisdicional mais adequada possível. Pode ser que isso signifique prestações passíveis de apreensões, pode ser que não[105].

Constatando que cada litígio possui um tipo de sociedade envolvida, Vitorelli[106] se baseou na forma como Elliott e Turner dividiram os diferentes conceitos de sociedade para conceber "três categorias de litígios transindividuais ou individuais homogêneos, às quais correspondem distintas atribuições de titularidades, de acordo com a natureza da lesão"[107]. São elas: *litígios de difusão global; litígios de difusão local e litígios de difusão irradiada*, as quais serão explicitadas no item 5.5.

5.4. Uma constatação: a divisibilidade na liquidação e na execução da sentença coletiva não decorre somente do fato de se tratar de direitos individuais homogêneos

No decorrer do estudo do caso VIOXX, ingressou-se no exame de vários institutos processuais analisados por Vitorelli em sua obra, o que possibilitará a verificação prática de muitos dos problemas por ele apontados.

Partindo do pressuposto de que o que interessa para a adequada prestação jurisdicional não é a categorização abstrata dos direitos, e sim as características dos litígios, a nova Teoria não possui uma visão diferenciada entre direitos individuais homogêneos e direitos transindividuais.

Exatamente por isso, é proposto por Vitorelli[108] o fim dos direitos individuais homogêneos como categoria autônoma em prol de uma teoria unificada dos litígios coletivos, não sem antes transcorrer sobre os entendimentos doutrinários que já foram neste estudo levados a conhecimento, para dar o sentido ao que constrói:

---

[105] *Ibid*, p. 111.
[106] Vitorelli esclarece em seu livro, de forma minuciosa, as características de cada sociedade, tal qual a dividiram Elliot e Turner.
[107] *Ibid*, p. 79.
[108] VITORELLI, 2019, pp. 100-101.

Hoje é praticamente unânime a ideia de que os direitos individuais homogêneos podem ser tutelados coletivamente apenas por conveniência processual, permanecendo, em essência individuais. Mesmo Antonio Gidi que, inicialmente, defendeu que o titular dos direitos individuais homogêneos seria "um conjunto de pessoas indivisivelmente considerado", mudou de opinião para aderir, ainda que de modo um pouco reticente, ao pensamento majoritário, aceitando a permanência da distinção entre direitos transindividuais e individuais homogêneos. Minoritariamente, há ainda quem relacione os direitos individuais homogêneos à pretensão de acolhimento de uma tese jurídica geral, a ser posteriormente aproveitada em processos individuais. Durante a fase de conhecimento, os direitos individuais homogêneos seriam indivisíveis e indisponíveis, voltando a ser divisíveis para a liquidação e execução.

A linha de pensamento aqui exposta, embora não se filie rigorosamente ao pensamento minoritário, comunga de sua visão no sentido de que as diferenças entre os direitos transindividuais e individuais homogêneos não são tão marcantes quanto parecem.

Foi demonstrado, neste estudo de caso, que todas as categorias adotadas pelo CDC possuem idêntico tratamento processual, de modo que, tratá-las de modo diferente, levando em consideração o direito material, somente traria dúvidas com relação à aplicação dos institutos processuais, como a surgida no caso VIOXX no tocante à extensão da coisa julgada na improcedência de ação que versa sobre direitos individuais homogêneos.

Tomou-se conhecimento que, em face desta realidade, muitos especialistas sustentam que não há diferenciação entre cada tipo de direito coletivo com relação aos diversos aspectos estabelecidos pelo CDC, quanto à titularidade, quanto à divisibilidade e quanto à origem.

Seguindo esta lógica, se todas as categorias de direitos coletivos possuem o mesmo tratamento processual, as suas consequências jurídicas deveriam ser exatamente as mesmas. Isto porque, tanto nas ações coletivas que versam sobre direitos transindividuais, como nas que tutelam direitos individuais homogêneos, a prestação jurisdicional perseguida beneficiará todos os representados igualmente, enquanto grupo e enquanto indivíduos, o que demonstra que estas últimas são autênticas ações coletivas.

A propósito, o entendimento doutrinário de que na ação coletiva sobre direitos individuais homogêneos se busca a tutela do bem indivisivelmente considerado, e que a divisibilidade somente se manifesta nas fases de liquidação e execução da sentença coletiva[109], já foi contextualizado neste estudo.

Acontece que, da leitura da doutrina de Vitorelli, pode-se enxergar esta circunstância de uma outra forma.

Ao analisar a situação concreta, levando em consideração o litígio coletivo, sem a preocupação de incluí-lo abstratamente em uma categoria de direito material, sempre se poderá identificar a sociedade titular do direito e, se esta for composta por pessoas determinadas, e a lesão atingi--las diretamente, "é natural que o cumprimento da sentença seja feito em benefício desses indivíduos"[110]. Portanto, a divisibilidade na liquidação e execução da sentença coletiva não decorre do fato de se tratar de direitos individuais homogêneos.

Vitorelli[111] se preocupa em exemplificar esta assertiva, através de um litígio no qual os direitos transindividuais se apresentaram de forma divisível na fase de execução, focando, inclusive, na situação inversa, a de que os direitos individuais homogêneos, na fase de liquidação e execução da sentença, também podem apresentar caráter indivisível:

> O direito de uma comunidade indígena, alcançada pelo alagamento de suas terras decorrente do barramento de um rio, ser realocada incide sobre os indivíduos indígenas concretamente existentes, embora se trate de direito transindividual, usufruído em caráter de grupo. Pelo contrário, por mais identificados que sejam os titulares dos direitos, o cumprimento da sentença relativa a direitos individuais homogêneos será realizado coletivamente, sem qualquer consideração a suas particularidades, quando for conduzido em favor do fundo, nos termos do art. 100 do CDC.

5.5. A tipologia dos litígios coletivos proposta por Vitorelli, metodologicamente trabalhada para o caso VIOXX

De acordo com a tipologia dos litígios coletivos proposta por Vitorelli, a titularidade do direito, vale dizer, o grupo afetado pela lesão ou pela ameaça de lesão, será sempre possível de ser identificada diante do caso concreto.

---

[109] *Ibid*, p. 31.
[110] VITORELLI, 2019, p. 108.
[111] *Ibid*, p. 108.

Por esta teoria, os litígios se diferenciam levando em consideração o grau de conflituosidade interna da sociedade prejudicada e o da complexidade do litígio.

A complexidade do litígio varia em função das possibilidades de tutela do direito, ou seja, das pretensões que deles podem se originar e da forma que poderá ser solucionada. Já a conflituosidade reflete o grau de divergência interna do grupo, que pode se dar por razões inerentes aos próprios indivíduos e pela maneira como foram afetados pela lesão, pois uns podem ter sido mais atingidos e outros menos.

Entretanto, pretende-se trazer ao conhecimento a nova tipologia dos litígios coletivos concebida pelo referido autor, sem fugir da metodologia adotada neste estudo. Portanto, arrisca-se demonstrar a teoria mencionada correlacionando-a ao caso VIOXX.

Desta forma, serão expostas as três categorias de litígios propostas pelo autor direcionadas aos direitos individuais homogêneos, que seguem rigorosamente as mesmas propostas para os direitos transindividuais – *litígios de difusão global; litígios de difusão local e litígios de difusão irradiada*.

Nos litígios individuais homogêneos de difusão global, a lesão individual é pequena, motivo pelo qual há um natural desinteresse dos titulares do direito na prestação jurisdicional. As pequenas lesões aos consumidores os exemplificam.

O objetivo da tutela neste tipo de litígio é social e pedagógico. Busca-se evitar que o causador da lesão se beneficie do ato ilícito através do lucro auferido com sua conduta. "Esse objetivo interessa, indistintamente, à sociedade globalmente considerada, não apenas aos indivíduos que tiveram seu patrimônio reduzido de modo insignificante"[112]. Em assim sendo, a finalidade secundária deste será a reparação patrimonial, existindo, por esta razão, a previsão da possibilidade de reversão dos valores a um fundo de reparação.

Nestes, a lei não exigiu qualquer esforço do legitimado extraordinário para identificar os indivíduos prejudicados pela lesão. Os custos envolvidos para localizá-los não compensariam os benefícios dos indivíduos por ela afetados.

---

[112] VITORELLI, 2019, p. 111.

Normalmente são litígios simples, pois a "identificação da tutela adequada a ser requerida não acarreta dificuldades"[113]. O grau de conflituosidade do grupo será sempre baixa, devido ao litígio não interessar às pessoas que o integram.

Os litígios individuais homogêneos de difusão local são aqueles nos quais as lesões atingem o grupo de pessoas de forma mais grave e específica do que os globais. O grupo é prejudicado de modo muito severo e relevante. Comumente sofre perda patrimonial substancial, adoecimento e até morte. Em regra, não há laço identitário entre as pessoas afetadas anteriormente ao evento danoso. O laço de solidariedade surge em decorrência do litígio.

Neles, objetiva-se a recomposição do patrimônio das vítimas. Os que adoecem em decorrência da lesão desejam, ainda, que sejam disponibilizados os tratamentos mais abrangentes possíveis para sua cura. Por esta razão, os interesses dos ausentes são mais relevantes.

O grau de conflituosidade do grupo é média, pois "podem ter visões distintas sobre a melhor forma de conduzir seus interesses"[114] e a complexidade pode também seguir o mesmo destino.

Nos Litígios individuais homogêneos de difusão irradiada, "há feixes de interesses individuais homogêneos emaranhados em uma mesma situação". Têm origem comum, "mas a forma como cada indivíduo é atingido e suas pretensões em relação às possibilidades de tutela são distintas"[115].

Há alta conflituosidade interna, nestes litígios, porquanto os membros do grupo podem ter sido impactados de maneira diversa, uns com mais relevância, outros com menos, de modo que estes geralmente possuem elevada complexidade, devido a múltiplas possibilidades de pretensões passíveis de tutelar o direito lesado, muitas vezes contraditórias entre si. Exemplo: Impactos individuais provocados pela construção de grandes barragens em rios. Para o professor, estes tipos de litígio exigiriam um modelo processual que desse conta de sua inerente complexidade e conflituosidade.

---

[113] *Ibid*, p. 112.
[114] *Ibid*.
[115] *Ibid*, p. 113.

5.6. A nova tipologia e o caso VIOXX

À primeira vista, o caso VIOXX, na forma como foi apresentado em Juízo no Brasil, possuiria características de "litígio de difusão global", que são aqueles com baixa conflituosidade e complexidade, que não despertam o interesse de eventuais lesados e buscam, basicamente, evitar que o causador da lesão se beneficie do ato ilícito através do lucro auferido com sua conduta.

Por outro lado, em outros países, o litígio ganhou feições de "litígios de difusão local", afetando severamente milhares de consumidores do medicamento. Salienta-se que, nos Estados Unidos, o conflito deu ensejo à celebração de um acordo bilionário com as empresas fabricantes do medicamento, como dito no tópico 1.

No Brasil, a pretensão consubstanciou-se na obtenção dos danos materiais e imateriais sofridos pelos consumidores do VIOXX, em virtude de suas exposições ao risco do medicamento. Não foi considerada na ação, a individualidade do grupo.

Talvez com a finalidade de se eliminar a complexidade e a conflituosidade do caso VIOXX, despersonalizou-se o conflito, tratando a sua titularidade como de uma sociedade estática, abstratamente considerada, ignorando o efetivo impacto de um medicamento que, comprovadamente usado por um determinado tempo, efetivamente causaria em seus consumidores.

Em verdade, a proporção na qual as pessoas que precisavam se tratar com VIOXX seriam atingidas pelos seus efeitos colaterais dependeria da sorte de cada uma delas, de como seus organismos reagiriam, como em um jogo de loteria. Porém, é preciso demonstrar mais do que isto para a obtenção da tutela judicialmente adequada.

Ainda que o brasileiro seja um povo de sorte, mesmo que não houvesse os que tivessem tido infarto, derrame ou qualquer outra doença cardiovascular em virtude do uso do medicamento, haveria que se comprovar judicialmente que efetivamente o dano imaterial atingiu valores coletivos de uma forma intolerável para se obter tutela favorável.

Através de uma ação judicial coletiva se busca a efetiva reparação de todos os reflexos da conduta sobre a sociedade, não abstratamente considerada, mas identificada de acordo com a natureza da lesão e na devida proporção que por ela foram atingidas.

Ora, sem lesão efetiva, o que se poderia pleitear seria uma tutela preventiva, de natureza inibitória, que visasse evitar a ocorrência de dano aos consumidores do VIOXX, como a cessação de sua comercialização, vale dizer, para proteger uma sociedade de possíveis vítimas, pleitear-se-ia que seus fabricantes o retirassem do mercado.

Todavia, quando se ingressa com uma ação que tenha por objeto a responsabilização civil por danos individualmente causados, ou seja, uma tutela repressiva, não basta mencionar os riscos potencialmente gerados pelo ato ilícito. Assim também ocorre no processo coletivo.

Há que se demonstrar, concretamente, a existência de uma sociedade formada por pessoas efetivamente lesionadas, mesmo que umas tenham sido mais atingidas, outras menos.

O fato é que, para se pleitear o dano material, é fundamental demonstrar a sua existência, o ato ilícito e o nexo de causalidade entre eles, independentemente do tipo de responsabilidade, se objetiva ou subjetiva, senão, não haverá possibilidade alguma de sucesso na respectiva demanda.

Com relação ao pedido de dano moral em uma ação coletiva, tal qual o feito nas ações relacionadas ao caso VIOXX, a questão não é tão simples quanto parece.

O próprio cabimento do dano moral em ações coletivas já é controverso, pois há os que entendem que ele não assume o caráter coletivo, porque somente atinge o indivíduo, dado que envolve a dor, o sentimento e a lesão psíquica. Aqueles que o admitem, não os desassociam da existência do dano material.

Fredie Didier Jr. e Hermes Zanetti Jr.[116] trouxeram à baila entendimento atualizado do Superior Tribunal de Justiça sobre o assunto:

> [...] tem admitido o dano moral coletivo, especialmente no direito ambiental, e no direito do consumidor, considerando desnecessária, aliás, a prova direta da "dor, sofrimento, ou abalo psicológico", impossível em se tratando de uma comunidade lesada.
>
> A prova, contudo, deve demonstrar que o dano ultrapassa os limites do tolerável e atinge, efetivamente, valores coletivos (AgRg no AREsp 809.543/RJ, Rel. Ministro Humberto Martins, Segunda Turma, julgado em 08/03/201, DJe 15/03/2016).

---

[116] DIDIER JR., ZANETI JR., 2016, pp. 330-331.

Conclui-se que, para a configuração da responsabilidade civil, é imprescindível a comprovação do dano. Até porque a indenização se mede pela sua extensão, como estabelece o artigo 944 do Código Civil.

Neste diapasão, o STJ "aderiu à tese pacificada no enunciado 456 da V Jornada de Direito Civil"[117]: "A expressão "dano" no art. 944 abrange não só os danos individuais, materiais ou imateriais, mas também os danos sociais, difusos, coletivos e individuais homogêneos a serem reclamados pelos legitimados para propor ações coletivas", como bem notou Costa Filho e Lumignan[118].

Contudo, não se pode confundir "a existência do dano como pressuposto do dever de indenizar com a figura do prejuízo como forma de se calcular a indenização"[119]. Pode-se afastar a prova do prejuízo, porém não a prova do dano.

Por esta razão, a decisão do Tribunal de Justiça do Estado do Rio de Janeiro, a primeira de natureza coletiva sobre o VIOXX, utilizou como fundamento para confirmar a sentença de improcedência, o fato de o autor coletivo não ter demonstrado nos autos o alcance das supostas lesões causadas à coletividade, o que seria fundamental para ensejar uma condenação em danos materiais e morais coletivos.

De acordo com o julgado, era preciso demonstrar "que o uso contínuo do remédio, no território nacional, causou grande número de vítimas", pois "o simples uso do medicamento, durante período inferior a 18 meses, não traz, segundo as pesquisas, possibilidade de agravamento dos riscos de eventos cardiovasculares". A mera "retirada do medicamento do comércio nacional", não teria, por si só, "a abrangência apresentada pela autora"[120].

Retomando a questão da classificação do caso VIOXX na tipologia proposta por Vitorelli[121], foi dito que, à primeira vista, o litígio teria características de um litígio de dimensão global, que são aqueles nos quais a lesão individual é pequena, havendo um natural desinteresse dos

---

[117] COSTA FILHO; LUMIGNAN, 2018.
[118] *Ibid.*
[119] COSTA FILHO; LUMIGNAN, 2018.
[120] TJ/RJ, AC n. 0115695-58.2004.8.19.0001, Rel. Vera Maria Soares Van Hombeeck, 14 out. 2008.
[121] VITORELLI, 2019.

titulares do direito na prestação jurisdicional, como ocorre nas pequenas lesões aos consumidores.

Isto porque, em ambas as ações, na do Rio de Janeiro e na de São Paulo, não foi identificada a sociedade especificamente impactada pelos efeitos colaterais que o medicamento causava, tampouco o respectivo dano efetivo.

Todavia, percebe-se que, em verdade, a sociedade tratada nas ações foi a consumidora do VIOXX, abstratamente considerada, assim como o são os respectivos direitos individuais homogêneos na legislação. Não foi levado em consideração o litígio em concreto.

A sociedade que foi posta em risco, em realidade, não é a mesma sociedade vitimada pelos efeitos colaterais do VIOXX. Esta última é que deveria ter sido identificada no litígio em concreto, pois não é possível responsabilidade civil sem danos.

A coletividade prejudicada, levando-se em conta o que foi levado à julgamento, foi encarada como totalmente irrelevante para a solução do litígio, como se a tutela buscada realmente não tivesse tido nenhum impacto na vida de ninguém.

Se a referida titularidade do direito material fosse identificada, e os legitimados coletivos tivessem focado no litígio concreto para buscar a tutela adequada, que ainda poderia abranger outros pedidos, como um bom tratamento de saúde, o deslinde do caso teria mais chances de sucesso.

A realidade enfrentada em outros países, decorrente da mesma situação, é um parâmetro a ser adotado para se fazer esta afirmação. Isto porque as possíveis lesões causadas pelo uso do referido medicamento não encontrariam limites em dimensões geográficas.

Vitorelli[122] sintetiza a questão:

> Adequação da tutela é um conceito transitivo, que só pode ser concretizado em relação a alguma pessoa ou situação. Não existe tutela abstratamente adequada, e sim tutela adequada às peculiaridades da situação vivida por alguém.
>
> Assim, quando não se sabe quem é o titular do direito, é impossível saber se a tutela pretendida em seu favor é adequada ou não. Pode parecer que sim, e é certo que pode haver muitas boas intenções por trás dessa definição.

---

[122] VITORELLI, 2019, pp. 22 e 23.

Mas, quando se age em nome de outrem, sem que essa pessoa seja sequer definida, o resultado pode ser o oposto do que se almeja.

Importante revelar que houve um complicador no caso VIOXX, de acordo com o publicado na *statnews.com*, em 11/11/2019, em matéria intitulada como *Confidentiality orders in drug, device lawsuits harm patients and the public*[123].

A referida matéria trouxe a público que, nos EUA, fabricantes de medicamentos usavam ordens judiciais para ocultar informações que seriam importantes para a saúde pública, como eventos adversos graves e marketing ilegal, padrões obscuros de lesões e doenças associadas aos medicamentos e, especificamente sobre o caso Vioxx que:

> [...] nos casos contra a Merc sobre o Vioxx (rofecoxib), o inibidor da COX-2 que a empresa retirou de repente do mercado em 2004, aprendemos tardiamente como a empresa deturpou a segurança do Vioxx em vários ensaios clínicos e coordenou ensaios clínicos por meio de seu marketing para aumentar a prescrição médica do remédio[124].

Diante deste registro, tem-se que a Juíza que julgou a primeira ação relativa ao VIOXX, a do Estado do Rio de Janeiro, em razão do sigilo judicial americano, possivelmente foi induzida a erro pelas rés para acreditar que "A bula do Vioxx continha todas as informações disponíveis quanto à segurança do medicamento e os riscos que ele apresentava"[125]. Documento este que, em realidade, não poderia ser impugnado pela parte autora, por falta de publicidade (item 2.1, *in fine*).

Por todos estes motivos, neste tipo de litígio, que mais se assemelha ao de difusão local, os legitimados coletivos devem se esforçar mais para localizar vítimas do evento danoso ou seus sucessores, solicitar o apoio de especialistas, realizar pesquisas qualitativas e quantitativas, ou seja, tratar o litígio de acordo com suas peculiaridades e não de forma dissociada da realidade.

---

[123] EGILMAN; KAPCZYNSKI, 2019.
[124] *Ibid*.
[125] *Ibid*.

Extrai-se, portanto, que é de fundamental importância se estabelecer uma diretriz uniforme ao processo coletivo, tal como proposto por Vitorelli em seu livro, mediante um devido processo legal estabelecido para cada tipo de litígio, com fases extrajudiciais e judiciais, inexistente na atualidade.

5.7. Contornos da coisa julgada na tipologia dos litígios coletivos segundo Vitorelli

Nos litígios globais simples, em decorrência do natural desinteresse dos indivíduos atingidos pelo evento danoso, dado ao seu ínfimo prejuízo, não haveria sentido em se permitir ações individuais tendo como objeto a relação jurídica material ensejada pela lesão.

Desta forma, o litígio deveria ser obrigatoriamente demandado na esfera coletiva, uma vez que seu objetivo é social, ou seja, evitar que o causador da lesão se beneficie do ato ilícito através do lucro auferido com sua conduta.

A reparação patrimonial seria da sociedade globalmente considerada, em virtude da previsão de possibilidade de reversão dos valores a um fundo de reparação (art. 100, CDC), já que os indivíduos pouco se interessariam em obter ressarcimento ínfimo no caso de procedência da ação, quanto mais em ingressar com uma demanda individual no caso de decisão adversa, porquanto os custos, em ambas as situações, suplantariam os de um eventual benefício.

Em assim sendo, coisa julgada seria *pro et contra* e *erga omnes*. A baixa conflituosidade e complexidade nestes tipos de litígio autorizaria a restrição da participação individual no processo, porquanto a "extensão da coisa julgada depende do quão desejável é a pacificação social, não do quão ampla foi a participação dos envolvidos"[126]. Vitorelli[127] acrescenta que:

> [...] o fantasma da colusão entre autor coletivo e réu que, desde a década de 1980, assombra a doutrina brasileira que estuda a coisa julgada coletiva, embora nunca tenha sido demonstrado empiricamente, pode ser combatido por outros mecanismos mais eficazes como o comportamento proativo do juiz e do Ministério Público, como fiscal da ordem jurídica. Insistir em uma

---

[126] VITORELLI, 2019, p. 484.
[127] *Ibid*, pp. 482-483.

restrição aos limites da coisa julgada que nunca foi utilizada na prática e que nada indica que virá a ser, contribui apenas para agregar insegurança ao sistema jurídico e para obstar o atingimento do verdadeiro objetivo da tutela jurisdicional nesse tipo de litígio.

Por outro lado, o afastamento da limitação da eficácia da decisão coletiva aos limites geográficos da lide, previsto no artigo 16 da LACP, por decisões do STJ, tratadas em tópico específico, possibilitaria a resolução global dos litígios coletivos.

Consequentemente, a proposta desafogaria o Poder Judiciário de milhares de ações, reservando os seus recursos, já tão escassos, para outras demandas. Ademais, também beneficiaria toda sociedade com o "desestimulo à reiteração de condutas ilícitas (*optimal deterrence*), sem qualquer ofensa à garantia constitucional da participação instrumental no processo"[128].

Nos litígios globais complexos, a coisa julgada seguiria as mesmas diretrizes apontadas em relação aos litígios globais simples, pois, a única diferença entre eles é o grau de complexidade, ou seja, "a existência de múltiplas possibilidades de solução para a controvérsia, sem que se possa dizer, de antemão, qual a mais adequada em termos jurídicos"[129].

Para o autor, o problema do processo relativo aos litígios globais complexos seria a sua incompatibilidade com os avanços científicos e sociais, pois "revestir com o manto da coisa julgada determinadas obrigações, significa paralisar a mudança social"[130] e exemplifica novamente de forma bem clara:

> Em 1971, o médico Roberto Farina foi denunciado criminalmente e condenado a dois anos de reclusão, por lesão corporal grave, em razão de ter realizado uma cirurgia de ablação dos órgãos genitais (mudança de sexo) em um paciente transgênero, com o seu consentimento. A sentença acabou reformada, por maioria, pela 5ª Turma do Tribunal de Alçada Criminal de São Paulo, mas o caso ganhou notoriedade na comunidade jurídica, especialmente em razão da produção de um parecer por Heleno Fragoso.

---

[128] *Ibid*, p. 485.
[129] VITORELLI, 2019, pp. 505-506.
[130] *Ibid*, p. 506.

Imagine-se que fosse possível, à época, o ajuizamento de ação civil pública para proibir a prática da referida intervenção cirúrgica no país, em nome da garantia da incolumidade pública. Apesar da absolvição criminal do médico, é possível que tal pedido fosse julgado procedente e transitasse em julgado. Com isso, tornar-se-ia imutável a vedação de uma intervenção cirúrgica que, quarenta anos depois, não só é realizada cotidianamente, mas custeada pelo Sistema Único de Saúde. Independentemente da profundidade da cognição ou do cuidado adotado pelo julgador e pelas partes, a resolução coletiva de questões cientificamente controversas pode originar decisões cuja imutabilidade, com o passar do tempo, as coloque em total descompasso com as crenças e práticas da sociedade, descompasso este que será resguardado até mesmo contra emendas constitucionais, a teor do art. 5.º, XXXVI, da Constituição[131].

Conclui-se que a coisa julgada nos casos que envolvam o progresso da ciência ou da tecnologia ou mudanças oriundas do próprio amadurecimento da vida em sociedade, deveria ter um grau de imutabilidade limitado, seja em caso de improcedência da ação ou no caso de procedência.

Isto porque a causa é entregue em juízo para resolução em determinadas condições de tecnologia, de conhecimento, sob determinados valores sociais, culturais e morais, mas as relações jurídicas subjacentes se protraem no tempo e não são imutáveis. Por mais cuidadosos que sejam os julgadores, e os aplicadores do direito, jamais conhecerão "todas as possibilidades de tutela adequada do direito material, presentes e futuras"[132].

O autor propõe então que o juiz futuro, à luz de novas evidências e da sociedade de seu tempo, decida "o grau de estabilidade merecido pela sentença pretérita"[133], de modo que a sociedade não permaneça aprisionada "pela compreensão pretérita, já que o novo contexto nela não estava contido"[134] e menciona que Antônio do Passo Cabral[135], percebeu com

---

[131] *Ibid*, p. 507.
[132] *Ibid*, p. 509.
[133] VITORELLI, 2019, p. 511.
[134] VITORELLI, p. 511.
[135] CABRAL, 2014.

clareza que é equivocado confundir estabilidade de uma decisão estatal com imutabilidade.

Por fim, propõe que, uma vez atentos ao problema dos limites temporais da coisa julgada nos litígios globais complexos, a coisa julgada deva incidir *pro et contra,* "e sobre todas as questões individuais eventualmente decorrentes do litígio, determinando-se medidas que impeçam o réu de se apropriar dos benefícios decorrentes do ilícito"[136].

De outro giro, nos litígios locais, igualmente não há óbice para que a coisa julgada seja *pro et contra e erga omnes,* tal qual nos litígios globais, desde que, no futuro, preserve-se da coisa julgada aqueles interesses que não foram adequadamente representados no processo anterior ou os interesses opostos àqueles nele tratados, independentemente do "acervo probatório nele produzido ou da profundidade da cognição"[137].

6. Construindo a coisa julgada coletiva a partir do sistema de garantias do processo civil comum

6.1. A coisa julgada sobre questão prejudicial

A coisa julgada sobre questão foi introduzida no nosso ordenamento processual civil pela Lei nº 13.105 de 16/03/2015 (Código de Processo Civil de 2015), sendo regulada pelos parágrafos primeiro e segundo de seu artigo 503. Porém, sua leitura deve ser feita de acordo com o disposto no artigo 506 do mesmo diploma legal. Eis o que estabelecem o artigo 503 e 506 do CPC:

> Art. 503. A decisão que julgar total ou parcialmente o mérito tem força de lei nos limites da questão principal expressamente decidida.
>
> § 1.º O disposto no caput aplica-se à resolução de questão prejudicial, decidida expressa e incidentemente no processo, se:
>
> I – dessa resolução depender o julgamento do mérito;
>
> II – a seu respeito tiver havido contraditório prévio e efetivo, não se aplicando no caso de revelia;
>
> III – o juízo tiver competência em razão da matéria e da pessoa para resolvê-la como questão principal.

---

[136] VITORELLI, 2019, p. 511.
[137] *Ibid*, p. 535.

§ 2.º A hipótese do § 1.º não se aplica se no processo houver restrições probatórias ou limitações à cognição que impeçam o aprofundamento da análise da questão prejudicial. [...]

Art. 506. A sentença faz coisa julgada às partes entre as quais é dada, não prejudicando terceiros.

Admitindo a coisa julgada à resolução de questão prejudicial, decidida expressa e incidentemente no processo, o ordenamento processual brasileiro abandonou o critério de a coisa jugada se restringir ao pedido e às partes que participaram do feito, inovando-o, para tornar indiscutível e imutável também o que se decidiu a respeito de uma questão que era pressuposto para solução do mérito.

Antes do novo Código de Processo Civil, as questões que dependiam de ser julgadas para se dar solução à lide não faziam coisa julgada. Por exemplo, se a parte ingressasse com uma ação de alimentos contra o suposto pai, a questão da paternidade necessariamente precisaria ser decidida para que o julgador chegasse à conclusão se eram ou não devidos os alimentos. Porém, a questão da paternidade não seria submetida à coisa julgada.

A decisão sobre a paternidade, incidental no processo, não adquiriria autoridade de coisa julgada, a não ser que a parte ajuizasse uma ação de reconhecimento de paternidade ou uma ação declaratória incidental de reconhecimento de paternidade.

Esta situação deixa claro que o que fazia coisa julgada era somente o pedido. O reconhecimento da paternidade somente poderia fazer coisa julgada, se fosse objeto do pedido de uma ação própria, mesmo que incidental.

Portanto, a ideia de se restringir a coisa julgada ao pedido tem relação com o princípio dispositivo do processo civil brasileiro, no sentido de que ao juiz cabe decidir a lide nos limites identificados no pedido e não na pretensão do autor como um todo. Daí advém também o princípio da congruência, entre o pedido e a sentença.

Confere-se, no nosso sistema processual, à parte autora, a liberdade de iniciar o processo e de decidir o que fará coisa julgada, mesmo que o réu conteste todas as questões de que dependem o julgamento do mérito. Neste sentido, o princípio dispositivo é um limitador da atuação judicial.

13. O CASO DO MEDICAMENTO VIOXX

Acontece que a situação jurídica de que depende o julgamento do pedido de uma ação pode ser tão ou mais importante que o próprio pedido e, sem dúvida, faz parte da pretensão como um todo. Constatando essa circunstância, Marinoni[138] argumenta:

> Deixá-la em aberto e livre para questionamentos futuros serve apenas para não definir às partes algo que é mais importante do que os próprios alimentos. É absurdo permitir que as partes voltem a discutir a questão de paternidade, já resolvida na ação de alimentos, apenas porque um dia alguém afirmou em sede doutrinária que a coisa julgada recai apenas sobre o objeto do processo ou sobre o pedido do autor.

Os efeitos jurídicos decorrentes da decisão de mérito transitada em julgado, ou seja, da sua qualidade de imutabilidade e de indiscutibilidade, sob as suas diferentes dimensões, positiva e negativa, agora alcançam também as questões prejudiciais incidentes.

O que em primeiro lugar precisa ser decidido para dar solução ao problema apresentado, isto é, aquilo que é pressuposto para a solução do mérito se tornar um conteúdo de norma jurídica individual, "é uma exigência que se relaciona com a necessidade de estabilidade da própria decisão do litígio às partes, com a autoridade das decisões judiciais e com a eficiência da distribuição da justiça"[139].

Não se justifica para a parte, tampouco para a justiça, dobrar o gasto de tempo e de dinheiro rediscutindo o que já foi decidido. Isso foi salientado por Marinoni[140], que soma, aos motivos para que seja coberta pelo manto da coisa julgada a questão prejudicial, a relevante percepção de que o decidido incidentalmente também representa a afirmação da autoridade do poder estatal do magistrado:

> Permitir a rediscussão de questão já decidida para as partes por estarem a litigar num outro processo, significa reduzir a autoridade da prestação jurisdicional ao dispositivo, como se a solução da questão de que depende

---

[138] MARINONI, 2016.
[139] MARINONI, 2016.
[140] *Ibid.*

a resolução do mérito não representasse afirmação do poder estatal. Ora, não há motivo para fingir não ver que a possibilidade de voltar a discutir e decidir questão já decidida representa a admissão de que o juiz só exerce poder – ou realmente decide – quando julga o pedido.

Interessante para o nosso estudo é notar que "todo fato que pode ser associado a um efeito jurídico – e não apenas os "fatos-direito" – é capaz de dar origem a uma questão prejudicial. Assim, por exemplo, o fato atribuído ao réu que pode ser associado ao efeito jurídico culpa"[141].

Atento à questão, Marinoni[142] demonstrou esta correlação na prática, utilizando-se do pedido de indenização por danos materiais tendo como pressuposto a culpa em acidente automobilístico. O fato seria a velocidade acima do limite e, a culpa, a questão da qual dependeria a resolução do pedido de indenização, vale dizer, a questão prejudicial sobre a qual recairia a coisa julgada.

Explica que, se a decisão sobre a culpa transitar em julgado, essa questão não poderá ser rediscutida ou redecidida "em outra ação em que o mesmo autor peça indenização por lucros cessantes ou danos morais em face do mesmo réu e do mesmo fato antes qualificado como culposo"[143].

Como se vê, o juiz da segunda ação não poderá decidir novamente a questão incidental, como também não poderá dar oportunidade para que ela seja rediscutida. Salvo se tiver um outro pedido que dependa da análise de outros fundamentos. Por exemplo, se o autor alegar dano em maior extensão, deverá ser retomada a discussão sobre os fundamentos da culpa na parte que excedeu a primeira ação. Se assim não for, o juiz deverá indeferir a produção de nova prova.

Os efeitos positivos e negativos da coisa julgada incidiriam da seguinte forma: a parte que já obteve indenização pelos danos emergentes, poderia, em outra demanda, "pedir indenização por lucros cessantes ou danos morais invocando 'a autoridade de coisa julgada já estabelecida sobre a questão da culpa em virtude do acidente', assim como invocar "a proibição

---

[141] Ibid.
[142] Ibid.
[143] MARINONI, 2019, p. 236.

de relitigação da questão se o réu tentasse rediscuti-la ou requeresse a produção de prova para resolvê-la"[144].

No entanto, existe um regramento a possibilitar esse alcance da coisa julgada: há que estarem presentes os requisitos autorizadores previstos nos incisos I, II e III e § 2º do artigo 503 do CPC.

De acordo com o seu inciso I, a seu respeito deve ter havido, efetivamente, o contraditório, de forma prévia. A parte contrária tem que ter participado do debate das questões sobre as quais incidirão a coisa julgada. Não pode ter sido revel.

Igualmente, não podem adquirir a qualidade de imutabilidade, as decisões sobre questões prejudiciais discutidas em processos nos quais houve limitações quanto à análise probatória, em regra, como ocorre no mandado de segurança, tampouco naqueles em que são limitados o objeto de discussão, como na ação de desapropriação, na qual a defesa deve ser restrita a vício do processo judicial ou à impugnação do preço (art. 20, DL 3365/1941).

Urge salientar a advertência de Marinoni[145]:

> Somente uma discussão plena e adequada pode impedir a parte prejudicada de discuti-la em processo em que voltar a aparecer. Mesmo que um fato tenha sido contestado, isso não significa que a parte tenha discutido de modo pleno e adequado a questão. Aqui a lógica não é a mesma da formação da coisa julgada sobre o pedido. Não importa apenas saber se a parte teve oportunidade de adequadamente discutir. Caso a parte não tenha, por exemplo, requerido a produção de prova pericial capaz de alterar o resultado da decisão da questão, poderá pleiteá-la em processo futuro em que a questão novamente surgir.

Muito importante para este estudo da coisa julgada no processo coletivo, a observação feita pelo referido autor, no sentido de que, na coisa julgada em questão, trata-se, em verdade, da coisa julgada *secundum eventum probationis*:

---

[144] MARINONI, Luiz Guilherme. COISA JULGADA SOBRE QUESTÃO, INCLUSIVE EM BENEFÍCIO DE TERCEIRO. Res judicata on issue and Res judicata in benefit of non--parties. Revista de Processo | vol. 259/2016 | p. 97 – 116 | Set / 2016. DTR\2016\22770.
[145] MARINONI, 2016.

Não há coisa julgada a impedir a rediscussão da questão com base em outra prova, quando esta prova – capaz de alterar a decisão – não foi considerada pelo juiz do processo anterior. Perceba-se que a coisa julgada sobre questão, nesse aspecto, tem natureza semelhante à da coisa julgada erga omnes ou ultra partes das ações coletivas (art. 103, I e II, do CDC), em que o pedido "julgado improcedente por insuficiência de provas" não impede que "qualquer legitimado" possa "intentar outra ação, com idêntico fundamento, valendo-se de nova prova". Na realidade, quando o Código de Defesa do Consumidor fala em "outra" ação, está a se referir exatamente à mesma ação, porém a partir de nova ou outra prova.[146]

Os motivos pelos quais o direito brasileiro permite a rediscussão da mesma ação com base em novas provas no processo coletivo, difere do da coisa julgada em questão. No processo coletivo, relacionam-se à participação e representação no processo. Na coisa julgada em questão, têm ligação com a possibilidade de não se enxergar nos fundamentos da ação, a importância tomada diante do pedido da segunda ação, como quando se trata de dano ínfimo, por exemplo.

Cabe aqui se reproduzir, os comentários de Marinoni[147], pela similaridade, sobre o instituto jurídico americano do *colateral estoppel*:

> No direito estadunidense, a limitação dos efeitos preclusivos do collateral estoppel tem relação direta com a possibilidade de a questão poder assumir configuração distinta em ação futura. Lembra-se claramente como hipótese a situação em que a demanda tem valor econômico destituído de significação, de modo que a parte poderia não ver razão para discutir intensamente a questão. Deixa-se ver que, a rigidez da preclusão da rediscussão da questão, deve ser abrandada pela circunstância de que a parte sempre considera a questão diante do caso específico e nunca em face de casos futuros.

6.2. As entrelinhas da coisa julgada coletiva. Os terceiros no processo coletivo. A extensão da coisa julgada coletiva a terceiros

As propostas para a devida reconstrução do processo coletivo brasileiro, com base na ideia fundamental de que "o perfil do litígio deve condicionar

---

[146] *Ibid.*
[147] MARINONI, 2016.

a atuação do legitimado e que dele depende a formulação de um processo coletivo adequado", trazidas por Vitorelli[148], mostram-se totalmente adequadas, se o que se pretende é conciliar a realidade com a condução do processo coletivo.

Neste diapasão, um dos institutos mais importantes para um devido processo legal é a coisa julgada.

A sociedade, através do processo judicial, busca Justiça, segurança jurídica e efetividade de seu direito material. É assim no processo civil comum ou no coletivo.

Sob este aspecto, é que deve ser encarada a necessidade e importância da definitividade das decisões judiciais: trazer segurança jurídica à sociedade, evitando a perpetuação dos litígios. Este é o fundamento político da coisa julgada.

Por outro lado, as decisões devem ser justas, o que leva a indagação sobre se "em defesa da justiça, deveríamos deixar o processo sempre aberto a uma possibilidade de renovação" e, por outro lado, "justiça sem estabilidade seria equivalente a nenhuma justiça"[149].

Para conciliar justiça e estabilidade, visando à adequação do processo à realidade, "com vista a propiciar um efetivo acesso à Justiça através de tutelas jurisdicionais diferenciadas, a doutrina vem pensando a incidência da coisa julgada em face de espécies diferenciadas de cognição"[150].

No processo coletivo, o problema principal era se definir qual os limites à extensão dos efeitos da coisa julgada material a terceiros. Este problema não se originou do Código de Defesa do Consumidor. Anteriormente, a ação popular, a ação civil pública e o mandado de segurança coletivo já apresentavam o mesmo problema, como bem lembrou Antônio Gidi[151].

A concepção adotada para o processo comum não poderia valer para o processo coletivo, em virtude das diferenças substanciais entre os dois tipos de processos, principalmente no tocante ao devido processo legal, a ampla defesa e o contraditório.

Todavia, nos direitos difusos, por exemplo, como viu-se, não é permitido que o titular de direito material ingresse na relação jurídica processual

---

[148] VITORELLI, 2019.
[149] GIDI, 1995, pp. 7-8.
[150] *Ibid*, p. 9.
[151] GIDI, 1995.

na qualidade de litisconsorte (o artigo 94 do CDC somente é aplicável aos direitos individuais homogêneos), apesar de não se poder subtrair do indivíduo a garantia constitucional de inafastabilidade da apreciação judicial de lesão ou ameaça a direito seu, prevista no artigo 5º XXXV.

Por sua vez, na improcedência com suficiência de prova, incide coisa julgada *erga omnes* no tocante ao pedido coletivo. Em assim sendo, apesar das limitações quanto à participação do indivíduo no processo, este não poderá mais pleitear a cessação da lesão a direitos difusos, se esse pedido for julgado improcedente na ação coletiva mas for a causa, comprovada, da lesão a sua saúde.

Nos Estados Unidos, nas *class action*, se os titulares do direito estiverem adequadamente representados, a coisa julgada incidirá sobre eles, não por serem terceiros, mas por serem verdadeiras partes na ação, justamente em virtude da representação adequada. Adaptaram o instituto da representação à realidade do processo coletivo.

No Brasil, o representante coletivo é aquele a quem a lei confere esta incumbência (legitimação extraordinária). Não faz parte do grupo, não precisa demonstrar suas qualidades pessoais para defendê-lo em juízo, tampouco necessita demonstrar seu esforço para obter para o grupo, decisão favorável, como exige o direito estadunidense.

Não se está a dizer que o sistema brasileiro é melhor ou pior. O que se deseja é evidenciar que, no Brasil, os titulares do direito material são considerados terceiros à relação jurídica processual estabelecida entre legitimado coletivo e réu. De ver-se que, no processo civil comum, onde o limite subjetivo da coisa julgada é entre as partes, o legitimado coletivo que ajuizou a ação será parte, e aqueles que não a ajuizaram, terceiros.

Fredie Didier Jr. e Hermes Zanetti Jr. [152] esclarecem que, quando se trata de coisa julgada coletiva, dois aspectos centralizam todas as discussões a respeito do tema:

> a) de um lado, o *risco* de interferência injusta nas *garantias do membro do grupo* lado, o *risco* de interferência injusta nas *garantias do membro do grupo titular do direito subjetivo*, que poderia ficar sujeito à "imutabilidade" de uma decisão da qual não participou: o problema decorre da circunstancia de que o legitimado à tutela coletiva é em regra um ente que não é o titular do

---

[152] DIDIER JR., ZANETI JR., 2016, p. 396.

direito coletivo em litígio (legitimação extraordinária); b) de outro lado, o risco de *exposição indefinida do réu ao Judiciário* ("*No person shoud be twice vexed by the same claim*") e a necessária *estabilidade jurídica* para o Estado ("*It is in the interest of the state that there be na end to litigation*"): é preciso, de outro lado, proteger o réu, que não pode ser demandado infinitas vezes sobre o mesmo tema, e limitar o poder do Estado, que não pode estar autorizado a sempre rever o que já foi decidido.

De todo o conteúdo do presente estudo, percebe-se que, quando se cuida de coisa julgada no direito coletivo, o legislador adotou a solução de que ela alcançaria os demais legitimados do direito, coletivos ou individuais, e limitaria a sua repropositura contra o mesmo réu, com a mesma técnica: transportando os efeitos da coisa julgada *secundum eventum litis* através da extensão subjetiva *erga omnes*, quando ela for benéfica a terceiros.

Observa-se que, se a ação coletiva for julgada procedente, em qualquer categoria de direito, é extensível a todos indivíduos titulares do direito material.

Todavia, em relação a terceiros, entendidos como aqueles legitimados que não participaram do primeiro processo coletivo, a coisa julgada incidiria, *secundum eventum litis,* quando beneficiá-los.

Se for improcedente, não fará coisa julgada em relação a terceiros, individualmente considerados, em nenhuma hipótese, porque a coisa julgada nunca poderá prejudicá-los (art. 506, CPC e parágrafo 3º do artigo 103 do CDC).

Contudo, a decisão de improcedência com suficiência de prova é extensível aos outros legitimados coletivos. Note-se que esta previsão foge à regra geral de processo civil, porquanto a coisa julgada será transportada *secundum eventum litis* prejudicando terceiros.

Esta previsão, inclusive, tem implicações mais abrangentes. A sentença de improcedência que se tornou imutável, não poderá ser novamente discutida sob o âmbito coletivo, podendo prejudicar, inclusive, o correlato direito individual.

Sob este enfoque, um legitimado individual não pode pedir, por exemplo, que cesse uma propaganda enganosa. Poderia, tão somente, postular judicialmente a recomposição do seu patrimônio individual atingido pelo evento danoso e, mesmo assim, seria difícil obter êxito neste particular, já que nem o legitimado coletivo, com mais recursos, saiu-se vitorioso. Poderia até ser economicamente inviável a propositura de ação individual, como entende Vitorelli[153].

Para Vitorelli[154], esta situação ocorre em decorrência de um problema oculto dos direitos coletivos, a indefinição de sua titularidade:

> Se esses direitos são de todos, mas, ao mesmo tempo, de ninguém, ninguém pode se dizer lesado pelo resultado de uma ação da qual não participou, mesmo que a coisa julgada coletiva, em matéria de direitos transindividuais, inviabilize, como, de fato, inviabiliza, a tutela específica do direito individual que com ela se relacione. Assim, por exemplo, se uma ação coletiva contra a poluição do ar causada por uma determinada indústria é julgada improcedente no mérito, o direito individual de um vizinho dessa indústria a respirar ar de qualidade estará definitivamente prejudicado, pelo menos sob o prisma da tutela específica.
>
> Restará a esse vizinho pleitear, no máximo, indenização pelos danos causados à sua saúde em razão da poluição, mas ele não poderá pleitear a tutela de remoção do ilícito, já que o caráter ilícito da conduta teria sido afastado no âmbito coletivo.

Como se pode observar, no caso VIOXX, a decisão, com base no entendimento majoritário, além de gerar dúvidas quanto à suficiência ou insuficiência de prova da primeira decisão; colocar à mostra que é injusto limitar outro legitimado coletivo que tenha outras provas fortes e não fazer sentido a adoção de categorias de direito coletivo, também demonstra que a indiscutibilidade da sentença de *improcedência pode prejudicar direitos individuais*, na medida em que o réu foi isento de culpa.

Quando se cuida de sentença de procedência, há, ainda, a obrigatoriedade de se transportar a coisa julgada *secundum eventum litis* para a esfera individual por ser *in utilibus*. Presume-se que uma decisão de procedência sempre beneficiará a coletividade e os legitimados individuais do direito.

No entanto, a sentença de *procedência* do pedido, em suas entrelinhas, também poderá prejudicar os legitimados individuais e coletivos de direitos transindividuais e individuais homogêneos.

---

[153] VITORELLI, 2019.
[154] *Ibid*, p. 29.

13. O CASO DO MEDICAMENTO VIOXX

Como observado por Vitorelli[155], isso ocorre quando o pedido feito pelo legitimado coletivo adota um ponto de vista que exclui os demais tipos de tutela necessitada por outras pessoas atingidas pelo mesmo evento danoso, pedidos estes que lhe seriam contraditórios.

Neste caso, a sentença de procedência será acobertada pela coisa julgada e afastará "os demais pedidos que poderiam ter sido feitos para tutelar o direito litigioso"[156].

Edilson Vitorelli[157], em sua obra, para deixar claro a possibilidade de risco à tutela do direito coletivo no caso de autoridade de sentença de procedência, pensou em dois exemplos, dignos de transcrição:

> O problema do prejuízo decorrente da procedência do pedido pode ser ilustrado com um exemplo de Barbosa Moreira, ainda na década de 1980: ação popular ajuizada com o objetivo de determinar a Companhia Rio-Grandense de Saneamento a pôr em funcionamento "dentro de certo prazo", instalações destinadas ao tratamento de esgotos sanitários. Em caso de sentença de procedência. Primeiramente, se a decisão determina a implementação do sistema de tratamento de esgotos "em certo prazo", isso impede que qualquer outro legitimado coletivo pleiteie a instalação da mesma tecnologia em prazo menor. Deverá suportar o dano de continuar convivendo com o esgoto sem tratamento.
>
> Outra questão se refere à forma de prestar à tutela à pretensão de "implementar tratamento de esgoto". Ao contrário do que possa parecer ao jurista, a simples determinação de que uma companhia de saneamento efetue o tratamento de esgotos está longe de garantir que o resultado final pretendido, que é a proteção do meio ambiente do corpo hídrico receptor dos dejetos, seja alcançado. Isso porque existem diversas técnicas para realizar tal tratamento, com relações custo-benefício variáveis, de acordo com a peculiaridades locais. Assim se o juiz determina o tratamento de esgotos por uma técnica inadequada- ou mesmo sem estabelecer qual seria a técnica a ser utilizada – é possível que o meio ambiente continue sofrendo violação. Uma vez acobertada pela coisa julgada esta decisão, sob a aparência do benefício, ocultaria um prejuízo definitivo aos direitos da coletividade,

---

[155] VITORELLI, 2019.
[156] *Ibid*, p. 30.
[157] *Ibid*, p. 31.

já que aquele seria o tipo de tratamento instalado. Outra demanda, com a mesma causa de pedir e o mesmo pedido, restaria provavelmente obstada ou, pelo menos, sujeita a uma complexa discussão quanto aos limites da coisa julgada anterior.

Já no caso de a decisão não reconhecer a lesão a direito transindividual, *por falta de prova*, autoridade da sentença transitada em julgado não se estende aos legitimados coletivos, por seu alto grau de prejudicialidade àquele que pela distância dos fatos pode não ter representado adequadamente a coletividade. Admitir que a decisão tomada por insuficiência de prova fizesse coisa julgada, seria injusto com a sociedade.

Trata-se de mais uma decisão política adotada pelo legislador. Para Marinoni, "a ausência de prova é requisito para a exclusão da coisa julgada, autorizando-se a renovação da ação que antes conduziu ao julgamento do mérito – improcedência por insuficiência de prova"[158].

Mendes[159] analisa a questão sob outro enfoque, percebendo que, ao não se aplicar aos direitos individuais homogêneos o mesmo regramento estabelecido para os efeitos da coisa julgada no caso de sentença de improcedência que verse sobre direitos transindividuais, haverá violação ao princípio da isonomia, pois no caso de falta ou insuficiência de provas não será afastada a extensão da coisa julgada a terceiros. Leia-se:

> Quanto aos interesses ou direitos individuais homogêneos, contudo, não há qualquer reserva. Assim, o julgamento contrário à parte que efetuou a defesa coletiva não produzirá efeitos *erga omnes*, o que merece ser criticado, pois viola o princípio da isonomia. Ao estabelecer, de modo limitado, como legitimados, apenas os órgãos públicos e as associações, a representatividade adequada foi presumida. Por conseguinte, torna-se desproporcional e despropositada a diferenciação dos efeitos *secundum eventum litis*, pois não leva em consideração, tal qual nos incs. I e II do art. 103, motivo significativo, como a falta ou insuficiência de provas, para afastar a extensão. O processo coletivo torna-se, assim, instrumento unilateral, na medida que só encontrará utilidade em benefício de uma das partes.

---

[158] MARINONI, 2019, p. 260.
[159] MENDES, 2014, p. 277.

6.3. Argumentos para se considerar o regramento legal e doutrinário da coisa julgada no processo civil comum como parâmetro principiológico para a extensão da coisa julgada a terceiros nos litígios coletivos, naquilo que não for incompatível com o processo coletivo

Admitir que os indivíduos sejam beneficiados pela decisão de um processo é aceitável, porém, que sejam prejudicados sem oportunidade de se defenderem, é injusto. Perdurar esta possibilidade de injustiça nos tempos atuais é inadmissível. Hoje já não somos um país sem experiência em defesa de direitos coletivos como antes.

Como exposto, o Brasil não optou pela teoria da representação adequada adotada nos EUA, que implica em mais legitimados *ad causam* no processo coletivo, e, sim, por estender a coisa julgada a terceiros que não participaram da relação processual coletiva.

Levando em consideração este aspecto, é de fundamental importância perceber que a coisa julgada é um instituto que regula tanto a coisa julgada comum, como a coisa julgada coletiva. Em outras palavras, o instituto da coisa julgada possui um regramento genérico que, para se adequar às especificidades da natureza do direito objeto do processo, divide-se em duas espécies: coisa julgada comum e coisa julgada coletiva.

Neste sentido, a coisa julgada, tanto no processo coletivo, como no comum, é, genericamente, *pro et contra,* com efeito *inter partes,* aplicando-se regramento diverso entre os processos somente quando proposta novamente a ação coletiva.

É justamente este o ponto de partida. A relevância de se ter em mente que os direitos coletivos:

> [...] não compõem um sistema à parte do sistema dos direitos individuais; não há dois ordenamentos jurídicos; não são dois os direitos positivos. Trata-se de um subsistema, ao lado do subsistema dos direitos individuais todos fazendo parte de uma única Teoria Geral do Direito e de uma mesma Teoria Geral do Direito Processual Civil[160].

Portanto, nada mais razoável do que se aplicar o que estabelece o Código de Processo Civil "naquilo que não for incompatível com suas prescrições

---

[160] GIDI, 1995, p. 114.

expressas ou com a sua base principiológica ao direito coletivo"[161], com base no art. 90 do CDC.

6.4. As alterações introduzidas no CPC de 2015. Os regramentos dos artigos 503 e 505 do CPC

Notadamente, o processo coletivo foi introduzido em nosso ordenamento jurídico em data anterior às alterações introduzidas no Código de Processo Civil de 2015, pelo qual foi alterado pontos essenciais no instituto da coisa julgada.

Convém lembrar que, o que o legislador pretendeu no processo coletivo foi dar a tutela adequada aos direitos de uma sociedade, cuja identidade das pessoas que a integram ora são mais, ora menos definida, em uma época em que os limites objetivos da coisa julgada não haviam se estendido à resolução de questão prejudicial decidida expressa e incidentemente no processo (§1º, do art. 503, CPC). Havia, porém, a previsão de poder se pedir a revisão de sentenças que decidissem relações jurídicas continuativas, quando houvesse modificação no estado de fato ou de direito (art. 505, CPC).

Ora, não há motivos para haver uma quebra do sistema, totalmente prejudicial ao processo coletivo, diante da adequabilidade destas novas previsões do CPC.

Aplicar o regramento genérico da coisa julgada favorece o processo coletivo. Aliás, assenta como uma luva para resolver grandes problemas identificados na tutela coletiva com relação à coisa julgada.

Defende-se, neste exercício, que a coisa julgada coletiva, como espécie do instituto da coisa julgada, harmonize-se com seus preceitos gerais.

Se a doutrina não faz distinção entre os limites objetivos da coisa julgada no processo comum e no coletivo, porquanto ambas se restringem ao pedido, uma vez que o ordenamento jurídico estendeu os efeitos da coisa julgada comum à questão prejudicial diante de determinados pressupostos, possibilitando-a alcançar terceiros, bem como reconheceu a presença da cláusula *rebus sic standibus* na coisa julgada, a aplicação da mesma lógica à coisa julgada coletiva está igualmente viabilizada.

[161] *Ibid.*

6.5. A coisa julgada sobre questão prejudicial (parágrafo 1º do artigo 503 do CPC) e o processo coletivo

Hodiernamente, a coisa julgada sobre questão prejudicial também incide no processo coletivo e seguirá o mesmo regramento que tem no processo comum, diante da ausência de normas especiais a respeito no âmbito coletivo. Entretanto, ressalta-se que ela se refere à questão prejudicial e não ao pedido, pois, logicamente, a coisa jugada sobre o pedido nas ações individuais, somente interessam às partes envolvidas no litígio.

No processo coletivo, é o mesmo sentido que deve se adotar. Se a lesão a direitos coletivos atingiu de forma diversa os integrantes de uma sociedade, nada mais natural que façam pedidos distintos e que assuma uma maior importância a questão prejudicial, como, por exemplo, a sobre a culpa do réu no ato tido como danoso.

Sob outra ótica, para que se considere que a questão prejudicial faça coisa julgada com relação a terceiros, há que estarem presentes as condições previstas nos incisos I, II e III do § 1º e no § 2º do artigo 503 do CPC, entre elas, a seu respeito ter "havido contraditório prévio e efetivo, não se aplicando ao caso de revelia" (inciso II).

Ora, na coisa julgada sobre o pedido, é proporcionada segurança jurídica para o réu diante da possibilidade que tem de se defender do pedido e na coisa julgada sobre questão prejudicial, terá que efetivamente tê-la contestado. Uma vez decidida, sobre ela incidirá a coisa julgada. Por esta razão, o réu não pode ter sido revel.

Como consectário do devido processo legal, com relação à participação do réu no processo, tanto no comum, como no coletivo, o réu sempre terá a oportunidade de contraditar provas e influir na decisão futura. Ocorre que, na ação coletiva, dada sua importância, não há como o polo passivo não se defender com comprometimento. Sempre haverá um contraditório prévio e efetivo no processo coletivo.

Porém, se novas provas forem obtidas e o réu não as houver contraditado efetivamente, a questão prejudicial não fará coisa julgada que se estenda a terceiros. Por outro lado, diante de novo contexto probatório, capaz de alterar o resultado da lide, será possível a admissão da mesma ação coletiva.

Veja-se. Sob a ótica do processo coletivo, o legislador resolveu o problema do modo como a coisa julgada principal poderia afetar terceiros que não participaram do processo, da mesma maneira como a coisa julgada em questão foi concebida e afeta terceiros: com o transporte da coisa julgada *secundum eventum litis*, como notou Marinoni[162].

É de suma importância destacar que, a lógica que preside a prestação jurisdicional no caso da coisa julgada sob questão, bem como as razões que levaram a inseri-la no sistema de direito brasileiro, quais sejam, a otimização do serviço judiciário, reconhecer a autoridade das decisões judiciais, dar coerência ao direito e segurança jurídica à sociedade, bem como poupar as partes e o sistema judiciário do gasto de tempo e de dinheiro desnecessários, tudo em respeito aos direitos fundamentais processuais, são as mesmas que orientam o processo coletivo.

Uma diferença que se depreende de uma reflexão sobre o tema, é a de que, no processo comum, no caso de a questão prejudicial, que leva à procedência da ação, alcançar terceiros, não basta à parte autora somente proceder a liquidação e execução da ação, como quando se trata de tutela coletiva.

Deverá propor uma ação de conhecimento condenatória individual, que tenha a mesma questão prejudicial como pressuposto do pedido, para que possa obter um título executivo judicial. É uma diferença natural, que decorre de a natureza do pedido ser individual e não coletivo.

Urge salientar que na coisa julgada sob questão, Marinoni esclarece que "não são relações substanciais unitárias". São "hipóteses de múltiplos danos, inadimplementos ou violações, em que pessoas situadas numa mesma posição diante de um mesmo caso conflitivo concreto podem pedir tutela dos seus direitos ou litigar de forma individualizada em face de um único adversário"[163] e exemplifica com um acidente de ônibus com dezenas de passageiros.

A ação de um passageiro ou de um grupo de passageiros que não abranja a totalidade dos lesados, contra o proprietário do veículo que causou o acidente, se obtiver o julgamento de procedência do "pedido de indenização obviamente não pode beneficiar os demais acidentados ou mesmo as famílias de eventuais mortos"[164].

---

[162] MARINONI, 2016.
[163] *Ibid.*
[164] *Ibid.*

No entanto, "a controvérsia que se formou a respeito da culpa, ao dar origem a uma questão adequadamente discutida e expressamente decidida, evidentemente é do interesse dos demais acidentados"[165]. Esta é exatamente a questão que fará coisa julgada a ser transportada para terceiros.

Ressalta-se que, o rito procedimental das ações coletivas não possui quaisquer restrições probatórias ou limitações à cognição que impeçam o aprofundamento na análise da prova, como em um mandado de segurança por exemplo.

Igualmente não possui limitação quanto ao objeto de discussão, como na ação de desapropriação, na qual a defesa deve ser restrita a vício do processo judicial ou impugnação do preço (art. 20, DL 3365/1941).

6.6. O artigo 506 do CPC e a coisa julgada sobre questão prejudicial

Com relação à extensão da coisa julgada sobre terceiros, *mister* salientar que esta somente ocorre para beneficiá-lo, de acordo com o que dispõe o artigo 506 do CPC, ou seja, somente *in utilibus*.

Assim, em uma decisão de improcedência, o reconhecimento de que o demandado não possui responsabilidade pelo evento danoso, solucionando a questão prejudicial a seu favor, não poderá obstaculizar a uma nova discussão da questão por outro titular do mesmo direito material, porque a coisa julgada nunca poderá prejudicá-lo.

Em razão de suas entrelinhas, este estudo demonstrou que o instituto da coisa julgada coletiva não atinge seu objetivo precípuo na sua integralidade.

Na prática, a coisa julgada coletiva pode prejudicar a qualquer legitimado individual que não tenha participado do processo, como também, diante de avanços sociais e tecnológicos ou novas provas relevantes para mudar o destino do processo, prejudicar a toda a coletividade.

Se a coisa julgada anterior não pode afetar negativamente terceiros que têm interesse jurídico no feito, assim como é na coisa julgada em questão, com muito mais razão, a sentença de improcedência em uma ação coletiva, não pode prejudicar os legitimados titulares do direito coletivo envolvido, ou a coletividade lesionada, ao incidir sobre os demais legitimados coletivos.

---

[165] MARINONI, 2016.

Com relação a este último, não faz mesmo sentido alcançá-los, pois sequer deve incidir sobre os seus representados, vale dizer, os titulares do direito material.

Por outro lado, também não faz sentido se estabelecer um regramento que gere a injustiça de permitir que um réu, que tenha sido responsável por um dano coletivo, possua uma situação jurídica mais favorável do que a daquele que não lesiona uma coletividade.

A técnica adotada pelo Código de Processo Civil para a coisa julgada em questão como um todo, de fato atende ao que o legislador pretendeu ao limitar a extensão da coisa julgada coletiva *secundum eventum litis in utilibus* como solução para inserir no ordenamento jurídico o sistema de tutela de direitos coletivos, superando, assim, o receio de que pudesse prejudicar pessoas que não participaram do processo.

Com base nesta técnica, um novo contexto probatório ou social poderia ser objeto de um novo processo que, necessariamente, seria entendido como diferente do anterior, podendo, inclusive, ensejar pedidos diferentes, mesmo que seja para, no caso de procedência da primeira ação coletiva, mudar a técnica escolhida pelo réu ou judicialmente determinada para dar efetividade à decisão judicial.

Também se preservaria da coisa julgada aqueles interesses que não fossem adequadamente representados no processo anterior ou os interesses opostos àqueles nele tratados, independentemente do "acervo probatório nele produzido ou da profundidade da cognição", cuja necessidade de proteção, foi percebida por Vitorelli[166].

A coisa julgada formada sobre a questão culpa, por exemplo, se for somente ela a questão prejudicial do pedido do segundo processo, portanto, suficiente para o seu julgamento, seria a ele transportada, beneficiando os terceiros que não foram adequadamente representados, como disposto nos §§ 1º e 2º do artigo 503 do CPC, quando se tratar de sentença de procedência, por exemplo.

Por outro lado, as questões relativas ao mérito do pedido que pudessem ser comprovadas por novas provas que efetivamente mudassem o destino do processo, desde que não tivessem sido objeto de contraditório efetivo e prévio, não fariam coisa julgada.

---

[166] VITORELLI, 2019, p.535.

Neste ângulo, traz-se à baila que, na seara eleitoral, na qual as demandas possuem natureza coletiva por tutelar valores de interesse de toda a coletividade, há previsão similar à que se sugere adotar: "Se proposta ação sobre o mesmo fato apreciado em outra cuja decisão já tenha transitado em julgado, não será ela conhecida pelo juiz, ressalvada a apresentação de outras ou novas provas" (art. 96-B da Lei nº. 9.504/97).

Acredita-se que, considerar o regramento legal e doutrinário da coisa julgada sobre questão como parâmetro principiológico para a extensão da coisa julgada a terceiros nos litígios coletivos, seria uma alternativa prática a ser desenvolvida para que não fosse de todo abandonada a solução adotada pelo legislador e estudiosos do direito de extensão *erga omnes* da coisa julgada *secundum eventum litis in utilibus* no processo coletivo.

Ademais, como dito acima, a coisa julgada sobre questão prejudicial já incide atualmente no processo coletivo e segue o mesmo regramento que tem no processo comum, diante da ausência de normas especiais a respeito no âmbito coletivo.

7. A aplicação prática da base principiológica da coisa julgada comum inserida no ordenamento jurídico pelo novo CPC no processo coletivo. O operador do direito diante de uma segunda ação coletiva. A garantia do acesso à Justiça

Para uma boa disposição das concepções trazidas neste estudo de caso, seria proveitoso analisá-lo como um segundo juiz, levando em consideração a visão holística do processo civil coletivo e do comum, sobre a qual muito se expôs neste trabalho.

Primeiramente, necessário se verificar a existência de litispendência entre a primeira ação civil pública e a segunda, ajuizada em São Paulo. Conferir se as duas ações eram mesmo idênticas, é fundamental, vez que a primeira ação já tinha sido sentenciada e, já que não foi interposto recurso especial da decisão do Tribunal de Justiça do Estado do Rio de Janeiro, o acórdão transitou em julgado.

Para tanto, convém lembrar que o conceito doutrinário de litispendência no processo coletivo, para atender às suas peculiaridades, é mais expansivo do que o no comum, sendo aplicada a Teoria da Identidade da Relação Jurídica Material.

De outro lado, a litispendência no processo coletivo tem como consequência a reunião das ações, não gerando a extinção da segunda ação coletiva por razões de celeridade e economia processual, posto que o legitimado coletivo poderia ingressar na primeira demanda na qualidade litisconsorte, revelando-se mais simples reunir-se as ações idênticas, como perceberam Didier Jr e Zaneti Jr.[167].

Não obstante, depreende-se que, atribuir à coisa julgada o mesmo grau de alcance concedido à conexão e à litispendência no processo coletivo, romper-se-ia o equilíbrio buscado pela doutrina, dada a distinção de grandeza entre os dois institutos.

A amplitude conferida ao instituto da litispendência para permitir a junção de ações coletivas propostas por legitimados diversos, sem implicar na extinção de uma delas, busca preservar o princípio do acesso à justiça e a efetiva atuação do legitimado coletivo em prol da defesa dos direitos da coletividade por ele representada.

Estes mesmos princípios devem ser levados em consideração para dar a exata dimensão à incidência da coisa julgada em sentenças coletivas transitadas em julgado.

Isto porque, dar abrangência similar ao adotado na litispendência ao conceito de coisa julgada no processo coletivo, pode ensejar o efeito contrário: impedir o legitimado coletivo de postular a tutela adequada ao direito coletivo lesionado, violando o princípio constitucional de inafastabilidade da apreciação do Poder Judiciário de lesão ou ameaça de direito (art. 5º, XXXV, CF).

Portanto, caberá ao juiz do segundo processo verificar se, ao conferir à sentença pregressa a qualidade de imutabilidade, cerceará o direito de agir do legitimado coletivo, vale dizer, impedirá o direito da coletividade a uma prestação jurisdicional.

Com base nesta resposta, decidirá, então, se declarará ou não a configuração da coisa julgada em uma sentença que já está produzindo eficácia no mundo jurídico, sem a necessidade de ação de desconstituição da coisa julgada coletiva formada ou ação rescisória.

Neste sentido, Marinoni[168] com maestria expõe que:

> [...] a decisão do juiz do segundo processo não tem aptidão para constituir a coisa julgada, mas para recepcioná-la ou para declarar a sua não configuração.

[167] DIDIER JR., ZANETI JR., 2016.
[168] MARINONI, pp. 262-263.

A sua eficácia, afinal, embora seja importante em outros processos, espraia-se antes e independentemente do surgimento de um segundo processo.

Sobrevirá ao juiz, a fim de possibilitar este juízo de valor, a análise do objeto das ações coletivas.

Pois bem. Em vista da identidade entre as demandas, o julgador da segunda ação civil pública do caso VIOXX, entendeu que seria irrelevante a formulação do pedido com base em outras alegações para afastar a indiscutibilidade do comando da sentença, porquanto estas também encontrar-se-iam cobertas pelo manto da coisa julgada, de acordo com o artigo 474 do CPC/73[169]. Confira-se:

> Malgrado o Código de Defesa do Consumidor tenha cometido os mesmos equívocos conceituais ao tratar da coisa julgada, deve ser lembrado que tal instituto não consubstancia a eficácia (aptidão para produzir efeitos), mas sim uma *qualidade,* um *atributo* da sentença não mais sujeita a nenhum recurso, conforme magistral obra de Liebman. Significa a *imutabilidade (indiscutibilidade) da parte dispositiva, do comando da sentença,* razão pela qual os fundamentos são irrelevantes para a autoridade da coisa julgada, ao passo que os argumentos que poderiam ter sido deduzidos pela parte também se encontram cobertos pela *eficácia preclusiva* do instituto (art. 474 do CPC), de modo que pouco importa se agora o pedido de indenização é formulado com fulcro em outras alegações (falta de informação, responsabilidade objetiva do fornecedor de produtos etc).[170]

Com o advento do CPC/2015, a regra utilizada para fundamentar a decisão do Juízo *a quo* foi mantida em seu artigo 508, com a seguinte redação: "Transitada em julgado a decisão de mérito, considerar-se-ão deduzidas e repelidas todas as alegações e as defesas que a parte poderia opor tanto ao acolhimento quanto à rejeição do pedido".

Portanto, escorreita a decisão. Em virtude da eficácia preclusiva da coisa julgada, há que serem observados os seus limites objetivos, não

---

[169] Art. 474. Passada em julgado a sentença de mérito, reputar-se-ão deduzidas e repelidas todas as alegações e defesas, que a parte poderia opor assim ao acolhimento como à rejeição do pedido.
[170] TJ/SP, 4ª CDP, AC nº 990.10.102464-0/ SP, 23 set. 2010.

podendo mais ser discutido o que foi objeto do processo, mesmo sob outro argumento, já que este poderia ter sido utilizado.

Não obstante, suponha-se que tivesse sido identificada a sociedade lesionada no litígio VIOXX e que seus efeitos colaterais fossem somente arritmia cardíaca. O respectivo grupo de pessoas afetadas poderia pleitear o melhor tratamento médico disponível para restabelecer o seu direito à saúde.

Tempos depois, apura-se que os efeitos colaterais do mesmo medicamento causaram a morte de outro grupo. O evento mais danoso consubstanciaria fundamento jurídico diverso (que difere de fundamento legal), implicando, consequentemente, em outra tutela jurídica, a indenizatória.

Assim sendo, conflitos coletivos oriundos do mesmo fato, podem ter roupagens jurídicas diversas, porquanto um ato ilícito pode dar origem a graus diferentes de um mesmo tipo de lesão, a violações de bens jurídicos diversos e, logicamente, podem ensejar tutelas particularizadas em ações coletivas próprias.

Todas essas variáveis influenciam também a dinâmica da segunda ação, assim como o exame das provas – se são novas ou não, se já tinham sido descobertas quando da propositura da primeira ação, se foram efetivamente contraditadas, se ela trata de relação jurídica continuativa. O julgador ainda deve analisar se, a coletividade lesionada, foi adequadamente representada no primeiro processo.

Não considerar estes fatores para analisar a existência de coisa julgada a ser transportada para a segunda ação, indubitavelmente importará em violação ao acesso à Justiça.

No caso examinado, percebe-se que não foram anexadas ao processo provas novas, aptas a mudar o resultado do julgamento. Como visto, o ônus da demonstração de se cuidarem de novas provas cabe ao legitimado coletivo.

Se a decisão do Tribunal de Justiça do Estado do Rio de Janeiro confirmou a sentença de improcedência, em razão de o autor não ter demonstrado "o alcance das supostas lesões causadas à coletividade"[171], necessário seria que, a nova petição inicial tivesse identificado a socie-

---

[171] TJ/RJ, AC n. 0115695-58.2004.8.19.0001, Rel. Vera Maria Soares Van Hombeeck, 14 out. 2008.

dade vitimada e trouxesse novas provas capazes de infirmar as razões de decidir daquela Corte.

Consequentemente, faltou, à segunda ação, aptidão para que o julgador do segundo processo decidisse pelo prosseguimento do feito, não lhe restando alternativa, senão extinguir o processo sem julgamento do mérito em razão da ocorrência de coisa julgada.

Imagine-se se, na segunda demanda coletiva submetida a exame, o legitimado coletivo obtivesse êxito na tarefa de identificar a sociedade titular afetada pelos efeitos colaterais do VIOXX e conseguisse comprovar[172] a alegação de que as fabricantes do medicamento deturparam "a segurança do Vioxx em vários ensaios clínicos" e coordenaram "ensaios clínicos por meio de seu marketing para aumentar a prescrição médica do remédio", bem como que ocultaram "informações que seriam importantes para a saúde pública, como eventos adversos graves" e doenças associadas, como noticiado na *Stat News*[173].

Em presença destes novos elementos, sustenta-se que o juiz da segunda demanda poderia declarar que a autoridade da primeira sentença, conforme proferida na lide, não seria extensível à demanda coletiva subsequente, admitindo o seu processamento[174].

8. Conclusões

Os argumentos para se considerar o regramento legal e doutrinário das inovações trazidas no novo CPC, tanto para a extensão da coisa julgada a terceiros, como para permitir o pedido de revisão do que foi estatuído na sentença, quando se tratar de relação jurídica de trato continuado, foram frutos deste estudo do caso VIOXX.

Acredita-se que seria uma alternativa prática a ser desenvolvida para que não fosse de todo abandonada a solução adotada pelo legislador e estudiosos do direito, de extensão *erga omnes* da coisa julgada *secundum eventum litis* no processo coletivo.

---

[172] Apesar de não ser objetivo deste estudo analisar o caso VIOXX sob a luz da teoria da prova, cabe aqui mencionar que a prova emprestada pode ser determinada pelo juiz em vista de seu poder instrutório, bem como que não está vedada a possibilidade de o processo precedente ser de origem estrangeira.
[173] **EGILMAN; KAPCZYNSKI, 2019.**
[174]

Estas novas técnicas adotadas pelo CPC poderiam atender aos anseios da sociedade, ao permitirem a extensão da coisa julgada coletiva somente quando for, de fato, benéfica a terceiros, superando o receio de que o sistema de tutela de direitos coletivos pudesse prejudicar pessoas que não participaram do processo.

Rememora-se um ponto fundamental trazido à reflexão, os direitos coletivos "não compõem um sistema à parte do sistema dos direitos individuais", todos fazem "parte de uma única Teoria Geral do Direito e de uma mesma Teoria Geral do Direito Processual Civil"[175]. Sob este aspecto, grande é o significado do disposto no artigo 90 do CDC, que autoriza a aplicação às ações nele previstas, das normas do CPC, naquilo que não contrariar as suas disposições.

Assim, após a análise do objeto das ações coletivas, se o cotejamento entre elas indicar que a coisa julgada não devesse incidir sobre a segunda ação, com base nos parâmetros principiológicos introduzidos no novo CPC, o juiz estaria autorizado a declarar que a autoridade da primeira sentença não seria extensível à demanda coletiva subsequente, admitindo a sua relitigação.

Desta forma, a imutabilidade da sentença se limitaria ao legitimado coletivo titular da ação, em razão da regra geral: *pro et contra e inter partes*.

Esta compreensão da coisa julgada coletiva traria mais abertura ao processo coletivo, sem descuidar da garantia constitucional de apreciação judicial de lesão ou ameaça a direito, da segurança jurídica e da justiça das decisões em demandas desta natureza.

A possibilidade de se levar em consideração o regramento hoje existente no processo civil, como base principiológica para adequar a coisa julgada ao observado nas lides coletivas brasileiras, dependeria, fundamentalmente, do Poder Judiciário e da organização de um consistente sistema de precedentes.

Sem dúvida, os efeitos da coisa julgada no processo coletivo, é um tema desafiador.

Entretanto, ao se olhar para trás, é a história que afirma a importância das contribuições fornecidas pelos estudiosos do processo coletivo ao sistema jurídico, para que este continue a evoluir no Brasil, no mesmo rumo favorável.

---

[175] GIDI, 1995, p. 114.

Desta forma, é bem provável que, em breve, sejam implementadas mudanças legislativas para aproximar da realidade um dos institutos mais importantes para um devido processo coletivo, que é o regime jurídico da coisa julgada.

Referências

ALVIM NETTO, José Manoel de Arruda. Código do Consumidor Comentado. 2. Ed. São Paulo: Revista dos Tribunais, 1995.

BARBOSA MOREIRA, José Carlos. Temas de Direito Processual: terceira série/José Carlos Barbosa Moreira. São Paulo – Saraiva, 1984.

BRASIL. [Constituição (1988)]. Constituição da República Federativa do Brasil de 1988. Brasília, DF: Presidência da República, [2016]. Disponível em: http://www.planalto.gov.br/ccivil_03/constituicao/constituicao.htm Acesso em: 3 jul. 2020.

BRASIL. Lei no 7.347, de 24 de julho de 1985. Disciplina a ação civil pública de responsabilidade por danos causados ao meio-ambiente, ao consumidor, a bens e direitos de valor artístico, estético, histórico, turístico e paisagístico (VETADO) e dá outras providências. Disponível em: http://www.planalto.gov.br/ccivil_03/leis/l7347orig.htm Acesso em: 3 jul. 2020.

BRASIL. Lei nº. 8.078, de 11 de setembro de 1990. Código de Defesa do Consumidor. Dispõe sobre a proteção do consumidor e dá outras providências. Disponível em: http://www.planalto.gov.br/ccivil_03/Leis/L8078.htm Acesso em: 3 jul. 2020.

BRASIL. Lei nº 13.105, de 16 de março de 2015. Código de Processo Civil. http://www.planalto.gov.br/ccivil_03/_ato2015-2018/2015/lei/l13105.htm Acesso em: 3 jul. 2020.

BRASIL. Lei nº 10.406, de 10 de janeiro de 2002. Institui o Código Civil. Disponível em: http://www.planalto.gov.br/ccivil_03/leis/2002/l10406.htm Acesso em: 3 jul. 2020.

BRASIL. Decreto-lei nº 3.365, de 21 de junho de 1941. Dispõe sobre desapropriações por utilidade pública. Disponível em: http://www.planalto.gov.br/ccivil_03/decreto-lei/del3365.htm Acesso em: 3 jul. 2020.

BRASIL. Superior Tribunal de Justiça. Súmula nº 489. Reconhecida a continência, devem ser reunidas na Justiça Federal as ações civis públicas propostas nesta e na Justiça estadual. Corte Especial, 28 dez. 2012.

BRASIL. Superior Tribunal de Justiça. Súmula nº 235. A conexão não determina a reunião dos processos, se um deles já foi julgado. Corte Especial, em 1, fev.2000. DJ 10.02.2000, p. 20.

CABRAL, Antonio Do Passo. Coisa Julgada E Preclusões Dinâmicas: Entre Continuidade, Mudança E Transição De Posições Processuais Estáveis. 2ª Edição. Editora Juspodivm. Bahia: 2014.

CONSULTOR JURÍDICO. Merck fecha acordo bilionário para encerrar ações contra o Vioxx. Consultor Jurídico, 12 nov. 2007. Disponível em https://www.conjur.com.br/2007-nov-12/merck_encerra_acoes_vioxx_estados_unidos. Acesso em: 04 jan. 2020.

CONSULTOR JURÍDICO. Acordo com a Merck faz 44 mil pessoas retirarem processos. Consultor jurídico, 4 mar. 2008. Disponível em: https://www.conjur.com.br/2008-mar-04/acordo_merck_faz_44_mil_pessoas_retirarem_acoes. Acesso em: 04 jan. 2020.

CONSULTOR JURÍDICO. Alexandre suspende processos sobre limite territorial de decisões em ACPs. Consultor jurídico, 20 abr. 2020. Disponível em: https://www.conjur.com.br/2020-abr-20/alexandre-suspende-processos-limite-decisões-acps Acesso em: 24/05/2020.

COSTA FILHO, Venceslau Tavares; LUMIGNAN, Silvano José Gomes. STJ exige comprovação do dano como pressuposto do dever de indenizar. Consultor Jurídico, 26 de mar. 2018. Disponível em: https://www.conjur.com.br/2018-mar-26/direito-civil-atual-stj-exige-comprovacao-dano-indenizacao Acesso em: 4 jan. 2020.

DA REUTHERS. Estudo confirma riscos cardíacos do Vioxx. G1, 13 out. 2008. Disponível em: http://g1.globo.com/Noticias/Mundo/0,,MUL797431-5602,00-ESTUDO+CONFIRMA+RISCOS+CARDIACOS+DO+VIOXX.html Acesso em: 04 jan. 2020.

DIDIER JR., Fredie; ZANETI JR., Hermes. Curso de Direito Processual Civil: Processo Coletivo/ Fredie Didier Jr, Hermes Zaneti Jr. – V.4. 10ª edição. Salvador: Editora JusPodivm, 2016.

DIDIER JR., Fredie; BRAGA, Paula Sarno; OLIVEIRA, Rafael Alexandria. Curso de Direito Processual Civil. Volume 2. 11. Ed. – Salvador: Ed. Jus Podivm, 2016.

EGILMAN, Alexander; ROSS, Joseph S.; KAPCZYNSKI, Amy. Confidentiality Orders In Drug, Device Lawsuits Harm Patients And The Public. Statnews, 11 Nov. 2019. Disponível em: HTTPS://WWW.STATNEWS.COM/2019/11/11/CONFIDENTIALITY-ORDERS-DRUG-DEVICE-LAWSUITS-HARM-PUBLIC/ Acesso em: 4 jan. 2020.

ÉPOCA ONLINE. Vioxx é retirado do mercado por apresentar risco para o coração. Disponível em: http://revistaepoca.globo.com/Revista/Epoca/0,,EDR66754-6010,00.html Acesso em: 2 jul. 2020.

GIDI, Antonio. Coisa julgada e litispendência em ações coletivas. São Paulo: Saraiva, 1995.

GOMES, José Jairo. Lei de Introdução às Normas do Direito Brasileiro: LINDB/ José Jairo Gomes – São Paulo: Atlas, 2012.

MARINONI, Luiz Guilherme. Coisa Julgada Sobre Questão, Inclusive Em Benefício De Terceiro. Res judicata on issue and Res judicata in benefit of non-parties. Revista de Processo | vol. 259/2016 | p. 97 – 116 | Set / 2016. DTR\2016\22770.

MARINONI, Luiz Guilherme. Coisa Julgada sobre questão, 2ª ed. Ver. e atual. – São Paulo: Thomson Reuters Brasil, 2019.

MENDES, Aluísio Gonçalves de Castro. Ações coletivas e meios de resolução coletiva de conflitos no direito comparado e nacional/ Aluísio Gonçalves de Castro Mendes; prefácio José Carlos Barbosa Moreira. – 4ª ed. ver., atual. e ampl. – São Paulo: Editora Revistas dos Tribunais, 2014.

RIO DE JANEIRO. Tribunal de Justiça do Estado do Rio de Janeiro. Apelação cível nº 0115695-58.2004.8.19.0001. Relatora Desembargadora Vera Maria Soares Van Hombeeck. Rio de Janeiro, 14 out. 2008. Disponível em: http://www4.tjrj.jus.br/ejud/ConsultaProcesso.aspx?N=200800131803 Acesso em: 04. Jul. 2020.

SÃO PAULO. Foro Central Cível. 21ª Vara Cível. Proc. n. 0111944-86.2009.8.26.0100 (583.00.2009.111944), Ação Civil Pública, Juíza Maria Carolina de Mattos Bertoldo. Disponível em: http://www.tjsp.jus.br/ Acesso em: 4 jul. 2020.

SÃO PAULO. Tribunal de Justiça. 4ª Câmara de Direito Privado. AC nº 990.10.102464-0/ SP, Relator Desembargador Natan Zelinschi de Arruda. São Paulo: 23 set. 2010. Disponível em: https://esaj.tjsp.jus.br/cjsg/resultadoCompleta.do;jsessionid=D1AD44ACE0E9FA600582977AA8EDD00F.cjsg2 Acesso em: 4 jul. 2020.

VITORELLI, Edilson. O Devido Processo Legal Coletivo: dos direitos aos litígios coletivos/Edilson Vitorelli. – 2ª edição. Revisada, atualizada e ampliada – São Paulo: Thomson Reuters Brasil, 2019 (Coleção o novo processo civil/coordenadores Luiz Guilherme Marinoni, Sergio Cruz Arenhart, Daniel Mitidiero).

ZAVASCKI, Teori Albino. Processo coletivo: tutela de direitos coletivos e tutela coletiva de direitos. 2. Ed. São Paulo: Ed. RT, 2007.

14. A coisa julgada na Ação Civil Pública e seus efeitos sobre terceiros: a questão do litisconsórcio passivo necessário

José Wellington de Carvalho Soares

Introdução

No exercício de suas atribuições legais, cabe ao Ministério Público propor as ações coletivas em defesa dos interesses que lhe foram confiados pela Constituição Federal. Para realizar essa tarefa, a instituição lança mão dos instrumentos processuais colocados à sua disposição pelo ordenamento jurídico, entre os quais merece especial destaque, pela relevância e larga utilização, a ação civil pública.

Por meio desse instrumento processual, o Ministério Público e os demais colegitimados promovem a defesa de relevantes interesses transindividuais da sociedade brasileira, a exemplo do patrimônio público e social, do meio ambiente, da ordem urbanística, dos bens e direitos de valor artístico, estético, histórico, turístico e paisagístico, entre outros[1].

Mencionada inicialmente na Lei Complementar nº 40/1981[2], mas disciplinada com maior detalhamento na Lei nº 7.347/1985, a ação civil

---
[1] De acordo com a atual redação da Lei nº 7.347/85, além dos referidos interesses, a ação civil pública pode ser utilizada também em caso de infração à ordem econômica, ao patrimônio público e social, à dignidade e à honra de grupos raciais, étnicos ou religiosos.
[2] A Lei Complementar nº 40, de 14.12.1981, que estabeleceu normas gerais de organização do Ministério Público nos Estados, mencionou expressamente a promoção da ação civil pública, na forma da lei, como função institucional do Ministério Público (artigo 3º, III).

pública não demorou a tornar-se o principal instrumento de tutela de direitos e interesses transindividuais no Brasil, com previsão também na própria Constituição Federal de 1988 (artigo 129, III), que ampliou seu objeto e concedeu-lhe *status* de garantia instrumental de direitos constitucionalmente assegurados[3].

Posteriormente, com a edição da Lei nº 8.078/1990 (Código de Defesa do Consumidor), que incorporou ao ordenamento jurídico brasileiro diversas normas processuais destinadas a disciplinar a tutela coletiva, a ação civil pública passou a integrar um "microssistema processual coletivo"[4], dotado de regras processuais próprias e distintas do processo civil tradicional, concebido para disciplinar a resolução de conflitos individuais.

A criação desse microssistema processual coletivo[5] representou um verdadeiro divisor de águas em matéria de jurisdição coletiva no Brasil e, sobretudo, implicou uma relevante sistematização das normas aplicáveis aos processos coletivos, permitindo que os conflitos de massa passassem a ser resolvidos pelo Poder Judiciário à luz de regras processuais mais compatíveis com a natureza transindividual dos interesses em discussão nesse tipo de demanda.

A sistematização de regras próprias no âmbito do processo coletivo ensejou ainda uma ressignificação de alguns institutos do processo civil clássico, em especial a legitimidade para agir e a extensão subjetiva da coisa julgada, tendo em vista a natureza instrumental do processo e as peculiaridades dos interesses transindividuais tutelados na demanda coletiva.

Passou-se a admitir, por exemplo, a coisa julgada *erga omnes* ou *ultra partes* nas ações coletivas para tutela de direitos e interesses transindividuais, abrindo espaço, assim, para que os efeitos das decisões nelas

---

[3] BASTOS, Celso Ribeiro. **Curso de Direito Constitucional**. 18. ed. ampl. e atual. São Paulo: Saraiva. 1997. p. 252.

[4] MANCUSO, Rodolfo de Camargo. **Jurisdição coletiva e coisa julgada**. Tese de Titularidade: Faculdade de Direito da Universidade de São Paulo, 2005, p. 7.

[5] O núcleo desse microssistema é composto, basicamente, por normas previstas na Lei nº 7.347/85 e no Código de Defesa do Consumidor (Título III), as quais interagem e complementam-se reciprocamente por expressa previsão legal em ambos os textos legais (Lei 7.347/85, artigo 21 e CDC, artigo 90)

proferidas se espraiam e atinjam também terceiros não participantes da relação processual. De certo modo, rompeu-se aí uma regra geral do processo civil tradicional, pela qual as decisões judiciais não poderiam beneficiar nem prejudicar terceiros.[6]

No entanto, a despeito das peculiaridades das normas regentes do processo coletivo e da larga utilização da ação civil pública ao longo de mais de trinta anos no Brasil, ainda não se chegou a um consenso quanto à transposição de algumas regras típicas do processo civil individual às ações coletivas.[7]

É o caso, por exemplo, da suposta imprescindibilidade da participação, no polo passivo, de todos os eventuais atingidos em suas esferas individuais pelos efeitos da decisão proferida na ação civil pública. Isso porque, para alguns, um terceiro prejudicado em sua esfera individual jamais poderá sofrer os efeitos concretos de uma decisão prolatada na demanda coletiva caso não lhe seja permitido participar do processo correspondente e se opor à pretensão ali formulada pela parte autora, ante a previsão constitucional de que ninguém pode ser privado de seus bens sem o devido processo legal (CF, artigo 5º, LIV) e da regra processual prevista no artigo 506 do NCPC.

Ao longo do tempo, formaram-se, basicamente, duas linhas interpretativas a propósito dessa relevante questão.

A primeira entende que, embora tenha peculiaridades em relação ao processo individual, o regime da coisa julgada nas ações coletivas não prescinde da formação do litisconsórcio passivo quando a decisão atinge diretamente a esfera individual de terceiros, porquanto a ausência destes no polo passivo da ação coletiva traduziria nulidade processual por força da regra prevista no artigo 5º, LIV, da Constituição Federal, e do artigo

---

[6] Tal regra estava prevista no artigo 472 do CPC de 1973. No entanto, o artigo 506 do NCPC alterou a referida norma e passou a estabelecer que "a sentença faz coisa julgada às partes entre as quais é dada, não prejudicando terceiros." Desse modo, pela norma processual em vigor, a decisão proferida pode perfeitamente beneficiar terceiros.

[7] Adota-se aqui a terminologia ação coletiva como gênero, do qual são espécies a ação civil pública (Lei nº 7.347/85) e a ação civil ou ação civil coletiva (CDC, artigo 91), embora se admita que, em geral, muitos doutrinadores e alguns dispositivos legais nem sempre sigam essa terminologia.

47 do CPC de 1973[8]. Nesse sentido, inclusive, já se pronunciou o Superior Tribunal de Justiça em algumas oportunidades.[9]

Por outro flanco, o Tribunal Superior do Trabalho já sedimentou o entendimento de que, em se tratando de ação civil pública destinada a tutelar direitos difusos, não há fundamento jurídico para se exigir a formação de litisconsórcio passivo necessário entre todos os eventuais prejudicados pelos efeitos da decisão correspondente.[10]

Dessa maneira, pelo menos dois Tribunais Superiores no Brasil têm adotado entendimentos díspares em torno da mesma questão há mais de uma década, o que causa inegável insegurança jurídica e pode ensejar graves prejuízos à jurisdição coletiva, ante a possibilidade de anulação de processos coletivos e atrasos significativos na tutela dos interesses transindividuais subjacentes a essas demandas.

---

[8] No CPC de 2015, a regra processual correspondente está prevista no artigo 114, cujo teor assim dispõe: "O litisconsórcio será necessário por disposição de lei ou quando, pela natureza da relação jurídica controvertida, a eficácia da sentença depender da citação de todos que devam ser litisconsortes".

[9] REsp. 405.706/SP Rel. Min. Luiz Fux, DJ 23.9.2002, p. 244; REsp. 480.712/SP, Rel. Min. Luiz Fux, DJ 20.6.2005, p. 207. No AgInt no Agravo em Recurso Especial nº 1.255.376 – SP, Rel. Min. Napoleão Nunes Maia Filho, ficou consignado na ementa do acórdão que: (...) "1 – Esta egrégia Corte Superior tem entendimento segundo o qual o regime da coisa julgada nas ações difusas não dispensa a formação do litisconsórcio necessário quando o capítulo da decisão atinge diretamente a esfera individual. Isto porque consagra a Constituição Federal que ninguém deve ser privado de seus bens sem a obediência ao princípio do devido processo legal (artigo 5º, LIV, da CF/1988) (REsp. 480.712/SP, Rel. p/ Acórdão Min. LUIZ FUX, DJ 20.6.2005, p. 207; REsp. 405.706/SP, Rel. Min. LUIZ FUX, DJ 23.9.2002, p. 244)."

[10] Confira-se, nesse sentido, o seguinte acórdão: "RECURSO ORDINÁRIO EM AÇÃO RESCISÓRIA. AÇÃO CIVIL PÚBLICA. AUSÊNCIA DE CITAÇÃO. ALEGAÇÃO DE NULIDADE PROCESSUAL. Tratando-se de direitos difusos, transindividuais, de natureza indivisível, de que são titulares pessoas indeterminadas, inexiste campo propício à aplicação de normas processuais eminentemente concebidas para a citação em demandas de natureza individual, sob pena mesmo de se inviabilizarem as ações coletivas. Não se há de falar, no caso dos autos, em obrigatoriedade de citação dos eventualmente atingidos pelos efeitos da decisão proferida na referida ação coletiva, visto que o legitimado para figurar no polo passivo da ação civil pública é aquele ou aqueles que praticaram o ato causador do dano, ou aquele que tinha ou tem o dever jurídico de evitar a ocorrência do dano. Recurso ordinário a que se nega provimento." (ROAR- 4964-49.2001.5.10.5555, Rel. Min. Renato de Lacerda Paiva, Subseção II Especializada em Dissídios Individuais, DJ de 20/08/2004).

Sucede que, recentemente, o Supremo Tribunal Federal, ao apreciar recurso extraordinário interposto contra decisão proferida pelo Tribunal Superior do Trabalho, reputou constitucional a controvérsia alusiva à exigência do litisconsórcio passivo de todos os eventuais prejudicados pelos efeitos de acordo judicial firmado entre as partes em ação civil pública, por envolver suposta violação ao princípio do devido processo legal.[11]

Embora a decisão de repercussão geral do tema[12] tenha feito referência, em particular, à existência de litisconsórcio passivo necessário de sindicato representante de empregados afetados por acordo celebrado em ação civil pública entre empresa de economia mista e o Ministério Público do Trabalho, o que se discute nesse caso, na essência, é a possibilidade de qualquer terceiro ser afetado diretamente, em sua esfera individual, pelos efeitos de uma decisão proferida em ação civil pública sem ter sido citado para integrar a lide, ante os princípios da ampla defesa, do contraditório e do devido processo legal.

De ressaltar ainda que a questão de fundo a ser decidida nesse caso concreto, por lógica, não deverá se restringir à atuação do Ministério Público do Trabalho em ação civil pública para dispensa de empregados públicos admitidos irregularmente, pois a *ratio decidendi* poderá ser estendida a outras hipóteses de ação coletiva sempre que o terceiro afetado pela decisão correspondente não tiver sido citado para integrar o processo coletivo.

É nesse contexto, portanto, que se pretende demonstrar neste estudo os equívocos do entendimento que considera imprescindível a formação do litisconsórcio passivo de terceiros prejudicados pelos efeitos da sentença na ação civil pública e, sobretudo, os possíveis retrocessos daí decorrentes

---

[11] A ementa do acórdão dispõe: "AÇÃO CIVIL PÚBLICA – ACORDO HOMOLOGADO – PRESTADORES DE SERVIÇO – DISPENSA – SINDICATO – LITISCONSÓRCIO – DEVIDO PROCESSO LEGAL – RECURSO EXTRAORDINÁRIO – REPERCUSSÃO GERAL CONFIGURADA. Possui repercussão geral a controvérsia alusiva à existência de litisconsorte passivo necessário – sindicato –, ante interesses dos substituídos demitidos em razão de acordo celebrado em ação civil pública entre empresa de economia mista e o Ministério Público do Trabalho, considerado o direito ao devido processo legal." (Repercussão Geral no Recurso Extraordinário nº 629.647 – DF, Relator Ministro Marco Aurélio, DJE 173, de 23.08.2018, Ata número 24/2018).

[12] Registrado como Tema nº 1004 do Catálogo de Repercussão Geral do STF. Disponível em: http://portal.stf.jus.br/processos/detalhe.asp?incidente=3944033

ao exercício da jurisdição coletiva, com óbices a atuação do Ministério Público em defesa de interesses transindividuais de alta relevância para a sociedade brasileira[13].

2. Caso concreto

Em meados da década de 2000, o Ministério Público do Trabalho no Estado de Roraima constatou, após regular investigação, a contratação de centenas de empregados efetivos, sem concurso público e já na vigência da Constituição Federal de 1988, pela Companhia de Água e Esgoto de Roraima – CAER, uma sociedade de economia mista.

Não sanada a irregularidade na esfera extrajudicial, o Ministério Público do Trabalho e o Ministério Público do Estado de Roraima propuseram ação civil pública[14] com objetivo de obter o cumprimento das regras previstas no artigo 37, II e § 2º, da CF. Por conseguinte, postularam a condenação da CAER a realizar concurso público para provimento de todos os cargos efetivos de seu quadro de pessoal e o posterior afastamento dos empregados contratados sem essa formalidade, por força da nulidade das admissões, ressalvados somente os ocupantes de cargos em comissão declarados em lei de livre nomeação e exoneração.

Proposta a ação coletiva, as partes entabularam acordo ainda em primeira instância, devidamente homologado pelo juízo, para cumprimento das obrigações postuladas pelos autores dentro dos prazos ali pactuados.

Após a homologação do acordo, o Sindicato dos Trabalhadores nas Indústrias Urbanas no Estado de Roraima e outros (trabalhadores individuais) ajuizaram ação cautelar perante o Tribunal Regional do Trabalho da 11ª Região com objetivo de suspender a execução do acordo, alegando, entre outros fundamentos, prejuízos aos empregados atingidos, que não tiveram oportunidade para exercer o direito de defesa de seus interesses na ação civil pública, pois figurou no polo passivo apenas a empresa. Além disso, ajuizaram ação rescisória perante o TRT visando a desconstituir, pelos menos fundamentos esposados na ação cautelar, o acordo celebrado no bojo da ação civil pública.

---

[13] Até a data de conclusão deste estudo ainda não se tinha notícia do julgamento do mérito do recurso extraordinário correspondente pelo STF.
[14] ACP nº 001049.2003.051.11.00.03.

Conquanto tenha julgado procedente o pedido objeto da ação cautelar e determinado a suspensão do acordo firmado até o trânsito em julgado da ação rescisória, o TRT da 11ª Região posteriormente julgou improcedente o pedido da ação rescisória.

Inconformados com essa decisão, os autores da ação rescisória interpuseram recurso ordinário ao Tribunal Superior do Trabalho insistindo na pretensão de rescindir a avença firmada na ação coletiva.

Por ocasião do julgamento do recurso, o TST manteve a improcedência do pedido objeto da ação rescisória, por entender inexistente no acordo impugnado qualquer ofensa aos princípios da ampla defesa, do contraditório e do devido processo legal, bem como à regra prevista no artigo 47, parágrafo único, do CPC/1973 (CPC/2015, artigo 114)[15].

---

[15] A ementa do acórdão assim dispõe: "AÇÃO RESCISÓRIA. ACORDO CELEBRADO NOS AUTOS DE AÇÃO CIVIL PÚBLICA. Pretensão de desconstituição de sentença homologatória de acordo, por meio do qual a Companhia de Água e Esgoto do Estado de Roraima, sociedade de economia mista, se comprometeu com o Ministério Público do Trabalho da Décima Primeira Região e o Ministério Público do Estado de Roraima a realizar concurso público para todos os empregos públicos de seu quadro de pessoal bem como a dele afastar todos os empregados contratados sem concurso público e que não estivessem investidos em cargo em comissão declarado em lei como de livre nomeação e exoneração. Ação rescisória ajuizada com fulcro no artigo 485, V e VIII, do CPC, em cujas razões se alega a nulidade do acordo judicial por falta de citação dos litisconsortes passivos necessários, quais sejam, os empregados afetados pelos efeitos decorrentes do ajuste celebrado entre as partes acordantes. Ausência de afronta aos arts. 47, parágrafo único, do CPC, 5º, LV, 7º, XXIX, 8º, III, e 114 da Constituição Federal, 2º, XIII, e 54 da Lei nº 9.784/99 e 11 da CLT, dada a ausência de prequestionamento (Súmula nº 298 do TST). Ainda que pudesse ser transposto esse óbice à procedência da pretensão desconstitutiva, cumpre considerar que a ação civil pública visa à salvaguarda dos interesses que envolvam tutela de direitos difusos, em que há relativa indefinição quanto à titularidade dos interesses dos lesados. No processo do qual emanou o acordo rescindendo o que se visava primordialmente não era a proteção dos interesses dos empregados da Companhia de Água e Esgoto do Estado de Roraima – CAER, mas, sim, a defesa do princípio da legalidade e da moralidade pública, de modo a se garantir a observância da regra do artigo 37, II, da Constituição Federal, onde se submete a investidura em cargo ou emprego público a prévia aprovação em concurso público. Por esse motivo, o litisconsorte passivo é meramente voluntário, pois este há de sempre representar interesse individual. Recurso ordinário a que se nega provimento" (ROAR-500-02.2004.5.11.0000, Subseção II Especializada em Dissídios Individuais, Relator Ministro Gelson de Azevedo, DEJT 07/12/2006).

Na sequência, ainda insatisfeitos, o sindicato profissional e os trabalhadores atingidos interpuseram recurso extraordinário da decisão proferida pelo órgão de cúpula do Judiciário Trabalhista. Para tanto, sustentaram novamente a ocorrência de violação aos princípios da ampla defesa e do contraditório (CF, artigo 5º, LV) e a regra estabelecida no artigo 47 do CPC de 1973 (atualmente prevista no artigo 114 do NCPC), pois, em sua percepção, todos os trabalhadores afetados pelo acordo entabulado pelas partes na ação civil pública deveriam ter sido citados como litisconsorte passivo para defesa de seus interesses.

No âmbito do Supremo Tribunal Federal, o recurso extraordinário interposto obteve reconhecimento, em decisão publicada em 23.08.2018, de repercussão geral do tema alusivo à "existência de litisconsórcio passivo necessário de sindicato representante de empregados diretamente afetados por acordo celebrado em ação civil pública entre a empresa de economia mista e o Ministério Público do Trabalho"[16].

Não houve, no entanto, julgamento de mérito do respectivo recurso extraordinário pelo STF até o presente momento, conquanto tenha sido concedida medida cautelar para suspender os efeitos do acordo judicial impugnado na ação rescisória até o julgamento do mérito do recurso extraordinário.[17]

O caso concreto ora descrito, como se percebe, veicula tema de extrema relevância ao exercício da jurisdição coletiva no Brasil, pois pode tornar necessária a adoção de uma formalidade processual que, na prática, ensejará sérios óbices ao ajuizamento de ação civil pública em variadas situações de tutela de interesses transindividuais.

Daí a importância de tentar demonstrar, a partir desse caso concreto ainda sob apreciação judicial, as impropriedades e as consequências da eventual adoção desse entendimento pelo Supremo Tribunal Federal.

3. Regime jurídico da coisa julgada nas ações coletivas

No âmbito da tutela coletiva, a coisa julgada produz efeitos *erga omnes* ou *ultra partes* e, ao contrário do processo individual, não se restringe às

---

[16] Repercussão Geral no Recurso Extraordinário nº 629.647 – DF, Relator Ministro Marco Aurélio Melo, DJE 173, de 23.08.2018, Ata número 24/2018.

[17] Ação cautelar – AC nº 2960, Rel. Min. Marco Aurélio Melo. Disponível em: http://portal.stf.jus.br/processos/ detalhe.asp?incidente=4128585.

partes formais da demanda nem respeita os limites subjetivos previstos no artigo 506 do NCPC (artigo 472 do CPC/73). Isso porque o microssistema processual coletivo dispõe de regra própria nesse sentido e afasta, por incompatibilidade, a incidência da norma processual comum (Lei 7.347/85, arts. 16 e 19), de índole individual (CPC, artigo 506).

A adoção de regras específicas ao regime jurídico da coisa julgada na jurisdição coletiva, como é cediço, decorreu da própria natureza transindividual dos interesses e direitos tutelados nas ações coletivas, já que, por força do princípio da instrumentalidade, as normas processuais devem guardar compatibilidade com a natureza do direito subjetivo tutelado.

Nessa perspectiva, a disciplina legal da coisa julgada nas ações coletivas adotado nos artigos 103 e 104 do CDC estabeleceu um regime especial para cada modalidade de interesse tutelado e tipo de resultado final da demanda.

De acordo com o artigo 103, I, II e III, do CDC, a coisa julgada *erga omnes* ocorre nas ações coletivas em defesa de interesses difusos e individuais homogêneos, enquanto a coisa julgada *ultra partes* se dá em ações para tutela de interesse coletivos. As duas espécies provocam a extensão de seus efeitos para terceiros não participantes do processo. A diferença reside nos limites dessa extensão. Enquanto a coisa julgada *erga omnes* lança efeitos para além do processo coletivo e alcança pessoas indeterminadas e ligadas por circunstâncias de fato (interesse difuso), além de indivíduos com pretensões decorrentes de origem comum (interesse individual homogêneo), a coisa julgada *ultra partes* estende seus efeitos aos limites do grupo, categoria ou classe de pessoas ligadas entre si ou com a parte contrária por um vínculo jurídico básico (interesse coletivo).

Já nas ações coletivas para tutela de interesses individuais homogêneos, a norma legal previu que a coisa julga *erga omnes* se dará *apenas no caso da procedência do pedido, para beneficiar todas as vítimas e seus sucessores*.[18] É a chamada coisa julgada *secundum eventum litis*, na qual o conteúdo da decisão só atingirá os titulares do direito individual na hipótese de sucesso no desfecho da lide em favor do autor, de modo que eventual decisão desfavorável não impedirá os particulares de promover ações individuais

---

[18] Artigo 103, inciso III, da Lei nº 8.078/90.

para tutela de seus direitos individuais. A única exceção legal a essa regra ocorre se o particular já possuía ação individual em curso e, após tomar ciência da propositura da demanda coletiva, não postula a suspensão da respectiva demanda individual.[19]

Importante mencionar ainda, em matéria de regime jurídico da coisa julgada nas ações coletivas, a possibilidade legal do transporte *in utibulus* da coisa julgada coletiva (nas ações para tutela de interesses difusos e coletivos) para beneficiar, ainda que de maneira indireta, pretensão individual de particulares.[20]

Como se percebe, os diferentes efeitos e limites da coisa julgada nas ações coletivas só podem ser compreendidos à luz de aspectos de cada lide coletiva, em especial a natureza dos interesses tutelados (difusos, coletivos ou individuais homogêneos), o resultado da demanda (extinção sem julgamento do mérito, procedência ou improcedência) e o fundamento da decisão (insuficiência de provas ou não).

4. Legitimidade *ad causam* na ação civil pública
4.1. Legitimidade ativa

O artigo 5º da Lei nº 7.347/85 enumera, em caráter taxativo, todos os legitimados para propositura da ação civil pública.[21] Ou seja, adotou-se no sistema processual coletivo brasileiro um modelo de legitimação

---

[19] Artigo 103, § 2º, da Lei nº 8.078/90.

[20] SANTOS, Ronaldo Lima dos. **Amplitude da coisa julgada nas ações coletivas.** Ação coletiva na visão de juízes e procuradores do trabalho. José Hortêncio Ribeiro Junior...[et al], organizadores. São Paulo: LTr, 2006. p. 299, esclarece: "Embora as ações coletivas para tutela de direitos difusos e coletivos não tenham como objeto imediato a satisfação de interesses individuais, não fugiu o legislador a possibilidade de eventual decisão favorável ao autor de um bem difuso ou coletivo poder beneficiar indiretamente as pretensões dos sujeitos singulares, razão pela qual previu o instituto do transporte *in utilibus* da coisa julgada coletiva, previsto no § 3º do artigo 103 do CDC."

[21] De acordo com atual redação do artigo 5º da LACP, têm legitimidade para propor ação civil pública: o Ministério Público (inciso I); a Defensoria Pública (inciso II), a União, os Estados, o Distrito Federal e os Municípios (inciso III); a autarquia, empresa pública, fundação e sociedade de economia mista (inciso IV); a associação que, concomitante, esteja constituída há pelo menos um ano e inclua, entre suas finalidades institucionais, proteção ao patrimônio público e social, ao meio ambiente, ao consumidor, à ordem econômica, à livre concorrência, aos direitos de grupos raciais, étnicos ou religiosos ou ao patrimônio artístico, estético, histórico, turístico e paisagístico (inciso V).

extraordinária *ope legis*, no qual os legitimados são indicados de modo prévio e abstrato no próprio texto legal[22].

A legitimidade para ajuizamento da ação civil pública tem caráter concorrente e disjuntivo, pois a ação só pode ser proposta por algum legitimado, isoladamente ou em grupo, e a atuação de um não depende da anuência, autorização ou participação dos demais colegitimados.

A possibilidade de litisconsórcio no polo ativo na ação civil pública não enseja dúvidas. A própria norma prevista no artigo 5º, § 2º, da Lei 7.347/85 já menciona que o Poder Público e as associações legitimadas podem habilitar-se como "litisconsorte de qualquer das partes". Do mesmo modo, o § 5º do mesmo dispositivo legal também faz referência expressa à possibilidade de formação do litisconsórcio facultativo entre os Ministérios Públicos da União, do Distrito Federal e dos Estados para defesa dos direitos e interesses tuteláveis pela ação civil pública, o qual, em regra, ocorre no polo ativo.

Embora não prevista expressamente na disciplina legal, que só se refere a litisconsórcio, a possibilidade da assistência, simples ou litisconsorcial, por algum dos colegitimados no polo ativo da ação civil pública também não suscita controvérsias, pois poderão ocorrer inúmeras situações em que, após a instauração da demanda por algum legitimado, outros colegitimados tenham interesse jurídico em intervir voluntariamente.

Não se admite, contudo, que terceiros (pessoa física ou jurídica) não incluídos no rol legal de legitimados possam atuar como litisconsorte ou assistente (simples ou qualificado) do autor da ação civil pública. É que esse tipo de ação coletiva tem por objeto a tutela de interesses difusos e coletivos, indivisíveis e coletivamente considerados. Por conseguinte, falece a terceiro qualquer interesse processual para atuar como assistente da parte autora, pois os interesses em discussão na ação não lhe dizem respeito individualmente e têm natureza indivisível.[23]

---

[22] Em razão dos propósitos deste estudo, não se adentrará aqui no debate doutrinário a respeito da natureza jurídica dessa legitimidade (se ordinária, extraordinária ou autônoma) e do controle judicial da representação adequada dos legitimados nas ações coletivas.

[23] Confiram-se, a propósito, as palavras de MANCUSO, Rodolfo de Camargo. **Ação Civil Pública: em defesa do meio ambiente, do patrimônio cultural e dos consumidores**. 6. ed. rev. e atual. São Paulo: Editora Revista dos Tribunais, 1999, p. 186: "a legitimação prevista no artigo 5º da Lei n. 7.347/1985 é ordinária, já que cada qual dos legitimados exercita direito próprio, assegurado numa norma legal, embora o objeto da ação por sua larga extensão

Em trabalho sobre as intervenções assistenciais nas ações coletivas, Ronaldo Lima dos Santos sintetiza a questão:

> Diante da natureza dos interesses tutelados, os lesados individuais não possuem legitimidade ativa para propositura de ação civil pública, pois não constam do rol de legitimados previsto pelos arts. 5º da Lei n. 7.347/1985 e 82 da Lei n. 8.078/1990, sendo, outrossim, incabível a intervenção a título individual no âmbito das ações coletivas para a tutela de interesses difusos e coletivos. A única hipótese processual de tutela de interesses difusos e coletivos pelo indivíduo consiste na Lei da Ação Popular (Lei n. 4.717/1965).[24]

Ricardo de Barros Leonel também encampa a mesma conclusão:

> Na demanda ajuizada em defesa de interesses difusos ou coletivos, não é possível a intervenção como litisconsorte ou assistente (simples ou qualificado) de pessoa jurídica ou física não legitimada a *sponte propria* propor a mesma demanda, por inexistência de interesse jurídico, e consequentemente processual, a viabilizar a participação. Não há razão que justifique a atuação, v.g., do indivíduo, para defender seus interesses simplesmente individuais, que não integram o objeto litigioso do processo.[25]

Delineados esses parâmetros, pode-se afirmar então que todas as modalidades de intervenção admitidas no polo ativo da ação civil pública têm natureza voluntária, seja no início da demanda, com a união de dois ou mais colegitimados, seja posteriormente, no curso do processo, não se admitindo a intervenção de particulares ou terceiros não legitimados.

---

abranja outros cidadãos e instituições. Situação de resto análoga à da ação popular. De todo modo, cremos que há um impedimento para se admitir o ingresso do cidadão como litisconsorte originário ou ulterior ou ainda assistente, no polo ativo em ação civil pública cujo objeto seja interesse difuso ou coletivo (CDC, artigo 81, I e II): é que faltaria, a nosso ver, interesse processual, já que o objeto da ação não lhe pertine individualmente, nem poderá, em execução, ser "fracionada" para que lhe seja atribuída sua "quota-parte", como se dá no pleito envolvendo interesses individuais homogêneos – CDC, artigo 97."

[24] SANTOS, Ronaldo Lima dos. **Intervenção assistencial nas ações coletivas**. Boletim Cient. ESMPU, Brasília, a. 7 – n. 27, abr./jun. 2008, p.115.

[25] LEONEL, Ricardo de Barros. **Manual do processo coletivo**. São Paulo: Revista dos Tribunais, 2002, p. 244.

4.2. Legitimidade passiva

Pode-se asseverar que, em regra, tem legitimidade para figurar no polo passivo da ação civil pública qualquer pessoa física ou jurídica, pública ou privada, causadora da lesão aos interesses difusos ou coletivos tutelados por meio desse instrumento processual.

No que diz respeito à possibilidade do litisconsórcio no polo passivo, não há maiores controvérsias na doutrina. A própria regra contida no artigo 5º, § 2º, da Lei n.7.347/85 já estabelece que o Poder Público e associações legitimadas podem habilitar-se como "litisconsortes de qualquer das partes", ou seja, em ambos os polos da ação. Contudo, como a atuação dos colegitimados está vinculada à proteção dos direitos difusos e coletivos, a intervenção prevista no citado dispositivo legal, na prática, só tem ocorrido no polo ativo.[26]

Por outro lado, diversamente do que sucede no polo ativo, não existe óbice legal à intervenção assistencial por terceiro prejudicado no polo passivo da ação civil pública, desde que, evidentemente, tenha interesse jurídico no resultado do processo em favor do réu, e não mero interesse patrimonial, pois qualquer pessoa física ou jurídica pode figurar no polo passivo.

Rodolfo de Camargo Mancuso também não enxerga qualquer impedimento nesse sentido:

> Questão interessante é a de saber se o cidadão (isolado ou em grupo) poderia pleitear seu ingresso na causa, como litisconsorte ou assistente nos polos ativo e passivo. Primeiramente, cabe recordar que, ao contrário do que se dá na ação popular, o cidadão não figura dentre os legitimados à propositura da ação civil pública. O que, obviamente, não retira do cidadão a condição de figurar como réu na ação civil pública (ex.: o proprietário do imóvel de reconhecido valor histórico que intenta desfigurar sua fachada.) Podendo, pois, ser réu, cremos não haver impedimento lógico ou legal para se

---

[26] GRINOVER, Ada Pelegrini. **Ações coletivas para a tutela do meio ambiente e dos consumidores**. Seleções Jurídicas: COAD, set/1986, p. 5, faz oportuna ressalva quanto à possibilidade da intervenção ocorrer também no polo passivo: "Talvez não sejam frequentes oportunidades em que os interesses institucionais dos corpos intermediários coincidam com os do réu. Mas não se pode excluir, a priori, ações intentadas não a favor, mas sim contra o interesse coletivo."

admitir que ele possa ser co-réu, litisconsorte ou assistente do réu originário, e, bem assim, nomeado à autoria, chamado ao processo, denunciado à lide, conforme a natureza de sua posição jurídica em face das outras partes.[27]

Dessa maneira, a possiblidade da assistência ou do litisconsórcio na parte passiva da ação civil pública parece não suscitar maiores dúvidas.

5. Litisconsórcio necessário entre o réu e terceiros prejudicados na ação civil pública

Questão crucial aos propósitos do presente estudo é saber se o ordenamento jurídico, de fato, exige a formação de litisconsórcio necessário entre o réu e todos os possíveis prejudicados pelos efeitos da decisão proferida na ação civil pública. Em outras palavras: o terceiro não citado para integrar a lide coletiva pode ser afetado, em sua esfera individual, pelos efeitos da decisão nela proferida, à luz das diretrizes normativas previstas nos artigos 114 e 506 do atual CPC?

Como se sabe, o litisconsórcio necessário só ocorre por expressa disposição legal ou quando, pela natureza da relação jurídica controvertida, a eficácia da sentença depender da citação de todos que devam ser litisconsortes.[28]

Feito esse registro, não é necessário muito esforço para admitir que, no âmbito da ação civil pública, podem perfeitamente ocorrer situações concretas em que o litisconsórcio entre o réu e outros causadores da lesão combatida se impõe por razão lógica e pela própria natureza da relação jurídica litigiosa.

É o caso, por exemplo, de uma ação que pretenda impedir em definitivo a demolição de um prédio de valor histórico pelo proprietário que obteve autorização para tanto junto ao ente público responsável. Ora, se nessa hipótese a pretensão da parte autora consiste em impedir a demolição pelo proprietário e obstar que o ente público continue a conceder autorizações ilegais, não há como negar a existência de legítimo litisconsórcio passivo

---

[27] Ibidem, p.185.
[28] Artigo 114 do atual CPC assim dispõe: "O litisconsórcio será necessário por expressa disposição de lei ou quando, pela natureza da relação controvertida, a eficácia da sentença depender da citação de todos que devam ser litisconsorte".

necessário entre o proprietário do imóvel e o Poder Público concedente da autorização, pois ambos são responsáveis e causadores diretos da lesão aos interesses difusos tutelados na demanda.

Como corolário, caso o autor não inclua originariamente no polo passivo da ação civil pública todas as pessoas (físicas ou jurídicas) corresponsáveis pela lesão aos direitos e interesses transindividuais tutelados na demanda, impõe-se a regularização processual com a citação dos demais em regime de litisconsórcio necessário.

Mas isso não significa, contudo, que qualquer terceiro prejudicado pelos efeitos da decisão na ação civil pública deva ser considerado litisconsorte necessário do réu.

O que define a imprescindibilidade de figurar no polo passivo da ação civil pública para tutela de interesses transindividuais, em regime de litisconsórcio necessário, é a pretensão formulada pelo autor e a responsabilidade jurídica da pessoa (física ou jurídica) pela lesão combatida na demanda, ou seja, sua condição de ofensora dos interesses transindividuais tutelados no caso, e não simplesmente o fato de ser afetado, em sua esfera individual, pelos efeitos da decisão proferida na ação.

Se o autor não formula nenhum pedido em face do terceiro, ainda que este tenha interesse jurídico num resultado favorável ao réu ou possa vir a ser afetado pelos efeitos da decisão, não há razão jurídica para se exigir sua citação como corréu ou litisconsorte necessário. Caso tenha interesse, essa participação poderá ocorrer por meio da assistência, simples ou litisconsorcial, e não por litisconsórcio passivo necessário.

Do contrário, numa expressiva quantidade de casos ocorreria uma acumulação subjetiva tão excessiva quanto danosa à celeridade, à efetividade e à economia do processo coletivo. E isso ocorreria porque a tutela coletiva, na maioria das vezes, termina por afetar terceiros, direta ou diretamente, na medida em que situações jurídicas de direito material subjetivamente complexas podem projetar efeitos reflexos sobre outras relações conexas ou dela dependentes[29].

Ter-se-ia ainda, em muitas hipóteses, a configuração de litisconsórcio multitudinário no polo passivo da ação civil pública, o que, na prática, terminaria por criar sérias dificuldades ao exercício do direito de ação coletiva pelo autor e comprometeria a celeridade processual.

[29] DINAMARCO, Candido Rangel. **Litisconsórcio**. 8. ed. São Paulo: Malheiros, 2009, p. 50.

Além disso, essa acumulação excessiva descaracterizaria a própria essência da ação coletiva, convertendo-a, de maneira imprópria e na contramão dos tempos atuais, em autêntica ação individual plúrima.

Em parecer exarado no recurso extraordinário 629.647, relativo ao caso concreto objeto deste estudo, o Procurador-Geral da República pontou, com exatidão, esse relevante aspecto:

> Desse modo, invariavelmente, os trabalhadores serão direta ou indiretamente atingidos pelos efeitos da coisa julgada da ação civil pública manejada pelo Ministério Público do Trabalho, seja para impor a observância das normas trabalhistas atinentes ao meio ambiente do trabalho, seja para combater fraudes trabalhistas, ou zelar pela observância dos princípios constitucionais que se impõem à administração pública, dentre outros temas afetos ao Direito do Trabalho, já que se trata e envolvem relações jurídicas complexas.
>
> Ainda que direta ou indiretamente afetados pela ação coletiva, é inviável a integração à lide dos trabalhadores mediante sua inclusão no polo passivo, já que o simples fato de haver interesse dos empregados (ou de trabalhadores efetivos ou potenciais) na controvérsia não os legitima a ingressar no feito quando não são os responsáveis diretamente pela lesão à ordem jurídica, sob pena de descaracterização da tutela coletiva e retorno ao enfoque individualista do processo, com consequências danosas à ampliação do acesso à justiça (artigo 5º, XXXV), à efetividade, à economia e à celeridade do instrumento de concretização dos direitos materiais, sobretudo quando caracterizado como difuso ou coletivo em sentido estrito.[30]

À guisa de exemplo, convém mencionar que, em caso de ação civil pública proposta pelo Ministério Público do Trabalho para obter o desfazimento de contrato ilícito de intermediação de mão de obra firmado entre um ente público e uma sociedade cooperativa, em que figuram como réus apenas os dois responsáveis pela lesão (ente público e a cooperativa), todos os trabalhadores que prestavam serviços por meio da cooperativa, inevitavelmente, perdem seus postos de trabalho com a decisão judicial de rescisão do contrato administrativo ilegal, vale dizer, são atingidos em sua esfera individual pelos efeitos da decisão do processo coletivo. E nem por isso se pode cogitar que a decisão só produziria efeito se todos

---

[30] Disponível em: http://portal.stf.jus.br/processos/detalhe.asp?incidente=3944033

os trabalhadores, pessoalmente ou por sindicato, tivessem integrado a lide em litisconsórcio necessário com os dois réus.

Do mesmo modo, quando o Ministério Público (por qualquer de seus ramos) propõe ação civil pública para suspender, por ofensa ao princípio da legalidade, vantagem pecuniária paga por ente público a dezenas, centenas ou milhares de servidores, mesmo não figurando no polo passivo da ação (pois não causaram a lesão), tais servidores são inevitavelmente atingidos em sua esfera individual pelos efeitos da decisão, já que ocorre a suspensão dos pagamentos ilícitos.

Enfim, poderiam ser mencionadas aqui inúmeras outras hipóteses em que terceiros, inevitavelmente, acabam afetados em sua esfera individual pelos efeitos da decisão proferida em ação civil pública, mesmo sem ter integrado a lide. Mas nem por isso se pode considerar imprescindível que todos participem do processo coletivo, na condição de litisconsorte necessário, para que a decisão correspondente seja válida e eficaz.

Não fosse assim, seria praticamente inviável a propositura de ação coletiva nessas situações, pois excessivo acúmulo subjetivo na parte passiva descaracterizaria a tutela coletiva e a tornaria contraproducente.

Entende-se, portanto, não existir fundamento jurídico para exigir a formação de litisconsórcio passivo necessário em ação civil pública entre o réu e quaisquer terceiros que, embora afetados pela decisão, não tenham sido responsáveis pela lesão combatida na demanda.

Mas, se não é caso de litisconsórcio necessário, como ficariam os terceiros prejudicados pelos efeitos de decisão no processo coletivo, já que a extensão dos limites subjetivos da coisa julgada na tutela coletiva tem por finalidade só beneficiar e nunca prejudicar terceiros? Estariam todos sujeitos à coisa julgada implementada na lide coletiva da qual não puderam participar?

Tentaremos, no tópico seguinte, oferecer respostas a tais indagações.

6. Limites subjetivos da coisa julgada em relação a terceiros

Por força de expressa previsão legal, a sentença só faz coisa julgada entre as partes envolvidas no processo, não podendo prejudicar terceiros.[31]

---

[31] O artigo 506 do atual CPC, ao alterar a regra do art. 472 do CPC de 1973, estabelece que "a sentença faz coisa julgada às partes entre as quais é dada, não prejudicando terceiros."

Trata-se de regra geral aplicável a processos individuais e coletivos, a despeito das particularidades do regime jurídico da coisa julgada no âmbito do processo coletivo, que admite a extensão da coisa julgada a terceiros, mas apenas para beneficiá-los.[32]

Segundo Cândido Rangel Dinamarco[33], a regra impeditiva da extensão da coisa julgada em prejuízo de terceiros tem duas razões básicas: a preservação da garantia constitucional do contraditório e a falta de interesse de terceiros pelos resultados dos processos que não lhe dizem respeito.

Ocorre que, em razão da conexidade das relações jurídicas, essa regra legal não se mostra suficiente para resolver todas as questões relacionadas aos limites subjetivos da coisa julgada, pois muitas vezes, de modo absolutamente inevitável, terceiros podem ser atingidos pelos efeitos de sentença proferida em processo do qual não participaram. Não fosse assim, institutos processuais como a assistência e o recurso do terceiro prejudicado, por exemplo, sequer teriam razão para existir.

---

[32] Edilson Vitorelli ressalta, com propriedade, que tal regra traduz um verdadeiro mito que remonta ao período de concepção do modelo do processo coletivo no Brasil: "Outra simplificação do debate que deu origem ao processo coletivo brasileiro, precedida de conceituação legislativa, ocorreu em relação à coisa julgada coletiva, com a criação de um mito: o de que o processo coletivo só pode beneficiar e nunca prejudicar os indivíduos. Essa era, talvez, a tese essencial para permitir o nascimento do processo coletivo no Brasil. No contexto das concepções doutrinárias compartilhadas pelos juristas brasileiros da década de 1980, já não era fácil fazer prevalecer a ideia de introduzir um sistema de tutela de direitos transindividuais. Pior ainda se ele pudesse prejudicar pessoas que não participaram do processo. E, mais adiante arremata: Assim, a regra é a de que a ação coletiva julgada improcedente prejudicará, de modo definitivo, os direitos transindividuais pleiteados, salvo insuficiência de provas. Ao inverter essa conclusão, a maioria da doutrina brasileira foi presa do mesmo engano que atingiu o juiz Story, ainda no século XIX, ao afirmar que as class actions deveriam resolver os litígios entre as partes presentes no processo, mas sem perturbar os direitos ou lesar os interesses dos ausentes. Esse é um ideal impossível, quando a parte processual é mera portadora de direitos de pessoas que estão ausentes do processo. Mais ainda, quando se reconhece que as fronteiras entre o indivíduo e o coletivo podem não ser tão claras, o potencial de prejuízo de decisões adversas torna-se ainda maior." VITORELLI. Edilson. **O Devido Processo Legal Coletivo: dos direitos aos litígios coletivos.** 2. ed. rev., atual. e ampl. São Paulo: Thomson Reuters Brasil, 2019, p. 27-28

[33] DINAMARCO, Cândido Rangel. **Instituições de Direito Processual Civil.** 2. ed. rev. e atual. São Paulo: Malheiros, 2002. p. 318.

Para resolução desse dilema, a teoria de Enrico Tullio Liebman a respeito da distinção entre eficácia (natural) da sentença e autoridade da coisa julgada constitui verdadeira pedra de toque e influenciou, de maneira profunda e significativa, a doutrina nacional, ressalvadas algumas divergências pontuais.[34]

De acordo com essa teoria, a eficácia da sentença é a capacidade de produzir efeitos decorrentes da decisão, enquanto comando estatal que afirma a vontade da lei no caso concreto. A autoridade da coisa julgada, por sua vez, corresponde ao que se acrescenta aos efeitos da sentença para torná-los imutáveis e indiscutíveis. Dessa maneira, enquanto todos estão abstratamente sujeitos à eficácia natural da sentença, sejam ou não partes na relação processual correspondente, a autoridade da coisa julgada, que não é efeito da sentença, não pode atingir terceiros, restringindo-se, assim, às partes litigantes.

Confiram-se, por oportuno, as palavras do próprio autor:

> Diversamente do que ocorre com as partes, para quem a própria sentença adquire a coisa julgada e seus efeitos se tornam imutáveis, para terceiros a sentença é eficaz, mas – não ficando coberta pelo julgado – é discutível a qualquer tempo. O terceiro, desde que tenha interesse, pode, em qualquer circunstância e em qualquer novo juízo, demonstrar que a sentença está errada e não lhe pode ser oposta. A sentença, quando não fortalecida pela coisa julgada, compartilha com todos os outros atos do Estado da vulnerabilidade própria dos atos promanados em regime de estado de direito, e por isso mesmo condicionados à sua conformidade ao direito. Por isso os terceiros, embora sujeitos à eficácia da sentença, podem opor-lhe razões de fato e de direito que demonstrem a sua contrariedade à justiça. Nem por isso podem os terceiros, é claro, modificar ou anular a sentença, mas podem torná-la inaplicável, paralisando a sua eficácia no que lhe diz respeito.[35]

---

[34] TESHEINER. José Maria Rosa. **Autoridade e eficácia da sentença – crítica à teoria de Liebman**. Revista Síntese de Direito Civil e Processo Civil. Porto Alegre, p. 16-47, set/out 1999.

[35] LIEBMAN, Enrico Tullio. **Eficácia e autoridade da sentença.** Trad. Alfredo Buzaid e Benvindo Aires. 3. ed. Rio de Janeiro: Forense, 1984. p. 289.

Ao discorrer sobre a extensão subjetiva da coisa julgada, Ovídio A. Batista da Silva assim sintetizou:

> O princípio cardeal, em matéria de extensão subjetiva da coisa julgada, consubstancia-se no seguinte: ou a lei faz extensiva a eficácia peculiar da coisa julgada a alguém que haveria de permanecer terceiro, estrando à demanda, e, nesse caso, a questão se resolve numa das hipóteses de litisconsórcio necessário, de modo que o suposto terceiro passa a ser parte; ou a intervenção não é necessária, no sentido de ser inafastável, e ter-se-ão casos de efeitos reflexos ou outros efeitos (ditos naturais) da sentença que não impedem que os terceiros rediscutam o julgado, havendo aquele nexo de prejudicialidade-dependência, definida pela doutrina italiana como capaz de dar ensejo à intervenção de terceiros; ou, nos demais casos, se envolveriam os chamados terceiros indiferentes, estes hão de suportar, não a coisa julgada, mas as eficácias naturais da sentença.[36]

Rememorados esses parâmetros conceituais, não é difícil concluir que, como a coisa julgada só alcança as partes, terceiros podem perfeitamente, em outra relação processual, rebelar-se contra aquilo que se acha sob a autoridade da coisa julgada, desde que tenham sofrido prejuízo jurídico. Para tanto, basta que figurem como titulares de relações jurídicas conexas com a decidida e que tenham sido atingidos pela eficácia natural ou reflexa da sentença. Por isso, terceiros que sofrem apenas prejuízos de fato decorrentes da sentença são considerados juridicamente indiferentes e não podem questioná-la.

A insurgência do terceiro juridicamente interessado, cumpre repisar, não tem por finalidade modificar ou anular a sentença acobertada pela autoridade da coisa julgada, mas somente torná-la inaplicável ou sem eficácia no que lhe diz respeito.

No caso concreto objeto do presente estudo, parece não existir dúvida que, por não estar sujeito à autoridade da coisa julgada, o terceiro prejudicado ou atingido pela eficácia (natural) da decisão proferida na ação civil pública pode perfeitamente impugnar os efeitos da sentença, caso tenha interesse jurídico, bastando, para tanto, demonstrar sua desconformidade

---

[36] SILVA, Ovídio A. Batista da. **Sentença e coisa julgada**. 4. ed. Rio de Janeiro: Forense, 2003, p. 95-96.

com o direito objetivo. Em outras palavras, pode opor, por meio de ação própria, razões de fato e de direito que revelem a contrariedade da decisão revestida da autoridade da coisa julgada ao ordenamento jurídico e, uma vez demonstrada essa hipótese, afastar os efeitos da decisão ou torná-la sem eficácia no que lhe diz respeito.[37]

Do mesmo modo, poderá também intervir voluntariamente, como assistente, na própria ação civil pública, caso tenha interesse jurídico na obtenção de decisão favorável à parte ré, ressalvada, nesse caso, a prerrogativa judicial prevista no artigo 113, § 1º, do CPC[38].

Em suma, há duas alternativas possíveis ao terceiro juridicamente prejudicado pelos efeitos da decisão na ação coletiva: (I) a intervenção voluntária e tempestiva, por meio da assistência simples ou litisconsorcial, na própria demanda coletiva, respeitada a prerrogativa judicial prevista no artigo 113, § 1º, do CPC; (II) caso não tenha participado do processo coletivo, a propositura de ação própria para impugnar a eficácia da sentença correspondente caso esteja em desacordo com o direito, já que a autoridade da coisa julgada na demanda coletiva não alcança terceiros juridicamente prejudicados.

---

[37] No âmbito do STJ, há inúmeros precedentes nesse sentido, consoante se vê na seguinte ementa: "PROCESSUAL CIVIL. RECURSO ESPECIAL. MANDADO DE SEGURANÇA. TERCEIRO INTERESSADO. EFICÁCIA NATURAL E IMUTABILIDADE DA SENTENÇA. DISTINÇÕES. EFEITOS PERANTE TERCEIROS. ART. 472 DO CPC. SÚMULA 202/STJ.1. Não há dúvida de que a coisa julgada, assim considerada "a eficácia que torna imutável e indiscutível a sentença" (CPC, art.467), embora tenha efeitos restritos "às partes entre as quais é dada" (art. 472 do CPC, primeira parte), não inibe que essa sentença produza, como todo ato estatal, efeitos naturais de amplitude subjetiva mais alargada. 2. Todavia, conforme estabelece o mesmo art. 472 do CPC, a eficácia expansiva da sentença não pode prejudicar terceiros. A esses é assegurado, em demanda própria (inclusive por mandado de segurança), defender seus direitos eventualmente atingidos por ato judicial produzido em demanda inter alios. Aplicação da Súmula 202/STJ. 3. Precedente: REsp 1.251.064/DF, 1ª Turma, Min. Teori Albino Zavascki, DJ de 27.03.2012.4. Recurso improvido." (REsp 1281863/DF, Rel. Ministro TEORI ALBINO ZAVASCKI, PRIMEIRA TURMA, julgado em 10/04/2012, DJe 16/04/2012)

[38] Dispõe o artigo 113, § 1º, do NCPC que: "O juiz poderá limitar o litisconsórcio facultativo quanto ao número de litigantes na fase de conhecimento, na liquidação de sentença ou na execução, quando este comprometer a rápida solução do litígio ou dificultar a defesa ou o cumprimento da sentença."

Qualquer uma dessas soluções, a nosso sentir, afasta a possibilidade de afronta aos princípios constitucionais de devido processo legal, do contraditório e da ampla defesa dos terceiros juridicamente prejudicados pela eficácia da sentença proferida no processo coletivo.

Por tudo isso, a jurisprudência consolidada pelo Tribunal Superior do Trabalho ao longo das últimas décadas, a propósito da questão, denota plena compatibilidade com as normas de regência do microssistema processual coletivo e não merece reparos pelo STF, porquanto fixou a premissa de que terceiros atingidos pelos efeitos da decisão, desde que não sejam causadores do dano, não dispõem de interesse jurídico para figurar no polo passivo da ação civil pública como litisconsortes necessários, mas apenas como assistentes, vale dizer, de modo voluntário.[39]

7. Consequências da exigência do litisconsórcio entre o réu e terceiros prejudicados

Caso prevaleça no julgamento a ser realizado pelo STF a exigência do litisconsórcio entre o réu e terceiros prejudicados em ação civil pública, pode-se antecipar a ocorrência de pelo menos duas sérias consequências: (I) restrição ao direito de acesso à justiça; e (II) prejuízos à atuação do Ministério Público e ao exercício de sua missão constitucional.

A primeira consequência decorre dos sérios óbices processuais que poderão ocorrer em casos recorrentes de ajuizamento de ação civil pública pelos diversos ramos do Ministério Público para tutelar o patrimônio público e os princípios constitucionais da Administração Pública.

---

[39] No seguinte acórdão, esse entendimento fica bem ilustrado: "RECURSO ORDINÁRIO EM AÇÃO RESCISÓRIA. AÇÃO CIVIL PÚBLICA. AUSÊNCIA DE CITAÇÃO. ALEGAÇÃO DE NULIDADE PROCESSUAL (violação dos artigos 47, 48, 49, 213, 231 e 332 do CPC). Tratando-se de direitos difusos, transindividuais, de natureza indivisível, de que são titulares pessoas indeterminadas, inexiste campo propício à aplicação de normas processuais eminentemente concebidas para a citação em demandas de natureza individual, sob pena mesmo de se inviabilizarem as ações coletivas. Não se há de falar, no caso dos autos, em obrigatoriedade de citação dos eventualmente atingidos pelos efeitos da decisão proferida na referida ação coletiva, visto que o legitimado para figurar no polo passivo da ação civil pública é aquele ou aqueles que praticaram o ato causador do dano, ou aquele que tinha ou tem o dever jurídico de evitar a ocorrência do dano. (...) (TST, SBDII, proc. ROAR-110900-50.2001.5.16.0000, Rel. Min. Renato de Lacerda Paiva, DJe 17.12.2010. Disponível em: https://jurisprudencia.tst.jus.br/#7357be195cc23bd260bf31f23068a263

Não há como negar a real possibilidade de ocorrência, em inúmeras situações, de acumulação subjetiva excessiva no polo passivo a ponto de desconfigurar a própria essência da ação coletiva e convertê-la em autêntica ação individual plúrima, com graves prejuízos à celeridade e economia processuais.

Como imaginar uma ação civil pública proposta, por exemplo, para coibir pagamentos ilícitos a centenas ou milhares de servidores públicos se todos devem figurar no polo passivo e o juiz não pode efetuar qualquer controle desse excesso, por não se tratar de litisconsórcio facultativo? Como cogitar de uma ação civil pública para obter a rescisão de um contrato administrativo ilícito, firmado entre um ente público e uma organização social, para burlar o princípio do concurso público, na qual a tutela coletiva pretendida provocará, inevitavelmente, a demissão de centenas ou milhares de trabalhadores explorados pela empregadora, se todos devem figurar como litisconsórcio necessário dos réus?

Evidente que, nessas e em diversas outras situações, será praticamente inviável a propositura de ação civil pública, pois excessivo acúmulo subjetivo na parte passiva descaracterizaria a tutela coletiva e a tornaria contraproducente, morosa e ineficaz. Ter-se-ia, portanto, nítida restrição ao exercício da jurisdição coletiva e, por consequência, ofensa ao direito fundamental de amplo acesso à justiça (CF, artigo 5º, XXXV).

A tutela coletiva tem por objetivo primordial, entre outros, a ampliação do acesso à justiça em casos de violação a interesses transindividuais e individuais homogêneos, sobretudo, nessa última hipótese, em caso de múltiplas e pequenas lesões que não despertam nos ofendidos, individualmente considerados, o necessário interesse para promover as ações de reparação correspondentes. Caso se exija o litisconsórcio de todos os terceiros afetados, o efeito será reverso, ou seja, simplesmente não haverá como recorrer à tutela coletiva em muitas situações de lesão de massa.

O direito de amplo acesso à justiça, por meio das ações coletivas, também traduz um princípio de natureza constitucional, plasmado no artigo 5º, XXXV, da CF/88. Constitui relevante interesse de toda a sociedade dispor de instrumentos processuais coletivos aptos a tutelar judicialmente, de maneira mais célere, abrangente e eficaz, as lesões a interesses transindividuais de alta relevância e essenciais à realização dos objetivos constitucionais da sociedade. Enfim, o processo coletivo se presta ao fomento de direitos fundamentais.[40]

Pode-se afirmar também que o processo coletivo pode contribuir, de maneira muito mais eficaz, para o amplo acesso à justiça, vez que conduzido de uma só vez em proveito de todo o grupo lesado e pode obter resultados muito mais significativos e socialmente justos.

A segunda consequência também desponta evidente, porquanto o Ministério Público, em todos os seus ramos, passará a enfrentar sérias dificuldades para exercer a atribuição constitucional de promover a ação civil pública para a proteção do patrimônio público e social, do meio ambiente e de outros interesses difusos e coletivos (CF, artigo 129, III).

De acordo com a dicção da Constituição Federal de 1988, que nitidamente prestigiou a tutela coletiva em sentido amplo por meio de diversos instrumentos ali previstos[41], a legitimidade do Ministério Público para propositura de ação civil pública tem inegável estatura constitucional (artigo 129, III).

Os exemplos das ações civis públicas já citados, além de muito frequentes no âmbito da atuação institucional de qualquer dos ramos, demonstram com clareza as reais dificuldades ou óbices que poderão ser criadas à autuação do Ministério Público em defesa da ordem jurídica e dos interesses transindividuais no Brasil, caracterizando notório retrocesso nos avanços sociais conquistados pela sociedade brasileira por meio da tutela coletiva.

Conclusões

O direito de amplo acesso à justiça, por meio de ações coletivas, encerra um princípio de estatura constitucional e se presta a promoção de direitos fundamentais, uma vez que viabiliza a tutela jurisdicional, de maneira mais célere, abrangente e menos onerosa, de interesses transindividuais de alta relevância à realização dos objetivos constitucionais do Estado brasileiro.

---

[40] DIDIER JR., Fredie, ZANETI JR., Hermes. **Curso de Direito Processual Civil: Processo Coletivo**. Vol. 04, 5.ed., Salvador:JusPodivim, 2010. p.35

[41] Podem ser citados como exemplos o mandado de segurança coletivo (artigo 5º, LXX), o mandado de injunção individual ou coletivo artigo 5º, LXXI) e a própria ação civil pública (artigo 129, III).

A pretexto de salvaguardar interesses individuais de terceiros juridicamente prejudicados, os quais já dispõem de meios processuais adequados para defesa desses interesses, não se pode transformar as ações coletivas em autênticas ações individuais plúrimas, criando-se óbices processuais de difícil superação e aptos, em medida mais extrema, a inviabilizar a própria tutela coletiva em algumas hipóteses.

Consoante exposto ao longo deste breve estudo, os terceiros prejudicados pela eficácia da sentença proferida na ação civil pública, caso tenham interesse jurídico, poderão intervir voluntariamente, na condição de assistente da parte ré, no curso do processo ou, ainda, promover processo autônomo para afastar a eficácia da decisão correspondente no que lhes diz respeito. Tais opções afastam qualquer possibilidade de ofensa aos princípios constitucionais do devido processo legal, do contraditório e da ampla defesa dos terceiros juridicamente prejudicados.

Espera-se, assim, que o STF, por ocasião do exame definitivo do caso concreto objeto deste estudo, venha a sopesar todas as consequências da adoção da exigência do litisconsórcio necessário de todos os eventuais atingidos, em suas esferas individuais, pelos efeitos das decisões proferidas em ação civil pública, de modo a não inviabilizar a jurisdição coletiva em situações recorrentes, não criar óbices ao exercício das atribuições constitucionais do Ministério Público nem restringir o acesso à justiça.

Referências

BASTOS, Celso Ribeiro. *Curso de Direito Constitucional*. 18. ed. ampl. e atual. São Paulo: Saraiva. 1997. p. 252.

CAPPELLETTI, Mauro; GARTH, Bryan. *Acesso à Justiça*. Tradução de Ellen Gracie Northfleet. Porto Alegre: Fabris, 1988.

DIDIER JR., Fredie, ZANETI JR., Hermes. *Curso de Direito Processual Civil: Processo Coletivo*. Vol. 04, 5.ed., Salvador: JusPodivim, 2010.

DINAMARCO, Cândido Rangel. *Litisconsórcio*. 8. ed. São Paulo: Malheiros, 2009.

__. *Instituições de Direito Processual Civil*. 2.ed. rev. e atual. São Paulo: Malheiros, 2002.

GRINOVER, Ada Pellegrini; WATANABE, kazuo; NERY JR, Nelson. *Código de Defesa do Consumidor: comentado pelos autores do anteprojeto*. 10. ed, vol. II. Rio de Janeiro: Forense, 2011.

LENZA, Pedro. *Teoria geral da ação civil pública*. 3. ed. São Paulo: Ed. RT, 2008.

MANCUSO, Rodolfo de Camargo. Jurisdição coletiva e coisa julgada. Tese de Titularidade: Faculdade de Direito da Universidade de São Paulo, 2005, p. 7

___, *Jurisdição coletiva e coisa julgada: teoria geral das ações coletivas*. São Paulo: Editora Revista dos Tribunais, 2006.

___, *Ação Civil Pública: em defesa do meio ambiente, do patrimônio cultural e dos consumidores*. 6. ed. rev. e atual. São Paulo: Editora Revista dos Tribunais, 1999.

MAZZILLI, Hugo Nigro. *A defesa dos interesses difusos em juízo*. 20. ed. São Paulo: Saraiva, 2007.

LENZA, Pedro. *Teoria geral da ação civil pública*. 3. ed. rev., atual. e ampl. São Paulo: Revista dos Tribunais, 2008.

LEONEL, Ricardo de Barros. *Manual do processo coletivo*. São Paulo: Revista dos Tribunais, 2002

LIEBMAN, Enrico Tullio. *Eficácia e autoridade da sentença*. Trad. Alfredo Buzaid e Benvindo Aires. 3. ed. Rio de Janeiro: Forense, 1984.

MARINONI, Luiz Guilherme; ARENHART, Sérgio Cruz. *Manual do processo de conhecimento*. 3. ed. rev. atual. e aum. São Paulo: Revista dos Tribunais, 2004.

MAZZILLI, Hugo Nigro. *A defesa dos interesses difusos em juízo: meio ambiente, consumidor, patrimônio cultural, patrimônio público e outros interesses*. 22. ed. rev. ampl. e atual. São Paulo: Saraiva, 2009.

SANTOS, Ronaldo Lima dos. *Sindicatos e ações coletivas*. São Paulo: LTr, 2003.

___. *Intervenção assistencial nas ações coletivas*. Boletim Cient. ESMPU, Brasília, a. 7 – n. 27, abr./jun. 2008, p.115.

THEODORO JUNIOR. Humberto. *Curso de Direito Processual Civil*, vol. I, 51. ed. Rio de Janeiro: Forense, 2010, p. 557.

VENTURI, Elton. *Processo civil coletivo: a tutela jurisdicional dos direitos difusos, coletivos e individuais homogêneos no Brasil. Perspectivas de um Código Brasileiro de Processos Coletivos*. São Paulo: Malheiros, 2007.

VITORELLI, Edilson. *O Devido Processo Legal Coletivo: dos direitos aos litígios coletivos*. 2. ed. rev., atual. e ampl. São Paulo: Thomson Reuters Brasil, 2019.

ZAVASCKI, Teori Albino. *Processo coletivo: tutela de direitos coletivos e tutela coletiva de direitos*. 5. ed. rev. e atual. e ampl. São Paulo: Revista dos Tribunais, 2011.

VI

IMPLEMENTAÇÃO DA TUTELA COLETIVA

15. Aspectos processuais sobre a *fluid recovery* no Brasil: análise de caso sobre a gestão do FDD

Matheus Rodrigues Oliveira

1. O litígio coletivo

O presente trabalho[1] tem por objetivo analisar os aspectos processuais objetados na ação civil pública n. 5008138-68.2017.4.03.6015, que tramita, em primeiro grau de jurisdição, perante a 6ª Vara Federal da Subseção Judiciária de Campinas-SP. A demanda coletiva foi ajuizada pelo Ministério Público Federal, com base nas conclusões obtidas no inquérito civil n. 1.34.004.000625/2015-92, em face da União, e tem por objeto o contingenciamento e a (não) aplicação das verbas vinculadas ao Fundo Federal de Defesa dos Direitos Difusos – doravante FDD.

O FDD foi concebido a partir da edição da Lei da Ação Civil Pública (Lei n. 7.347/1985 – doravante LACP), com o objetivo de dar destinação específica aos recursos auferidos em decorrência de indenizações pagas por pessoas físicas ou jurídicas que causassem lesão a bens ou direitos transindividuais, na hipótese de inviabilidade da reparação específica do

---

[1] Parte do material bibliográfico que dá substrato teórico a este estudo decorre da pesquisa empreendida pelo autor, em coautoria com o Prof. Dr. Edilson Vitorelli, para artigo publicado na Revista de Direito Administrativo, da FGV/Rio. Vide: VITORELLI, Edilson; OLIVEIRA, Matheus Rodrigues. **O Fundo Federal de Defesa dos Direitos Difusos e o desvio de finalidade na aplicação de seus recursos**. Revista de Direito Administrativo, Rio de Janeiro, v. 278, n. 3, p. 221-250, dez. 2019. ISSN 2238-5177. Disponível em: <http://bibliotecadigital.fgv.br/ojs/index.php/rda/article/view/80836>; acesso em 23 fev. 2020.

dano. A norma, que também previu congêneres estaduais[2], determina, em seu art. 13 da LACP, que seus recursos devem ser destinados *"à reconstituição dos bens lesados"*. Esse fundo seria gerido *"por um Conselho Federal ou por Conselhos Estaduais de que participarão necessariamente o Ministério Público e representantes da comunidade"*, com a pretensão de viabilizar o acesso aos recursos por grupos ou instituições da sociedade civil organizada, ou mesmo da máquina estatal, com vistas à execução de projetos voltados à tutela de interesses coletivos.

Do texto legal surgiu o *nomen juris* inicial para o *"Fundo para Reconstituição de Bens Lesados"*, regulamentado por meio do Decreto n. 92.302, de 16 de janeiro de 1986[3], primeiro ato normativo a estabelecer diretrizes acerca da gestão dos recursos a ele destinados. No art. 1º da norma foram listados os bens jurídicos para os quais as verbas do Fundo deveriam ser destinadas: *"reparação dos danos causados ao meio ambiente, ao consumidor, a bens e direitos de valor artístico, estético, histórico, turístico e paisagístico"*. Como se percebe, desde o primeiro momento, os recursos do fundo se prestariam à tutela daqueles mesmos bens jurídicos tuteláveis pela via da ação civil pública.

O Decreto n. 92.302/1986 foi substituído pelo Decreto n. 96.617, de 31 de agosto de 1988 que, ao menos de forma abstrata, era adequado ao teor do art. 13 da LACP. O art. 4º do decreto regulamentador determinava caber ao Conselho Federal gestor do FDD *"zelar pela utilização prioritária dos recursos na reconstituição dos bens lesados, no próprio local onde o dano ocorreu ou possa vir a ocorrer"*. Não havia, no Decreto, qualquer margem para outro tipo de aplicação das verbas arrecadadas, que não para efetiva tutela de direitos transindividuais, respeitado o impacto geográfico do dano (ou pretenso dano), bem como a natureza do bem jurídico impactado. Além disso, dispunha o Decreto haver efetiva vinculação do Conselho Federal

---

[2] Cabe observar que, embora o presente trabalho enfoque apenas a atuação do fundo federal, há indícios de que a gestão dos fundos estaduais padece dos mesmos males, de modo que as teses aqui defendidas são extensíveis também à esfera estadual. Nesse sentido, ver VITORELLI, Edilson. **Execução coletiva pecuniária: uma análise da (não) reparação da coletividade no Brasil**. Dissertação (mestrado em direito), Universidade Federal de Minas Gerais, Belo Horizonte, 2011.

[3] Observe-se que o Decreto n. 92.302/1986 foi editado tardiamente, em contrariedade ao que dispunha o art. 20 da LACP, que determinava que o Fundo deveria ser *"regulamentado pelo Poder Executivo no prazo de 90 (noventa) dias"*.

Gestor à estrutura administrativa do Ministério da Justiça, *"como órgão diretamente subordinado ao Ministro de Estado"* (art. 10).

A norma determinava, ainda, que todo ajuizamento de ações civis públicas, em âmbito nacional, fosse comunicado ao Conselho Federal Gestor, assim como todos os depósitos judiciais e trânsito em julgado das ações coletivas. O propósito, claramente, era permitir que o Conselho monitorasse eventuais condenações e zelasse pelo recolhimento das verbas. Essa norma, contudo, nunca foi aplicada. Até o presente, mais de trinta anos depois, o Conselho Nacional do Ministério Público, promove iniciativas, sem sucesso, para estabelecer um cadastro nacional de ações civis públicas[4].

O Decreto n. 92.302/1986 foi revogado e substituído pelo Decreto n. 407, de 27 de dezembro de 1991. Editado após a promulgação e vigência do Código de Defesa do Consumidor (Lei n. 8.078/1990 – doravante CDC), o ato normativo incorpora a nomenclatura adotada pelo art. 81 do CDC, e denomina o Fundo de Defesa dos Direitos Difusos (FDD). Em verdade, à parte a mudança de nome, não houve qualquer substancial alteração na forma de gestão do Fundo, que continuaria subordinado ao Governo Federal, como órgão integrante da estrutura organizacional do Ministério da Justiça (art. 12). Apenas foi ampliado o rol de atribuições do Conselho Federal Gestor, sem, entretanto, impactar substancialmente em suas funções[5].

---

[4] O Conselho Nacional do Ministério Público editou, em conjunto com o Conselho Nacional de Justiça, a Resolução Conjunta CNJ/CNMP n. 2/2011, com a finalidade de criar o banco de dados mencionado no texto. Não há notícia de que esse banco de dados tenha sido implementado, nem de que seja atualizado.

[5] Este é o texto da norma:
Art. 6º Ao Conselho Federal compete:
I – zelar pela aplicação prioritária dos recursos na consecução das metas fixadas pelas Leis nºs 7.347, de 1985; 8.078, de 1990; e 8.158, de 1991, e no âmbito do disposto no art. 1º deste Decreto;
II – aprovar convênios e contratos a serem firmados pela Secretaria Executiva do Conselho, objetivando atender ao disposto no inciso I deste artigo;
III – examinar e aprovar projetos de reconstituição de bens lesados;
IV – promover, por meio de órgãos da administração pública e de associações descritas no art. 5º, incisos I e II, da Lei nº 7.347, de 1985, eventos relativos à educação formal e não-formal do consumidor;

Há, todavia, uma mudança sutil, mas muito relevante. Enquanto o inciso I do art. 4º do Decreto n. 92.302/86 determinava caber ao Conselho Gestor *"zelar pela utilização prioritária dos recursos na reconstituição dos bens lesados, no próprio local onde o dano ocorreu ou possa vir a ocorrer"*, a norma equivalente, no novo texto, se limitava a determinar que o órgão deveria *"zelar pela aplicação prioritária dos recursos na consecução das metas fixadas pelas Leis nºs 7.347, de 1985; 8.078, de 1990; e 8.158, de 1991, e no âmbito do disposto no art. 1º deste Decreto"*. Assim, a literalidade do texto passa a permitir que os recursos arrecadados em decorrência de lesão ocorrida em uma parte do país sejam aplicados em localidade completamente distinta daquela onde o dano efetivamente ocorreu, desde que para a *"consecução das metas"* previstas no microssistema processual coletivo.

O regulamento previsto no Decreto n. 407/1991 vigeu por quase três anos, até ser revogado e substituído pelo Decreto n. 1.306, de 9 de novembro de 1994. Na verdade, tal como o ato normativo anterior, pouco foram modificadas as disposições já existentes. Há, todavia, mais um suave desvio no curso. O Conselho do FDD passa a ter como atribuição o exame e aprovação de *"projetos de modernização administrativa dos órgãos públicos responsáveis pela execução das políticas"* públicas (inciso VII), relativas aos direitos e interesses transindividuais e/ou individuais homogêneos tuteláveis pela Ação Civil Pública (*"meio ambiente, ao consumidor, a bens e direitos de valor artístico, estético, histórico, turístico, paisagístico, por infração à ordem econômica e a outros interesses difusos e coletivos"*).

Assim, em três anos, houve dois suaves desvios no perfil original do FDD, que viriam a ser significativos no futuro: ele passa a poder aplicar os recursos que arrecada de modo geograficamente desvinculado do local onde ocorreu a lesão, e tais valores podem servir para a estruturação de órgãos públicos encarregados da proteção dos direitos transindividuais, que são diversos. Em tese, todos os órgãos e entidades vinculados aos ministérios do Meio Ambiente, do Turismo e do próprio Ministério da

---

V – fazer editar, podendo ser em colaboração com órgãos oficiais de defesa do consumidor e da concorrência, material informativo sobre as relações de mercado do país;

VI – promover atividades e eventos que contribuam para a difusão da cultura de proteção ao meio ambiente, do consumidor, da livre concorrência do patrimônio histórico, artístico, estético, turístico, cultural, paisagístico e de outros interesses difusos e coletivos.

Justiça (que mantém órgãos de defesa do consumidor) passaram a poder receber verbas do fundo.

Três meses mais tarde, foi editada a Medida Provisória n. 913, de 24 de fevereiro de 1995, que *"cria, na estrutura organizacional do Ministério da Justiça, o Conselho Federal de que trata o art. 13 da Lei nº 7.347, de 24 de julho de 1985, altera os arts. 4º, 39, 82, 91 e 98 da Lei nº 8.078, de 11 de setembro de 1990, e dá outras providências"*. Na verdade, a Medida Provisória pretendeu levar para o âmbito da legislação ordinária as mesmas disposições já existentes na norma infraconstitucional, tendo sido ratificada pelo Congresso, sem qualquer alteração, e convertida na Lei n. 9.008, de 21 de março de 1995.

Até a data em que este artigo foi finalizado, a única alteração legislativa na Lei n. 9.008/1995 foi a supressão do inciso II do § 2º do art. 1º pela Lei n. 13.146/2015 (Estatuto da Pessoa com Deficiência), para retirar do FDD as multas relacionadas aos atos ilícitos praticados contra pessoas com deficiência. No restante, a norma permanece a mesma. A partir da promulgação da Lei n. 9.008/1995, portanto, resta esgotada a eficácia do Decreto n. 1.306/1994, vez que o FDD e seu Conselho Gestor estão integralmente regidos pelas disposições da Lei n. 9.008/1995.

A última norma que merece menção para o adequado registro do arcabouço legislativo que rege o FDD e as atribuições de seu Conselho Gestor é o Regimento Interno do CFDD. Publicado no Diário Oficial da União de 18 de agosto de 2008 como anexo da Portaria n. 1.488 do Ministério da Justiça, de 15 de agosto de 2008, o Regimento Interno especifica, em apenas 18 (dezoito) artigos, a organização interna do CFDD. O diploma, todavia, é de baixa relevância: as disposições dele constantes apenas repetem as normas já estabelecidas na Lei n. 9.008/1995 e no Decreto n. 1.306/1994. O regimento nada acrescenta, em termos substanciais, ao contexto normativo até aqui debatido.

A análise da evolução normativa do FDD revela, de modo evidente, que o fundo arrecada verbas para uma destinação específica, prevista em lei. Ele existe para aplicar recursos decorrentes da existência de lesão aos bens jurídicos coletivos. Fora a remota hipótese de que alguém resolva lhe doar valores, todo o seu fluxo de caixa deriva de lesões à sociedade brasileira ou parcela dela. Essas lesões, por não terem sido reparadas *in natura*, geraram condenação pecuniária. Em outras palavras, por não ter ocorrido tutela específica, foi imposta ao causador da lesão tutela pelo equivalente monetário.

Ocorre que, na prática, a gestão do FDD se mostrou, ao longo dos anos, incompatível com os fins a que ele foi concebido. Os recursos arrecadados são utilizados pela União como se se tratasse de produto da arrecadação ordinária federal, ou seja, para dar cumprimento ao balanço de pagamentos do tesouro nacional, descurando-se do fato de que a lei lhes prevê destinação específica.

O gráfico a seguir, obtido do sítio eletrônico do Ministério da Justiça, demonstra a evolução dos valores arrecadados pelo FDD, de 2012 a 2020[6]:

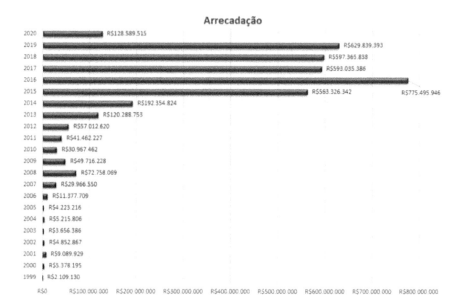

Como se percebe, em uma década, o FDD arrecadou mais de dois bilhões e meio de reais, em montantes históricos e não atualizados, ou seja, excluídos juros e correção monetária incidentes sobre o capital. O Fundo denota, nesse período, grande capacidade de arrecadação, com média equivalente a mais de 20 milhões de reais mensais ou 240 milhões de reais anuais. Apenas em janeiro de 2020 foram arrecadados mais de

---

[6] Disponível em: <https://www.justica.gov.br/seus-direitos/consumidor/direitos-difusos/arrecadacao-1>; acesso em 23 fev. 2020. O valor de R$128.589.515,00 arrecadado no ano de 2020 se refere à arrecadação registrada até o dia 31 de janeiro de 2020.

128 milhões de reais. Quando se computam apenas os últimos cinco anos, de 2015 a 2019, a média de arrecadação é de cerca de R$ 631 milhões anuais. Apenas para que se tenha uma ideia do que isso representa, um município como São João del Rei (MG), com 84 mil habitantes, teve, em 2016, receita total (incluída a receita tributária e a transferida) de cerca de R$ 205 milhões[7], para gerir toda a máquina pública e os serviços prestados à população. Isso representa a metade da média do FDD nos últimos cinco anos e pouco mais de um quarto da arrecadação do fundo no mesmo ano.

Apesar de sua grande capacidade de amealhar recursos ao longo dos anos, conforme se demonstrará a seguir, o FDD nunca aplicou as verbas que recebeu na destinação legalmente determinada. A União, ente federativo responsável pela gestão do FDD – vale lembrar que o Conselho Gestor do FDD é subordinado ao Ministério da Justiça –, em vez de aplicar os recursos nele depositados em projetos e ações de defesa de direitos e interesses transindividuais, ignorou, ao longo dos anos, o peculiar regime jurídico que cerca esses valores e passou a utilizar-se do Fundo como mecanismo de arrecadação ordinária. E o faz de modo muito simples: pela não aplicação dos recursos arrecadados.

Em outras palavras: mesmo auferindo arrecadação bilionária, o FDD não aplica as verbas que recebe. O motivo para essa conduta foi apresentado por um ex-presidente do CFDD, a partir de questionamentos formulados pelo Ministério Público Federal[8]: *"Considerando que o FDD não possui despesa ou transferência obrigatória, o Fundo divide com outras unidades da União a obrigação de fazer economia para reduzir a dívida líquida e equilibrar as contas públicas".*

Desse modo, por não poder aplicar os recursos amealhados ao fundo em outra finalidade, a União distorce sua destinação por outro subterfúgio: a não aplicação. Mantendo-os contabilmente depositados na conta única do Tesouro Nacional, a União computa tais recursos como saldos e, com isso, cria a ilusão de equilíbrio fiscal. Isso explica a distorção que

---

[7] De acordo com dados do projeto "Meu Município", disponível em: <https://meumunicipio.org.br/perfil-municipio/3162500-Sao-Joao-del-Rei-MG>; acesso em 23 fev. 2020.

[8] Informações obtidas no inquérito civil público n. 1.34.004.000625/2015-92, que tramitou perante o 5º Ofício da Procuradoria da República no Município de Campinas-SP, que deu ensejo à ação civil pública objeto deste estudo de caso.

se verifica, anualmente, entre a arrecadação e a aplicação de recursos do fundo[9]:

Ano	Valor arrecadado pelo FDD (R$)	Valor disponível para utilização (R$)	Razão: arrecadado x disponível	Valor efetivamente executado (R$)	Razão: arrecadado x executado
2011	41.462.227,35	8.942.943,00	21,50%	8.942.943,00	21,50%
2012	57.012.619,56	5.583.739,00	9,80%	5.566.325,00	9,70%
2013	120.228.753,13	3.640.749,00	3,00%	3.640.749,00	3,00%
2014	192.354.824,49	6.432.035,00	3,30%	6.321.472,00	3,28%
2015	563.326.342,06	3.845.806,00	0,70%	3.845.637,00	0,68%
2016	775.034.487,75	3.845.806,00	0,50%	3.845.806,00	0,38%

A primeira coluna (A) faz referência ao exercício fiscal, desde o ano de 2011. A segunda coluna (B) lista os valores consolidados arrecadados em cada exercício. A terceira coluna (C), por sua vez, demonstra o valor estabelecido na Lei Orçamentária anual dos períodos de referência como disponíveis para utilização pelo Fundo. Esse ponto é absolutamente fundamental. Conquanto o Fundo arrecade valores expressivos – os quais, reitere-se, não provêm de arrecadação ordinária do governo, mas da lesão a bens jurídicos coletivos – a Lei Orçamentária Anual não destina, no ano subsequente, valor equivalente ao arrecadado no ano anterior. Disso decorre que o fundo passa a ter um "saldo" que não pode ser aplicado porque não é orçado. Se o Governo Federal estivesse gerindo adequadamente o FDD, os valores da coluna (C) deveriam ser exatamente iguais aos valores da coluna (B). Na ausência de orçamento, o Conselho Gestor do FDD não pode autorizar projetos que apliquem o montante arrecadado.

A comparação entre as duas colunas denota, com clareza, que a Lei Orçamentária disponibiliza, a cada ano, percentuais ínfimos e decrescentes da arrecadação do FDD à efetiva reparação dos direitos lesados. A quarta coluna (D) mostra, justamente, o percentual dos recursos disponibilizados em razão do montante arrecadado (C em relação a B).

---

[9] Tabela elaborada a partir de informações extraídas do inquérito civil n. 1.34.004.000625/2015-92, fls. 74-77, a partir de ofício subscrito pelo então Secretário-Executivo do CFDD. Não foram obtidas informações atualizadas desde 2016.

A quinta coluna (E) mostra o montante que foi efetivamente aplicado em projetos selecionados pelo CFDD. Nos anos de 2011 e 2013, todo o valor disponibilizado pela Lei Orçamentária foi efetivamente empregado. Nos demais anos (2013, 2014, 2015 e 2016), esse valor foi muito próximo ao total, o que demonstra que não falta demanda para a aplicação dos recursos, mas sim disponibilidade dos mesmos. A razão entre o total da arrecadação (coluna C) e o montante efetivamente empregado (coluna E) está demonstrada nos percentuais da sexta e última coluna (F).

Assim, diferentemente do que se alega em relação a outros fundos públicos, o não desembolso de recursos do FDD não decorre, em absoluto, de falta de projetos, nem de incapacidade administrativa de seu Conselho Gestor. Pelo contrário, a execução dos valores orçados é total ou muito próxima disso. O que falta é justamente a disponibilização de recursos bastantes para fomentar a apresentação de mais projetos, tanto por órgãos da administração direta ou indireta, de todos os entes federativos, como por entidades da sociedade civil organizada.

Em outros termos: entre 2011 e 2016, com um salto de arrecadação de R$ 41.462.227,35 para R$ 775.034,487,75, os valores repassados ao FDD cresceram cerca de 1.869,25%. Contudo, inusitadamente, a aplicação dos recursos apresenta padrão decrescente. Enquanto no ano de 2011 foram efetivamente aplicados 21% dos recursos arrecadados, em 2016 o percentual foi de apenas 0,38% do valor arrecadado. Mesmo quando se analisam valores absolutos, deixando de lado os percentuais, percebe-se que, embora a arrecadação de 2016 seja dezesseis vezes superior à arrecadação de 2011, o valor disponibilizado em 2016 é inferior à metade do que estava disponível em 2011.

É como se o Governo Federal tratasse as verbas arrecadadas pelo FDD – todas decorrentes de atos ilícitos que causaram lesão irreparável a interesses transindividuais – como tributos, meros mecanismos ordinários de financiamento da máquina pública. Como os recursos não são depositados em conta específica, mas na conta única do Tesouro Nacional, a União se aproveita deles e os aplica em outras finalidades (como formação de reserva de contingência), mantendo-os contabilmente (ou seja, ficticiamente) reservados ao FDD, mas sem permitir que sejam efetivamente aplicados para os fins a que foram arrecadados.

A conclusão parcial a que se chega é que os recursos do FDD, embora por expressa dicção legal tenham destinação vinculada, são tratados pelo

Governo Federal como fonte orçamentária ordinária, vez que utilizado para finalidades outras que não a efetiva reparação de bens jurídicos lesados.

Por estas razões, tendo em vista o desvio na aplicação dos recursos arrecadados pelo FDD, o Ministério Público Federal ajuizou a ação civil pública que é objeto deste estudo de caso.

2. O processo

Feito um breve escorço a respeito da controvérsia, passa-se, de fato, a explorar as questões relacionadas à ação civil pública n. 5008138-68.2017.4.03.6015[10], objeto deste estudo de caso. A demanda coletiva, como já dito, foi proposta pelo Ministério Público Federal (doravante MPF) em face da União, com base nas apurações empreendidas no inquérito civil n. 1.34.004.000625/2015-92, conduzido perante o 5º Ofício da Procuradoria da República no Município de Campinas-SP. A ação foi protocolada eletronicamente, pelo sistema PJ-e do Tribunal Regional Federal da 3ª Região, em 13 de dezembro de 2017, e distribuída à competência da 6ª Vara Federal da Subseção Judiciária de Campinas.

O MPF invocou, como matéria prejudicial de mérito, a existência de precedente obrigatório aplicável ao caso, a partir da decisão tomada pelo Supremo Tribunal Federal (STF) na medida cautelar em arguição de descumprimento de preceito fundamental (ADPF) n. 347. Na ação em controle concentrado de constitucionalidade, ajuizada pelo Partido Socialismo e Liberdade (PSOL), a partir de questões identificadas pela "Clínica de Direitos Fundamentais" da Faculdade de Direito da Universidade Estadual do Rio de Janeiro (UERJ), relacionada a uma série de questões que fazem da realidade do sistema prisional brasileiro um "estado de coisas inconstitucional". O legitimado-autor para a propositura da ADPF, assim e em verdade, encampou uma tese estudada e debatida previamente no âmbito acadêmico.

Um dos pedidos formulados na ADPF n. 347 diz respeito ao descontingenciamento das verbas do Fundo Penitenciário Nacional (FUNPEN), que, da mesma forma que o FDD, foi criado para uma finalidade específica:

---

[10] O processo tramita eletronicamente, e pode ser consultado pelo Sistema PJ-e 1º Grau do Tribunal Regional Federal da 3ª Região: <https://pje1g.trf3.jus.br/pje/ConsultaPublica/listView.seam>; acesso em 23 fev. 2020.

o financiamento e aprimoramento do sistema prisional brasileiro. Consta da petição inicial da ADPF o seguinte[11]:

> 153. O Fundo Penitenciário Nacional – FUNPEN, criado Lei Complementar nº 79/1994, e regulamentado pelo Decreto nº 1.093/1994, conta com recursos destinados ao financiamento de medidas e programas voltados à modernização e humanização do sistema prisional brasileiro. O FUNPEN é composto por diferentes verbas, dentre as quais 50% das custas judiciais recebidas em favor da União e 3% dos recursos arrecadados com loterias e sorteios federais. A gestão dos recursos do FUNPEN é atribuição do Departamento Penitenciário Nacional – DEPEN, órgão vinculado ao Ministério da Justiça.
>
> 154. Porém, apesar da situação calamitosa do sistema penitenciário brasileiro, a maior parte dos recursos disponíveis do FUNPEN não é efetivamente gasta. Segundo informações do DEPEN, atualmente o saldo contábil do fundo corresponde a cerca de R$ 2,2 bilhões. Um dos entraves para o uso destes recursos é o contingenciamento orçamentário realizado pelo governo federal, visando a atingir as metas fiscais. No ano de 2013, calcula-se que menos de 20% dos gastos orçamentariamente autorizados do referido fundo foram efetivamente realizados. (...)

No julgamento da medida cautelar na ADPF em questão, o Pleno do STF decidiu por determinar à União o descontingenciamento dos recursos do FUNPEN. Do voto do relator, Ministro Marco Aurélio Mello, extrai-se o seguinte excerto, que compõe a sua *ratio decidendi*[12]:

> A cabeça do dispositivo trata da situação em que o Governo deixa de executar, parcialmente, o orçamento, vindo a contingenciar os valores ordenados a despesas, ao passo que, no § 2º, consta exceção consideradas obrigações decorrentes de comandos legais e constitucionais. Tratando o Funpen de recursos com destinação legal específica, é inafastável a circunstância de não poderem ser utilizados para satisfazer exigências de contingenciamento: atendimento de passivos contingentes e outros riscos e eventos

---

[11] A íntegra da petição inicial da ADPF n. 347 pode ser consultada em: <https://jota.info/wp-content/uploads/2015/05/ADPF-347.pdf>; acesso em 23 fev. 2020.

[12] Decisão disponível no sítio eletrônico do Supremo Tribunal Federal: <http://redir.stf.jus.br/paginadorpub/paginador.jsp?docTP=TP&docID=10300665>; acesso em 23 fev. 2020.

fiscais imprevistos (artigo 5º, inciso III, alínea "b", da Lei Complementar nº 101, de 2000).

Em seu voto, a Ministra Rosa Weber destacou a necessidade de utilização dos recursos do fundo especial *"com a finalidade para a qual foi criado"*:

> O pedido do item "h" merece acolhida. O descontingenciamento das verbas existentes no FUNPEN se impõe. Acompanho o Relator para efeito de determinar à União que libere o saldo acumulado do Fundo Penitenciário Nacional para utilização com a finalidade para a qual foi criado, com comando ainda de que se abstenha de realizar novos contingenciamentos. Razoável, contudo, a fixação do prazo de até sessenta dias, a contar da publicação da presente decisão, para que a União proceda às adequações necessárias ao cumprimento da medida, tal como proposto pelo Ministro Edson Fachin, a quem acompanho no aspecto.

E, nessa linha, o voto-condutor do Ministro Marco Aurélio Mello culminou na decisão pela liberação do *"saldo acumulado do Fundo Penitenciário Nacional para utilização com a finalidade para a qual foi criado, abstendo-se de realizar novos contingenciamentos"*.

Entendendo que a *ratio decidendi* do precedente firmado em medida cautelar na ADPF n. 347 se aplica ao caso objeto deste estudo, o MPF, na ação civil pública em comento, requereu o reconhecimento da existência de precedente de observância obrigatória, nos termos do inciso I do art. 927 do Código de Processo Civil.

Requereu ainda o MPF a concessão de tutela provisória de urgência, de modo que a União fosse compelida a[13]:

a) Obrigação de fazer, no sentido de promover o imediato descontingenciamento das verbas existentes no Fundo de Defesa dos Direitos Difusos, de modo a, no prazo de 3 anos, publicar editais de chamamento público para o financiamento de projetos, bem como firmar parcerias com órgãos da administração direta e indireta;

---

[13] Excerto da petição inicial da ação civil pública.

b) Obrigação de fazer, no sentido de promover efetivo controle sobre a aplicação dos recursos, com a fiscalização quanto à adequada destinação e efetividade dos projetos desenvolvidos;
c) Obrigação de fazer, no sentido de dar prioridade à aplicação regionalizada dos recursos auferidos pelo Fundo, com respeito à origem geográfica da verba arrecadada;
d) Em continuidade à obrigação requerida no item anterior, que seja respeitada, na medida do possível, a natureza do bem jurídico transindividual lesado, nos termos do art. 7º do Decreto n. 1.306/1994;
e) Obrigação de não fazer, no sentido de que não realize novos contingenciamentos, de modo que os recursos arrecadados pelo FDD deixem de compor a Reserva de Contingência do orçamento, de modo que seja liberada sua aplicação.

Ao final, no mérito, o requereu o MPF basicamente a confirmação da tutela provisória, de modo que fosse reconhecida, em definitivo, a obrigação da União em proceder à aplicação da integralidade dos recursos arrecadados pelo FDD aos fins a que se destinam.

O juízo federal, entretanto, postergou a análise do pedido de tutela de urgência em caráter *inaudita altera parte*, para, antes, viabilizar o contraditório. Em contestação, a União defendeu que os recursos do FDD, embora vinculados a uma destinação específica, não são de empenho obrigatório, de maneira que a aplicação de seus recursos é discricionária, além de depender de prévia dotação na Lei Orçamentária. Além disso, sustentou a União que violaria a separação de poderes a subordinação dos Poderes Executivo e Legislativo – este em razão da necessidade de aprovar o Orçamento Público – a uma decisão judicial que determinasse a aplicação obrigatória de verbas que compõem o fundo federal. Nesse prisma, requereu fosse julgada improcedente a pretensão do MPF.

Antes da apreciação do pedido de tutela provisória, o juízo federal entendeu pela viabilidade de designação de audiência de tentativa de conciliação, que restou infrutífera. O MPF, então, reiterou o pedido de apreciação da liminar.

Em 17 de julho de 2018, o juízo federal deferiu o pedido de tutela de urgência formulado pelo MPF. Foi reconhecida a verossimilhança e plausibilidade do direito invocado (*fumus boni juris*), bem como o perigo na demora da prestação jurisdicional ou risco ao resultado útil do processo se não deferida a tutela de urgência (*periculum in mora*), este fundado na iminência da apresentação da proposta de Lei Orçamentária Anual para o ano de 2019 ao Congresso Nacional, cujo prazo venceria em 31 de agosto de 2018.

Quanto à alegação de quebra do equilíbrio entre os Poderes da República, o juízo federal entendeu que a eventual procedência da ação civil pública *"não transfere para o Judiciário a decisão política do Poder Legislativo e do Executivo acerca de qual verba prestigiar quando da aprovação da Lei Orçamentária"*, vez que o que se pleiteia é justamente o cumprimento da lei, que determina a efetiva aplicação das verbas do FDD em projetos que objetivem a tutela de direitos transindividuais.

A tutela de urgência deferida contemplou, assim, as seguintes determinações à União:

a) obrigação de fazer, no sentido de que, doravante e até o trânsito em julgado da sentença prolatada nesta Ação Civil Pública, passe a apresentar, na proposta de Lei Orçamentária anual, disposição no sentido de destinar a integralidade dos recursos do Fundo de Defesa de Direitos Difusos (FDD) aos fins a que foram arrecadados, quais sejam, a reparação de direitos transindividuais lesados, na forma das normas de regência, o que se aplica já na proposta orçamentária para o exercício de 2019, a ser apresentada pela UNIÃO, por meio do Governo Federal, no ano de 2018;

b) obrigação de não fazer, no sentido de não promover novos contingenciamentos dos recursos do FDD, de modo que todos os valores arrecadados pelo Fundo sejam orçados e disponibilizados para aplicação no exercício subsequente ao que foram arrecadados;

c) obrigação de fazer no sentido de criar conta-corrente específica para segregar financeiramente os recursos destinados ao FDD, de modo a impedir que eles continuem compondo reserva financeira da UNIÃO e passem a atender a finalidade para a qual se destinam.

Em face da decisão, a União interpôs agravo de instrumento em 8 de agosto de 2018, autuado sob n. 5018837-66.2018.4.03.0000, com pedido de tutela antecipada recursal, que restou indeferida pela Desembargadora Federal Relatora. Ante o indeferimento do efeito suspensivo à decisão agravada, a União, com fundamento no artigo 4º, *caput* e § 5º, da Lei

n. 8.437/1992[14], § 4º do artigo 5º da Lei n. 4.717/1965 (Lei da Ação Popular)[15] e art. 279 do Regimento Interno do Tribunal Regional Federal da 3ª Região[16], a União ajuizou, em 30 de agosto de 2018, pedido de suspensão de liminar, autuada sob n. 5021251-37.2018.4.03.0000. A suspensão foi deferida pela Presidência do TRF-3 em 3 de setembro de 2018, que entendeu presentes os requisitos de existência de *"ofensa à ordem pública e à ordem econômica"* pela decisão em tutela de urgência, deferida pelo juízo federal de piso e não suspensa pela decisão da relatoria do agravo de instrumento. Constou da decisão de suspensão exarada pela Desembargadora Federal Presidente do TRF-3[17]:

> Na análise do mérito propriamente dito, cumpre verificar se o ato jurisdicional que deferiu a medida liminar incorreu em ofensa à ordem pública e à ordem econômica, conforme alegado pela Advocacia-Geral da União na extensa peça processual que deu origem ao presente feito, acima relatada,

---

[14] Lei n. 8.437/1992, art. 4º Compete ao presidente do tribunal, ao qual couber o conhecimento do respectivo recurso, suspender, em despacho fundamentado, a execução da liminar nas ações movidas contra o Poder Público ou seus agentes, a requerimento do Ministério Público ou da pessoa jurídica de direito público interessada, em caso de manifesto interesse público ou de flagrante ilegitimidade, e para evitar grave lesão à ordem, à saúde, à segurança e à economia públicas.
(...) § 5º É cabível também o pedido de suspensão a que se refere o § 4º, quando negado provimento a agravo de instrumento interposto contra a liminar a que se refere este artigo.

[15] Lei n. 4.717/1965, art. 5º (...) § 4º Na defesa do patrimônio público caberá a suspensão liminar do ato lesivo impugnado.

[16] RI-TRF3, art. 279. O Presidente do Tribunal, a requerimento do Ministério Público Federal ou de pessoa jurídica de direito público interessada, para evitar grave lesão à ordem, à saúde, à segurança e à economia públicas, poderá suspender, em despacho fundamentado, a execução de liminar ou de sentença concessiva de mandado de segurança proferida por Juiz Federal (Lei nº 4.348/64, art. 4º).
§ 1º – O Presidente poderá ouvir o impetrante, em 5 (cinco) dias, e, em igual prazo, o órgão do Ministério Público Federal, na hipótese de não ter sido requerente da medida.
§ 2º – Da decisão a que se refere este artigo, se concessiva da suspensão, no prazo de 10 (dez) dias, caberá agravo que se processará na forma de agravo regimental.

[17] Tanto o agravo de instrumento como o pedido de suspensão de liminar tramitam eletronicamente, e as decisões estão disponíveis para consulta pública pelo Sistema PJ-e 2º Grau do Tribunal Regional Federal da 3ª Região: <https://pje2g.trf3.jus.br/pje/ ConsultaPublica/listView.seam>; acesso em 23 fev. 2020.

respaldada ainda em esclarecimentos fornecidos pelo Ministério da Fazenda a partir de nota técnica preparada pela Gerência de Relacionamento com o Sistema Financeiro Nacional.

(...) É nesse sentido que se vislumbra, no caso concreto, efetivo risco de dano advindo da decisão do juízo a quo, que, nos termos em que posta, determinou que a União apresentasse, na proposta de Lei Orçamentária anual, disposição no sentido de destinar a integralidade dos recursos do Fundo de Defesa de Direitos Difusos (FDD) aos fins a que foram arrecadados; que não promovesse novos contingenciamentos de tais recursos, de modo que todos os valores arrecadados pelo Fundo sejam orçados e disponibilizados para aplicação no exercício subsequente ao que foram arrecadados; e ainda que criasse conta-corrente específica para segregar financeiramente os recursos destinados ao fundo em questão, de modo a impedir que eles continuem compondo reserva financeira própria.

Em face da decisão que concedeu a suspensão de liminar, o MPF interpôs agravo regimental, a fim de que o Órgão Especial do TRF-3, colegiado com competência regimental para processar e julgar o pedido, apreciasse o pedido.

Com a decisão no pedido de suspensão de liminar, na véspera do julgamento do recurso pela 4ª Turma do TRF-3, a União apresentou, em 30 de novembro de 2018, petição de desistência do agravo de instrumento, homologada pela Desembargadora Federal relatora.

O MPF, no pedido de suspensão de liminar, argumentou que a desistência do agravo de instrumento importaria, necessariamente, em perda do objeto da suspensão. Não foi este, entretanto, o entendimento do Órgão Especial do TRF-3, que entendeu serem os distintos institutos processuais, de modo que a União pode requerer a suspensão sem invocar a via recursal adequada (no caso, o agravo de instrumento), não havendo, assim, vinculação entre um e outro. Além disso, em julgamento datado de 27 de março de 2019, o Órgão Especial do TRF-3 manteve a suspensão de liminar:

> O Órgão Especial, por maioria, rejeitou a preliminar apresentada, nos termos do voto da Desembargadora Federal Presidente THEREZINHA CAZERTA (Relatora), com quem votaram os Desembargadores Federais BAPTISTA PEREIRA, MARLI FERREIRA, NEWTON DE LUCCA, FÁBIO PRIETO, MAIRAN MAIA, NERY JÚNOR, TORU YAMAMOTO, ANDRÉ

NEKATSCHALOW, HÉLIO NOGUEIRA, CONSUELO YOSHIDA, LUIZ STEFANINI (convocado para compor quórum) e SOUZA RIBEIRO (convocado para compor quórum).

Vencido o Desembargador Federal ANDRÉ NABARRETE, que acolhia a preliminar.

Quanto ao mérito, após o voto da Desembargadora Federal Presidente THEREZINHA CAZERTA (Relatora) negando provimento ao agravo interno, pediu vista antecipada o Desembargador Federal FÁBIO PRIETO.

O Desembargador Federal ANDRÉ NABARRETE, em antecipação de voto, deu provimento ao agravo.

Ausente, ocasionalmente, a Desembargadora Federal DIVA MALERBI.

Ausentes, justificadamente, os Desembargadores Federais PEIXOTO JÚNIOR, CECÍLIA MARCONDES, PAULO FONTES, CARLOS MUTA e NELTON DOS SANTOS.

Embora não fosse o objeto da suspensão de liminar, e tampouco tal questão tivesse sido objeto de questionamento no juízo federal de piso ou mesmo alegada pela União na contestação e no agravo de instrumento, o Desembargador Federal Fábio Prieto, em voto-vista, sustentou a incompetência territorial absoluta da Justiça Federal em Campinas-SP para processar e julgar a demanda. Em seu voto, sustentou que, nos termos do art. 2º da Lei n. 7.347/1985, conjugado ao art. 93 do Código de Defesa do Consumidor, a ação somente poderia ter sido proposta em qualquer Seção Judiciária – em capital de estado ou no Distrito Federal –, e não em Subseção da Justiça Federal no interior.

O julgamento teve continuidade em 15 de agosto de 2019:

> Prosseguindo no julgamento, após o voto-vista do Desembargador Federal FÁBIO PRIETO dando parcial provimento ao agravo do Ministério Público Federal, para manter a eficácia da suspensão até a prolação de sentença, os votos dos Desembargadores Federais BAPTISTA PEREIRA e MARLI FERREIRA, dando provimento ao agravo, e MAIRAN MAIA e ANDRÉ NEKATSCHALOW (em antecipação de voto), acompanhando a Relatora, pediu vista o Desembargador Federal NERY JÚNIOR. Aguardam para votar os Desembargadores Federais NEWTON DE LUCCA, HÉLIO NOGUEIRA, CONSUELO YOSHIDA, SOUZA RIBEIRO, LUIZ STEFANINI e TORU YAMAMOTO.

Farão declaração de voto os Desembargadores Federais FÁBIO PRIETO e MARLI FERREIRA.

Ausentes, justificadamente, os Desembargadores Federais NEWTON DE LUCCA, PEIXOTO JÚNIOR e CARLOS MUTA.

Em sessão de 9 de outubro de 2019, deu-se continuidade ao julgamento:

Após o voto-vista do Desembargador Federal NERY JÚNIOR negando provimento ao agravo, e os votos dos Desembargadores Federais HÉLIO NOGUEIRA, CONSUELO YOSHIDA, SOUZA RIBEIRO, LUIZ STEFANINI (convocado para compor quórum) e TORU YAMAMOTO (convocado para compor quórum) acompanhando a Desembargadora Federal Relatora, foi suspenso o julgamento para colheita do voto do Desembargador Federal NEWTON DE LUCCA.

Declararão votos os Desembargadores Federais CONSUELO YOSHIDA e TORU YAMAMOTO.

Aditará o voto o Desembargador Federal FÁBIO PRIETO.

Ausentes, justificadamente, os Desembargadores Federais DIVA MALERBI, MARLI FERREIRA, NEWTON DE LUCCA, CECÍLIA MARCONDES, PAULO FONTES e CARLOS MUTA.

Até o momento da finalização deste artigo, não houve proclamação do resultado do julgamento por parte da Desembargadora Federal Presidente do TRF-3. Os autos da ação civil pública estão conclusos para julgamento desde 14 de outubro de 2019.

3. A literatura sobre o tema

A análise da evolução normativa do FDD revela, de modo evidente, que o fundo arrecada verbas para uma destinação específica, prevista em lei. Ele existe para aplicar recursos decorrentes da existência de lesão aos bens jurídicos coletivos. Fora a remota hipótese de que alguém resolva lhe doar valores, todo o seu fluxo de caixa deriva de lesões à sociedade brasileira ou parcela dela. Essas lesões, por não terem sido reparadas *in natura*, geraram condenação pecuniária. Em outras palavras, por não ter ocorrido tutela específica, foi imposta ao causador da lesão tutela pelo equivalente monetário.

É de se dizer que, primordialmente, deve-se buscar, pela via da ação civil pública, a reparação *in natura* do dano, ou seja, a tutela específica da obrigação. Apenas na impossibilidade de reparação específica da lesão e retorno ao *status quo ante* é que o agente causador será condenado ao pagamento de prestação pecuniária, como forma de sanção pelo dano causado à coletividade, a qual será revertida para o FDD e por ele aplicada em uma finalidade análoga ao dano que, por qualquer razão, não se pôde recuperar. Nesse contexto, é translúcido que não há, em qualquer dos diplomas legais ou infralegais atinentes ao fundo, margem de discricionariedade para que o administrador aplique esses valores de modo dissociado dessa premissa.

Em outras palavras, o FDD e os recursos que o compõem só tem uma função: recomposição de bens transindividuais lesados, ante a conversão da reparação da lesão *in natura* por condenação (na esfera administrativa ou judicial) *in pecunia*. Em sua origem conceitual, assim, o FDD assemelha-se ao *fluid recovery* ou *cy pres*, instituto jurídico típico do Direito estadunidense, embora com substanciais distinções entre eles.

O mecanismo que no Brasil ficou conhecido como *fluid recovery* (reparação fluida, em tradução livre) é mais recorrentemente referido nos Estados Unidos como *cy pres*, em referência à expressão de origem francesa, *cy-près*[18]. Não há definição clara a respeito das diferenças conceituais entre *fluid recovery* e *cy pres*. Interessante análise nesse sentido foi empreendida por Fernanda Homma em sua dissertação de mestrado apresentada à Universidade Federal do Paraná[19]:

> Não obstante, há doutrinadores que afirmam que parece haver diferenças, ainda que sutis, entre ambos os conceitos. De acordo com Matin Redish, Peter Julian e Samantha Zyontz, em sua origem, ambos os institutos se referem à busca de solução para os casos em que há sobra nos fundos ou quando a divisão direta entre as vítimas não for possível. Entretanto, parece

---

[18] A este respeito, vide: VITORELLI, Edilson. **O devido processo legal coletivo.** São Paulo: Revista dos Tribunais, 2016, p. 458

[19] HOMMA, Fernanda Lissa Fujiwara. **Execuções judiciais pecuniárias de processos coletivos no Brasil: entre a *fluid recovery*, a *cy pres* e os fundos.** Dissertação (mestrado em direito) – Universidade Federal do Paraná, Curitiba, 2017, p. 55. Disponível em: <http://acervodigital.ufpr.br/handle/1884/46065>; acesso em 23 fev. 2020.

que, recentemente, o termo *"cy pres"* é usado especificamente nos casos em que os fundos são destinados a instituições de caridade, que em alguma medida tenham relação com o objeto da *class action* ou o interesse da classe amplamente definido.

A *fluid recovery*, ao contrário, parece se referir aos esforços de trazer alguma forma de direcionamento aos integrantes que serão afetados pelo réu, no futuro, em esforço de aproximar, ainda que grosseiramente, a categoria daqueles que foram lesados no passado. Assim, acredita-se que a *fluid recovery* representa esforço mais disciplinado para compensar indiretamente as vítimas, ainda que opor meio de aproximações futuras de quais formas e quais seriam as possíveis vítimas, do que a *cy pres* que apenas exige um link genérico entre a instituição de caridade que irá receber os fundos.

A autora ainda destaca que o FDD não é exatamente uma espécie de *fluid recovery*, mas um instrumento para sua implementação[20]. No mesmo sentido, Carlos Alberto de Salles destaca que o *fluid recovery*, na experiência do direito estadunidense, é um instrumento de natureza exclusivamente jurisdicional, e não um fundo orçamentário ou uma conta bancária, sendo o FDD, nesse sentido, um mecanismo administrativo de arrecadação de recursos e centralização das decisões em relação à sua aplicação[21].

O FDD é, portanto, um fundo especial, criado a fim de financiar projetos voltados a *"promover atividades e eventos que contribuam para a difusão da cultura de proteção ao meio ambiente, do consumidor, da livre concorrência do patrimônio histórico, artístico, estético, turístico, cultural, paisagístico e de outros interesses difusos e coletivos"* (inciso VI do art. 1º do Regimento Interno do CFDD). Pelo texto da norma positiva, não seria cabível, no ordenamento jurídico brasileiro, a instalação de um *fluid recovery*, pelo qual cada juiz, no curso de uma demanda coletiva, proceda à gestão e aplicação de recursos auferidos em decorrência de uma lesão a direitos transindividuais.

---

[20] HOMMA, *op. cit.*, p. 93.
[21] SALLES, Carlos Alberto de. **Execução judicial em matéria ambiental**. São Paulo: Revista dos Tribunais, 1998, p. 316.

Sendo o FDD um fundo especial[22], a utilização de seus recursos está subordinada a restrições legais sobre suas receitas[23], justamente porque os fundos especiais têm como característica a vinculação da aplicação de suas receitas aos fins a que foram criados. Não é diferente com o FDD, que foi estabelecido em lei especificamente para o financiamento de ações e projetos voltados à tutela e reparação de interesses transindividuais lesados.

Assim, não pode haver dúvidas de que, como a arrecadação do FDD é vinculada a uma finalidade específica, ele se caracteriza como fundo especial e, nessa condição, está vinculado a despender seus recursos apenas para os fins que motivam a sua arrecadação e, em última instância, a sua própria existência.

Luiz Dellore, em artigo publicado no ano de 2005, ao analisar os dados relativos à aplicação dos recursos do FDD, já identificava as falhas na gestão dos projetos e patrocínio de eventos com verbas do Fundo[24]:

> Em relação à utilização dos valores, vale consignar que até o momento, não obstante a previsão legal, o FDD não patrocinou qualquer evento cultural ou científico, ou tampouco emitiu material informativo.
>
> Assim, a utilização dos recursos do fundo se restringe à apresentação de projetos por parte dos interessados, com a aprovação, ou não, por parte dos membros do CFDD.

E o autor continua a demonstrar que sequer havia, na aplicação dos recursos, observância da origem geográfica ou aplicação em benefício

---

[22] O conceito de "fundos especiais" está estabelecido no âmbito legal, mais especificamente no art. 71 da Lei Geral de Orçamentos (Lei n. 4.320/1964): *"Constitui fundo especial o produto de receitas especificadas que por lei se vinculam à realização de determinados objetivos ou serviços, facultada a adoção de normas peculiares de aplicação"*.

[23] *"Com efeito, caracteriza-se o fundo especial, justamente, pelas restrições determinadas por lei específica sobre receitas especificadas para a constituição de caixas ou fundos especiais. Estas receitas podem ser originadas das atividades próprias do Fundo, como também provenientes de mandamentos constitucionais, de negociações como os convênios ou de transferências voluntárias"*. In RAMOS FILHO, Carlos Alberto de Moraes. **Curso de Direito Financeiro**. São Paulo: Saraiva, 2014, p. 209.

[24] DELLORE, Luiz Guilherme Pennachi. **Fundo Federal de Reparação de Direitos Difusos (FDD): aspectos atuais e análise comparativa com institutos norte-americanos**. Revista de Direito Ambiental, vol. 38/2005, p. 124-139.

do direito transindividual efetivamente lesado, tampouco transparência acerca dos efetivos resultados obtidos no financiamento dos projetos aprovados pelo CFDD[25]:

> A partir da análise desses dados, constata-se claramente que a aplicação dos recursos do FDD é desvinculada de sua origem (espécie de direito difuso que originou o recurso), o que está em desacordo com a recomendação formulada pelo legislador.
>
> Da mesma forma, tampouco há a aplicação dos recursos na mesma localidade geográfica em que houve a infração a direito transindividual que proporcionou a vinda de receita ao FDD.
>
> E, para finalizar esta análise do atual quadro do FDD, breves comentários acerca da prestação de contas. Atualmente, existe tão somente a prestação de contas em relação ao aspecto financeiro. Portanto, não há, por parte da entidade que recebeu os valores, qualquer informação acerca do êxito do projeto realizado com os recursos obtidos junto ao FDD.
>
> Assim, torna-se impossível para o CFDD – e, portanto, para a própria sociedade – saber quais foram os efetivos resultados da aplicação dos recursos em determinado projeto, e se projetos que adotam determinada linha de atuação de fato merecem receber valores do FDD.

Na linha da crítica de Dellore, é importante ressaltar que o art. 7º do Decreto n. 1.306/1994 estabelece que a aplicação dos recursos do FDD deve priorizar o respeito à origem geográfica dos recursos e à natureza do bem ou direito difuso violado[26].

Do ponto de vista do direito material, portanto, resta evidente que há efetiva violação dos propósitos na não aplicação das verbas arrecadadas pelo FDD ao fim a que se destinam. Em última análise – sem adentrar em pormenores orçamentários, por fugir em demasia ao escopo do presente trabalho –, o dinheiro entra na Conta Única do Tesouro Nacional e, ainda que contabilmente o recurso fique vinculado ao seu propósito de arrecadação, ele não é efetivamente dispendido, mas utilizado como

---

[25] *Ibid.*
[26] O dispositivo legal referenciado é o seguinte: *"Art. 7º Os recursos arrecadados serão distribuídos para a efetivação das medidas dispostas no artigo anterior e suas aplicações deverão estar relacionadas com a natureza da infração ou de dano causado".*

reserva de contingência do orçamento. Em outras palavras, a União faz caixa com as verbas do FDD, com vistas a cobrir metas do orçamento (seja para artificiar superávit, seja para minorar déficit), a partir do que se pode chamar de verdadeira "contabilidade criativa", à revelia dos direitos transindividuais lesados que deveriam ser prestigiados com os recursos do fundo.

4. A teoria na prática: aplicação da literatura ao caso

No tópico anterior foram feitas considerações a respeito do direito material objeto do litígio coletivo ora estudado. Como é possível observar, o litígio coletivo sob exame possui uma série de complexidades quanto a questões procedimentais. Quanto ao mérito, a discussão, basicamente, se resume à discricionariedade, ou não, da aplicação, pelo Poder Executivo, dos recursos do FDD aos fins a que foram arrecadados. O contexto fático é incontroverso: a União não nega a realização de contingenciamentos das verbas que compõem o fundo, tampouco contesta a existência de um saldo contábil bilionário decorrente desses contingenciamentos. A questão controvertida é, portanto, de direito: pode ou não o Poder Judiciário determinar a aplicação dos recursos do FDD na forma como determina a lei, sem que haja violação à separação de poderes? De parte deste autor, entende-se que, no mérito, o pedido formulado na ação civil pública sob exame é procedente. Ao determinar a aplicação dos recursos do FDD para o financiamento de projetos voltados à tutela de interesses transindividuais, o Poder Judiciário não. Negar a possibilidade de exercício da tutela jurisdicional ante um comportamento absolutamente ilegal, perpetrado ao longo de anos pelo Poder Executivo, nada mais é que a consagração da autonomia e independência entre os poderes da República. O inciso XXXV do art. 5º da Constituição Federal, inclusive, consagra a inafastabilidade da jurisdição frente a lesão ou ameaça a direito.

Para os fins a que se propõe este estudo, entretanto, pretende-se, neste capítulo, discorrer a respeito das questões processuais que exsurgem do caso analisado. Para tanto, propõe-se à análise de duas questões a partir do processo: a classificação do caso estudado, a partir da tipologia dos litígios coletivos, e a questão relacionada à competência para as ações coletivas. Não se pretende, por óbvio, exaurir o debate em relação a cada uma destas questões identificadas; cada qual, aliás, seria tema para um estudo em apartado. Entretanto, propõe-se trazer à baila a discussão sobre esses aspectos observados no litígio em análise, à luz da doutrina e da jurisprudência sobre a matéria.

4.1. A tipologia do litígio

O Código de Defesa do Consumidor estabeleceu, no parágrafo único de seu art. 81, os conceitos de direitos difusos, coletivos (*stricto sensu*) e individuais homogêneos, sendo que:

a) difusos são os direitos transindividuais indivisíveis de que sejam titulares pessoas indeterminadas e ligadas por circunstâncias de fato;
b) coletivos (*stricto sensu*) são os direitos transindividuais indivisíveis de que sejam titulares pessoas determináveis (ainda que no primeiro momento indeterminadas), integrantes de um mesmo grupo, categoria ou classe, ligadas entre si ou com a parte contrária por uma relação jurídica base; e
c) individuais homogêneos são os direitos decorrentes de "origem comum".

A relevância histórica do CDC e de sua conceituação dos direitos transindividuais é incontestável. Ela se deu a partir de prévia e vasta discussão doutrinária, e buscou, de forma pragmática, estabelecer linhas gerais daqueles que seriam os direitos coletivamente tuteláveis, independentemente de sua natureza.

Entretanto, passado o primeiro momento em que a classificação legal frutificou de forma positiva, os problemas começaram a surgir, e a tipificação do parágrafo único do art. 81 do CDC, em vez de ampliar a tutela de direitos transindividuais, passou a se mostrar, por vezes, óbice à própria tutela coletiva.

O primeiro problema identificado parte justamente da questão conceitual. É de se observar que, segundo pretendeu o legislador, a diferença entre direitos difusos e coletivos *stricto sensu* repousa em dois fatores, substancialmente: a possibilidade de determinação dos seus titulares (existente nos coletivos, inexistente nos difusos) e o grau de coesão entre eles (presumida nos coletivos e dispensada nos difusos).

É certo que a divisão conceitual pretendeu deixar claro que não seria necessário determinar os titulares do direito para a sua tutela, mas gerou um ônus de demonstração de qual espécie de direito violado se busca tutelar. Ocorre que, em muitas situações, não é possível encontrar com exatidão o limite entre o direito de natureza difusa e o direito coletivo *stricto sensu*. E, em outras situações, um mesmo fato lesivo viola múltiplas espécies de direitos transindividuais, o que passa a gerar dúvidas de natureza processual a respeito da titularidade do direito tutelado, e até da legitimidade ativa do autor da ação coletiva.

Essa dúvida conceitual já havia sido identificada por Nelson Nery, logo depois da entrada em vigor do CDC. O exemplo trazido pelo autor para demonstrar esse problema diz respeito a um famoso naufrágio havido no Rio de Janeiro, na virada do ano de 1988 para 1989[27]:

> O acidente com o Bateau Mouche IV, que teve lugar no Rio de Janeiro no final de 1988, poderia abrir oportunidade para propositura de ação individual por uma das vítimas do evento pelos prejuízos que sofreu (direito individual), ação de indenização em favor de todas as vítimas ajuizada por entidade associativa (direito individual homogêneo), ação de obrigação de fazer movida por associação das empresas de turismo que têm interesse na manutenção da boa imagem desse setor da economia (direito coletivo), bem como ação ajuizada pelo Ministério Público, em favor da vida de segurança das pessoas, para que seja interditada a embarcação a fim de se evitarem novos acidentes (direito difuso).

Essa confusão, decorrente não da análise do litígio coletivo, mas da classificação do direito material, dá azo – e isso a partir da análise empírica da aplicação da norma – a uma série de debates acerca de questões relativas à legitimidade, representação adequada e eficácia *ultra partes* da decisão prolatada na ação coletiva – entre outros problemas. Tome-se o exemplo do naufrágio do Bateau Mouche IV, conforme destacado por Nelson Nery Jr. na citação supra. Na mesma ação coletiva ajuizada pela associação que representa os interesses das empresas de turismo, na tutela dos interesses coletivos stricto sensu, para resguardo da imagem daquele setor da economia, poderia haver o pedido para interdição de embarcações inaptas ao transporte de passageiros em alto mar. Um pedido dessa

---

[27] NERY JÚNIOR, Nelson. **Princípios do processo civil na Constituição Federal**. 2. Ed. São Paulo: Revista dos Tribunais, 1995, p. 112.

natureza, indubitavelmente, reforçaria a segurança aos turistas, e seria algo a garantir o interesse da classe, que é o resguardo da imagem do setor econômico. Do mesmo evento danoso, então, a tutela de múltiplos direitos transindividuais, de variadas naturezas, pode interessar em maior ou menor grau determinados grupos sociais. Entretanto, poder-se-ia suscitar a legitimidade ativa da associação das empresas de turismo para, no caso, promover a tutela do interesse de natureza difusa.

Como dito, não se trata de uma discussão meramente abstrata. Como exemplo, destaca-se um caso. Em 2013, o Ministério Público Federal em Campinas ajuizou ação civil pública, na tutela de interesses individuais homogêneos, pretendendo a declaração incidental de não recepção de dispositivos da Lei n. 3.857/1960 que exigiam do artista prévia inscrição na Ordem dos Músicos do Brasil para a apresentação de espetáculos musicais. O fundamento do pedido repousou no expresso dispositivo do inciso IX do art. 5º da Constituição Federal, que estabelece, como direito fundamental, a *"livre a expressão da atividade intelectual, artística, científica e de comunicação, independentemente de censura ou licença"*. É cediço que o Ministério Público é o titular por excelência das ações coletivas, além de que tem por função institucional a tutela de interesses sociais e individuais indisponíveis (*caput* do art. 127 da Constituição). Ora, se é possível a tutela de interesses individuais pelo órgão ministerial, obviamente é viável, possível e até recomendável que tais interesses individuais sejam tutelados pelo Ministério Público de forma coletiva, sobretudo quando tem por objeto resguardo de uma garantia fundamental constitucionalmente assegurada. Não foi, entretanto, o que entendeu o juízo federal, que indeferiu a petição inicial, sob o argumento de que *Parquet* seria parte ilegítima para a tutela de direitos individuais homogêneos, em qualquer circunstância. A apelação foi julgada, tendo o Tribunal Regional Federal da 3ª Região reconhecido o equívoco do juízo de origem. Entretanto e a ação somente teve seu curso iniciado de fato em primeiro grau de jurisdição em 2018[28]. Ou seja: por um equívoco conceitual, decorrente de inadequada interpretação do CDC, a classificação do direito material implicou em consequências negativas ao processo coletivo.

---

[28] Esta ação tramita junto à 4ª Vara Federal da Subseção Judiciária de Campinas, e está autuada sob n. 0011565-03.2013.4.03.6105.

E tais equívocos não se restringem apenas ao primeiro grau de jurisdição. As cortes superiores, de tempos em tempos, promovem verdadeiras confusões a respeito da classificação dos direitos transindividuais, inclusive contra a expressa dicção do parágrafo primeiro do art. 81 do CDC. Veja-se, por exemplo, o seguinte julgado da 4ª Turma do Superior Tribunal de Justiça[29]:

> (...) 5. A presente ação civil pública foi proposta com base nos "interesses individuais homogêneos" do consumidores/usuários do serviço bancário, tutelados pela Lei nº 8.078, em seu art. 81, parágrafo único, inciso III, ou seja, aqueles entendidos como decorrentes de origem comum, consoante demonstrado pelo Tribunal de origem, motivo pelo qual não há falar em falta de legitimação do Ministério Público para propor a ação.
> 6. A relação jurídica existente entre o contratante/usuário de serviços bancários e a instituição financeira é disciplinada pelo Código de Defesa do Consumidor, conforme decidiu a Suprema Corte na ADI 2591. Precedentes.
> 7. Sendo os serviços prestados pelo Banco remunerados pela tarifa interbancária, conforme referido pelo Tribunal de origem, a cobrança de tarifa dos consumidores pelo pagamento mediante boleto/ficha de compensação constitui enriquecimento sem causa por parte das instituições financeira, pois há "dupla remuneração" pelo mesmo serviço, importando em vantagem exagerada dos Bancos em detrimento dos consumidores, razão pela qual abusiva a cobrança da tarifa, nos termos do art. 39, V, do CDC c/c art. 51, § 1º, I e III, do CDC.
> 8. O pedido de indenização pelos valores pagos em razão da cobrança de emissão de boleto bancário, seja de forma simples, seja em dobro, não é cabível, tendo em vista que a presente ação civil pública busca a proteção dos interesses individuais homogêneos de caráter indivisível. (...)

Como se sabe, por conceito, os direitos individuais homogêneos têm, em seu prisma objetivo, a característica da divisibilidade, sendo a tutela individual do direito possível, embora viável sua coletivização. No caso julgado pelo STJ, é possível, sim, que um consumidor seja indenizado pelo valor referente à tarifa que indevidamente lhe foi cobrada pela instituição

---

[29] STJ. 4ª Turma. Recurso Especial n. 794.752/MA. Relator Ministro Luís Felipe Salomão. Julgado em 13 mar. 2010; publicado em 12 abr. 2010. Decisão unânime.

financeira, sem que isso, necessariamente, resolva o problema dos demais consumidores – a demonstrar a perfeita divisibilidade do direito.

Destaca-se, ainda, outra confusão conceitual promovida pelo próprio STJ, desta vez em decisão da Terceira Turma, a partir de uma inovadora – e inexistente na dicção legal – distinção entre "direitos" e "interesses" individuais homogêneos, sendo, segundo a decisão, os primeiros divisíveis e os últimos não[30]:

> (...) 1. Sendo os serviços prestados pela instituição financeira remunerados pela tarifa interbancária, a cobrança de taxa dos consumidores pelo pagamento mediante boleto constitui enriquecimento sem causa, pois caracteriza dupla remuneração pelo mesmo serviço, importando em vantagem exagerada e abusiva em detrimento dos consumidores.
>
> 2. Em sentido lato, os interesses individuais homogêneos não deixam de ser também interesses coletivos. Porém, em se tratando de direitos coletivos em sentido estrito, de natureza indivisível, estabelece-se uma diferença essencial frente aos direitos individuais homogêneos, que se caracterizam pela sua divisibilidade. Isso porque, embora os direitos individuais homogêneos se originem de uma mesma circunstância de fato, esta compõe somente a causa de pedir da ação, já que o pedido em si consiste na reparação do dano (divisível) individualmente sofrido por cada prejudicado.
>
> 3. O mero reconhecimento da ilegalidade na cobrança da taxa de emissão de boleto caracteriza um interesse coletivo em sentido estrito, mas a pretensão de restituição dos valores indevidamente cobrados a esse título evidencia um interesse individual homogêneo, perfeitamente tutelável pela via da ação civil pública. (...)

E há mais problemas. O processo coletivo brasileiro, mesmo assentado sobre uma classificação do direito material, não está estabelecido sobre a complexidade do caso. Um processo que tutela direito difuso, independentemente do tamanho da lesão, seguirá um mesmo procedimento. É o que destacam Didier e Zaneti[31]:

---

[30] STJ. Terceira Turma. Recurso Especial n. 1.304.953/RS. Relatora Ministra Nancy Andrighi. Julgado em 26 ago. 2014; publicado em 8 set. 2014. Decisão unânime.

[31] DIDIER Jr., Fredie; ZANETI Jr., Hermes. **Curso de Direito Processual Civil, v. 4: Processo Coletivo**. 10. Ed. Salvador: JusPodivm, 2016, p. 83.

15. ASPECTOS PROCESSUAIS SOBRE A *FLUID RECOVERY* NO BRASIL

Um acidente ambiental no meio do Oceano Atlântico e o rompimento da barragem da Samarco (Minas Gerais, Mariana, 2016) geram, ambos, ações coletivas que versam sobre direitos difusos; ambas as ações seguirão o mesmo procedimento, independentemente das profundas diferenças que existem entre ambos os casos.

Ou seja: o Direito processual coletivo brasileiro – ao menos aquele que decorre das leis que compõem o respectivo microssistema – não se preocupou em construir modelos procedimentos adaptáveis às peculiaridades dos conflitos coletivos. É como se qualquer tipo de conflito pudesse tramitar, adequadamente, pelo mesmo e único modelo de procedimento comum, regulado pela Lei n. 7.347/1985.

Aliás, não somente o procedimento para a tutela de direitos difusos de variados graus de complexidade é o mesmo, como também para tutela de direitos coletivos stricto sensu, de modo que, sob a perspectiva processual, não deveria – em tese – haver qualquer óbice ou distinção na tutela desses direitos. Isso porque, tanto nos difusos quanto nos coletivos, há a característica da indivisibilidade do objeto, além da titularidade por um grupo, sendo que a diferença repousa apenas da determinabilidade, ou não, de seus componentes. O procedimento difere brevemente quando se trata da tutela de interesses individuais homogêneos, sobretudo no que diz respeito à intervenção de terceiros, participação da vítima e posterior habilitação na fase de execução (matérias que serão tratadas oportunamente).

Também há polêmica em relação aos direitos individuais homogêneos. A maioria entende que são direitos individuais, plenamente divisíveis, mas demandados coletivamente, apenas para facilitar o acesso à justiça. Por outro lado, parcela da doutrina entende que esses direitos têm uma base de elementos e características comuns, tanto de fato quanto de direito, mas com margem residual de peculiaridades individuais. Assim, a ação coletiva enfocaria o núcleo comum desses direitos, não os seus aspectos particulares, como destaca Aluísio Gonçalves de Castro Mendes[32]:

---

[32] CASTRO MENDES, Aluísio Gonçalves de. **Ações coletivas e meios de resolução coletiva de conflitos no direito comparado e nacional**. 4. Ed. São Paulo: Revista dos Tribunais, 2014, p. 231.

A proteção coletiva de direitos individuais deve obedecer, no entanto, aos requisitos da prevalência das questões de direito e de fato comuns sobre as questões de direito ou de fato individuais e da superioridade da tutela coletiva sobre a individual, em termos de justiça e eficácia da sentença. Assemelha-se, assim, ao previsto na legislação norte-americana para as *class actions*.

Por fim, há ainda a divergência a respeito da titularidade dos direitos transindividuais. Afinal, a quem eles pertencem? Em relação aos individuais homogêneos, embora haja dissídio jurisprudencial, prevalece o entendimento de que são individuais, pertencentes a cada um dos lesados, e apenas tratado coletivamente pela viabilidade de tal intento. Em relação aos difusos e coletivos stricto sensu, por sua vez, há posições individualistas, que dizem que pertencem aos indivíduos que compõem o grupo, ou coletivistas, que dizem que pertencem ao grupo, enquanto coletividade.

Tudo isso fez com que a doutrina compreendesse pela necessidade de adequar os procedimentos para a resolução de litígios coletivos às peculiaridades do caso concreto. Nesse sentido, e a respeito do risco de homogeneizar o processo coletivo, escreveu Sérgio Arenhart[33]:

> Embora seja sempre mais fácil tentar unificar os procedimentos para simplificar a aplicação prática de um instituto processual, no caso da coletivização essa recomendação não pode ser buscada. A diversidade das situações de coletivização, como acima mencionado, e a variedade de circunstâncias potencialmente existentes dentro de uma mesma categoria, recomendam cautela na tentativa de uniformizar procedimentos para a aplicação dessa medida.

Em razão dessas objeções e dúvidas doutrinárias, o Prof. Edilson Vitorelli estabeleceu algumas questões fundamentais, que posteriormente pretende solucionar em sua teoria dos litígios coletivos e o devido processo legal coletivo, sumariadas em seis tópicos[34]:

---

[33] ARENHART, Sérgio Cruz. **A tutela coletiva de interesses individuais: para além da proteção dos direitos individuais homogêneos**. 2. Ed. São Paulo: Revista dos Tribunais, 2014, p. 248.

[34] VITORELLI, Edilson. **O devido processo legal coletivo**. São Paulo: Revista dos Tribunais, 2016, p. 31-32.

1 – De quem são os direitos transindividuais? Eles podem ser atribuídos, em alguma medida, aos indivíduos?

2 – Como devem ser entendidos os "grupos" ou "coletividades" reputadas como titulares dos direitos transindividuais? Que referências sociológicas podem auxiliar em uma conceituação que melhor apreenda as nuances da formação desses grupos, permitindo que se evite a supressão dos subgrupos e das minorias neles existentes?

3 – Os indivíduos podem, de algum modo, participar na formação da pretensão coletiva e da tutela que será prestada ao direito transindividual ou individual tutelado coletivamente?

4 – Como devem ser resolvidas eventuais divergências entre os legitimados coletivos e entre os membros da coletividade, acerca dos limites da pretensão e dos contornos da tutela coletiva? Qual o limite de liberdade do legitimado coletivo e como a coletividade pode exercer o controle sobre a sua atuação?

5 – A coisa julgada, mesmo em situação de procedência do pedido, pode causar lesão aos interesses da coletividade? Como esse problema pode ser abordado?

6 – Há necessidade de algo mais que adaptação dos esquemas de processo civil para permitir a adequada tutela dos direitos subjacentes aos litígios coletivos complexos? Como se delinearia esse novo sistema?

E a tipologia dos litígios coletivos proposta por Vitorelli obedece a duas variáveis, a serem observadas no caso concreto. A premissa adotada é a seguinte[35]:

> (...) Cada violação interage com o direito transindividual para fixar-lhe um conteúdo único e irrepetível, que constituirá o ponto de partida para sua análise. Por exemplo, cada vez que o meio ambiente é violado, produz-se um novo conceito de meio ambiente, cujos titulares serão definidos a partir das características da violação e com o objetivo de se tratar o litígio dela decorrente, oferecendo-lhe, se for o caso, tutela jurisdicional. Assim, cada litígio coletivo apresenta um direito transindividual único e específico, decorrente da interação entre o direito íntegro e a violação, que pode ser enquadrado em categorias, de acordo com as diferentes situações de violação. (...)

---

[35] VITORELLI, Edilson. **Tipologia dos litígios transindividuais II: litígios globais, locais e irradiados**. Revista de Processo, n. 248, p. 209-250, 2015.

Assim, as duas variáveis a serem observadas são:

a) o grau de conflituosidade existente no litígio; e
b) o grau de complexidade para sua resolução.

A conflituosidade diz respeito ao grau de coesão entre os titulares do direito, entre si, e em relação ao agente causador do dano. É perfeitamente possível e corriqueiramente observável que, entre o grupo titular do direito haja interesses conflitantes, ou ainda que múltiplos interesses sejam contrapostos a partir do mesmo evento danoso.

A complexidade, por sua vez, diz respeito ao grau de dificuldade na compreensão do problema como um todo, bem como na quantidade de soluções jurídicas possíveis para o litígio. Assim, tão mais complexo é o litígio quantas as possibilidades de sua resolução, sob a perspectiva do direito. Vitorelli explica[36]:

> Complexidade é um elemento que deriva das múltiplas possibilidades de tutela de um direito. Um litígio coletivo será complexo quando se puder conceber variadas formas de tutela jurídica da violação, as quais não são necessariamente equivalentes em termos fáticos, mas são igualmente possíveis juridicamente. Assim, por exemplo, um litígio coletivo sobre a despoluição de um rio é complexo, porque há inúmeras formas pelas quais o resultado prático desejado pode ser obtido, sem que se possa dizer, a priori, que uma delas seja a correta. Quanto mais variados forem os aspectos da lesão e as possibilidades de tutela, maior será o grau de complexidade do litígio.

A partir dessas premissas, foram concebidas três espécies de litígios coletivos: os litígios coletivos de difusão global, de difusão local e de difusão irradiada. Sem adentrar em pormenores a respeito das conclusões a que chegou o autor, é possível sistematizar os litígios da seguinte forma:

Espécie de litígio	Grau de conflituosidade	Grau de complexidade
Global	Baixo	Variável; tende para baixo
Local	Médio	Variável; tende para cima
Irradiado	Alto	Alto

[36] VITORELLI, Edilson. **O devido processo legal coletivo**. São Paulo: Revista dos Tribunais, 2016, p. 76.

O caso objeto deste estudo, relacionado ao contingenciamento das verbas do FDD, pode ser classificado como um conflito global. Os titulares do direito reclamado pelo MPF compõem a sociedade difusamente compreendida; todos os sujeitos – indetermináveis individualmente – são os titulares do direito, substituídos pelo MPF no polo ativo da ação civil pública por força de sua legitimidade *ex lege*. Não é possível observar a existência de qualquer grau de conflituosidade entre cada indivíduo que compõe o grupo substituído.

Igualmente, o grau de complexidade é baixo. Observe-se que a complexidade não diz respeito à dificuldade e especificidade de um tema, mas sim a existência de múltiplas soluções jurídicas possíveis, todas albergadas pelo ordenamento jurídico, porém contrapostas. No caso em exame, há duas soluções jurídicas possíveis, como já sustentado acima: ou é possível à União contingenciar os recursos de fundos especiais, tais como o FDD, ou não. Ou seus recursos são compreendidos como verbas discricionárias ou de empenho obrigatório. Uma conclusão leva necessariamente à outra. Não há, portanto, uma multiplicidade de soluções jurídicas possíveis e legítimas: a pretensão é procedente ou improcedente, nada mais.

Por esta razão, compreende-se que o litígio em exame se reveste, na classificação de Vitorelli, das características de um conflito de natureza global.

4.2. Competência nas ações coletivas

A análise das questões relacionadas à competência no processo coletivo deve ser precedida de uma ressalva, bem pontuada por Didier e Zaneti[37]:

> A competência para a ação coletiva é um dos seus aspectos mais sensíveis, e quanto a isso não parece haver objeção doutrinária. Exatamente em razão da natureza do direito tutelado (cujo titular é um agrupamento humano composto por pessoas que podem estar em diversos lugares), é muito difícil identificar qual deve ser o juízo competente para julgar a causa.

Por essa razão, embora haja regras no microssistema processual coletivo para determinar, ou ao menos limitar, a liberdade para o ajuizamento de

---

[37] DIDIER Jr., Fredie; ZANETI Jr., Hermes. **Curso de Direito Processual Civil, v. 4: Processo Coletivo**. 10. Ed. Salvador: JusPodivm, 2016, p. 101.

ações coletivas em múltiplos foros formalmente competentes, é certo que, em determinados casos – sobretudo quando o dano ao direito transindividual tutelado não é local, mas regional ou até nacional –, um deles terá condições de, materialmente, melhor processar e julgar a causa, seja em prestígio ao contraditório, seja por maior facilidade de produção probatória ou, ainda, por uma maior proximidade com o evento danoso em si. Essa proposta objetiva a busca pela competência adequada, de modo que se admita, na existência de mais de um juízo concorrentemente competente, que a jurisdição seja exercida por aquele que, concretamente, se mostre mais apto a apreciar a causa, a partir das características fáticas do litígio (maior proximidade em relação ao local do dano, maior garantia do exercício da defesa pelo réu, entre outros exemplos possíveis[38].

É cediço que a competência territorial é de natureza relativa. As hipóteses em que a parte tem a opção de escolher entre um foro e outro, no plano formal ambos igualmente competentes, em que a parte tem a prerrogativa, a priori, de escolher livremente o foro do ajuizamento, dá-se o nome de *forum shopping*. Ocorre que, não raro, a plena liberdade conferida à parte para escolha do foro, entre múltiplos competentes, deixa de observar a lealdade e a boa-fé processual, como explica Luiz Cláudio Moura de Almeida[39]:

> Ou seja, ao se adotar o entendimento pela ampla liberdade do autor da ação para escolha do foro competente para sua demanda, este acabará por consultar seus interesses, analisando a proximidade do escritório de advocacia que constituiu para atuar na demanda ou o foro que possua histórico de decisões favoráveis em causas semelhantes à sua, antes de escolher onde quer litigar. A essa análise de interesses antes da escolha do foro dá-se o nome de *forum shopping*.

A situação pode se tornar ainda mais dramática se o autor da ação optar pelo foro com o objetivo de dificultar a defesa do réu como, por exemplo, um foro distante de sua sede, em absoluto distanciamento do

---

[38] BRAGA, Paula Sarno. **Competência adequada**. Revista de Processo, São Paulo, n. 219, p. 13-41, maio 2013.
[39] ALMEIDA, Luiz Cláudio Moura de. **Apontamentos sobre a competência concorrente nas ações coletivas**. Revista de Processo, São Paulo, n. 240, p. 243-263, fev. 2015.

princípio da boa-fé e lealdade processual. Nesse contexto surge o princípio da competência adequada, segundo o qual deve ser identificado, dentre os foros concorrentes, aquele mais adequado, tanto pelos fatos narrados, pelo direito material envolvido como pela dificuldade de defesa do réu.

Por essa razão, embora haja regras no microssistema para determinar, ou ao menos limitar, a liberdade para o ajuizamento de ações coletivas em múltiplos foros formalmente competentes, é certo que, em determinados casos – sobretudo quando o dano ao direito transindividual tutelado não é local, mas regional ou até nacional –, um deles terá condições de prolatar o provimento jurisdicional mais adequado ao caso concreto. Isso decorre do poder do juiz de controlar sua própria competência (princípio da *kompetenz-kompetenz*), bem como do próprio princípio do juiz natural, como explica Paula Braga[40]:

> O que ora se propõe não é violação, mas, sim, uma mais profunda concretização do juiz natural. Advoga-se a tese de que é necessário compreender-se que não basta que o órgão (ou Estado) seja previamente constituído e individualizado como aquele objetiva e abstratamente competente para a causa. Deve ser, também, concretamente competente, *i.e.*, o mais conveniente e apropriado para assegurar a boa realização e administração da justiça.
>
> A proposta é partir-se de Estados ou juízos abstrata e concorrentemente competentes (em conjunto e simultaneidade), a única exigência que se acresce é que, na eleição daquele que atuará em concreto, atente-se para o que seja mais propício e que esteja em melhores condições de dar adequado prosseguimento ao processo. Daí falar-se na busca de algo que corresponderia a um *appropriate or natural forum* (foro natural ou adequado).

Assim, na definição do juízo competente em ações coletivas, é necessário ter em vista a busca pela competência adequada.

A regra geral de competência para as ações coletivas está estabelecida no art. 2º da Lei da Ação Civil Pública (Lei n. 7.347/1985), ao dispor que *"[a]s ações previstas nesta Lei serão propostas no foro do local onde ocorrer o dano, cujo juízo terá competência funcional para processar e julgar a causa"*.

---

[40] BRAGA, Paula Sarno. **Competência adequada**. Revista de Processo, São Paulo, n. 219, p. 13-41, maio 2013.

É primeiro necessário compreender o que pretendeu o legislador ao dispor que a competência do juízo do local do dano é "funcional". A competência funcional é contemplada na concepção de Chiovenda, e se refere – como sugere o próprio nome – ao exercício da função jurisdicional. *"Assim, na competência funcional, o que se faz é discriminar os atos ou conjuntos de atos que, numa determinada causa, ou em mais de uma causa, diversos órgãos judiciários podem praticar"*[41]. O critério funcional, assim, se opera quando mais de um juízo é competente para processar e julgar uma demanda ou parte dela. Por exemplo: quando um processo tramita no juízo "A" e o juízo "B" é competente para produzir uma determinada prova (testemunhal, *v.g.*), diz-se que esta competência é funcional. Há ainda competência funcional em razão da hierarquia judiciária, quando um Tribunal é competente para apreciar e julgar um recurso.

Diz-se ainda da competência funcional quando, entre diversos juízos igualmente competentes, um ou mais deles é especializado em determinada matéria. Nos dizeres de Monnerat[42]:

> Nesse contexto, por exemplo, é muito comum que o Judiciário crie varas especializadas em execuções fiscais, onde o critério é exatamente o funcional, assim como é do presidente do respectivo tribunal a competência para apreciar e julgar o pedido de suspensão da segurança, sendo este outro exemplo em que a função exercida pelo órgão jurisdicional no processo é o fator determinante para o estabelecimento da competência.

Ocorre que a disposição do art. 2º da LACP, que classifica a natureza jurídica da competência nas ações coletivas como de natureza funcional, é objeto de diversas críticas pela doutrina especializada. Isso porque, em verdade, o que todos os dispositivos do microssistema estabelecem é um critério absoluto para a competência territorial (que nas ações individuais, em regra, é relativa, o que justifica a confusão). Se o dispositivo fala que o foro competente é o do local do dano, estabelece-se o critério territorial, e não funcional propriamente.

---

[41] ABELHA, Marcelo. **Manual de Direito Processual Civil**. 6. Ed. Rio de Janeiro: Forense, 2016, p. 177.

[42] MONNERAT, Fábio Victor da Fonte. **Introdução ao estudo do Direito Processual Civil**. 3. Ed. São Paulo: Saraiva, 2018, p. 501.

Ocorre que, nitidamente, o legislador pretendeu estabelecer uma hipótese de competência territorial absoluta, o que seria um *tertium genus* no ordenamento, vez que a competência territorial é, por sua natureza, relativa. Mazzilli, embora sustente a terminologia da LACP (competência funcional), esclarece que, *"[c]omo não foram sequer instituídos juízos com competência funcional para a defesa de interesses difusos ou coletivos, a nosso ver, quis a lei desde já assegurar que a competência nessas ações, embora fixada em razão do local do dano, é absoluta, e, portanto, inderrogável e improrrogável por vontade das partes"*[43].

Além disso, é da própria essência do processo coletivo que haja situações em que o dano não ocorre em mais de uma localidade, o que daria ensejo, pelo exclusivo critério do art. 2º da LACP, a uma multiplicidade de juízos igualmente competentes para apreciar e julgar uma mesma demanda. Imagine-se um dano de impacto nacional: qualquer juízo, estadual ou federal a depender da matéria, estaria apto a apreciar o processo coletivo dele advindo, permitindo ao legitimado-autor a livre escolha do foro de distribuição, que ficaria prevento. O Código de Defesa do Consumidor, em 1990, buscou mitigar o problema, ao dispor da seguinte maneira em seu art. 93:

> Art. 93. Ressalvada a competência da Justiça Federal, é competente para a causa a justiça local:
> I – no foro do lugar onde ocorreu ou deva ocorrer o dano, quando de âmbito local;
> II – no foro da Capital do Estado ou no do Distrito Federal, para os danos de âmbito nacional ou regional, aplicando-se as regras do Código de Processo Civil aos casos de competência concorrente.

Recorde-se que a LACP e o CDC são dois dos principais diplomas integrantes do "microssistema", motivo pelo qual há de ser feita leitura sistêmica para a adequada compreensão das regras de competência. A propósito, é assente a jurisprudência a respeito da aplicação conjunta das normas do microssistema para definição de competência em ações coletivas[44].

---

[43] MAZZILLI, Hugo Nigro. **A defesa dos interesses difusos em juízo**. 28. Ed. São Paulo: Saraiva, 2015, p. 319.

[44] Nesse sentido, por todos, referencia-se o seguinte julgado: STJ. Terceira Turma. Recurso Especial n. 1.101.057/MT. Relatora Ministra Nancy Andrighi. Julgado em 7 abr. 2011; publicado em 15 abr. 2011. Decisão unânime.

Observe-se que são dois os critérios estabelecidos pelo CDC para a definição da competência no processo coletivo. O primeiro é do local do dano – repetição do art. 2º da LACP –, apenas quando de natureza local. Já o segundo refere-se aos danos regionais ou nacionais, estabelecendo-se o foro da capital da unidade federativa respectiva (em caso de dano regional), ou o juízo de qualquer capital ou do Distrito Federal para os danos de âmbito nacional.

Há aqui, entretanto, conceitos jurídicos indeterminados. Não estabeleceu o legislador critérios para delimitar o momento onde o dano deixa de ser local e passa a ser regional, ou quando um dano havido em múltiplas unidades federativas passa a ter âmbito nacional. Essas questões são objeto de grave controvérsia doutrinária[45]:

> Figura indisputavelmente entre as mais tormentosas questões emergentes da disciplina do processo coletivo a definição dos conceitos de danos local, regional e nacional, insertos no art. 93 da Lei 8.078/1990. Mais do que de puro interesse acadêmico, a palpitante discussão é de enorme alcance prático, uma vez que das respostas dela surgidas dependerá a fixação da competência para o julgamento das ações civis públicas e coletivas, e, por conseguinte, também a divisão das atribuições para a condução dos inquéritos civis de que possa resultar a propositura dessas ações pelo Ministério Público, que desponta como o mais atuante entre os legitimados dos artigos 5º da Lei 7.347/1985 e 82 do CDC. O apropriado manejo desses conceitos é, assim, de curial importância para conferir, a um só tempo, rapidez, segurança e efetividade às ações de tutela de direitos transindividuais.

A redação equívoca da disposição do art. 93 do CDC mantém acesa a polêmica, em que chama a atenção o tratamento casuístico, receoso na enunciação de critérios objetivos gerais para qualificação das lesões, e, por decorrência, a determinação da competência.

O dano local é o de mais fácil conceituação, embora não esteja isento de divergências. Se o fato que causa lesão a direitos transindividuais tiver ocorrido em apenas uma ou poucas cidades, por exemplo, entende-se que se trata de dano local. O limite máximo para considerar um dano local,

---

[45] PEREIRA, Juliana Hörlle; STÜRMER, Gilberto. **Apontamentos sobre a competência nas ações coletivas**. Revista de Processo, São Paulo, n. 237, p. 253-284, nov. 2014.

antes que passe a ser considerado dano regional, é que pode ser objeto de controvérsia. Supondo que o âmbito territorial de jurisdição de mais de uma Comarca ou Subseção Judiciária seja atingido, será prevento o juízo do foro que primeiro tiver conhecimento da ação coletiva. Há parcela da doutrina, entretanto, que considera que, nessas situações, já deverá ser considerado o dano como regional.

Fredie Didier e Hermes Zaneti também demonstram os problemas para definição dos limites máximos de caracterização do dano regional, e quando ele passa a ser nacional, e também a competência adequada[46]:

> Veja o caso de um dano que ocorra na Região da Estrada Real, que envolve a Bahia e Minas. Seria um dano nacional? Pode-se argumentar que sim, pois se trata de um importante registro da história brasileira. Seria um dano regional? Também se pode argumentar que sim, pois atinge pedaço significativo do território nacional, envolvendo cidades em dois Estados. Qual seria, então, o foro competente para processar e julgar uma ação coletiva que tivesse por objeto o tombamento de imóveis nessa região? Se se entendesse como dano nacional, qualquer capital do país? Amapá? Porto Velho? Se se entendesse como dano regional, qualquer capital dos Estados envolvidos? Belo Horizonte? Salvador? Ora, não nos parece que a melhor solução seja essa. Muito mais adequada é a competência de um dos juízos das comarcas envolvidas. Os juízes das capitais ficam muito distantes das localidades, teriam dificuldade na produção de provas (inspeção judicial, por exemplo), além de não estarem vinculados à história dos locais a serem tombados.

À parte a indeterminabilidade, ao menos pelo texto legal, a respeito dos limites que separam um dano local de um dano regional, e este de um dano nacional – a doutrina e a jurisprudência tentam estabelecer normas para essa definição –, certo é que, nos termos do inciso II do art. 93 do CDC, o litígio coletivo que versar sobre dano regional deverá ser processado e julgado no foro da capital da unidade federativa atingida (ou de qualquer das capitais dos estados afetados ou do DF, se o dano ultrapassar o âmbito estadual ou distrital).

---

[46] DIDIER Jr., Fredie; ZANETI Jr., Hermes. **Curso de Direito Processual Civil, v. 4: Processo Coletivo**. 10. Ed. Salvador: JusPodivm, 2016, p. 129.

Esta solução não é isenta de críticas. Por princípio, não há superioridade hierárquica entre o juízo da capital do estado e os juízos do interior em primeiro grau de jurisdição. O dispositivo legal, de certa forma, estabelece esta hierarquia, ao determinar que o foro da capital forme um "super-juízo", ou suponha que seja mais adequadamente competente para apreciar o caso. Além disso, há outra questão a ser levantada: há situações em que o dano a um direito transindividual extrapola os limites territoriais de um município, caracterizando sua natureza regional, mas não chega a ser geograficamente próximo da capital. Imagine-se, nesse sentido, um desastre ambiental que ocorra no extremo oeste do estado de São Paulo, e atinja a região fronteiriça com o estado do Mato Grosso do Sul, distante quase quinhentos quilômetros da capital; não é razoável supor que, nessa situação, a competência adequada para processar e julgar a demanda coletiva decorrente do caso seja o da Comarca de São Paulo, capital[47].

Tecidas essas considerações gerais a respeito da competência no processo coletivo, volta-se ao caso em análise. A ação civil pública foi proposta em Campinas-SP, a partir das conclusões obtidas em inquérito civil instaurado perante órgão do MPF naquela localidade, que já havia fixado atribuição para atuar no caso. O Ministério Público é uno e indivisível, por expresso comando constitucional (art. 127 da Constituição Federal).

Por sua vez, a União possui representação processual em todo território nacional. A ela foi possível, por meio de sua Advocacia-Geral, a apresentação de defesa e o pleno exercício do contraditório em dois graus de jurisdição. Em nenhum momento houve alegação, por parte da União, de incompetência territorial do juízo federal onde a ação tramita, em Campinas-SP.

A divergência objeto do litígio, como já dito, prescinde de dilação probatória. Os fatos são incontroversos; a controvérsia, enfim, repousa sobre questão de direito. Não há, no caso analisado, qualquer prejuízo à instrução do processo pela localidade em que tramita.

Sob a perspectiva da competência adequada, conforme doutrina colacionada acima, o processo tramita no foro adequado para processá-lo e julgá-lo. Não se vislumbra qualquer violação ao dever de boa-fé processual, com o ajuizamento de ação em foro incompetente com o

---

[47] ABELHA, Marcelo. **Fundamentos da tutela coletiva**. Brasília: Gazeta Jurídica, 2017, p. 160.

objetivo de prejudicar o exercício da ampla defesa e contraditório. Como dito, a União pôde se defender plenamente, inclusive utilizando todos os meios permitidos no ordenamento – contestação, agravo de instrumento e suspensão de liminar foram alguns dos instrumentos processuais de que lançou mão no curso do processo.

A competência territorial tem natureza relativa. Ainda que o legislador tenha pretendido dar a ela natureza absoluta – ao sugerir que a competência teria natureza "funcional" no art. 2º da LACP –, trata-se de uma teratologia do microssistema processual coletivo, que há de ser equacionada a fim de que não importe prejuízo aos direitos transindividuais em relação aos quais se busca a tutela jurisdicional.

Em segundo grau de jurisdição, a ação foi acompanhada pela Procuradoria Regional da República na 3ª Região. Além disso, parte das peças processuais é assinada tanto pelo procurador da República natural, subscritor da ação, como da procuradora da República que representa o MPF no Conselho Gestor do FDD.

A análise dos votos-vista apresentados no julgamento da suspensão de liminar demonstra absolutos excessos por parte dos desembargadores federais subscritores. A questão a respeito da competência territorial – repise-se: relativa, por natureza – foi levantada *ex officio*, inclusive com duras críticas tanto ao juízo federal de origem, que não obstou o andamento da ação, como de parte do procurador da República que promoveu a ação, sob a justificativa de que teria extrapolado suas funções institucionais.

Toda essa discussão a respeito da competência para processar a ação civil pública em exame demonstra um dos maiores problemas da tutela coletiva: a imposição de óbices procedimentais à tramitação de ações coletivas que, em última análise, não obstante a compreensão contemporânea que deve ser dada ao processo no Estado constitucional, garantidor de direitos, dá razão a Fredie Didier Júnior quando afirma que *"[p]arece haver uma intenção não-revelada de permitir sempre a possibilidade do não--enfrentamento do mérito, como se isso fosse o desejável, como se isso fosse o mais importante"*[48].

---

[48] DIDIER Jr., Fredie. **Curso de Direito Processual Civil, v. 1: teoria geral do processo**. 12. Ed. Salvador: JusPodivm, 2010, p. 543.

Conclusões

Propôs-se, neste artigo, analisar as questões processuais relacionadas à ação civil pública n. 5008138-68.2017.4.03.6105. Algumas das conclusões que podem ser extraídas do estudo, sem a pretensão de exaurir qualquer das discussões, são as seguintes:

a) o FDD não representa uma espécie de *fluid recovery*, na forma como o instituto se apresenta no sistema jurídico estadunidense. A gestão dos recursos decorrentes de uma indenização por lesão a direito coletivo, naquele sistema, se dá perante o próprio juízo competente para a ação coletiva (*class action*) que a deu causa. No ordenamento jurídico brasileiro, o FDD, criado pela LACP (art. 13) e regulamentado pela Lei n. 9.008/1995, tira do magistrado a possibilidade de gestão desses recursos. Entende-se, assim, que, ainda que tacitamente, o ordenamento pátrio proíbe a reparação fluida no caso concreto.

b) em análise do direito material postulado, observa-se a existência de precedente de observância obrigatória, nos termos do inciso I do art. 927 do Código de Processo Civil. A *ratio* da decisão na medida cautelar na ADPF n. 347, que reconheceu a antijuridicidade do contingenciamento dos recursos do FUNPEN, se amolda perfeitamente ao caso do FDD.

c) o litígio analisado, de acordo com a tipologia dos litígios coletivos de Edilson Vitorelli, possui natureza global, vez que são identificados os seus requisitos caracterizadores (baixo grau de conflituosidade entre os titulares do direito e baixo grau de complexidade, ante a ausência de múltiplas soluções processuais divergentes e igualmente legítimas).

d) a competência territorial, mesmo nos processos coletivos, é relativa. Deve-se, na perspectiva do processo instrumental, analisar se o foro em que distribuída determinada demanda coletiva possui competência adequada para processá-la e julgá-la, além de que deve-se ter em conta se a escolha do foro, por parte do legitimado autor, se deu em razão de deslealdade, com vistas a dificultar a defesa do réu. No caso da ação civil pública estudada, não há qualquer prejuízo à União, ré no processo, que pôde exercer o contraditório de forma plena. A União, aliás, em nenhum momento arguiu a incompetência do juízo federal em Campinas-SP, que se entende, para os fins deste estudo, competente para processar e julgar a demanda.

Referências

ABELHA, Marcelo. *Fundamentos da tutela coletiva*. Brasília: Gazeta Jurídica, 2017.

ABELHA, Marcelo. *Manual de Direito Processual Civil*. 6. Ed. Rio de Janeiro: Forense, 2016.

ALMEIDA, Luiz Cláudio Moura de. *Apontamentos sobre a competência concorrente nas ações coletivas*. Revista de Processo, São Paulo, n. 240, p. 243-263, fev. 2015.

ARENHART, Sérgio Cruz. *A tutela coletiva de interesses individuais: para além da proteção dos direitos individuais homogêneos*. 2. Ed. São Paulo: Revista dos Tribunais, 2014.

BRAGA, Paula Sarno. *Competência adequada*. Revista de Processo, São Paulo, n. 219, p. 13-41, maio 2013.

CASTRO MENDES, Aluísio Gonçalves de. *Ações coletivas e meios de resolução coletiva de conflitos no direito comparado e nacional*. 4. Ed. São Paulo: Revista dos Tribunais, 2014.

COELHO, Osvaldo de Oliveira. *Fundos de reparação dos interesses difusos e sua efetividade*. Dissertação (mestrado em direito), Pontifícia Universidade Católica de São Paulo, São Paulo, 2011. Disponível em <https://sapientia.pucsp.br/bitstream/handle/5845/1/Osvaldo%20de%20Oliveira%20Coelho.pdf>; acesso em 23 fev. 2020.

DELLORE, Luiz Guilherme Pennachi. *Fundo Federal de Reparação de Direitos Difusos (FDD): aspectos atuais e análise comparativa com institutos norte-americanos*. Revista de Direito Ambiental, vol. 38/2005, p. 124-139.

DIDIER Jr., Fredie. *Curso de Direito Processual Civil, v. 1: teoria geral do processo*. 12. Ed. Salvador: JusPodivm, 2010, p. 543.

DIDIER Jr., Fredie; ZANETI Jr., Hermes. *Curso de Direito Processual Civil, v. 4: Processo Coletivo*. 10. Ed. Salvador: JusPodivm, 2016.

HOMMA, Fernanda Lissa Fujiwara. *Execuções judiciais pecuniárias de processos coletivos no Brasil: entre a fluid recovery, a cy pres e os fundos*. Dissertação (mestrado em direito), Universidade Federal do Paraná, Curitiba, 2017. Disponível em: <http://acervodigital.ufpr.br/handle/1884/46065>; acesso em 23 fev. 2020.

MAZZILLI, Hugo Nigro. *A defesa dos interesses difusos em juízo*. 28. Ed. São Paulo: Saraiva, 2015.

MONNERAT, Fábio Victor da Fonte. *Introdução ao estudo do Direito Processual Civil*. 3. Ed. São Paulo: Saraiva, 2018.

NERY JÚNIOR, Nelson. *Princípios do processo civil na Constituição Federal*. 2. Ed. São Paulo: Revista dos Tribunais, 1995, p. 112.

PEREIRA, Juliana Hörlle; STÜRMER, Gilberto. *Apontamentos sobre a competência nas ações coletivas*. Revista de Processo, São Paulo, n. 237, p. 253-284, nov. 2014.

RAMOS FILHO, Carlos Alberto de Moraes. *Curso de Direito Financeiro*. São Paulo: Saraiva, 2014.

SALLES, Carlos Alberto de. *Execução judicial em matéria ambiental*. São Paulo: Revista dos Tribunais, 1998.

VENTURI, Elton. *Suspensão de Liminares e Sentenças Contrárias ao Poder Público*. 3. Ed. São Paulo: Malheiros, 2017.

VITORELLI, Edilson. *Execução coletiva pecuniária: uma análise da (não) reparação da coletividade no Brasil*. Dissertação (mestrado em direito), Universidade Federal de Minas Gerais, Belo Horizonte, 2011.

VITORELLI, Edilson. *O devido processo legal coletivo*. São Paulo: Revista dos Tribunais, 2016.

VITORELLI, Edilson. *Tipologia dos litígios transindividuais II: litígios globais, locais e irradiados*. Revista de Processo, n. 248, p. 209-250, 2015.

VITORELLI, Edilson; OLIVEIRA, Matheus Rodrigues. *O Fundo Federal de Defesa dos Direitos Difusos e o desvio de finalidade na aplicação de seus recursos*. Revista de Direito Administrativo, Rio de Janeiro, v. 278, n. 3, p. 221-250, dez. 2019. ISSN 2238-5177. Disponível em: <http://bibliotecadigital.fgv.br/ojs/index.php/rda/article/view/80836>; acesso em 23 fev. 2020.

16. A sentença coletiva e sua execução no âmbito da Justiça do Trabalho

Tereza Cristina Sorice Baracho Thibau
Camila Figueiredo Alexandre

Introdução

A execução é atividade processual destinada ao reestabelecimento da paz na sociedade visto que visa à satisfação do direito juridicamente tutelado. A efetivação do mencionado direito é, portanto, a consumação máxima da prestação jurisdicional, visto que o êxito na fase de conhecimento sem a célere fruição do direito pelo o seu titular, em sede de execução, de pouco adianta.

Essa premissa não é diferente no âmbito do processo coletivo, que se caracteriza por um conjunto de normas organizadas em forma de sistema, estando destinadas à solução de conflitos de caráter não individual em sentido amplo. A execução voltada aos direitos transindividuais (não contemplada pela via tradicional) e individuais homogêneos reconhecidos em títulos executivos judiciais ou extrajudiciais, tem relevância que é ainda de maior destaque em virtude da escalabilidade dos interesses por ela equacionados. Situação essa que a torna, por si só, complexa e merecedora de aprofundada análise.

No ordenamento jurídico brasileiro, a tutela de direitos de caráter não-individual é garantida pela interpretação integrada de normas, que se intercomplementam como um núcleo único e atuam de forma a promover a conjugação da Constituição da República/1988 (CR/88) e das legislações infraconstitucionais, mormente no que concerne à Lei de Ação Popular (Lei 4.717/1965- LAP/65), Lei de Ação Civil Pública (Lei 7.347/1985 – LACP/85) e o Código de Defesa do Consumidor (Lei 8.078/1990- CDC/90), com aplicação subsidiária e supletiva da Consolidação das Leis do Trabalho (Decreto-lei 5.452/1943) e do Código de Processo Civil (Lei 13.105/2015- CPC/15). Tais textos dialogam com diversas outras legislações infraconstitucionais especificamente voltadas à tutela das coletividades, as quais orbitam esse núcleo que dita todo o arcabouço procedimental necessário à efetivação de direitos para além dos individuais.

No entanto, o legislador pátrio não dedicou muitos dispositivos para tratar da execução da sentença coletiva, o que ensejou um trabalho da doutrina e jurisprudência, os quais vêm sendo alvo de certas divergências de interpretação. O processo coletivo verificado no âmbito da Justiça do Trabalho merece atenção especial, tendo em vista a natureza alimentar dos direitos individuais e coletivos ali tutelados. Além do mais é comum envolverem direitos de natureza 'acidentalmente coletiva'[1].

Desse modo e por opção legislativa o conjunto de direitos individuais trabalhistas de origem comum tem sido, frequentemente, objeto de demandas coletivas, utilizadas com o fim de reduzir a sobrecarga do Poder Judiciário, evitando-se a repetição de inúmeras demandas individuais semelhantes.

O procedimento de execução de sentença coletiva de direitos individuais homogêneos está disciplinado pelos artigos 97 e 98 do CDC/90, pelos quais o legislador não impõe e, ao contrário, flexibiliza a possibilidade dessa execução poder ser tanto promovida de modo coletivo, quanto individual, considerando-se a natureza e a efetividade daquele procedimento que, de forma mais eficiente, promoverá a fruição do direito por seu titular.

Diante disso, vêm despontando algumas decisões no domínio da Justiça Jus laboral, ainda que minoritárias, com o intuito de não reconhecer a possibilidade de execuções individuais de sentenças coletivas.

---

[1] Expressão cunhada por Barbosa Moreira para designar os interesses individuais homogêneos. Havendo ainda outras classificações, tal como faz Vitorelli que identifica os direitos coletivos em sentido amplo como globais, locais e irradiados (2019, p. 73-98). Contudo, durante o presente ensaio, opta-se pela classificação descrita no art. 81 do Código de Defesa do Consumidor, visto que o caso prático no qual se fixa a análise também assim o faz.

16. A SENTENÇA COLETIVA E SUA EXECUÇÃO NO ÂMBITO DA JUSTIÇA DO TRABALHO

Partindo-se dessa situação fática, o objetivo do presente ensaio será de verificar a possibilidade, vantagens e/ou desvantagens da execução individual de títulos judiciais coletivos relacionados aos direitos de grupos de trabalhadores de determinada categoria, grupo ou classe.

Para tanto e se ancorando na análise dos efeitos de cada procedimento executivo que é permitido por lei, será aqui analisada as duas formas de execução resultantes da sentença coletiva proferida pelo Juízo da 29ª Vara do Trabalho de Belo Horizonte nos autos de nº 0010838-15.2018.5.03.0114, pelo Dr. André Figueiredo Dutra, a qual foi confirmada pelo Tribunal Regional do Trabalho da Terceira Região, em sede de agravo de petição.

Primeiramente, haverá breve descrição do caso para, em seguida, ser realizada uma revisão literária sobre o assunto principal da demanda e, por fim, a análise da sua aplicação prática em prol da manutenção da ordem jurídica justa, utilizando-se do raciocínio indutivo.

1. A apresentação do caso

O acórdão a ser analisado foi prolatado pela 6ª Turma do Tribunal Regional do Trabalho da Terceira Região, com publicação no Diário Oficial de Justiça no dia 18 de julho de 2019, nos autos do cumprimento de sentença de nº 0010838-15.2018.5.03.0114, em sessão cujo relator foi o Desembargador José Murilo de Morais. Em termos abreviados, tratava-se de ação de cumprimento de sentença individual ajuizada por Victor Gorrilhas Cardoso em face de seu ex-empregador Banco Bradesco S.A.

De acordo com o exequente, seu direito ao pagamento de diferenças de horas extras e de multa diária foi reconhecido em sede da ação coletiva de nº 0000795-13.2013.5.03.0108, ajuizada pelo Sindicato dos Bancários de Belo Horizonte e Região, o qual atuou como substituto processual do grupo de empregados do banco executado. A condenação, que transitou em julgado em 02 de abril de 2016, reconheceu a obrigação do referido Banco de quitar as horas extras vencidas e vincendas de seus empregados, estando o obreiro e exequente Victor abarcado pelo título executivo judicial advindo da sentença coletiva.

A petição inicial do cumprimento de sentença também requereu que o Banco reclamado exibisse os cartões de ponto e contracheques do autor da execução individual. A peça exordial foi instruída pela seguinte documentação: convenções coletivas da categoria profissional do autor; sentença coletiva e demais peças principais do feito de origem; carteira de trabalho do exequente; termos de rescisão e homologação do contrato de trabalho, como demonstração do vínculo empregatício; e outras sentenças exaradas no âmbito do TRT3 que reconheceram o direito de execução individual de sentença coletiva de outros empregados, colegas de trabalho do exequente.

Foi dada à causa o valor estimado de R$50.000,00 (cinquenta mil reais), eis que a individualização dos direitos do exequente depende de cálculo a ser realizado por meio de prova pericial, bem como mediante análise de documentos cuja posse pertence exclusivamente à empresa executada. O Banco reclamado, por sua vez, em sede de contestação, arguiu a inadequação da ação de cumprimento de sentença e instruiu sua defesa com demonstrativos de pagamento e folhas de ponto do exequente.

O Juízo sentenciante da 35ª Vara do Trabalho de Belo Horizonte entendeu por declinar ao Juízo da 29ª Vara do Trabalho da Capital de Minas Gerais a competência para processar e julgar a demanda em análise. Argumentou tratar-se do Juízo que decidiu a ação coletiva em primeiro grau de jurisdição, ostentando, portanto, a prevenção para apreciar a causa.

Em sede de sentença, o d. Juízo da 29ª Vara, aceitando sua competência para processar a demanda, entendeu por indeferir a petição inicial. Fundamentou que, não obstante os arts. 97 e 98 do CDC/90 autorizarem tanto a execução individual, quanto a execução coletiva da sentença proferida em sede de demanda coletiva, a execução específica envolvendo o Banco Bradesco como devedor se fará exclusivamente por via coletiva.

Tal situação, segundo o sentenciante, decorre do fato de que o grupo credor é composto por mais de 4.000 (quatro mil) trabalhadores, de modo que a multiplicidade de demandas comprometeria o regular andamento das demais demandas existentes na Vara. E, tal situação, segundo o seu julgamento, configuraria um prejuízo para todos os jurisdicionados, razão pela qual houve decisão judicial interlocutória, na ação coletiva de origem, determinando que a execução se fizesse exclusivamente pela via coletiva.

Após agravo de petição interposto pelo trabalhador exequente, o Tribunal Regional do Trabalho da 3ª Região confirmou a sentença prolatada pelos seus próprios fundamentos. A decisão ainda não transitou em julgado, pois aguarda o julgamento de recurso de revista direcionado ao Tribunal Superior do Trabalho. Todas as movimentações analisadas limitam-se aos atos processuais ocorridos até 21 de abril de 2020.

Diante do cenário narrado, a sentença objeto de análise traz à baila a discussão sobre a possibilidade de execução individual de título executivo judicial (no caso, a sentença da ação coletiva trabalhista), sendo este o foco a ser explorado no presente ensaio.

2. A literatura sobre o tema

A execução de título executivo judicial coletivo em matéria trabalhista na maioria das vezes destina-se à satisfação de obrigação pecuniária (execução por quantia certa). Os direitos trabalhistas, em regra, são individuais e possibilitam, portanto, ações individuais. Contudo, diante da sua multiplicidade, por determinação legislativa, podem receber tratamento coletivizado, como é o caso objeto da presente análise, no qual o Banco executado, ao descumprir determinação legal de pagamento de horas extras, foi condenado por sentença genérica a fazê-lo em benefício do grupo de seus empregados.

Neste caso, a execução não seria uniforme a ponto de ensejar crédito idêntico a todos os trabalhadores, pois dependeria de apuração contábil dos controles de frequência de cada obreiro pertencente ao quadro da instituição bancária. Donde se extraí a imprescindibilidade da liquidação da sentença[2-3], esclarecendo-se que:

> A liquidação terá lugar quando de sentenças coletivas condenatórias em que sejam fixados só a responsabilidade e o dever de indenizar – o *an debeatur* –, mas não o montante da indenização – o *quantum debeatur* –, por não dispor o magistrado, na fase de entrega da prestação jurisdicional, de elementos que permitam definir todos os elementos da obrigação (LEONEL, 2017, p. 515).

Inicialmente, no caso em comento, houve determinação ao Banco para proceder ao pagamento de horas extraordinárias vencidas e vincendas

---

[2] Como ocorre geralmente nas execuções relacionadas a direitos individuais homogêneos.

[3] A liquidação de sentença se fará por procedimento específico definido na Consolidação das Leis do Trabalho e para tanto conferir o art. 876 e seguintes. Já no Código de Processo Civil vigente, o art. 509 fixa dois tipos de liquidação: por arbitramento (quando determinado pela sentença, convencionado pelas partes ou exigido pela natureza do objeto da liquidação) e pelo procedimento comum (quando houver necessidade de alegar e provar fato novo).

aos seus empregados. Todavia, restou descumprida a ordem judicial[4] pela executada.

Assim, diante da ausência do pagamento e da dificuldade de se promover a liquidação relativamente a mais de 4.000 trabalhadores, com valores econômicos diferentes (caracterizando a natureza individual homogênea do direito tutelado e que vincula seus titulares em razão da origem comum do dano), o ex-empregado Victor optou por iniciar a execução individual sob análise. Valeu-se, portanto, do cumprimento individual de sentença coletiva para obter a liquidação e satisfação do crédito já reconhecido na fase de conhecimento.

Desse modo, uma vez já definida de forma genérica a responsabilidade do executado pelos danos causados àquela coletividade específica de empregados (falta de pagamento de horas extras), bastava ao exequente à comprovação do dano individual, o nexo de causalidade com o fato danoso verificado e o valor do seu prejuízo, nos termos da lei.

A execução da sentença coletiva de obrigação pecuniária relacionada aos interesses ou direitos individuais homogêneos trabalhistas é regulada, dentro do sistema integrado que rege a matéria, principalmente pelos artigos 97 e 98 do CDC/90 e pode ser promovida de forma individual ou coletiva[5-6].

---

[4] Que transitou em julgado em 02 de abril de 2016, sem efetivo cumprimento da obrigação mandamental e pecuniária.

[5] Assim fixou o Código de Defesa do Consumidor nos arts. 97 e 98: "Art. 97. A liquidação e a execução de sentença poderão ser promovidas pela vítima e seus sucessores, assim como pelos legitimados de que trata o art. 82. Art. 98. A execução poderá ser coletiva, sendo promovida pelos legitimados de que trata o art. 82, abrangendo as vítimas cujas indenizações já tiveram sido fixadas em sentença de liquidação, sem prejuízo do ajuizamento de outras execuções. § 1º A execução coletiva far-se-á com base em certidão das sentenças de liquidação, da qual deverá constar a ocorrência ou não do trânsito em julgado.§ 2º É competente para a execução o juízo: I – da liquidação da sentença ou da ação condenatória, no caso de execução individual; II – da ação condenatória, quando coletiva a execução".

[6] Sobre tais modalidades de execução, posicionou-se o Supremo Tribunal Federal: "Já os direitos individuais homogêneos pertencem à categoria dos direitos subjetivos, são divisíveis, tem titular determinado ou determinável e em geral são de natureza disponível. Sua tutela jurisdicional pode se dar (a) por iniciativa do próprio titular, em regime processual comum, ou (b) pelo procedimento especial da ação civil coletiva, em regime de substituição processual, por iniciativa de qualquer dos órgãos ou entidades para tanto legitimados pelo sistema normativo" (Recurso extraordinário 631.111 Goiás, relator :Min. Teori Zavascki, Plenário, 07.08.2014).

Tais dispositivos, por determinação do art. 769 da CLT[7], têm aplicação subsidiaria ao processo coletivo trabalhista. Há de se considerar que a falta de norma específica celetista a tal respeito, a torna compatível com os regramentos do Código de Defesa do Consumidor, da Lei da Ação Civil Pública e da Lei da Ação Popular, em conformidade com os princípios atinentes à proteção dos direitos relacionado ao trabalhador.

Ademais, reafirma-se a ideia de intepretação integrada das normas que compõem o Sistema Processual de Tutela dos Direitos Coletivos[8], de modo a dar a máxima proteção aos direitos coletivos em sentido amplo, o que inclui os direitos trabalhistas coletivizados.

2.1. A execução individual de sentença coletiva envolvendo direitos individuais homogêneos

O modelo da execução individual da sentença coletiva se realiza por meio da própria vítima ou seus sucessores (art.97 do CDC/90), com o fim de obter o cumprimento da obrigação reconhecida, "quando os interesses em jogo sejam divisíveis" (MAZZILLI, 2018, p. 118). Para tanto, basta instruir a demanda executória com as cópias processuais pertinentes do processo de origem e certidão de liquidação de sentença[9].

Esta modalidade de execução se fará em processo autônomo distribuído pelo credor individual ou por seus sucessores (Didier Jr. E Zaneti, 2017, p. 509-511). Vale esclarecer que tal hipótese não oferece grandes dificuldades, uma vez que está prevista em lei e é amplamente reconhecida pela doutrina, a exemplo de Ricardo de Barros Leonel (2017, p. 502), Fredie Didier Jr e Hermes Zaneti Jr (2019, p. 514), Cassio Sacarpinella Bueno (2010, p. 249 e 251). Assim, resta verificar no caso concreto se a

---

[7] Dispõe a CLT: "Art. 769 – Nos casos omissos, o direito processual comum será fonte subsidiária do direito processual do trabalho, exceto naquilo em que for incompatível com as normas deste Título".

[8] Este sistema ostenta como núcleo, em ordem cronológica, a Lei de Ação Popular, a Lei de Civil Pública, a Constituição da República de 1988 e o Código de Defesa do Consumidor, com a complementação subsidiária do CPC/15 e da CLT, aplicando-se para a melhor interpretação dos dispositivos a Teoria do Diálogo das Fontes (MARQUES, BENJAMIN e BESSA, 2017, p. 124-163).

[9] Nesse compasso, conferir o parágrafo único do art. 522 do CPC/15, o qual indica as possíveis peças que podem ou devem instruir uma demanda destinada à execução de título executivo judicial.

sua utilização será aquela que terá maior condições de entregar ao titular do direito aquilo que lhe é devido, uma vez que não há mais dúvidas quanto ao seu direito material.

2.2. A execução coletiva de sentença coletiva envolvendo direitos individuais homogêneos

A execução coletiva é realizada pelos legitimados coletivos identificados pelo art. 82 do CDC/1990 e art. 5º da LACP/1985, sendo que, no caso ora analisado, *a priori* o legitimado competente seria, então, o Sindicato dos Bancários de Belo Horizonte e Região, ou seja, aquele que promoveu a ação coletiva em favor de seus associados. Nesta hipótese, o legitimado coletivo tem por aptidão executar os interesses dos indivíduos habilitados no feito[10]-[11]-[12]. A execução será realizada, por se tratar de processo sincrético, em "fase específica do processo coletivo, sem necessidade de instauração de um novo processo apenas com esse objetivo (Didier Jr. e Zaneti Jr, 2019, p. 523)."

Trata-se da modalidade que mais encontra divergências de opinião na literatura, tendo em vista a necessidade de liquidação da sentença para definição das questões heterogêneas de cada membro do grupo. Nesse sentido, Leonel esclareceu que:

---

[10] Na falta de habilitação de interessados em proporções consideráveis ao dano, a execução a ser realizada pelo ente coletivo será pela apuração dos danos globais e o seu produto se reverterá ao Fundo de Defesa dos Direitos Difusos, na forma prevista no art. 100 do CDC/90, após um ano de inércia dos credores interessados. Especificamente, em se tratando se execução coletiva trabalhista, os valores serão revertidos ao Fundo de Amparo ao Trabalhador – FAT (Lei n.8.019/1990).

[11] Inicialmente a execução, nesta hipótese, se fará, preferencialmente, pelo legitimado coletivo, autor da ação de conhecimento. Todavia, no caso de sua inércia, uma vez decorridos sessenta dias após trânsito em julgado da sentença coletiva condenatória, os demais legitimados coletivos passam a deter a faculdade de promover a execução, nos moldes do art. 15 da LACP/85. Vale ressaltar que no caso do Ministério Público, tal prognóstico de atuação constitui-se em dever.

[12] Sobre a necessidade de liquidação na execução realizada por ente coletivo, elucidaram Didier Jr. e Zaneti Jr que "Essa execução coletiva só é assim denominada porque proposta por um legitimado coletivo, tendo em vista que o seu objeto é composto por pretensões individuais já liquidadas" (2019, p. 523).

16. A SENTENÇA COLETIVA E SUA EXECUÇÃO NO ÂMBITO DA JUSTIÇA DO TRABALHO

Há intenso debate quanto (a) à possibilidade de execução coletiva em benefícios dos indivíduos destinatários da sentença de procedência em interesses individuais homogêneos e (b) quanto à natureza da legitimação, se admitida a execução coletiva. (...) Daí as afirmações de que: (a) mesmo que se admita a execução coletiva de direitos individuais homogêneos, não haveria "substituição processual", mas sim, algo semelhante à "representação" dos lesados; (b) não seria verdadeira execução coletiva, mas espécie de execução em litisconsórcio; (c) o Ministério Público em hipótese alguma seria legitimado nessa fase, pois não pode defender interesses individuais meramente patrimoniais, ao que ficam reduzidos, na execução, os interesses individuais homogêneos (LEONEL, 2017, p. 501-502).

Há quem defenda que a atuação do legitimado coletivo nas execuções em pecúnia se perfaz a título de representação, descartando-se a substituição processual, o que torna exigível a autorização específica de cada indivíduo representado[13]. Tal entendimento decorre do fato de que o ente coletivo, nesta situação, estaria atuando em nome e no interesse dos titulares dos interesses lesados (e não em nome próprio)[14].

Maiores dificuldades teria o Ministério Público (seja no âmbito estadual ou da União) diante da execução coletiva de sentença coletiva que verse sobre direitos individuais homogêneos. A natureza divisível, não uniforme, material e a disponibilidade do interesse prejudicam a atuação do *Parquet* (LEONEL, 2017, p. 505-507).

No entanto, lembra-se que haverá a possibilidade de atuação ministerial para tutela de direitos coletivos (disponíveis ou não) quando invocada nos termos do art. 15 da Lei de Ação Civil Pública[15], não podendo esta ser afastada (THIBAU *et* GUIMARÃES, 2015, p. 225). Fundamenta-se ainda tal atuação, como forma de se reforçar o caráter pedagógico da medida, já que, uma vez confirmado o dano pela sentença coletiva, ainda

---

[13] Nesse diapasão, posicionou-se Ricardo de Barros Leonel (2017, p. 501-506), filiando-se ao entendimento de Luiz Rodrigues Wambier, Érica Barbosa e Silva, Elton Venture e a Ada Pellegrinni Grinover.

[14] Bueno (2010, p. 249) esclareceu que a substituição processual encerra com a sentença condenatória na fase de conhecimento relacionada a direitos individuais homogêneos.

[15] Art. 15 da Ação Civil Pública: "Decorridos sessenta dias do trânsito em julgado da sentença condenatória, sem que a associação autora lhe promova a execução, deverá fazê-lo o Ministério Público, facultada igual iniciativa aos demais legitimados."

que de valor irrisório, quando repartida entre cada membro do grupo poderá alcançar altos valores quando conjugada. Assim, não se deverá deixar passar impune aquele que foi o responsável por essa lesão coletiva.

Ademais, também haverá legitimação do Ministério Público para tutelar direitos individuais indisponíveis ou de relevância social (THIBAU *et* GUIMARÃES, 2015, p.226), como é o caso dos direitos trabalhistas, já que de caráter alimentar. De acordo com o princípio da proteção, tratam-se, em regra, de direitos indisponíveis e irrenunciáveis, sendo "nulos de pleno direito os atos praticados com o objetivo de desvirtuar, impedir ou fraudar a aplicação dos preceitos contidos" na Consolidação das Leis do Trabalho (art. 9º da CLT).

Além do mais, a modalidade de execução coletiva de direitos individuais homogêneos poderá, em algumas situações, ser benéfica para os membros do grupo tutelado, conforme se esclarecerá na cessão a seguir.

2.3. Do concurso de créditos decorrentes de condenação coletiva: alguns esclarecimentos indispensáveis para a compreensão do tema e do princípio do Acesso à Justiça

Sobre o concurso entre créditos individuais e coletivos provenientes de sentença coletiva, determinou o art. 99 do CDC/90 que "em caso de concurso de créditos decorrentes de condenação prevista na Lei n.º 7.347, de 24 de julho de 1985 e de indenizações pelos prejuízos individuais resultantes do mesmo evento danoso, estas terão preferência no pagamento", entretanto não se trata de tema pacífico na doutrina.

Bueno (2010, p. 250-251) argumentou (mas não excluiu a possibilidade) quanto ao privilégio dos credores individuais no tocante ao recebimento de seus créditos em havendo coexistência de execuções individuais e coletivas. Segundo o pesquisador, a execução coletiva tem caráter subsidiário à individual. No mesmo compasso, Leonel (2017, p. 504) recomendou que, no caso específico de execução coletiva, deve-se determinar "o fracionamento em lotes, a fim de se evitar as dificuldades inerentes aos processos com elevado número de autores", causando tumulto ou ineficácia do feito, conforme os fundamentos legais dispostos nos art. 98, §1º do CDC/90 e art. 113 , §1º do CPC/15.

Noutra vertente, Lima (2011, p. 228) sustentou que havendo elementos para o magistrado, na fase de conhecimento, promover a liquidação dos direitos de grupo, poderá prolatar sentença com valores já apurados. Não obstante, tal situação poderia prejudicar o desenvolvimento do feito, ou ensejar solução mais morosa, adiando a finalização da fase de conhecimento desse processo (o que também não é desejável), afetando a inversão das fases da dinâmica processual. Apesar disso, o mesmo autor (2011, p. 208) criticou a preferência da execução individual sobre a coletiva, quando a última se revelar medida de celeridade e economia processual.

Na mesma linha Thibau e Guimarães (2015, p. 220-223) sugerem a prerrogativa de dar ao juízo da execução o poder para definir a ordem de preferência no concurso de credores de acordo com a participação das partes (o que também há de considerar a participação dos membros do grupo tutelado) na construção da sua decisão em atenção ao contraditório. Todavia, para tanto deve motivar-se pelas características específicas da lide, logicamente com atenção à proporcionalidade, razoabilidade e com respeito aos diversos interesses existentes dos membros do próprio grupo[16]. De acordo com Vitorelli (2019, p. 24):

> Conforme se observa, quando se trata de litígios coletivos simples, não é problemático que o legitimado coletivo e o juiz definam a extensão e os contornos da pretensão e da tutela jurisdicional. Todavia, se a situação versar sobre um litígio coletivo complexo, haverá possibilidade de que essa tutela se revista de múltiplas formas e nunca será claro, *ex ante*, qual, dentre as possibilidades, é a mais eficaz para a reparação ou prevenção da lesão do bem jurídico.

Tal opinião reforçou-se pelo advento do CPC/15, que asseverou o direito das partes de obterem a solução integral do mérito, incluída a atividade satisfativa" (art. 4º)[17], bem como criou medidas de atuação atípicas do Juiz no art. 139 do CPC/15. Desse modo, se a execução coletiva não se configurar medida de isonomia, celeridade e economia processual, cuja

---

[16] Interesses esses que podem ser múltiplos e inclusive contraditórios, dentre os membros do grupo tutelado, fato que não deve ser ignorado quando o que se busca, inclusive na fase de execução, é a pacificação entre os envolvidos.

[17] Dispõe o inciso LXXVIII do art. 5º da CR/88: "a todos, no âmbito judicial e administrativo, são assegurados a razoável duração do processo e os meios que garantam a celeridade de sua tramitação."

máxima é a rápida e efetiva satisfação do direito, há de se valorizar a execução individual.

Noutras palavras, o enaltecimento da execução coletiva apenas ocorrerá quando esta se reverter em benefício para o desenvolvimento da atividade satisfativa e possibilitar uma resolução do feito em tempo razoável. Do contrário, restará prejudicada a máxima do acesso à justiça. Esclarece-se que em se tratando de direitos individuais homogêneos indisponíveis, como aqueles resultantes das relações trabalhistas, o foco a ser atingindo é a satisfação dos interesses de cada membro do grupo, que deverá ter a oportunidade de se manifestar em favor ou não da execução coletiva, já que a lei lhe possibilita tal opção.

Ressalta-se, por fim, que a execução coletiva não pode repercutir em proibição da execução individual, já que não há determinação legal expressa nesse sentido. Nada impede, portanto, que ambas coexistam, ampliando-se, como se espera no âmbito dos direitos coletivos, a oportunidade de soluções eficientes, o que pode variar de acordo com a situação concreta que se pretende tutelar.

2.4. Do foro competente para ajuizamento do cumprimento de sentença coletiva

Sobre o foro competente para ajuizamento do cumprimento de sentença coletiva, sustenta-se que deve prevalecer como máxima o acesso à justiça e da ampla proteção e satisfação dos direitos de grupos, na contramão dos equívocos verificados no caso em análise. Portanto, cabe ao exequente a escolha entre seu próprio domicílio, o domicílio do réu, ou o juízo da ação de conhecimento.

Tal medida decorre do fato de que, como é de se esperar de uma demanda coletiva, certamente haverá número expressivo de titulares, que podem estar "descentralizados geograficamente" (THIBAU *et* GUIMARÃES, 2015, p. 222). Eventual posicionamento contrário pode decorrer de equívocos de interpretação, diante do veto ao parágrafo único do art. 97 do CDC/90. Referido dispositivo trazia de forma expressa a possibilidade de concorrência entre os foros competentes para o cumprimento de sentença. Contudo, esse veto por si só não prejudicou o sentido teleológico voltado a garantir o acesso à justiça, mormente no plano dos direitos coletivos em sentido amplo. Nesse compasso, posicionou-se Bueno (2010, p. 250):

16. A SENTENÇA COLETIVA E SUA EXECUÇÃO NO ÂMBITO DA JUSTIÇA DO TRABALHO

"Assim, para viabilizar a produção dos efeitos desejados pelo legislador em ampla consonância como 'modelo constitucional", importa entender como competente para a liquidação o juízo do foro do domicílio do 'interessado' ou da 'vítima', bem assim de seus eventuais sucessores, sem prejuízo , à luz do sistema processual civil, do juízo do foro do domicílio do réu. Trata-se da interpretação ainda mais afinada ao 'princípio do acesso à justiça' no plano coletivo ou, como às vezes é chamado, o 'princípio da facilitação da defesa', extraído do art. 6º, VIII, do Código do Consumidor, tal qual decidiu a 3ª Turma do Superior Tribunal de Justiça no Resp. 1.084.036/MG, rel. Min. Nancy Andrighi, jun. 3.3.2009, DJe 17.3.2009".

No mesmo sentido vem se firmando as decisões do Superior Tribunal de Justiça, ao reconhecer a prerrogativa dada ao indivíduo de propor o cumprimento de sentença no juízo do seu domicílio ou no juízo do domicílio do executado[18], o que demonstra a valorização do critério da

---

[18] Veja a citação de trecho da ementa: "RECURSO ESPECIAL Nº 1.675.898 – RJ (2017/0126484-0) RELATORA : MINISTRA ASSUSETE MAGALHÃES RECORRENTE : FUNDAÇÃO INSTITUTO BRASILEIRO DE GEOGRAFIA E ESTATISTICA – IBGE RECORRIDO : JAIRO JOSÉ ALTINO ADVOGADO : PAULO VINICIUS NASCIMENTO FIGUEIREDO E OUTRO (S) – RJ132642 DECISÃO Trata-se de Recurso Especial, interposto pela FUNDAÇÃO INSTITUTO BRASILEIRO DE GEOGRAFIA E ESTATISTICA – IBGE, em 10/05/2016, com fundamento no art. 105, III, a, da Constituição Federal, contra acórdão do Tribunal Regional Federal da 2ª Região, assim ementado: "AGRAVO DE INSTRUMENTO. PROCESSUAL CIVIL. EXECUÇÃO INDIVIDUAL DE TÍTULO JUDICIAL COLETIVO. COMPETÊNCIA TERRITORIAL CONCORRENTE. DOMICÍLIO DO EXEQUENTE OU DO EXECUTADO. AFASTA-SE A OBRIGATORIEDADE DE AJUIZAMENTO NO FORO QUE PROCESSOU E JULGOU A AÇÃO COLETIVA. LIVRE DISTRIBUIÇÃO DO PROCESSO. 1. Tratando-se de competência concorrente, não há que se falar em exceção de incompetência, porque, conforme asseverado, não há qualquer problema, falta ou modificação de competência, pois a fixação, num ou noutro órgão, não a alterará. Com efeito, nos termos do art. 304, do CPC, somente "é lícito a qualquer das partes arguir, por meio de exceção, a incompetência (art. 112), o impedimento (art. 134) ou a suspeição (art. 135)". 2. A execução individual de título judicial coletivo encontra-se pacificada na doutrina e na jurisprudência no sentido da possibilidade de sua instauração tanto no foro do domicílio do exequente, com base no art. 101, inciso I, do Código de Defesa do Consumidor (que é aplicado subsidiariamente in casu), como no foro do executado, uma vez que essa é sempre uma possibilidade (o CPC permite e o art. 101, I, do CDC diz que a ação pode ser ajuizada, uma vez que sempre existe a possibilidade de executar no domicílio do executado). 3. A competência para as execuções individuais de sentença proferida cm ação coletiva, a fim

livre distribuição e o reconhecimento de competência concorrente para foros de execução. Portanto, pode se afirmar que não há prevenção do juízo de conhecimento para o processamento da execução de sentença coletiva. E que, consequentemente, no caso de sentença coletiva trabalhista (que vise tutelar direitos individuais homogêneos), não haveria o risco de abarrotamento do juízo de conhecimento, caso o efetivo titular do direito tutelado opte pela execução individual da sentença coletiva, esvaziando-se assim eventuais argumentos em desfavor da execução individual de sentença coletiva.

3. A aplicação da literatura ao caso: uma interpretação voltada à celeridade e ao acesso à justiça

Realizadas as considerações acima sobre o caso em análise e considerando-se os entendimentos da literatura a respeito da execução individual da sentença condenatória coletiva trabalhista, passa-se a confrontá-los. Necessário verificar se houve solução satisfatória em atenção ao Sistema Integrado de Tutela Processual Coletiva, destacando-se as eventuais vantagens e/ou desvantagens práticas a respeito da sentença que indeferiu a execução individual de sentença coletiva, que tutelava interesses individuais homogêneos.

Evidentemente, as especificidades do Processo do Trabalho, por tutelar em regra direitos de caráter alimentar de pessoas individualmente consideradas, de grupos, categorias ou classes, merecem a intensificação de atenção e cautela (quanto a interpretação e aplicação das normas jurídicas) já comumente verificadas no âmbito do próprio Processo Coletivo. Afinal, a demora da satisfação pode trazer consequências prejudiciais à

---

de impedir o congestionamento do juízo sentenciante, deve ser definida pelo critério da livre distribuição, não havendo prevenção do juízo que examinou o mérito da ação coletiva, evitando- se, desta forma, a inviabilização das execuções individuais e da própria efetividade da ação coletiva. (STJ, 2ª Turma, AgRg no Resp. 1.432.236, Rel. Min. HERMAN BENJAMIN, DJe 23.5.2014; TRF2, 5ª Turma Especializada, AG 00098211120154020000, Rel. Des. Fed. ALUISIO GONÇALVES DE CASTRO MENDES, E-DJF2R 28.10.2015). 4. Tendo o demandante optado pelo foro do juízo prolator da sentença coletiva e tendo sido efetuada a livre distribuição do processo, deve ser declarada a competência da 6ª Vara Federal do Rio de Janeiro. 5. Agravo de instrumento provido" (fl. 66e) (...). (STJ – REsp: 1675898 RJ 2017/0126484-0, Relator: Ministra ASSUSETE MAGALHÃES, Data de Publicação: DJ 02/08/2017)."

subsistência imediata de milhares de trabalhadores quando integrantes do grupo lesado em bloco.

Verifica-se que a sentença condenatória da ação coletiva (que fixou a obrigação do Banco Bradesco S.A de quitar as horas extras vencidas e vincendas de seus empregados) transitou em julgado há mais de dois anos[19], sem a efetiva satisfação do crédito trabalhista. Extrai-se do caso em comento, que o ex-empregado Victor Gorrilhas Cardoso não teve escolha a não ser ajuizar a execução individual.

Observe-se que o pacto laboral obreiro (que se iniciou em 2012) persistiu até dezembro/2016, de modo que por meses depois da referida sentença coletiva ter se tornado definitiva, não houve ainda a satisfação do crédito juridicamente reconhecido. Ora, o cumprimento de obrigação de quitar horas extras vincendas era também de caráter mandamental na sentença condenatória, perfazendo-se em uma obrigação de fazer, sob imposição de *astreintes*, determinação que também não foi cumprida.

Note-se a especificidade do caso em tela no qual o exequente individual, que teve seu contrato de trabalho encerrado em 06 de dezembro de 2016, permanece sem a efetiva satisfação do seu direito. Tal questão se reveste de grande relevância, até porque a morosidade no ajuizamento da sua pretensão está sujeita ao prazo prescricional constitucional de dois anos[20]. Isso sem considerar a modalidade de prescrição intercorrente incorporada pelo ordenamento jurídico a partir da reforma da legislação trabalhista implementada pela Lei 13.467/2017.[21]

As simples análises dos controles de frequência e fichas financeiras do exequente individual já revelam a realização de inúmeras e longas horas extras habituais por parte do obreiro, mesmo após o trânsito em julgado do feito e sem o integral pagamento da dívida. Além do mais, desde o

---

[19] Repita-se: a sentença coletiva transitou em julgado em 02 de abril de 2016.

[20] O inciso XXIX do art. 7º da CR/88 assevera: "ação, quanto aos créditos resultantes das relações de trabalho, com prazo prescricional de cinco anos para os trabalhadores urbanos e rurais, até o limite de dois anos após a extinção do contrato de trabalho;"

[21] Nos termos do art. 11-A introduzido à CLT por meio da Lei 13. 467/2017: "Ocorre a prescrição intercorrente no processo do trabalho no prazo de dois anos. § 1º A fluência do prazo prescricional intercorrente inicia-se quando o exequente deixa de cumprir determinação judicial no curso da execução. § 2º A declaração da prescrição intercorrente pode ser requerida ou declarada de ofício em qualquer grau de jurisdição".

ajuizamento da ação coletiva de conhecimento trabalhista passaram-se mais de sete anos, e ainda resta sem a conclusão da atividade satisfativa.

Conforme se depreende dos documentos colacionados aos autos da referida execução individual, bem como dos autos da própria execução coletiva, já houve vários cumprimentos individuais da sentença coletiva, os quais foram distribuídos livremente a outros juízos. Verificou-se que esses titulares dos interesses lesados já obtiveram resultado satisfatório e, portanto, receberam com maior celeridade o acertamento de seus direitos, mediante o integral pagamento a alguns desses membros do grupo de trabalhadores, de forma inclusive antecipada. Prova desse fato se extrai dos autos da própria execução coletiva, no qual, à requerimento do Banco executado, excluíram-se indivíduos da coletividade por já terem recebido seus créditos pela via da execução individual.

Por outro lado, ao avaliar o desempenho da execução coletiva, é possível verificar que a liquidação ainda nem ocorreu (pelo menos até a presente data) tendo sido concedido às partes (o Sindicato, legitimado coletivo ativo e o Banco, executado) a oportunidade de apresentarem seus cálculos[22]. Ocorre que, entendeu o Juízo da ação coletiva por determinar, no ano de 2017, a apuração direta, rumo a individualização de valores, mediante a contratação de perito contábil do juízo, cujo pagamento a princípio vem sendo atribuído ao Banco executado que já desembolsou R$220.000,00[23] (duzentos e vinte mil reais) para financiar tal diligência.

Assim, pode-se depreender que até a presente data não houve satisfação de todos os titulares dos direitos individuais homogêneos reconhecidos em ação coletiva trabalhista, mas de apenas alguns direitos individuais. Mesmo porque o laudo parcial preliminar (ainda sequer homologado) foi

---

[22] Importante destacar que no processo trabalhista o pagamento de honorários periciais destinados à execução era de quem deu causa à última, ou seja, o executado. Atualmente, tendo em vista a reforma introduzida na legislação trabalhista pela Lei 13. 467/2017, tal ônus passou a ser do sucumbente no objeto da perícia. Essa situação gera uma curiosa dificuldade nos casos em que o juiz determina a perícia sem a oportunidade de as partes apresentarem seus cálculos específicos, evitando eventualmente o gasto nos honorários de perícia. Todavia, não se pode olvidar que tal oportunidade valorizaria o contraditório (norma processual fundamental), mas prejudicaria a mais rápida solução do feito. Entre o contraditório e a rápida solução do feito, àquele deve ser prioridade por se tratar de norma que alicerça todo o Direito Processual brasileiro, inclusive no âmbito da Justiça do Trabalho.

[23] O que constitui em 50% dos honorários pretendidos pelo perito oficial nomeado.

colacionado aos autos apenas, recentemente, em 09 de março de 2020, sem que houvesse, pelos indivíduos titulares interessados na satisfação do crédito, acesso aos documentos específicos utilizados para fins da necessária liquidação singularizada.

Na presente análise, não se pretende impor qualquer entendimento que engesse a compreensão quanto à efetividade, seja da execução individual ou da coletiva, para satisfação de direito individual homogêneo tutelado[24], muito menos se pretende classificá-las em ordem de importância. Apenas se aponta fatos ocorridos no processo comentado e que produziram efeitos comprovados, frente a um caso curioso, dentro do qual, diante de uma única sentença coletiva, se pôde vislumbrar, a um só tempo procedimentos executivos diferentes, e que geraram efeitos contrastantes. Nesse sentido, é possível, aí sim, se questionar quanto a real oportunidade de participação dos titulares determinados do direito já concedido em sentença genérica, de poderem exercer, na fase final do processo, a sua escolha quanto ao procedimento satisfativo que pretendem usar para a recomposição do direito lesado.

Não obstante, o esforço do Juízo de origem em executar coletivamente a sentença, tal movimento apenas parece fazer sentido, naqueles casos em que vier a proporcionar efetivamente a satisfação dos interesses coletivos em sentido lato tutelados de forma mais célere. Aliás, nas palavras de Leonel,

> Parodiando a máxima *chiovendiana*, se o processo deve dar a quem tem um direito tudo aquilo e propriamente aquilo que deve receber, a execução singular ou coletiva, deve satisfazer quem tem um título, de forma que receba tudo aquilo e propriamente aquilo que o título lhe permite receber (2017, p. 498).

Desse modo, o que realmente importa é a real satisfação do bem da vida tutelado e não a priorização da execução coletiva sobre a individual ou vice-versa. O supracitado citado autor traz ainda importante e elucidativa complementação do seu raciocínio:

---

[24] Pode-se observar que, considerando a natureza individual homogênea do direito tutelado, a Jurisprudência tende a fundamentar em direção da execução individual, conforme se verifica no acordão da relatoria de Nancy Andrighi no REsp 1.599.142 / SP (BRASIL, 2018).

A satisfação do direito violado é o momento culminante da atividade jurisdicional, pois de nada adianta o êxito da demanda de conhecimento sem a possibilidade de efetiva satisfação por parte do vencedor em sede de execução. Desta observação pragmática, que evidencia o caráter instrumental do processo, fica patente a importância conferida à execução. Só com sua efetivação e com o êxito da atividade nela realizada é que o escopo político do processo – pacificação social – é viabilizado, dando vida em concreto à máxima efetividade e ao acesso à ordem jurídica justa (LEONEL, 2017, p. 488).

E não parece coerente que o fato da extensão numérica que compõem a coletividade tutelada[25] e a proteção do regular funcionamento da Vara da Execução Coletiva se tornem justificativas para se estabelecer prioridade no concurso entre cumprimento de sentença individual e coletivo. Não há no Sistema Integrado de Tutela aos Direitos Coletivos qualquer norma que dê preferência a uma modalidade em detrimento da outra, apesar de ter havido uma sugestão de regramento quanto ao tema no, já arquivado, projeto de lei 5.139/2009, que dispunha quanto a possibilidade de ao juiz caber a opção pela forma de execução da sentença coletiva, esse projeto entretanto, não foi levado a efeito[26].

Ao que parece, o argumento de sujeição dos membros do grupo tutelado à execução coletiva, tem por raiz o equívoco de se considerar que o juízo da ação coletiva de conhecimento na esfera trabalhista seria o único competente (em razão da inexistente prevenção) para processar e julgar a execução individual ou o cumprimento de sentença. Conforme já demonstrado em sessão anterior, cabe ao exequente a escolha entre seu próprio domicílio, o domicílio do réu, ou o juízo da ação de conhecimento,

---

[25] *In casu*, grupo composto por alguns milhares de membros de empregados do Banco executado.

[26] O referido projeto de lei, dentre outras medidas, previa a revogação da **Lei** da Ação Civil Pública e **de** alguns dispositivos que versam sobre ações coletivas do Código **de** Proteção e Defesa do Consumidor, com o intuito de criar um código único processual coletivo. O artigo o art. 45 do projeto de lei em questão assim pretendeu: "No caso de concurso de créditos decorrentes de ações em defesa de interesses ou direitos individuais homogêneos, coletivos e difusos, a preferência com relação ao pagamento será decidida pelo juiz, aplicando os princípios da proporcionalidade e da razoabilidade". De fato, a "razoabilidade" e "proporcionalidade" são princípios para qualquer decisão judicial, mas tais não podem preterir a efetiva satisfação da demanda.

16. A SENTENÇA COLETIVA E SUA EXECUÇÃO NO ÂMBITO DA JUSTIÇA DO TRABALHO

com o objetivo de dar larga proteção aos direitos coletivos em sentido amplo. Nesse compasso, elucidou Leonel (2017, p. 509), trazendo rol ainda mais amplo:

> Assim, para a liquidação e a execução movidas pelo indivíduo com base em sentença coletiva são alternativamente competentes (interpretação sistemática do art. 516 do CPC/2015, art. 98, §2º, do CDC, art. 101, I, do CDC e arts. 21 da Lei de Ação Civil Pública e 90 do CDC): (a) o foro no qual tramitou a ação de conhecimento (ação civil pública), sem prevenção do juízo que julgou a ação coletiva; (b) o juízo do foro do domicílio do exequente (indivíduo lesado); (c) o juízo do foro atual do domicílio do executado; (d) o juízo do foro no qual o executado possui bens sujeitos de expropriação.

Destarte, se as distribuições de execuções individuais fossem diluídas entre as outras varas da Justiça do Trabalho, por certo não haveria qualquer sobrecarga da vara da execução coletiva. No caso em análise, não se vê ainda prejuízo da execução individual, pois os mandamentos para pagamento já foram definidos na sentença coletiva transitada em julgado. Assim, haveria apenas simples execução de título executivo judicial, sem maiores dificuldades.

Outra situação demanda atenção nesse caso, já que de fato foi apresentado laudo pericial de liquidação parcial[27] (ainda sem homologação) que fixou o valor bruto da execução atualizado até março de 2020 no importe de R$17.498.174,50 (dezessete milhões cento e noventa e oito mil cento e setenta e quatro reais e cinquenta centavos). Desse valor, a princípio, o legitimado coletivo e agora indicado como representante dos titulares do direito para a fase de execução coletiva, teria direito à quantia de R$2.507.478,43 (dois milhões quinhentos e sete mil quatrocentos e setenta e oito reais e quarenta e três centavos) a título de honorários advocatícios.

De onde se verifica que Sindicato exequente, na condição de legitimado coletivo, também, e naturalmente, ostentaria interesse econômico no

---

[27] Diga-se parcial, porque ao compulsar os autos da ação de execução coletiva, nota-se que até o presente momento, apenas foi realizada a individualização do crédito de apenas 3.000 empregados/ex-empregados, de um grupo que supera a ordem numérica de 4.400 membros.

feito. Não porque faz partes do grupo tutelado, mas porque a sua atuação dá origem ao direito premial de acesso aos honorários de sucumbência que será proporcional ao valor da execução coletiva. Assim, é possível extrair o interesse do Sindicato na obrigatoriedade da execução coletiva em detrimento ao desejo dos efetivos titulares do direito tutelado, e que fazem parte do grupo de empregados impedidos de optarem pela execução individual.

Vitorelli já alertou sobre a possibilidade de existirem divergências de interesses entre os membros que integram o mesmo grupo e, até mesmo entre o grupo e o legitimado coletivo. Esclarece o doutrinador que, para evitar tal conflito, é indispensável ao menos a presença virtual dos membros do grupo no feito, os quais precisam, sim, ter voz no processo do qual são os legítimos titulares invisíveis do direito tutelado, acertando-se assim os rumos em direção à um devido processo legal coletivo.

> A pergunta que se coloca, nesse contexto, se refere à extensão da legitimidade atribuída aos autores coletivos: ela permite que eles definam, livremente, a extensão e a modalidade de tutela jurisdicional a ser pleiteada em relação ao conflito coletivo? É possível 'pressupor que, concedida a tutela jurisdicional demandada, será atendido, de modo automático, o interesse da coletividade? Se as formas de tutelar esses direitos e de solucionar os conflitos complexos são, não raramente, equívocas entre os próprios legitimados coletivos, parece arriscado supor que o pedido contido na inicial representa a tutela adequada do direito material. E se não for, o que fazer? Quem estará no processo para dizer isso ao legitimado que propôs a ação? (...) O tratamento coletivo do litígio acaba servindo como forma de se ocultar quem é o dono do direito e, com isso, de se estabelecer em que medida o legitimado coletivo lhe deve respeito, sobretudo quando há desacordo razoável acerca dos melhores rumos para se buscar a sua tutela em juízo (VITORELLI, 2019, p. 25).

Nos autos da execução coletiva no caso aqui analisado houve, de fato, decisão judicial apoiada pela concordância do Sindicato exequente sobre a obrigatoriedade da execução coletiva em detrimento da execução individual. Todavia, não foi dada a voz aos membros do grupo, prevalecendo a decisão judicial e o interesse do legitimado coletivo exequente quanto ao tema.

Reduzir o número de demandas é algo a se pensar diante da notória sobrecarga do Poder Judiciário brasileiro, sendo esse um dos escopos do Direito Processual Coletivo. No entanto, a vontade individual não pode ser rechaçada de forma totalmente antidemocrática, sendo que não havendo vedação legal para a convivência de execuções individuais e coletivas, conforme se extrai do já analisado art. 99 do CDC/90, e, diante de sentenças coletivas de procedência, especialmente daquelas que veiculam direitos individuais homogêneos (cujos titulares são determinados), há de se refletir quanto à justiça da decisão que nega a participação/opção dos beneficiários em busca da satisfação de seus direitos.

Quanto ao objeto central da análise aqui traçada, é importante que se pontue que independe da via, se da execução coletiva, ou se da execução individual, voltada à satisfação do titular do direito, há de se prezar pela rápida, integral e justa efetivação desse Direito. Norte esse que é da essência do Direito Processual e escopo do Estado Democrático de Direito.

Conclusões

O Direito Processual Coletivo é o instrumento destinado à tutela de direitos constitucionais sociais e à pacificação social. Desse modo, a execução de sentenças coletivas, seja pela via individual, seja pela modalidade coletiva, deve inequivocamente primar pela efetividade e satisfação de direitos coletivos em sentido amplo.

É fato que a execução coletiva de título executivo judicial coletivo tem como ponto alto a redução de demanda e a diminuição da sobrecarga do Poder Judiciário. Todavia, tal situação não pode se converter em fundamento para se impedir a iniciativa individual na fase de execução de direito coletivo, principalmente no caso dos direitos individuais homogêneos que ostentam em sua essência o caráter divisível, patrimonial e, em regra, disponível.

A máxima proteção deve ser aplicada ao jurisdicionado pelo Poder Judiciário, a casa onde se busca a justiça frente às relações sociais. Ademais, não havendo prevenção do juízo de conhecimento para a execução de sentença coletiva, então não há que se falar em prejuízo ou tumulto processual, mantendo-se o respeito ao critério da livre distribuição e o reconhecimento da competência concorrente para foros de execução no campo dos direitos coletivos trabalhistas.

A vontade individual de determinados membros do grupo que eventualmente escolham a via do cumprimento individual de sentença coletiva trabalhista há de ser considerada, até porque não existe vedação legal que impeça a convivência dessa com a execução coletiva. Importante ainda que a natureza do conflito coletivo processado e suas características próprias sejam sempre examinadas previamente e de modo prospectivo, para que o processo coletivo atinja a sua real finalidade e não a outros interesses.

Referências

BRASIL. Constituição (1988). Constituição da República Federativa do Brasil, 1988. *Portal da Legislação*, Poder Executivo, Brasília, 5 out. 1988. Disponível em: <http://www.planalto.gov.br/ccivil_03/constituicao/constituicao.htm >. Acesso em: 22 abr. 2020.

BRASIL. Lei Federal n. 7.347, de 24 de julho de 1985. Disciplina a ação civil pública de responsabilidade por danos causados ao meio-ambiente, ao consumidor, a bens e direitos de valor artístico, estético, histórico, turístico e paisagístico (VETADO) e dá outras providências. *Portal da Legislação*, Poder Executivo, Brasília, 25 jul. 1985. Disponível em: <http://www.planalto.gov.br/ccivil_03/leis/l7347orig.htm>. Acesso em: 22 abr. 2020.

BRASIL. Lei Federal n. 8.078, de 11 de setembro de 1990. Dispõe sobre a proteção do consumidor e dá outras providências. *Portal da Legislação*, Poder Executivo, Brasília, 12 set. 1990b. Disponível em: <http://www.planalto.gov.br/ccivil_03/leis/l8078.htm >. Acesso em: 22 abr. 2020.

BRASIL. Lei Federal n. 13.105, de 16 de março de 2015. Código de Processo Civil. *Portal da Legislação*, Poder Executivo, Brasília, 16 mar. 2015. Disponível em: < http://www.planalto.gov.br/ccivil_03/_ato2015-2018/2015/lei/l13105.htm >. Acesso em: 22 abr. 2020.

BRASIL. Lei Federal n. 4.717, de 29 de junho de 1965. Regula a ação popular. *Portal da Legislação*, Poder Executivo, Brasília, 5 jul. 1965. Disponível em: < http://www.planalto.gov.br/ccivil_03/leis/l4717.htm >. Acesso em: 22 abr. 2020.

BRASIL. Decreto-lei n. 5.452, de 1º de maio de 1943. Aprova a Consolidação das Leis do Trabalho. *Portal da Legislação*, Poder Executivo. Disponível em: < http://www.planalto.gov.br/ccivil_03/decreto-lei/del5452.htm >. Acesso em: 22 abr. 2020.

BRASIL. Lei Federal n. 8.019, de 11 de abril de 1990. Altera a legislação do Fundo de Amparo ao Trabalhador (FAT), e dá outras providências. *Portal da Legislação*, Poder Executivo, Brasília, 11 abr. 1990. Disponível em: < http://www.planalto.gov.br/ccivil_03/LEIS/L8019.htm >. Acesso em: 22 abr. 2020.

BRASIL. Supremo Tribunal Federal. Recurso extraordinário 631.111 Goiás. Ministério Público Federal versus Marítima Seguros S.A. Relator Ministro Teori Zavascki. Acórdão de 07 de ago. 2014. Disponível em: http://redir.stf.jus.br/paginadorpub/paginador.jsp?docTP=TP&docID=7100794 . Acesso em 04 jul. 2020.

BRASIL. Superior Tribunal de Justiça. Recurso especial 1675898 RJ 2017/0126484-0. Fundação Instituto Brasileiro de Geografia e Estatística – IBGE versus Jairo José Altino. Relatora Ministra Assusete Magalhães. Acórdão de 02 de ago. 2017. Disponível em: https://ww2.stj.jus.br/processo/revista/documento/mediado/?componente=MON&sequencial=73907668&tipo_documento=documento&num_registro=201701264840&data=20170802&tipo=0&formato=PDF. Acesso em 04 jul. 2020.

BRASIL. Tribunal Regional do Trabalho da 3ª Região. 29ª Vara do Trabalho de Belo Horizonte. Cumprimento de Sentença de nº 0010838-15.2018.5.03.0114. Victor Gorrilhas Cardoso versus Banco Bradesco S.A. Distribuída em 03 de mar. 2019.

BRASIL. Tribunal Regional do Trabalho da 3ª Região. 29ª Vara do Trabalho de Belo Horizonte. Ação trabalhista de nº 0000795-13.2013.5.03.0108. Sindicato dos Empregados em Estabelecimentos Bancários de BH e Região versus Banco Bradesco S.A. Distribuída em 22 de abr. 2013.

BRASIL. Superior Tribunal de Justiça. Recurso especial nº 1.599.142 – SP (2016/0119731-6). Banco Pan S.A versus Ministério Público do Estado de São Paulo. Relatora Ministra Nancy Andrighi. Acordão de 25 de set. 2018. Disponível em: https://ww2.stj.jus.br/processo/revista/documento/mediado/?componente=ATC&sequencial=88152600&num_registro=201601197316&data=20181001&tipo=5&formato=PDF . Acesso em 04 jul. 2020.

BUENO, Cassio Scarpinella. *Curso sistematizado de direito processual civil: direito processual coletivo e direito processual público: vol. 2, tomo III/ Cassio Scarpinella Bueno.* – São Paulo: Saraiva, 2010.

DIDIER JR., Fredie. *Curso de direito processual civil: processo coletivo/* Fredie Didier Jr., Hermes Zaneti Jr. – 13. ed. – Salvador: Ed. JusPodivm, 2019. v.4.

GUSTIN, Miracy Barbosa de Sousa; DIAS, Maria Tereza Fonseca. *(Re)pensando a pesquisa jurídica*: teoria e prática. 4. ed. rev. e atual. Belo Horizonte: Del Rey, 2013.

LEONEL, Ricardo de Barros. *Manual do processo coletivo*. São Paulo: Malheiros, 2017.

LIMA, Edilson Vitorelli Diniz. *A execução coletiva pecuniária*: uma análise da (não) reparação do dano coletivo no direito brasileiro. 2011. 246 f. Dissertação (Mestrado em Direito) – Faculdade de Direito, Universidade Federal de Minas Gerais, Belo Horizonte, 2011.

MARQUES, Cláudia Lima. Diálogo das Fontes. *In*: BENJAMIN, Antônio Herman V.; MARQUES, Cláudia Lima; BESSA, Leonardo Roscoe. *Manual de direito do consumidor.* 5. ed., rev., atual. e ampl. São Paulo: Revista dos Tribunais, 2017.

MAZZILLI, Hugo Nigro. *Tutela dos direitos difusos e coletivos*/ Hugo Nigro Mazzilli. – 8. ed. – São Paulo: Saraiva Educação, 2018.

THIBAU, Tereza Cristina Sorice Baracho; Leísa Maria Silva Guimarães. *Execução individual e coletiva: em busca da tutela efetiva dos direitos individuais homogêneos*. Processos coletivos: ação civil pública e ações coletivas/ Antônio Gidi. José Maria Tesheiner, Tereza Cristina Sorice Baracho Thibau (organizadores); Adriana Goulart de Sena Orsini...[et al.]. – Porto Alegre: Livraria do Advogado Editora, 2015.

VITORELLI, Edilson. *O devido processo legal coletivo: dos direitos aos litígios coletivos*/ Edilson Vitorelli. – 2. ed. Ver., atual. e ampl. – São Paulo: Thomson Reuters Brasil, 2019. – (Coleção o novo processo civil/ coordenadores Luiz Guilherme Marinoni, Sergio Cruz Arenhart, Daniel Mitidiero).